SCHÄFFER
POESCHEL

Steffen Kuhn / Paul Scharpf

Rechnungslegung von Financial Instruments nach IAS 39

2., überarbeitete und erweiterte Auflage

2005
Schäffer-Poeschel Verlag Stuttgart

Verfasser:

Steffen Kuhn,
Manager und Prokurist, Grundsatzabteilung Wirtschaftsprüfung, Global Financial Services,
Ernst&Young AG Wirtschaftsprüfungsgesellschaft, Stuttgart

Paul Scharpf,
Partner und Leiter der Grundsatzabteilung Wirtschaftsprüfung, Global Financial Services,
Ernst&Young AG Wirtschaftsprüfungsgesellschaft, Stuttgart

Bibliografische Information Der Deutschen Bibliothek
Die Deutsche Bibliothek verzeichnet diese Publikation
in der Deutschen Nationalbibliografie; detaillierte bibliografische Daten
sind im Internet über <http://dnb.ddb.de> abrufbar.

Gedruckt auf säure- und chlorfreiem, alterungsbeständigem Papier.

ISBN 3-7910-2274-1

www.schaeffer-poeschel.de
info@schaeffer-poeschel.de
Einbandgestaltung: Willy Löffelhardt
Druck und Bindung: Ebner&Spiegel, Ulm
Printed in Germany
Mai / 2005

Schäffer-Poeschel Verlag Stuttgart
Ein Tochterunternehmen der Verlagsgruppe Handelsblatt

Vorwort zur zweiten Auflage

Seit dem Erscheinen der ersten Auflage von „Rechnungslegung von Financial Instruments nach IAS 39“ im Juni 2001 haben sich bei den International Financial Reporting Standards (IFRS) eine Vielzahl von Änderungen und Neuerungen ergeben. Am 19. November 2004 wurde der grundlegend überarbeitete IAS 39 „Financial Instruments: Recognition and Measurement“ unter Ausklammerung bestimmter Vorschriften, bei denen die EU-Kommission weiteren Änderungsbedarf sieht, im Rahmen des Endorsement Mechanism übernommen. Die Ausnahmen betreffen insbesondere die uneingeschränkte Nutzung der Fair Value Option sowie Detailregelungen beim Hedge Accounting. Ferner wurde am 29. Dezember 2004 der überarbeitete IAS 32 „Financial Instruments: Disclosure and Presentation“ unverändert anerkannt.

Entscheidend für die Akzeptanz der beiden Standards für Financial Instruments sind Transparenz, Vergleichbarkeit und Praktikabilität. Vor dem Hintergrund der Finanzmärkte, der Produktkomplexität sowie grenzüberschreitenden Fusionen und Kooperationen kommt der systematischen und vor allem einheitlichen Anwendung der IFRS im Allgemeinen und der Standards für Finanzinstrumente im Besonderen eine sehr große Bedeutung zu.

Die vorliegende Kommentierung berücksichtigt alle bis zum 31. März 2005 veröffentlichten Standards und Interpretationen des IASB/IFRIC zum Themenbereich Financial Instruments. Zielsetzung der Kommentierung ist eine ausführliche Darstellung der bestehenden Vorschriften mit Praxisbezug. Durch die weitgehende Überarbeitung der Standards in den letzten vier Jahren haben sich die Interpretationsspielräume auch im Vergleich zur ersten Auflage weiter verengt.

Die Inhalte der vorliegenden Veröffentlichung wurden im National Office - Global Financial Services unter der Leitung von StB Dipl.-Kfm. Paul Scharpf und Dipl.-Kfm. Steffen Kuhn erarbeitet. Unser Dank gilt unseren Mitarbeitern Herrn Dipl.-Kfm. Christian Paa und Herrn Dipl.-Kfm. Dietmar Isert, M.Sc. für die wertvolle Unterstützung bei der Erstellung einzelner Kapitel. Für die kritische Durchsicht von Teilen des Manuskripts danken wir Herrn StB Dr. Mathias Schaber, Herrn StB Dipl.-Ök. Günter Doleczik, Herrn Dr. WP/StB Stefan Bischof, Herrn Dipl.-Kfm. Philipp Eisenmann sowie Frau Dr. Gabriele Klein. Darüber hinaus danken wir unserer Sekretärin Frau Susann Haase und Frau Ellen-Ruth Gatzka für die gewohnt freundliche Unterstützung.

Wir danken unseren Familien für besonderes Verständnis und Geduld in den letzten Wochen.

Stuttgart, im April 2005

Steffen Kuhn
Paul Scharpf

Vorwort zur ersten Auflage

Die Auseinandersetzung des International Accounting Standards Board (IASB) mit der bilanziellen Behandlung von Finanzinstrumenten hat mit dem In-Kraft-Treten des IAS 39 „Financial Instruments: Recognition and Measurement" zum 1. Januar 2001 ihren vorläufigen Schlusspunkt erreicht. Ziel war dabei, durch die Entwicklung zweckadäquater Abbildungsregeln den Unternehmen, die auf Basis der International Accounting Standards einen Jahresabschluss erstellen, den zur Prüfung dieser Abschlüsse beauftragten Wirtschaftsprüfern sowie allen weiteren Abschlussadressaten die gravierende Unsicherheit beim Ansatz und der Bewertung von Finanzinstrumenten und hier insbesondere der Finanzderivate zu nehmen.

Von IAS 39 werden sämtliche finanziellen Vermögenswerte (Forderungen an Kreditinstitute und Kunden, Ausleihungen, sämtliche Wertpapiere usw.), finanziellen Verpflichtungen (Verbindlichkeiten gegenüber Kreditinstituten, Kunden und Lieferanten, Anleihen usw.) sowie Derivate erfasst. Neben Vorschriften zu Ansatz und Bewertung werden in IAS 39 auch Angaben über finanzielle Vermögenswerte und Schulden einschließlich der Bilanzierung von Sicherungsgeschäften geregelt. Der Standard gilt dabei für Unternehmen sämtlicher Branchen.

Zielsetzung des vorliegenden Buchs ist es, den Themenkomplex unter Berücksichtigung des aktuellen Erkenntnisstands und unter Berücksichtigung einer Vielzahl von Beispielen zu behandeln und damit der Bilanzierungs- und Prüfungspraxis Hilfestellung bei der Anwendung des IAS 39 zu geben.

Mein herzlicher Dank gilt meinen Mitarbeitern Herrn Dipl.-Kfm. Steffen Kuhn und Frau Dipl.-Kff. Katrin Müller und Herrn Dipl.-Kfm. Dr. Mathias Schaber sowie meiner Sekretärin Frau Susann Günther und unserer Bibliothekarin Frau Dipl.-Bibl. Iris Schwarz, die durch ihre Hilfsbereitschaft und konstruktiven Vorschläge zum Gelingen des Buchs mit beigetragen haben. Großen Dank schulde ich meiner Familie, die wiederum sehr viel Geduld bewiesen und Verständnis für die nicht gemeinsam verbrachte Freizeit aufgebracht hat. Ohne sie wäre dieses Buch nie entstanden.

Stuttgart, im Juni 2001

Paul Scharpf

Inhaltsverzeichnis

Abbildungsverzeichnis

Abkürzungsverzeichnis

a.A.	anderer Ansicht
Abb.	Abbildung
ABl. EG	Amtsblatt der EG
Abs.	Absatz
ABS	Asset Backed Securities
Abschn.	Abschnitt
Abt.	Abteilung
AfS	Available-for-Sale
AG	Aktiengesellschaft(en) / Application Guidance / Die Aktiengesellschaft (Zeitschrift)
AktG	Aktiengesetz
Aufl.	Auflage
BA	Basis Adjustment(s)
BAFin	Bundesanstalt für Finanzdienstleistungsaufsicht
BAKred	Bundesaufsichtsamt für das Kreditwesen (jetzt BAFin)
BB	Betriebs-Berater (Zeitschrift)
BC	Basis for Conclusions
Bd.	Band
BdB	Bundesverband deutscher Banken e.V.
BFA	Bankenfachausschuss
BFuP	Betriebswirtschaftliche Forschung und Praxis (Zeitschrift)
BGB	Bürgerliches Gesetzbuch
BGBl.	Bundesgesetzblatt
BGH	Bundesgerichtshof
BilReG	Bilanzrechtsreformgesetz
BSpKG	Gesetz über Bausparkassen
bzgl.	bezüglich
bzw.	beziehungsweise
ca.	circa
DAX	Deutscher Aktienindex
DB	Der Betrieb (Zeitschrift)
DBW	Die Betriebswirtschaft (Zeitschrift)
d. h.	das heißt
DO	Dissenting Opinions
DStR	Deutsches Steuerrecht (Zeitschrift)
DTB	Deutsche Terminbörse (jetzt: Eurex)

ED	Exposure Draft
EK	Eigenkapital
etc.	et cetera
EU	Europäische Union
EUR	Euro
Eurex	European Exchange
Euribor	Euro Interbank Offered Rate
e.V.	eingetragener Verein
evtl.	eventuell
EWB	Einzelwertberichtigung(en)
EZB	Europäische Zentralbank
FASB	Financial Accounting Standards Board
FB	Finanz Betrieb (Zeitschrift)
FBE	Fédération Bancaire de l'Union Européenne
FK	Fremdkapital
FN	Fachnachrichten-IDW
FRA(s)	Forward Rate Agreement(s)
GAAP	Generally Accepted Accounting Principles
GBP	Britische(s) Pfund
ggf.	gegebenenfalls
ggü.	gegenüber
gl.A.	gleiche(r) Ansicht
GmbH	Gesellschaft(en) mit beschränkter Haftung
GmbHG	Gesetz betreffend die Gesellschaften mit beschränkter Haftung
GoB	Grundsätze ordnungsmäßiger Buchführung
GuV	Gewinn- und Verlustrechnung
HAC	Hedge Amortised Cost(s)
HdJ	Handbuch des Jahresabschlusses
HdR	Handbuch der Rechnungslegung
HFA	Hauptfachausschuss
HFR	Höchstrichterliche Finanzrechtsprechung (Zeitschrift)
HFV	Hedge Fair Value(s)
HGB	Handelsgesetzbuch
h.M.	herrschende Meinung
Hrsg.	Herausgeber
HWR	Handwörterbuch des Rechnungswesens
IAS	International Accounting Standard(s)
IASB	International Accounting Standards Board

IASC	International Accounting Standards Committee
i.d.F.	in der Fassung
i.d.R.	in der Regel
i.d.S.	in diesem Sinne
IDW	Institut der Wirtschaftsprüfer in Deutschland e.V.
IE	Illustrative Examples
IFRIC	International Financial Reporting Interpretations Committee
IFRS	International Financial Reporting Standards
IG	Guidance on Implementing / Implementation Guidance
IGC	Implementation Guidance Committee
i.H.d.	in Höhe des/der
i.H.v.	in Höhe von
IN	Introduction
InvG	Investmentgesetz
i.R.d.	im Rahmen des/der
i.S.d.	im Sinne der, des, dieser
ISMA	International Securities Market Association
i.S.v.	im Sinne von
i.V.m.	in Verbindung mit
KAG	Kapitalanlagegesellschaft
KAGG	Gesetz über Kapitalanlagegesellschaften
Kap.	Kapitel
KG	Kommanditgesellschaft(en)
KoR	Zeitschrift für kapitalmarktorientierte Rechnungslegung
KStG	Körperschaftsteuergesetz
KWG	Gesetz über das Kreditwesen
Libor	London Interbank Offered Rate
LIFFE	London International Financial Futures Exchange
Mio.	Million(en)
MaH	Mindestanforderungen an das Betreiben von Handelsgeschäften der Kreditinstitute vom 23.10.1995, CMBS 4.270
MaK	Mindestanforderungen an das Kreditgeschäft der Kreditinstitute vom 20.12.2002, CMBS 4.345
m.w.N.	mit weiteren Nachweisen
n.F.	neue Fassung
No.	Number
NOK	Norwegische Krone(n)
Nr.	Nummer(n)

o.g.	oben genannte(n)
OHG	Offene Handelsgesellschaft(en)
OTC	Over-the-Counter
p.a.	per annum
para.	paragraph(s)
PS	Prüfungsstandard
Q&A	Questions & Answers
RechKredV	Verordnung über die Rechnungslegung der Kreditinstitute und Finanzdienstleistungsinstitute (Kreditinstituts – Rechnungslegungsverordnung – RechKredV)
RH	Rechnungslegungshinweis
RIW	Recht der Internationalen Wirtschaft (Zeitschrift)
RS	Rechnungslegungsstandard
S.	Seite(n) / Satz
s.	siehe
SFAS	FASB Statement of Financial Accounting Standards
SIC	Standing Interpretations Committee
sog.	so genannte(r)
Sp.	Spalte(n)
SPE	Special Purpose Entity
T	Tausend
Tz.	Textziffer(n)
u.	und
u.a.	und andere, unter anderem
u.Ä.	und Ähnliches
u. E.	unseres Erachtens
Urt.	Urteil
US	United States
USD	US-Dollar
usw.	und so weiter
u.U.	unter Umständen
v.	vom
Verf.	Verfasser
vgl.	vergleiche
VW	Versicherungswirtschaft (Zeitschrift)

WPg	Die Wirtschaftsprüfung (Zeitschrift)
WpHG	Gesetz über den Wertpapierhandel (Wertpapierhandelsgesetz)
WKN	Wertpapierkennnummer
ZfgG	Zeitschrift für das gesamte Genossenschaftswesen
ZfgK	Zeitschrift für das gesamte Kreditwesen
z. B.	zum Beispiel
z.T.	zum Teil

1. Überblick

1.1. Grundlagen

Im Dezember 1998 hat das IASC die erste Version von IAS 39 *„Financial Instruments: Recognition and Measurement“*[1] nach einer zehnjährigen Diskussions- und Entwicklungsphase verabschiedet.[2] IAS 39 sieht Bestimmungen für den Ansatz, die Ausbuchung und die Bewertung von Finanzinstrumenten vor. Darüber hinaus enthält der Standard Vorschriften zur Bilanzierung von Sicherungsbeziehungen (Hedge Accounting). Bereits im März 1995 war im Rahmen des Financial Instruments Projekts IAS 32 *„Financial Instruments: Disclosure and Presentation“*[3] verabschiedet worden, der Vorschriften für den Ausweis und die Offenlegung von Finanzinstrumenten enthält. Die Grundsätze zur Währungsumrechnung von Finanzinstrumenten sind umfassend in IAS 21 *„The Effects of Changes in Foreign Exchange Rates“*[4] geregelt.

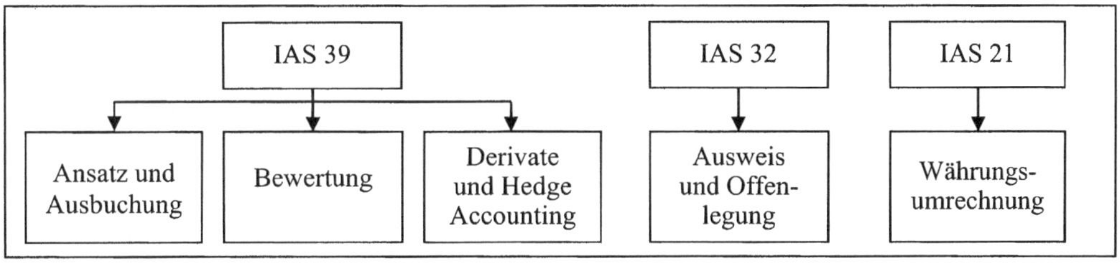

Abb. 1: Überblick zu den Vorschriften für Financial Instruments

In Anbetracht der Vielzahl der jüngsten Änderungen bei den Vorschriften wird nachfolgend ein Überblick in chronologischer Abfolge gegeben.

---

1 Mit IAS 39 wird nachfolgend auf IAS 39 *„Financial Instruments: Recognition and Measurement“* Bezug genommen, in dem alle Änderungen von endgültig verabschiedeten Standards bis zum 31. März 2005 berücksichtigt sind. Vgl. auch Verordnung (EG) Nr. 2086/2004, ABl. EU Nr. L 363 v. 9.12.2004, S. 1-65.

2 Für einen Überblick zu IAS 39 (revised 2000) vgl. *Bellavite-Hövermann, Y./Barckow, A.*, in: Baetge, J./Dörner, D. u.a. (Hrsg.), IAS-Kommentar[2], Teil B, IAS 39; *Deutsche Bundesbank (Hrsg.)*, Monatsbericht Juni 2002, S. 41-57; *Gebhardt, G./Naumann, T. K.*, DB 1999, S. 1461-1469; *Langenbucher, G./Blaum, U.*, in: Knobloch, A. P./Kratz, N. (Hrsg.), 2003, S. 315-336; *Prahl, R./Naumann, T. K.*, in: HdJ, Abt. II/10, 2000; *Rutishauser, D.*, Der Schweizer Treuhänder 2000, S. 293-296; *Scharpf, P.*, FB 2000 (Teil I-IV), S. 125-137, 208-217, 284-292 u. 372-382; *Scharpf, P.*, Rechnungslegung von Financial Instruments nach IAS 39, 2001; *Scharpf, P./Luz, G.*, Risikomanagement, Bilanzierung und Aufsicht von Finanzderivaten, 2. Aufl., 2000, S. 694-786; *Stauber, J.*, Der Schweizer Treuhänder 2001, S. 687-696; *Waldersee, G.*, in: Küting, K./Langenbucher, G. (Hrsg.), 1999, S. 239-264. Bereits 1985 wurde IAS 25 *„Accounting for Investments“* verabschiedet, mit dem die Bilanzierung von Finanzinvestitionen geregelt wurde. Vgl. dazu z. B. *Seidl, A.*, Hedge-Accounting und Risikomanagement, 2000, S. 128-154. IAS 39 (revised 2000) ist seit dem 1. Januar 2001 verpflichtend anzuwenden.

3 Mit IAS 32 wird nachfolgend auf IAS 32 *„Financial Instruments: Disclosure and Presentation“* Bezug genommen, in dem alle Änderungen von endgültig verabschiedeten Standards bis zum 31. März 2005 berücksichtigt sind. Vgl. auch Verordnung (EG) Nr. 2237/2004, ABl. EU Nr. L 393 v. 31.12.2004, S. 1-37.

4 Mit IAS 21 wird nachfolgend auf IAS 21 *„The Effects of Changes in Foreign Exchange Rates“* Bezug genommen, in dem alle Änderungen von endgültig verabschiedeten Standards bis zum 31. März 2005 berücksichtigt sind. Vgl. auch Verordnung (EG) Nr. 2238/2004, ABl. EU Nr. L 394 v. 31.12.2004, S. 97-109.

1.2. Veröffentlichung von IAS 32 und IAS 39 (revised 2003)

Nach erfolgter Restrukturierung im April 2001 nahm der IASB das Thema Financial Instruments wieder auf und hat im Juni 2002 einen rund 340-seitigen Exposure Draft mit Änderungen des IAS 39 und IAS 32 vorgeschlagen.[5] Die vom Implementation Guidance Committee (IGC) erarbeiteten Questions & Answers wurden mit in diesen Exposure Draft aufgenommen. Die am 17. Dezember 2003 verabschiedeten Versionen von IAS 32 und IAS 39 stellen das Ergebnis einer Vielzahl von Anpassungen und Änderungen dar.[6] Die Standards bestehen seitdem aus einer Zusammenfassung der wesentlichen Änderungen (*„introduction"*), den eigentlichen Standardtexten und Anwendungsleitlinien (*„application guidance"*), den Änderungen, die sich aus der Überarbeitung von IAS 39 in anderen IFRS ergeben (*„amendments to other pronouncements"*) sowie ausführliche Erläuterungen zu den Schlussfolgerungen (*„basis for conclusions"*). IAS 32 verfügt außerdem über erläuternde Beispiele (*„illustrative examples"*). IAS 39 enthält ferner eine überarbeitete Fassung von Umsetzungshinweisen (*„guidance on implementing"*). Am jeweiligen Ende der Standardtexte und der Umsetzungshinweise findet sich eine tabellarische Gegenüberstellung (*„table of concordance"*) der neuen und alten Vorschriften, die für eine vergleichende Analyse der Änderungen vorgesehen ist.[7]

Bezüglich der **Normenhierarchie** ist zu beachten, dass die Anwendungsleitlinien (*„application guidance"*) der beiden Finanzinstrumente-Standards (IAS 32.AG1-AG40 bzw. IAS 39.AG1-AG132 und IAS 39.B1-B8) – wie die Standardtexte im engeren Sinne (IAS 32.1-100 bzw. IAS 39.1-110) – einen festen Bestandteil des verbindlich zu beachtenden Regelwerks darstellen. Die erläuternden Beispiele (*„illustrative examples"*) und die Umsetzungshinweise (*„guidance on implementing"*) beinhalten zwar vom Grundsatz her keine über das vorgenannte Regelwerk hinausgehenden Anforderungen, gleichwohl sind die darin enthaltenen Hinweise im Rahmen der Bilanzierung verbindlich zu beachten. Die ausführlichen Erläuterungen zu den Schlussfolgerungen (*„basis for conclusions"*) sind kein Bestandteil des Regelwerks. Als konzeptionelle Grundlage der einzelnen Standards ist das Rahmenkonzept (*„framework"*) zu beachten.

---

5 Zu den im Juni 2002 veröffentlichten Exposure Drafts zu IAS 32 und IAS 39 vgl. *Ernst & Young AG (Hrsg.)*, Rechnungslegung von Financial Instruments, 2. Aufl., 2002, S. 34-134; *Kropp, M./ Klotzbach, D.*, WPg 2002, S. 1010-1031; *Lüdenbach, N.*, BB 2002, S. 2113-2119; *Pape, J./Bogajewskaja, J./Borchmann, T.*, KoR 2002, S. 219-234; *Schmidbauer, R.*, RIW 2003, S. 287-294.

6 Vgl. *Barckow, A./ Glaum, M.*, KoR 2004, S. 185-203; *Bohl, W./Scheinpflug, P.*, in: IFRS-Handbuch, 2004, § 3, Tz. 1-100; *Eckes, B./Sittmann-Haury, C./Weigel, W.*, Die Bank 2004, S. 118-121 u. 176-180; *Ernst & Young AG (Hrsg.)*, Rechnungslegung von Financial Instruments, 3. Aufl., 2004; *Ernst & Young LLP (Hrsg.)*, International GAAP 2005, 2004, S. 781-1216; *Hayn, S./Graf Waldersee, G.*, IFRS/US-GAAP/HGB im Vergleich, 2004, S. 139-154; *KPMG International (Hrsg.)*, Financial Instruments Accounting, 2004; *Löw, E./Schildbach, S.*, BB 2004, S. 875-882; *Scharpf, P./Kuhn, S.*, erscheint in: Bieg, H./ Heyd, R. (Hrsg.), 2005.

7 Vgl. *Ernst & Young LLP (Hrsg.)*, International GAAP 2005, 2004, S. 784.

Die mit den überarbeiteten Standards verbundenen Änderungen sind im Wesentlichen dazu bestimmt, Inkonsistenzen in und zwischen IAS 32 und IAS 39 zu beseitigen, eine weitere Annäherung an die US-amerikanischen Bilanzierungsvorschriften (US-GAAP) zu erzielen, zusätzliche Hilfestellung bei der praktischen Anwendung der Vorschriften zur Verfügung zu stellen sowie die Implementierung zu erleichtern. Eine vollständige Überarbeitung des Standards hat der IASB zum derzeitigen Zeitpunkt als zu zeitaufwendig beurteilt, da diese eine umfassende Analyse vieler komplexer Fragestellungen und Zweifelsfragen erfordern würde und damit die Zeit der Unsicherheit für kapitalmarktorientierte Unternehmen in der EU, die bis spätestens 2005 ihre Rechnungslegung auf IFRS umgestellt haben müssen, verlängern würde.

Die **wesentlichen Änderungen in IAS 32** beziehen sich auf die Abstimmung des Anwendungsbereichs, die Vorschriften zur Abgrenzung von Eigen- und Fremdkapital, die Klassifizierung von zusammengesetzten Instrumenten („*compound instruments*") in der Bilanz des Emittenten, die Bilanzierung von Derivaten auf eigene Anteile sowie eine Erweiterung der Offenlegungspflichten. Zur klaren Trennung der Bereiche Darstellung und Offenlegung in IAS 32 und Ansatz und Bewertung in IAS 39 sind die ehemals in IAS 39 enthaltenen Offenlegungsanforderungen nunmehr vollständig in IAS 32 integriert.

Die **wesentlichen Änderungen in IAS 39** werden nachfolgend im Überblick zusammengefasst:[8]

Änderungen im Anwendungsbereich

Die Änderungen im Anwendungsbereich betreffen insbesondere Verträge über den Kauf oder Verkauf nicht-finanzieller Posten (z. B. Warentermingeschäfte), Kreditzusagen sowie Finanzgarantien. Verträge über den Kauf oder Verkauf nicht-finanzieller Posten, die durch einen Ausgleich in bar oder anderen Finanzinstrumenten erfüllt werden können, werden in den Anwendungsbereich von IAS 39 einbezogen, sofern sie nicht nachweislich zum Zweck des Empfangs oder der Lieferung von nicht-finanziellen Posten gemäß dem erwarteten Einkaufs-, Verkaufs- oder Nutzungsbedarfs abgeschlossen wurden und dazu weiterhin gehalten werden.

Kreditzusagen („*loan commitments*"), die nicht durch einen Ausgleich in bar oder anderen Finanzinstrumenten erfüllt werden können, sind ausdrücklich vom Anwendungsbereich des IAS 39 ausgenommen. Kreditzusagen, die ein Unternehmen als finanzielle Verbindlichkeit der neu eingeführten Bewertungskategorie At Fair Value through Profit or Loss einstuft (dies kann ein Unternehmen für sämtliche Kreditzusagen bestimmen), fallen jedoch in den Anwendungsbereich.

Für Finanzgarantien („*financial guarantee contracts*") (einschließlich Akkreditive und andere Kreditausfallverträge), die eine bestimmte Zahlung vorsehen, um den Gläubi-

---

8 Vgl. *Ernst & Young AG (Hrsg.)*, Rechnungslegung von Financial Instruments, 3. Aufl., 2004, S. 5-9.

ger für einen auftretenden Verlust zu entschädigen, weil ein bestimmter Schuldner seinen Zahlungsverpflichtungen gemäß den ursprünglichen oder geänderten Bedingungen eines Schuldinstruments nicht nachkommt, sind aus dem Anwendungsbereich des IAS 39 ausgenommen und, sofern im Einzelfall die Merkmale eines Versicherungsvertrags gegeben sind, den Vorschriften des IFRS 4 *„Insurance Contracts"* unterworfen.

Änderungen bei der Ausbuchung („derecognition")

In IAS 39 werden zwar die beiden Ausbuchungskonzeptionen *„risk and rewards approach"* und *„control concept"* beibehalten, gleichwohl wird festgelegt, dass bei allen Ausbuchungsvorgängen die Frage der Übertragung von Risiken und Chancen Vorrang vor der Frage der Übertragung der Verfügungsmacht (*„control"*) hat. Die Vorschriften zur Ausbuchung finanzieller Vermögenswerte sind grundsätzlich überarbeitet worden. IAS 39 enthält nunmehr den klarstellenden Hinweis, dass die Ausbuchungsvorschriften auf konsolidierter Basis anzuwenden sind. Gerade die regelmäßige Einbeziehung von Zweckgesellschaften (*„special purpose entities"*) nach IAS 27 i.V.m. SIC 12 führt in praxi dazu, dass sich die Frage des Abgangs von Forderungen (*„true sale"*) erst auf der Ebene von Zweckgesellschaften stellt. Ein Überblick über die umfangreichen Detailregelungen zur Ausbuchung kann anhand einer mehrstufigen Entscheidungsregel, die im Anhang von IAS 39 enthalten ist, gewonnen werden. Bei einer nur teilweisen Übertragung der Risiken und Chancen und der Rückbehaltung von Kontrollrechten ist der sog. *„continuing involvement approach"* zu beachten, wonach der übertragene Vermögenswert weiterhin in Höhe des anhaltenden Engagements zu erfassen ist. Ferner kann eine zur Ausbuchung qualifizierende Transaktion mit Servicerechten an den übertragenen Vermögenswerten verbunden sein, die entsprechend zu bilanzieren sind.

Änderungen im Rahmen der Bewertungskategorien

Die restriktiven Abgrenzungskriterien sowie die Ausschlussregel bei der Kategorie Held-to-Maturity bleiben unverändert bestehen. Für die in Loans and Receivables umbenannte Bewertungskategorie ist eine Einschränkung dergestalt zu beachten, dass nur noch die nicht auf einem aktiven Markt zum Handel zugelassenen finanziellen Vermögenswerte in diese Kategorie eingestuft werden dürfen. Anderseits wurde diese Bewertungskategorie von dem Erfordernis befreit, das Kreditverhältnis selbst begründet (*„originated"*) haben zu müssen.

IAS 39 eröffnet erstmals die Möglichkeit, sämtliche Finanzinstrumente (d. h. erstmals auch originäre finanzielle Verbindlichkeiten sowie originär ausgereichte Kredite und Forderungen) im Zugangszeitpunkt, unabhängig davon, ob eine Handelsabsicht besteht oder nicht, wahlweise als At Fair Value through Profit or Loss zu kategorisieren (Fair

Value Option) und erfolgswirksam zum Fair Value zu bewerten.[9] Die durch das Wahlrecht de facto geschaffene neue Möglichkeit der bilanziellen Abbildung von Fair Value Hedges (ohne die strengen Anforderungen an die Dokumentation, Messung der Effektivität usw.) führt zwar zur Vermeidung von *„mismatches"* in der Rechnungslegung, gleichwohl führt die Designation von finanziellen Verbindlichkeiten als At Fair Value through Profit or Loss unmittelbar in die seit langem kontrovers diskutierte Problematik der Bewertung des eigenen Kreditrisikos.[10]

Ferner besteht die Möglichkeit, sämtliche nicht-derivativen finanziellen Vermögenswerte (wie z. B. Kredite und Forderungen) wahlweise als Available-for-Sale zu designieren. Darüber hinaus ist das in der vorigen Version des Standards noch für finanzielle Vermögenswerte der Bewertungskategorie Available-for-Sale bestehende Wahlrecht, Wertänderungen unmittelbar im Periodenergebnis zu erfassen, eliminiert worden. Nach IAS 39 sind die Fair Value-Änderungen der finanziellen Vermögenswerte der Bewertungskategorie Available-for-Sale nunmehr bis zum Abgang bzw. dem Vorliegen einer Wertminderung zwingend in der Neubewertungsrücklage (AfS-Rücklage) auszuweisen.

Änderungen bei der Behandlung von Wertminderungen (Risikovorsorge)

IAS 39 enthält erstmals Indikatoren für die Beurteilung, ob bei gehaltenen Eigenkapitalinstrumenten eine Wertminderung (*„impairment"*) zu erfassen ist. Ferner sind die zu fortgeführten Anschaffungskosten bewerteten finanziellen Vermögenswerte, die einzeln im Rahmen eines Niederstwerttests als nicht wertgemindert befunden wurden, in einen Test, der für finanzielle Vermögenswerte mit ähnlichen Kreditrisiken auf Portfoliobasis durchgeführt wird, einzubeziehen (Risikovorsorge auf Portfoliobasis). Die bilanzielle Erfassung von Wertminderungen nach IAS 39 basiert auf dem *„incurred loss model"*, bei dem nur auf die im Geschäftsjahr tatsächlich eingetretenen Schadensfälle Bezug genommen wird.

Nach dem Wegfall der Gründe für eine Wertminderung bei Fremdkapitalinstrumenten ist bei allen Bewertungskategorien eine entsprechende Wertaufholung – wie bislang – erfolgswirksam zu berücksichtigen. Entfällt in späteren Perioden der Grund für die Vornahme einer außerplanmäßigen Abschreibung bei gehaltenen Eigenkapitalinstrumenten der Bewertungskategorie Available-for-Sale, ist dagegen eine erfolgswirksame Wertaufholung unzulässig.

---

9 Am 21. April 2004 hat der IASB einen (Teil-) Exposure Draft zur nachträglichen Änderung von IAS 39 veröffentlicht, der die Fair Value Option wieder begrenzen soll.

10 Mit aus diesem Grund wurde auch die Fair Value Option für finanzielle Verbindlichkeiten im Rahmen des „Endorsement Mechanism" der EU nicht gebilligt, vgl. Verordnung (EG) Nr. 2086/2004, ABl. EU Nr. L 363 v. 9.12.2004, S. 1-3.

Änderungen bei der Bilanzierung von Sicherungsbeziehungen (Hedge Accounting)

Über die Designation von Grundgeschäften in die neu geschaffene Bewertungskategorie At Fair Value through Profit or Loss wird die bilanzielle Abbildung von ökonomisch sinnvollen Sicherungsbeziehungen vereinfacht. Insbesondere bedarf es dazu nicht der strengen Voraussetzungen der Vorschriften zum Fair Value Hedge Accounting. Andererseits sind die Grundgeschäfte jedoch mit dem Full Fair Value anzusetzen.

Die Absicherung von festen Verpflichtungen (*„firm commitments"*) erfolgt künftig als Fair Value Hedge, es sei denn, es werden Währungsrisiken gesichert. Bei Letzterem ist wahlweise auch ein Cashflow Hedge zulässig. Das Grundgeschäft ist nach den allgemeinen Grundsätzen regelmäßig bilanzunwirksam. Durch die Sonderregelungen des Hedge Accountings werden die Wertänderungen des gesicherten (schwebenden) Grundgeschäfts, die auf das gesicherte Risiko zurückzuführen sind, als Vermögenswert bzw. Verbindlichkeit bilanzwirksam erfasst.

Ist das gesicherte Grundgeschäft im Rahmen eines Cashflow Hedge eine mit hoher Wahrscheinlichkeit eintretende künftige Transaktion (*„forecast transaction"*), die zum Zugang eines finanziellen Vermögenswerts oder einer Verbindlichkeit führt, werden nach der Überarbeitung von IAS 39 die über das Eigenkapital gebuchten (Sicherungs-) Erfolge nicht mehr Bestandteil der Anschaffungskosten der finanziellen Vermögenswerte bzw. Verbindlichkeiten sein, sondern im Eigenkapital verbleiben und in den Perioden erfolgswirksam in das Periodenergebnis eingehen, in denen auch das betreffende Grundgeschäft (z. B. in Form von Abschreibungs- oder Zinsaufwand) das Periodenergebnis beeinflusst.

Änderungen bei den Übergangsregelungen

Der überarbeitete IAS 39 ist verbindlich auf Abschlüsse anzuwenden, die am oder nach dem 1. Januar 2005 beginnen. Als Grundregel gilt, dass der Standard, soweit nicht Ausnahmen hiervon konkret geregelt sind, sowohl für die Berichtsperiode, als auch für sämtliche Vergleichsperioden retrospektiv so anzuwenden ist, als ob er schon immer angewendet worden wäre. Eine freiwillige frühere Anwendung ist zulässig, sofern IAS 32 analog frühzeitig angewendet wird.

1.3. Vorschriften zum Portfolio Fair Value Hedging Accounting von Zinsänderungsrisiken

Im Anschluss an Konsultationen des IASB mit Vertretern des Europäischen Bankenverbands wurde im August 2003 ein 41-seitiger (Teil-) Exposure Draft *„Fair Value Hedge Accounting for a Portfolio of Interest Rate Risk“* zur nachträglichen Änderung von IAS 39 veröffentlicht, wodurch im Gegensatz zum bisherigen Stand der Vorschriften, ein Fair Value Hedge Accounting zur Absicherung eines Portfolios gegen Zinsänderungsrisiken ermöglicht werden sollte.[11] In diesem Zusammenhang brachten Vertreter der Fédération Bancaire de l'Union Européenne (FBE) ein Arbeitspapier *„Macro Hedging of Interest Rate Risk“* ein. Die endgültigen, im Vergleich zum Entwurf leicht modifizierten Vorschriften zum Portfolio Fair Value Hedge Accounting, wurden am 31. März 2004 veröffentlicht und sind – wie die übrigen Vorschriften des IAS 39, die im Dezember 2003 verabschiedet wurden – auf Abschlüsse anzuwenden, die am oder nach dem 1. Januar 2005 beginnen.[12]

Die Grundkonzeption der Vorschriften kann durch den folgenden **8-stufigen Regelkreis** beschrieben werden, der den Anwendungsleitlinien von IAS 39 entnommen ist (vgl. dazu ausführlich Kapitel 7.7.).[13] Ein Unternehmen, dass einen Portfolio Fair Value Hedge Accounting von Zinsänderungsrisiken abbilden möchte,

- identifiziert ein oder auch mehrere Portfolien von Grundgeschäften, die gegen Zinsänderungsrisiken gesichert werden sollen und ordnet die im Portfolio enthaltenen Geschäfte den Zinsanpassungsterminen (Laufzeitbändern) zu,
- bestimmt, welcher Betrag abgesichert werden soll und designiert diesen Betrag der Aktiva oder Passiva als gesichertes Grundgeschäft im Rahmen des Hedge Accountings,
- bestimmt und dokumentiert das gesicherte Zinsänderungsrisiko,
- designiert ein oder mehrere Geschäfte als ein Sicherungsinstrument für jeden Zinsanpassungstermin (jedes Laufzeitband),
- weist für den Zeitpunkt der Designation und jeweils in den Folgeperioden die voraussichtlich hohe prospektive Effektivität der Sicherungsbeziehung nach,
- misst die Änderungen des Fair Values des gesicherten Grundgeschäfts im Hinblick auf das gesicherte Risiko und erfasst diese – sofern die Absicherung effektiv war – in der GuV sowie in einem separaten Aktiv- bzw. Passivposten,
- misst gleichzeitig die Änderungen des Fair Values des designierten Sicherungsinstruments und erfasst diese in der Bilanz und GuV und
- löst die Sicherungsbeziehung in jedem Laufzeitband (gedanklich) auf.

---

[11] Vgl. *Kropp, M./Klotzbach, D.*, WPg 2003, S. 1180-1192; *Krumnow, J./Sprißler, W. u.a. (Hrsg.)*, Kommentar², IAS 39, Tz. 372-384; *Kuhn, S./Scharpf, P.*, DB 2004, S. 2293-2299.

[12] Vgl. *Barckow, A./Glaum, M.*, KoR 2004, S. 194-196; *Ernst & Young LLP (Hrsg.)*, International GAAP 2005, 2004, S. 1147-1148.

[13] Vgl. *Arnoldi, R./Leopold, T.*, KoR 2005, S. 23-26; *Kuhn, S./Scharpf, P.*, DB 2004, S. 2295-2299.

1.4. Geplante Einschränkungen der Fair Value Option

Im Nachgang zur Einführung der Fair Value Option in IAS 39, wonach jedes beliebige Finanzinstrument wahlweise und unwiderruflich als At Fair Value through Profit or Loss bilanziert werden darf, wurden von Seiten der Europäischen Zentralbank (EZB), der im Baseler Ausschuss vertretenen Aufsichtsbehörden sowie der Wertpapierregulierungsbehörden der EU-Mitgliedstaaten nachhaltige Bedenken vorgebracht, die auf Ebene des IASB in seiner Sitzung vom Februar 2004 diskutiert wurden.[14] So machte z. B. die Europäische Zentralbank deutlich, dass Unternehmen durch eine entsprechende Ausübung der Fair Value Option auf Finanzinstrumente, deren Fair Value nicht nachprüfbar sei, oder auf eigene Verbindlichkeiten, bei denen es bei einer Verschlechterung der Bonität zu einer erfolgswirksamen Erfassung von Schuldnergewinnen kommt, Ergebniseffekte erzielen können. Als Reaktion auf die Bedenken wurde am 21. April 2004 ein weiterer (Teil-) Exposure Draft *„The Fair Value Option"* zur nachträglichen Änderung von IAS 39 veröffentlicht, der die Ausübung der Fair Value Option auf die zwei nachfolgenden Ebenen beschränken soll:[15]

(1) Geplante Einschränkungen nach der Art des Finanzinstruments

Nach der im Exposure Draft vorgesehenen modifizierten Abgrenzung der Bewertungskategorie At Fair Value through Profit or Loss soll eine Ausübung der Fair Value Option als notwendige Bedingung nur noch dann zulässig sein, wenn das betreffende Finanzinstrument eine der folgenden **fünf Voraussetzungen** erfüllt (ED IAS 39.9):

- Bei dem Posten handelt es sich um einen finanziellen Vermögenswert oder eine finanzielle Verbindlichkeit, die ein oder mehrere eingebettete Derivate (wie in IAS 39.10 definiert) enthält. Dies soll unabhängig davon gelten, ob die eingebetteten Derivate nach IAS 39.11 gesondert zu bilanzieren sind oder nicht.
- Bei dem Posten handelt es sich um eine finanzielle Verbindlichkeit, deren Zahlungsprofil vertraglich an die Wertentwicklung bestimmter Vermögenswerte geknüpft ist, die zum Fair Value bewertet werden. Die Verknüpfung muss dabei durch eine konkrete Benennung des Vermögenswerts im zugrunde liegenden Vertrag dokumentiert sein.[16]
- Das mit dem finanziellen Vermögenswert oder der finanziellen Verbindlichkeit verbundene Risiko einer Änderung des Fair Values wird durch ein anderes Finanzinstrument ökonomisch nahezu vollständig glattgestellt (*„is substantially offset"*).
- Bei dem Posten handelt es sich um einen finanziellen Vermögenswert, der nicht die Definitionsmerkmale der Bewertungskategorie Loans and Receivables erfüllt.

---

14 Vgl. *Ernst & Young LLP (Hrsg.)*, International GAAP 2005, 2004, S. 845-846.

15 Vgl. *Barckow, A.*, WPg 2004, S. 793-798.

16 Hierunter würde z. B. eine Credit Linked Note fallen, bei der der Emittent das Referenzaktivum im Bestand hält und die Rückzahlung der Anleihe vertraglich an das Profil der Rückzahlung seiner Forderung geknüpft ist.

- Es handelt sich um einen Posten, der nach anderen Standards erfolgswirksam zum Fair Value bewertet werden kann oder muss.

(2) Geplante Einschränkungen nach der Qualität des Fair Values

Neben dieser notwendigen Bedingung sieht der Entwurf zudem vor, dass die Fair Value Option nur für solche finanziellen Vermögenswerte oder finanziellen Verbindlichkeiten ausgeübt werden darf, deren Fair Value **überprüfbar** („*verifiable*") ist. Davon ist auszugehen, wenn der Fair Value einem beobachtbaren Börsen- oder Marktpreis entspricht oder über Bewertungsmodelle generiert werden kann (ED IAS 39.AG48A-B).

Der (Teil-) Exposure Draft „*The Fair Value Option*" zur nachträglichen Änderung von IAS 39 soll für Abschlüsse anzuwenden sein, die am oder nach dem 1. Januar 2005 beginnen (ED IAS 39.103A).[17]

---

[17] Bis zum 31. März 2005 ist eine Verabschiedung des (Teil-) Exposure Drafts „*The Fair Value Option*" durch den IASB noch nicht erfolgt.

1.5. Weitere nachträgliche Änderungen in IAS 39

Der IASB hat am 8. Juli 2004 drei weitere (Teil-) Exposure Drafts zur nachträglichen Änderung von IAS 39 veröffentlicht: *„Transition and Initial Recognition of Financial Assets and Financial Liabilities"*, *„Cash Flow Hedge Accounting of Forecast Intragroup Transactions"* sowie *„Financial Guarantee Contracts and Credit Insurance"*.

1.5.1. Erfolgsrealisierung vor (und nach) dem Zugangstag

Als Erleichterung für die praktische Erstanwendung von IAS 39 auf die **Erfolgsrealisierung** von Finanzinstrumenten **vor (und nach) dem Zugangstag** ist nach dem am 17. Dezember 2004 verabschiedeten (Teil-) Exposure Draft *„Transition and Initial Recognition of Financial Assets and Financial Liabilities"*, sowohl für Unternehmen, die bereits einen IFRS-Abschluss erstellen, als auch für Unternehmen, die planen, einen Abschluss unter Anwendung von IFRS 1 erstmals nach IFRS aufzustellen, wahlweise eine nur prospektive Anwendung des letzten Satzes von IAS 39.AG76 sowie des ergänzten IAS 39.AG76A ab dem 25. Oktober 2002 oder dem 1. Januar 2004 zulässig (IAS 39.107A).[18] Dies bedeutet, dass für den erstmaligen Ansatz eines Finanzinstruments der Transaktionspreis (d. h. der Fair Value der hingegebenen oder erhaltenen Gegenleistung) der beste Nachweis für einen Fair Value ist, es sei denn, der Fair Value wird durch einen Vergleich mit anderen beobachtbaren aktuellen Markttransaktionen desselben Finanzinstruments nachgewiesen oder basiert auf einer Bewertungsmethode, deren Variablen nur Inputdaten von beobachtbaren Märkten umfassen (IAS 39.AG76, letzter Satz). Im Ergebnis können die Vorschriften zur Erfolgsrealisierung am Zugangstag (*„day one profit recognition"*)[19] sowie zur Erfolgsrealisierung nach dem Zugangstag (*„day two profit recognition"*) (IAS 39.AG76A) als Erweiterung vom Grundsatz der vollumfänglich retrospektiven Anwendung wahlweise wie folgt angewendet werden (IAS 39.107A):

- prospektive Anwendung auf Transaktionen nach dem 25. Oktober 2002
- prospektive Anwendung auf Transaktionen nach dem 1. Januar 2004.

1.5.2. Erwartete konzerninterne Transaktionen als gesicherte Grundgeschäfte im Cashflow Hedge Accounting

Skizze der Vorschriften in IAS 39 (revised 2000)

Nach IGC Q&A 137-13 *„Intra-group monetary item that will affect consolidated net income"* konnte ein konzerninterner monetärer Posten auf Konzernebene als gesichertes Grundgeschäft im Rahmen eines Fair Value Hedges bzw. Cashflow Hedges gegen Währungsrisiken designiert werden, wenn dem Unternehmen durch den konzerninternen monetären Posten Umrechnungsdifferenzen entstanden sind, die im Rahmen der Konsolidierung nicht eliminiert werden konnten.

---

[18] Vgl. *Kuhn, S./Scharpf, P.*, KoR 2004, S. 381-382.

[19] Vgl. dazu ausführlich *Ernst & Young LLP (Hrsg.)*, International GAAP 2005, 2004, S. 1026-1028.

Die Umrechnungsdifferenzen aus konzerninternen monetären Posten wirkten sich dabei auf das Konzernergebnis aus, wenn (1) der Posten aus einem Geschäftsvorfall zwischen zwei Konzernunternehmen resultierte, die unterschiedliche Bewertungswährungen („*measurement currencies*") verwenden und (2) der konzerninterne Posten in einer der beiden Währungen denominiert war.

Ergänzend zu Q&A 137-13 enthielt Q&A 137-14 „*Forecasted intra-group foreign currency transactions that will affect consolidated net income*" den Hinweis, dass eine erwartete konzerninterne Transaktion als gesichertes Grundgeschäft im Rahmen eines Cashflow Hedges dann gegen das Währungsrisiko designiert werden konnte, wenn sie sich neben der Erfüllung aller sonstiger Kriterien für das Hedge Accounting auf einen konzerninternen monetären Posten bezog, der sich als gesichertes Grundgeschäft qualifiziert hat. Als Beispiel wurde eine konzerninterne Absicherung einer festen Verpflichtung („*firm commitment*") zur Lieferung von Waren angeführt. In einem Konzern A (Bewertungswährung = EUR) schließt ein Tochterunternehmen B (Bewertungswährung = EUR) am 31. März zu einem Preis von USD 110 (zahlbar am 30. Juni) eine feste Verpflichtung zur Lieferung von Waren mit einem Tochterunternehmen C (Bewertungswährung = USD) ab. Nach Q&A 137-14 konnte nun sowohl das Tochterunternehmen B als auch der Konzern A die feste Verpflichtung als gesichertes Grundgeschäft im Rahmen eines Cashflow Hedges gegen das Währungsrisiko designieren.

Skizze der Vorschriften im überarbeiteten IAS 39

Im Rahmen der Überarbeitung zu IAS 39 wurde Q&A 137-13 „*Intra-group monetary item that will affect consolidated net income*" in IAS 39.80 umgegliedert und mit dem folgenden Wortlaut verabschiedet: Zum Zwecke des Hedge Accountings können nur Vermögenswerte, Verbindlichkeiten, feste Verpflichtungen oder mit hoher Wahrscheinlichkeit eintretende künftige Transaktionen als Grundgeschäfte bezeichnet werden, bei denen eine nicht zum Unternehmen gehörende externe Partei eingebunden ist. Daraus folgt, dass ein Hedge Accounting bei Transaktionen zwischen Unternehmen oder Segmenten innerhalb derselben Unternehmensgruppe (Konzern) nur für Einzelabschlüsse oder separate Einzelabschlüsse nach IFRS eben dieser Unternehmen oder Segmente angewendet werden kann und nicht für den Konzernabschluss der Unternehmensgruppe. Als eine Ausnahme kann das Währungsrisiko aus einem konzerninternen monetären Posten (z. B. eine Verbindlichkeit/Forderung zwischen zwei Tochtergesellschaften) die Voraussetzungen eines Grundgeschäfts im Konzernabschluss erfüllen, wenn es zu Gewinnen oder Verlusten aus einer Fremdwährungsposition führt, die im Rahmen der Konsolidierung nicht vollständig eliminiert werden können. Nach IAS 21 Werden Umrechnungsdifferenzen aus konzerninternen monetären Posten bei der Konsolidierung nicht vollständig eliminiert, wenn der konzerninterne monetäre Posten zwischen zwei Unternehmen des Konzerns mit unterschiedlichen funktionalen Währungen („*functional currencies*") abgewickelt wird.

Q&A 137-14 wurde weder in den Standardtext noch in die überarbeitete IAS 39 Guidance on Implementing übernommen. Im Rahmen der praktischen Anwendung der Vorschriften stellte sich die Frage, ob und inwieweit damit eine Einschränkung des Status Quo verbunden ist (ED IAS 39.BC2-3). Der IASB reagierte hierauf mit der Veröffentlichung des (Teil-) Exposure Drafts *„Cash Flow Hedge Accounting of Forecast Intragroup Transactions"*.

Skizze des ED „Cash Flow Hedge Accounting of Forecast Intragroup Transactions"

Nach dem Exposure Draft sollte in IAS 39.AG99A eine Ergänzung der Vorschriften für gesicherte Grundgeschäfte im konsolidierten Abschluss eingeführt werden, wonach ein Konzern eine **erwartete externe Transaktion**, die in der funktionalen Währung eines mit der Transaktion verbundenen Unternehmens (z. B. Tochterunternehmen) nominiert ist, **anteilig als Grundgeschäft** zur Absicherung gegen Währungsrisiken im Rahmen eines Cashflow Hedges designieren kann, sofern aus der geplanten externen Transaktion ansonsten ein Währungsrisiko resultieren würde, das einen Einfluss auf das Konzernperiodenergebnis hat (z. B. wenn die Transaktion in einer anderen Währung nominiert ist als die Darstellungswährung (*„presentation currency"*) des Konzerns). Die vorgeschlagenen Änderungen sollen für Geschäftsjahre, die am oder nach dem 1. Januar 2006 beginnen, verpflichtend anzuwenden sein. Eine vorzeitige Anwendung soll jedoch auch zulässig sein (ED IAS 39.110).[20]

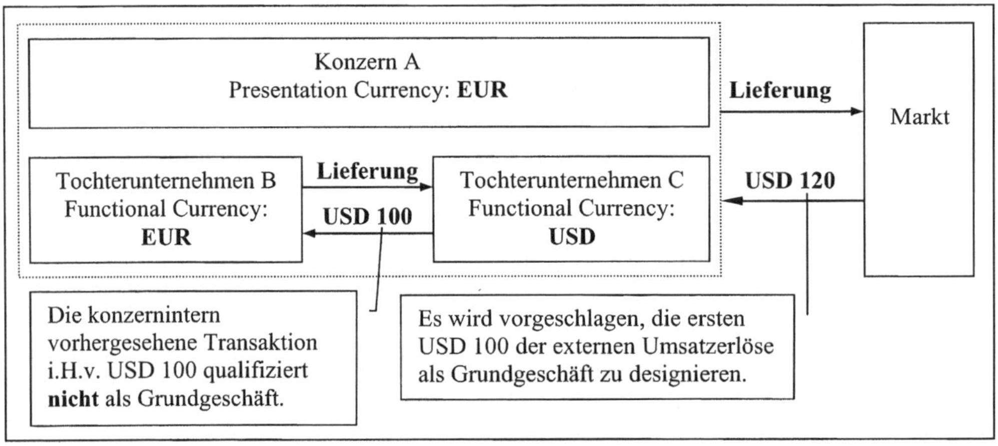

Abb. 2: Beispiel einer konzerninternen Lieferung in fremder Währung

Zur Veranschaulichung soll das folgende Beispiel dienen (ED IAS 39.BC.2): In einem Konzern A (Darstellungswährung = EUR) werden die beiden Tochtergesellschaften B und C vollkonsolidiert. Die Tochtergesellschaft B wird als Produktionsunternehmen beschrieben, deren funktionale Währung EUR ist. C stellt demgegenüber eine Ver-

20 Vgl. *Ernst & Young LLP (Hrsg.)*, International GAAP 2005, 2004, S. 1161-1162; *Kuhn, S./Scharpf, P.*, KoR 2004, S. 382.

triebsgesellschaft mit funktionaler Währung USD dar. Die zur Produktion bei B benötigten Inputfaktoren werden größtenteils in EUR und der konzerninterne Verkauf zur Vertriebstochter C in USD fakturiert. C veräußert die Fertigprodukte an externe Endkunden wiederum in USD. Aus dem aufgezeigten Sachverhalt ergibt sich auf Konzernebene bei Darstellungswährung EUR ein Währungsrisiko dergestalt, dass die in USD fakturierten externen Umsatzerlöse vom USD/EUR Umrechnungskurs abhängig sind. Nach den vorgeschlagenen Änderungen in ED IAS 39.AG99A sollte es nunmehr zulässig sein, dass die ersten USD 100 Cashflows, die bei C aus insgesamt mit hoher Wahrscheinlichkeit eintretenden vorhergesehenen externen Umsatzerlösen von USD 120 zufließen werden, als gesichertes Grundgeschäft bei B zu designieren (ED IAS 39.BC10).

Vorläufige Entscheidung des IASB im Februar 2005

Nicht zuletzt vor dem Hintergrund der größtenteils ablehnenden Meinung in den 58 Stellungnahmen stand der ED *„Cash Flow Hedge Accounting of Forecast Intragroup Transactions"* bei der Sitzung des IASB im Februar 2005 erneut zur Diskussion. Zur weiteren Vorgehensweise wurden dabei die drei nachfolgenden Alternativen aufgezeigt:

- Keine Verabschiedung von ED IAS 39 *„Cash Flow Hedge Accounting of Forecast Intragroup Transactions"*: Bei dieser Alternative wäre weiterhin fraglich, ob und inwieweit *„forecast intragroup transactions"* nach IAS 39 als Grundgeschäfte zugelassen sind. In der Praxis bestünde dann weiter Unsicherheit darüber, ob der ED nur eine Auslegung (*„clarification"*) oder tatsächliche eine Änderung (*„amendment"*) des geltenden IAS 39 zum Inhalt hatte.
- Verabschiedung von ED IAS 39 *„Cash Flow Hedge Accounting of Forecast Intragroup Transactions"* in leicht modifizierter Form: Mit dieser Alternative wären eine Vielzahl von derzeit ungelösten praktischen Schwierigkeiten verbunden.
- Verabschiedung von ED IAS 39 *„Cash Flow Hedge Accounting of Forecast Intragroup Transactions"* geändert entsprechend der Altregelung in IGC Q&A 137-14 *„Forecasted intra-group foreign currency transactions that will affect consolidated net income"*: Bei dieser Alternative soll die Altregelung aus IAS 39 (revised 2000) wieder eingeführt werden. Danach wäre es wieder zulässig, eine *„forecast intragroup transaction"* auf Konzernebene als Grundgeschäft in Cashflow Hedges zu designieren.

Nach Abschluss der Diskussion hat sich der IASB für die letzte Alternative entschieden, d. h. ED IAS 39 *„Cash Flow Hedge Accounting of Forecast Intragroup Transactions"* **geändert entsprechend der Altregelung in IGC Q&A 137-14** zeitnah zu verabschieden. Insofern ist zu erwarten, dass es zu einer verbindlichen Änderung von

IAS 39 kommt und die Designation von *„forecast intragroup transaction"* ab diesem Zeitpunkt für Berichtsperioden nach dem 1. Januar 2005 zulässig ist.[21]

1.5.3. Bilanzierung von Finanzgarantien und Kreditversicherungen

Der (Teil-) Exposure Draft *„Financial Guarantee Contracts and Credit Insurance"* enthält eine Neuordnung der Regelungen für die Bilanzierung von Finanzgarantien und Kreditversicherungen. Neben einer erneuten Anpassung der Anwendungsbereiche für Finanzgarantien sowie für unwiderrufliche Kreditzusagen soll erstmals eine Definition für Finanzgarantien in IAS 39 eingeführt werden (ED IAS 39.9; ED IAS 32.4(d); ED IAS 39.2(e) i.V.m. ED IAS 39.AG4A; ED IFRS 4.4). Darüber hinaus werden Regelungen für die Zugangs- und Folgebewertung für derartige Instrumente beim Garantiegeber vorgeschlagen (ED IAS 39.47).[22]

Nach der in ED IAS 39.9 vorgeschlagenen Definition soll eine Finanzgarantie einen Vertrag darstellen, der eine Entschädigungszahlung an den Inhaber für Verluste regelt, die entstehen, wenn der Schuldner seinen Zahlungsverpflichtungen gemäß den ursprünglichen oder geänderten Vertragsbedingungen eines Schuldinstruments nicht nachkommt. Klarstellend wird geregelt, dass auch solche Finanzgarantien, die die Definition eines Versicherungsvertrags nach IFRS 4 erfüllen, künftig unter den Anwendungsbereich von IAS 39 fallen sollen (ED IAS 39.AG4A(a)). Ferner ist eine Kreditgarantie (*„credit guarantee"*), die weder die Definition einer Finanzgarantie noch die eines Versicherungsvertrags erfüllt, im Rahmen der Bilanzierung künftig als Derivat zu behandeln (ED IAS 39.AG4A(c)).

Im Rahmen der **Zugangsbewertung** einer Finanzgarantie beim Sicherungsgeber ist diese zum Fair Value zu bewerten. Sofern die Finanzgarantie zu marktgerechten Konditionen gewährt wird, entspricht der Fair Value zum Zeitpunkt des Zugangs regelmäßig der vom Sicherungsnehmer erhaltenen Prämie (ED IAS 39.AG4A(a)).

Bei der **Folgebewertung** sind Finanzgarantien, mit Ausnahme solcher, die bei der Übertragung finanzieller Vermögenswerte oder finanzieller Verbindlichkeiten auf einen anderen Vertragspartner gewährt bzw. in Anspruch genommen werden, zum höheren Betrag als dem nach den Vorschriften des IAS 37 anzusetzenden Betrag oder dem Zugangswert abzüglich einer in Übereinstimmung mit IAS 18 erfassten kumulierten Amortisierung zu bewerten (ED IAS 39.47(c)). Dies gilt auch für Vereinbarungen zur Bereitstellung eines Darlehens zu einem unter dem Marktzins liegenden Zinssatz (ED IAS 39.47(d)).

Finanzgarantien, die bei der Übertragung finanzieller Vermögenswerte oder finanzieller Verbindlichkeiten auf einen anderen Vertragspartner gewährt bzw. in Anspruch

21 Vgl. *IASB*, IASB Update, February 2005, S. 5.

22 Vgl. *Ernst & Young LLP (Hrsg.)*, International GAAP 2005, 2004, S. 1060; *Kuhn, S./Scharpf, P.*, KoR 2004, S. 383-384.

genommen werden, sind an nachfolgenden Stichtagen, sofern die Finanzgarantien eine Ausbuchung verhindern oder ein anhaltendes Engagement („*continuing involvement*") (z. B. bei ABS-Transaktionen) resultiert, nach den Vorschriften IAS 39.29-37 und IAS 39.AG47-AG52 und in allen anderen Fällen als Derivat zu bewerten (ED IAS 39.AG4A(a)(ii)).

Die vorgeschlagenen Änderungen sollen für Geschäftsjahre, die am oder nach dem 1. Januar 2006 beginnen, verpflichtend anzuwenden sein. Eine vorzeitige Anwendung soll unter Beachtung von Anhangsangaben zulässig sein.

1.6. Exposure Draft ED 7 „Financial Instruments: Disclosures"

Am 22. Juli 2004 hat der IASB einen neuen Exposure Draft ED 7 *„Financial Instruments: Disclosures"* veröffentlicht.[23] Die mit ED 7 verbundenen Änderungen sind im Wesentlichen dazu bestimmt, die bisherigen Anforderungen aus den Vorschriften zu den Angaben und zur Offenlegung bei der Bilanzierung von Finanzinstrumenten aus den Standards IAS 30 *„Disclosures in the Financial Statement of Banks and Similar Financial Institutions"* vollständig (ED 7.50) und IAS 32 *„Financial Instruments: Disclosure and Presentation"* teilweise zusammenzufassen, zu überarbeiten und zu erweitern. ED 7 soll für alle Unternehmen, die Finanzinstrumente halten, gleichermaßen anzuwenden sein (und nicht nur für Banken und Finanzdienstleistungsinstitute, für welche aufgrund ihrer besonderen Geschäftstätigkeit mit IAS 30 bislang ein spezifischer Standard existierte (ED 7.BC6-9)). In IAS 30 werden bislang branchenspezifische Vorgaben für die Offenlegung der Bilanz und GuV gemacht, die nach ED 7 wegfallen sollen.

In diesem Zusammenhang ist vorgesehen, die Bezeichnung von IAS 32 *„Financial Instruments: Disclosure and Presentation"* in IAS 32 *„Financial Instruments: Presentation"* zu ändern (ED 7.B2).

ED 7 bezieht sich auf **Angaben aller Risiken**, die aus dem Einsatz von Finanzinstrumenten resultieren können. In die Offenlegungsverpflichtungen sollen auch solche Instrumente mit einbezogen werden, die nicht in der Bilanz ausgewiesen sind. Die Anforderungen aus ED 7 zu den Anhangsangaben sollen uneingeschränkt für alle Unternehmen gelten, die Finanzinstrumente halten.

ED 7 soll erstmals auf Berichtsperioden eines am oder nach dem 1. Januar 2007 beginnenden Geschäftsjahrs anzuwenden sein. Eine frühere Anwendung wird empfohlen. Durch eine geplante Änderung von IFRS 1 sollen Unternehmen, die ED 7 bereits vor dem 1. Januar 2006 einführen, von der Pflicht zur Bereitstellung von Vergleichsangaben für das erste Jahr der Einführung befreit werden (Erleichterungsregel) (ED IFRS 1.36B).

Neben dem vollständigen Ersatz von IAS 30 und den geplanten Änderungen in IAS 32 enthält ED 7 noch eine Vielzahl von weiteren Änderungen, die die folgenden Standards betreffen:

- IAS 1 *„Presentation of Financial Statements"* (ED 7.B3),
- IAS 14 *„Segment Reporting"* (ED 7.B4),
- IAS 17 *„Leases"* (ED 7.B5),
- IAS 33 *„Earnings per Share"* (ED 7.B6),

---

23 Vgl. *Ernst & Young LLP (Hrsg.)*, International GAAP 2005, 2004, S. 1213-1214; *Bonin, C.*, DB 2004, S. 1569-1573; *Eckes, B./Sittmann-Haury, C.*, WPg 2004, S. 1195-1201; *Kuhn, S./Scharpf, P.*, KoR 2004, S. 383-389.

- IAS 39 *„Financial Instruments: Recognition and Measurement"* (ED 7.B7),
- IAS 41 *„Agriculture"* (ED 7.B8),
- IFRS 1 *„First-time Adoption of International Financial Reporting Standards"* (ED 7.B9),
- IFRS 4 *„Insurance Contracts"* (ED 7.B10) sowie die IFRS 4 Guidance on Implementing (ED 7.B11).

Unternehmen müssen in ihrem Abschluss Informationen veröffentlichen, die es dem Adressaten ermöglichen, die Bedeutung der Finanzinstrumente für die Finanz- und Ertragslage, die Art und das Ausmaß der sich aus den Finanzinstrumenten ergebenden Risiken, welchen das Unternehmen während des Geschäftsjahrs und zum Bilanzstichtag ausgesetzt war, und das Eigenkapital des Unternehmens einzuschätzen bzw. zu bewerten (ED 7.1).

Der Anwendungsbereich von ED 7 soll unabhängig von der bilanziellen Erfassung nach IAS 39 sämtliche Finanzinstrumente erfassen. Dabei wird ausdrücklich geregelt, dass eine Übereinstimmung mit dem Anwendungsbereich von IAS 39 nicht gegeben ist. So soll z. B. bei bestimmten Kreditzusagen, die nicht nach IAS 39 zu bilanzieren sind, ED 7 angewendet werden (ED 7.4). Ferner ist zu beachten, dass nach ED 7 erstmals Angaben zum Eigenkapital beim Emittenten gefordert werden (ED 7.6).

Bezüglich des Umfangs der Angabepflichten sieht ED 7.7 teilweise die **Bildung verschiedener Klassen von Finanzinstrumenten** vor. Die Bildung der Klassen kann vom Unternehmen weitgehend nach eigenem Ermessen vorgenommen werden, sollte aber entsprechend der Art und des Charakters der Finanzinstrumente erfolgen. Anhand dieser Klassen muss zumindest eine Unterscheidung zwischen Finanzinstrumenten, die zu fortgeführten Anschaffungskosten bzw. zum Fair Value bewertet werden, vorgenommen werden können.

Offenlegungspflichten – Mindestanforderungen (ED 7.9-31)

Die Mindestanforderungen an Offenlegungspflichten, die in der **Bilanz** erfüllt sein müssen, ergeben sich im Wesentlichen aus den Anforderungen, die in IAS 30.43 und IAS 32.94-95 enthalten waren und nun in ED 7.10-20 zusammengefasst werden. Dazu gehören insbesondere die Angabe der Buchwerte der einzelnen nach IAS 39 definierten Bewertungskategorien (ED 7.10) sowie Angaben zur (Veränderung der) Kreditwürdigkeit des Unternehmens.

Zu diesem Zweck müssen für finanzielle Verbindlichkeiten, die als **At Fair Value through Profit or Loss** kategorisiert sind, Angaben zur Veränderung des Fair Values offen gelegt werden, die nicht auf einer rein zinsinduzierten Änderung basieren. Darüber hinaus sind neben den Buchwerten der zum Fair Value bewerteten finanziellen Verbindlichkeiten auch deren Rückzahlungsbeträge anzugeben (ED 7.11).

Sofern ein finanzieller Vermögenswert in eine Bewertungskategorie **umgewidmet** wird, deren Folgebewertung auf (fortgeführten) Anschaffungskosten basiert, ist eine Angabe der Gründe für die Änderung der Bewertungskategorie („*reclassification*") erforderlich (ED 7.13). Dies kann z. B. für finanzielle Vermögenswerte Available-for-Sale relevant sein, die vormals in der Bewertungskategorie Held-to-Maturity geführt wurden und nach dem Ablauf der dreijährigen Sperrfrist (nach einer schädlichen Veräußerung) nunmehr wieder als Held-to-Maturity kategorisiert werden. Ferner können hierunter Finanzinvestitionen in Eigenkapitalinstrumente fallen, für die kein auf einem aktiven Markt notierter Preis vorliegt und deren Fair Value nicht (mehr) verlässlich ermittelt werden kann sowie Derivate auf solche Eigenkapitalinstrumente (IAS 39.46(c)). Für eine detaillierte Darstellung der Vorschriften zu Umwidmungen vgl. Kapitel 4.2.3.7.

Weitere Angabepflichten ergeben sich im Rahmen der **Ausbuchung** von Finanzinstrumenten („*derecognition*") nach IAS 39. Diese betreffen insbesondere Transaktionen, die zu keiner bzw. keiner vollständigen Ausbuchung von Finanzinstrumenten qualifizieren (ED 7.14).

Hinsichtlich der Informationen über **Kreditsicherheiten** („*collateral*") sieht ED 7.15-16 vor, dass ein Unternehmen für erhaltene Kreditsicherheiten die Buchwerte, für hereingenommene Kreditsicherheiten, die es auch ohne Ausfall des Sicherungsgebers veräußern oder weiterverpfänden kann sowie die Fair Values der Sicherheiten, anzugeben hat.

Es ist vorgesehen, dass ein Unternehmen die Entwicklung des Bilanzpostens **Risikovorsorge** („*allowance account for credit losses*") in der Berichtsperiode für jede Klasse von Finanzinstrumenten anzugeben hat (ED 7.17).

Ferner sollen Angaben zu **zusammengesetzten Finanzinstrumenten** („*compound instruments*") offen gelegt werden, die das Unternehmen emittiert hat (ED 7.18).

Weitere Angabepflichten ergeben sich aus Verbindlichkeiten, bei denen Zahlungsausfälle und sonstige Vertragsverletzungen eingetreten sind. Kommt das berichtende Unternehmen der Rückzahlung seiner fälligen Verbindlichkeiten nicht nach oder verstößt es gegen sonstige vertragliche Kreditvereinbarungen, sind darüber umfangreiche Angaben zu machen (ED 7.19). Diese Pflicht bezieht sich – bis auf kurzfristige Verbindlichkeiten aus Lieferungen und Leistungen – auf alle Kreditarten (ED 7.20).

Während die vorgenannten Angabepflichten in ähnlicher Form bereits in IAS 30 und IAS 32 enthalten waren, ist als echte Neuerung anzuführen, dass finanzielle Vermögenswerte und finanzielle Verbindlichkeiten künftig für sämtliche Angabepflichten nach Klassen aufzugliedern sind. Dies soll zu einer transparenteren Darstellungsweise beitragen und eine verbesserte Informations- und Entscheidungsgrundlage für den Adressaten darstellen.

Die Mindestanforderungen an Offenlegungsverpflichtungen für die **GuV** ergeben sich aus den bisherigen Anforderungen, die in IAS 30 und IAS 32 enthalten waren. ED 7.21-22 enthält hierzu eine Reihe von Angabepflichten, die die Auswirkungen von Erträgen und Aufwendungen sowie Bewertungsgewinnen und -verlusten aus finanziellen Vermögenswerten und finanziellen Verbindlichkeiten auf die GuV und insbesondere auch das Eigenkapital verdeutlichen sollen.

- Nach ED 7.21 sind die Nettogewinne bzw. -verluste (also saldiert) einzeln für die in IAS 39.9 definierten Bewertungskategorien von Finanzinstrumenten darzustellen (vgl. Kapitel 4.4.1. und 4.4.5.). Dabei soll ferner erläutert werden, ob Zinserträge bzw. Beteiligungserträge mit diesem Nettogewinn bzw. -verlust mit erfasst sind.
- Für Vermögenswerte der Bewertungskategorie Available-for-Sale ist der während der Berichtsperiode im Eigenkapital eingestellte Betrag sowie der Betrag, der vom Eigenkapital in die GuV umgegliedert wurde, gesondert anzugeben. Damit soll transparent gemacht werden, inwieweit Wertänderungen aus vergangenen Perioden das laufende Ergebnis beeinflusst haben.
- Ferner sind die gesamten Zinserträge und -aufwendungen anzugeben, die aus finanziellen Vermögenswerten und Verbindlichkeiten resultieren, die nicht in der Bewertungskategorie At Fair Value through Profit or Loss folgebewertet werden.
- Die geplante Angabepflicht bezüglich der Gebührenerträge und -aufwendungen, die in Zusammenhang mit Finanzinstrumenten entstehen, umfasst grundsätzlich nur die Depot- und Verwaltungsgebühren.
- Weiterhin sind Zinserträge, die auf im Wert geminderte finanzielle Vermögenswerte erfasst werden (IAS 39.AG93), anzugeben.
- Angaben zur Wertminderung (*„impairment"*) und Uneinbringlichkeit von finanziellen Vermögenswerten sind weiterhin für jede Kategorie von Finanzinstrumenten separat darzustellen (ED 7.22).

Die sonstigen Angaben beziehen sich im Wesentlichen auf Angabepflichten zu den Bilanzierungsmethoden, zur Bilanzierung von Sicherungsbeziehungen (Hedge Accounting) und zum Fair Value (ED 7.23-31):

Die Angabepflichten zu den **Bilanzierungs- und Bewertungsmethoden** umfassen unter anderem die Kriterien zur Designation von Finanzinstrumenten in die Bewertungskategorien At Fair Value through Profit or Loss und Available-for-Sale (IAS 39.9). Zudem soll angegeben werden, ob marktübliche Käufe und Verkäufe (Kassageschäfte) von finanziellen Vermögenswerten zum Handels- oder Erfüllungstag erfasst werden (IAS 39.38; IAS 39.AG53-AG56). Ferner ist geplant, dass die Kriterien, nach welchen die Beurteilung einer Wertminderung vorgenommen wird, offen zu legen sind (IAS 39.58-70).

Die Angaben zur Bilanzierung von **Sicherungsbeziehungen** (Hedge Accounting) sind getrennt für die drei Hedge Accounting-Methoden Fair Value Hedge, Cashflow Hedge und Hedge of a Net Investment in a Foreign Operation, zu erfüllen.

- Neben einer Beschreibung der designierten Sicherungsbeziehungen und der gesicherten Risiken sollen die als Sicherungsinstrumente eingesetzten Finanzinstrumente und deren Fair Values zum Bilanzstichtag angegeben werden.
- Im Fall von Cashflow Hedges mit erwarteten Transaktionen ist ferner eine Einschätzung darüber abzugeben, in welchen Perioden mit den erwarteten Cashflows gerechnet wird (ED 7.24).
- Wird ein Gewinn oder ein Verlust aus einer Cashflow Hedge-Beziehung direkt im Eigenkapital erfasst, ist der während der Berichtsperiode im Eigenkapital eingestellte Betrag sowie der Betrag, der während der Berichtsperiode vom Eigenkapital in die GuV umgegliedert wurde, anzugeben.
- Eine analoge Vorgehensweise wird für nicht-finanzielle Vermögenswerte oder nicht-finanzielle Verbindlichkeiten, die im Rahmen einer mit hoher Wahrscheinlichkeit eintretenden erwarteten Transaktion abgesichert wurden, verlangt. Dabei ist der Betrag anzugeben, der während der Berichtsperiode aus dem Eigenkapital entfernt und mit den Anschaffungskosten oder dem Buchwert des nicht-finanziellen Vermögenswerts oder der nicht-finanziellen Verbindlichkeit verrechnet wurde (ED 7.25).

ED 7 sieht weiterhin vor, dass für jede Klasse von finanziellen Vermögenswerten und Verbindlichkeiten künftig der **Fair Value** offen zu legen ist, um einen Vergleich mit dem Buchwert zu ermöglichen. Davon ausgenommen sind nur kurzfristige Forderungen und Verbindlichkeiten aus Lieferungen und Leistungen, soweit deren Buchwert annähernd dem Fair Value entspricht. Darüber hinaus sind die Methoden und Annahmen zur Bestimmung der Fair Values anzugeben (ED 7.26-27 i.V.m. ED 7.31).

Für **Finanzinvestitionen in Eigenkapitalinstrumente**, für die kein auf einem aktiven Markt notierter Preis vorliegt und deren Fair Value nicht verlässlich ermittelt werden kann, sowie Derivate auf solche Eigenkapitalinstrumente (IAS 39.46(c)) brauchen jedoch keine Fair Values angegeben werden, da diese i.d.R. nicht verlässlich bestimmbar sind.

Dem Adressaten des Abschlusses sollen ganz allgemein zusätzliche Informationen über die **Vermögenslage** (stille Reserven bzw. Lasten) des Unternehmens gegeben werden, auf deren Grundlage er zu einer objektiven Einschätzung des Unternehmens gelangen kann. Als Folge soll für alle Finanzinstrumente, die zu fortgeführten Anschaffungskosten bewertet werden, ein Fair Value ermittelt und angegeben werden. Dabei sind die Methoden und Annahmen (wie z. B. über die vorzeitige Rückzahlung von Krediten, Diskontierungssätze usw.) zur Bestimmung der Fair Values offen zu legen (ED 7.31). Darüber hinaus soll angegeben werden, ob und inwieweit die offen gelegten Fair Values auf beobachtbaren Börsen- oder Marktpreisen basieren oder ob diese anhand von Bewertungsmodellen bestimmt worden sind.

Offenlegungspflichten zu Art und Umfang der Risiken (ED 7.32-45)

Ein zentrales Element von ED 7 ist nach Ansicht des IASB die verbesserte Darstellung der Art und des Ausmaßes von Risiken aus Finanzinstrumenten, denen das Unternehmen im Laufe der Berichtsperiode ausgesetzt war und zum Bilanzstichtag ausgesetzt ist (ED 7.32). Die Angabepflichten beziehen sich dabei auf die Beschreibung der Risiken (z. B. Kreditrisiken, Liquiditätsrisiken, Marktrisiken) und das Management dieser Risiken durch das Unternehmen.

Die **qualitativen Angaben** über die Risiken aus Finanzinstrumenten zielen darauf ab, ob und inwieweit das Unternehmen von diesen Risiken betroffen ist und wie diese entstanden sind. Ferner sollen die Ziele, Methoden und Prozesse für die Messung und das Management der Risiken und die Änderungen obiger Angaben gegenüber der Vorperiode aufgezeigt werden (ED 7.34). Anhand der Darstellung der qualitativen Angaben soll den Adressaten des Abschlusses damit die Risikopolitik des Unternehmens näher erläutert werden (ED 7.IG7).

Die **quantitativen Angaben** über Risiken aus Finanzinstrumenten, an die das Board zur Verbesserung der Vergleichbarkeit umfangreiche Mindestanforderungen stellt, sollen auf internen Informationen basieren, wie sie z. B. auch intern dem Management zur Verfügung gestellt werden. Dies entspricht insoweit dem Management Approach. Nach der vorgenommenen Unterteilung der Risiken in Ausfall-, Liquiditäts- und Marktrisiken sind für jedes Einzelrisiko zusammenfassende quantitative Daten über das Ausmaß des Risikos zum Berichtszeitpunkt anzugeben (ED 7.35). Ebenso sind für Risikokonzentrationen umfangreiche Angaben über die Bestimmung, die Art der Zusammensetzung und den Anteil an den Risikopositionen insgesamt zu machen (ED 7.38). Einige bedeutende Szenarien, die zu Risikokonzentrationen führen können, werden in ED 7.IG9 aufgezeigt.

In ED 7.39-45 werden Mindestanforderungen an Offenlegungspflichten über **Finanzrisiken** definiert, die von jedem Unternehmen erfüllt werden sollen. Die an dieser Stelle vorgeschlagenen Angaben zur Art und zum Umfang der aus dem Einsatz von Finanzinstrumenten resultierenden Risiken unterscheiden sich teilweise signifikant von den Informationen, die bislang nach IAS 30 und IAS 32 anzugeben waren. Wie bisher werden jedoch auch in ED 7 keine speziellen Risikokennzahlen und keine formalen Mindestanforderungen verlangt.[24]

---

[24] Vgl. dazu ausführlich *Kuhn, S./Scharpf, P.*, KoR 2004, S. 387-389.

Offenlegungspflichten zum Eigenkapital (ED 7.46-48)

Im Gegensatz zu den Offenlegungspflichten in IAS 30 und IAS 32 enthält ED 7 erstmals **Angaben zum Eigenkapital** („*capital*"). Die Notwendigkeit der Angaben über das Eigenkapital wird damit begründet, dass bestimmte Unternehmen wie z. B. Kreditinstitute externen Anforderungen über ein Mindestkapital unterliegen und damit vielfach internen Kapitalanforderungen ausgesetzt sind. Im Wesentlichen wird gefordert, qualitative Angaben zu den Zielen, Methoden und Prozessen beim Kapitalmanagement zu machen. Dies umfasst eine Beschreibung der Instrumente, die als Kapital betrachtet werden sowie die Darstellung von externen Kapitalanforderungen. Zudem sind quantitative Angaben zu den eingesetzten Kapitalinstrumenten und den vom Unternehmen gesetzten Kapitalzielen zu machen. Über Verstöße gegen externe und interne Kapitalanforderungen ist zu berichten und auf Konsequenzen aus der Nichterfüllung hinzuweisen (ED 7.47). Die Angaben sollen auf den Informationen, die intern für die Geschäftsleitung des Unternehmens bereitgestellt werden, beruhen.

Vor allem der letztgenannte Punkt wird äußerst kontrovers diskutiert. Es wird argumentiert, dass die Veröffentlichung von Verstößen gegen externe Kapitalanforderungen das Verhältnis zwischen Aufsicht und betroffenem Unternehmen belasten könnte. Auch bei intern gesetzten Kapitalanforderungen kann kritisch hinterfragt werden, inwieweit solche von einem externen Anwender verifiziert werden sollen, insbesondere wenn diese ohne rechtliche Verpflichtung erstellt werden.

1.7. Partielles Endorsement der Vorschriften zu Financial Instruments

Am 19. November 2004 hat die Europäische Kommission ein partielles Endorsement von IAS 39 bekannt gegeben und am 10. Dezember 2004 im Amtsblatt der EU veröffentlicht.[25] Die Europäische Kommission wies darauf hin, dass der vom IASB verabschiedete IAS 39 an keiner Stelle abgeändert oder ergänzt wurde, dass jedoch bestimmte Vorschriften des Standards nicht übernommen wurden (*„carve-outs“*).[26]

Dies bedeutet, dass in der Europäischen Union die per 31. März 2004 vom IASB verabschiedete Version von IAS 39 – mit Ausnahme der Bestimmungen, die die Verwendung der Option zur Bewertung zum Fair Value und einige Bestimmungen auf dem Gebiet der Bilanzierung von Sicherungsbeziehungen betreffen – seit dem 1. Januar 2005 verbindlich ist (*„carved-out version of IAS 39“*).

Die geplanten Änderungen aus den nach dem 31. März 2004 veröffentlichten (Teil-) Exposure Drafts zu IAS 39 *„The Fair Value Option“*, *„Cash Flow Hedge Accounting of Forecast Intragroup Transactions“* sowie *„Financial Guarantee Contracts and Credit Insurance“*, bleiben somit vorerst unberücksichtigt. Ferner bleibt bis auf weiteres die am 17. Dezember 2004 vom IASB veröffentlichte verbindliche Änderung des IAS 39 bezüglich *„Transition and Initial Recognition of Financial Assets and Financial Liabilities“* unberücksichtigt. Der von der Europäischen Kommission am 19. November 2004 gebilligte Wortlaut bleibt solange verbindlich, bis im Rahmen eines zukünftigen EU-Endorsements – ggf. unter Berücksichtigung eventueller Übergangsvorschriften – geänderte Vorschriften in Kraft treten.

In dem im Amtsblatt der Europäischen Union veröffentlichten Standard sind die sich aus IFRS 4 ergebenden Änderungen des IAS 39 nicht eingearbeitet, d. h. der Wortlaut des im Amtsblatt der Europäischen Union veröffentlichten Standards entspricht insoweit noch der IAS 39-Version vom 17. Dezember 2003. Da IFRS 4 am 29. Dezember 2004 ohne Einschränkungen und unverändert in der vom IASB verabschiedeten Form im Rahmen des „Endorsement Mechanism“ gebilligt wurde, sind auch die sich aus IFRS 4 ergebenden Änderungen des IAS 39 verbindlich geworden.[27]

Die in dem von der Europäischen Kommission gebilligten IAS 39 berücksichtigten Ausnahmen wirken sich im Wesentlichen wie folgt aus:

(1) Die Nutzung der **Fair Value Option** ist für finanzielle Verbindlichkeiten entgegen der Regelungen im vom IASB verabschiedeten IAS 39 nicht zulässig. Dagegen ist die Inanspruchnahme der Fair Value Option bei finanziellen Vermögenswerten uneingeschränkt zulässig, d. h. die geplanten Einschränkungen des Exposure Drafts *„The Fair Value Option“* brauchen insoweit nicht beachtet zu werden,

---

25 Vgl. Verordnung (EG) Nr. 2086/2004, ABl. EU Nr. L 363 v. 9.12.2004, S. 1-65.

26 Vgl. *Thiele, C.*, DStR 2004, S. 2162-2168.

27 Vgl. Verordnung (EG) Nr. 2236/2004, ABl. EU Nr. L 392 v. 31.12.2004, S. 37-62.

(2) **Sichteinlagen** und bestimmte andere Einlagen (*„core deposits“*)[28] dürfen entgegen den Regelungen in IAS 39 in das Hedge Accounting einbezogen werden (*„fair value hedge accounting for a portfolio hedge of interest rate risk“*),
(3) Erleichterungen beim **Effektivitätstest** im Hedge Accounting.

Die einzelnen Mitgliedstaaten können ungeachtet der von der Europäischen Kommission ausgenommenen Vorschriften zum **Hedge Accounting** wahlweise vorschreiben, den per 31. März 2004 vom IASB verabschiedeten Standard bis zu einer anders lautenden Regelung durch die Europäische Kommission insoweit vollständig anzuwenden, d. h. einschließlich der ausgenommenen Vorschriften für das Hedge Accounting. In diesem Zusammenhang bleibt abzuwarten, welche Ausgestaltung der nationale Gesetzgeber vornehmen wird.

Bezüglich der von der Europäischen Kommission ausgenommenen Vorschriften zur **Fair Value Option** sind abweichende nationale Ausgestaltungen dagegen nicht möglich, d. h. insoweit ist der von der Europäischen Kommission gebilligte Wortlaut des IAS 39 zwingend anzuwenden.

Bilanzierende, die den von der Europäischen Kommission gebilligten Wortlaut des IAS 39 anwenden (d. h. Anwendung der *„carved-out version of IAS 39“*), können nach Auffassung der Europäischen Kommission die in IFRS 1 für Erstanwender eingeräumten Erleichterungen in Anspruch nehmen, obgleich sie die vom IASB verabschiedeten Vorschriften nicht vollständig anwenden.[29] Bilanzierende, die den von der Europäischen Union verabschiedeten IAS 39 anwenden, haben dies im Anhang im Rahmen der Bilanzierungsmethoden offen zu legen. Die angewandten Bilanzierungsmethoden sind nach den allgemeinen Vorschriften zu erläutern.

Im Rahmen des Endorsements von IAS 32 *„Financial Instruments: Disclosures and Presentation“* und IAS 21 *„The Effects of Changes in Foreign Exchange Rates“*, das am 30. Dezember 2004 bekannt gegeben und am 31. Dezember 2004 im Amtsblatt der EU veröffentlicht wurde, ergaben sich keine Änderungen im Vergleich zu der vom IASB verabschiedeten Fassung.[30]

---

28 Bei den (jederzeit fälligen) Sichteinlagen handelt es sich um Einlagen auf schuldrechtlicher Basis, über die der Kapitalgeber (wie z. B. der einlegende Kunde) jederzeit verfügen kann. Eine feste Laufzeit oder eine Kündigungsfrist wird nicht vereinbart. Nach § 695 Satz 1 BGB hat der Kapitalgeber das Recht, jederzeit seine Einlage beim verwahrenden Kreditinstitut zurückzufordern. Vgl. *Spanier, G./Weller, H.*, BB 2004, S. 2235.

29 Vgl. Verordnung (EG) Nr. 2086/2004, ABl. EU Nr. L 363 v. 9.12.2004, S. 3.

30 Vgl. Verordnung (EG) Nr. 2237/2004, ABl. EU Nr. L 393 v. 31.12.2004, S. 1-37; Nr. 2238/2004, ABl. EU Nr. L 394 v. 31.12.2004, S. 97-109.

2. Erstmalige Anwendung

2.1. Erstmalige Anwendung nach den Vorschriften des IAS 32 und IAS 39

2.1.1. Grundsatz der retrospektiven Anwendung

Ein Unternehmen hat IAS 39 (einschließlich der im März 2004 herausgegebenen Änderungen) für Geschäftsjahre, die **am oder nach dem 1. Januar 2005** beginnen, anzuwenden. Eine frühere Anwendung ist zulässig. Der Standard ist nicht auf Abschlüsse anzuwenden, deren Berichtsperiode vor dem 1. Januar 2005 beginnt, sofern das Unternehmen nicht gleichzeitig den überarbeiteten IAS 32 anwendet. Wenn ein Unternehmen die Finanzinstrumente-Standards für Berichtsperioden anwendet, die vor dem 1. Januar 2005 beginnen, so ist damit eine Angabepflicht im Anhang verbunden (IAS 39.103).[31] Für ein Unternehmen mit einem abweichenden Geschäftsjahr wie z. B. 30. September 2005 bedeutet dies, dass spätestens ab dem 1. Oktober 2005 eine verpflichtende Anwendung der beiden Finanzinstrumente-Standards für die laufende Berichtsperiode, d. h. vom 1. Oktober 2005 bis zum 30. September 2006, sowie die Vergleichsperiode, d. h. vom 1. Oktober 2004 bis zum 30. September 2005, vorzunehmen ist.

IAS 39 und die dazugehörigen praktischen Anwendungsleitlinien ersetzen IAS 39 (revised 2000), sowie die Umsetzungshinweise, die von dem vom früheren IASC gegründeten IAS 39 Implementation Guidance Committee (IGC) in Form von Fragen und Antworten (Q&A) veröffentlicht wurden (IAS 39.109-110). Die Vorgängervorschrift IAS 39 (revised 2000) war verpflichtend für Abschlüsse anzuwenden, deren Berichtsperiode am oder nach dem 1. Januar 2001 begann.

IAS 32 ist erstmals in der ersten Berichtsperiode eines am 1. Januar 2005 oder danach beginnenden Geschäftsjahrs anzuwenden. Eine frühere Anwendung ist zulässig. Der Standard ist nicht auf Abschlüsse anzuwenden, deren Berichtsperiode vor dem 1. Januar 2005 beginnt, sofern das Unternehmen nicht gleichzeitig den überarbeiteten IAS 39 anwendet. Wenn ein Unternehmen die beiden Finanzinstrumente-Standards für Berichtsperioden anwendet, die vor dem 1. Januar 2005 beginnen, ist dies anzugeben (IAS 32.96).

IAS 32 ersetzt IAS 32 (revised 1998) sowie die folgenden, vom früheren Standing Interpretations Committee (SIC) verabschiedeten, SIC-Interpretationen (IAS 32.96-100):

(a) SIC 5 „*Classification of Financial Instruments – Contingent Settlement Provisions*“,
(b) SIC 16 „*Share Capital – Reacquired Own Equity Instruments (Treasury Shares)*“,
(c) SIC 17 „*Equity – Costs of an Equity Transaction*“,

---

[31] Vgl. *Ernst & Young LLP (Hrsg.)*, International GAAP 2005, 2004, S. 1148; *Kuhn, S./Scharpf, P.*, DB 2004, S. 261-264.

(d) SIC D34 *„Financial Instruments – Instruments or Rights Redeemable by the Holder“.*

Am 22. Juli 2004 hat der IASB einen neuen Exposure Draft ED 7 *„Financial Instruments: Disclosures“* veröffentlicht.[32] Die mit dem Entwurf verbundenen Änderungen sind im Wesentlichen dazu bestimmt, die bisherigen Anforderungen aus den Vorschriften zu den Angaben und zur Offenlegung bei der Bilanzierung von Finanzinstrumenten aus den Standards IAS 30 *„Disclosures in the Financial Statement of Banks and Similar Financial Institutions“* vollständig (ED 7.50) und IAS 32 *„Financial Instruments: Disclosure and Presentation“* teilweise zusammenzufassen, zu überarbeiten und zu erweitern. In IAS 30 werden Vorgaben für die Offenlegung der Bilanz und GuV gemacht, die künftig wegfallen sollen. In diesem Zusammenhang ist auch vorgesehen, die Bezeichnung von IAS 32 *„Financial Instruments: Disclosure and Presentation“* in IAS 32 *„Financial Instruments: Presentation“* zu ändern (ED 7.B2). Der Entwurf soll nach der endgültigen Verabschiedung erstmals auf Berichtsperioden eines am 1. Januar 2007 oder später beginnenden Geschäftsjahrs anzuwenden sein. Eine frühere Anwendung wird empfohlen (vgl. Kapitel 1.6.).

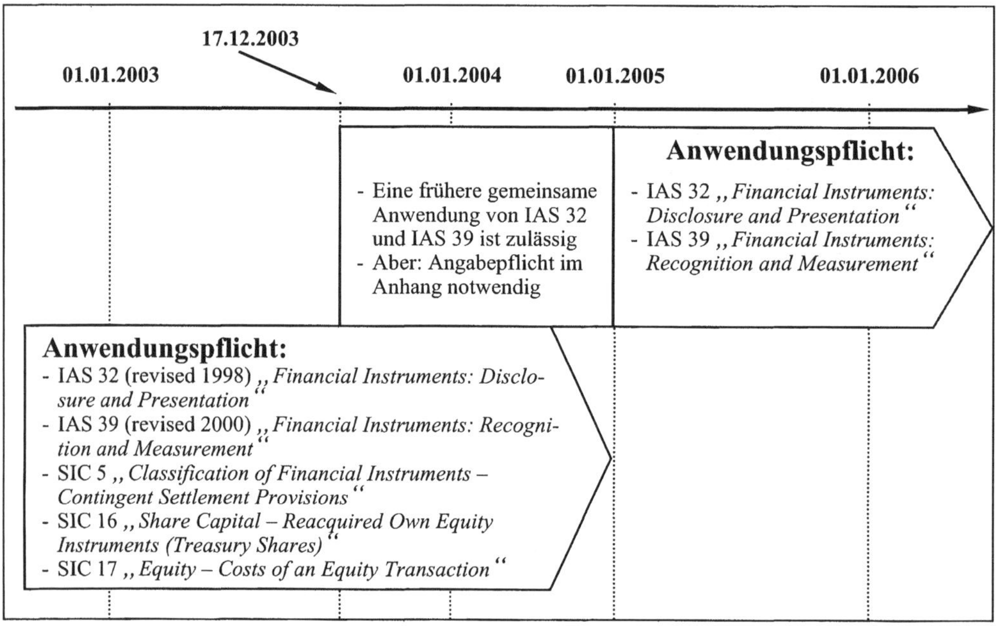

Abb. 3: Zeitlicher Anwendungsbereich von IAS 32 und IAS 39

---

[32] Vgl. *Ernst & Young LLP (Hrsg.)*, International GAAP 2005, 2004, S. 1213-1214; *Bonin, C.*, DB 2004, S. 1569-1573; *Eckes, B./Sittmann-Haury, C.*, WPg 2004, S. 1195-1201; *Kuhn, S./Scharpf, P.*, KoR 2004, S. 383-389.

IAS 32 und IAS 39 sind **retrospektiv** (rückwirkend) anzuwenden, sofern die besonderen Übergangsvorschriften in IAS 39.105-108 keine davon abweichende Vorgehensweise vorsehen (IAS 32.97; IAS 39.104).

Dies bedeutet, dass der **Eröffnungsbilanzwert der Gewinnrücklagen** für die früheste veröffentlichte Berichtsperiode sowie alle anderen Beträge der Vergleichsperioden auf die Weise anzupassen sind, als ob IAS 32 und IAS 39 **schon immer** angewendet worden wären, es sei denn die Anpassung der Informationen nach den Vorschriften des IAS 39 wäre nicht durchführbar oder wirtschaftlich nicht vertretbar. Eine retrospektive Anwendung gilt dann als nicht durchführbar oder wirtschaftlich nicht vertretbar, wenn sie trotz aller angemessenen Anstrengungen des Unternehmens nicht angewendet werden kann. Dies ist z. B. der Fall, wenn die Auswirkungen der retrospektiven Anwendung nicht zu ermitteln sind oder die retrospektive Anwendung Annahmen über die mögliche Absicht des Managements in der entsprechenden Periode erfordert (IAS 8.5). Sollte die Anpassung der Vergleichsangaben nach IAS 39 nicht durchführbar oder wirtschaftlich nicht vertretbar sein, so hat das bilanzierende Unternehmen diesen Sachverhalt anzugeben und den Umfang, in dem die Informationen angepasst wurden, zu erläutern (IAS 39.104).

Nach der Grundkonzeption ist IAS 39 zwar retrospektiv anzuwenden, gleichwohl werden Unternehmen Ausnahmen von diesem Grundsatz gewährt.

2.1.2. Ausnahmen vom Grundsatz der retrospektiven Anwendung

2.1.2.1. Neu-Designation von Finanzinstrumenten

Sofern IAS 39 Wahlrechte hinsichtlich der Designation von finanziellen Vermögenswerten gewährt, kann durch eine Neu-Designation eine retrospektive Anwendung des Standards erfolgen, sodass bei einem Übergang eine Kategorisierung in Übereinstimmung mit IAS 39 vorgenommen werden kann. So können z. B. gekaufte Darlehen, die ursprünglich der Bewertungskategorie Available-for-Sale zugeordnet waren, nun bei Erfüllen der weiteren Kriterien des IAS 39 als Loans and Receivables designiert werden.

Bei der erstmaligen Anwendung ist wahlweise eine Neu-Designation von zuvor erfassten finanziellen Vermögenswerten bzw. finanziellen Verbindlichkeiten zu den Bewertungskategorien At Fair Value through Profit or Loss oder Available-for-Sale zulässig (IAS 39.105), obschon nach den Regelungen des Standards Umklassifizierungen (Umwidmungen) grundsätzlich nicht zulässig sind (IAS 39.50).

Sofern finanzielle Vermögenswerte der Bewertungskategorie Available-for-Sale zugeordnet werden, hat das Unternehmen alle kumulierten Änderungen des Fair Values bis zur anschließenden Ausbuchung oder Wertminderung in einem getrennten Posten des Eigenkapitals auszuweisen (Neubewertungsrücklage, AfS-Rücklage). Bei einer Neu-Designation als At Fair Value through Profit or Loss oder Available-for-

Sale hat das Unternehmen für jedes Finanzinstrument (a) den finanziellen Vermögenswert oder die finanzielle Verbindlichkeit in den Abschlüssen der Vergleichsperioden analog umzugliedern und (b) den Fair Value der in jede Kategorie eingestuften finanziellen Vermögenswerte und finanziellen Verbindlichkeiten sowie die Kategorisierung und den Buchwert aus den vorangegangenen Abschlüssen anzugeben (IAS 39.105).

2.1.2.2. Ausbuchung von finanziellen Vermögenswerten

Die Vorschriften zur Ausbuchung von finanziellen Vermögenswerten (IAS 39.15-37 und IAS 39.AG36-AG52)[33] sind grundsätzlich prospektiv anzuwenden. Hat ein Unternehmen demnach finanzielle Vermögenswerte gemäß IAS 39 (revised 2000) infolge einer vor dem 1. Januar 2004 eingetretenen Transaktion ausgebucht und wären die finanziellen Vermögenswerte nach dem vorliegenden Standard nicht ausgebucht worden, ist eine nachträgliche Erfassung der Vermögenswerte nicht zulässig (IAS 39.106).

Bei Gesamtprogrammen mit revolvierenden Transaktionen sind die Vorschriften zur Ausbuchung ausschließlich auf diejenigen Einzeltransaktionen anzuwenden, die ab dem 1. Januar 2004 erfolgen.

Als Ausnahme von dem Grundsatz der prospektiven Anwendung kann ein Unternehmen die Ausbuchungsvorschriften von finanziellen Vermögenswerten (IAS 39.15-37 und IAS 39.AG36-AG52) auch retrospektiv ab einem von dem Unternehmen beliebig zu wählenden Datum anwenden, vorausgesetzt, die erforderlichen Informationen für die Anwendung von IAS 39 auf infolge von Transaktionen der Vergangenheit ausgebuchte Vermögenswerte und Verbindlichkeiten waren zum Zeitpunkt der erstmaligen Bilanzierung dieser Transaktionen verfügbar (IAS 39.107).

2.1.2.3. Vorschriften zum Cashflow Hedge Accounting

Eine retrospektive Anpassung der Buchwerte von nicht-finanziellen Vermögenswerten und nicht-finanziellen Verbindlichkeiten, die durch die Anwendung der Vorschriften zum Cashflow Hedge Accounting nach IAS 39 (revised 2000) entstanden sind und vor Beginn des Geschäftsjahrs, in dem IAS 39 erstmalig zur Anwendung kommt, in den Buchwerten eingeschlossen waren, ist nicht zulässig (IAS 39.108). Dabei handelt es sich regelmäßig um Beträge, die nach den Regelungen in IAS 39 (revised 2000) im Zeitpunkt des Eintritts des gesicherten Grundgeschäfts von der Cashflow Hedge-Rücklage des Eigenkapitals in voller Höhe als Anpassung der Buchwerte gezeigt werden mussten.

---

33 Bei der im Amtsblatt der EU veröffentlichten Übersetzung wird an dieser Stelle irrtümlicherweise auch auf IAS 39.AG53-AG56 verwiesen, vgl. Verordnung (EG) Nr. 2086/2004, ABl. EU Nr. L 363 v. 9.12.2004, S. 28.

Zu Beginn der Berichtsperiode, in der IAS 39 erstmalig zur Anwendung kommt, ist jeder direkt im Eigenkapital erfasste Betrag für eine Absicherung einer festen Verpflichtung („*firm commitment*") (z. B. schwebender Anschaffungskontrakt), die nach IAS 39 nunmehr als Fair Value Hedge zu bilanzieren ist, in einen Vermögenswert oder eine Verbindlichkeit umzugliedern, mit Ausnahme einer Absicherung des Währungsrisikos, das weiterhin (wahlweise) als Cashflow Hedge behandelt wird (IAS 39.87; IAS 39.108).[34]

---

34 Vgl. *Ernst & Young LLP (Hrsg.)*, International GAAP 2005, 2004, S. 1149.

2.2. Erstmalige Anwendung nach den Vorschriften des IFRS 1

2.2.1. Überblick

Nach der Verabschiedung von IFRS 1 *„First-time Adoption of International Financial Reporting Standards“*[35] am 19. Juni 2003 liegen verbindliche Vorschriften für eine erstmalige Anwendung der IFRS vor,[36] die spätestens für Berichtsperioden, die am oder nach dem 1. Januar 2004 beginnen, anzuwenden sind. Eine vorzeitige Anwendung von IFRS 1 wird empfohlen. Bis zu diesem Zeitpunkt konnten Unternehmen weiterhin die Interpretation SIC 8 *„First-time Application of IASs as the Primary Basis of Accounting“* anwenden, die bisher die Grundsätze zur erstmaligen Anwendung der IAS/IFRS geregelt hat (IFRS 1.47).[37]

Nach der in IFRS 1 vorgesehenen Grundkonzeption sind Unternehmen, die ihren ersten IFRS-Abschluss z. B. für die Berichtsperiode 1. Januar 2005 bis 31. Dezember 2005 planen, verpflichtet, eine IFRS-Eröffnungsbilanz zu Beginn der Vergleichsperiode (d. h. zum 1. Januar 2004) aufzustellen. Die Eröffnungsbilanz zum 1. Januar 2004 sowie die Abschlüsse für die Vergleichs- und Berichtsperiode sind dabei grundsätzlich nach den in der Berichtsperiode anzuwendenden Standards und Interpretationen aufzustellen. Insofern ist in IFRS 1 der Grundsatz der retrospektiven Anwendung aller Vorschriften bei der erstmaligen Anwendung verankert. Von diesem Grundsatz enthält der Standard für die erstmalige IFRS-Anwendung aber zwei Ausnahmekategorien: Befreiungswahlrechte und Verbote einer retrospektiven Anwendung.

2.2.2. Anwendung von IFRS 1 auf Finanzinstrumente

IFRS 1 gewährt eine zeitlich befristete Befreiung von der Verpflichtung, Vergleichsinformationen für IAS 32, IAS 39 und IFRS 4 anzugeben. Ein Unternehmen, das **vor dem 1. Januar 2006** erstmals IFRS anwendet, hat in seinem ersten IFRS-Abschluss Vergleichsinformationen von mindestens einem Jahr vorzulegen, die jedoch nicht mit IAS 32, IAS 39 sowie IFRS 4 übereinstimmen müssen (Erleichterungsregel). Sofern die **Erleichterungsregel für Finanzinstrumente** angewendet wird, sind die Angaben über die Posten für die erste Vergleichsperiode, die unter den Anwendungsbereich von IAS 32 und IAS 39 fallen, weiterhin nach den früheren GAAP Vorschriften für Fi-

---

35 Mit IFRS 1 wird nachfolgend auf IFRS 1 *„First-time Adoption of International Financial Reporting Standards“* Bezug genommen, in dem alle Änderungen von endgültig verabschiedeten Standards bis zum 31. März 2004 berücksichtigt sind. Vgl. auch Verordnung (EG) Nr. 707/2004, ABl. EU Nr. L 111 v. 17.4.2004, S. 3-17.

36 Vgl. *Andrejewski, K. C./Böckem, H.*, KoR 2004, S. 332-340; *Ernst & Young LLP (Hrsg.)*, International GAAP 2005, 2004, S. 217-298; *Böcking, H.-J./ Busam, D./Dietz, S.*, Der Konzern 2003, S. 457-476; *Driesch, D.*, in: IFRS-Handbuch, 2004, § 2 Tz. 21-112; *Hayn, S./Bösser, J./Pilhofer, J.*, BB 2003, S. 1607-1613; *Lüdenbach, N./Hoffmann, W.-D.*, DStR 2003, S. 1498-1505; *Theile, C.*, DB 2003, S. 1745-1752; *Zeimes, M.*, WPg 2003, S. 982-991.

37 Vgl. *Hayn, S./Bösser, J./Pilhofer, J.*, BB 2003, S. 1608.

nanzinstrumente aufzustellen. Insofern sind dann auf Finanzinstrumente deutscher Unternehmen weiterhin handelsrechtliche Vorschriften anzuwenden.[38]

Neben der Tatsache der Anwendung der Erleichterungsregel sind die Rechnungslegungsgrundlagen sowie die Art der Hauptanpassungen („*main adjustments*") anzugeben, die zur Übereinstimmung der Informationen mit IAS 32 und IAS 39 führen würden. Die Anpassungen brauchen zwar nicht quantifiziert werden, gleichwohl ist jedoch jede Anpassung zwischen der Bilanz am Stichtag der Vergleichsperiode (d. h. der Bilanz, die Vergleichsinformationen gemäß den früheren GAAP Vorschriften enthält) und der Bilanz zu Beginn der ersten IFRS Berichtsperiode (d. h. die erste Periode, in der mit IAS 32 und IAS 39 übereinstimmende Informationen gegeben werden) so zu behandeln, wie dies aus einer Änderung der Bilanzierungs- und Bewertungsmethoden hervorgeht. Weiterhin sind die in IAS 8.28(a)-(f) geforderten Angaben darzulegen (IAS 39.B1 i.V.m. IFRS 1.36A).

Aus der Sicht des Standard Setters wurde die Gewährung der zeitlich befristeten Erleichterungsregel notwendig, da die (vorläufig) endgültige Fassung von IAS 39, einschließlich der Neuerungen zum „*Fair Value Hedge Accounting for a Portfolio Hedge of Interest Rate Risk*" nicht vor März 2004 veröffentlicht wurde und damit eine prospektive Anwendung der Neuregelungen zur Abbildung von Sicherungsbeziehungen ab dem Beginn der Vergleichsperiode nicht gewährleistet werden konnte (IAS 39.BC89A). Vor diesem Hintergrund kann jedoch kritisch hinterfragt werden, ob und inwieweit Vergleichsangaben in einem Abschluss, die nur teilweise auf IFRS-Vorschriften basieren, überhaupt einen Informationswert für die Adressaten der Rechnungslegung aufweisen können. Im Rahmen der praktischen Umsetzung der Erleichterungsregel ergeben sich Anwendungsfragen. Bei einer wortgetreuen Auslegung richtet sich nur der Ansatz, die Bewertung, Darstellung und Offenlegung von Finanzinstrumenten weiterhin nach den lokalen Rechnungslegungsvorschriften. Für die Währungsumrechnung von Kreditinstituten wäre dann z. B. nicht § 340h HGB und BFA Stellungnahme 3/1995 anzuwenden,[39] sondern vielmehr IAS 21 „*The Effects of Changes in Foreign Exchange Rates*". Für Zwecke der Absicherung kontrahierte interne Geschäfte[40] wären in den Vorjahresvergleichszahlen nach IAS 27 „*Consolidated and Separate Financial Statements*" zu konsolidieren.[41]

Von den Befreiungswahlrechten enthielt IFRS 1 in seiner Fassung vom 19. Juni 2003 für den Themenbereich Finanzinstrumente lediglich besondere Regelungen für den

---

38 Vgl. *Ernst & Young LLP (Hrsg.)*, International GAAP 2005, 2004, S. 1149; *Krumnow, J./Sprißler, W. u.a. (Hrsg.)*, Kommentar², § 340e HGB, Tz. 359-526; *Scharpf, P.*, in: HdR⁵, Kap. 6, Tz. 801-879.

39 Vgl. *Krumnow, J./Sprißler, W. u.a. (Hrsg.)*, Kommentar², § 340h HGB, Tz. 1-13.

40 Zur Bilanzierung von internen Geschäften vgl. auch *Elkart, W./Schaber, M.*, in: Knobloch, A. P./Kratz, N. (Hrsg.), 2003, S. 403-404; *Prahl, R.*, in: Lange, T. A./Löw, E. (Hrsg.), 2004, S. 230-237; *Wittenbrink, C./ Göbel, G.*, Die Bank 1997, S. 270-274.

41 Vgl. *Ernst & Young LLP (Hrsg.)*, International GAAP 2005, 2004, S. 1150; *Kuhn, S./Scharpf, P.*, DB 2004, S. 263-264.

Ausweis von zusammengesetzten Finanzinstrumenten (*„compound instruments"*) beim Emittenten (IFRS 1.13(e)). Zusammengesetzte Finanzinstrumente bestehen ganz allgemein aus einem nicht-derivativen Trägerinstrument und einem derivativen Finanzinstrument. Nach IAS 32 ist dieses zusammengesetzte und damit strukturierte Finanzinstrument (wie z. B. eine Aktienanleihe) beim Emittenten in seine Eigen- und Fremdkapitalkomponente aufzuteilen und getrennt zu bilanzieren (*„split accounting"*) (IAS 32.28-32). In einer IFRS-Eröffnungsbilanz wären demnach bei einer retrospektiven Anwendung neben der originären Eigenkapitalkomponente auch die im Zeitablauf erfassten kumulierten Zinsen aus der Fremdkapitalkomponente, die in den Gewinnrücklagen ausgewiesen werden, getrennt zu ermitteln. Auf eine separate Ermittlung der kumulierten Zinseffekte der Fremdkapitalkomponente in den Gewinnrücklagen kann verzichtet werden, sofern zum Stichtag der IFRS-Eröffnungsbilanz die Fremdkapitalkomponente bereits getilgt ist (IFRS 1.23).[42] Bei einem Verzicht auf die separate Ermittlung wird dann der gesamte Betrag als Anpassung der Gewinnrücklagen dargestellt.[43] Obgleich IFRS 1.23 zur Frage, ob dieses Wahlrecht für jedes Instrument gesondert ausgeübt werden kann, keine Aussage enthält, wird dies als zulässig erachtet.[44]

Es ist jedoch zu beachten, dass im Rahmen der Überarbeitung von IAS 39 eine Erweiterung der Befreiungswahlrechte von IFRS 1 dergestalt erfolgt ist, dass die Zuordnung eines Finanzinstruments in die Kategorien At Fair Value through Profit or Loss oder Available-for-Sale zwar nach IAS 39 nur im Zeitpunkt der erstmaligen Erfassung vorgesehen ist, im Rahmen der erstmaligen Anwendung von IFRS aber eine **Neu-Designation** in der Eröffnungsbilanz im Zeitpunkt des Wechsels zulässig ist (IAS 39.B1 i.V.m. IFRS 1.13(g); IFRS 1.25A; IFRS 1.43A). Ferner ist an dieser Stelle zu beachten, dass durch die verbindliche Übernahme der Ergänzung *„Transition and Initial Recognition of Financial Assets and Financial Liabilities"* am 17. Dezember 2004 in IFRS 1.13(l) i.V.m. IFRS 1.25G für die Zugangsbewertung von finanziellen Vermögenswerten und finanziellen Verbindlichkeiten zum Fair Value nunmehr ein weiteres **Befreiungswahlrecht** eingeführt ist, wonach wahlweise zur retrospektiven Anwendung eine nur prospektive Anwendung des letzten Satzes von IAS 39.AG76 sowie des ergänzten IAS 39.AG76A ab dem 25. Oktober 2002 oder dem 1. Januar 2004 zulässig ist (vgl. Kapitel 1.5.).

Soweit bislang zu fortgeführte Anschaffungskosten bewertete finanzielle Vermögenswerte nunmehr der Kategorie Available-for-Sale zugeordnet werden, ist es sachgerecht, dass der Anpassungsbetrag aus der Neubewertung zum Fair Value nicht in den Gewinnrücklagen (*„retained earnings"*), sondern in einem gesonderten Posten im Eigenkapital (AfS-Rücklage) erfasst und dort bis zum Abgang der finanziellen Vermögenswerte der Kategorie Available-for-Sale belassen wird. Durch diese Behand-

---

42 Vgl. *Hayn, S./Bösser, J./Pilhofer, J.*, BB 2003, S. 1612.

43 Vgl. *Ernst & Young LLP (Hrsg.)*, International GAAP 2005, 2004, S. 249.

44 Gl.A. *Andrejewski, K. C./Böckem, H.*, KoR 2004, S. 337.

lungsweise wird erzielt, dass Neubewertungsdifferenzen nur insoweit im Saldovortrag der Gewinnrücklagen erfasst werden, als die Differenzen nach Übergang auf IFRS nicht mehr zu Erfolgswirkungen führen.[45]

Sofern einem IFRS-Erstanwender die Möglichkeit eröffnet würde, die Bilanzierung eines bestimmten Sachverhalts mit dem heute besseren Wissen nachträglich neu zu beurteilen und damit eine vorteilhaftere Bilanzierung zu erreichen, sieht IFRS 1 regelmäßig ein Verbot von der retrospektiven Anwendung vor. Für den Themenbereich der Finanzinstrumente enthielt IFRS 1 in seiner Fassung vom 19. Juni 2003 insbesondere für die Ausbuchung von finanziellen Vermögenswerten und finanziellen Verbindlichkeiten sowie die Bilanzierung von Sicherungsbeziehungen derartige Verbote, die durch die Überarbeitung von IAS 39 angepasst wurden.

Auch für IFRS-Erstanwender sind die überarbeiteten Vorschriften zur **Ausbuchung** grundsätzlich erst auf nach dem 1. Januar 2004 beginnende Berichtsperioden und damit prospektiv anzuwenden. Falls ein erstmaliger Anwender nicht-derivative finanzielle Vermögenswerte oder nicht-derivative finanzielle Verbindlichkeiten nach seinen vorherigen Rechnungslegungsgrundsätzen infolge einer vor dem 1. Januar 2004 stattgefundenen Transaktion ausgebucht hat, ist ein Ansatz der Vermögenswerte und Verbindlichkeiten nach IFRS nicht gestattet, es sei denn, ein Ansatz ist aufgrund einer späteren Transaktion oder eines späteren Ereignisses möglich (IAS 39.B1 i.V.m. IFRS 1.26A; IFRS 1.27-27A; IFRS 1.IG53). Es ist jedoch zu beachten, dass das vorgenannte Verbot von der retrospektiven Anwendung der Ausbuchungsregelungen keine Auswirkung auf eine verbindlich retrospektive Anwendung von SIC 12 *„Consolidation – Special Purpose Entities"* hat.[46]

Als Ausnahme von diesem Grundsatz kann ein Unternehmen die geänderten Ausbuchungsvorschriften aber auch freiwillig retrospektiv ab einem vom Unternehmen beliebig zu wählenden Datum anwenden, wiederum vorausgesetzt, die benötigten Informationen für die Anwendung von IAS 39 auf infolge von Transaktionen der Vergangenheit ausgebuchten finanziellen Vermögenswerte und finanziellen Verbindlichkeiten lagen zum Zeitpunkt der erstmaligen Bilanzierung dieser Transaktionen vor (IAS 39.B1 i.V.m. IFRS 1.27A).

Die **Bilanzierung von Sicherungsbeziehungen** (Hedge Accounting) darf in der IFRS-Eröffnungsbilanz nur dann nach IAS 39 erfolgen, wenn die restriktiven Voraussetzungen des Standards bereits zum Zeitpunkt der IFRS-Eröffnungsbilanz erfüllt sind (IAS 39.B1 i.V.m. IFRS 1.26(b); IFRS 1.28-30).[47]

---

45 Vgl. *IDW*, WPg 2002, S. 821.

46 Vgl. *Ernst & Young LLP (Hrsg.)*, International GAAP 2005, 2004, S. 249-250 u. 270.

47 Vgl. dazu mit ausführlichen Beispielen *Ernst & Young LLP (Hrsg.)*, International GAAP 2005, 2004, S. 250-256.

Ein Unternehmen muss daher zum Zeitpunkt des Übergangs auf IFRS

- alle Derivate zu ihrem Fair Value bewerten und
- alle aus Derivate entstandenen abgegrenzten Verluste und Gewinne ausbuchen, die nach vorherigen Rechnungslegungsgrundsätzen wie Vermögenswerte oder Verbindlichkeiten ausgewiesen wurden (IFRS 1.28).

Die IFRS-Eröffnungsbilanz eines Unternehmens darf keine Sicherungsbeziehung beinhalten, welche die Kriterien für die Anwendung von Hedge Accounting nach IAS 39 nicht erfüllt (z. B. Sicherungsbeziehungen, bei denen das Sicherungsinstrument ein Kassainstrument oder eine geschriebene Option ist, bei denen das Grundgeschäft eine Nettoposition darstellt oder bei denen das gesicherte Grundgeschäft aus einem Wertpapier der Kategorie Held-to-Maturity besteht, dass gegen das Zinsrisiko abgesichert wird). Falls ein Unternehmen jedoch nach vorherigen Rechnungslegungsgrundsätzen eine Nettoposition als Grundgeschäft eingestuft hatte, darf es innerhalb dieser Nettoposition einen Einzelposten als ein Grundgeschäft nach IAS 39 einstufen, falls es diesen Schritt spätestens zum Zeitpunkt des Übergangs auf IFRS vornimmt (IFRS 1.29). Aus der Sicht des Standard Setters würde sich aus einer retrospektiven Designation von Sicherungsbeziehungen für das Management ein Abbildungsspielraum ergeben, der wiederum die Vergleichbarkeit einschränken würde. Werden die restriktiven Voraussetzungen zum Hedge Accounting nicht erfüllt, sind die Vorschriften zur Beendigung vom Hedge Accounting anzuwenden (IAS 39.91; IAS 39.101). Eine retrospektive Designation von Sicherungsbeziehungen ist nicht zulässig (IFRS 1.IG60-IG60B).

2.3. Gesamtübersicht zur Erstanwendung

Stichtag bzw. erstmaliger Abschluss nach IFRS 1	Erstmalige Anwendung für Unternehmen, die bereits nach IFRS bilanzieren	Erstmalige Anwendung für Unternehmen, die erstmals einen Abschluss nach IFRS aufstellen (IFRS 1)
31.12.2004	**(a) Keine vorzeitige Anwendung der Standards für Finanzinstrumente:** - Berichts- und alle Vergleichsperioden sind nach IAS 32 (revised 1998) und IAS 39 (revised 2000) aufzustellen **(b) Vorzeitige Anwendung der Standards für Finanzinstrumente:** - Berichts- und alle Vergleichsperioden sind nach IAS 32 und IAS 39 aufzustellen - Ausnahme für Vergleichsperioden: Nachweis gelingt, dass eine retrospektive Anpassung nicht möglich ist	**(a) Keine vorzeitige Anwendung der Standards für Finanzinstrumente:** - Berichts- und eine Vergleichsperiode (2003-2004) sind nach IAS 32 (revised 1998) und IAS 39 (revised 2000) aufzustellen **(b) Vorzeitige Anwendung der Standards für Finanzinstrumente:** *(b.1) Anwendung der Erleichterungsregel in IFRS 1.36A:* - Berichtsperiode 2004 ist nach IAS 32 und IAS 39 aufzustellen - Vergleichsperiode 2003 ist weiterhin nach handelsrechtlichen Vorschriften anzugeben *(b.2) Nicht-Anwendung der Erleichterungsregel in IFRS 1.36A:* - Berichts- und eine Vergleichsperiode (2003-2004) sind nach IAS 32 und IAS 39 aufzustellen - Ausnahme für Vergleichsperiode: Nachweis gelingt, dass eine retrospektive Anpassung nicht möglich ist
31.12.2005	- Berichts- und alle Vergleichsperioden sind nach IAS 32 und IAS 39 aufzustellen - Ausnahme für Vergleichsperioden: Nachweis gelingt, dass eine retrospektive Anpassung nicht möglich ist	**(a) Anwendung der Erleichterungsregel in IFRS 1.36A:** - Berichtsperiode 2005 ist nach IAS 32 und IAS 39 aufzustellen - Vergleichsperiode 2004 ist weiterhin nach handelsrechtlichen Vorschriften anzugeben **(b) Nicht-Anwendung der Erleichterungsregel in IFRS 1.36A:** - Berichts- und eine Vergleichsperiode (2004-2005) sind nach IAS 32 und IAS 39 aufzustellen - Ausnahme für Vergleichsperiode: Nachweis gelingt, dass eine retrospektive Anpassung nicht möglich ist
31.12.2006	- Berichts- und alle Vergleichsperioden sind nach IAS 32 und IAS 39 aufzustellen	- Berichts- und eine Vergleichsperiode (2005-2006) sind nach IAS 32 und IAS 39 aufzustellen

Abb. 4: Die erstmalige Anwendung von IAS 32 und IAS 39 im Überblick

3. Zielsetzung und Anwendungsbereich

3.1. Zielsetzung von IAS 32 und IAS 39

Die Zielsetzung von IAS 39 ist es, Grundsätze für den **Ansatz** und die **Bewertung** von finanziellen Vermögenswerten, finanziellen Verbindlichkeiten und einigen Verträgen bezüglich eines Kaufs oder Verkaufs nicht-finanzieller Posten („*contracts to buy or sell non-financial items*“) aufzustellen. Die Anforderungen für den Ausweis und die Offenlegung von Informationen zu Finanzinstrumenten enthält IAS 32 (IAS 39.1).[48]

Die Zielsetzung von IAS 32 ist es, das Verständnis der Abschlussadressaten für die Bedeutung von Finanzinstrumenten für die **Vermögens-, Finanz- und Ertragslage** und die **Cashflows** eines Unternehmens zu verbessern (IAS 32.1). Der Standard enthält Anforderungen für den Ausweis von Finanzinstrumenten und führt die Informationen auf, die im Rahmen der Bilanzierung von Finanzinstrumenten anzugeben sind. Die Vorschriften zum Ausweis von Finanzinstrumenten behandeln die Klassifizierung der Finanzinstrumente – aus der Sicht des Emittenten – als finanzielle Vermögenswerte, finanzielle Verbindlichkeiten und Eigenkapitalinstrumente, die Klassifizierung der damit verbundenen Zinsen, Dividenden, Verluste und Gewinne und die Voraussetzungen für die Saldierung von finanziellen Vermögenswerten und finanziellen Verbindlichkeiten. IAS 32 verlangt die Angabe von Informationen über Faktoren, die sich auf die Höhe, die zeitliche Struktur und die Wahrscheinlichkeit der aus den Finanzinstrumenten resultierenden künftigen Cashflows eines Unternehmens auswirken, sowie von Informationen über die bei Finanzinstrumenten angewendeten Bilanzierungs- und Bewertungsmethoden. Darüber hinaus wird die Angabe über Art und Umfang des Einsatzes von Finanzinstrumenten im Unternehmen, über den Zweck, den die Finanzinstrumente für das Geschäft erfüllen, über die damit verbundenen Risiken und über die Politik des Managements zur Steuerung dieser Risiken, verlangt (IAS 32.2).

Der Begriff des Finanzinstruments wurde im Bereich der deutschen Rechnungslegung erstmals durch § 340c Abs. 1 Satz 1 HGB im Rahmen der Umsetzung der Bankbilanzrichtlinie eingeführt, wobei der Gesetzgeber bislang keine Definition des Begriffs vornahm.[49]

---

48 Vgl. *Ernst & Young LLP (Hrsg.)*, International GAAP 2005, 2004, S. 787.

49 Vgl. *Krumnow, J./Sprißler, W. u.a. (Hrsg.)*, Kommentar², § 340e HGB, Tz. 300. Auch im Rahmen der Umsetzung der EU Fair Value-Richtlinie in nationales Recht durch das Bilanzrechtsreformgesetz (BilReG) v. 4.12.2004 (BGBl. I 2004 S. 3166-3182) wurde sowohl im Gesetzestext als auch in der Gesetzesbegründung auf eine explizite Definition dieses Begriffs verzichtet.

3.2. Anwendungsbereich von IAS 39

Der Standard ist grundsätzlich auf **alle Arten von Finanzinstrumente** anzuwenden, die unter den Anwendungsbereich von IAS 39 fallen (IAS 39.2). Die Ausnahmen von diesem Grundsatz werden in IAS 39.2-7 geregelt. Weiterhin sind keine branchenspezifischen Einschränkungen vorgesehen, sodass die Vorschriften sowohl für Unternehmen der Kredit-, Finanzdienstleistungs- und Versicherungswirtschaft als auch gleichermaßen für Industrie-, Dienstleistungs- und Handelsunternehmen gelten.

IAS 39 ist auch auf bestimmte **Verträge über den Kauf oder Verkauf eines nicht-finanziellen Postens** anzuwenden, die durch einen Ausgleich in bar oder anderen Finanzinstrumenten erfüllt werden können, oder durch den Tausch von Finanzinstrumenten. Hierunter können z. B. Warentermingeschäfte fallen (IAS 39.5).[50]

Von der Anwendung ausgenommen sind nur solche Verträge, die zum Zweck des Empfangs oder der Lieferung von nicht-finanziellen Posten gemäß dem erwarteten Einkaufs-, Verkaufs- oder Nutzungsbedarf des Unternehmens (*„the entity's expected purchase, sale or usage requirements"*) abgeschlossen wurden und in diesem Sinne weiter behalten werden (IAS 39.5; IAS 39.AG10).[51]

Verträge, die zum Zwecke des Empfangs oder der Lieferung von nicht-finanziellen Posten gemäß des **erwarteten Einkaufs-, Verkaufs- oder Nutzungsbedarfs** abgeschlossen wurden, werden in diesem Zusammenhang auch als **Own Use Contracts** bezeichnet. Für Own Use Contracts gelten dann die allgemeinen Vorschriften zur Bilanzierung von schwebenden Geschäften in IAS 37 *„Provisions, Contingent Liabilities and Contingent Assets"* sowie die Vorschriften anderer Standards (wie z. B. IAS 2 *„Inventories"*).

Eine weitere Konkretisierung der Sachverhalte, bei denen einer Vertragspartei das Recht auf einen Ausgleich in bar oder in anderen Finanzinstrumenten oder auf Tausch von Finanzinstrumenten zusteht und dann ein Finanzinstrument i.S.v. IAS 39 vorliegt, wird in IAS 39.6(a)-(d) vorgenommen. Dazu zählt:

- den Vertrag durch Ausgleich in bar oder einem anderen Finanzinstrument bzw. durch den Tausch von Finanzinstrumenten abzuwickeln, sofern die Vertragsbedingungen dies jedem Kontrahenten gestatten,
- wenn die Möglichkeit zu einem Ausgleich in bar oder einem anderen Finanzinstrument bzw. durch Tausch von Finanzinstrumenten nicht explizit in den Vertragsbedingungen vorgesehen ist, das Unternehmen jedoch ähnliche Verträge für gewöhnlich durch Ausgleich in bar oder einem anderen Finanzinstrument bzw. durch den Tausch von Finanzinstrumenten erfüllt (sei es durch den Abschluss

---

50 Vgl. *Ernst & Young LLP (Hrsg.)*, International GAAP 2005, 2004, S. 802-806.

51 IAS 32 enthält hinsichtlich des Anwendungsbereichs für Verträge über den Kauf oder Verkauf von nicht-finanziellen Posten gleich lautende Vorschriften (IAS 32.8-10; IAS 32.AG20-AG24).

gegenläufiger Verträge mit der Vertragspartei oder durch den Verkauf des Vertrags vor dessen Ausübung oder Verfall) („*practice of net settlement*"),

- wenn das Unternehmen bei ähnlichen Verträgen den Vertragsgegenstand (Underlying) für gewöhnlich annimmt und ihn kurz nach der Anlieferung („*within a short period after delivery*") wieder veräußert, um Gewinne aus kurzfristigen Preisschwankungen oder Händlermargen zu erzielen und
- wenn der nicht-finanzielle Posten, der Gegenstand des Vertrags ist, jederzeit in Zahlungsmittel umzuwandeln („*readily convertible to cash*") ist.

Ein Vertrag, auf den **(b) oder (c)** zutrifft, gilt **nicht** als zum Zwecke des Empfangs oder der Lieferung von nicht-finanziellen Posten gemäß des erwarteten Einkaufs-, Verkaufs- oder Nutzungsbedarfs des Unternehmens abgeschlossen und fällt demzufolge in den Anwendungsbereich von IAS 39.

Andere Verträge, auf die IAS 39.5 zutrifft, werden danach beurteilt, ob sie zum Zwecke des Empfangs oder der Lieferung von nicht-finanziellen Posten gemäß des erwarteten Einkaufs-, Verkaufs- oder Nutzungsbedarfs des Unternehmens abgeschlossen wurden und dazu weiterhin gehalten werden und ob sie in den Anwendungsbereich von IAS 39 fallen (IAS 39.6; IAS 39.BC24).

Vor diesem Hintergrund wird deutlich, dass bei Unternehmen, die z. B. im Energiehandel tätig sind, insbesondere die Organisation der Geschäftsbereiche und die damit verbundene Buchstruktur einen Einfluss auf die praktische Anwendung der aufgezeigten Vorschriften haben. So führt die grundsätzlich auf Vertragsebene vorzunehmende Unterscheidung in Derivate i.S.v. IAS 39 und Own Use Contracts bei einer Einbuchstruktur (d. h. alle Verträge werden in einem Portfolio geführt) häufig zu einem erheblichen Mehraufwand, da eine Zuordnung innerhalb eines Portfolios in der Regel nur mengenmäßig vorgenommen werden kann. Zudem ist zu beachten, dass eine Einbuchstruktur stets zu einer schädlichen Infektion der darin enthaltenen Own Use Contracts durch Derivate i.S.v. IAS 39 führen kann. Als Lösungsalternative bietet es sich z. B. an, gleichartige Verträge für bilanzielle Zwecke von vornherein in mehreren Büchern zu führen (wie z. B. Hedging-Portfolio, Own Use-Portfolio).[52]

Eine **geschriebene Option** auf den Kauf oder Verkauf eines nicht-finanziellen Postens, der durch Ausgleich in bar oder anderen Finanzinstrumenten bzw. durch den Tausch von Finanzinstrumenten gemäß IAS 39.6(a) oder (d) erfüllt werden kann, fällt in den Anwendungsbereich des Standards. Solch ein Vertrag kann nicht zum Zweck des Empfangs oder Verkaufs eines nicht-finanziellen Postens gemäß dem erwarteten Einkaufs-, Verkaufs- oder Nutzungsbedarfs des Unternehmens abgeschlossen werden (IAS 39.7; IAS 39.IG A.2 *Option to put a non-financial asset*).[53]

---

52 Vgl. *Ernst & Young LLP (Hrsg.)*, International GAAP 2005, 2004, S. 804; *Kropp, M./Klotzbach, D.*, WPg 2002, S. 1011-1012.

53 Vgl. *Ernst & Young LLP (Hrsg.)*, International GAAP 2005, 2004, S. 805.

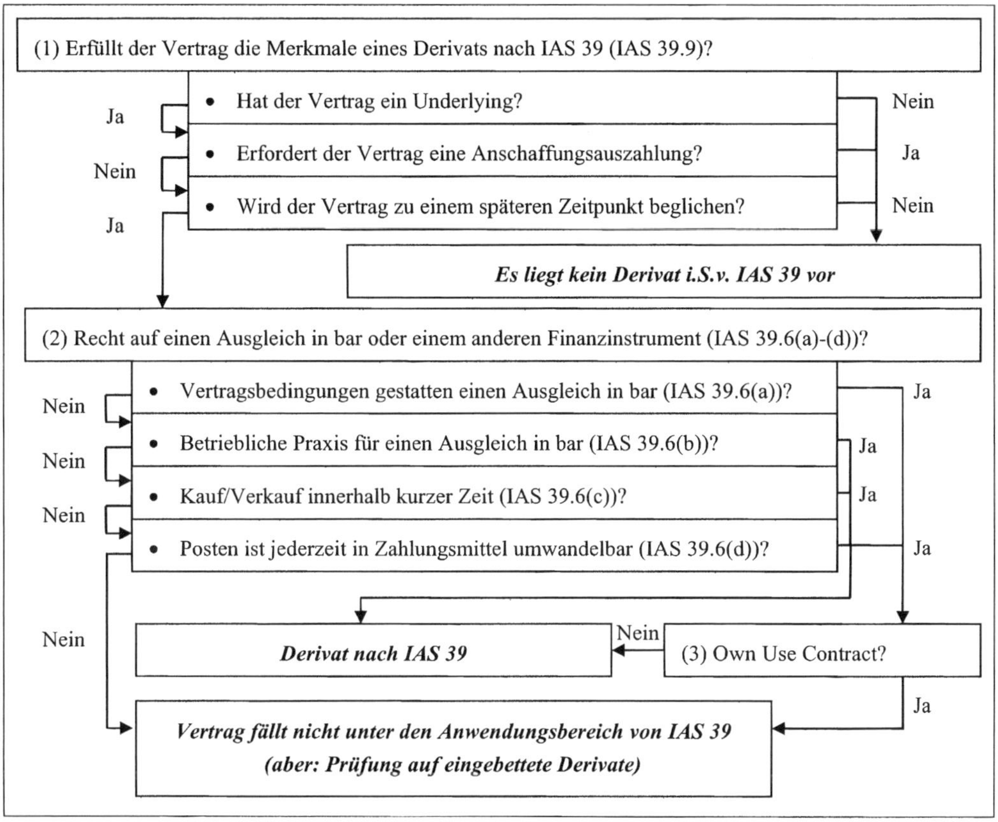

Abb. 5: Prüfschema für Own Use Contracts nach IAS 39

Gleich lautende Vorschriften für Verträge über den Kauf oder Verkauf eines nichtfinanziellen Postens sind in IAS 32.8-10 enthalten (IAS 39.BC24; IAS 32.AG20-AG24; IAS 39.IG A.1 *Practice of settling net: forward contract to purchase a commodity*).

3.3. Ausnahmen vom Anwendungsbereich

3.3.1. Anteile an Tochterunternehmen, assoziierten Unternehmen und Joint Ventures

Anteile an Tochterunternehmen, assoziierten Unternehmen und Joint Ventures, die gemäß IAS 27 *„Consolidated and Separate Financial Statements"*, IAS 28 *„Investments in Associates"* und IAS 31 *„Interests in Joint Ventures"*[54], bilanziert werden, sind vom Anwendungsbereich ausgenommen. Unternehmen haben IAS 39 jedoch auf einen Anteil an einem Tochterunternehmen, einem assoziierten Unternehmen oder einem Joint Venture anzuwenden, der gemäß IAS 27, IAS 28 oder IAS 31 explizit nach IAS 39 zu bilanzieren ist. Der Standard ist ebenso auf Derivate auf einen Anteil an einer Tochtergesellschaft, einem assoziierten Unternehmen oder einem Joint Venture anzuwenden, es sei denn, das Derivat erfüllt die Definition eines eigenen Eigenkapitalinstruments nach IAS 32 (IAS 39.2(a)).

Die Ausschlussregel der Anteile erstreckt sich nur auf den Konzernabschluss. Allerdings ist IAS 39 im Konzernabschluss auf solche Anteile an assoziierten Unternehmen und Joint Ventures anzuwenden, die von Wagniskapital-Organisationen, Investmentfonds, Unit Trusts und ähnlichen Unternehmen, einschließlich fondsgebundener Versicherungen, gehalten werden und die im Rahmen des erstmaligen Ansatzes der Bewertungskategorie **At Fair Value through Profit or Loss** oder **Held for Trading** zugeordnet waren. Diese Anteile sind zum Fair Value mit unmittelbarer Erfassung der Wertveränderung im Periodenergebnis zu bewerten (IAS 31.1; IAS 28.1).[55]

Als Folge der Veröffentlichung des Standards für **zur Veräußerung gehaltene langfristige Vermögenswerte und aufgegebene Geschäftsbereiche** IFRS 5 *„Non-current Assets Held for Sale and Discontinued Operations"*[56] am 31. März 2004 wurde IAS 27, IAS 28 und IAS 31 dahin gehend geändert, dass Anteile, die zur Veräußerung i.S.v. IFRS 5 gehalten werden, aus den Regelungsbereichen der vorgenannten Standards ausgenommen werden und nunmehr unter den Anwendungsbereich von IFRS 5 fallen (IFRS 5.C6-C8).[57] Insofern sind die von einem Partnerunterunternehmen gehaltenen Anteile an Joint Ventures von der Anwendung der Regelungen zur Quotenkonsolidierung bzw. Equity-Methode befreit, wenn die Anteile als mit Veräußerungsabsicht gehaltene Vermögenswerte i.S.v. IFRS 5 klassifiziert werden (IAS 31.2(a)). Diese Anteile sind entsprechend der Vorschriften in IFRS 5 zu bilanzieren und zu bewerten (IAS 31.42). Sofern eine Veräußerung der Anteile innerhalb von zwölf Monaten nicht erfolgt, müssen die Anteile – bis auf bestimmte Ausnahmefälle – ab dem Erwerbszeitpunkt unter Anwendung der Quotenkonsolidierung oder der Equity-Methode bilanziert werden (IAS 31.43-44).

---

[54] Vgl. auch Verordnung (EG) Nr. 2238/2004, ABl. EU Nr. L 394 v. 31.12.2004, S. 117-143.

[55] Vgl. *Ernst & Young LLP (Hrsg.)*, International GAAP 2005, 2004, S. 795.

[56] Vgl. auch Verordnung (EG) Nr. 2236/2004, ABl. EU Nr. L 392 v. 31.12.2004, S. 63-82.

[57] Vgl. *Brune, J. W./Senger, T.*, in: IFRS-Handbuch, 2004, § 15 Tz. 619; *Hoffmann, W.-D./Lüdenbach, N.*, BB 2004, S. 2006-2008.

Die aufgezeigten Regelungen gelten für Anteile an Tochterunternehmen und assoziierten Unternehmen analog (IAS 28.13(a), IAS 28.14-15).[58]

Anteile an Tochterunternehmen, assoziierten Unternehmen und Joint Ventures sind für jede Kategorie in einem eigenständigen Einzelabschluss nach IFRS einheitlich zu Anschaffungskosten oder entsprechend IAS 39 zu bilanzieren (IAS 27.37; IAS 31.46; IAS 28.35). Anteile, die im Konzernabschluss nach IAS 39 bilanziert werden, sind in einem separaten Einzelabschluss nach IFRS in gleicher Weise zu bilanzieren (IAS 27.39).[59]

Gelegentlich tätigen Unternehmen **strategische Investitionen** in von anderen Unternehmen emittierten Eigenkapitalinstrumenten mit der Absicht, eine langfristige Geschäftsbeziehung mit dem Unternehmen, in das investiert wurde, aufzubauen oder zu vertiefen. Der Anteilseigner muss anhand von IAS 28 feststellen, ob eine solche Finanzinvestition sachgerecht nach der Equity-Methode zu bilanzieren ist. In ähnlicher Weise wendet der Anteilseigner die Vorschriften aus IAS 31 an, um festzustellen, ob die Quotenkonsolidierung oder die Equity-Methode die sachgerechte Bilanzierungsmethode ist. Falls weder die Equity-Methode noch die Quotenkonsolidierung sachgerecht sind, ist eine solche strategische Finanzinvestition nach IAS 39 zu bilanzieren (IAS 39.AG3).

3.3.2. Rechte und Verpflichtungen aus Leasingverhältnissen

Rechte und Verpflichtungen aus Leasingverhältnissen, auf die IAS 17 *„Leases"*[60] Anwendung findet, sind vom Anwendungsbereich des IAS 39 ausgenommen (IAS 39.2(b)). Hierzu besteht mit IAS 17 ein gesonderter Standard, der die Bilanzierung von Leasingverhältnissen abschließend regelt. Gleichwohl unterliegen

- **Forderungen** aus Leasingverhältnissen beim Leasinggeber, den in IAS 39 enthaltenen Vorschriften zur **Ausbuchung** und **Wertminderung** (IAS 39.15-37, 58, 59, 63-65 und IAS 39.AG36-AG52, AG84-AG93),
- **Verbindlichkeiten** aus Finanzierungsleasingverhältnissen, beim Leasingnehmer, den in IAS 39 enthaltenen Vorschriften zur **Ausbuchung** (IAS 39.39-42 und IAS 39.AG57-AG63) und die
- in Leasingverhältnisse **eingebetteten Derivate**, den in IAS 39 enthaltenen Vorschriften zu eingebetteten Derivaten (IAS 39.10-13 und IAS 39.AG27-AG33).[61]

---

58 Für Anteile an Tochterunternehmen enthält eine Fußnote zu IAS 27.12 einen entsprechenden Verweis auf die Regelungen in IFRS 5.

59 Vgl. *Ernst & Young LLP (Hrsg.)*, International GAAP 2005, 2004, S. 795.

60 Vgl. auch Verordnung (EG) Nr. 2238/2004, ABl. EU Nr. L 394 v. 31.12.2004, S. 83-96.

61 Vgl. *Ernst & Young LLP (Hrsg.)*, International GAAP 2005, 2004, S. 796.

Ein Leasingvertrag wird beim **Finanzierungsleasing** vornehmlich als Anspruch eines Leasinggebers auf Erhalt von bzw. als Verpflichtung eines Leasingnehmers zur Zahlung von Zahlungsströmen betrachtet, die in materieller Hinsicht der Zahlung von Zins und Tilgung bei einem Darlehensvertrag entsprechen. Der Leasinggeber erfasst seine Investition als ausstehende Forderung aufgrund des Leasingvertrags und nicht als geleasten Vermögenswert.

Andererseits wird ein **Operating-Leasingverhältnis** in erster Linie als nicht erfüllter Vertrag betrachtet, der den Leasinggeber verpflichtet, die künftige Nutzung eines Vermögenswerts im Austausch für eine Gegenleistung ähnlich einem Entgelt für eine Dienstleistung zu gestatten. Der Leasinggeber erfasst den geleasten Vermögenswert und nicht die gemäß Leasingvertrag ausstehende Forderung. Dem entsprechend wird ein Finanzierungsleasing als Finanzinstrument und ein Operating-Leasingverhältnis nicht als Finanzinstrument betrachtet (außer im Hinblick auf einzelne jeweils fällige Zahlungen) (IAS 32.AG9).

3.3.3. Rechte und Verpflichtungen eines Arbeitgebers aus Altersversorgungsplänen

Rechte und Verpflichtungen eines Arbeitgebers aus Altersversorgungsplänen, auf die IAS 19 *„Employee Benefits"* Anwendung findet, sind vom Anwendungsbereich des IAS 39 ausgenommen (IAS 39.2(c)). Hierzu existiert mit IAS 19 ein gesonderter Standard, der die Bilanzierung und die Angabepflichten für Leistungen an Arbeitnehmer aus Altersversorgungsplänen abschließend regelt.

Ferner ändert IAS 39 keine Vorschriften für Versorgungspläne für Arbeitnehmer, die in den Anwendungsbereich von IAS 26 *„Accounting and Reporting by Retirement Benefit Plans"* fallen und Verträge über Nutzungsentgelte, die an das Umsatzvolumen oder die Höhe der Erträge aus Dienstleistungen gekoppelt sind, welche gemäß IAS 18 *„Revenue"* zu bilanzieren sind (IAS 39.AG2).

3.3.4. Eigenkapitalinstrumente beim Emittenten

Finanzinstrumente, die von dem Unternehmen emittiert wurden, und die die Definition eines Eigenkapitalinstruments gemäß IAS 32 (einschließlich Optionen und Optionsscheine) erfüllen, sind vom Anwendungsbereich des IAS 39 ausgenommen (IAS 39.2(d)). Der Inhaber (Investor) solcher Eigenkapitalinstrumente hat den Standard jedoch auf die bei ihm gehaltenen (fremden) Eigenkapitalinstrumente anzuwenden, es sei denn, sie erfüllen die Ausschlussregel nach IAS 39.2(a). Die **Abgrenzung von Eigen- und Fremdkapital** sowie die Bilanzierung von Eigenkapitalinstrumenten beim Emittenten werden abschließend in IAS 32 geregelt (vgl. ausführlich Kapitel 9.). Eigene Eigenkapitalinstrumente sind beim Emittenten am Eigenkapital zu kürzen. Demgegenüber ist für die Bilanzierung von Eigenkapitalinstrumenten beim Investor IAS 39 anzuwenden.

3.3.5. Rechte und Verpflichtungen aus Versicherungsverträgen

Rechte und Verpflichtungen aus einem Versicherungsvertrag, der die Definitionsmerkmale gemäß IFRS 4 *„Insurance Contracts“*[62] erfüllt oder der einen Vertrag mit Überschussbeteiligung darstellt, der unter den Anwendungsbereich von IFRS 4 fällt, sind vom Anwendungsbereich des IAS 39 ausgeschlossen (IAS 39.2(e)).

Gegenstand von IFRS 4 ist die Bilanzierung von Versicherungsverträgen einschließlich der aktiven und passiven Rückversicherung. Anders als bei Rückversicherungsverträgen regelt der Standard für Erstversicherungsverträge nur die **Bilanzierung beim Versicherungsunternehmen**. Erstversicherungsnehmer fallen demnach nicht in den Anwendungsbereich von IFRS 4 (IFRS 4.2(a)). Ferner regelt IFRS 4 die Bilanzierung von Finanzinstrumenten mit einer ermessensabhängigen Überschussbeteiligung (*„discretionary participation feature“*), die Lebensversicherungsprodukten ähneln, und damit eigentlich IAS 39 zuzuordnen wären. Entscheidend für die Zuordnung als Versicherungs- oder Investmentvertrag ist die Definition eines Versicherungsvertrags.[63]

Ein **Versicherungsvertrag** wird nach IFRS 4 als ein Vertrag definiert, nach dem eine Partei (der Versicherer) ein signifikantes Versicherungsrisiko von einer anderen Partei (dem Versicherungsnehmer) übernimmt, indem sie vereinbart, dem Versicherungsnehmer eine Entschädigung zu leisten, wenn ein spezifiziertes ungewisses künftiges Ereignis (das versicherte Ereignis) den Versicherungsnehmer nachteilig betrifft.[64] Die Übertragung eines signifikanten Versicherungsrisikos stellt somit den zentralen Bestandteil eines Versicherungsvertrags dar (IFRS 4 Anhang A).[65] **Versicherungsrisiko** wird dabei als jedes vom Vertragsnehmer auf den Vertragsgeber übertragene Risiko definiert, dass kein Finanzrisiko darstellt. Unter Finanzrisiko wird das Risiko einer möglichen künftigen Änderung eines (oder mehrerer) genannten Zinssatzes, Wertpapierkurses, Rohstoffpreises, Wechselkurses, Preis- oder Zinsindexes, Bonitätsratings oder Kreditindexes oder einer anderen Variablen verstanden, vorausgesetzt dass im Fall einer nicht-finanziellen Variablen die Variable nicht spezifisch für eine der Parteien des Vertrags ist (IFRS 4 Anhang A). Es muss eine signifikante Wahrscheinlichkeit bestehen, dass der Eintritt des versicherten Ereignisses bei dem Versicherungsnehmer zu einer nicht unwesentlichen Entschädigungszahlung aus dem Versicherungsvertrag für den Versicherer führt und höher ist als die vertragsgemäße Leistung des Versicherungsunternehmens ohne Eintritt des Schadensereignisses (IFRS 4.B24). Im Hinblick auf die Abgrenzung des Anwendungsbereichs zu IAS 39 ist entscheidend, dass reine Finanzrisiken keine Versicherungsrisiken darstellen und daher allein nicht

62 Vgl. auch Verordnung (EG) Nr. 2236/2004, ABl. EU Nr. L 392 v. 31.12.2004, S. 37-62.

63 Vgl. *Ebbers, G.*, WPg 2004, S. 1378.

64 Vgl. *Ernst & Young LLP (Hrsg.)*, International GAAP 2005, 2004, S. 796-797.

65 Zur Definition von Versicherungsrisiko vgl. auch IFRS 4.B8-B21. Für weiterführende Erläuterungen vgl. z. B. *Ebbers, G.*, KoR 2003, S. 523-529; *Ebbers, G.*, WPg 2004, S. 1379-1380; *Rockel, W./Sauer, R.*, VW 2004, S. 215-219; *Rockel, W./Sauer, R.*, WPg 2003, S. 1108-1119; *Widmann, R./Korkow, K.*, VW 2002, S. 1236-1239.

Gegenstand eines Versicherungsvertrags und damit einer Anwendung von IFRS 4 sein können.[66]

Zur weiteren Klarstellung und Abgrenzung von Versicherungsverträgen im Einzelfall enthält der Standard eine Reihe von Anwendungsleitlinien und Beispielen.[67] So handelt es sich bei den folgenden Sachverhalten um Versicherungsverträge, wenn das übertragene Versicherungsrisiko signifikant ist (IFRS 4.B18):

- *Diebstahl- oder Sachversicherung,*
- *Produkthaftpflicht-, Berufshaftpflicht-, allgemeine Haftpflicht- oder Rechtsschutzversicherung,*
- *Lebens- und Beerdigungskostenversicherung, Leibrenten und Pensionsversicherungen,*
- *Erwerbsminderungs- und Krankheitskostenversicherung,*
- *Bürgschaften, Kautionsversicherungen, Gewährleistungsbürgschaften und Bietungsbürgschaften (d. h. Verträge, die eine Entschädigung vorsehen, wenn eine andere Partei eine vertragliche Verpflichtung nicht erfüllt),*
- *Kreditversicherung, die bestimmte Zahlungen zur Erstattung eines Schadens des Nehmers zusagt, den er erleidet, weil ein bestimmter Schuldner gemäß den ursprünglichen oder veränderten Bedingungen eines Schuldinstruments eine fällige Zahlung nicht leistet. Diese Verträge können verschiedene rechtliche Formen haben, wie eine finanzielle Garantie, ein Akkreditiv, ein Verzugs-Kreditderivat oder ein Versicherungsvertrag. Diese Verträge liegen jedoch außerhalb des Anwendungsbereiches von IFRS 4, sofern sie das Unternehmen eingegangen ist oder zurückbehalten hat, wenn es finanzielle Vermögenswerte oder finanzielle Verbindlichkeiten aus dem Anwendungsbereich von IAS 39 auf eine andere Partei übertragen hat (IFRS 4.4(d)),*
- *Produktgewährleistungen, die von einer anderen Partei für vom Hersteller, Groß- oder Einzelhändler verkaufte Waren gewährt werden, fallen in den Anwendungsbereich von IFRS 4,*
- *Rechtstitelversicherungen (d. h. Versicherung gegen die Aufdeckung von Mängeln eines Rechtstitels auf Grundeigentum, die bei Abschluss des Versicherungsvertrags nicht erkennbar waren),*
- *Reiseserviceversicherung,*
- *Katastrophenbonds, die verringerte Zahlungen von Kapital, Zinsen oder beidem vorsehen, wenn ein bestimmtes Ereignis den Emittenten des Bonds nachteilig betrifft,*
- *Versicherungs-Swaps und andere Verträge, die eine Zahlung auf Basis von Änderungen der klimatischen, geologischen oder sonstigen physikalischen Variablen vorsehen, die spezifisch für eine Partei des Vertrags sind,*
- *Rückversicherungsverträge.*

---

66 Vgl. *Schlüter, J.*, in: IFRS-Handbuch, 2004, § 22, Tz. 25.

67 Vgl. *Ernst & Young LLP (Hrsg.)*, International GAAP 2005, 2004, S. 796-797.

Die folgenden Sachverhalte stellen demgegenüber explizit keine Versicherungsverträge dar (IFRS 4.B19):

- *Kapitalanlageverträge, die die rechtliche Form eines Versicherungsvertrags haben, aber den Versicherer keinem signifikanten Versicherungsrisiko aussetzen (z. B. Lebensversicherungsverträge, bei denen der Versicherer kein signifikantes Sterblichkeitsrisiko trägt),*
- *Verträge, die die rechtliche Form von Versicherungen haben, aber jedes signifikante Versicherungsrisiko durch unkündbare und durchsetzbare Mechanismen an den Versicherungsnehmer zurückübertragen, indem sie die künftigen Zahlungen des Versicherungsnehmers als direkte Folge der versicherten Schäden anpassen (wie z. B. einige Finanzrückversicherungs- oder Gruppenversicherungsverträge),*
- *Selbstversicherung, d. h. Selbsttragung eines Risikos das durch eine Versicherung gedeckt werden könnte,*
- *Verträge (wie Rechtsverhältnisse von Spielbanken) die eine Zahlung bestimmen, wenn ein bestimmtes ungewisses künftiges Ereignis eintritt,*
- *Derivate, die eine Partei einem Finanzrisiko aber nicht einem Versicherungsrisiko aussetzen, weil sie bestimmen, dass diese Partei Zahlungen nur bei Änderungen eines (oder mehrerer) genannten Zinssatzes, Wertpapierkurses, Rohstoffpreises, Wechselkurses, Preis- oder Zinsindexes, Bonitätsratings oder Kreditindexes oder einer anderen Variablen zu leisten hat, sofern im Fall einer nicht-finanziellen Variablen die Variable nicht spezifisch für eine Partei des Vertrags ist,*
- *eine Finanzgarantie (oder Akkreditiv, Verzugskredit-Derivat oder Kreditversicherungsvertrag), die Zahlungen auch dann verlangt, wenn der Inhaber keinen Schaden dadurch erleidet, dass der Schuldner eine fällige Zahlung nicht leistet,*
- *Verträge, die eine auf einer klimatischen, geologischen oder physikalischen Variablen begründete Zahlung vorsehen, die nicht spezifisch für eine Vertragspartei ist (Wetterderivate),*
- *Katastrophenbonds, die verringerte Zahlungen von Kapital, Zinsen oder beidem vorsehen, welche auf einer klimatischen, geologischen oder anderen physikalischen Variablen beruhen, die nicht spezifisch für eine Vertragspartei ist.*

Bei Verträgen, die eine Zahlung bei Eintritt bestimmter klimatischer, geologischer oder sonstiger physikalischer Variablen vorsehen, kann es sich im Einzelfall um Versicherungsverträge handeln, die unter den Anwendungsbereich von IFRS 4 fallen (IFRS 4.B18(l)). Sofern einzelne Verträge nicht unter IFRS 4 fallen, ist auf diese Verträge IAS 39 anzuwenden (IFRS 4.B19(g); IAS 39.AG1; IAS 39.AG12A).[68] Wenn

68 Vgl. *Ernst & Young LLP (Hrsg.)*, International GAAP 2005, 2004, S. 798-799. A.A. offenbar *Kehm, P./ Lüdenbach, N.*, in: Lüdenbach, N./Hoffmann, W.-D. (Hrsg.), IFRS-Kommentar[2], 2004, § 28, Tz. 14-16.

ein solcher Versicherungsvertrag aus **mehreren Komponenten** besteht, von denen ein Teil in den Anwendungsbereich von IAS 39 fällt, während andere Komponenten ausgeschlossen sind, ist eine Aufspaltung des Vertrags notwendig. Beispielhaft anzuführen wäre ein Zinsswap, der als Basisobjekt eine klimatische Variable, wie z. B. *„heating degree days"* aufweist. Die in den Anwendungsbereich von IAS 39 fallende Komponente ist dann entsprechend den Vorschriften für eingebettete Derivate zu bilanzieren.

Es sei darauf hingewiesen, dass auf sämtliche finanziellen Vermögenswerte (wie z. B. Wertpapiere oder Hypothekendarlehen, die unter den Kapitalanlagen ausgewiesen werden) und finanzielle Verbindlichkeiten von Versicherungsunternehmen, die nicht unter die Ausnahmeregelung des IAS 39.2(e) fallen, IAS 39 anzuwenden ist (IAS 39.AG4).

Auf in Versicherungsverträge **eingebettete Derivate** sind die in IAS 39 enthaltenen Vorschriften zu eingebetteten Derivaten anzuwenden, sofern das eingebettete Derivat nicht selbst ein Versicherungsvertrag darstellt (IAS 39.10-13; IAS 39.AG27-AG33; IFRS 4.7).[69]

3.3.6. Bestimmte Verträge im Rahmen eines Unternehmenszusammenschlusses

Verträge zwischen einem Erwerber und einem Veräußerer mit **bedingter Gegenleistung** im Rahmen eines Unternehmenszusammenschlusses sind **beim Erwerber** vom Anwendungsbereich des IAS 39 ausgenommen (IAS 39.2(f)).

Vorschriften für die Bilanzierung von Verträgen mit bedingter Gegenleistung im Rahmen eines Unternehmenszusammenschlusses beim Erwerber sind in IFRS 3 *„Business Combinations"*[70] enthalten. Wenn eine Vereinbarung über einen Unternehmenszusammenschluss eine von künftigen Ereignissen abhängige Anpassung der Anschaffungskosten für den Zusammenschluss vorsieht, so hat der Erwerber den Betrag dieser Anpassung in die Anschaffungskosten des Zusammenschlusses zum Erwerbszeitpunkt mit einzubeziehen, wenn die Anpassung wahrscheinlich ist und verlässlich bewertet werden kann (IFRS 3.32).

Die Vereinbarung über einen Unternehmenszusammenschluss kann Anpassungen der Anschaffungskosten des Zusammenschlusses enthalten, die von einem oder mehreren künftigen Ereignissen abhängen. Die Anpassung könnte z. B. von einem bestimmten Erfolgsniveau, welches in Zukunft beizubehalten oder zu erreichen ist, oder von einem beizubehaltenden Börsenpreis der ausgegebenen Finanzinstrumente, abhängig sein. Es

---

[69] In der vom IASB herausgegebenen Version von IAS 39 (Stand: 31.3.2004) wird an dieser Stelle irrtümlicherweise auch noch auf IAS 39.AG23-AG26 verwiesen.

[70] Nachfolgend wird auf die im Amtsblatt der EU veröffentlichte Übersetzung von IFRS 3 zurückgegriffen, vgl. Verordnung (EG) Nr. 2236/2004, ABl. EU Nr. L 392 v. 31.12.2004, S. 4-36.

ist im Regelfall möglich, den Betrag einer solchen Anpassung zum Zeitpunkt der erstmaligen Bilanzierung des Zusammenschlusses zu schätzen, ohne die Verlässlichkeit der Information zu beeinträchtigen, obwohl eine gewisse Unsicherheit besteht. Treten die künftigen Ereignisse nicht ein oder muss die Schätzung revidiert werden, so sind die Anschaffungskosten des Unternehmenszusammenschlusses entsprechend anzupassen (IFRS 3.33).

Gleichfalls sind Verträge zwischen einem Erwerber und einem Verkäufer in einem Unternehmenszusammenschluss, **das erworbene Unternehmen zu einem zukünftigen Zeitpunkt zu erwerben oder zu veräußern**, vom Anwendungsbereich des IAS 39 ausgenommen (IAS 39.2(g)).

3.3.7. Kreditzusagen

Sofern Kreditzusagen (*„loan commitments“*) **nicht als At Fair Value through Profit or Loss** kategorisiert sind und **nicht durch einen Ausgleich in bar** oder anderen Finanzinstrumenten erfüllt werden können, sind sie vom Anwendungsbereich des IAS 39 ausgenommen (IAS 39.2(h)). Eine Kreditzusage gilt in diesem Zusammenhang nicht als im Wege eines Nettoausgleichs erfüllt, bloß weil das Darlehen in Tranchen ausgezahlt wird (z. B. ein Hypothekenkredit, der gemäß dem Baufortschritt ausgezahlt wird).

Verpflichtet sich ein Unternehmen, einen Kredit zu einem geringerem als dem Marktzinssatz zur Verfügung zur stellen, hat es diese Zusage zunächst zum **Fair Value** anzusetzen und **nachfolgend** zum höheren aus

- dem gemäß IAS 37 erfassten Betrag und
- dem ursprünglich erfassten Betrag abzüglich, soweit zutreffend, der gemäß IAS 18 erfassten kumulierten Amortisationen (vgl. Kapitel 4.4.) zu bewerten.

Damit soll vermieden werden, dass sich bereits aus der ersten Folgebewertung nach IAS 37 ein Gewinn ergibt.

Sämtliche Kreditzusagen, die nicht unter den Anwendungsbereich von IAS 39 fallen, sind beim Kreditgeber bis zum Erfüllungszeitpunkt nach IAS 37 als **Eventualverbindlichkeiten** unter der Bilanz bzw. im Anhang anzugeben.[71] Ferner sind bei Kreditzusagen die in IAS 39 enthaltenen Vorschriften zur Ausbuchung (IAS 39.15-42 und IAS 39.AG36-AG63) zu beachten.

Kreditzusagen, die ein Unternehmen als finanzielle Verbindlichkeiten der Bewertungskategorie At Fair Value through Profit or Loss einstuft (dies kann ein Unterneh-

---

[71] Vgl. *Ernst & Young LLP (Hrsg.)*, International GAAP 2005, 2004, S. 800-801.

men für sämtliche Kreditzusagen bestimmen), fallen in den Anwendungsbereich von IAS 39.[72]

Bei Unternehmen, deren betriebliche Praxis in der Vergangenheit darin bestand, die aus Kreditzusagen resultierenden Vermögenswerte (wie z. B. Darlehensforderungen) für gewöhnlich kurz nach deren Ausreichung zu veräußern, ist IAS 39 auf **alle Kreditzusagen derselben Klasse** (*„in the same class“*) anzuwenden (IAS 39.4). Damit ist eine Bildung von Teilportfolios für bilanzielle Zwecke zulässig, für die keine Veräußerungsabsicht besteht.[73]

Die Vorgängerregelung IAS 39 (revised 2000) enthielt keine expliziten Vorschriften zur Bilanzierung von Kreditzusagen. Sofern nach der Altregelung Kreditzusagen die allgemeine Definition von Derivaten erfüllten, waren sie als solche grundsätzlich zum Fair Value anzusetzen.[74] Um die Bilanzierung beim Kreditgeber und Kreditnehmer im Hinblick auf Kreditzusagen gegenüber der bisherigen Regelung zu vereinfachen, enthält IAS 39 zwar den klarstellenden Hinweis, dass Kreditzusagen üblicherweise nicht unter den Anwendungsbereich des Standards fallen, gleichwohl wird durch die Möglichkeit der Designation von Kreditzusagen in die Bewertungskategorie At Fair Value through Profit or Loss ein neues Wahlrecht begründet (IAS 39.BC15-BC20).

3.3.8. Transaktionen mit anteilbasierten Vergütungen

Finanzinstrumente, vertragliche Vereinbarungen und Verpflichtungen im Zusammenhang mit anteilbasierten Vergütungen, die unter den Anwendungsbereich von IFRS 2 *„Share-based Payment“* fallen, sind vom Anwendungsbereich des IAS 39 ausgenommen (IAS 39.2(i)).

IFRS 2 regelt ganz allgemein die Bilanzierung von **Aktienoptionsprogrammen**, wobei hierunter jede Entgeltzahlung durch Eigenkapitalinstrumente (insbesondere Aktienoptionen oder Geldzahlungen, deren Höhe vom Aktienpreis oder dem eines anderen Eigenkapitalinstruments abhängt) unabhängig von dem gewährenden Rechtsträger fällt. Ziel des IFRS 2 ist es, über Aktienoptionsprogramme hinaus alle Fälle zu regeln, bei denen Unternehmen Güter und Dienstleistungen mit Aktienoptionsprogrammen erwerben (z. B. Bezahlung von Warenlieferungen mit Optionen).[75]

Davon ausgenommen sind solche Verträge, die in den Anwendungsbereich von IAS 39 fallen und damit Finanzinstrumente darstellen (IAS 39.2(i); IFRS 2.6; IFRS 2.BC25-BC28).

---

72 Im Rahmen des Endorsement Mechanism wurde jedoch die Nutzung der Fair Value Option für finanzielle Verbindlichkeiten entgegen der Regelungen im vom IASB verabschiedeten IAS 39 für nicht zulässig angesehen.

73 Vgl. *Ernst & Young LLP (Hrsg.)*, International GAAP 2005, 2004, S. 799-800.

74 Vgl. *Kropp, M./Klotzbach, D.*, WPg 2002, S. 1012.

75 Vgl. *Kirnberger, C.*, in: IFRS-Handbuch, 2004, § 19, Tz. 13-14.

3.3.9. Finanzgarantien

Finanzgarantien („*financial guarantee contracts*") (Bürgschaften, Garantien und Credit Default-Derivate), die eine bestimmte Zahlung vorsehen, um den Gläubiger für einen auftretenden Verlust zu entschädigen, weil ein bestimmter Schuldner seinen Zahlungsverpflichtungen gemäß den ursprünglichen oder geänderten Bedingungen eines Schuldinstruments nicht nachkommt, sind aus dem Anwendungsbereich des IAS 39 **ausgenommen** und – sofern im Einzelfall die Merkmale eines Versicherungsvertrags gegeben sind – den Regelungen des IFRS 4 unterworfen (IAS 39.3; IAS 39.AG4A). Sofern Verträge nicht unter den Anwendungsbereich von IFRS 4 und IAS 39 fallen, ist IAS 37 anzuwenden (IAS 39.B8 i.V.m. IAS 37.2; IAS 37.5(e); IAS 39.BC23).

Demgegenüber findet IAS 39 Anwendung auf Finanzgarantien, sofern diese eine Zahlung für den Fall vorsehen, dass es zu einer Änderung eines **bestimmten Zinssatzes, Preises eines Finanzinstruments, Rohstoffpreises, Bonitätsratings, Wechselkurses, Kurs- oder Zinsindexes oder anderer Variablen** (Underlying) kommt. So fällt z. B. eine Finanzgarantie, die eine Zahlung für den Fall vorsieht, dass das Bonitätsrating eines Schuldners unter ein bestimmtes Niveau fällt, in den Anwendungsbereich von IAS 39 (IAS 39.3; IAS 39.AG4A(a)).[76]

Eine weitere Sonderregelung ist für Finanzgarantien vorgesehen, die in Verbindung mit der Veräußerung und Ausbuchung von finanziellen Vermögenswerten oder finanziellen Verbindlichkeiten entstehen. Auf diese Finanzgarantien ist IAS 39 anzuwenden (IAS 39.AG4A(b)).

Seit der Veröffentlichung von IFRS 4 sind auf Finanzgarantien die Vorschriften zur Bilanzierung von Versicherungsverträgen anzuwenden, sofern die Finanzgarantien die Definitionsmerkmale eines Versicherungsvertrags erfüllen. Allerdings gab es bereits im Zeitpunkt der Verabschiedung von IFRS 4 Überlegungen beim IASB, sämtliche Finanzgarantien, die den Inhaber einer Forderung dafür entschädigen, dass der Schuldner seinen Leistungen nicht nachkommt, sowie Kreditversicherungsverträge („*credit insurance contracts*") nach IAS 39 i.V.m. IAS 37 zu regeln (IFRS 4.BC67).[77]

Der im Juli 2004 veröffentlichte (Teil-) Exposure Draft zu IAS 39 und IFRS 4 „*Financial Guarantee Contracts and Credit Insurance*" enthält eine Neuordnung der Regelungen für die Bilanzierung von Finanzgarantien und Kreditversicherungen.[78] Neben einer erneuten Anpassung der Anwendungsbereiche für Finanzgarantien (ED IAS 32.4(d); ED IAS 39.2(e) i.V.m. ED IAS 39.AG4A; ED IFRS 4.4) sowie für unwiderrufliche Kreditzusagen (ED IAS 39.2(h)) soll erstmals eine Definition für Finanzgarantien in IAS 39 eingeführt werden (ED IAS 39.9). Darüber hinaus werden

76 Vgl. *Ernst & Young LLP (Hrsg.)*, International GAAP 2005, 2004, S. 797-798.
77 Vgl. *Engeländer, S./Kölschbach, J.*, VW 2004, S. 575.
78 Vgl. *Kuhn, S./Scharpf, P.*, KoR 2004, S. 383-384.

Regelungen für die Zugangs- und Folgebewertung für derartige Instrumente beim Garantiegeber vorgeschlagen (ED IAS 39.47).

Nach der vorgeschlagenen Definition in ED IAS 39.9 soll eine **Finanzgarantie** einen Vertrag darstellen, der eine bestimmte Zahlung vorsieht, um den Gläubiger für einen auftretenden Verlust zu entschädigen, weil ein bestimmter Schuldner seinen Zahlungsverpflichtungen gemäß den ursprünglichen oder geänderten Bedingungen eines Schuldinstruments nicht nachkommt. Klarstellend wird geregelt, dass auch solche Finanzgarantien, die die Definitionsmerkmale eines Versicherungsvertrags nach IFRS 4 erfüllen, künftig unter den Anwendungsbereich von IAS 39 fallen sollen (ED IAS 39.AG4A(a)). Ferner soll eine **Kreditgarantie** (*„credit guarantee"*), die weder die Definition einer Finanzgarantie noch die eines Versicherungsvertrags erfüllt, im Rahmen der Bilanzierung **künftig als Derivat** i.S.v. IAS 39 zu bilanzieren sein (ED IAS 39.AG4A(c)).

Im Rahmen der **Zugangsbewertung** einer Finanzgarantie beim Garantiegeber ist diese zum Fair Value zu bewerten. Sofern die Finanzgarantie zu marktgerechten Konditionen gewährt wird, entspricht der zu ermittelnde Fair Value zum Zeitpunkt des Zugangs regelmäßig dem Barwert der erwarteten Inanspruchnahmen, vermindert um den Barwert der zu empfangenden Prämien seitens des Garantienehmers (ED IAS 39.AG4A(a)).

Bei der **Folgebewertung** sind Finanzgarantien, mit Ausnahme solcher, die bei der Übertragung finanzieller Vermögenswerte oder finanzieller Verbindlichkeiten auf einen anderen Vertragspartner gewährt bzw. in Anspruch genommen werden, zum höheren Betrag von dem nach den Vorschriften des IAS 37 anzusetzenden Betrag und dem Zugangswert abzüglich einer in Übereinstimmung mit IAS 18 erfassten kumulierten Amortisierung zu bewerten (ED IAS 39.47(c)). Dies gilt auch für Vereinbarungen zur Bereitstellung eines Darlehens zu einem unter dem Marktzins liegenden Zinssatz (ED IAS 39.47(d)).

Finanzgarantien, die bei der Übertragung finanzieller Vermögenswerte (z. B. im Rahmen einer ABS-Transaktion) oder finanzieller Verbindlichkeiten auf einen anderen Vertragspartner gewährt bzw. in Anspruch genommen werden, sind an nachfolgenden Stichtagen, sofern die Finanzgarantien eine Ausbuchung verhindern oder zu einem anhaltenden Engagement (*„continuing involvement"*) führen, nach den Vorschriften IAS 39.29-37 und IAS 39.AG47-AG52 und in allen anderen Fällen als Derivate zu bewerten (ED IAS 39.AG4A(a)(ii)).

Die vorgeschlagenen Änderungen sollen nach einer endgültigen Verabschiedung für Berichtsperioden, die am oder nach dem 1. Januar 2006 beginnen, verpflichtend anzuwenden sein. Eine vorzeitige Anwendung soll unter Beachtung von weiteren Anhangsangaben zulässig sein.

Gerade im Kreditgeschäft finden zunehmend Kreditderivate zur Absicherung des Ausfallrisikos Anwendung.[79] Unter dem Begriff **Kreditderivat** werden dabei insbesondere Total Return Swaps, Credit Default Swaps und Credit Linked Notes zusammengefasst. Durch den Einsatz dieser Instrumente kann der Risikogehalt eines Kreditportfolios ohne volumenmäßige Veränderung, aber auch der Risikogehalt einzelner Kredite, reduziert werden.

Der **Total Return Swap** ist ein Instrument, mit dem, bezogen auf ein bestimmtes Referenzaktivum, sowohl das Marktpreis- als auch das Adressenausfallrisiko auf einen Sicherungsgeber übertragen werden. Der Sicherungsnehmer tauscht periodisch die Erträge aus dem Referenzaktivum (z. B. einer Anleihe) sowie dessen Wertsteigerungen mit dem Sicherungsgeber gegen die Zahlung eines variablen oder festen Bezugszinses und den Ausgleich der Wertminderungen des Referenzaktivums. Total Return Swaps sind daher regelmäßig als derivative Finanzinstrumente i.S.v. IAS 39 zu klassifizieren, da Zahlungen unabhängig vom Ausfall des Referenzaktivums erfolgen.

Credit Default Swaps zeichnen sich durch ihre Ähnlichkeit mit traditionellen Produkten wie Bürgschaften und Garantien aus, sodass sich die Frage stellt, ob derartige Produkte unter den Anwendungsbereich des IAS 39 fallen. Credit Default Swaps sind Instrumente, bei denen der Sicherungsnehmer gegenüber dem Sicherungsgeber gegen Zahlung einer periodischen oder einmaligen Risikoprämie einen Anspruch auf eine Ausgleichszahlung bei Eintritt eines vertraglich fest vereinbarten Kreditereignisses bezüglich einer bestimmten Adresse hat. Sie sind dann als Derivate zu kategorisieren, wenn die Ausgleichszahlung durch ein anderes Kreditereignis als den alleinigen Zahlungsausfall des Schuldners ausgelöst wird (z. B. bei der Herabstufung des Kreditratings). Ist der Sicherungsnehmer einem Verlust ausgesetzt und hat diesen durch den Zahlungsverzug oder Ausfall des Schuldners des zugrunde liegenden Vermögenswerts auch erlitten, ist zu prüfen, ob die Merkmale eines Versicherungsvertrags nach IFRS 4 erfüllt sind.

Bei **Credit Default Options** handelt es sich um Verkaufsoptionen, deren Basispreis als Credit Spread zwischen einem Referenzaktivum und einer Benchmark (wie z. B. Staatsanleihen höchster Bonität), definiert ist. Die Struktur einer Credit Default Option ist vergleichbar mit der eines Credit Default Swaps, obschon der Auslöser der Ausgleichszahlung kein Kreditereignis, sondern die Veränderung des Renditeaufschlags (Spread) des Referenzaktivums gegenüber einer vereinbarten risikolosen Benchmark ist. Die Bilanzierung von Credit Default Options richtet sich nach denselben Grundsätzen, die für Credit Default Swaps gelten.

Eine **Credit Linked Note** kombiniert eine Schuldverschreibung mit einem Credit Default Swap. Das Instrument kann als Wertpapier oder als Forderungsrecht ausgestaltet sein. Die vom Sicherungsnehmer emittierte Schuldverschreibung wird nur dann

---

[79] Vgl. *Krumnow, J./Sprißler, W. u.a. (Hrsg.)*, Kommentar², § 340e HGB, Tz. 500-506.

zum Nominalwert getilgt, wenn ein vorher vertraglich festgelegtes Kreditereignis bezüglich eines Referenzaktivums nicht eintritt. Die Emittenten der Credit Linked Note und des Referenzaktivums sind regelmäßig nicht identisch. Im Fall des Eintretens des Kreditereignisses erfolgt eine Rückzahlung ausschließlich in Höhe des Restwerts des ausgefallenen Referenzwerts. Der Sicherungsgeber erwirbt die Schuldverschreibung und damit das Emittenten- und Zinsrisiko und lässt sich die Bereitstellung von Fremdkapital und die zusätzliche Risikoübernahme für den Ausfall des Referenzwerts durch einen höheren als den marktüblichen Zinssatz vergüten, der implizit die Risikoprämie für den Credit Default Swap enthält. Damit sind Credit Linked Notes als strukturierte Produkte anzusehen. Eine Aufspaltung in ihre Bestandteile ist zwingend (IAS 39.11), wenn die wirtschaftlichen Merkmale und Risiken der Anleihe nicht eng mit den wirtschaftlichen Merkmalen und Risiken des Credit Default Swaps verbunden sind, die Credit Linked Note nicht bereits erfolgswirksam zum Fair Value bewertet wird und es sich bei dem eingebetteten Credit Default Swap um ein Derivat i.S.v. IAS 39 handelt. Im Regelfall wird eine Trennung geboten sein, da die Kreditrisiken aus dem Credit Default Swap nicht eng mit den Risiken des originären Schuldinstruments verbunden sind.[80]

80 Vgl. *Ernst & Young LLP (Hrsg.)*, International GAAP 2005, 2004, S. 818.

4. Einführung in die Grundlagen zu IAS 32 und IAS 39

4.1. Definitionen aus IAS 32

4.1.1. Finanzinstrumente

Ein Finanzinstrument ist ein **Vertrag**, der gleichzeitig bei dem einen Unternehmen zu einem finanziellen Vermögenswert und bei dem anderen zu einer finanziellen Verbindlichkeit oder einem Eigenkapitalinstrument führt (IAS 32.11). Hierzu zählen alle auf rechtsgeschäftlicher Grundlage stehenden vertraglichen Ansprüche und Verpflichtungen, die **unmittelbar** oder **mittelbar** auf den Austausch von Zahlungsmitteln gerichtet sind.[81]

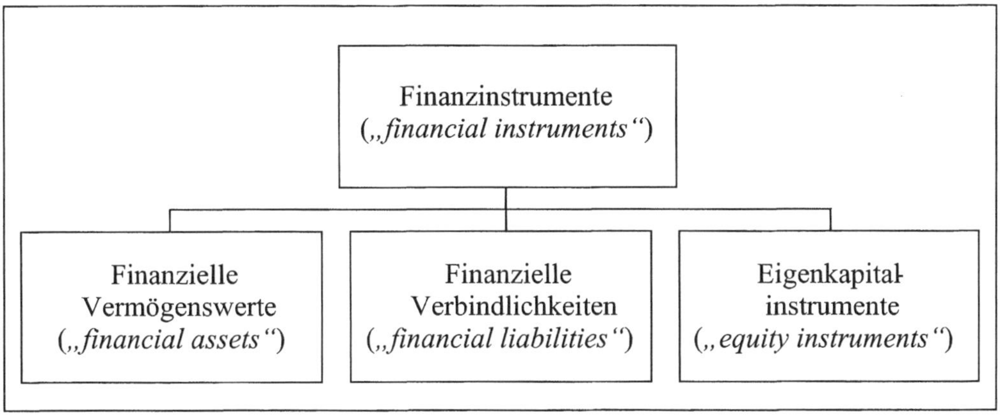

Abb. 6: Arten von Finanzinstrumenten

Notwendige Voraussetzung für das Vorliegen eines Finanzinstruments ist, dass die auf einer rechtsgeschäftlichen Grundlage in Form von Vereinbarungen oder Verträgen beruhenden Rechte und/oder Pflichten **finanzielle Sachverhalte** zum Inhalt haben. Damit fallen Rechte und Pflichten, die keinen Anspruch auf Übertragung eines finanziellen Vermögenswerts begründen, nicht unter die Definition eines Finanzinstruments. Ein Vertrag stellt in diesem Zusammenhang eine Vereinbarung zwischen zwei oder mehreren Vertragspartnern dar, die **eindeutige wirtschaftliche Konsequenzen** hat, die von den einzelnen Vertragspartnern nach eigenem Ermessen nicht oder nur begrenzt vermeidbar sind, weil die Vereinbarung für gewöhnlich im Rechtsweg durchsetzbar ist. Verträge und folglich Finanzinstrumente können die verschiedensten Formen annehmen und bedürfen nicht der Schriftform (IAS 32.13).[82]

---

[81] Vgl. *Bellavite-Hövermann, Y./Menn, B.-J./Viethen, H.-W.*, in: Baetge, J./Dörner, D. u.a. (Hrsg.), IAS-Kommentar[2], Teil B, IAS 32, Tz. 10-16; *Gebhardt, G./Naumann, T. K.*, DB 1999, S. 1461; *Scharpf, P.*, FB 2000, S. 126.

[82] Vgl. *Ernst & Young LLP (Hrsg.)*, International GAAP 2005, 2004, S. 790-791.

Da **Forderungen und Verbindlichkeiten aus Steuern** keine vertragliche bzw. rechtsgeschäftliche Grundlage haben, sondern auf einem hoheitlichen Akt beruhen, stellen sie keine Finanzinstrumente dar (IAS 32.AG12).

Geleistete Anzahlungen, für die der künftige wirtschaftliche Nutzen im Erhalt von Waren oder Dienstleistungen besteht, sind keine finanziellen Vermögenswerte. Ebenso stellen **erhaltene Anzahlungen** und die meisten **Gewährleistungsverpflichtungen** keine finanziellen Verbindlichkeiten dar (IAS 32.AG11). So führen z. B. erhaltene Anzahlungen auf Bestellungen zu einem Abgang von nicht-finanziellen Vermögenswerten (unfertige Erzeugnisse, unfertige Leistungen) oder zur Erbringung von Dienstleistungen. Bei diesen Sachverhalten handelt es sich regelmäßig um sonstige Vermögenswerte bzw. sonstige Verbindlichkeiten, die nach den allgemeinen Grundsätzen des Rahmenkonzepts bzw. aufgrund anderer Standards zu bilanzieren sind.

Die Fähigkeit zur Ausübung eines vertraglichen Rechts oder die Forderung zur Erfüllung einer vertraglich eingeräumten Verpflichtung kann unbedingt oder abhängig vom Eintreten eines künftigen Ereignisses sein. So ist z. B. eine **Bürgschaft** ein dem Kreditgeber vertraglich eingeräumtes Recht auf Empfang von Finanzmitteln durch den Bürgen und eine korrespondierende vertraglich eingeräumte Verpflichtung seitens des Bürgen zur Zahlung an den Kreditgeber, wenn der Kreditnehmer seinen Verpflichtungen nicht nachkommt. Das vertraglich eingeräumte Recht und die Verpflichtung bestehen aufgrund von früheren Rechtsgeschäften oder Geschäftsvorfällen (Berechnungsgrundlage der Bürgschaft), selbst wenn die Fähigkeit des Kreditgebers, sein Recht auszuüben, und die Anforderung an den Bürgen, seine Verpflichtungen zu begleichen, abhängig von einem künftigen Verzug des Kreditnehmers sind. Vom Eintreten bestimmter Ereignisse abhängige Rechte und Verpflichtungen erfüllen die Definition von finanziellen Vermögenswerten bzw. finanziellen Verbindlichkeiten, selbst wenn solche Posten nicht immer im Abschluss bilanziert werden, da sie die Ansatzkriterien nicht erfüllen (IAS 32.AG8).[83]

Ein **Leasingvertrag** wird beim Finanzierungsleasing in erster Linie als Anspruch eines Leasinggebers auf Erhalt von bzw. als Verpflichtung eines Leasingnehmers zur Zahlung von Zahlungsströmen betrachtet, die in materieller Hinsicht der Zahlung von Zins und Tilgung bei einem Darlehensvertrag entsprechen. Der Leasinggeber erfasst seine Investition als ausstehende Forderung aufgrund des Leasingvertrags und nicht als geleasten Vermögenswert. Andererseits wird ein Operating-Leasingverhältnis in erster Linie als nicht erfüllter Vertrag betrachtet, der den Leasinggeber verpflichtet, die künftige Nutzung eines Vermögenswerts im Austausch für eine Gegenleistung ähnlich einem Entgelt für eine Dienstleistung zu gestatten. Der Leasinggeber erfasst den geleasten Vermögenswert und nicht die gemäß Leasingvertrag ausstehende Forderung. Dementsprechend wird ein Finanzierungsleasing als Finanzinstrument und ein Opera-

---

83 Vgl. *Ernst & Young LLP (Hrsg.)*, International GAAP 2005, 2004, S. 791-792.

ting-Leasingverhältnis nicht als Finanzinstrument betrachtet (außer im Hinblick auf einzelne jeweils fällige Zahlungen) (IAS 32.AG9).

Andere Arten von Finanzinstrumenten sind solche, bei denen der erhaltene bzw. der zu übertragende wirtschaftliche Nutzen nicht in Zahlungsmitteln, sondern in einem anderen finanziellen Vermögenswert besteht. Eine langfristige Verbindlichkeit, die z. B. in Staatsanleihen zu erfüllen ist, räumt dem Inhaber das vertragliche Recht ein und verpflichtet den Emittenten vertraglich zur Übergabe von Staatsanleihen und nicht von Zahlungsmitteln (IAS 32.AG5).

Ein vertragliches Recht oder eine vertragliche Verpflichtung über den Erhalt, die Abgabe oder den Austausch von Finanzinstrumenten stellt selbst ein Finanzinstrument dar. Eine **Kette vertraglicher Rechte** oder **vertraglicher Verpflichtungen** erfüllt die Definition eines Finanzinstruments, wenn sie letztendlich zum Erhalt oder zur Abgabe von Zahlungsmitteln oder zum Erwerb oder zur Emission von Eigenkapitalinstrumenten führt (IAS 32.AG7).

Im Zusammenhang mit der Definition von Finanzinstrumenten ist der **Begriff Unternehmen** weit zu fassen, d. h. darunter fallen neben Einzelunternehmen, Personengesellschaften, Kapitalgesellschaften, Treuhänder auch öffentliche Institutionen (IAS 32.14).

Zu den Finanzinstrumenten zählen **originäre Instrumente** (wie z. B. Forderungen, Zahlungsverpflichtungen und Eigenkapitalinstrumente) und **Derivate** (wie z. B. Optionen, standardisierte und andere Termingeschäfte, Zins- und Währungsswaps) (IAS 32.AG15).

Als Beispiele für **Eigenkapitalinstrumente** werden nicht kündbare Stammaktien, einige Arten von Vorzugsaktien sowie Optionsscheine und geschriebene Kaufoptionen,[84] die den Inhaber zur Zeichnung oder zum Kauf einer festen Anzahl nicht kündbarer Stammaktien des emittierenden Unternehmens gegen einen **festen Betrag** an flüssigen Mitteln oder anderen finanziellen Vermögenswerten berechtigt. Die Verpflichtung eines Unternehmens, eine feste Anzahl von Eigenkapitalinstrumenten gegen einen festen Betrag an flüssigen Mitteln oder anderen finanziellen Vermögenswerten auszugeben oder zu erwerben, ist als Eigenkapitalinstrument des Unternehmens zu klassifizieren (IAS 32.AG13).[85]

Wird das Unternehmen jedoch in einem solchen Vertrag zur Abgabe von flüssigen Mitteln oder anderen finanziellen Vermögenswerten verpflichtet, entsteht gleichzeitig eine Verbindlichkeit in Höhe des Barwerts des Rückkaufbetrags (IAS 32.AG27(a)).

---

84 Bei der im Amtsblatt der EU veröffentlichten Übersetzung wird an dieser Stelle statt *Kauf*optionen irrtümlicherweise der Begriff *Verkaufs*optionen verwendet, vgl. Verordnung (EG) Nr. 2237/2004, ABl. EU Nr. L 393 v. 31.12.2004, S. 30.

85 Vgl. *Ernst & Young LLP (Hrsg.)*, International GAAP 2005, 2004, S. 793.

Ein Emittent nicht kündbarer Stammaktien geht eine Verbindlichkeit ein, wenn er formell eine Gewinnausschüttung vornimmt oder den Anteilseignern gegenüber gesetzlich dazu verpflichtet wird. Dies kann nach einer Dividendenerklärung der Fall sein oder wenn das Unternehmen liquidiert wird und alle nach Begleichung der Schulden verbliebenen Vermögenswerte auf die Aktionäre zu verteilen sind (IAS 32.AG13).

Eine erworbene Kaufoption oder ein ähnlicher erworbener Vertrag, der ein Unternehmen zum Rückkauf **einer festen Anzahl eigener Eigenkapitalinstrumente** gegen die Abgabe eines festen Betrags an flüssigen Mitteln oder anderen finanziellen Vermögenswerten berechtigt, stellt keinen finanziellen Vermögenswert des Unternehmens dar. Stattdessen werden sämtliche für einen solchen Vertrag entrichteten Entgelte vom Eigenkapital abgezogen (IAS 32.AG14).

Daneben enthält IAS 32.11 noch die Definitionen der folgenden Begriffe: Fair Value, finanzieller Vermögenswert, finanzielle Verbindlichkeit sowie Eigenkapitalinstrument. In IAS 39 ist ein entsprechender Verweis auf die Definitionen in IAS 32 enthalten (IAS 39.8).

4.1.2. Fair Value (beizulegender Zeitwert)

Nach der Definition in IAS 32 ist der Fair Value (beizulegende Zeitwert) der Betrag, zu dem zwischen sachverständigen, vertragswilligen und voneinander unabhängigen Geschäftspartnern ein Vermögenswert getauscht oder eine Verbindlichkeit beglichen werden könnte (IAS 32.11).[86] Damit sind Wertansätze ausgeschlossen, die sich im Rahmen von erzwungenen Transaktionen (wie z. B. bei Liquidationen oder Notverkäufen) ergeben (vgl. dazu auch ausführlich Kapitel 6.4.).

4.1.3. Finanzielle Vermögenswerte

Nach der Definition in IAS 32.11 umfassen **finanzielle Vermögenswerte** („*financial assets*“):[87]

- **Zahlungsmittel** (flüssige Mittel),
- ein als Aktivum **gehaltenes Eigenkapitalinstrument** eines anderen Unternehmens,
- ein **vertragliches Recht**, flüssige Mittel oder andere finanzielle Vermögenswerte von einem anderen Unternehmen zu erhalten, oder finanzielle Vermögenswerte oder finanzielle Verbindlichkeiten mit einem anderen Unternehmen zu potenziell vorteilhaften Bedingungen auszutauschen oder

[86] Vgl. *Mujkanovic, R.*, Fair Value im Financial Statement nach International Accounting Standards, 2002, S. 113-117; ausführlich *Pfitzer, N./Dutzi, A.*, in: Ballwieser, W./Coenenberg, A. G./Wysocki, K. v. (Hrsg.), HWR^3, 2001, Sp. 749-764; *Krumnow, J./Sprißler, W. u.a. (Hrsg.)*, Kommentar^2, IAS 32, Tz. 11.

[87] IAS 39.8 enthält einen entsprechenden Verweis auf IAS 32.11.

- einen Vertrag, der in **eigenen Eigenkapitalinstrumenten** des Unternehmens erfüllt werden wird oder kann und
  - **kein Derivat** vorliegt, das eine vertragliche Verpflichtung des Unternehmens beinhaltet oder beinhalten kann, eine variable Anzahl von Eigenkapitalinstrumenten des Unternehmens zu erhalten oder
  - ein **Derivat** vorliegt, das auf andere Weise als durch den Austausch eines festen Betrags an flüssigen Mitteln oder anderen finanziellen Vermögenswerten gegen eine feste Anzahl von Eigenkapitalinstrumenten des Unternehmens erfüllt werden wird oder kann. In diesem Sinne beinhalten die Eigenkapitalinstrumente eines Unternehmens keine Instrumente, die selbst Verträge über den künftigen Empfang oder die künftige Abgabe von Eigenkapitalinstrumenten des Unternehmens darstellen.

Vorschriften zum Ansatz und zur Bewertung von finanziellen Vermögenswerten sind in IAS 39 enthalten. Der Ausweis und die Offenlegung sind insbesondere in IAS 1 sowie IAS 32 und für Banken in IAS 30 geregelt.

Zahlungsmittel (flüssige Mittel) stellen finanzielle Vermögenswerte dar, weil sie das Austauschmedium und deshalb die Grundlage sind, auf der alle Transaktionen im Abschluss bewertet und erfasst werden. Eine **Einlage** von Zahlungsmitteln auf ein laufendes Konto bei einer Bank oder einer ähnlichen Finanzinstitution ist ein finanzieller Vermögenswert, weil sie das vertraglich eingeräumte Recht eines Einlegers darstellt, flüssige Mittel von der Bank zu erhalten bzw. einen Scheck oder ein ähnliches Finanzinstrument zugunsten eines Gläubigers zur Bezahlung einer finanziellen Verbindlichkeit zu verwenden (IAS 32.AG3).

Weitere **typische Beispiele** für finanzielle Vermögenswerte, die ein vertraglich eingeräumtes Recht darstellen, flüssige Mittel zu einem künftigen Zeitpunkt zu erhalten, und korrespondierend für finanzielle Verbindlichkeiten, die eine vertragliche Verpflichtung darstellen, flüssige Mittel zu einem künftigen Zeitpunkt abzugeben, sind: Forderungen und Verbindlichkeiten aus Lieferungen und Leistungen, Wechselforderungen/-verbindlichkeiten, Darlehensforderungen/-verbindlichkeiten und Anleiheforderungen/-verbindlichkeiten. In allen Fällen steht dem vertraglich eingeräumten Recht der einen Vertragspartei, flüssige Mittel zu erhalten (oder der Verpflichtung, flüssige Mittel abzugeben), korrespondierend die vertragliche Zahlungsverpflichtung (oder das Recht, flüssige Mittel zu erhalten) der anderen Vertragspartei gegenüber (IAS 32.AG4).

Die **Aktiva von Bankbilanzen** bestehen überwiegend aus finanziellen Vermögenswerten, insbesondere:[88] Barreserve, Schuldtitel öffentlicher Stellen und Wechsel, die zur Refinanzierung bei Zentralnotenbanken zugelassen sind, Forderungen an Kreditinstitute, Forderungen an Kunden, Schuldverschreibungen und andere festverzinsliche

---

[88] Vgl. *Scharpf, P.*, Handbuch Bankbilanz, 2. Aufl., 2004, S. 365-463.

Wertpapiere, Aktien und andere nicht festverzinsliche Wertpapiere, Ausgleichsforderungen gegen die öffentliche Hand einschließlich Schuldverschreibungen aus deren Umtausch.

Beispiele:[89]

- *Zahlungsmittel und Zahlungsmittelsurrogate (Barreserve, flüssige Mittel, Bargeld)*
- *Guthaben bei Kreditinstituten*
- *Forderungen an Kunden (ausgereichte und erworbene Kredite)*
- *Forderungen aus Lieferungen und Leistungen*
- *Gehaltene Eigenkapitalinstrumente (z. B. Aktien, GmbH-Anteile)*
- *Gehaltene Fremdkapitalinstrumente (z. B. Anleihen, Schuldverschreibungen, Schuldscheine, Zerobonds, Schatzwechsel des Bundes oder der Länder, Bundesschatzbriefe, Kommunalobligationen, Pfandbriefe, Commercial Papers)*
- *zu Handelszwecken gehaltene finanzielle Vermögenswerte*
- *Anteile an Investmentfonds*
- *Ausleihungen*
- *Wechselforderungen*
- *Derivate mit positivem Marktwert (unabhängig von ihrem Zweck)*
- *Rückkaufsvereinbarungen, Wertpapierpensions- und Wertpapierleihegeschäfte*

Bauspardarlehen, **Vor- und Zwischenfinanzierungskredite** sowie **sonstige Baudarlehen** stellen regelmäßig finanzielle Vermögenswerte dar (IAS 32.11; §§ 1, 4 Abs. 1 BSpKG). Bei Bauspardarlehen handelt es sich um unkündbare, regelmäßig durch nachrangige Grundpfandrechte zu sichernde, festverzinsliche Tilgungsdarlehen für wohnungswirtschaftliche Maßnahmen, auf die der Bausparer durch Abschluss eines Bausparvertrags einen Anspruch erworben hat. Bei Vor- und Zwischenfinanzierungskrediten handelt es sich um Kredite, die die Bausparkasse außerhalb des Bausparkollektivs ausgereicht hat und auf die der Bausparer keinen Rechtsanspruch hat. Die genannten Darlehen stellen regelmäßig originäre Forderungen der Bausparkasse dar, die entsprechend den Vorschriften in IAS 39.9 als Loans and Receivables sowie wahlweise als At Fair Value through Profit or Loss (bzw. Held for Trading) und Available-for-Sale kategorisiert werden können (vgl. Kapitel 4.2.3.).

Ein **Bausparvertrag** stellt ein zusammengesetztes Instrument (*„compound instrument"*) dar, das eine Vielzahl von Optionen für den Bausparer enthalten kann (wie z. B. Kündigungsrechte, Recht zur Sonderzahlung und zum Tarifwechsel, Recht zur Fortsetzung des Bausparvertrags nach seiner Zuteilung, Verzicht auf die Inanspruchnahme eines zugeteilten Bauspardarlehens). Auf Bausparverträge sind die Vorschriften

---

89 Vgl. *Krumnow, J./Sprißler, W. u.a. (Hrsg.)*, Kommentar², IAS 32, Tz. 8.

für zusammengesetzte Instrumente und eingebettete Derivate anzuwenden (vgl. dazu ausführlich Kapitel 8. und 9.).[90]

Körperliche Vermögenswerte (wie z. B. Vorräte, Sachanlagen), geleaste Vermögenswerte und immaterielle Vermögenswerte (wie z. B. Patente und Warenrechte) gelten nicht als finanzielle Vermögenswerte. Mit der Verfügungsmacht über körperliche und immaterielle Vermögenswerte ist zwar die Möglichkeit verbunden, Finanzmittelzuflüsse oder den Zufluss anderer finanzieller Vermögenswerte zu generieren, sie führt aber nicht zu einem bestehenden Rechtsanspruch auf flüssige Mittel oder andere finanzielle Vermögenswerte (IAS 32.AG10). In diesem Zusammenhang stellt die Guidance on Implementing explizit klar, dass **Edelmetalle** nicht zu den Finanzinstrumenten gehören, obgleich diese aufgrund des historischen Hintergrunds als Zahlungsmittelsurrogat genutzt werden (IAS 39.IG B.1 *Definition of a financial instrument: gold bullion*).

Ebenso stellen **geleistete Anzahlungen**, für die der künftige wirtschaftliche Nutzen im Erhalt von Waren oder Dienstleistungen besteht, keine finanziellen Vermögenswerte dar (IAS 32.AG11).[91] Bei diesen Sachverhalten handelt sich regelmäßig um sonstige Vermögenswerte, die keine Finanzinstrumente nach IAS 39 darstellen, sondern nach den allgemeinen Grundsätzen des Rahmenkonzepts bzw. aufgrund anderer Standards zu bilanzieren sind.

4.1.4. Finanzielle Verbindlichkeiten

Nach der Definition in IAS 32.11 umfassen **finanzielle Verbindlichkeiten** (*„financial liabilities"*):[92]

- eine **vertragliche Verpflichtung**, Zahlungsmittel (flüssige Mittel) oder einen anderen finanziellen Vermögenswert an ein anderes Unternehmen abzugeben, oder finanzielle Vermögenswerte oder finanzielle Verbindlichkeiten mit einem anderen Unternehmen zu potenziell nachteiligen Bedingungen auszutauschen oder
- einen Vertrag, der in **eigenen Eigenkapitalinstrumenten** des Unternehmens erfüllt werden wird oder kann und
  - **kein Derivat** vorliegt, das eine vertragliche Verpflichtung des Unternehmens beinhaltet oder beinhalten kann, eine variable Anzahl von Eigenkapitalinstrumenten des Unternehmens abzugeben oder
  - ein **Derivat** vorliegt, das auf andere Weise als durch den Austausch eines festen Betrags an flüssigen Mitteln oder anderen finanziellen Vermögenswerten gegen eine feste Anzahl von Eigenkapitalinstrumenten des Unternehmens erfüllt werden wird oder kann. In diesem Sinne beinhalten die Eigenkapitalinstrumente eines Unternehmens keine Instrumente, die selbst Verträge über den

90 Vgl. *Apitzsch, T./Knüdeler, R./Weigel, W.*, Immobilien & Finanzierung 2002, S. 806-808.

91 Vgl. *Ernst & Young LLP (Hrsg.)*, International GAAP 2005, 2004, S. 792-793.

92 IAS 39.8 enthält einen entsprechenden Verweis auf IAS 32.11.

künftigen Empfang oder die künftige Abgabe von Eigenkapitalinstrumenten des Unternehmens darstellen (IAS 32.11).

Vorschriften zum Ansatz und zur Bewertung von finanziellen Verbindlichkeiten sind in IAS 39 enthalten. Der Ausweis und die Offenlegung sind insbesondere in IAS 1 sowie IAS 32 und für Banken in IAS 30 geregelt.

Gewährleistungsverpflichtungen stellen regelmäßig keine finanziellen Verbindlichkeiten dar, da die aus ihnen resultierenden Nutzenabflüsse in der Bereitstellung von Gütern und Dienstleistungen und nicht in einer vertraglichen Verpflichtung zur Abgabe von flüssigen Mitteln oder anderen finanziellen Vermögenswerten bestehen. **Erhaltene Anzahlungen** stellen keine finanziellen Verbindlichkeiten dar (IAS 32.AG11). So führen z. B. erhaltene Anzahlungen auf Bestellungen zu einem Abgang von nichtfinanziellen Vermögenswerten (unfertige Erzeugnisse, unfertige Leistungen) oder zur Erbringung von Dienstleistungen. Bei diesen Sachverhalten handelt es sich regelmäßig um sonstige Verbindlichkeiten, die keine Finanzinstrumente nach IAS 39 darstellen, sondern nach den allgemeinen Grundsätzen des Rahmenkonzepts bzw. aufgrund anderer Standards zu bilanzieren sind.

Die **Passiva von Bankbilanzen** bestehen überwiegend aus Finanzinstrumenten, insbesondere:[93] Verbindlichkeiten gegenüber Kreditinstituten, Verbindlichkeiten gegenüber Kunden, Verbriefte Verbindlichkeiten sowie sonstige Verbindlichkeiten.

Beispiele:[94]

- *Verbindlichkeiten aus Lieferungen und Leistungen*
- *Verbindlichkeiten gegenüber Kreditinstituten und Kunden*
- *Verbindlichkeiten aus der Annahme gezogener Wechsel und der Ausstellung eigener Wechsel*
- *Darlehensverbindlichkeiten*
- *Verbindlichkeiten aus Handelsgeschäften*
- *börsennotierte und nicht börsennotierte Schuldtitel*
- *Derivate mit negativem Marktwert (unabhängig von ihrem Zweck)*
- *Anleiheschulden*

Bauspareinlagen stellen regelmäßig finanzielle Verbindlichkeiten dar. Bei Bauspareinlagen handelt es sich um von Kunden an Bausparkassen geleistete Beiträge zur Erlangung von Bauspardarlehen (IAS 32.11). Bauspareinlagen sind Verbindlichkeiten der Bausparkasse, die entsprechend den Vorschriften in IAS 39.9 als Other Liabilities sowie wahlweise als At Fair Value through Profit or Loss (bzw. Held for Trading) kategorisiert werden können (vgl. Kapitel 4.2.3.6.).

---

93 Vgl. *Scharpf, P.*, Handbuch Bankbilanz, 2. Aufl., 2004, S. 564-672.

94 Vgl. *Krumnow, J./Sprißler, W. u.a. (Hrsg.)*, Kommentar^2, IAS 32, Tz. 8.

4.1.5. Eigenkapitalinstrumente

Ein Eigenkapitalinstrument (*„equity instrument“*) ist ein Vertrag, der einen **Residualanspruch** an den Vermögenswerten eines Unternehmens nach Abzug aller dazugehörigen Verbindlichkeiten begründet (IAS 32.11; Rahmenkonzept para. 49(c)). Dies bedeutet im Einzelfall, dass gegenüber dem Vertragspartner **zu keiner Zeit eine vertragliche Verpflichtung zur Übertragung von Zahlungsmitteln** oder anderen finanziellen Vermögenswerten bestehen darf. Hiervon ausgenommen sind Verpflichtungen im Rahmen der Ergebnisverwendung, sofern sie aus einem verbindlichen Gesellschafterbeschluss ableitbar sind.[95]

Im Gegensatz zu finanziellen Vermögenswerten und finanziellen Verbindlichkeiten existieren für die Bilanzierung von Eigenkapitalinstrumenten bislang keine abschließenden Ansatzkriterien.[96] Da es sich jedoch um eine Residualgröße handelt, sind die Kriterien für Verbindlichkeiten hierfür gleichermaßen entscheidend.

Zu den Eigenkapitalinstrumenten gehören **Aktien**, **GmbH-Anteile** sowie **bestimmte Vorzugsaktien**, aber auch die meisten begebenen Options- und Bezugsrechte, die bei Ausübung eine Lieferung eigener Anteile vorsehen (IAS 32.AG13-AG14).[97] So stellen Optionsscheine oder geschriebene Optionen, die es dem Inhaber erlauben, für einen festen Betrag oder einen anderen finanziellen Vermögenswert eine festgelegte Anzahl von Aktien des emittierenden Unternehmens zu zeichnen oder zu erwerben, Eigenkapitalinstrumente dar (IAS 32.AG13). Zur Abgrenzung von Eigen- und Fremdkapital vgl. Kapitel 9.

4.1.6. Erwerb von eigenen Anteilen

Erwirbt ein Unternehmen seine eigenen Eigenkapitalinstrumente (*„treasury shares“*) zurück, so sind diese Instrumente (eigene Anteile) **nicht aktivierungsfähig** und daher vom Eigenkapital abzuziehen. Eigene Anteile fallen nicht unter IAS 39, sondern stellen zusammen mit dem übrigen Eigenkapital den Residualwert zwischen den Vermögenswerten und den Verbindlichkeiten eines Unternehmens dar.[98] Ein Rückkauf von eigenen Anteilen, eine neue Emission der eigenen Anteile oder auch der Einzug von eigenen Anteilen darf keine Ergebnisauswirkung zur Folge haben, vielmehr erfolgt eine direkte Erfassung dieser Zahlungen im Eigenkapital. Dabei können die Anteile vom Unternehmen selbst oder von anderen Konzernunternehmen erworben und gehalten werden. Jede gezahlte oder erhaltene Gegenleistung ist **direkt** im Eigen-

---

95 Vgl. *Ernst & Young LLP (Hrsg.)*, International GAAP 2005, 2004, S. 940-942; *Hebestreit, G./Clemens, R.*, in: IFRS-Handbuch, 2004, § 5 Tz. 6.

96 Vgl. z. B. *Schaber, M./Kuhn, S./Eichhorn, S.*, BB 2004, S. 317-318.

97 Vgl. *Ernst & Young LLP (Hrsg.)*, International GAAP 2005, 2004, S. 943-944.

98 Die eigenen Anteile sind unabhängig vom Grund ihres Erwerbs/Rückkaufs nicht als finanzielle Vermögenswerte zu erfassen. Eigene Anteile, die in Depots von Kunden verwaltet oder im Rahmen von Treuhandgeschäften gehalten werden, sind nicht in der Bilanz zu erfassen (IAS 32.AG36).

kapital zu erfassen (IAS 32.33).[99] Die spätere erneute Ausgabe von zurückerworbenen eigenen Anteilen ist (wie eine neue Emission von Anteilen) erfolgsneutral zu behandeln.

Die aufgezeigte Bilanzierung ist auch für Derivate auf eigene Anteile anzuwenden. Wird z. B. eine Prämie zum Erwerb eigener Anteile (Call Option) bezahlt, so wird diese Prämie nicht aktiviert, sondern direkt mit dem Eigenkapital verrechnet. Dabei ist es unerheblich, ob die Option später ausgeübt wird oder nicht.

Der Betrag der gehaltenen eigenen Anteile ist in der Bilanz oder im Anhang gesondert auszuweisen (IAS 32.34 i.V.m. IAS 1.76(a)). Ggf. sind Angaben über Beziehungen zu nahe stehenden Unternehmen oder Personen zu beachten. Dabei sind Art der Beziehung, die Transaktion selbst sowie die zum Verständnis des Abschlusses notwendigen wesentlichen Konditionen zu erläutern (IAS 24.17-18).

Insofern sind die Erfolge aus Transaktionen eines Unternehmens mit eigenen Anteilen – wie bislang nach SIC 16 *„Share Capital – Reacquired Own Equity Instruments (Treasury Shares)"* – nicht in der GuV, sondern **erfolgsneutral** im Eigenkapital zu verrechnen. Für die Absetzung eigener Anteile vom Eigenkapital gewährte SIC 16.10 die folgenden Möglichkeiten, die auch weiterhin angewendet werden dürfen, obgleich sie nicht explizit in den überarbeiteten IAS 32 übernommen wurden:[100]

- Die gesamten Anschaffungskosten der eigenen Anteile werden in einem Betrag vom Eigenkapital abgesetzt (*„one-line adjustment"*).
- Die Absetzung erfolgt entsprechend der Erstemission, d. h. der rechnerische Nennwert wird vom gezeichneten Kapital (Grundkapital) abgesetzt, der Differenzbetrag zu den Anschaffungskosten wird mit anderen Eigenkapitalposten verrechnet (*„par value method"*).
- Es erfolgt eine proportionale Absetzung von sämtlichen Eigenkapitalposten.

Analog dazu führt der **Erwerb von eigenen Fremdkapitalinstrumenten** zu einer Kürzung der entsprechenden finanziellen Verbindlichkeiten. Dies deshalb, da in Höhe der zurückerworbenen Fremdkapitaltitel keine Verbindlichkeiten mehr i.S.d. Rahmenkonzepts gegeben sind (Rahmenkonzept para. 49). Dabei sind Differenzbeträge zwischen dem Buchwert und dem Kaufpreis in der GuV zu erfassen.

Eine **spätere Wiederveräußerung** der Fremdkapitaltitel führt zu einer Bilanzierung als neue Emission. Der Bilanzansatz erfolgt dann in Höhe des erhalten Verkaufserlöses (Anschaffungskosten), wodurch sich ein Unterschiedsbetrag zwischen Verkaufserlös

---

99 Vgl. *Ernst & Young LLP (Hrsg.)*, International GAAP 2005, 2004, S. 979-980.

100 Vgl. *Ernst & Young AG (Hrsg.)*, Rechnungslegung von Financial Instruments, 2. Aufl., 2002, S. 42; *Hebestreit, G./Clemens, R.*, in: IFRS-Handbuch, 2004, § 5, Tz. 55.

und Rückzahlungsbetrag als Agio oder Disagio ergeben kann, der entsprechend der Effektivzinsmethode aufzulösen ist.

4.1.7. Transaktionskosten bei der Emission oder dem Erwerb eigener Anteile

Die Behandlung der Transaktionskosten, die bei der Emission oder dem Erwerb von eigenen Anteilen anfallen, ist wie folgt geregelt (IAS 32.35-39): Die **direkt zurechenbaren externen Transaktionskosten** (Register- und andere behördliche Gebühren sowie die im Zusammenhang mit Rechtsberatern, Wirtschaftsprüfern und anderen Beratern anfallenden Beträge, Druckkosten, Börsenumsatzsteuern usw.)[101] sind, wie bislang nach SIC 17 *„Equity – Costs of an Equity Transaction"*, gemindert um die damit verbundenen Steuereffekte, als **Abzug vom Eigenkapital** zu bilanzieren. Direkte Zurechenbarkeit bedeutet, dass tatsächlich nur solche Kosten erfasst werden dürfen, die ohne die Emission oder den Rückerwerb der eigenen Anteile nicht angefallen wären (IAS 32.35; IAS 32. 37).

Der Betrag der Transaktionskosten, der in der Periode als Abzug vom Eigenkapital bilanziert wurde, ist gesondert anzugeben (IAS 32.39; IAS 1.96). Die damit verbundenen Steuereffekte, die direkt im Eigenkapital erfasst sind, sind dem nach IAS 12 *„Income Taxes"* anzugebenden Gesamtbetrag der tatsächlichen und latenten Steuern zuzurechnen, die dem Eigenkapital gutgeschrieben oder belastet wurden (IAS 32.39).[102]

Transaktionskosten, die mit der Ausgabe eines zusammengesetzten Finanzinstruments verbunden sind, sind den Fremd- und Eigenkapitalkomponenten des Finanzinstruments **proportional** zu der Zurechnung des aufgenommenen Kapitals zuzuordnen.

Transaktionskosten, die sich insgesamt **auf mehr als eine Transaktion** beziehen, z. B. Kosten eines gleichzeitigen Zeichnungsangebots für neue Aktien und für die Börsennotierung von bereits ausgegebenen Aktien, sind anhand eines sinnvollen, bei ähnlichen Transaktionen verwendeten Schlüssels auf die einzelnen Transaktionen umzulegen (IAS 32.38).

Die Kosten einer **eingestellten Eigenkapitaltransaktion** sind als Aufwand zu erfassen (IAS 32.37).

---

101 Zu den Kosten einer Eigenkapitalbeschaffung vgl. auch *Lind, H./Faulmann, A.*, DB 2001, S. 601.

102 Vgl. *Ernst & Young LLP (Hrsg.)*, International GAAP 2005, 2004, S. 978.

4.2. Definitionen aus IAS 39

4.2.1. Derivative Finanzinstrumente

Ein Derivat ist ein Finanzinstrument oder ein anderer Vertrag, der in den Anwendungsbereich von IAS 39 fällt und **alle** der drei nachfolgenden Merkmale aufweist (IAS 39.9):[103]

- sein Wert verändert sich infolge einer Änderung eines bestimmten Zinssatzes, Preises eines Finanzinstruments, Rohstoffpreises, Wechselkurses, Preis- oder Zinsindexes, Bonitätsratings oder Kreditindexes oder einer anderen Variablen[104] (auch Basisobjekt (Underlying) genannt),
- es erfordert keine Anschaffungsauszahlung oder eine, die im Vergleich zu anderen Vertragsformen, von denen zu erwarten ist, dass sie in ähnlicher Weise auf Änderungen der Marktbedingungen reagieren, geringer ist und
- es wird zu einem späteren Zeitpunkt beglichen.

Als **typische Beispiele** für Derivate im Sinne von IAS 39 werden im Standard **Forwards, Swaps, Futures und Optionen** genannt, die nachfolgend skizziert werden. Ein Derivat hat in der Regel einen Nennbetrag (Nominalwert) in Form eines Währungsbetrags, einer Anzahl von Aktien, einer Anzahl von Einheiten gemessen in Gewicht oder Volumen oder anderer im Vertrag genannter Einheiten. Ein Derivat beinhaltet jedoch nicht die Verpflichtung aufseiten des Inhabers oder Stillhalters, den Nennbetrag bei Vertragsabschluss auch tatsächlich zu investieren oder in Empfang zu nehmen. Alternativ könnte ein Derivat zur Zahlung eines festen Betrags oder eines Betrags, der sich infolge des Eintritts eines künftigen, vom Nennbetrag unabhängigen Sachverhalts (jedoch nicht proportional zu einer Änderung des Basiswerts) ändern kann, verpflichten (IAS 39.AG9; IAS 39.IG B.2 *Definition of a derivative: examples of derivatives and underlyings*). So sieht z. B. eine digitale Option eine Auszahlung in Höhe einer vorher bestimmten Summe (unabhängig von der tatsächlichen Entwicklung des Underlyings) erst dann vor, wenn ein bestimmter Wert eines Underlyings überschritten ist.

(1) Forwards

Forwards sind außerbörsliche Termingeschäfte, bei denen zwei Vertragsparteien vereinbaren, an einem in der Zukunft liegenden Zeitpunkt einen bestimmten Betrag zu bezahlen. Bei einem **Devisentermingeschäft** verpflichten sich die Vertragspartner bestimmte Beträge einer Währung zu einem künftigen Zeitpunkt und einem im Voraus festgelegten Wechselkurs in einer anderen Währung zu kaufen bzw. zu verkaufen. So kann z. B. ein USD-Terminkauf per 3 Monate in eine Long Position in USD per 3 Monate (Zerobond) sowie in eine Short Position in EUR ebenfalls per 3 Monate

---

103 Vgl. *Ernst & Young LLP (Hrsg.)*, International GAAP 2005, 2004, S. 806.

104 Bei der im Amtsblatt der EU veröffentlichten Übersetzung wird an dieser Stelle der Begriff *„other variable"* irrtümlicherweise mit *einer ähnlichen Variablen* statt mit *einer anderen Variablen* übersetzt, vgl. Verordnung (EG) Nr. 2237/2004, ABl. EU Nr. L 393 v. 31.12.2004, S. 8.

(Zerobond) zerlegt werden. Der Käufer hat einen Anspruch auf Lieferung der USD und eine Verpflichtung zur Lieferung (Zahlung) von EUR. Analog kann ein USD-Terminverkauf per 5 Monate in eine Short Position in USD und in eine Long Position in EUR, jeweils per 5 Monate, aufgegliedert werden. Im Zeitpunkt des Vertragsabschlusses beträgt der Marktwert eines Devisentermingeschäfts regelmäßig null, soweit die Konditionen marktgerecht kontrahiert sind. Abschlag und Aufschlag (Swapsatz) sind Kurssicherungskosten bzw. -erträge und werden durch die Zinsdifferenz für Mittel derselben Laufzeit bestimmt.[105] Während der Laufzeit sind zur Ermittlung der Fair Values die vereinbarten Terminkurse mit den Marktterminkursen für den entsprechenden Fälligkeitstermin zu vergleichen.

Beim **Forward Rate Agreement (FRA)** legen die Vertragspartner den Zinssatz bezüglich eines nominalen Kapitalbetrags für einen zukünftigen Zeitraum verbindlich fest. Im Gegensatz zu den börsengehandelten Zins-Futures ist jedoch weder die Laufzeit noch der Nominalbetrag standardisiert. Ein Austausch der nominalen Kapitalbeträge findet nicht statt. Das FRA wird nach Ablauf der Vorlaufzeit durch Zahlung eines auf den Abrechnungszeitpunkt mit dem aktuellen Zinssatz diskontierten Ausgleichsbetrags vorschüssig abgerechnet, d. h. zu Beginn der Periode, die als Referenzperiode für die Verzinsung festgelegt wurde. FRAs werden regelmäßig zur Festschreibung von Zinsen aus bestehenden Bilanzposten eingesetzt.[106] Die Marktbewertung für die FRAs erfolgt nach dem gleichen Prinzip wie die Marktbewertung für Swaps.

(2) Swaps

Bei einem **Zinsswap** („*interest rate swap*") tauschen zwei Vertragspartner Zinszahlungen, die auf einen identischen nominalen Kapitalbetrag bezogen sind und im Regelfall eine unterschiedliche Zinsbasis (Festzins gegen variablen Zins) aufweisen. Der dem Zinsswap zugrunde liegende feste Kapitalbetrag wird nicht getauscht. Bei der Grundform eines Plain Vanilla Zinsswaps werden nachschüssig zu zahlende feste Zinsen gegen nachträglich vom anderen Vertragspartner zu zahlende variable Zinsen ausgetauscht. Die Festsatzzinsen („*fixed leg*") orientieren sich an den Zinssätzen der sog. Swapzinsstrukturkurve, die variablen Zinsen („*floating leg*") sind üblicherweise an einen Referenzzinssatz z. B. den 3-Monats-Euribor geknüpft. Ein Zinsswap, aus dem ein Unternehmen Festsatzzinsen erhält (vergütet), wird bei diesem als Receiver-Zinsswap (Payer-Zinsswap) bezeichnet.[107]

Sowohl Payer- als auch Receiver-Zinsswaps erfüllen grundsätzlich die Definitionsmerkmale eines Derivats nach IAS 39. Ein Payer-Zinsswap, bei dem der Festzinszah-

---

105 Sofern ein Unternehmen in EUR anfallende Zahlungen durch USD-Mittelaufnamen refinanziert sowie die dadurch entstehende offene Devisenposition (Zinsen und Rückzahlung in USD) zeitgleich durch USD-Terminkäufe absichert, muss die Summe aus den USD-Zinsen und den Kurssicherungsaufwendungen den EUR-Zinsen entsprechen.

106 Vgl. *Krumnow, J./Sprißler, W. u.a. (Hrsg.)*, Kommentar², § 340e HGB, Tz. 423-425.

107 Vgl. *Scharpf, P./Luz, G.*, Risikomanagement, Bilanzierung und Aufsicht von Finanzderivaten, 2. Aufl., 2000, S. 442-446.

ler den Barwert seiner Verpflichtung bereits zu Beginn begleicht („*prepaid fixed leg*"), erfüllt die Definitionsmerkmale eines Derivats, da im Vergleich zur Investition in ein variabel verzinsliches Wertpapier eine erheblich geringere Anschaffungsauszahlung erforderlich ist (IAS 39.IG B.4 *Definition of a derivative: prepaid interest rate swap (fixed rate payment obligation prepaid at inception or subsequently)*). Als Ausnahme von diesem Grundsatz sind bei einem zu bilanzierenden Receiver-Zinsswap, bei dem der Zahler der variablen Zinsen eine barwertige Vorauszahlung vornimmt („*prepaid floating leg*"), die Definitionsmerkmale eines Derivats (mangels des Kriteriums der geringeren Anschaffungsauszahlung) nicht erfüllt (IAS 39.IG B.5 *Definition of a derivative: prepaid pay-variable, receive-fixed interest rate swap*). Bei einer ökonomischen Betrachtungsweise wird bei diesem Geschäft eine feste Zahlung zum Abschlusszeitpunkt in feste, gleich bleibende Zahlungen der Zukunft getauscht. Dies ist gleichbedeutend mit dem Erwerb eines Wertpapiers, bei dem die Zins- und Tilgungszahlungen in gleich bleibenden Raten geleistet werden (Annuität).

Bei einem **Währungsswap** („*currency swap*") wird zwischen zwei Vertragspartnern ein Kapitalbetrag einschließlich der damit verbundenen Zinszahlungen in einen entsprechenden Kapitalbetrag einer anderen Währung einschließlich der damit verbundenen Zinszahlungen getauscht.[108] Die Abwicklung von Währungsswaps erfolgt regelmäßig in drei Transaktionen: Zu Vertragsbeginn werden die Kapitalbeträge in unterschiedliche Währungen getauscht (Anfangstransaktion) sowie der Devisenkurs für den Rücktausch des Kapitals am Ende der Laufzeit festgelegt (die Anfangstransaktion kann auch unterbleiben). In der folgenden Stufe werden die den Kapitalbeträgen in den jeweiligen Währungen zugehörigen Zinszahlungen zu bestimmten Terminen (z. B. jährlich oder halbjährlich) getauscht. Die Charakteristik der Zinsen ist hier allerdings gleich (fest/fest oder variabel/variabel). In der dritten Stufe wird der Kapitalbetrag zu den bei Vertragsabschluss vereinbarten Kassakursen zurückgetauscht.[109]

Bei einem **Zins-/Währungsswap** („*currency interest rate swap*") werden die Merkmale von Zins- und Währungsswaps miteinander kombiniert. Folglich tauschen die Vertragspartner Zinsverpflichtungen sowohl in divergierenden Währungen als auch mit unterschiedlichen Zinsbindungsfristen. Abweichend vom Grundmuster der Währungsswaps sind die Berechnungsmodalitäten für die zu tauschenden Zinszahlungsströme (fest gegen variabel) unterschiedlich.[110] Dem Wesen der Swapvereinbarung als OTC-Instrument entsprechend, werden die Grundformen durch eine Vielzahl von Variationen verfeinert und in praxi zu exotischen Swaps bzw. Spezialswaps weiterentwickelt. Eine gängige Variation der Zahlungsstrukturen liegt beim **Forward Swap** vor, in dem durch einen verzögerten Laufzeitbeginn Elemente eines Termin- und Swapgeschäfts verknüpft werden, womit ein zukünftiger Anlage- oder Finanzierungs-

---

108 Vgl. *Prahl, R./Naumann, T. K.*, in: HdJ, Abt. II/10, 2000, Tz. 96.

109 Vgl. *Scharpf, P./Luz, G.*, Risikomanagement, Bilanzierung und Aufsicht von Finanzderivaten, 2. Aufl., 2000, S. 459-460.

110 Vgl. *Scharpf, P./Luz, G.*, Risikomanagement, Bilanzierung und Aufsicht von Finanzderivaten, 2. Aufl., 2000, S. 461.

bedarf bereits im Voraus abgesichert werden kann. Auch Forward Swaps erfüllen regelmäßig die Definitionsmerkmale eines Derivats nach IAS 39.

Im Rahmen der Bewertung eines Swaps, der finanzmathematisch nichts anderes als eine Serie von Zinstermingeschäften mit unterschiedlichen Fälligkeitszeitpunkten darstellt, wird der Swap unter Rückgriff auf das Barwertkonzept gedanklich in einen Einzahlungs- und einen Auszahlungsstrom zerlegt und auf den Bewertungsstichtag diskontiert. Die Differenz der Barwerte ergibt das Bewertungsergebnis. Im Zeitpunkt des Vertragsabschlusses beträgt der Fair Value eines Swaps regelmäßig null, soweit beide Konditionen (Festsatzzins und variabler Zins) marktgerecht sind. Der vereinfachte Rückgriff auf einen einheitlichen Diskontierungsfaktor für sämtliche Zinszahlungstermine bedingt jedoch den unrealistischen Fall einer flachen Zinsstrukturkurve. Deshalb wird zur Abzinsung auf die aus der Zinsstrukturkurve ablesbaren laufzeitspezifischen Zerobond-Zinssätze zurückgegriffen. Ein besonderes Problem bei der dargestellten Bewertung von Swaps besteht in der Erfassung der Zinsen. Bei der Diskontierung der Cashflows werden sämtliche noch ausstehenden Zahlungen diskontiert, unabhängig davon, ob sie auf die Periode zwischen letztem Zinszahlungstag und Bewertungsstichtag oder auf die Periode zwischen Bewertungsstichtag und nächstem (zukünftigem) Zinszahlungsstichtag entfallen. Aus diesem Grund ist regelmäßig eine Korrektur des Barwerts (*„dirty present value“*, Dirty Price) um den (theoretisch richtig: auf den Bewertungsstichtag abgezinsten) Betrag der Stückzinsen vorzunehmen (Zinsabgrenzung). Im Regelfall dürfte es genügen, wenn die errechneten Stückzinsen (Saldo der Zinsabgrenzung) verteilungsgerecht berücksichtigt werden. Der um die Zinsabgrenzung bereinigte Barwert wird als *„clean present value“* (Clean Price) bezeichnet.

(3) Futures

Unter Futures werden börsengehandelte, standardisierte Termingeschäfte verstanden. Als deren Basiswert kommen unterschiedliche Finanzprodukte und Commodities in Betracht: Es gibt Terminkontrakte auf Zinsen (Zins-Futures), auf Aktienindizes (Aktienindex-Futures) sowie auf Fremdwährungen (Devisen-Futures), aber auch Futures auf Strom, Altpapier und andere Commodities.

Zins-Futures sind Vereinbarungen zwischen zwei Vertragspartnern, in Qualität und Quantität feststehende, verzinsliche Geld- oder Kapitalanlageprodukte zu einem vereinbarten Preis zu einem bestimmten, in der Zukunft liegenden Zeitpunkt zu liefern oder abzunehmen. Börsengehandelte Zinsfutures als Untergruppe sind dadurch gekennzeichnet, dass sie hinsichtlich Nominalbetrag, Laufzeit und Basiswert **standardisiert** sind und im Regelfall an Terminbörsen gehandelt werden, die mit einem **Clearing-System** ausgestattet sind. Dies ist der entscheidende Unterschied zu Forward-Kontrakten.[111] Die in Deutschland wichtigsten Erscheinungsformen sind die an der Eurex (vor 1996 DTB) gehandelten Future-Kontrakte, die als Basiswert eine Bundes-

---

111 Vgl. *Prahl, R./Naumann, T. K.*, in: HdJ, Abt. II/10, 2000, Tz. 83.

anleihe mit einer mittleren Laufzeit von 8,5 bis 10,5 Jahren (Euro-Bund-Future) bzw. von 4,5 bis 5,5 Jahren (Euro-Bobl-Future) haben. An anderen Terminbörsen (z. B. LIFFE (London), Euronext (Brüssel, Paris)) werden ähnliche Kontrakte mit gleichen oder anderen Basiswerten gehandelt. Der Käufer eines solchen Zinsfutures hat die unbedingte Verpflichtung, am Erfüllungstag die betreffende Anleihe zu dem am Abschlusstag vereinbarten Preis zu erwerben; der Verkäufer eines Zinsfutures hat die unbedingte Verpflichtung zu einer entsprechenden Lieferung.

Vertragspartner für beide Seiten ist dabei die jeweilige Clearingstelle, also die betreffende Börseneinrichtung. Es findet eine **tägliche Marktbewertung** sämtlicher Kontrakte statt, dabei hat jeder Börsenteilnehmer das Recht, seine Position börsentäglich durch entsprechenden Barausgleich glattzustellen. Mit der Glattstellung erlöschen auch die Rechte und Pflichten der Teilnehmer gegenüber der Clearingstelle. Das tägliche Bewertungsergebnis repräsentiert die entsprechende Wertveränderung des zugrunde liegenden Zinssatzes gegenüber den Konditionen am Abschlussstichtag (*„trade date"*).[112] Die Börsenteilnehmer haben der Börseneinrichtung Sicherheiten als **Initial Margin** in Form von Bareinlagen, Verpfändung anderer liquider Vermögenswerte (i.d.R. Wertpapiere) oder durch Garantien von Drittbanken zu stellen. Die Bemessung der Initial Margin hängt einerseits von den jeweils einschlägigen Börsenbestimmungen, andererseits von der Volatilität des Basisobjekts ab und beträgt durchschnittlich 5-10 % des Kontraktwerts. Neben dieser Sicherheitsleistung erfolgt eine tägliche Abrechnung der aufgelaufenen Gewinne und Verluste auf Basis des den Marktkonditionen entsprechenden Abrechnungspreises. Die so ermittelte **Variation Margin** wird dem Börsenteilnehmer täglich gutgeschrieben bzw. belastet. Die Marktteilnehmer müssen dementsprechend ein Margin Account bei der Börseneinrichtung halten und sind verpflichtet, dieses mit einem entsprechenden Guthaben als Sicherheit zu führen, um eventuell anfallende Nachschüsse leisten zu können.

(4) Optionen

Optionen sind Vereinbarungen, bei denen einem Vertragspartner (Optionsberechtigter) das Recht eingeräumt wird, zukünftig innerhalb einer bestimmten Frist bzw. zu einem bestimmten Zeitpunkt mit dem anderen Vertragspartner (Stillhalter) ein festgelegtes Vertragsverhältnis einzugehen bzw. vom Stillhalter die Zahlung eines hinsichtlich seiner Bestimmungsgrößen festgelegten Geldbetrags (Barausgleich) zu verlangen. Optionsvereinbarungen können auf den Kauf/Verkauf von Vermögenswerten (Wertpapiere, Devisen, Edelmetalle usw.), die Inanspruchnahme/Bereitstellung von Dienstleistungen, die Aufnahme/Rückzahlung von Eigen- oder Fremdkapital, den Abschluss/die Kündigung eines Termingeschäfts (z. B. Optionen auf Futures, Swaptions usw.) oder auf die Vereinbarung von Differenzzahlungen (Barausgleich) gerichtet sein.[113]

---

[112] Vgl. *Scharpf, P./Luz, G.*, Risikomanagement, Bilanzierung und Aufsicht von Finanzderivaten, 2. Aufl., 2000, S. 582-591.

[113] Vgl. *Krumnow, J./Sprißler, W. u.a. (Hrsg.)*, Kommentar^2, § 340e HGB, Tz. 452.

Das Recht, einen Basiswert zu kaufen, wird als **Kaufoption** (Call Option), das Recht, einen Basiswert zu verkaufen, als **Verkaufsoption** (Put Option) bezeichnet. Die Zahlung einer Optionsprämie als Entgelt für die Einräumung des Optionsrechts ist keine notwendige Voraussetzung für die Entstehung einer Option. In der Regel hat allerdings der Optionsberechtigte als Käufer des Optionsrechts die Optionsprämie unmittelbar nach Abschluss des Optionsvertrags an den Verkäufer (Stillhalter) zu zahlen. Kann die Option innerhalb einer bestimmten Frist täglich ausgeübt werden, spricht man von einer amerikanischen Option, kann sie nur an einem bestimmten Tag am Ende der Optionslaufzeit ausgeübt werden, spricht man von einer europäischen Option.[114]

Marktpreisbestimmende Faktoren für Optionen sind der innere Wert und der Zeitwert. Der **innere Wert** (*„instrinsic value"*) einer Option bestimmt sich aus der Differenz zwischen dem Basispreis des Basisobjekts und dem aktuellen Marktpreis; bei Kaufoptionen hat die Option einen positiven inneren Wert (im Geld oder *„in-the-money"*), wenn der Marktpreis über dem Basispreis liegt, bei Verkaufsoptionen ist es umgekehrt. Die Option könnte in diesem Fall sofort mit Gewinn ausgeübt werden. Eine Option ist am Geld oder *„at-the-money"*, wenn der Basispreis der Option dem aktuellen Marktpreis des Basiswerts entspricht. Bei Kaufoptionen, die aus dem Geld oder *„out-of-the-money"* sind, ist der Basispreis höher als der aktuelle Kurs des Basiswerts. Bei Verkaufsoptionen ist der Basispreis hingegen niedriger als der aktuelle Kurs des Basiswerts.

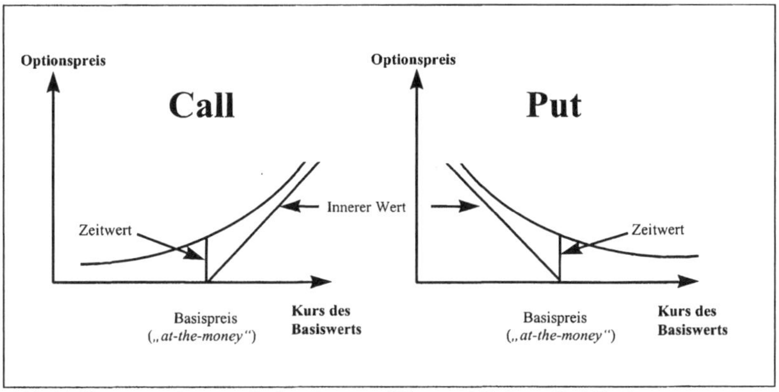

Abb. 7: Zusammenhang zwischen innerem Wert und Zeitwert bei Optionen

Der **Zeitwert** (*„time value"*) einer Option ist die Differenz zwischen dem inneren Wert der Option und dem Preis, zu dem die Option aktuell gehandelt wird. Er spiegelt die Chance wider, dass die Option während ihrer Restlaufzeit noch einen inneren Wert erreichen oder den vorhandenen inneren Wert weiter steigern kann. Der Zeitwert einer Option wird stark von der Volatilität des Basiswertpreises, der Restlaufzeit der Option,

114 Vgl. *Scharpf, P./Luz, G.*, Risikomanagement, Bilanzierung und Aufsicht von Finanzderivaten, 2. Aufl., 2000, S. 340-342.

dem risikolosen Zins und der Art der Ausübung (europäisch oder amerikanisch) beeinflusst.[115] Zur rechnerischen Überprüfung sowie zur Vermeidung von Fehlbewertungen von Optionspreisen wurde eine Vielzahl von Optionspreismodellen entwickelt, die über unterschiedliche mathematische und wahrscheinlichkeitstheoretische Verfahren versuchen, einen Optionspreis zu ermitteln.[116]

Zinsbegrenzungsvereinbarungen treten als Caps, Floors und Collars auf. Es handelt sich um vertraglich festgelegte Grenzen für die Verzinsung eines bestimmten Kapitalbetrags für einen bestimmten Zeitraum. Allen drei Instrumenten ist gemeinsam, dass Ausgleichszahlungen zu leisten sind, wenn ein als Referenzzinssatz vereinbarter Marktzinssatz (z. B. 6-Monats-Euribor) eine vereinbarte Grenze über- oder unterschreitet. Der **Cap** ist dabei die Vereinbarung einer Zinsobergrenze, d. h. der Käufer eines Cap hat das Recht, vom Verkäufer die Zinsdifferenz aus dem vereinbarten nominellen Kapitalbetrag für den vereinbarten Zeitraum zu verlangen, die sich daraus ergibt, dass der Marktzinssatz die vereinbarte Zinsobergrenze überschreitet. Entsprechend ist der Verkäufer eines **Floors** verpflichtet, dem Käufer die Zinsdifferenz zu erstatten, die sich ergibt, weil der Marktzinssatz die vereinbarte Zinsuntergrenze unterschreitet. Ein **Collar** ist die Kombination einer Zinsobergrenze und einer Zinsuntergrenze: Käufer und Verkäufer vereinbaren eine Zinsbandbreite, d. h. sowohl eine Zinsobergrenze als auch eine Zinsuntergrenze und einen Referenzzinssatz. Der Käufer hat dann das Recht, eine Ausgleichszahlung zu verlangen, wenn der Marktzins die Zinsobergrenze überschreitet; er muss aber seinerseits eine Ausgleichszahlung leisten, wenn der Marktzins die vereinbarte Zinsuntergrenze unterschreitet.[117] Durch die Kombination von Kauf und Verkauf von Optionen (wie z. B. bei Bandbreiten- oder Zylinderoptionen) wird die vom Käufer aufzuwendende Nettoprämie reduziert, weil sich das Profil der Chancen und Risiken gegenüber dem Kauf eines Caps bzw. Floors zu seinen Lasten verschlechtert hat. Gleichen sich die zu leistende und die zu empfangende Prämie aus, ergibt sich eine Nettoprämie von null und man spricht von einem **Zero-Cost-Collar**.[118] Eine Bandbreiten- oder Zylinderoption stellt ein Kombinationsgeschäft aus einem Kauf und gleichzeitigen Verkauf von Optionen dar. Dabei verringert die dem Unternehmen zustehende Prämie aus dem Optionsverkauf die zu zahlende Optionsprämie für den Optionskauf. Bei einer Bandbreiten- oder Zylinderoption nimmt das Unternehmen nur innerhalb der vereinbarten Bandbreite an Kursveränderungen teil.

Nicht-derivative Transaktionen (wie z. B. die Gewährung von gegenseitigen Darlehen), die im Rahmen einer Einzelbetrachtung die Definitionsmerkmale von Derivaten nach IAS 39 nicht erfüllen, sind dann zusammenzufassen und bilanziell als ein Derivat zu behandeln, wenn die Vereinbarungen im Ergebnis die selben Auswirkungen haben

---

115 Vgl. *Scharpf, P./Luz, G.*, Risikomanagement, Bilanzierung und Aufsicht von Finanzderivaten, 2. Aufl., 2000, S. 353-359.

116 Vgl. *Krumnow, J./Sprißler, W. u.a. (Hrsg.)*, Kommentar², § 340e HGB, Tz. 453.

117 Vgl. *Krumnow, J./Sprißler, W. u.a. (Hrsg.)*, Kommentar², § 340e HGB, Tz. 436.

118 Vgl. *Prahl, R./Naumann, T. K.*, in: HdJ, Abt. II/10, 2000, Tz. 144.

wie ein entsprechendes Derivat (*„in-substance derivatives"*). Anzeichen hierfür liegen vor, wenn die Transaktionen **zur gleichen Zeit** und **jeweils mit dem gleichen Kontrahenten** abgeschlossen werden, das **gleiche Risiko beinhalten** und keine wirtschaftlichen oder sonstigen geschäftspolitischen Gründe für einen getrennte Ausgestaltung der Transaktion vorliegen (IAS 39.IG B.6 *Definition of a derivative: offsetting loans*).[119]

Die Definition eines Derivats umfasst nach IAS 39 auch Verträge, die auf Bruttobasis durch Lieferung des zugrunde liegenden Postens erfüllt werden (z. B. ein Termingeschäft über den Kauf eines festverzinslichen Schuldinstruments). Ein Unternehmen kann einen Vertrag über den Kauf oder Verkauf eines nicht-finanziellen Postens geschlossen haben, der durch einen Ausgleich in bar oder anderen Finanzinstrumenten oder durch den Tausch von Finanzinstrumenten erfüllt werden kann (z. B. ein Vertrag über den Kauf oder Verkauf eines Rohstoffs zu einem festen Preis zu einem zukünftigen Termin). Ein derartiger Vertrag fällt in den Anwendungsbereich von IAS 39, soweit er nicht zum Zweck der Lieferung eines nicht-finanziellen Postens gemäß dem **voraussichtlichen Einkaufs-, Verkaufs- oder Nutzungsbedarfs** des Unternehmens abgeschlossen wurde und in diesem Sinne weiter gehalten wird (Own Use Contract) (IAS 39.AG10).[120]

Derivate leiten ihren Wert aus der Entwicklung eines bestimmten **Basisobjekts** (Underlying) ab. Auch Derivate mit mehr als einem Underlying erfüllen die Definition für Derivate und fallen somit in den Anwendungsbereich von IAS 39 (IAS 39.IG B.8 *Definition of a derivative: foreign currency contract based on sales volume*).

Ein spezifisches Merkmal eines Derivats besteht darin, dass es eine **Anschaffungsauszahlung** erfordert, die im Vergleich zu anderen Vertragsformen, von denen zu erwarten ist, dass sie in ähnlicher Weise auf Änderungen der Marktbedingungen reagieren, **geringer** ist. Eine Option erfüllt diese Definition, da die Prämie regelmäßig geringer ist als die Investition, die für den Erwerb des zugrunde liegenden Finanzinstruments erforderlich wäre.

Die Beurteilung, in welcher Höhe eine Anschaffungsauszahlung vorliegt, richtet sich nach dem Wert des Basisobjekts relativ zum Anfangswert des Derivats. IAS 39 gibt keinen Hinweis, wann eine Anschaffungsauszahlung als geringer anzusehen ist. Insofern ist eine sachgerechte Auslegung vom bilanzierenden Unternehmen selbst vorzunehmen. Die im Zusammenhang mit Derivaten erbrachten **Marginzahlungen** gehören nicht zur Anfangsinvestition, sondern stellen Sicherheitsleistungen dar, die als **eigenständige Vermögenswerte** zu bilanzieren sind (IAS 39.IG B.10 *Definition of a derivative: initial net investment*).[121]

---

119 Vgl. *Ernst & Young LLP (Hrsg.)*, International GAAP 2005, 2004, S. 807-812.
120 Vgl. *Ernst & Young LLP (Hrsg.)*, International GAAP 2005, 2004, S. 810.
121 Vgl. *Ernst & Young LLP (Hrsg.)*, International GAAP 2005, 2004, S. 807-809.

Zu welchem Zweck Derivate eingesetzt werden, ist für die Erfüllung der vorgenannten Definitionsmerkmale unerheblich. Die Vertragsparteien legen bei Abschluss der Geschäfte die einzelnen Vertragsbestandteile wie Basis, Menge, Preis, Liefer- und Erfüllungsdatum fest. Die **Erfüllung** der Geschäfte erfolgt **in der Zukunft**. Dabei spielt es grundsätzlich keine Rolle, ob das jeweilige Geschäft (z. B. eine Option) auch tatsächlich zur Ausübung gelangt oder nicht, solange die anderen beiden Kriterien erfüllt sind (IAS 39.IG B.7 *Definition of a derivative: option not expected to be exercised*).

Durch einen **marktüblichen Kauf oder Verkauf** (Kassageschäft) („*regular way contract*") entsteht zwischen dem Handelstag und dem Erfüllungstag eine Festpreisverpflichtung, welche die Definition eines Derivats erfüllt. Aufgrund der kurzen Dauer der Verpflichtung wird ein solcher Vertrag jedoch **nicht als Derivat** erfasst (IAS 39.AG12; IAS 39.AG54) (vgl. Kapitel 4.2.2.).

Derivate auf eigene Eigenkapitalinstrumente (eigene Anteile), welche als Lohnbestandteil an Mitarbeiter ausgegeben werden, fallen **nicht** unter den Anwendungsbereich von IAS 39 (vgl. Kapitel 3.3.8.).

4.2.2. Marktübliche Käufe oder Verkäufe (Kassageschäfte)

Unter einem marktüblichen Kauf oder Verkauf (Kassageschäft) („*regular way contract*") versteht man einen Kauf oder Verkauf eines **finanziellen Vermögenswerts** im Rahmen eines Vertrags, dessen Bedingungen die Lieferung des Vermögenswerts innerhalb eines Zeitraums vorsehen, der üblicherweise durch Vorschriften oder Konventionen des jeweiligen Markts festgelegt wird (IAS 39.9).[122]

Für **finanzielle Verbindlichkeiten** enthält IAS 39 keine Vorschriften zur Bilanzierung zum Handels- oder zum Erfüllungstag (IAS 39.IG B.32 *Recognition and derecognition of financial liabilities using trade date or settlement date accounting*). Aus diesem Grund gelten die allgemeinen Vorschriften zum Ansatz und zur Ausbuchung, wonach finanzielle Verbindlichkeiten dann in der Bilanz anzusetzen sind, wenn das Unternehmen Vertragspartei der Regelungen wird (IAS 39.14). Die Verträge werden dann erfasst, wenn eine der Vertragsparteien den Vertrag erfüllt hat („*settlement date*") oder der Vertrag ein Derivat ist („*trade date*"), das nicht vom Anwendungsbereich ausgenommen ist. Eine finanzielle Verbindlichkeit ist nur dann auszubuchen, wenn diese getilgt ist, d. h. wenn die im Vertrag genannten Verpflichtungen beglichen oder aufgehoben sind, oder die Verbindlichkeit ausläuft (IAS 39.39).

Der Begriff „*marktüblich*" ist nicht formal auf eine Börse oder einen organisierten OTC-Markt beschränkt. Der Begriff bezeichnet vielmehr das Umfeld, in dem der finanzielle Vermögenswert üblicherweise gehandelt wird. Ein annehmbarer Zeitraum

122 Vgl. *Ernst & Young LLP (Hrsg.)*, International GAAP 2005, 2004, S. 859.

wird durch den Zeitraum konkretisiert, den die Vertragsparteien angemessener- und üblicherweise benötigen, um die Abwicklung der Transaktion durchzuführen (IAS 39.IG B.28 *Regular way contracts: no established market*).

Bei börsengehandelten Finanzinstrumenten stellt sich die Frage, an welchem Zeitpunkt und mit welchem Wert ein finanzieller Vermögenswert in die Bilanz einzubuchen bzw. aus dieser auszubuchen ist. Dies deshalb, da zwischen der Erteilung eines **Kauf- oder Verkaufauftrags** (Handelstag, *„trade date"*) und der **handelsüblichen Abrechnung** (Erfüllungstag, *„settlement date"*) an organisierten Kapitalmärkten usancegemäß einige Tage liegen. Wie lange die Zeitspanne im Einzelnen ist, hängt von dem einzelnen Börsenplatz ab.[123] Bei einem marktüblichen Vertrag handelt es sich technisch betrachtet um ein unbedingtes Termingeschäft, dessen Laufzeit sich über den Zeitraum von der Auftragserteilung bis zur effektiven Abwicklung erstreckt. Der Vertrag wird bilanziell wie ein Kassageschäft behandelt, obgleich die Verpflichtung zur Lieferung zu einem festen Preis zwischen dem Handels- und dem Erfüllungstag einem Termingeschäft entspricht, das die Definition eines Derivats nach IAS 39.9 erfüllt (IAS 39.AG53). Wenn die Abwicklungsdauer allerdings von den am jeweiligen Handelsort geltenden Usancen abweicht oder die effektive Lieferung durch einen Nettobarausgleich ersetzt werden kann, ist zusätzlich zum Kauf-/Verkaufsvertrag ein derivatives Instrument in der Bilanz zu erfassen (IAS 39.AG54).

Für den Fall, dass die Finanzinstrumente eines Unternehmens auf mehr als einem aktiven Markt gehandelt werden und die Erfüllungsvereinbarungen auf den verschiedenen aktiven Märkten voneinander abweichen, sind zur Beurteilung der marktüblichen Verträge die Vorschriften anzuwenden, die auf den Markt angewendet werden, an dem der Kauf tatsächlich stattfindet (IAS 39.IG B30 *Regular way contracts: which customary settlement provisions apply?*). Die Abwicklung einer Option wird durch die für den Optionsmarkt geltenden Vorschriften oder Konventionen geregelt. Daher wird eine Option nach Ausübung nicht länger als ein Derivat bilanziert, sofern die Erfüllung im Wege der Lieferung der Aktien eine marktübliche Transaktion darstellt (IAS 39.IG B31 *Regular way contracts: share purchase by call option*).

Nach HGB dürfte bis auf wenige Fälle eine Rechnungslegung zum Erfüllungstag ableitbar sein, die nach IAS 39 sowohl für Kauf- als auch für Verkaufsaufträge zulässig ist. Kreditinstitute sind nach der Verlautbarung über Mindestanforderungen an das Betreiben von Handelsgeschäften der Kreditinstitute (MaH)[124] vom 23. Oktober

---

[123] Die Bedingungen für Geschäfte an der Frankfurter Wertpapierbörse sehen zum Zeitpunkt der Erfüllung vor, dass Börsengeschäfte *am zweiten Börsentag* nach dem Tag des Geschäftsabschlusses zu erfüllen sind und Aufgabegeschäfte am zweiten Börsentag nach dem Tag, an dem die fehlende Partei vom Makler benannt worden ist (Aufgabeschließung). Für Börsengeschäfte in Wertpapieren, die in Fremdwährung oder in Rechnungseinheit notiert und abgewickelt werden, kann die Geschäftsführung abweichende Regelungen erlassen. Vgl. Regelwerke der Frankfurter Wertpapierbörse (Stand: 1. Januar 2005).

[124] Vgl. *BAKred*, in: Consbruch/Möller u.a. (Hrsg.), Kreditwesengesetz, Nr. 4.270.

1995 dem Grundsatz nach verpflichtet, Kauf- und Verkaufsaufträge valutagerecht auf den Einzel- und Hauptbuchkonten buchungstechnisch zu erfassen.

4.2.3. Bewertungskategorien von Finanzinstrumenten

In IAS 39 wird hinsichtlich der Höhe des Bilanzansatzes sowie hinsichtlich der Behandlung von Gewinnen und Verlusten aus der Folgebewertung von **finanziellen Vermögenswerten** zwischen den folgenden **vier Bewertungskategorien**[125] unterschieden:[126]

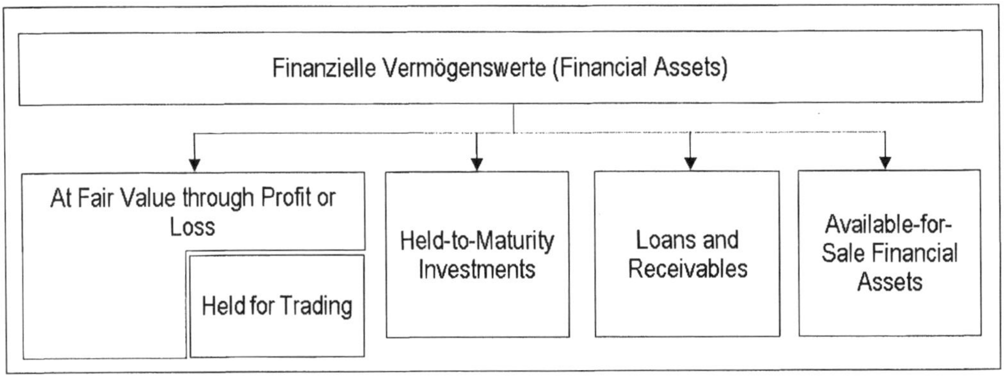

Abb. 8: Bewertungskategorien für finanzielle Vermögenswerte

Die Zuordnung der Finanzinstrumente zu den Bewertungskategorien im Rahmen der erstmaligen Erfassung hat nicht nur deklaratorische Bedeutung, sie bestimmt vielmehr, wie die betreffenden Finanzinstrumente **anzusetzen** und **zu bewerten** sind. So muss eine Abgrenzung der Bewertungskategorien jederzeit anhand objektiver und eindeutiger Kriterien nachweislich möglich sein. Insofern ist eine Dokumentation im Erwerbszeitpunkt erforderlich, anhand derer die vorgenommene Kategorisierung jederzeit nachvollziehbar ist.[127]

Analog zu den finanziellen Vermögenswerten sind auch die **finanziellen Verbindlichkeiten** im Zeitpunkt der erstmaligen Erfassung in **drei Bewertungskategorien** aufzuteilen:

---

125 Die Bewertungskategorie Held for Trading wird in diesem Zusammenhang als Unterkategorie von At Fair Value through Profit or Loss angesehen.

126 Vgl. *Ernst & Young LLP (Hrsg.)*, International GAAP 2005, 2004, S. 828-829.

127 Vgl. *Scharpf, P.*, FB 2000, S. 128. Solche Kriterien sind zwar auch nach § 1 Abs. 12 KWG für bankaufsichtliche Zwecke erforderlich, gleichwohl ist zu beachten, dass der Handelsbestand nach IAS 39 weder mit dem Handelsbestand nach HGB noch mit dem Handelsbuch nach KWG übereinstimmen muss. Die Zuordnung zu den Beständen ist nach den für die jeweiligen Vorschriften geltenden Kriterien vorzunehmen.

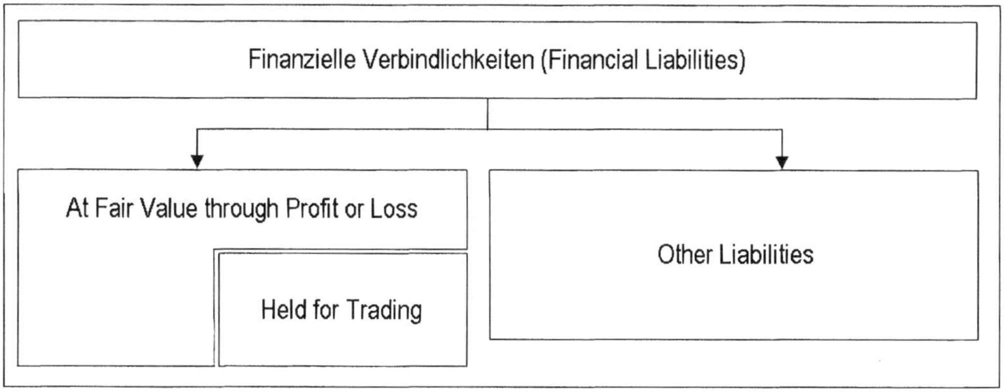

Abb. 9: Bewertungskategorien für finanzielle Verbindlichkeiten

Die Vorschriften zu den Bewertungskategorien sind in IAS 39 enthalten, der den Ansatz und die Bewertung von Finanzinstrumenten regelt und nicht in IAS 32, der für den Ausweis anzuwenden ist. Insofern ergeben sich aus der Zuordnung zu einer der Bewertungskategorien – zumindest nach dem Wortlaut der Standards – keine unmittelbaren Konsequenzen für den Ausweis nach IAS 32. Dies wird auch aus dem Hinweis in IAS 39.45 erkennbar, dass Unternehmen für den **Ausweis** im Abschluss auch **andere Bezeichnungen** (*„other descriptors“*) für die Bewertungskategorien oder **andere Einteilungen** (*„other categorisations“*) verwenden dürfen. Eine entsprechende Änderung ist jedoch im Exposure Draft ED 7 *„Financial Instruments: Disclosures“* enthalten, der nach seiner Verabschiedung voraussichtlich ab dem 1. Januar 2007 verbindlich anzuwenden ist (vgl. Kapitel 1.6.).

4.2.3.1. Held for Trading

4.2.3.1.1. Definition in IAS 39

Ein finanzieller Vermögenswert oder eine finanzielle Verbindlichkeit wird dann als **zu Handelszwecken gehalten** (Held for Trading) eingestuft, wenn er/sie (IAS 39.9):[128]

- hauptsächlich mit der Absicht erworben oder eingegangen wurde, das Finanzinstrument kurzfristig zu verkaufen oder zurückzukaufen (*„acquired or incurred principally for the purpose of selling or repurchasing it in the near term“*),
- Teil eines Portfolios eindeutig identifizierter und gemeinsam gemanagter Finanzinstrumente ist, für das in der jüngeren Vergangenheit Hinweise auf kurzfristige Gewinnmitnahmen bestehen (*„objective evidence of a recent actual pattern of short-term profit-taking“*) oder
- ein Derivat ist (mit Ausnahme von Derivaten, die als Sicherungsinstrument[129] (*„hedging instrument“*) designiert wurden und als solche effektiv sind).

---

128 Vgl. *Ernst & Young LLP (Hrsg.)*, International GAAP 2005, 2004, S. 830-831.

Handel ist normalerweise durch eine aktive und häufige Kauf- und Verkaufstätigkeit gekennzeichnet, und zu Handelszwecken gehaltene Finanzinstrumente dienen im Regelfall der Gewinnerzielung aus kurzfristigen Schwankungen der Preise oder Händlermargen (IAS 39.AG14). Der Begriff der Händlermarge wird in diesem Zusammenhang nicht näher konkretisiert. Hierunter fällt typischerweise die Ausnutzung von **räumlichen Preisunterschieden** auf unterschiedlichen Märkten durch Kauf und Verkauf von finanziellen Vermögenswerten bzw. Emissionen (Arbitrage). Darüber hinaus kann auch die Ausnutzung **zeitlicher Preisunterschiede** das Kriterium der Gewinnerzielung aus kurzfristigen Schwankungen der Preise oder Händlermargen erfüllen.

Die **Zugangs- und Folgebewertung** von Finanzinstrumenten der Kategorie Held for Trading erfolgt zum **Fair Value**. Wertänderungen zwischen der Zugangs- und Folgebewertung sowie zwischen den nachfolgenden Zeitpunkten der Folgebewertung sind unmittelbar erfolgswirksam in der GuV zu erfassen. Für Finanzinvestitionen in Eigenkapitalinstrumente (und Derivate hierauf), für die kein auf einem aktiven Markt notierter Preis vorliegt und deren Fair Value nicht verlässlich ermittelt werden kann, gelten hiervon abweichende Sondervorschriften (vgl. Kapitel 6.2.1.1.und 6.2.2.).

4.2.3.1.2. Weitergehende Konkretisierung von Held for Trading

Zur eindeutigen Abgrenzung der **finanziellen Verbindlichkeiten Held for Trading** von den sonstigen finanziellen Verbindlichkeiten enthält der Standard die folgende abschließende Aufzählung (IAS 39.AG15):

- derivative Verbindlichkeiten, die nicht als Sicherungsinstrumente (*„hedging instruments“*) bilanziert werden,
- Lieferverpflichtungen eines Leerverkäufers (eines Unternehmens, das geliehene, noch nicht in seinem Besitz befindliche finanzielle Vermögenswerte verkauft),
- finanzielle Verbindlichkeiten, die mit der Absicht eingegangen wurden, in kurzer Frist zurückgekauft zu werden (z. B. ein notiertes Schuldinstrument, das vom Emittenten je nach Änderung seines Fair Values kurzfristig zurückgekauft werden kann),
- finanzielle Verbindlichkeiten, die Teil eines Portfolios eindeutig identifizierter und gemeinsam gemanagter Finanzinstrumente sind, für die in der jüngeren Vergangenheit Nachweise für kurzfristige Gewinnmitnahmen bestehen.

Wird jedoch eine finanzielle Verbindlichkeit zur Finanzierung von Handelsaktivitäten verwendet, genügt dies für eine Zuordnung in die Kategorie zu Handelszwecken gehalten **nicht** (IAS 39.AG15). Vom bilanzierenden Unternehmen emittierte Schuldverschreibungen können damit ebenfalls nicht als Held for Trading designiert werden.

---

[129] Bei der im Amtsblatt der EU veröffentlichten Übersetzung wird an dieser Stelle statt *Sicherungsinstrument* irrtümlicherweise der Begriff *Sicherheitsinstrument* verwendet, vgl. Verordnung (EG) Nr. 2086/2004, ABl. EU Nr. L 363 v. 9.12.2004, S. 9.

Ein zentrales Kriterium für die Designation von Finanzinstrumenten in die Bewertungskategorie Held for Trading ist der Nachweis der Absicht, die Finanzinstrumente kurzfristig verkaufen oder zurückkaufen zu wollen.

Bei Banken können in Abhängigkeit der definierten und durchgeführten Handelsstrategien **Teile des Geld- und Devisenhandels** für eine Kategorisierung als Held for Trading Verbindlichkeiten in Frage kommen, sofern die Tätigkeiten nicht vorrangig der kurzfristigen Liquiditätssteuerung dienen.

Held for Trading Assets bzw. Liabilities werden grundsätzlich **unsaldiert** als Handelsaktiva oder Handelspassiva in der Bilanz ausgewiesen.

Es bleibt jedem Unternehmen selbst überlassen, den Begriff kurzfristig unter Beachtung des **Stetigkeitsprinzips** zu definieren (IAS 8.14; Rahmenkonzept para. 39). Da es bei den hier zu betrachtenden Geschäften um die Erzielung eines Eigenhandelserfolgs geht, wird der handelsrechtliche Handelsbestand bei Banken weitgehend mit dem Held for Trading-Bestand nach IAS 39 übereinstimmen. Bei im Handel sehr aktiven Unternehmen wird der Begriff kurzfristig eher einen kürzeren Zeitraum umfassen als bei Unternehmen, deren Handel weniger aktiv ist, u.U. teilweise nur gelegentlich stattfindet. Hier eine bestimmte Haltedauer von Stunden, Tagen oder Wochen vorzugeben, ist nicht sachgerecht. Die Zeitspanne hängt vielmehr von den tatsächlichen Handelsaktivitäten und der individuellen Handelsphilosophie im Einzelfall ab, die innerhalb eines Unternehmens von Produkt zu Produkt unterschiedlich sein können. Entscheidend ist die Handelsabsicht im Erwerbszeitpunkt.

Für eine zweifelsfreie Zuordnung einzelner Geschäfte zur Bewertungskategorie Held for Trading ist es erforderlich, dass die jeweilige Zweckbestimmung der Geschäfte **zum Zeitpunkt des Geschäftsabschlusses** eindeutig dokumentiert wird.[130] Darüber hinaus sind die Kriterien für die Zuordnung zur Kategorie Held for Trading, d. h. die Frage, was als kurzfristig zu qualifizieren ist, schriftlich zu dokumentieren.

Der Ausweis von Handelsaktivitäten erfolgt bei Banken regelmäßig auf der Aktivseite der Bilanz, üblicherweise unter der Position **Handelsaktiva**. Diese umfasst typischerweise Wertpapiere und Forderungen des Handelsbestands (Schuldverschreibungen, Aktien) und positive Marktwerte von Derivaten. Die Bewertung der Handelsaktivitäten erfolgt einheitlich zum Fair Value.

Die Finanzinstrumente eines Portfolios, welches eine Folge kurzfristiger Gewinnmitnahmen aufweist, sind selbst dann als Held for Trading einzustufen, wenn einzelne Finanzinstrumente daraus tatsächlich für eine längere Zeit gehalten werden

---

130 Eine Dokumentation der Zweckbestimmung ist auch für bankaufsichtliche Zwecke vorzunehmen, vgl. z. B. *BAKred*, in: Rundschreiben 17/99 v. 8.12.1999, zur Zuordnung der Bestände und Geschäfte der Institute zum Handelsbuch und zum Anlagebuch (§ 1 Abs. 12, § 2 Abs. 11 KWG).

(IAS 39.IG B.11 *Definition of held for trading: portfolio with a recent actual pattern of short-term profit taking*). Finanzinstrumente, die als Teil eines Portfolios gemanagt werden, das eine Folge kurzfristiger Gewinnmitnahmen aufweist (z. B. weil das Portfolio im Handel gemanagt wird), sind in die Bewertungskategorie Held for Trading einzustufen (IAS 39.IG B.12 *Definition of held for trading: balancing a portfolio*).

Eine nachträgliche Umwidmung aus einer anderen Bewertungskategorie in Held for Trading ist nicht zulässig. Darüber hinaus sind spätere Umwidmungen aus der Bewertungskategorie Held for Trading in eine der anderen Bewertungskategorien nicht zulässig, auch wenn aufgrund bestimmter Marktentwicklungen mit den betreffenden Finanzinstrumenten de facto kein Handel mehr stattfindet (IAS 39.50).[131] Insofern ist die Zielsetzung im Erwerbszeitpunkt maßgeblich (vgl. Kapitel 4.2.3.7.1.). Soll eine Umwidmung dennoch vorgenommen werden, ist das bilanzierende Unternehmen somit faktisch gezwungen, die betreffenden Finanzinstrumente am Markt zu veräußern und dieselben Instrumente zurückzuerwerben. Dabei ist jedoch zu beachten, dass zumindest **zwei getrennte Verträge** über den Kauf und Rückerwerb geschlossen werden und kein Pensionsgeschäft vorliegt. Die Vorschriften zu Scheingeschäften sind zu beachten (IAS 39.AG51(e)).

4.2.3.1.3. Handelsbestand nach HGB

Handelsrechtlich bestehen keine gesetzlichen Kriterien für die Abgrenzung des Handelsbestands, sodass es sich bei diesem Bestand um einen vom Unternehmen bzw. Kreditinstitut zu bestimmenden Bestand handelt, den es vorhält, um Handel damit zu betreiben.

Das Kriterium der Kurzfristigkeit ist in § 340c Abs. 1 HGB, wonach dem Handelsbestand die Geschäfte zuzurechnen sind, die der Erzielung eines Eigenhandelserfolgs dienen, nicht explizit genannt. In der Praxis ist die beabsichtigte Zeitspanne des Haltens jedoch auch bei der handelsrechtlichen Abgrenzung des Handelsbestands ein wesentliches Kriterium.

Die zu Handelszwecken gehaltenen finanziellen Vermögenswerte und finanziellen Verbindlichkeiten werden nach HGB dem Umlaufvermögen zuzuordnen sein. Die in diese Kategorie eingeordneten Finanzinstrumente werden bei Kreditinstituten zumeist mit dem Handelsbestand übereinstimmen.[132] Das deutsche Bilanzrecht kennt keine Kriterien für die Bestimmung eines Handelsbestands, sondern überlässt die Zuordnung der subjektiven, autonomen und zweckbezogenen Entscheidung der einzelnen Unternehmen. Die Bestimmung der in dem jeweiligen Handelsbestand gehaltenen Instru-

---

131 A.A. offenbar *Bohl, W./Scheinpflug, P.*, in: IFRS-Handbuch, 2004, § 3, Tz. 33.

132 Vgl. *Scharpf, P.*, FB 2000, S. 129; *Scharpf, P./Luz, G.*, Risikomanagement, Bilanzierung und Aufsicht von Finanzderivaten, 2. Aufl., 2000, S. 702.

mente bleibt insofern den bilanzierenden Unternehmen überlassen. Sie ist intersubjektiv nachprüfbar und in geeigneter Weise zu dokumentieren.[133]

4.2.3.2. At Fair Value through Profit or Loss

Nach IAS 39 können sämtliche finanziellen Vermögenswerte und finanziellen Verbindlichkeiten innerhalb des Geltungsbereichs **beim erstmaligen Ansatz unwiderruflich** als At Fair Value through Profit or Loss zu bewertende finanzielle Vermögenswerte oder finanzielle Verbindlichkeiten designiert werden (**Fair Value Option**), mit Ausnahme von Finanzinvestitionen in Eigenkapitalinstrumenten, für die kein auf einem aktiven Markt notierter Marktpreis existiert und deren Fair Value nicht verlässlich bestimmt werden kann (IAS 39.9; IAS 39.46(c); IAS 39.AG80-AG81).[134]

Die Ausübung der Fair Value Option ist für einzelne Finanzinstrumente **nur einheitlich** (d. h. als Ganzes) zulässig. So ist z. B. eine Kategorisierung eines bestimmten Teils eines Finanzinstruments (wie z. B. die zinsinduzierte Wertveränderung) als At Fair Value through Profit or Loss nicht möglich (IAS 39.BC85-BC86).[135]

Die **Zugangs- und Folgebewertung** von Finanzinstrumenten der Kategorie At Fair Value Through Profit or Loss erfolgt zum **Fair Value**. Wertänderungen zwischen der Zugangs- und Folgebewertung sowie zwischen den nachfolgenden Zeitpunkten der Folgebewertung sind unmittelbar erfolgswirksam in der GuV zu erfassen. Für Finanzinvestitionen in Eigenkapitalinstrumente (und Derivate hierauf), für die kein auf einem aktiven Markt notierter Preis vorliegt und deren Fair Value nicht verlässlich ermittelt werden kann, gelten hiervon abweichende Sondervorschriften (vgl. Kapitel 6.2.1.1., 6.2.2. und 6.4.2.).

Damit wird erstmals die Möglichkeit eröffnet, auch Finanzinstrumente, die nicht in Handelsabsicht gehalten werden, zum Fair Value zu bewerten, wobei Wertänderungen – wie bei Held for Trading – unmittelbar im Periodenergebnis erfasst werden. Das Designationswahlrecht kann für jeden finanziellen Vermögenswert und für jede finanzielle Verbindlichkeit unwiderruflich im Erwerbszeitpunkt in Anspruch genommen werden.

---

[133] Vgl. dazu ausführlich *Scharpf, P.*, Handbuch Bankbilanz, 2. Aufl., 2004, S. 216-218.

[134] Finanzinvestitionen in Eigenkapitalinstrumente, für die kein auf einem aktiven Markt notierter Preis existiert, können jedoch (theoretisch) in die Bewertungskategorie Held for Trading eingestuft werden, vgl. *Ernst & Young LLP (Hrsg.)*, International GAAP 2005, 2004, S. 831.

[135] Vgl. *Ernst & Young LLP (Hrsg.)*, International GAAP 2005, 2004, S. 831.

Mit der Einführung der Fair Value Option hat der IASB die folgende Zielsetzung verbunden:[136]

- Die Gewährung der Fair Value Option soll zu einer Beseitigung der Inkonsistenzen (*„mismatches"*) führen, die aus dem Mixed Model resultieren. Inkonsistenzen treten regelmäßig immer dann auf, wenn auf wirtschaftlich miteinander verbundene (originäre) Finanzinstrumente (bzw. Portfolios davon) unterschiedliche Bewertungskonsequenzen anzuwenden sind, sodass es zu einer ökonomisch nicht gerechtfertigten Ergebnis- bzw. Eigenkapitalvolatilität kommt. Eine Beseitigung der Inkonsistenzen z. B. durch eine einheitliche Zuordnung der Finanzinstrumente in die Bewertungskategorie Held for Trading war vor der Einführung der Fair Value Option aufgrund der restriktiven Voraussetzungen nicht möglich.
- Durch die Fair Value Option soll eine erleichterte Abbildung bestimmter Sicherungsbeziehungen (Fair Value Hedge Accounting) möglich sein.
- Die Fair Value Option führt zu einer Vereinfachung bei der Trennung von eingebetteten Derivaten, die nach den allgemeinen Vorschriften (IAS 39.11) abspaltungspflichtig sind.
- Mit der Einführung der Fair Value Option soll die Abgrenzung zwischen Handels- und Nichthandelsaktivitäten entschärft werden.

Im Rahmen der Anwendung der Fair Value Option ist zu beachten, dass der IASB am 21. April 2004 einen (Teil-) Exposure Draft *„The Fair Value Option"* zur nachträglichen Änderung von IAS 39 veröffentlicht hat, der die Nutzung der Fair Value Option auf die zwei nachfolgenden Ebenen einschränken soll:[137]

(1) Geplante Einschränkungen nach der Art des Finanzinstruments

Nach der im Entwurf vorgesehenen modifizierten Abgrenzung der Bewertungskategorie At Fair Value through Profit or Loss soll eine Ausübung der Fair Value Option als notwendige Bedingung nur noch dann zulässig sein, wenn das betreffende Finanzinstrument **eine der folgenden fünf Voraussetzungen** erfüllt (ED IAS 39.9):

- Bei dem Posten handelt es sich um einen finanziellen Vermögenswert oder eine finanzielle Verbindlichkeit, die ein oder mehrere eingebettete Derivate enthält. Dies soll unabhängig davon gelten, ob die eingebetteten Derivate nach IAS 39.11 gesondert zu bilanzieren sind oder nicht.
- Bei dem Posten handelt es sich um eine finanzielle Verbindlichkeit, deren Zahlungsprofil vertraglich an die Wertentwicklung bestimmter Vermögenswerte geknüpft ist, die zum Fair Value bewertet werden. Die Verknüpfung muss dabei

---

136 Vgl. dazu kritisch *Kropp, M./Klotzbach, D.*, WPg 2002, S. 1023-1025.

137 Vgl. *Barckow, A.*, WPg 2004, S. 793-798.

durch eine konkrete Bennennung des Vermögenswerts im zugrunde liegenden Vertrag dokumentiert sein.[138]

- Das mit dem finanziellen Vermögenswert oder der finanziellen Verbindlichkeit verbundene Risiko einer Änderung des Fair Values wird durch ein anderes Finanzinstrument ökonomisch nahezu vollständig glattgestellt (*„is substantially offset"*).
- Bei dem Posten handelt es sich um einen finanziellen Vermögenswert, der nicht die Definitionsmerkmale von Loans and Receivables erfüllt.
- Es handelt sich um einen Posten, der nach anderen Standards erfolgswirksam zum Fair Value bewertet werden kann oder muss.

(2) Geplante Einschränkungen nach der Qualität des Fair Values

Neben dieser notwendigen Bedingung sieht der Entwurf zudem vor, dass die Fair Value Option nur für solche finanziellen Vermögenswerte oder finanziellen Verbindlichkeiten ausgeübt werden darf, deren **Fair Value überprüfbar** (*„verifiable"*) ist. Davon ist auszugehen, wenn der Fair Value einem beobachtbaren Börsen- oder Marktpreis entspricht oder synthetisch über Bewertungsmodelle generiert werden kann (ED IAS 39.AG48A-B).

Die geplanten Änderungen des (Teil-) Exposure Drafts *„The Fair Value Option"* zur nachträglichen Änderung von IAS 39 soll für Abschlüsse anzuwenden sein, die am oder nach dem 1. Januar 2005 beginnen (ED IAS 39.103A).[139]

4.2.3.3. Held-to-Maturity

Bis zur Endfälligkeit gehaltene Finanzinvestitionen der Bewertungskategorie Held-to-Maturity sind nach der Definition in IAS 39.9 **nicht-derivative finanzielle Vermögenswerte** mit **festen oder bestimmbaren Zahlungen** sowie einer **festen Laufzeit**, die ein Unternehmen **bis zur Endfälligkeit halten will und** (rechtlich und wirtschaftlich auch halten) **kann**, mit Ausnahme von:

(a) denjenigen, die das Unternehmen beim erstmaligen Ansatz als At Fair Value through Profit or Loss designiert,
(b) denjenigen, die das Unternehmen als Available-for-Sale bestimmt und
(c) denjenigen, die die Definition von Loans and Receivables erfüllen.

Mit dieser Definition wird klargestellt, dass die Kategorisierung als Loans and Receivables vorgeht, soweit die Voraussetzungen hierfür erfüllt sind. Gleichzeitig wird

---

138 Hierunter würde z. B. eine Credit Linked Note fallen, bei der der Emittent das Referenzaktivum im Bestand hält und die Rückzahlung der Anleihe vertraglich an das Profil der Rückzahlung seiner Forderung geknüpft ist.

139 Bis zum 31. März 2005 war eine Verabschiedung des (Teil-) Exposure Drafts *„The Fair Value Option"* durch den IASB noch nicht erfolgt.

festgelegt, dass alle finanziellen Vermögenswerte wahlweise auch als Available-for-Sale bzw. At Fair Value through Profit or Loss kategorisiert werden können.

Ferner darf ein Unternehmen keine Finanzinvestitionen als Held-to-Maturity einstufen, wenn es im laufenden oder während der vorangegangenen zwei Geschäftsjahre (d. h. dreijährige Sperrfrist) **mehr als einen unwesentlichen Teil** (*„more than an insignificant amount“*)[140] der bis zur Endfälligkeit gehaltenen Finanzinvestitionen vor Endfälligkeit verkauft oder in die Bewertungskategorie Available-for-Sale umgegliedert hat (IAS 39.52), mit Ausnahme von Verkäufen oder Umgliederungen, die:[141]

- so nahe am Endfälligkeits- oder Ausübungstermin des finanziellen Vermögenswerts liegen (z. B. weniger als drei Monate vor Ablauf), dass Veränderungen des Marktzinses keine wesentlichen Auswirkungen auf den Fair Value des finanziellen Vermögenswerts haben würden,
- stattfinden, nachdem das Unternehmen nahezu den gesamten ursprünglichen Kapitalbetrag des finanziellen Vermögenswerts durch planmäßige oder vorzeitige Zahlungen eingezogen hat, oder
- einem isolierten Sachverhalt zuzurechnen sind, der sich der Kontrolle des Unternehmens entzieht, von einmaliger Natur ist und von diesem praktisch nicht vorhergesehen werden konnte.

Der Begriff *„mehr als einen unwesentlichen Teil“* bezieht sich auf das **laufende und die zwei vorangegangenen Geschäftsjahre**. Es sind die **kumulierten** Verkäufe in diesem Zeitraum zum Buchwert zu betrachten. In einem Konzernabschluss ist hierbei der **konzernweite Gesamtbestand** an finanziellen Vermögenswerten relevant, der als Held-to-Maturity geführt wird. Dies gilt unabhängig davon, von welchen rechtlichen Einheiten die Bestände gehalten werden bzw. in welcher Währung die Finanzinvestitionen denominiert sind.[142] So kann z. B. auch die Veräußerung eines Tochterunternehmens, das über einen signifikanten Bestand an Held-to-Maturity Finanzinvestitionen verfügt, auf der Ebene des veräußernden Konzerns zu einer schädlichen Veräußerung führen, wenn es sich dabei um mehr als einen unwesentlichen Teil handelt. Insofern sprechen im Konzernverbund viele Argumente dafür, einen Held-to-Maturity Bestand zentral bei der Muttergesellschaft zu führen.

---

140 Der Begriff *„more than an insignificant amount"* wird in der im Amtsblatt der EU veröffentlichten Übersetzung (ohne materielle Begründung) uneinheitlich in *„mehr als einen unwesentlichen Teil“* (IAS 39.9) und in *„mehr als geringfügigen Betrag“* (IAS 39.52) übersetzt, vgl. Verordnung (EG) Nr. 2086/2004, ABl. EU Nr. L 363 v. 9.12.2004, S. 9 u. 19.

141 Vgl. auch IAS 39.IG B.16 *Definition of held-to-maturity financial assets: permitted sales*; IAS 39.IG B.19 *Definition of held-to-maturity financial assets: „tainting“*; IAS 39.IG B.20 *Definition of held-to-maturity investments: sub-categorisation for the purpose of applying the „tainting“ rule*; IAS 39.IG B.21 *Definition of held-to-maturity investments: application of the „tainting“ rule on consolidation.*

142 Vgl. *Ernst & Young LLP (Hrsg.)*, International GAAP 2005, 2004, S. 835.

In der Literatur wird der in IAS 39 nicht weiter bestimmte Umfang des Begriffs *„mehr als einen unwesentlichen Teil“* regelmäßig mit 10 % bzw. 15 % angegeben.[143] Sofern der Umfang der unschädlichen Verkäufe vom einzelnen Unternehmen auf höchstens 10 % festgelegt, wird dies – zumindest derzeit – in der Praxis als zulässig angesehen. Aus dem Wortlaut des Standards heraus lässt sich eine derartige prozentuale Vorgabe jedoch nicht begründen.

Da eine durchgeführte schädliche Veräußerung auf eine generelle Unfähigkeit des Unternehmens hindeutet, die finanziellen Vermögenswerte bis zur Endfälligkeit zu halten, ist der Gesamtbestand an Held-to-Maturity Finanzinvestitionen in die Bewertungskategorie **Available-for-Sale** umzugliedern (IAS 39.52). Der von *Bohl/Scheinpflug* vertretenen Auffassung, wonach es nach einem vorzeitigen Verkauf *vor allem notwendig sein* kann, eine Umwidmung in die Handelskategorie vorzunehmen, kann, da entgegen dem Wortlaut von IAS 39, nicht gefolgt werden.[144] Aus einer solchen Umgliederung resultiert eine Änderung der Bewertung zu fortgeführten Anschaffungskosten in eine Bewertung zum Fair Value. Im Anschluss an eine solche Umwidmung, ist eine erneute Designation von Finanzinvestitionen zur Bewertungskategorie Held-to-Maturity erst nach einem Zeitraum von zwei Jahren wieder zulässig (IAS 39.9; IAS 39.AG20).

Falls es aufgrund einer geänderten Absicht oder Fähigkeit oder weil die in IAS 39.9 angesprochenen zwei vorangegangenen Geschäftsjahre abgelaufen sind, nunmehr sachgerecht ist, einen finanziellen Vermögenswert anstelle des Fair Values wiederum mit fortgeführten Anschaffungskosten anzusetzen, wird der zu diesem Zeitpunkt mit dem Fair Value bewertete Buchwert des finanziellen Vermögenswerts zu den neuen Anschaffungs- bzw. fortgeführten Anschaffungskosten bestimmt. Jeglicher erfolgsneutral direkt im Eigenkapital erfasste frühere Gewinn oder Verlust (Fair Value-Änderung) aus diesem Vermögenswert ist folgendermaßen zu behandeln (IAS 39.54):

- Im Falle eines finanziellen Vermögenswerts **mit fester Laufzeit** ist der Gewinn oder Verlust über die Restlaufzeit der Finanzinvestition Held-to-Maturity mittels der Effektivzinsmethode ergebniswirksam aufzulösen. Jedwede Differenz zwischen den neuen fortgeführten Anschaffungskosten und dem bei Endfälligkeit rückzahlbaren Betrag ist ebenso über die Restlaufzeit des finanziellen Vermögenswerts auf der Basis der Effektivzinsmethode aufzulösen, ähnlich einer Verteilung von Agien und Disagien. Wird nachträglich eine Wertminderung (*„impairment“*) für den finanziellen Vermögenswert festgestellt, ist jeder direkt im Eigenkapital erfasste Gewinn oder Verlust im Periodenergebnis zu erfassen.
- Im Falle eines finanziellen Vermögenswerts **ohne feste Laufzeit** ist der Gewinn oder Verlust solange im Eigenkapital zu belassen und erst dann im Periodenergeb-

143 So z. B. bei *Bohl, W./Scheinpflug, P.*, in: IFRS-Handbuch, 2004, § 3, Tz. 29; *Krumnow, J./Sprißler, W. u.a. (Hrsg.)*, Kommentar², IAS 39, Tz. 80.

144 Vgl. *Bohl, W./Scheinpflug, P.*, in: IFRS-Handbuch, 2004, § 3, Tz. 34.

nis zu erfassen, wenn der finanzielle Vermögenswert verkauft oder anderweitig abgegeben wird. Wird nachträglich eine Wertminderung (*„impairment“*) für den finanziellen Vermögenswert festgestellt, ist jeder direkt im Eigenkapital erfasste frühere Gewinn oder Verlust im Periodenergebnis zu erfassen.

Die Absicht und Fähigkeit, eine Finanzinvestition bis zur Endfälligkeit zu halten, ist nicht nur beim erstmaligen Ansatz des betreffenden finanziellen Vermögenswerts, sondern auch an **jedem nachfolgenden Bilanzstichtag** (bzw. zu jedem Stichtag eines veröffentlichten Zwischenabschlusses) von dem bilanzierenden Unternehmen zu überprüfen und nachzuweisen (IAS 39.AG25).

Eine bis zur Endfälligkeit gehaltene Finanzinvestition kann im Zusammenhang mit den Vorschriften zum Hedge Accounting **kein Grundgeschäft** im Hinblick auf **Zinsrisiken** (und Kündigungsrisiken) sein, da die Klassifizierung als Held-to-Maturity die Absicht erfordert, die Finanzinvestition bis zur Endfälligkeit zu halten, ohne Rücksicht auf Änderungen des Fair Values oder der Cashflows einer solchen Finanzinvestition, die auf Zinsänderungen zurückzuführen sind. Eine bis zur Endfälligkeit gehaltene Finanzinvestition kann jedoch ein gesichertes Grundgeschäft zum Zwecke der Absicherung von Währungs- und Ausfallrisiken sein (IAS 39.79) (vgl. Kapitel 7.3.1.).

Ein Unternehmen hat **nicht** die **feste Absicht** (*„positive intention“*), eine Investition in einen finanziellen Vermögenswert mit fester Laufzeit bis zur Endfälligkeit zu halten, wenn (IAS 39.AG16):[145]

- das Unternehmen beabsichtigt, den finanziellen Vermögenswert für einen nicht definierten Zeitraum zu halten (d. h. Daueranlageabsicht besteht),
- das Unternehmen jederzeit bereit ist, den finanziellen Vermögenswert (außer in nicht wiederkehrenden, vom Unternehmen nicht vernünftigerweise vorhersehbaren Situationen) als Reaktion auf Änderungen der Marktzinsen oder -risiken, des Liquiditätsbedarfs, Änderungen der Verfügbarkeit und Verzinsung alternativer Finanzinvestitionen, Änderungen der Finanzierungsquellen und -bedingungen oder Änderungen des Währungsrisikos zu veräußern oder
- der Emittent (Schuldner) das Recht hat, den finanziellen Vermögenswert zu einem Betrag zurückzuzahlen, der wesentlich unter den fortgeführten Anschaffungskosten liegt.[146]

Verkäufe vor Endfälligkeit stellen die **Absicht des Unternehmens**, andere Finanzinvestitionen bis zur Fälligkeit zu halten, **nur dann nicht** infrage, wenn sie auf einen der folgenden Sachverhalte zurückzuführen sind (IAS 39.AG22):[147]

---

145 Vgl. *Ernst & Young LLP (Hrsg.)*, International GAAP 2005, 2004, S. 834.

146 In einem solchen Fall wird die Wahrscheinlichkeit, dass der Schuldner das Recht vor Fälligkeit ausüben wird, hoch sein, sodass eine Zuordnung zur Bewertungskategorie Held-to-Maturity nicht infrage kommt.

147 Vgl. *Ernst & Young LLP (Hrsg.)*, International GAAP 2005, 2004, S. 835-836.

- Eine **wesentliche Bonitätsverschlechterung des Emittenten**. So stellt z. B. ein Verkauf nach einer Herabstufung des Bonitätsratings durch eine externe Ratingagentur nicht die Absicht des Unternehmens infrage, andere Finanzinvestitionen bis zur Endfälligkeit zu halten, wenn die Herabstufung einen objektiven Hinweis auf eine wesentliche Verschlechterung der Bonität des Emittenten gegenüber dem Bonitätsrating beim erstmaligen Ansatz liefert. In ähnlicher Weise erlauben interne Ratings zur Einschätzung von Risikopositionen die Identifikation von Emittenten, deren Bonität sich wesentlich verschlechtert hat, sofern die Methode, mit der das Unternehmen die internen Ratings vergibt und ändert, zu einem konsistenten, verlässlichen und objektiven Maßstab für die Bonität des Emittenten führt. Existieren Hinweise[148] für eine Wertminderung eines finanziellen Vermögenswerts, wird die Bonitätsverschlechterung häufig als wesentlich angesehen.
- Eine **Änderung der Steuergesetzgebung**, wodurch die Steuerbefreiung von Zinsen auf die bis zur Endfälligkeit gehaltenen Finanzinvestitionen abgeschafft oder wesentlich reduziert wird (außer Änderungen der Steuergesetzgebung, die die auf Zinserträge anwendbaren Grenzsteuersätze verändern).
- Ein **bedeutender Unternehmenszusammenschluss** oder eine bedeutende Veräußerung (wie der Verkauf eines Unternehmenssegments), wodurch der Verkauf oder die Übertragung von bis zur Endfälligkeit gehaltenen Finanzinvestitionen zur Aufrechterhaltung der aktuellen Zinsrisikoposition oder Kreditrisikopolitik des Unternehmens erforderlich wird (obwohl ein Unternehmenszusammenschluss einen Sachverhalt darstellt, der der Kontrolle des Unternehmens unterliegt, können Änderungen des Anlageportfolios zur Aufrechterhaltung der Zinsrisikoposition oder der Kreditrisikopolitik eher eine Folge als ein Grund dieses Zusammenschlusses sein).
- Eine **wesentliche Änderung der gesetzlichen oder aufsichtsrechtlichen Bestimmungen** im Hinblick auf die Zulässigkeit von Finanzinvestitionen oder den zulässigen Höchstbetrag für bestimmte Finanzanlagen, die das Unternehmen zwingt, bis zur Endfälligkeit gehaltene Finanzinvestitionen vorzeitig zu veräußern.
- Eine **wesentliche Erhöhung der** für den Industriezweig **aufsichtsrechtlich geforderten Eigenkapitalausstattung**, die das Unternehmen zwingt, den Bestand von bis zur Endfälligkeit gehaltenen Finanzinvestitionen durch Verkäufe zu reduzieren.
- Eine **wesentliche Erhöhung der aufsichtsrechtlichen Risikogewichtung** von bis zur Endfälligkeit gehaltenen Finanzinvestitionen.

In diesen Fällen wäre es unbillig, ein bilanzierendes Unternehmen zu zwingen, die finanziellen Vermögenswerte trotz der sich abzeichnenden bzw. eingetretenen nachteiligen Rahmenbedingungen die finanziellen Vermögenswerte zu halten. Dem wird mit IAS 39.AG22 Rechnung getragen.

148 Bei der im Amtsblatt der EU veröffentlichten Übersetzung wird an dieser Stelle für *„evidence"* inkonsistent der Begriff *Beweise* statt *Hinweise* verwendet, vgl. Verordnung (EG) Nr. 2086/2004, ABl. EU Nr. L 363 v. 9.12.2004, S. 33. Für eine Übersetzung des Begriffs als *Hinweise* vgl. z. B. IAS 39.58.

Verkäufe von Finanzinvestitionen vor Endfälligkeit, die auf Entscheidungen eines geänderten bzw. neu zusammengesetzten Managements zurückzuführen sind, werden dagegen nicht als Ausnahmesachverhalt genannt und stellen daher schädliche Veräußerungen dar.[149]

Darüber hinaus verfügt ein Unternehmen **nicht** über die nachgewiesene **Fähigkeit** („*demonstrated ability*"), eine Finanzinvestition mit fester Laufzeit bis zur Endfälligkeit zu halten, wenn (IAS 39.AG23):

- es nicht die erforderlichen finanziellen Ressourcen besitzt, um eine Finanzinvestition bis zur Endfälligkeit zu halten oder
- es bestehenden gesetzlichen oder anderen Beschränkungen unterliegt, die seine Absicht, einen finanziellen Vermögenswert bis zur Endfälligkeit zu halten, zunichte machen könnten.[150]

Der Nachweis der Fähigkeit, dass die erforderlichen finanziellen Ressourcen tatsächlich zur Verfügung stehen, wird im Regelfall nur auf der Basis eines **Liquiditätsplans** gelingen.

Es können jedoch auch andere Umstände (wie die in IAS 39.AG16-AG23 beschriebenen) darauf hindeuten, dass ein Unternehmen nicht die feste Absicht hat oder nicht über die Fähigkeit verfügt, eine Finanzinvestition bis zur Endfälligkeit zu halten (IAS 39.AG24). Ein äußerst unwahrscheinliches Katastrophenszenario wie ein Run auf eine Bank oder eine vergleichbare Situation für ein Versicherungsunternehmen ist jedoch bei der Bestimmung der festen Absicht oder Fähigkeit, eine Finanzinvestition bis zur Endfälligkeit zu halten, ausdrücklich nicht zu berücksichtigen (IAS 39.AG21).

Ein **Fremdkapitalinstrument** (Schuldinstrument) mit variabler Verzinsung kann die Kriterien für eine bis zur Endfälligkeit gehaltene Finanzinvestition erfüllen. **Eigenkapitalinstrumente** (wie z. B. Aktien, Investmentanteile) können dagegen **keine** bis zur Endfälligkeit gehaltenen Finanzinvestitionen sein, da sie entweder eine unbegrenzte Laufzeit haben (wie z. B. Stammaktien) oder weil die Beträge, die der Inhaber empfangen kann, in nicht vorher bestimmbarer Weise schwanken können (wie bei Aktienoptionen, Optionsscheinen und ähnlichen Rechten) (IAS 39.AG17).

In Bezug auf die Definition der bis zur Endfälligkeit gehaltenen Finanzinvestitionen bedeuten feste oder bestimmbare Zahlungen und feste Laufzeiten, dass eine vertragliche Vereinbarung existiert, die die Höhe und den Zeitpunkt von Zahlungen an den Inhaber (wie Zins- oder Kapitalzahlungen) definiert.

---

149 Vgl. *Ernst & Young LLP (Hrsg.)*, International GAAP 2005, 2004, S. 836-837.

150 Die Kaufoption des Emittenten bedeutet jedoch nicht zwangsläufig, dass die Absicht eines Unternehmens, einen finanziellen Vermögenswert bis zur Endfälligkeit zu halten, zunichte gemacht wird (IAS 39.AG18.).

Ein signifikantes Risiko von Zahlungsausfällen (Bonitätsrisiko) schließt eine Kategorisierung eines finanziellen Vermögenswerts als Held-to-Maturity nicht aus, solange die vertraglich vereinbarten Zahlungen fest oder bestimmbar und die anderen Definitionsmerkmale erfüllt sind. So kommen neben klassischen festverzinslichen Wertpapieren auch spekulative, endfällige Anlagen mit hohem Ausfallrisiko für die Bewertungskategorie Held-to-Maturity infrage. Entscheidend ist, dass diese Anlagen vertraglich vereinbarte oder bestimmbare Zahlungen haben. Die Wahrscheinlichkeit des Ausfalls spielt dabei keine Rolle (IAS 39.AG17).

Sofern ein Wertpapier eine **ewige Laufzeit** (und damit keine Endfälligkeit) aufweist, ist eine Zuordnung zur Bewertungskategorie Held-to-Maturity nicht zulässig (IAS 39.AG17). Durch eine zeitliche Befristung der Zuordnung weist aber ein derartiges Wertpapier eine entsprechende Endfälligkeit auf, wodurch eine Kategorisierung als Held-to-Maturity wiederum zulässig ist.[151]

Eine **Wandelanleihe**, die vor Fälligkeit in Aktien des ausgebenden oder eines anderen Unternehmens gewandelt werden kann, kann aufgrund der vorzeitigen Wandlungsmöglichkeit beim Investor nicht als Held-to-Maturity kategorisiert werden (IAS 39.IG C.3 *Embedded derivatives: accounting for a convertible bond*).[152]

Die Ausübung eines **Kündigungsrechts durch den Emittenten** wirkt sich fälligkeitsverkürzend aus und steht einer Kategorisierung als Held-to-Maturity nicht entgegen, sofern der Inhaber beabsichtigt und in der Lage ist, die Finanzinvestition bis zur Kündigung oder Endfälligkeit zu halten und er den vollständigen Buchwert der Finanzinvestition im Wesentlichen wiedererlangen wird. Die Kündigungsoption des Emittenten verkürzt bei Ausübung lediglich die Laufzeit des Vermögenswerts. Eine Kategorisierung als bis zur Endfälligkeit gehaltener Vermögenswert kommt jedoch nicht in Betracht, wenn der finanzielle Vermögenswert dergestalt kündbar ist, dass der vollständige Buchwert nicht im Wesentlichen vom Inhaber wiedererlangt werden würde. Bei der Bestimmung, ob der Buchwert im Wesentlichen wiedererlangt werden kann, sind sowohl Agien als auch aktivierte Transaktionskosten mit zu berücksichtigen (IAS 39.AG18).

Anders verhält es sich bei einem **Kündigungsrecht auf der Seite des Inhabers**. Das Vorliegen eines Kündigungsrechts beim Inhaber führt zu einem Verbot der Kategorisierung als Held-to-Maturity. Ein durch den Inhaber kündbarer finanzieller Vermögenswert (d. h. der Inhaber hat das Recht, vom Emittenten die Rückzahlung oder anderweitige Rücknahme des finanziellen Vermögenswerts vor Fälligkeit zu verlangen) kann nicht als bis zur Endfälligkeit gehaltene Finanzinvestition eingestuft werden, weil das Bestehen einer Verkaufsmöglichkeit bei einem finanziellen Vermögens-

---

151 So auch *Ernst & Young LLP (Hrsg.)*, International GAAP 2005, 2004, S. 832.

152 Vgl. *Ernst & Young LLP (Hrsg.)*, International GAAP 2005, 2004, S. 833.

wert im Widerspruch zur festen Absicht steht, den finanziellen Vermögenswert bis zur Endfälligkeit zu halten (IAS 39.AG19).

Ob der Verkauf einer als Held-to-Maturity eingestuften Finanzinvestition aufgrund der Herabsetzung eines internen Ratings Rückschlüsse auf den grundsätzlichen Willen des Unternehmens zulässt, die übrigen Finanzinvestitionen noch bis zur Endfälligkeit zu halten, ist im Einzelfall zu entscheiden (IAS 39.IG B.15 *Definition of held-to-maturity financial assets: sale following rating downgrade*).

Die Zugangsbewertung von Finanzinvestitionen der Kategorie Held-to-Maturity erfolgt zu Anschaffungskosten und die Folgebewertung zu fortgeführten Anschaffungskosten nach Maßgabe der Effektivzinsmethode (vgl. Kapitel 6.2.1.2.).

4.2.3.4. Loans and Receivables

Kredite und Forderungen der Bewertungskategorie Loans and Receivables umfassen **nicht-derivative finanzielle Vermögenswerte** mit **festen oder bestimmbaren Zahlungen**, die **nicht auf einem aktiven Markt notiert** sind, mit Ausnahme von (IAS 39.9):

(a) denjenigen, die das Unternehmen sofort oder kurzfristig zu verkaufen beabsichtigt und die dann als Held for Trading einzustufen sind, und denjenigen, die das Unternehmen beim erstmaligen Ansatz als At Fair Value through Profit or Loss designiert,
(b) denjenigen, die das Unternehmen nach erstmaligem Ansatz als Available-for-Sale kategorisiert oder
(c) denjenigen, für die der Inhaber seine ursprüngliche Investition infolge anderer Gründe als eine Bonitätsverschlechterung nicht mehr nahezu vollständig wiedererlangen könnte und die dann als Available-for-Sale einzustufen sind.

Damit ist zunächst festzustellen, ob die finanziellen Vermögenswerte unmittelbar oder kurzfristig veräußert werden sollen. In diesem Fall wäre eine Kategorisierung als Held for Trading zulässig. Ist dies nicht der Fall, ist zu entscheiden, ob die Vermögenswerte als At Fair Value through Profit or Loss bzw. Available-for-Sale kategorisiert werden sollen ((a) oder (b)) oder müssen (c). Sofern dies nicht der Fall ist und es sich um nicht-derivative finanzielle Vermögenswerte mit festen oder bestimmbaren Zahlungen handelt, die zudem nicht auf einem aktiven Markt gehandelt werden, liegen Loans and Receivables vor.

Ein erworbener Anteil an einem Pool von Vermögenswerten, die keine Kredite und Forderungen darstellen (z. B. ein Anteil an einem offenen Investmentfonds oder einem ähnlichen Fonds), zählt nicht zur Bewertungskategorie Loans and Receivables (IAS 39.9).

Alle nicht-derivativen finanziellen Vermögenswerte mit festen oder bestimmbaren Zahlungen (einschließlich Kredite, Forderungen aus Lieferungen und Leistungen, Investitionen in Schuldinstrumente und Bankeinlagen) können potenziell die Definition von Loans and Receivables erfüllen. Ausgenommen sind allerdings alle an einem aktiven Markt notierte finanzielle Vermögenswerte (wie z. B. notierte Schuldinstrumente) (IAS 39.AG26; IAS 39.AG71).

Ein zentrales Merkmal bei der Abgrenzung von Forderungen ist die **vertragliche Grundlage** der Ansprüche. Sofern sonstige Forderungen ohne eine vertragliche Grundlage bestehen (wie z. B. gesetzliche Schadenersatzansprüche, Zuwendungen der öffentlichen Hand, Rückzahlungsansprüche aus Sozialabgaben oder Steuern, Forderungen aus Investitionszulagen), handelt es sich regelmäßig um sonstige Vermögenswerte, die keine finanziellen Vermögenswerte nach IAS 39 darstellen, sondern nach den allgemeinen Grundsätzen des Rahmenkonzepts bzw. aufgrund eines anderen Standards (wie z. B. IAS 20 *„Accounting for Government Grants and Disclosure of Government Grants“*) zu bilanzieren sind.

Beispiele für Loans and Receivables:

- *Forderungen aus Lieferungen und Leistungen*
- *Forderungen an Kunden*
- *Forderungen aus dem Verkauf von Anlagevermögen*
- *Forderungen für (privatrechtlichen) Schadenersatz*
- *Ausleihungen*
- *Zins- und Dividendenansprüche*
- *Forderungen aus Reisekostenvorschüssen*
- *Forderungen aus Boni- und Rückvergütungsvereinbarungen mit Lieferanten*
- *Forderungen aus vertraglichen Schadenersatzansprüchen*

Finanzielle Vermögenswerte, die nicht der Definition von Loans and Receivables entsprechen, können als Held-to-Maturity eingestuft werden, sofern sie die Voraussetzungen erfüllen (IAS 39.9; IAS 39.AG16-AG25). Beim erstmaligen Ansatz eines finanziellen Vermögenswerts, der ansonsten als Loans and Receivables kategorisiert werden würde, kann dieser als At Fair Value through Profit or Loss oder als Available-for-Sale eingestuft werden (IAS 39.9).

Mit der Umbenennung der ehemals als Loans and Receivables originated by the Enterprise (ausgereichte Kredite und Forderungen)[153] bezeichneten Bewertungskategorie in Loans and Receivables (Kredite und Forderungen) ist in IAS 39 auch eine neue inhaltliche Abgrenzung verbunden. Nunmehr qualifizieren sich sämtliche Kredite und Forderungen für eine Zuordnung in diese Kategorie, unabhängig davon, ob sie aus-

153 Vgl. dazu z. B. *Böcking, H.-J./Sittmann-Haury, C.*, BB 2003, S. 195-198; *Ernst & Young LLP (Hrsg.)*, International GAAP 2005, 2004, S. 837-838; *Scharpf, P.*, FB 2000, S. 131.

gereicht oder angekauft wurden, solange die oben genannten Merkmale erfüllt sind. Aus Sicht des Standard Setters war es nicht mehr nachvollziehbar, warum selbst begründete und erworbene Forderungen, die häufig gemeinsam gemanagt werden, unterschiedlichen Bewertungskonsequenzen folgen sollten.[154]

Die Zugangsbewertung von Krediten und Forderungen der Kategorie Loans and Receivables erfolgt zu Anschaffungskosten und die Folgebewertung zu fortgeführten Anschaffungskosten nach Maßgabe der Effektivzinsmethode (vgl. Kapitel 6.2.1.3.).

4.2.3.5. Available-for-Sale

Zur Veräußerung verfügbare finanzielle Vermögenswerte der Bewertungskategorie Available-for-Sale sind jene **nicht-derivativen finanziellen Vermögenswerte**, die als zur Veräußerung verfügbar und nicht als

- Loans and Receivables,
- Held-to-Maturity oder
- At Fair Value through Profit or Loss

kategorisiert sind (IAS 39.9).[155]

In der Bewertungskategorie Available-for-Sale werden regelmäßig **gehaltene Eigenkapitalinstrumente** (wie z. B. Aktien, GmbH-Anteile, Anteile an Investmentfonds) geführt, sofern sie nicht als Held for Trading bzw. At Fair Value through Profit or Loss designiert sind.

Die Zugangsbewertung von finanziellen Vermögenswerten der Kategorie Available-for-Sale erfolgt wie bei den anderen Kategorien zum Fair Value (IAS 39.43). Primärer Bewertungsmaßstab für die Folgebewertung ist – analog zu Held for Trading sowie At Fair Value through Profit or Loss – der Fair Value. Wertänderungen zwischen der Zugangs- und Folgebewertung sowie zwischen den nachfolgenden Zeitpunkten der Folgebewertung sind erfolgsneutral in einer gesonderten Position direkt im Eigenkapital (Neubewertungsrücklage, AfS-Rücklage) zu erfassen.

Für Finanzinvestitionen in Eigenkapitalinstrumente (und Derivate hierauf), für die kein auf einem aktiven Markt notierter Preis vorliegt und deren Fair Value nicht verlässlich ermittelt werden kann, gelten hiervon abweichende Sondervorschriften. Diese finanziellen Vermögenswerte sind zu Anschaffungskosten („*at cost*“) zu bewerten.

Für gehaltene Fremdkapitalinstrumente der Kategorie Available-for-Sale ist zu beachten, dass Agien/Disagien sowie Transaktionskosten, die zu einer Abweichung zwi-

---

154 Vgl. *Barckow, A./Glaum, M.*, KoR 2004, S. 189; *Kropp, M./Klotzbach, D.*, WPg 2002, S. 1025.

155 Vgl. *Ernst & Young LLP (Hrsg.)*, International GAAP 2005, 2004, S. 838-839.

schen dem Nominal- und Kauf- bzw. Ausgabebetrag führen, unter Anwendung der Effektivzinsmethode erfolgswirksam zu amortisieren sind (vgl. Kapitel 6.2.1.4.).

4.2.3.6. Financial Liabilities (finanzielle Verbindlichkeiten)

Hierbei handelt es sich um sämtliche finanziellen Verbindlichkeiten, die nicht als At Fair Value through Profit or Loss bzw. Held for Trading Liabilities kategorisiert sind (zur Definition vgl. Kapitel 4.1.4.). Die Bewertungskategorie wird in IAS 39 nicht eigens benannt.

Typischerweise fallen hierunter Verbindlichkeiten aus Lieferungen und Leistungen, Verbindlichkeiten gegenüber Kreditinstituten und Kunden, Wechselverbindlichkeiten, Darlehensverbindlichkeiten, börsennotierte und nicht börsennotierte Schuldtitel sowie Anleiheschulden.

Die Zugangsbewertung von finanziellen Verbindlichkeiten erfolgt zum Fair Value, der im Rahmen der praktischen Anwendung häufig dem vereinnahmten Betrag (und nicht dem Rückzahlungsbetrag) unter Berücksichtigung von Transaktionskosten entspricht. Zur Erfassung des Zinsaufwands, der Gebühren und Provisionen vgl. Kapitel 4.4.)

Die Folgebewertung von finanziellen Verbindlichkeiten, die nicht als At Fair Value through Profit or Loss bzw. Held for Trading Liabilities kategorisiert sind, erfolgt zu fortgeführten Anschaffungskosten unter Anwendung der Effektivzinsmethode (vgl. Kapitel 6.2.2.).

4.2.3.7. Umwidmungen (Umklassifizierungen) nach IAS 39

Eine Umwidmung (Umklassifizierung) von Finanzinstrumenten von einer in eine andere Bewertungskategorie ist nach den Vorschriften des überarbeiteten IAS 39 nur **sehr eingeschränkt** zulässig.

Von einer Umwidmung zu unterscheiden ist die Möglichkeit der **freiwilligen (erstmaligen) Designation** von originären finanziellen Vermögenswerten in die Bewertungskategorien At Fair Value through Profit or Loss bzw. Held for Trading sowie Available-for-Sale im Zugangszeitpunkt. Eine entsprechende Zuordnung bleibt dann über die gesamte Haltedauer der einzelnen originären finanziellen Vermögenswerte bestehen.

Derivate sind stets der Bewertungskategorie Held for Trading zuzuordnen, es sei denn, die Derivate sind als Sicherungsinstrumente (*„hedging instruments"*) in eine wirksame Sicherungsbeziehung (Hedge Accounting) nach IAS 39 eingebunden. Die Bewertung von Sicherungsinstrumenten richtet sich nach den Sondervorschriften des Hedge Accounting (vgl. Kapitel 7.).

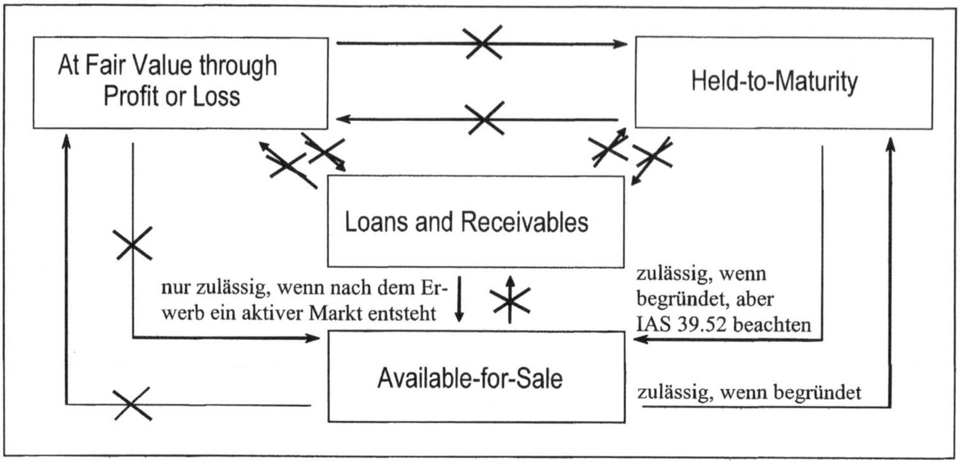

Abb. 10: Umwidmungen zwischen den Bewertungskategorien

Als Ausnahmen von dem Grundsatz, dass keine Umwidmungen zulässig sind, sieht der Standard die **folgenden Ausnahmen vor (abschließende Aufzählung)**:

4.2.3.7.1. At Fair Value through Profit or Loss bzw. Held for Trading

Ein Finanzinstrument darf **explizit nicht** in die oder aus der Kategorie At Fair Value through Profit or Loss umklassifiziert werden, solange es gehalten wird oder begeben ist (IAS 39.50). Dieses strenge Verbot der Umwidmung gilt für die Kategorie Held for Trading analog[156] und ergibt sich bereits aus der allgemeinen Definition in IAS 39.9, wonach eine Designation zwingend im Zugangszeitpunkt zu erfolgen hat.

Dies gilt grundsätzlich auch dann, wenn der Fair Value des bestreffenden Finanzinstruments nicht (mehr) verlässlich bestimmbar ist. Als einzige Ausnahme von diesem Grundsatz werden Finanzinvestitionen in Eigenkapitalinstrumente genannt, für die kein auf einem aktiven Markt notierter Preis vorliegt und deren Fair Value nicht verlässlich ermittelt werden kann sowie Derivate auf solche Eigenkapitalinstrumente, die nur durch Andienung erfüllt werden können. In diesem Fall ist jedoch eine entsprechende Angabe der Gründe für die Umklassifizierung in den Notes erforderlich (IAS 39.46(c); IAS 39.54; IAS 32.94(g)). Mit dieser Ausnahme soll verhindert werden, dass es durch eine Designation zu Ergebniseffekten aus der Fair Value-Bewertung kommt, die nicht verlässlich objektivierbar sind.

Wird eine verlässliche Bewertung für einen finanziellen Vermögenswert (oder eine finanzielle Verbindlichkeit) verfügbar, die es in der Art bislang nicht gab, und muss der Vermögenswert (oder die Verbindlichkeit) entsprechend der Bewertungskategorie (wie z. B. Held for Trading, At Fair Value through Profit or Loss oder Available-for-

156 A.A. offenbar *Bohl, W./Scheinpflug, P.*, in: IFRS-Handbuch, 2004, § 3, Tz. 33.

Sale) zum Fair Value bewertet werden, ist der Vermögenswert (oder die Verbindlichkeit) zum Fair Value neu zu bewerten. Die Differenz zwischen dem Buchwert und dem ermittelten Fair Value ist entsprechend der jeweiligen Kategorie zu erfassen (IAS 39.53; IAS 39.55).

Eine Umwidmung von Finanzinstrumenten der Bewertungskategorie Available-for-Sale in Held for Trading ist auch dann nicht zulässig, wenn im Einzelfall aufgrund der Anzahl der erfolgten Transaktionen ein Indiz für die Realisierung von Gewinnen aus kurzfristigen Preisschwankungen gegeben sein sollte.[157] Der Auffassung von *Bohl/Scheinpflug*, wonach im Falle von Handel hier eine Umwidmung in die Kategorie Held for Trading vorzunehmen ist, wird daher nicht gefolgt.[158]

4.2.3.7.2. Von Available-for-Sale in Held-to-Maturity

Eine solche Umwidmung kann vorgenommen werden, wenn ein finanzieller Vermögenswert der Kategorie Available-for-Sale nunmehr doch bis zur Endfälligkeit gehalten werden soll und kann, d. h. sich die Absicht und Fähigkeit des Unternehmens geändert hat, und die weiteren Anforderungen der Kategorie Held-to-Maturity erfüllt sind (IAS 39.9).

Falls es aufgrund einer geänderten Absicht oder Fähigkeit nunmehr sachgerecht ist, einen finanziellen Vermögenswert anstelle des Fair Values mit fortgeführten Anschaffungskosten anzusetzen, so wird der zu diesem Zeitpunkt mit dem Fair Value bewertete Buchwert des finanziellen Vermögenswerts zu den neuen fortgeführten Anschaffungskosten (IAS 39.54).

Finanzielle Vermögenswerte, die in Vorperioden von der Bewertungskategorie Held-to-Maturity zwangsweise in Available-for-Sale umgegliedert wurden (IAS 39.52), dürfen nach Ablauf der Sperrfrist wieder der Kategorie Held-to-Maturity zugeordnet werden.

4.2.3.7.3. Von Held-to-Maturity in Available-for-Sale

Da eine Änderung der Absicht oder Fähigkeit finanzielle Vermögenswerte bis zur Endfälligkeit zu halten möglich ist, ist eine entsprechende Umwidmung von der Bewertungskategorie Held-to-Maturity in Available-for-Sale im Einzelfall möglich.

Zur Vermeidung der negativen Sanktionen einer schädlichen Veräußerung ist im Rahmen einer Umwidmung allerdings zu beachten, dass nicht mehr als ein unwesent-

---

157 Vgl. *Ernst & Young LLP (Hrsg.)*, International GAAP 2005, 2004, S. 839.

158 Vgl. *Bohl, W./Scheinpflug, P.*, in: IFRS-Handbuch, 2004, § 3, Tz. 35.

licher Teil der bis zur Endfälligkeit gehaltenen Finanzinvestitionen vor Endfälligkeit umgegliedert wird (IAS 39.9; IAS 39.52).[159]

Die finanziellen Vermögenswerte sind nach der Umwidmung in Available-for-Sale grundsätzlich mit dem Fair Value zu bewerten.[160]

4.2.3.7.4. Von Loans and Receivables in Available-for-Sale

Als Loans and Receivables können nicht-derivative finanzielle Vermögenswerte mit festen oder bestimmbaren Zahlungen kategorisiert werden, die **nicht auf einem aktiven Markt notiert** sind. Sofern sich für als Loans and Receivables klassifizierte finanzielle Vermögenswerte zu einem späteren Zeitpunkt ein aktiver Markt ergibt, sind die betreffenden finanziellen Vermögenswerte in die Bewertungskategorie Available-for-Sale umzuwidmen.[161]

Die finanziellen Vermögenswerte sind nach der Umwidmung in Available-for-Sale grundsätzlich mit dem Fair Value zu bewerten.

4.2.4. Fortgeführte Anschaffungskosten

Als fortgeführte Anschaffungskosten (*„amortised cost“*) eines finanziellen Vermögenswerts oder einer finanziellen Verbindlichkeit wird der Betrag bezeichnet, mit dem ein finanzieller Vermögenswert oder eine finanzielle Verbindlichkeit beim **erstmaligen Ansatz** bewertet wurde, **abzüglich Tilgungen**, **zuzüglich oder abzüglich der kumulierten Amortisation** einer etwaigen Differenz zwischen dem ursprünglichen Betrag und dem bei Endfälligkeit rückzahlbaren Betrag unter Anwendung der **Effektivzinsmethode** sowie **abzüglich etwaiger Minderung** (entweder direkt oder mithilfe eines Wertberichtigungskontos) **für Wertminderungen oder Uneinbringlichkeit** (IAS 39.9).

Beispiele zur Ermittlung der fortgeführten Anschaffungskosten:

(a) Ein Unternehmen erwirbt ein verzinsliches Wertpapier zu EUR 1.000 (nach der Berücksichtigung von Transaktionskosten). Die Laufzeit beträgt 5 Jahre, die Verzinsung (nominal) 4,7 % und der Nominalbetrag EUR 1.250. Auf der Basis der Nominalverzinsung ergeben sich jährliche Zinszahlungen i.H.v. EUR 59 (= EUR 1.250 · 4,7 %). Bei einer Diskontierung aller ausstehenden Cashflows

---

159 Der Begriff *„more than an insignificant amount"* wird in der im Amtsblatt der EU veröffentlichten Übersetzung (ohne materielle Begründung) uneinheitlich in *„mehr als einen unwesentlichen Teil“* (IAS 39.9) und *„mehr als geringfügigen Betrags“* (IAS 39.52) übersetzt, vgl. Verordnung (EG) Nr. 2086/2004, ABl. EU Nr. L 363 v. 9.12.2004, S. 9 u. 19.

160 Vgl. *Ernst & Young LLP (Hrsg.)*, International GAAP 2005, 2004, S. 1016.

161 A.A. offenbar *Knoblauch, U. v./Hagemann, M.*, Kredit & Rating Praxis 2004, S. 26 m.w.N.

mit einem effektiven Zinssatz von 10 % ergibt sich ein Fair Value von EUR 1.000 (IAS 39.IG B.26 Example of calculating amortised cost: financial asset):[162]

Jahr	*(a) Fortgeführte Anschaffungskosten zu Beginn des Jahres (in EUR)*	*(b = a · 10,0 %) Zinserträge (in EUR)*	*(c) Cashflows (in EUR)*	*(d = a + b - c) Fortgeführte Anschaffungskosten am Ende des Jahres (in EUR)*
2006	*1.000*	*100*	*59*	*1.041*
2007	*1.041*	*104*	*59*	*1.086*
2008	*1.086*	*109*	*59*	*1.136*
2009	*1.136*	*113*	*59*	*1.190*
2010	*1.190*	*119*	*1.309 (= 1.250+59)*	*--*

Abb. 11: Beispiel zur Ermittlung der fortgeführten Anschaffungskosten

Die aufgezeigte Bewertung führt zu einem nicht gleich bleibenden Zinsertrag. Aufgrund der periodischen Zuschreibung kommt es vielmehr zu einem entsprechenden Anstieg des Zinsertrags (vgl. Spalte (b)). Das gleiche Verfahren kann auch bei der Bewertung von variabel verzinslichen Wertpapieren angewandt werden.

(b) Ein Unternehmen begibt eine Anleihe zu EUR 1.000. Die Laufzeit beträgt 5 Jahre, die Verzinsung (nominal) wird während der gesamten Laufzeit im Voraus festgelegt, ist jedoch progressiv zunehmend (Step-up Anleihe) (bzw. abnehmend (Step-down Anleihe)). In diesem Fall ist ebenfalls die Effektivzinsmethode zur Ermittlung der fortgeführten Anschaffungskosten anzuwenden, sodass die prozentuale Zinsbelastung über die Laufzeit wiederum konstant bleibt. Der Zinssatz beträgt im ersten Jahr 6,0 % (= EUR 75), im zweiten 8,0 % (= EUR 100), im dritten 10,0 % (= EUR 125), im vierten 12,0 % (= EUR 150) und im fünften 16,4 % (= EUR 205). Die effektiven Zinsen betragen 10,0 % und sind wie folgt zu erfassen (IAS 39.IG B.27 Example of calculating amortised cost: debt instrument with stepped interest payments):[163]

Jahr	*(a) Fortgeführte Anschaffungskosten zu Beginn des Jahres (in EUR)*	*(b = a · 10,0 %) Zinserträge (in EUR)*	*(c) Cashflows (in EUR)*	*(d = a + b - c) Fortgeführte Anschaffungskosten am Ende des Jahres (in EUR)*
2006	*1.250*	*125*	*75*	*1.300*
2007	*1.300*	*130*	*100*	*1.330*
2008	*1.330*	*133*	*125*	*1.338*
2009	*1.338*	*134*	*150*	*1.322*
2010	*1.322*	*133*	*1.455 (= 1.250+205)*	*--*

Abb. 12: Beispiel zur Ermittlung der fortgeführten Anschaffungskosten (Step-up Anleihe)

162 Vgl. *Ernst & Young LLP (Hrsg.)*, International GAAP 2005, 2004, S. 1031.

163 Vgl. *Ernst & Young LLP (Hrsg.)*, International GAAP 2005, 2004, S. 1032.

4.2.5. Effektivzinsmethode

4.2.5.1. Grundlagen

Die Effektivzinsmethode („*effective interest method*") ist eine Methode zur Berechnung der fortgeführten Anschaffungskosten eines finanziellen Vermögenswerts oder einer finanziellen Verbindlichkeit (oder einer Gruppe davon) und der Allokation von Zinserträgen und Zinsaufwendungen auf die jeweiligen Perioden (IAS 39.9) (vgl. hierzu auch Kapitel 4.4.).[164]

Der **Effektivzinssatz** ist derjenige Kalkulationszinssatz, mit dem die geschätzten künftigen Cashflows über die erwartete Laufzeit des Finanzinstruments oder eine kürzere Periode, sofern zutreffend, exakt auf den Nettobuchwert des finanziellen Vermögenswerts oder der finanziellen Verbindlichkeit abgezinst werden. Bei der Ermittlung des Effektivzinssatzes hat ein Unternehmen zur Schätzung der Cashflows alle vertraglichen Bedingungen des Finanzinstruments zu berücksichtigen (z. B. Vorauszahlungen, Kauf- und andere Optionen), nicht jedoch künftige Kreditausfälle. In diese Berechnung fließen alle unter den Vertragspartnern gezahlten oder erhaltenen Gebühren und sonstige Entgelte ein, die ein integraler Teil des Effektivzinssatzes, der Transaktionskosten und aller anderen Agien und Disagien sind (IAS 18.A14).

Insofern wird mit der Effektivzinsmethode eine etwaige Differenz zwischen den ursprünglichen Anschaffungskosten und dem bei Endfälligkeit rückzahlbaren Betrag buchungstechnisch über die Restlaufzeit des Finanzinstruments **verteilt** auf null zurückgeführt. Dazu schreibt IAS 39 jedoch keine bestimmte Methodik zur Berechnung vor. Im Rahmen der praktischen Anwendung kann daher z. B. auf die ISMA-Methode oder die Methode nach Moosmüller zurückgegriffen werden.

Bei der Anwendung der Effektivzinsmethode wird davon ausgegangen, dass die Cashflows und die erwartete Laufzeit einer Gruppe ähnlicher Finanzinstrumente verlässlich schätzbar sind. Sofern dies nicht möglich sein sollte, hat das Unternehmen die vertraglichen Cashflows über die gesamte vertragliche Laufzeit des Finanzinstruments (oder der Gruppe von Finanzinstrumenten) zugrunde zu legen (IAS 39.9).

In einigen Fällen werden finanzielle Vermögenswerte mit einem hohen Disagio erworben, das die angefallenen Kreditausfälle widerspiegelt. Diese angefallenen Kreditausfälle sind bei der Ermittlung des Effektivzinssatzes mit in die geschätzten Cashflows einzubeziehen (IAS 39.AG5).

Bei der Anwendung der Effektivzinsmethode werden alle in die Berechnung des Effektivzinssatzes einfließenden Gebühren, gezahlten oder erhaltenen Entgelte, Transaktionskosten und anderen Agien oder Disagien normalerweise über die erwartete

---

164 Vgl. Vgl. *Ernst & Young LLP (Hrsg.)*, International GAAP 2005, 2004, S. 1030-1038; *Kehm, P./Lüdenbach, N.*, in: Lüdenbach, N./Hoffmann, W.-D. (Hrsg.), IFRS-Kommentar^2, 2004, § 28, Tz. 112.

Laufzeit des Finanzinstruments amortisiert. Beziehen sich die Gebühren, gezahlten oder erhaltenen Entgelte, Transaktionskosten, Agien oder Disagien jedoch auf einen kürzeren Zeitraum, so ist dieser Zeitraum zu verwenden. Dies ist dann der Fall, wenn die Variable, auf die sich die Gebühren, gezahlten oder erhaltenen Entgelte, Transaktionskosten, Agien oder Disagien beziehen, vor der voraussichtlichen Fälligkeit des Finanzinstruments an Marktverhältnisse angepasst wird. In einem solchen Fall ist als angemessene Amortisationsperiode der Zeitraum bis zum nächsten Anpassungstermin zu wählen.

Beispiel zur Kalkulation des Effektivzinssatzes:

Am 1. Januar 2005 reicht die Bank A ein Darlehen i.H.v. EUR 1 Mio. mit einer Laufzeit von 5 Jahren an ein Unternehmen B aus. Das Darlehen sieht eine jährliche Verzinsung von 10 % vor. Der Ausgabebetrag beträgt 98 % des Rückzahlungsbetrags. A klassifiziert die Darlehensforderung als Loans and Receivables. Auf der Basis der Cashflows des Darlehens lässt sich ein Effektivzinssatz von 10,53482 % errechnen:

Datum	*„amortised cost" in EUR*	*Zins nominal in EUR*	*Amortisation in EUR*	*Effektivzins in EUR*
01.01.2005	*980.000*	--	--	--
31.12.2005	*983.241*	*100.000*	*3.241*	*103.241*
31.12.2006	*986.824*	*100.000*	*3.583*	*103.583*
31.12.2007	*990.784*	*100.000*	*3.960*	*103.960*
31.12.2008	*995.161*	*100.000*	*4.377*	*104.377*
31.12.2009	*1.000.000*	*100.000*	*4.839*	*104.839*

Abb. 13: Beispiel zur Kalkulation des Effektivzinssatzes

Zur Ermittlung des Zinsertrags auf der Basis der Effektivzinsmethode ist der Effektivzinssatz auf den Betrag der fortgeführten Anschaffungskosten am Ende der Vorperiode anzuwenden. Nach HGB ergäbe sich aus einer linearen Verteilung eine jährlich konstante Amortisation i.H.v. EUR 4.000.

4.2.5.2. Effektivzinssatz für variabel verzinsliche Finanzinstrumente

Die Verzinsung eines variabel verzinslichen Finanzinstruments setzt sich regelmäßig aus einem **Indexwert** (z. B. Euribor) und einem **Credit Spread** (Quoted Margin) zusammen. Sofern ein festverzinsliches Wertpapier (zufällig) bei 100 (pari) notiert, stellt die Höhe der Quoted Margin exakt die zusätzliche Rate of Return des Wertpapiers gegenüber dem Indexwert (Euribor) dar. Bei Notierungen ungleich pari kann die Preisdifferenz als **Discount Margin** beschrieben werden, die dadurch entsteht, dass Emittenten die Quoted Margin niedriger ansetzen, als es der Bonitätseinschätzung am Markt entspricht. Als Discount Margin wird demnach der Effektivzinssatz für ein variabel verzinsliches Wertpapier bezeichnet. In diesem Zusammenhang sind theoretisch drei Fälle möglich: Der Preis des Wertpapiers notiert

- zu pari, d. h. die Discount Margin am Tag des Zinsfixings entspricht exakt der Quoted Margin (Discount Margin = Quoted Margin),
- unter pari, d. h. die Discount Margin liegt höher als die Quoted Margin (Discount Margin > Quoted Margin),
- über pari notiert, d. h. die Discount Margin liegt niedriger als die Quoted Margin (Discount Margin < Quoted Margin).

Spiegelt ein Agio oder Disagio auf ein variabel verzinstes Finanzinstrument z. B. die seit der letzten Zinszahlung angefallenen Zinsen oder die Marktzinsänderungen seit der letzten Anpassung des variablen Zinssatzes an die Marktverhältnisse wider, so wird dieses bis zum nächsten Zinsanpassungstermin amortisiert. Dies ist darauf zurückzuführen, dass das Agio oder Disagio für den Zeitraum bis zum nächsten Zinsanpassungstermin gilt, da die Variable, auf die sich das Agio oder Disagio bezieht (d. h. der Zinssatz), zu diesem Zeitpunkt an die Marktverhältnisse angepasst wird (IAS 39.AG6). Insofern sind Unterschiedsbeträge, die auf Zinsabgrenzungen zurückzuführen sind (das betrifft den Fall, dass der Betrachtungszeitraum zwischen zwei Zinsanpassungsterminen liegt), bis zum nächsten Zinsanpassungstermin zu amortisieren. Dies setzt allerdings voraus, dass zum Zinsanpassungstermin der Kurs wieder bei pari liegt.

Ist das Agio oder Disagio dagegen durch eine Änderung des Credit Spreads auf die im Finanzinstrument angegebene variable Verzinsung oder durch andere, nicht an den Marktzins gekoppelte Variablen entstanden, erfolgt die Amortisation über die erwartete Laufzeit des Finanzinstruments (IAS 39.AG6). Insofern wird eine nicht marktgerechte Quoted Margin und daraus resultierend eine von der Quoted Margin abweichende Discount Margin (die Ursache des Agios/Disagios ist), als Unterschiedsbetrag bis zur Endfälligkeit effektiv amortisiert.

Bei variabel verzinslichen finanziellen Vermögenswerten und variabel verzinslichen finanziellen Verbindlichkeiten führt die periodisch vorgenommene Neuschätzung der Cashflows, die der Änderung der Marktverhältnisse Rechnung trägt, zu einer Änderung des Effektivzinssatzes. Wird ein variabel verzinslicher finanzieller Vermögenswert oder eine variabel verzinsliche finanzielle Verbindlichkeit zunächst mit einem Betrag angesetzt, der dem bei Endfälligkeit zu erhaltenen bzw. zu zahlenden Kapitalbetrag entspricht, hat die Neuschätzung künftiger Zinszahlungen in der Regel keine wesentlichen Auswirkungen auf den Buchwert des Vermögenswerts bzw. der Verbindlichkeit (IAS 39.AG7).

Ändert ein Unternehmen seine Schätzungen bezüglich der Mittelabflüsse oder -zuflüsse, ist der Buchwert des finanziellen Vermögenswerts oder der finanziellen Verbindlichkeit (oder der Gruppe davon) so anzupassen, dass er die tatsächlichen und geänderten geschätzten Cashflows wiedergibt. Das Unternehmen berechnet den Buchwert neu, indem es den Barwert der geschätzten künftigen Cashflows mit dem **ursprünglichen Effektivzinssatz** des Finanzinstruments ermittelt. Die Anpassung wird als Ertrag oder Aufwand im Periodenergebnis erfasst (IAS 39.AG8).

4.2.6. Weitere Definitionen

Eine **erwartete Transaktion** (*„forecast transaction"*) ist eine noch nicht kontrahierte, aber voraussichtlich eintretende künftige Transaktion.

Ein **Sicherungsinstrument** (*„hedging instrument"*) ist ein designierter derivativer oder (im Falle einer Absicherung von Währungsrisiken) nicht-derivativer finanzieller Vermögenswert bzw. eine nicht-derivative finanzielle Verbindlichkeit, von deren Fair Value oder Cashflows erwartet wird, dass sie die Änderungen des Fair Values oder der Cashflows eines designierten Grundgeschäfts kompensieren (IAS 39.9; IAS 39.72-77; IAS 39.AG94-AG97).

Ein (gesichertes) **Grundgeschäft** (*„hedged item"*) ist ein Vermögenswert, eine Verbindlichkeit, eine feste Verpflichtung (*„firm commitment"*), eine erwartete und mit hoher Wahrscheinlichkeit eintretende künftige Transaktion (*„forecast transaction"*) oder eine Nettoinvestition in einen ausländischen Geschäftsbetrieb, durch das

- das Unternehmen dem Risiko einer Änderung des Fair Values oder der künftigen Cashflows ausgesetzt ist und das
- als gesichert designiert wird (IAS 39.9; IAS 39.78-84; IAS 39.AG98-AG101).

Die **Wirksamkeit einer Sicherung** (*„hedge effectiveness"*) bezeichnet den Grad, mit dem die einem gesicherten Risiko zurechenbaren Änderungen des Fair Values oder der Cashflows des Grundgeschäfts durch Änderungen des Fair Values oder der Cashflows des Sicherungsinstruments kompensiert werden (IAS 39.9; IAS 39.AG105-AG113).

4.3. Saldierung von finanziellen Vermögenswerten und finanziellen Verbindlichkeiten

4.3.1. Saldierung von Posten nach IFRS

Nach der Grundregel dürfen Vermögenswerte und Verbindlichkeiten sowie Erträge und Aufwendungen nicht miteinander saldiert (verrechnet) werden, soweit nicht die Saldierung durch einen anderen Standard (bzw. Interpretation) zulässig ist (IAS 1.32). Eine derartige Vorschrift ist für aufrechnungsfähige Finanzinstrumente außerhalb von IAS 1 in IAS 32 enthalten. Für Kreditinstitute enthält IAS 30 weiterführende Hinweise. Die Vorschriften zur Saldierung sind im Grunde reine Ausweisvorschriften, d. h. eine Verrechnung von finanziellen Vermögenswerten und Verbindlichkeiten führt zu keiner Ergebniswirkung.

Die **Saldierung** von finanziellen Vermögenswerten und Verbindlichkeiten und die Angabe der Nettobeträge in der Bilanz hat nach IAS 32.42 dann, und nur dann, zu erfolgen, wenn ein Unternehmen:[165]

- zum gegenwärtigen Zeitpunkt einen **Rechtsanspruch** (einklagbares Recht) hat, die betreffenden Beträge gegeneinander aufzurechnen (bürgerlich-rechtliche Aufrechnungslage) **und**
- **beabsichtigt**, den Ausgleich auf Nettobasis herbeizuführen oder gleichzeitig mit der Verwertung des betreffenden Vermögenswerts die dazugehörige Verbindlichkeit abzulösen.

Sind die genannten Voraussetzungen gegeben,[166] ist zwingend eine Saldierung vorzunehmen. Der Anspruch auf Verrechnung ist ein auf vertraglicher oder anderer Grundlage beruhendes, einklagbares Recht eines Schuldners, einen Teilbetrag oder den gesamten Betrag einer einem Gläubiger geschuldeten Verbindlichkeit mit einer Forderung zu verrechnen, die dem Schuldner selbst gegenüber dem betreffenden Gläubiger zusteht. Da die Gültigkeit einer Aufrechnungsvereinbarung von der Rechtsordnung, in der sie getroffen wird, abhängt, ist im Einzelfall zu prüfen, welche Rechtsvorschriften für das jeweilige Rechtsverhältnis maßgebend sind (IAS 32.45). Dies bedeutet, dass die gesetzliche Aufrechnungslage nach § 387 BGB erfüllt sein muss. Danach besteht ein Aufrechnungsrecht bei Gegenseitigkeit und Gleichartigkeit der zu verrechnenden Forderungen, wobei die Forderung, gegen die verrechnet werden soll, voll wirksam und fällig und die geschuldete Leistung erfüllbar sein muss.[167]

Eine Saldierung ist in Ausnahmefällen auch dann möglich, wenn ein Schuldner berechtigt ist, eine Forderung gegenüber einem Dritten mit einer Verbindlichkeit gegen-

---

165 Vgl. *Ernst & Young LLP (Hrsg.)*, International GAAP 2005, 2004, S. 929-930.

166 Die beiden genannten Voraussetzungen müssen kumuliert erfüllt sein. So reicht z. B. ein rechtswirksam durchsetzbarer Anspruch auf Verrechnung für sich nicht aus, wenn die entsprechende Absicht fehlt.

167 Vgl. dazu ausführlich *Bellavite-Hövermann, Y./Menn, B.-J./Viethen, H.-W.*, in: Baetge, J./Dörner, D. u.a. (Hrsg.), IAS-Kommentar², Teil B, IAS 32, Tz. 64.

über einem anderen Gläubiger zu verrechnen, wenn zwischen allen drei Beteiligten eine eindeutige Vereinbarung über das Recht zur Aufrechnung vorliegt (IAS 32.45).

Die **Voraussetzungen für eine Saldierung** sind in den folgenden Fällen **nicht** erfüllt (IAS 32.49):

- wenn mehrere verschiedene Finanzinstrumente kombiniert werden, um die Merkmale eines einzelnen Finanzinstruments (synthetisches Finanzinstrument) nachzubilden (wenn z. B. eine variabel verzinsliche Verbindlichkeit durch den Abschluss eines Payer-Zinsswaps in eine synthetisch festverzinsliche Verbindlichkeit konvertiert wird),
- wenn finanzielle Vermögenswerte und finanzielle Verbindlichkeiten, die das gleiche Risikoprofil aufweisen (z. B. finanzielle Vermögenswerte und finanzielle Verbindlichkeiten innerhalb eines Portfolios von Derivaten), gegenüber verschiedenen Vertragspartnern bestehen,
- wenn finanzielle oder andere Vermögenswerte als Sicherheit für finanzielle Verbindlichkeiten ohne Rückgriff verpfändet wurden,
- wenn es sich um finanzielle Vermögenswerte aus Treuhandverhältnissen handelt,
- wenn bei Verpflichtungen, die aus Schadensereignissen entstehen, zu erwarten ist, dass diese durch Ersatzleistungen von Dritten beglichen werden (weil aus einem Versicherungsvertrag ein entsprechender Entschädigungsanspruch besteht).

Die **bloße Absicht** einer oder beider Vertragsparteien, Forderungen und Verbindlichkeiten auf Nettobasis ohne rechtlich bindende Vereinbarung auszugleichen, stellt **keine ausreichende Grundlage** für eine bilanzielle Saldierung dar, da die mit den einzelnen Posten verbundenen Rechte und Verpflichtungen weiterhin fortbestehen (IAS 32.46).

Der gleichzeitige Ausgleich von zwei Finanzinstrumenten kann in einem direkten Austausch oder über eine Clearingstelle in einem organisierten Finanzmarkt erfolgen (IAS 32.48).

Ein **Globalverrechnungsvertrag** (Master Netting Agreement), der für den Fall von Zahlungsverzug bzw. Zahlungsausfall oder Kündigung eines Vertragspartners bei einem einzigen Instrument eine sofortige Aufrechnung bzw. Abwicklung aller Geschäfte, denen der Rahmenvertrag zugrunde liegt, durch eine einzige Zahlung vorsieht, stellt für sich genommen keine ausreichende Grundlage für eine Saldierung in der Bilanz dar, da ein solcher Vertrag üblicherweise nur ein bedingtes Aufrechnungsrecht begründet (IAS 32.50).[168]

---

[168] Vgl. *Bellavite-Hövermann, Y./Menn, B.-J./Viethen, H.-W.*, in: Baetge, J./Dörner, D. u.a. (Hrsg.), IAS-Kommentar^2, Teil B, IAS 32, Tz. 70; *Ernst & Young LLP (Hrsg.)*, International GAAP 2005, 2004, S. 932.

In der **GuV** dürfen Ertrags- und Aufwandsposten nur dann saldiert werden, wenn

- ein anderer Standard dies verlangt **oder**
- die Gewinne und Verluste, die aus einer Gruppe von ähnlichen Geschäftsvorfällen entstehen, nicht wesentlich sind.

Vor diesem Hintergrund sind z. B. Gewinne und Verluste aus Fremdwährungsgeschäften sowie Gewinne und Verluste aus dem Handel mit Finanzinstrumenten (Held for Trading) saldiert auszuweisen (IAS 1.33; IAS 1.35).

Die für die **Verrechnung bei Kreditinstituten** geltende Sonderregelung in IAS 30.23 wurde im Rahmen der jüngsten Überarbeitung mit Verweis auf die allgemeinen Verrechnungsvorschriften in IAS 32 **nicht** übernommen. So dürfen Kreditinstitute Erträge und Aufwendungen **nicht** miteinander verrechnen (IAS 30.13), es sei denn, sie resultieren aus

- Sicherungszusammenhängen („*hedges*") oder
- nach IAS 32 verrechneten Vermögenswerten und Verbindlichkeiten.

Ferner werden die Gewinne und Verluste aus folgenden Geschäftsvorfällen bei Kreditinstituten üblicherweise auf **Nettobasis** ausgewiesen (IAS 30.15):

- Abgänge und Buchwertänderungen bei Wertpapieren des Handelsbestands,
- Abgänge von langfristig gehaltenen Wertpapieren,
- Fremdwährungsgeschäfte.

Vor dem Hintergrund der Bedeutung der Handelsaktivitäten für bestimmte Arten von Kreditinstituten ist eine Bruttodarstellung in den Notes regelmäßig erforderlich.

4.3.2. Vorschriften nach HGB und RechKredV

Das Saldierungsverbot in § 246 Abs. 2 HGB verbietet Posten der Aktivseite mit Posten der Passivseite, Aufwendungen mit Erträgen sowie Grundstücksrechte mit Grundstückslasten zu verrechnen. Dieses Saldierungsverbot wird jedoch von zahlreichen Ausnahmen durchbrochen. Keine unzulässige Saldierung liegt z. B. bei der Bildung von **Bewertungseinheiten** vor. Ferner gilt dies für Forderungen und Verbindlichkeiten zwischen denselben Personen, die sich am Bilanzstichtag in einer solchen Weise (also gleichartig und fällig) gegenüberstehen, dass sie gemäß § 387 BGB von beiden Seiten gegeneinander aufgerechnet werden könnten, also die **bürgerlich-rechtliche Aufrechnungslage** gegeben ist.

Ist nur die Forderung des bilanzierenden Unternehmens am Bilanzstichtag fällig, während die ihr gegenüberstehende Verbindlichkeit noch nicht fällig, aber bereits erfüllbar ist, kann nur das bilanzierende Unternehmen nach § 387 BGB aufrechnen.

Auch hier ist eine Saldierung vertretbar. Ist am Bilanzstichtag sowohl die Forderung als auch die Verbindlichkeit noch nicht fällig, sind aber die Zahlungszeitpunkte der Fälligkeit der Forderung und der Erfüllbarkeit der Verbindlichkeit identisch oder weichen diese nur unwesentlich voneinander ab, ist ebenfalls eine Saldierung vertretbar. Bei Erfüllung der Voraussetzungen für die Aufrechenbarkeit bzw. die „wirtschaftliche Aufrechenbarkeit" besteht im Gegensatz zu IAS 39 lediglich ein Wahlrecht, aber keine Pflicht zur Aufrechnung.

Das Verrechnungsverbot des § 246 Abs. 2 HGB, wonach die Saldierung von Forderungen mit Verbindlichkeiten sowie von Aufwendungen und Erträgen nicht zulässig ist, ist für Kreditinstitute insoweit nicht anzuwenden, als abweichende Vorschriften bestehen (§ 340a Abs. 2 Satz 3 HGB).

Von § 246 Abs. 2 HGB abweichende Vorschriften sind zunächst in § 10 RechKredV enthalten, der die Verrechnung von Forderungen und Verbindlichkeiten näher bestimmt. Danach sind Forderungen und Verbindlichkeiten dann zwingend zu kompensieren, wenn

- zwischen den Kontoinhabern Identität besteht, d. h. Forderungen und Verbindlichkeiten gegenüber ein und demselben Kontoinhaber bestehen,
- die Verbindlichkeiten täglich fällig sind und keinerlei Bindungen unterliegen,
- die Forderungen ebenfalls täglich fällig sind oder es sich um Forderungen handelt, die auf einem Kreditsonderkonto belastet und gleichzeitig auf einem laufenden Konto erkannt sind,
- sofern für die Zins- und Provisionsberechnung vereinbart ist, dass der Kontoinhaber wie bei Buchung über ein einziges Konto gestellt wird und
- die Währung der Forderungen und Verbindlichkeiten dieselbe ist.

§ 16 Abs. 4 RechKredV bestimmt, dass nicht börsenfähige eigene Schuldverschreibungen vom Passivposten „3. Verbriefte Verbindlichkeiten, a) begebene Schuldverschreibungen" abzusetzen sind. Darüber hinaus enthalten die §§ 340c und 340f Abs. 3 HGB Vorschriften zur Verrechnung von Aufwendungen und Erträgen.[169]

[169] Vgl. *Scharpf, P.*, Handbuch Bankbilanz, 2. Aufl., 2004, S. 71-73.

4.4. Erfassung von Aufwendungen und Erträgen im Zusammenhang mit Finanzinstrumenten

4.4.1. Überblick

Die Erfassung von Erträgen aus Finanzinstrumenten (Zinsen und Dienstleistungsentgelte) ist in IAS 18 *„Revenue"* geregelt, der jedoch nicht näher bestimmt, wie die den Erträgen gegenüberstehenden Aufwendungen zu erfassen sind. Bei diesen Aufwendungen wird es sich im Regelfall um Zinsaufwendungen oder aber um Transaktionskosten handeln, deren Erfassung in IAS 39 näher bestimmt ist. Die Erfassung von Zinsaufwendungen ist nicht explizit geregelt.[170]

Das nachfolgende Kapitel zeigt auf, wie die Zinserträge, Zinsaufwendungen sowie Dividenden erfolgswirksam zu realisieren sind. Darüber hinaus wird aufgezeigt, wie Dienstleistungserträge im Zusammenhang mit Finanzinstrumenten abzubilden sind. Im Rahmen der nachfolgenden Darstellung wird nicht auf die Vorschriften des IAS 23 *„Borrowing Costs"* eingegangen. IAS 23 legt fest, dass Fremdkapitalkosten grundsätzlich sofort erfolgswirksam zu buchen sind und alternativ aktiviert werden dürfen, wenn sie direkt dem Erwerb, dem Bau oder der Herstellung eines qualifizierten Vermögenswerts zugerechnet werden können.

4.4.2. Zinserträge

Realisation der Zinserträge

Vorschriften zur Realisierung von Erträgen sind neben dem Rahmenkonzept (*„framework"*) in IAS 18 *„Revenue"* geregelt. Schwerpunkt dabei sind allgemeine Realisierungsgrundsätze, nicht hingegen branchenspezifische Besonderheiten.[171] Die abstrakt formulierten Ertragsrealisierungskriterien des IAS 18 werden durch einen Anhang (*„appendix"*) konkretisiert.[172] Der Ausweis ist in IAS 1 sowie für Banken in IAS 30 geregelt. Zur Bewertung von Fremdwährungsbeträgen ist IAS 21 zu beachten.

Zinserträge sind nach IAS 18.29 dann zu realisieren (vereinnahmen), wenn es

- wahrscheinlich ist, dass der wirtschaftliche Nutzen aus dem Geschäft (Überlassungstransaktion) dem Unternehmen zufließen wird und
- die Erträge der Höhe nach zuverlässig geschätzt werden können.

Zinserträge sind mithin dann erfolgswirksam zu erfassen, wenn die **Bereitstellung von Kapital** erbracht wurde.

---

170 Vgl. dazu ausführlich *Scharpf, P./Kuhn, S.*, KoR 2005, S. 154-165.

171 Vgl. *Hayn, S.*, in: Ballwieser, W./Beine, F. u.a. (Hrsg.), Abschn. 7, Tz. 12.

172 Vgl. *Ernst & Young LLP (Hrsg.)*, International GAAP 2005, 2004, S. 1476-1481.

Zinserträge (Zinsaufwendungen) fallen anteilig während der Periode an, ohne dass dazu eine weitere Transaktion stattzufinden hat.[173] Hierzu erfolgt ggf. die Bildung eines **Abgrenzungspostens** (Zinsabgrenzung), um den erzielten (verdienten) Zins periodengerecht darzustellen.

Wenn sich **Zweifel an der Einbringlichkeit** von bereits als Ertrag erfassten Zinsen ergeben, sind die korrespondierenden Zinsforderungen wertzuberichtigen bzw. abzuschreiben. Es erfolgt keine Korrektur des ursprünglichen Zinsertrags (IAS 18.34), vielmehr sind die uneinbringlichen Zinserträge als Aufwand (Wertberichtigung) zu erfassen.

Zinsen bei wertberichtigten Forderungen

Bei **wertberichtigten Forderungen** erfolgt die Vereinnahmung von Zinsen nach den Regeln des IAS 39.AG93 (vgl. Kapitel 6.3.). Der Zinsertrag wird hierbei nach einer vorgenommenen Wertberichtigung anhand des Zinssatzes erfasst, der zur Abzinsung der künftigen Cashflows bei der Ermittlung des Wertminderungsaufwands verwendet wurde (ursprünglicher Effektivzins).

Zum besseren Verständnis wird dies hier kurz dargestellt. Bestehen objektive Hinweise (vgl. hierzu IAS 39.59), die darauf schließen lassen, dass eine Wertminderung eines finanziellen Vermögenswerts (oder einer Gruppe finanzieller Vermögenswerte) vorliegt, sind IAS 39.63 (für zu fortgeführten Anschaffungskosten bewertete finanzielle Vermögenswerte) oder IAS 39.67 (für finanzielle Vermögenswerte der Kategorie Available-for-Sale) anzuwenden, um den Betrag einer Wertberichtigung zu ermitteln (IAS 39.58). Bei finanziellen Vermögenswerten der Kategorien **Loans and Receivables** sowie **Held-to-Maturity** erfolgt damit die Ermittlung einer Wertberichtigung nach IAS 39.63-65 für **Available-for-Sale** ist hingegen IAS 39.67-70 zu beachten.

Die **Höhe einer Wertberichtigung** ist bei finanziellen Vermögenswerten der Kategorien Loans and Receivables und Held-to-Maturity als Differenz zwischen dem Buchwert (fortgeführte Anschaffungskosten zuzüglich eventueller Buchwertanpassungen aus einem Fair Value Hedge) und dem Barwert der aus dem jeweiligen finanziellen Vermögenswert erwarteten künftigen Cashflows unter Verwendung des ursprünglichen Effektivzinssatzes zu bestimmen (IAS 39.63). Eine Abzinsung unter Verwendung des aktuellen Marktzinses würde zu einer auf dem Fair Value basierenden Bewertung führen (IAS 39.AG84). Bei variabel verzinslichen finanziellen Vermögenswerten der genannten Kategorien kommt der aktuell festgesetzte variable Zins zur Anwendung.

Dies bedeutet, dass bei den genannten finanziellen Vermögenswerten zur Ermittlung der Höhe einer Wertberichtigung eine Barwertbetrachtung aller erwarteten zukünftigen Cashflows zu ihren erwarteten Fälligkeiten erforderlich ist (IAS 39.63). Dabei ist für

---

173 Vgl. *Weber, C.-P.*, in: Ballwieser, W./Beine, F. u.a. (Hrsg.), Abschn. 3, Tz. 13.

den Fall von Teilleistungen einzelner Darlehensnehmer im Gegensatz zum deutschen Zivilrecht (§§ 367, 497 BGB) keine weitere Unterscheidung hinsichtlich der Anrechnungsvorschriften nach Zins- und Tilgungszahlung vorzunehmen.

Aufgrund der Tatsache, dass die Höhe der Wertberichtigung nach IAS 39.63 auf einer **Barwertberechnung** für die künftigen Cashflows beruht, ist bei einem wertberichtigten finanziellen Vermögenswert der nach der Vornahme der Wertberichtigung zu vereinnahmende **Zinsertrag** durch Aufzinsung unter Verwendung des Zinssatzes zu ermitteln, der im Rahmen der Bestimmung der Wertminderung herangezogen wurde (IAS 39.AG93). Der für die Ermittlung der Wertberichtigung verwendete Zinssatz ist der ursprüngliche Effektivzinssatz.

Damit sind bei diesen finanziellen Vermögenswerten nicht mehr die vertraglich vereinbarten Zinsen bzw. die tatsächlich zugeflossenen Zinsbeträge als (künftige) **Zinserträge** zu erfassen oder abzugrenzen, sondern die **Fortschreibung des Barwerts zum nächsten Bilanzstichtag** (sog. Unwinding). Folglich ist ein Verzicht auf die Vereinnahmung von Zinserträgen aus zinslos gestellten Forderungen nach IAS 39 entgegen den handelsrechtlichen Grundsätzen ordnungsmäßiger Buchführung nicht möglich.

Eine Zinslosstellung einer Forderung und damit der Verzicht auf die Vereinnahmung von Zinserträgen ist dabei, entgegen den handelsrechtlichen Grundsätzen ordnungsmäßiger Buchführung nach IAS 39 nicht zulässig. Diese Fortschreibung des Barwerts zum nächsten Bilanzstichtag darf in der GuV nicht als Auflösung der Wertberichtigung erfasst werden; der Betrag (Unwinding) ist vielmehr zwingend als **Zinsertrag** für die wertberichtigte Forderung in der GuV zu zeigen.[174]

Die Ermittlung einer Wertberichtigung bei finanziellen Vermögenswerten der Kategorie **Available-for-Sale** erfolgt nach den Regeln des IAS 39.67-70. Dabei ist ein in der AfS-Rücklage kumulierter Verlust aus dem Eigenkapital in die GuV umzubuchen, d. h. erfolgswirksam zu erfassen. Die Höhe des erfolgswirksam zu erfassenden Verlusts richtet sich nach IAS 39.68. Danach beläuft sich die Höhe der Wertberichtigung auf die Differenz zwischen den Anschaffungskosten abzüglich etwaiger Tilgungen und Amortisationen (dies sind faktisch die fortgeführten Anschaffungskosten) und dem aktuellen Fair Value (abzüglich etwaiger bereits früher erfasster Wertberichtigungen). Da IAS 39.AG93 innerhalb der Application Guidance mit einer eigenen Kapitelüberschrift versehen ist, also nicht nur für die zu fortgeführten Anschaffungskosten bewer-

---

174 Im Gegensatz zur Erfassung dieser Barwertänderung (faktische Verminderung der Wertberichtigung) in der GuV schreibt IAS 39 nicht vor, wie die Gegenbuchung in der Bilanz vorzunehmen ist. Damit besteht zum einen die Möglichkeit, den in der Bilanz zu erfassenden Betrag der Wertberichtigung zu vermindern, zum anderen kann eine Zuschreibung der Forderung (wie die Erfassung eines Disagios) erfolgen (faktisch als Zinsforderung). Die Zuschreibung der Forderung kann u.U. dazu führen, dass der aktuelle Betrag der Bruttoforderung die ursprünglich eingebuchte Forderung übersteigen kann. Hier wird der ersten Möglichkeit, nämlich der Reduktion der Wertberichtigung der Vorzug gegeben.

teten finanziellen Vermögenswerte anzuwenden ist, ist davon auszugehen, dass die Vereinnahmung des Zinsertrags aus wertberichtigten Fremdkapitalinstrumenten der Kategorie Available-for-Sale in gleicher Weise vorzunehmen ist, wie bei Loans and Receivables. Hierfür spricht auch, dass in IAS 39.AG93 kein Unterschied zwischen der Zinsvereinnahmung bei den unterschiedlichen Bewertungskategorien gemacht wird.

Ermittlung der zu erfassenden Zinserträge

Vorschriften zur Erfassung von Zinserträgen aus **finanziellen Vermögenswerten der Höhe nach** enthält IAS 18.30. Danach sind Zinsen grundsätzlich unter Berücksichtigung der **Effektivzinsmethode** i.S.d. IAS 39.9 und IAS 39.AG5-AG8 zeitproportional zu erfassen. Dies gilt grundsätzlich unabhängig von der Kategorie, der der finanzielle Vermögenswert zugewiesen wurde. Der zugrunde zu legende **Effektivzins** ist derjenige interne Zinssatz, der erforderlich ist, um die über die Laufzeit des Geschäfts erwarteten Einzahlungen auf den ursprünglichen Buchwert (*„initial carrying amount"*) abzuzinsen (IAS 18.31; IAS 39.9).[175] Anders formuliert: Der Effektivzins ist der interne Zinsfuß einer Investition, also jener Zinssatz, zu dem der Kapitalwert der Investition (Summe der erwarteten Kapitalrückflüsse abzüglich Anschaffungskosten) den Wert null annimmt.[176] Die Zinserträge schließen dabei auch die Vereinnahmung eines Disagios (*„discount"*) bzw. ein Agios (*„premium"*) sowie anderer Unterschiede zwischen dem Ausgabebetrag eines Fremdkapitalinstruments und dem vereinbarten Rückzahlungsbetrag (z. B. Transaktionskosten) ein (IAS 18.31).

Bei der **Ermittlung des Effektivzinssatzes** hat ein Unternehmen alle vertraglichen Bedingungen zu berücksichtigen (z. B. Vorauszahlungen, Kauf- oder andere Optionen), nicht jedoch **künftige** Kreditausfälle. Wird ein finanzieller Vermögenswert mit einem **hohen Disagio** erworben, das die **bereits angefallenen Kreditausfälle** widerspiegelt, sind diese bei der Ermittlung des Effektivzinses in die geschätzten Cashflows einzubeziehen (IAS 39.AG5).

In die Berechnung des Effektivzinses fließen alle von den Vertragspartnern **erhaltenen Gebühren und sonstigen Entgelte ein, die ein integraler Teil des Effektivzinses sind** (IAS 18.A14). Gleiches gilt für bezahlte **Transaktionskosten** sowie für **Agien** und **Disagien** (IAS 39.9). Die vereinnahmten Gebühren und Entgelte werden dabei mit den verausgabten Transaktionskosten und einem Agio bzw. Disagio verrechnet; der sich daraus ergebende Saldo korrigiert die Anschaffungskosten (IAS 39.AG6). Die Differenz zwischen den so korrigierten Anschaffungskosten und dem Nominalbetrag/Rückzahlungsbetrag ist sodann nach der Effektivzinsmethode auf die relevante Laufzeit zu verteilen.

---

175 Vgl. *Ordelheide, D./Böckem, H.*, in: Baetge, J./Dörner, D. u.a. (Hrsg.), IAS-Kommentar^2, Teil B, IAS 18, Tz. 82.

176 Vgl. *Heuser P. J./Theile, C. (Hrsg.)*, IAS-Handbuch, 2003, Tz. 535.

Diese **Differenz** wird üblicherweise über die **erwartete Laufzeit** amortisiert. Beziehen sich die erhaltenen Gebühren und Entgelte, bezahlten Transaktionskosten sowie vereinbarten Agien bzw. Disagien im Einzelnen jedoch auf einen kürzeren Zeitraum, ist dieser kürzere Zeitraum für die effektivzinsmäßige Verteilung maßgeblich (IAS 39.AG6). Ein solch kürzerer Zeitraum kommt z. B. dann infrage, wenn die Variable, auf die sich die Gebühren, erhaltenen Entgelte, Transaktionskosten, Agien oder Disagien beziehen, vor der voraussichtlichen Fälligkeit des Finanzinstruments an die aktuellen Marktverhältnisse angepasst wird. In einem solchen Fall ist als angemessener Amortisationszeitraum der Zeitraum bis zum nächsten Anpassungstermin zu wählen (IAS 39.AG6).

Bei variabel verzinslichen finanziellen Vermögenswerten und Verbindlichkeiten wird eine periodische Anpassung des Zinssatzes vorgenommen. Dies führt auch zu einer entsprechenden Änderung des Effektivzinssatzes (IAS 39.AG7).

Können die für die Ermittlung des Effektivzinssatzes erforderlichen Cashflows oder die erwartete Laufzeit eines Finanzinstruments nicht zuverlässig ermittelt werden, hat das Unternehmen die vertraglichen Cashflows über die gesamte vertragliche Laufzeit des Finanzinstruments zugrunde zu legen (IAS 39.9). Soweit der Grundsatz der Wesentlichkeit nicht verletzt wird, kann in diesem Fällen aus Vereinfachungsgründen auch eine lineare Verteilung vorgenommen werden.

Beispiel:

Die ABC-AG reicht am 01.01.2005 eine mit nominal 4 % festverzinsliche Forderung (Fälligkeit 31.12.2012) in Höhe von EUR 1.000.000 mit einem Disagio in Höhe von 5 % (EUR 50.000) aus (Auszahlung EUR 950.000). Die Transaktionskosten gemäß IAS 39.9, saldiert mit den vereinnahmten Entgelten nach IAS 18.A14, betragen EUR 14.632. Die Forderung ist mithin mit Anschaffungskosten in Höhe von EUR 935.368 (= EUR 1.000.000 - EUR 50.000 - EUR 14.632) erstmals einzubuchen. Der Effektivzins gemäß IAS 39.9 beträgt 5 %.

Datum	*Kurs*	*„cost" bzw. „amortised cost"*	*Amortisation*	*Zins (nominal)*	*Zins (gesamt)*	*Zins (effektiv)*
01.01.2005	*93,5368*	*935.368*	--	--	--	--
31.12.2005	*94,2136*	*942.136*	*6.768*	*40.000*	*46.768*	*5,00 %*
31.12.2006	*94,9243*	*949.243*	*7.107*	*40.000*	*47.107*	*5,00 %*
31.12.2007	*95,6705*	*956.705*	*7.462*	*40.000*	*47.462*	*5,00 %*
31.12.2008	*96,4540*	*964.540*	*7.835*	*40.000*	*47.835*	*5,00 %*
31.12.2009	*97,2768*	*972.768*	*8.228*	*40.000*	*48.228*	*5,00 %*
31.12.2010	*98,1406*	*981.406*	*8.638*	*40.000*	*48.638*	*5,00 %*
31.12.2011	*99,0476*	*990.476*	*9.070*	*40.000*	*49.070*	*5,00 %*
31.12.2012	*100,0000*	*1.000.000*	*9.524*	*40.000*	*49.524*	*5,00 %*
	Summe		*64.632*			

Das Unternehmen vereinnahmt jährlich einen Nominalzins in Höhe von 4 % oder EUR 40.000. Gleichzeitig ist der Gesamtbetrag (EUR 64.632) bestehend aus dem Disagio (EUR 50.000) sowie dem Saldo aus Transaktionskosten und vereinnahmten Entgelten gemäß IAS 18.A14 (EUR 14.632) nach der Effektivzinsmethode auf die Laufzeit verteilt zu amortisieren und als zusätzlicher Zinsertrag zu erfassen, sodass letztlich jährlich 5 % Effektivzins in der GuV ausgewiesen sind.

Dieser Amortisationsbetrag (zinsbedingte Zuschreibung) ergibt sich dadurch, dass man 5 % Zins auf die fortgeführten Anschaffungskosten des Vorjahrs errechnet und hiervon die Nominalzinsen abzieht.

Klarstellend sei darauf hingewiesen, dass auch im Falle einer **teilweisen vorzeitigen Tilgung** (Sondertilgung) der ursprüngliche Effektivzins unverändert bleibt (IAS 39.AG8). Nach einer Sondertilgung ist der Buchwert neu zu berechnen, indem der Barwert der geschätzten künftigen Cashflows mit dem ursprünglichen Effektivzinssatz neu ermittelt wird. Eine Anpassung des Buchwerts wird nach IAS 39.AG8 erfolgswirksam in der GuV erfasst. Damit wird der Teil des ursprünglichen Agios/ Disagios bzw. der ursprünglichen Transaktionskosten, der auf den vorzeitig getilgten Betrag (Sondertilgung) entfällt, erfolgswirksam erfasst. Nachdem bei einer planmäßigen Tilgung diese Beträge – wie oben gezeigt – anteilig nach der Effektivzinsmethode als Zinsertrag erfasst werden, wäre es folgerichtig, den nach einer Sondertilgung erfolgswirksam zu erfassenden Betrag ebenfalls als Zinsertrag auszuweisen. Entsprechendes müsste auch für eine vollständige Tilgung der Restschuld gelten. In der Praxis werden diese Beträge jedoch im Regelfall als Abgangserfolg gezeigt.

Klarstellend sei ferner ausdrücklich darauf aufmerksam gemacht, dass bei Fremdkapitalinstrumenten der Kategorie **Available-for-Sale** die Erfassung des Zinsertrags in der GuV ebenfalls in Höhe des (historischen) Effektivzinses erfolgt, da ein Saldo aus Agio oder Disagio bzw. Transaktionskosten sowie der o.g. vereinnahmten Entgelte über die Laufzeit des Instruments erfolgswirksam zu erfassen ist. Aus diesem Grund sind die

Zinserträge aus Schuldinstrumenten der Kategorie Available-for-Sale zunächst in Höhe des vereinbarten Nominalzinssatzes zu erfassen; zusätzlich erfolgt eine Anpassung der fortgeführten Anschaffungskosten zugunsten des Zinsertrags um die (rest-) laufzeitgerechte Verteilung diese Saldos. Nur die Differenz zwischen den fortgeführten Anschaffungskosten und dem (Full) Fair Value ist bei Schuldinstrumenten der Kategorie Available-for-Sale erfolgsneutral in einen gesonderten Posten im Eigenkapitals (AfS-Rücklage) zu erfassen.

Transaktionskosten

Transaktionskosten sind nach IAS 39.9 **zusätzlich anfallende Kosten**, die dem Erwerb, der Emission oder der Veräußerung eines finanziellen Vermögenswerts oder einer finanziellen Verbindlichkeit **unmittelbar zurechenbar** sind. Als zusätzlich anfallende Kosten definiert IAS 39.9 solche, die nicht entstanden wären, wenn das Unternehmen das Finanzinstrument nicht erworben, emittiert oder veräußert hätte.

Diese Transaktionskosten sind jedoch nur bei den finanziellen Vermögenswerten bzw. Verbindlichkeiten bei der Ermittlung der Anschaffungskosten zu berücksichtigen, die nicht als At Fair Value through Profit or Loss bewertet werden (IAS 39.43). Dies bedeutet, dass Transaktionskosten nur bei **Loans and Receivables**, **Held-to-Maturity**, **Available-for-Sale** und **Other Liabilities** im Rahmen der Ermittlung der Anschaffungskosten als Anschaffungsnebenkosten zu berücksichtigen sind.

Bei finanziellen Vermögenswerten bzw. Verbindlichkeiten der Kategorie **At Fair Value through Profit or Loss** (einschließlich Held for Trading) sind die Transaktionskosten hingegen sofort erfolgswirksam in der GuV zu erfassen. Damit werden auch die Transaktionskosten bei der erstmaligen Erfassung von Derivaten sofort erfolgswirksam.[177] Ein Ausweis dieser Transaktionskosten erfolgt regelmäßig unter den sonstigen betrieblichen Erträgen/Aufwendungen bzw. unter den Finanzierungserträgen/-aufwendungen (als Bestandteil des Finanzergebnisses).

Im Falle eines aufgenommenen Kredits vermindern die Transaktionskosten die Hauptverbindlichkeit (erhaltener Gegenwert); sie sind nicht sofort, sondern über die relevante Laufzeit verteilt als Aufwand zu erfassen.[178] Nach dem Wortlaut von IAS 39 ist hier eine Abgrenzung der Transaktionskosten in einem separaten Posten nicht zulässig.[179] Der von *Schulze Osthoff* angeführten Kritik an einer Kürzung der Transaktionskosten an den Anschaffungskosten der Verbindlichkeit kann nicht gefolgt werden.

Nach IAS 39.AG13 gehören zu den **Transaktionskosten**

- an Vermittler, Berater, Makler und Händler gezahlte Gebühren und Provisionen,

---

177 Vgl. *Flintrop, B.*, in: IFRS-Handbuch, 2004, § 18, Tz. 40.

178 Vgl. *Schulze Osthoff, H.-J.*, in: IFRS-Handbuch, 2004, § 5, Tz. 352.

179 A.A. offenbar *Schulze Osthoff, H.-J.*, in: IFRS-Handbuch, 2004, § 5, Tz. 352.

- an Aufsichtsbehörden und Wertpapierbörsen zu entrichtende Abgaben sowie
- Steuern und Gebühren.

Zu den **zusätzlich anfallenden Kosten**, die dem Erwerb oder der Emission unmittelbar zurechenbar sind, rechnen damit in Anlehnung an die in IAS 18.A14 beispielhaft aufgeführten Gebühren und Provisionen auch:

- Bearbeitungsgebühren wie z. B. Gebühren für die Prüfung der Kreditwürdigkeit, für die Bewertung und Aufnahme von Garantien und Bürgschaften (Bürgschaftsprovisionen) sowie dinglicher und anderer Sicherheiten (Grundschuldbestellung und -eintragung),
- Vertragsanbahnungsentgelte (z. B. Vermittlungsentgelte),
- Gebühren für die Vorbereitung und Bearbeitung der Dokumente,
- Vertragsabschlusskosten (extern),
- Provisionen für Kreditzusagen, sofern die Kreditzusage nicht als Derivat anzusehen ist und
- Gebühren für eine Konsortialführerschaft.

Diese Aufwendungen sind im Regelfall zusätzlich anfallende Kosten i.S.d. IAS 39.9, die dem Erwerb bzw. der Emission eines finanziellen Vermögenswerts bzw. einer Verbindlichkeit unmittelbar zurechenbar sind. Zusätzliche Kosten deshalb, weil sie nicht angefallen wären, wenn der Vermögenswert nicht angeschafft bzw. die Verbindlichkeit nicht aufgenommen worden wäre.

Die Berücksichtigung als Transaktionskosten und damit ein Einbezug in die effektivzinsmäßige Verteilung gilt unabhängig davon, wie diese Gebühren und Provisionen beim Empfänger des jeweiligen Entgelts nach IAS 18 erfasst und realisiert werden (vgl. Kapitel 4.4.6.). Denn die Bestimmungen des IAS 39 zu den Transaktionskosten sind unabhängig von den Bestimmungen zur Realisation von den entsprechenden Erträgen i.R.d. IAS 18 zu sehen.

Agien oder Disagien gehören dagegen ebenso wenig zu den Transaktionskosten wie interne Verwaltungs- und Haltekosten (Gemeinkosten).

Vereinnahmte Gebühren und Entgelte, die Bestandteil der Effektivverzinsung sind (IAS 18.A14)

IAS 18 regelt in seinem Anhang die **ertragswirksame Erfassung von erhaltenen Entgelten** für Finanzdienstleistungen in Abhängigkeit von der konkreten Leistung, für die die Gebühren und Entgelte erhoben werden und der bilanziellen Behandlung der der Transaktion zugrunde liegenden Finanzinstrumente. Bei diesen vereinnahmten Gebühren und Entgelten kann es sich im Einzelfall auch um erstattete Transaktionskosten handeln.

Die **Beschreibung** bzw. **Bezeichnung der Entgelte** für Finanzdienstleistungen kann im Einzelfall im Hinblick auf die nach wirtschaftlicher Betrachtungsweise beabsichtigte Zweckbestimmung der erbrachten Leistungen wenig aussagefähig sein. Die Gebühren und sonstigen Entgelte sind daher in Abhängigkeit von ihrem wirtschaftlichen Gehalt zu behandeln. Nach IAS 18.A14 wird daher nach Entgelten unterschieden,

- die Bestandteil der Rendite oder Effektivverzinsung des Finanzinstruments sind („*fees that are an integral part of the effective interest rate*"),
- die über den Zeitraum der Leistungserbringung hinweg verdient werden („*fees earned as services are provided*") (vgl. Kapitel 4.4.6.2.) oder
- die mit der Ausführung einer bestimmten Tätigkeit, die im Rahmen der Gesamttransaktion von übergeordneter Bedeutung ist, verdient werden („*fees that are earned on the execution of a significant act*") (vgl. Kapitel 4.4.6.3.).

Die Entgelte sind entsprechend ihrer wirtschaftlichen Zweckbestimmung nach diesen drei Fällen zu unterscheiden.

Bei den vereinnahmten **Gebühren**, **Entgelten** und **Provisionen**, die einen **Teil der Effektivverzinsung darstellen** und damit anteilig als Zinserträge zu erfassen sind, handelt es sich um die in IAS 18.A14(a) genannten Beträge, die unten näher dargestellt werden. Diese Gebühren, Entgelte und Provisionen sind nach ihrem **wirtschaftlichen Gehalt** als Zinsbestandteil zu erfassen.

Diese Entgelte und Gebühren werden nach IAS 18.A14(a) für den Fall, dass ein Finanzinstrument **At Fair Value through Profit or Loss** angesetzt wird, im Zeitpunkt der Einbuchung des Finanzinstruments (Anschaffung) unmittelbar erfolgswirksam erfasst (einschließlich Held for Trading). Bei den Finanzinstrumenten der Kategorie At Fair Value through Profit or Loss erfolgt mithin keine Verteilung dieser Entgelte auf die Laufzeit des Finanzinstruments; die Erfolgswirksamkeit tritt vielmehr sofort bei Vereinnahmung ein. Dies entspricht der Vorgehensweise von IAS 39.43, wonach auch die Transaktionskosten bei Finanzinstrumenten dieser Kategorie nicht zu den Anschaffungskosten zählen, sondern sofort als Aufwand zu erfassen sind. Insofern sind diese vergangenheitsbezogenen Zahlungsströme für die an zukünftigen Zahlungsströmen orientierte Fair Value-Bewertung nicht relevant.

In den übrigen Fällen, also dann, wenn es sich um **Loans and Receivables**, **Held-to-Maturity**, **Available-for-Sale** oder **Other Liabilities** handelt, werden diese vereinnahmten Entgelte in die Effektivverzinsung einbezogen. Dies entspricht ebenfalls der Vorgehensweise von IAS 39.43. Danach sind nur bei Finanzinstrumenten der genannten Kategorien auch die Transaktionskosten als Bestandteil (Korrektur) der Anschaffungskosten zu erfassen und mithin effektivzinsmäßig zu verteilen. Es handelt sich nach IAS 18.A14(a) um folgende vereinnahmte Beträge:

(1) Zu Beginn des Schuldverhältnisses anfallende **Entgelte**, die dem bilanzierenden Unternehmen **für die Begebung oder den Erwerb von finanziellen Vermögenswerten** bezahlt werden. Es kann sich dabei um die **Erstattung** von **Bearbeitungsgebühren** („*origination fees*") wie z. B. Entgelte für die Prüfung der Kreditwürdigkeit bzw. Bonität, Bewertung und Aufnahme von Garantien und Bürgschaften, dingliche und andere Sicherheiten, Vertragsanbahnungskosten, Vorbereitung und Bearbeitung der Dokumente sowie Vertragsabschlusskosten handeln. Diese Entgelte dienen der Anbahnung einer dauerhaften Geschäftsbeziehung („*ongoing involvement*"), die das sich ergebende Finanzinstrument zum Gegenstand hat.

   Zu den im Rahmen der Effektivverzinsung zu verteilenden Erträgen rechnen nach dem eindeutigen Wortlaut (Aufnahme von Garantien und Bürgschaften) Gebühren bzw. Provisionen für die Gewährung von Bürgschaften und Garantien (z. B. Bürgschaftsprovisionen). Die Erträge werden somit unter Anwendung der Effektivzinsmethode abgegrenzt und über die Perioden der Laufzeit des dem Schuldverhältnis zugrunde liegenden Finanzinstruments pro rata temporis realisiert.

(2) Erhaltene **Bereitstellungs-** bzw. **Zusageentgelte** („*commitment fees*") für die Begründung („*originate*") einer Fremdkapitalvergabe („*loan*") oder für die Übernahme einer bestehenden Schuldposition, wenn die **Kreditzusage** („*loan commitment*") nicht in den Anwendungsbereich des IAS 39 fällt, d. h. wenn es sich bei der Kreditzusage nicht um ein Derivat handelt bzw. eine Designation zur Kategorie At Fair Value through Profit or Loss erfolgt ist (vgl. Kapitel 3.3.7.).[180]

   Ist es wahrscheinlich, dass das Unternehmen in das zugrunde liegende Kreditverhältnis („*lending arrangement*") eintreten wird und fällt die Kreditzusage nicht in den Anwendungsbereich von IAS 39, werden die Bereitstellungs- und Zusageprovisionen als Vergütung im Rahmen der dauerhaften Geschäftsbeziehung, die durch den Kauf des Finanzinstruments begründet wird, zusammen mit den transaktionsbezogenen direkten Kosten abgegrenzt erfasst und somit über den Zeitraum der Kreditausreichung ratierlich als Renditekorrektur vereinnahmt.

   Hat der Kreditnehmer am Ende des Zusagezeitraums die bereitgestellten Mittel (den Kredit) nicht in Anspruch genommen, werden diese Provisionen am Ende des Zusagezeitraums als Ertrag realisiert.

(3) Zu Beginn des Schuldverhältnisses anfallende **Entgelte** („*origination fees*"), die dem Unternehmen aus dem Eingehen **von zu fortgeführten Anschaffungskosten bewerteten finanziellen Verbindlichkeiten** der Bewertungskategorie Other Liabilities gezahlt werden. Es handelt sich hier um Entgelte, die der Anbahnung einer

[180] Kreditzusagen, die in den Anwendungsbereich von IAS 39 fallen, sind hingegen als Derivate zu bilanzieren und mit dem Fair Value zu bewerten.

Geschäftsbeziehung dienen, die eine finanzielle Verbindlichkeit zum Gegenstand hat.

Entgelte, die Bestandteil der Rendite oder Effektivverzinsung sind, werden somit wie Agien bzw. Disagien gemeinsam mit den direkt zurechenbaren Transaktionskosten des finanziellen Vermögenswerts bzw. der finanziellen Verbindlichkeit abgegrenzt und damit als Bestandteil der Effektivverzinsung realisiert.

Damit sind einmalig bezahlte Bürgschaftsprovisionen bei Kreditinstituten nach IFRS zwar ebenfalls ratierlich zu vereinnahmen. Im Gegensatz zum HGB erfolgt der Ausweis jedoch im Zinsergebnis und nicht wie nach den handelsrechtlichen Grundsätzen unter den Provisionserträgen.

Erhaltene Bereitstellungs- bzw. **Zusageentgelte** für eine **Kreditzusage** sind je nach dem, ob eine spätere Kreditvergabe **wahrscheinlich** bzw. **unwahrscheinlich** ist, entweder im Rahmen der Effektivzinsen zu erfassen (Kreditvergabe ist wahrscheinlich) oder proportional über den Bereitstellungszeitraum erfolgswirksam zu erfassen (Kreditvergabe ist unwahrscheinlich). Das bilanzierende Unternehmen muss spätestens zum Bilanzstichtag entscheiden, ob bezüglich der für Kreditzusagen vereinnahmten Entgelte eine spätere Kreditinanspruchnahme wahrscheinlich ist oder nicht. IAS 18 macht zur Frage, wann eine Kreditvergabe wahrscheinlich bzw. unwahrscheinlich ist, keine näheren Angaben. Aus diesem Grund wird hier empfohlen, von einer späteren Kreditinanspruchnahme dann auszugehen, wenn mehr dafür spricht als dagegen. Ist bis zum Ende des Zusagezeitraums entgegen der vorherigen Annahme jedoch keine Inanspruchnahme erfolgt, so sind die Provisionen erfolgswirksam zu vereinnahmen (IAS 18.A14(a)(iii)).

Soweit ein **konsortialführendes Kreditinstitut** einen Teil des Konsortialkredits selbst gewährt, ist festzustellen, ob sich die vereinbarten Zinsen und die Risikobeteiligung des Konsortialführers von den Konditionen der anderen beteiligten Konsorten unterscheiden (vgl. Kapitel 4.4.6.3.).

- Erfolgt die Kreditvergabe zu einem geringeren als dem von den übrigen Konsorten erhobenen Effektivzinssatz, stellt eine neben den Zinsen durch den Konsortialführer erhobene Konsortialgebühr insoweit einen Ausgleich für die niedrigere Verzinsung dar und hat damit Zinscharakter; sie ist über die Laufzeit des Kredits effektivzinsmäßig zu vereinnahmen.
- Soweit die Beteiligung an der Kreditvergabe zu einem höheren als dem von den übrigen Konsorten erhobenen Effektivzinssatz erfolgt, stellt der Differenzbetrag Entgelt für die Konsortialführerschaft dar und ist insoweit bei Abschluss des Konsortialkredits als Provision zu vereinnahmen (IAS 18.A14(c)).

Stückzinsen

Sind vor dem Erwerb eines verzinslichen Vermögenswerts bereits Zinsen entstanden und im Kaufpreis mitbezahlt worden, die jedoch vom Schuldner noch nicht bezahlt wurden (**Stückzinsen**), ist die künftige Zinszahlung auf die Zeit vor und nach dem Erwerb aufzuteilen (IAS 18.32). Wirtschaftlich betrachtet handelt es sich bei den Stückzinsen um eine erworbene Zinsforderung, die nicht zu den Anschaffungskosten des Wertpapiers gehört.

Als Ertrag wird nur der Betrag erfasst, der auf die Zeit nach dem Erwerb entfällt. Soweit die anteiligen Stückzinsen im Kaufpreis für den Vermögenswert mit enthalten sind, sind diese in der Bilanz separat als Forderung zu erfassen.

Zinsen in Fremdwährung

Die Umrechnung von in **Fremdwährung** vereinnahmten Zinsen wird nach IAS 21.9 anhand des am Tag der Transaktion gültigen Wechselkurses vorgenommen.[181] Wenn der Wechselkurs keinen starken Schwankungen unterliegt, kann aus praktischen Erwägungen der Durchschnittskurs einer Woche oder eines Monats für sämtliche Transaktionen dieser Periode verwendet werden, wenn dieser mit dem Kurs zum Zeitpunkt des Geschäftsvorfalls vergleichbar ist (IAS 21.10) (Zur Umrechnung von Forderungen in Fremdwährung vgl. Kapitel 4.5.4.).

Ausweis der Zinserträge

Bei Nicht-Banken sind die Zinserträge aus Bankeinlagen und anderen Forderungen, gewährten Ausleihungen und Krediten sowie verzinslichen Wertpapieren gemeinsam mit den erhaltenen Dividenden und den Aufzinsungsbeträgen aus unverzinslichen und unterverzinslichen Forderungen im Finanzergebnis (brutto) auszuweisen.[182] Das Finanzergebnis (*„finance cost“*) setzt sich dabei entsprechend der Mindestgliederung aus Finanzierungserträgen und -aufwendungen (sowie den Gewinn- und Verlustanteilen nach Steuern an assoziierten Unternehmen und Joint Ventures, die nach der Equity-Methode bilanziert werden) zusammen (IAS 1.81(c); IAS 23.5).

Bei Banken erfolgt der Ausweis der Zinserträge, abgesehen von Zinsen des Handelsbestands, im Posten Zinserträge. Im Zinsertrag erfassen Banken solche Gebühren und Entgelte, die im Rahmen der Effektivzinsmethode zu verteilen sind. Die übrigen Provisionen und Entgelte werden im Provisionsergebnis als Provisionsertrag gezeigt. Zinsen für Handelsbestände sind im Handelsergebnis zu erfassen (IAS 30.10).

---

181 Vgl. hierzu auch *Löw, E./Lorenz, K.*, KoR 2002, S. 236.

182 Vgl. *ADS International*, Abschn. 7, Tz. 178.

Geplante Offenlegungspflichten nach ED 7 „Financial Instruments: Disclosures"

Nach ED 7.21(d) soll der **gesamte** Betrag der Zinserträge (und Zinsaufwendungen), berechnet unter Anwendung der Effektivzinsmethode, anzugeben sein. Der Wortlaut lässt den Schluss zu, dass nur der gesamte Zinsertrag (Zinsaufwand) anzugeben ist und nicht die Zinserträge (Zinsaufwendungen) der einzelnen Kategorien an finanziellen Vermögenswerten bzw. Verbindlichkeiten. Ausgenommen hiervon sind ausdrücklich Zinserträge (Zinsaufwendungen) im Zusammenhang mit At Fair Value through Profit or Loss bewerteten finanziellen Vermögenswerten bzw. Verbindlichkeiten. Dies bedeutet, dass nur die Zinserträge in einer Summe für die finanziellen Vermögenswerte der Kategorien Loans and Receivables, Held-to-Maturity und Available-for-Sale zu nennen sind, nicht jedoch die Zinsen aus Finanzinstrumenten der Kategorie At Fair Value through Profit or Loss. Entsprechendes gilt für die Angabe der Zinsaufwendungen für finanzielle Verbindlichkeiten der Kategorie Other Liabilities.

ED 7.21(b) sieht ferner vor, dass im Rahmen der Angabe der Nettogewinne bzw. -verluste der verschiedenen Kategorien an finanziellen Vermögenswerten bzw. Verbindlichkeiten nach ED 7.21(a) die Methode für deren Ermittlung angegeben wird, d. h. ob in den Nettogewinnen bzw. -verlusten auch Zins- und Dividendenerträge berücksichtigt wurden.

Daneben sind die nach IAS 39.AG93 bei wertberichtigten finanziellen Vermögenswerten erfolgswirksam erfassten Zinsen (Unwinding) im Anhang anzugeben.

4.4.3. Vorfälligkeitsentschädigungen

Darlehen (z. B. Hypothekendarlehen) können zu einem festen Zinssatz begeben werden. Ein Kreditinstitut muss sich für die Bereitstellung des Darlehens mit fristenkongruenten Mitteln eindecken oder entsprechende Sicherungsgeschäfte zur Reduzierung des Zinsrisikos bei einer variabel verzinslichen Refinanzierung abschließen. Deshalb ist es bei Festzinsdarlehen grundsätzlich ausgeschlossen, das Darlehen vor Ablauf der vereinbarten Laufzeit zu tilgen. Dem Institut entgehen bei einer vorzeitigen Tilgung die in dem Darlehen vereinbarten Zinserträge. Es hat jedoch nach der Tilgung die Möglichkeit, den Ablösungsbetrag alternativ ertragbringend anzulegen. Kann es aus der Alternativanlage nur einen geringeren Zinsertrag erzielen als aus dem Darlehensvertrag, entsteht ihm während der Restlaufzeit des Vertrags ein Schaden in Höhe dieser Differenz. Diesen Schaden muss der Darlehensnehmer ersetzen. Dies wird als Vorfälligkeitsentschädigung bezeichnet.

Die Behandlung von Vorfälligkeitsentschädigungen aus der vorzeitigen Ablösung von Krediten und Forderungen ist in den IFRS nicht ausdrücklich geregelt. Da der Kredit- bzw. Darlehensvertrag – insoweit als er vorzeitig getilgt wird – aufgelöst und damit abgewickelt ist, ist eine sofortige ertragswirksame Vereinnahmung einer **erhaltenen**

Vorfälligkeitsentschädigung sachgerecht (analog IAS 18.20).[183] Eine Verteilung über die Restlaufzeit der abgelösten Forderung ist nicht zulässig. Wird jedoch zeitgleich mit der Ablösung der Verbindlichkeit ein neues Darlehen zu günstigeren Konditionen ausgereicht, stellt die erhaltene Vorfälligkeitsentschädigung ein Upfront Payment für das neue Darlehen dar und ist daher erfolgswirksam über die Laufzeit des neuen Darlehens zu vereinnahmen.

Eine vom bilanzierenden Unternehmen **geleistete Vorfälligkeitsentschädigung** aus der vorzeitigen Ablösung von Verbindlichkeiten ist unmittelbar als Aufwand zu erfassen. Eine Verteilung über die Restlaufzeit der abgelösten Verbindlichkeit ist nicht zulässig.[184]

4.4.4. Zinsaufwendungen

Bezüglich der Erfassung von Zinsaufwendungen enthalten die IFRS keine den Vorschriften in IAS 18 entsprechenden Regelungen. Die Zinsaufwendungen sind ungeachtet dessen wie die Zinserträge zeitanteilig und periodengerecht zu erfassen. Mithin sind auch **Agien** und **Disagien** sowie **Transaktionskosten** über die Restlaufzeit des Finanzinstruments abzugrenzen. Für die in IAS 18.A14 aufgeführten und **erhaltenen Entgelte und Gebühren** im Zusammenhang mit Kreditaufnahmen gelten, auch wenn dies IAS 18.A14 aufgrund seines Regelungsinhalts nicht ausdrücklich behandelt, die Bestimmungen des IAS 18 entsprechend. Mithin sind bei der Ermittlung der Anschaffungskosten für aufgenommene Verbindlichkeiten diese Beträge ebenso einzubeziehen wie bei gewährten Darlehen. Diesbezüglich kann daher auf die Ausführungen zu den Zinserträgen verwiesen werden.

Der **Ausweis** der Zinsaufwendungen aus aufgenommenen Krediten erfolgt bei **Nicht-Banken** gemeinsam mit den im Zusammenhang mit der Fremdkapitalaufnahme entstandenen Nebenkosten (Provisionen, Verwaltungsentgelte usw.) im „Finanzergebnis".[185] Entsprechendes gilt für den aus der Aufzinsung von unverzinslichen und unterverzinslichen Verbindlichkeiten entstandenen Zinsaufwand. Das Finanzergebnis (*„finance cost"*) setzt sich dabei entsprechend der Mindestgliederung aus Finanzierungserträgen und -aufwendungen (sowie den Gewinn- und Verlustanteilen nach Steuern an assoziierten Unternehmen und Joint Ventures, die nach der Equity-Methode bilanziert werden) zusammen (IAS 1.81(c); IAS 23.5).

Banken weisen den Zinsaufwand, abgesehen vom Zinsaufwand aus Handelsaktivitäten, im Posten „Zinsaufwendungen" aus (IAS 30.10). Ferner erfassen Kreditinstitute Aufwendungen im Zusammenhang mit der Kreditaufnahme nur insoweit gemeinsam mit dem Zinsaufwand, als diese Gebühren und Provisionen gemeinsam mit den Zinsen im Rahmen der Effektivzinsmethode zu erfassen sind (vgl. Kapitel 4.4.2.). Die übrigen

---

[183] Vgl. *Krumnow, J./Sprißler, W. u.a. (Hrsg.)*, Kommentar^2, IAS 39, Tz. 145.

[184] Vgl. *PwC Deutsche Revision AG (Hrsg.)*, IAS für Banken, 2. Aufl., 2002, S. 510.

[185] Vgl. *ADS International*, Abschn. 7, Tz. 177.

Provisionen und Entgelte werden im Provisionsergebnis als Provisionsaufwand gezeigt (vgl. Kapitel 4.4.6.).

Nicht Gegenstand der Ausführungen ist die Frage, wie Fremdkapitalkosten nach IAS 23 zu behandeln sind, d. h. ob und in welcher Höhe diese aktiviert werde können oder unmittelbar als Aufwand zu buchen sind. Hier sei jedoch darauf hingewiesen, dass die Fremdkapitalkosten nach IAS 23.5 u.a. aus

- den Zinsen für Kontokorrentkredite und kurz- oder langfristige Kredite,
- der Amortisation von Disagien oder Agien sowie
- der Amortisation von Nebenkosten, die im Zusammenhang mit der Fremdkapitalaufnahme angefallen sind,

zusammensetzen.[186] Mit den *„Nebenkosten"* können nur die mit einer Kreditaufnahme zusammenhängenden Transaktionskosten gemeint sein. Wie die obigen Ausführungen zeigen, handelt es sich damit bei den Fremdkapitalkosten nach IAS 23.5 um den Zinsaufwand, der nach der Effektivzinsmethode ermittelt wird. Nicht von dem Begriff der *„Fremdkapitalkosten"* nach IAS 23.5 erfasst werden damit Gebühren und Provisionen, die unmittelbar aufwandswirksam zu erfassen sind, also nicht Transaktionskosten i.S.d. IAS 39 darstellen.

Zu den **Offenlegungspflichten** nach ED 7 wird auf Kapitel 4.4.2. verwiesen.

4.4.5. Zinsen aus Handelsaktivitäten bei Kreditinstituten

Weder IAS 30 noch IAS 39 enthalten Bestimmungen hinsichtlich der Zuordnung von Zinserträgen oder Zinsaufwendungen aus Handelsaktivitäten zu den Posten Zinserträge bzw. Zinsaufwendungen. Damit ist davon auszugehen, dass es zulässig ist, Zinserträge bzw. Zinsaufwendungen aus Handelsgeschäften dem **Handelsergebnis** zuzurechnen.[187] Durch diese – analog auch Dividendenerträge und Finanzierungsaufwendungen für Handelsbestände umfassende – Vorgehensweise erhält das Handelsergebnis eine höhere Aussagekraft und entspricht darüber hinaus der internationalen Handhabung.[188] Bei der Bewertung zum Fair Value sind die Zinsergebnisse implizit in den Bewertungsänderungen enthalten.

Von der deutschen Bilanzierungspraxis wird teilweise gefordert, auf eine effektivzinsmäßige Vereinnahmung von Zinserträgen bzw. Zinsaufwendungen bei Finanzinstrumenten des Handelsbestands, zu verzichten. Dies ist vor dem Hintergrund zu sehen, dass die Zinsen aus diesen Aktivitäten ohnehin üblicherweise im Handelsergebnis erfasst werden.

---

186 Vgl. *Schönbrunn, N.*, in: Baetge, J./Dörner, D. u.a. (Hrsg.), IAS-Kommentar², Teil B, IAS 23, Tz. 5.
187 Vgl. *Krumnow, J./Sprißler, W. u.a. (Hrsg.)*, Kommentar², § 29 RechKredV, Tz. 17.
188 Vgl. *Krumnow, J./Sprißler, W. u.a. (Hrsg.)*, Kommentar², § 29 RechKredV, Tz. 17.

Für diese Vorgehensweise spricht, dass sowohl die Entgelte und Gebühren i.S.d. IAS 18.A14(a) als auch die Transaktionskosten i.S.d. IAS 39.43 (die wie oben beschrieben Teile der Effektivverzinsung sind) bei den Finanzinstrumenten der Kategorie At Fair Value through Profit or Loss – also auch bei solchen des Handelsbestands – unmittelbar erfolgswirksam sind und nicht wie bei Finanzinstrumenten der anderen Kategorien effektivzinsmäßig auf deren Laufzeit verteilt werden. Zur Verteilung käme bei diesen Geschäften lediglich ein Agio bzw. Disagio. Da Handelsbestände ohnehin kurzfristig veräußert werden (sollen), bietet auch eine Verteilung eines Agios bzw. Disagios keinen zusätzlichen Informationswert.

Nachdem ED 7.21(c) die Angabe des gesamten Zinsertrags und Zinsaufwands für Finanzinstrumente der Kategorie At Fair Value through Profit or Loss im Anhang nicht verlangt, ist die Verteilung eines Agios bzw. Disagios bei Handelsbeständen auch vor dem Hintergrund der Tatsache, dass es sich hierbei regelmäßig um solche Finanzinstrumente handelt, die nur kurzfristig gehalten werden, entbehrlich.

4.4.6. Erhaltene Gebühren und Entgelte für die Gewährung von Finanzdienstleistungen

4.4.6.1. Realisationsgrundsätze für die Erbringung von Dienstleistungen

Erträge aus der **Erbringung von Dienstleistungen** (*„rendering of services“*) sind grundsätzlich dann erfolgswirksam zu vereinnahmen, wenn die Leistungsverpflichtung erbracht worden ist (IAS 18.20).[189] Bei Leistungen, die über mehrere Perioden erbracht werden, erfolgt die Ertragsrealisierung unter Anwendung der Percentage-of-Completion-Methode nach dem **Grad der Erbringung der Dienstleistung** (Ertragsrealisierung nach dem Leistungsfortschritt) und nicht erst bei vollständiger Leistung.[190] Voraussetzung ist jedoch, dass der *„Grad der Erbringung der Dienstleistung“* verlässlich geschätzt werden kann. Ist dies nicht möglich, sind die Erträge nur in dem Umfang erfolgswirksam zu erfassen, in dem die angefallenen Aufwendungen erstattungsfähig sind (IAS 18.26). Ist es nicht wahrscheinlich, dass die angefallenen Kosten überhaupt erstattungsfähig sind, dürfen vor Abschluss des Geschäfts keine Erträge erfasst werden (IAS 18.28).

IAS 18.20 nennt **vier Bedingungen**, die kumulativ erfüllt sein müssen, um das Ergebnis aus dem gesamten Dienstleistungsgeschäft zuverlässig schätzen zu können:[191]

- Die Höhe der Erträge kann verlässlich bestimmt werden: Die Höhe der Erträge ist grundsätzlich durch die vertraglich vereinbarten Entgelte zuverlässig bestimmbar.

---

189 Vgl. *Ernst & Young LLP (Hrsg.)*, International GAAP 2005, 2004, S. 1472-1473.

190 Vgl. *Hayn, S.*, in: Ballwieser, W./Beine, F. u.a. (Hrsg.), Abschn. 7, Tz. 3; *Keitz, I. v./Schmieszek, O.*, KoR 2004, S. 121; *Ordelheide, D./Böckem, H.*, in: Baetge, J./Dörner, D. u.a. (Hrsg.), IAS-Kommentar², Teil B, IAS 18, Tz. 54.

191 Vgl. *Hayn, S.*, in: Ballwieser, W./Beine, F. u.a. (Hrsg.), Abschn. 7, Tz. 22-26; *Ordelheide, D./Böckem, H.*, in: Baetge, J./Dörner, D. u.a. (Hrsg.), IAS-Kommentar², Teil B, IAS 18, Tz. 55-64.

Sofern keine Gegenleistung in Zahlungsmitteln vereinbart ist, gelten die Grundsätze zum Tausch.

- Es besteht die hinreichende Wahrscheinlichkeit, dass dem Unternehmen aus dem Dienstleistungsgeschäft wirtschaftlicher Nutzen zufließen wird: In diesem Zusammenhang stellt eine noch ausstehende Abnahme einer Teil- oder Gesamtleistung durch den Empfänger der Leistung einer Ertragsrealisierung grundsätzlich nicht entgegen.
- Zuverlässige Bemessung des Grads der Erbringung (*„stage of completion"*) der Dienstleistung am Bilanzstichtag: Die Möglichkeit einer leistungsproportionalen Gewinnrealisierung hängt davon ab, ob und inwieweit das Mengengerüst der vereinbarten Gesamtleistung sowie das Mengengerüst der erbrachten Dienstleistung objektiviert bestimmbar sind. Aus der Relation der genannten Größen ergibt sich dann der jeweilige Fertigstellungsgrad, wobei im Einzelfall unter Berücksichtigung des Budget- und Berichtssystems zu entscheiden ist, welches Verfahren (wie z. B. *„cost-to-cost method"*, *„unit of delivery method"*, *„milestone method"*) zu einer verlässlichen Bemessung der *„stage of completion"* führt.
- Verlässliche Bemessung der für das Geschäft bis zum Bilanzstichtag angefallenen sowie der bis zur vollständigen Abwicklung der Transaktion noch zu erwartenden Aufwendungen.

Die Vornahme zuverlässiger Schätzungen der wirtschaftlichen Folgen eines Dienstleistungsvertrags ist nach IAS 18.23 nur dann zulässig, wenn die gegenseitig durchsetzbaren Rechtsansprüche bzw. -verpflichtungen hinsichtlich der zu erbringenden und zu empfangenden Dienstleistung, die zu erbringenden Entgelte sowie die Zahlungsbedingungen zwischen den Vertragspartnern verbindlich festgelegt sind (IAS 18.23).

Sollte eine der genannten Anforderungen nicht erfüllt werden können, sind die Entgelte nur in der Höhe der tatsächlichen erstattungsfähigen (abrechenbaren) Aufwendungen zu erfassen (*„cost recovery method"*). Eine anteilige Gewinnzurechnung vor Abschluss des Geschäfts kann in diesem Fall mithin nicht erfolgen (IAS 18.26). Insofern wird die Transaktion dann anteilig erfolgsneutral abgebildet (IAS 18.27).

Wenn weder das Ergebnis der Transaktion mit hinreichender Zuverlässigkeit geschätzt werden kann, noch eine der in IAS 18.20 genannten Bedingungen nicht erfüllt ist, kommt es zu einer ausschließlichen Aufwandsverrechnung.

Die Beschreibung bzw. Bezeichnung der Entgelte für die Gewährung von Finanzdienstleistungen kann dabei im Einzelfall in Bezug auf die in wirtschaftlicher Betrachtungsweise beabsichtigte Zweckbestimmung der erbrachten Leistungen wenig aussagefähig sein. Die Entgelte sind mithin nach ihrer wirtschaftlich beabsichtigten Zwecksetzung zu behandeln. IAS 18.A14 unterscheidet daher zwischen

- Entgelten, die Bestandteil der Rendite oder der Effektivverzinsung des Finanzinstruments sind („*fees that are an integral part of the effective interest rate*") (vgl. Kapitel 4.4.2.),
- Entgelten, die über den Zeitraum der Leistungserbringung hinweg verdient werden („*fees earned as services are provided*") (vgl. Kapitel 4.4.6.2.) und
- Entgelten, die mit der Ausführung einer bestimmten Tätigkeit, die im Rahmen der Gesamttransaktion von übergeordneter Bedeutung ist, verdient werden („*fees that are earned on the execution of a significant act*") (vgl. Kapitel 4.4.6.3.).

4.4.6.2. Entgelte, die über den Zeitraum der Leistungserbringung hinweg verdient werden

Zu den Entgelten, die über den Zeitraum der Leistungserbringung hinweg verdient (realisiert) werden („*fees earned as services are provided*") zählen nach IAS 18.A14(b):

(1) Entgelte/Gebühren für **kreditbegleitende (laufende) Bearbeitungs- und Abwicklungsleistungen für eine Fremdkapitalvergabe** („*fees charged for servicing a loan*"). Diese Entgelte werden nach Maßgabe der Leistungserbringung erfolgswirksam vereinnahmt. Sofern bei einer Umschuldung („*sale of the loan*") die kreditbegleitenden Leistungsverpflichtungen beim ursprünglichen Kreditgeber verbleiben, für die laufenden Leistungen jedoch geringere Entgelte vereinbart wurden als üblicherweise für derartige Leistungen angesetzt werden, ist ein Teil der Ablösesumme passivisch abzugrenzen und nach Maßgabe der Leistungserbringung zu vereinnahmen.

(2) **Bereitstellungs- und Zusageprovisionen** für Kreditzusagen, die nicht in den Anwendungsbereich von IAS 39 fallen (die also keine Derivate sind), falls **die Inanspruchnahme des Kredits durch den Kreditnehmer unwahrscheinlich** ist („*commitment fees to originate a loan*"). Diese Entgelte werden zeitproportional (linear) über den Bereitstellungszeitraum vereinnahmt.[192]

(3) **Kapitalanlagegebühren** („*investment management fees*"). Diese Entgelte werden in dem Zeitpunkt ertragswirksam erfasst, in dem die Leistung erbracht wird. Zusätzliche, der Anbahnung von Anlagemanagementverträgen direkt zurechenbare Entgelte, sind nach IAS 18.A14(b)(iii) als (immaterieller) Vermögenswert anzusetzen, wenn sie einzeln identifiziert und verlässlich bewertet werden können und wenn ihre Erzielbarkeit (Realisierbarkeit) wahrscheinlich ist. Es handelt sich hierbei um solche zusätzlichen Entgelte, die nicht entstanden wären, wenn es nicht zum Abschluss des Anlagemanagementvertrags gekommen wäre. Der Vermögenswert besteht in dem vertraglichen Recht des Unternehmens, Erträge aus der

---

192 Kreditzusagen, die in den Anwendungsbereich von IAS 39 fallen, sind hingegen als Derivate zu bilanzieren und mit dem Fair Value zu bewerten.

Erbringung von Anlagemanagementleistungen zu erzielen und wird bei Realisierung der zugehörigen Erträge durch das Unternehmen abgeschrieben. Verfügt das Unternehmen über ein Portfolio an Anlagemanagementverträgen, besteht die Möglichkeit, die Erzielbarkeit der Erträge auf Portfolioebene zu beurteilen.

Erhaltene **Bereitstellungs-** bzw. **Zusageprovisionen für eine Kreditzusage** sind je nach dem, ob eine spätere Kreditvergabe wahrscheinlich bzw. unwahrscheinlich ist, entweder im Rahmen der Effektivzinsen zu erfassen (Kreditvergabe ist wahrscheinlich) oder zeitproportional über den Bereitstellungszeitraum erfolgswirksam zu erfassen (Kreditvergabe ist unwahrscheinlich). IAS 18 enthält keine Bestimmungen zur Frage, wann eine Kreditvergabe wahrscheinlich bzw. unwahrscheinlich ist. Hier wird daher empfohlen, von einer **wahrscheinlichen späteren Kreditinanspruchnahme** dann auszugehen, wenn mehr für eine Inanspruchnahme spricht als dagegen.

Umfassen einzelne Verträge über Finanzinstrumente sowohl die Ausreichung eines oder mehrerer Finanzinstrumente als auch die Erbringung von **Anlagemanagementleistungen**, ist zwischen den für die Ausreichung des Finanzinstruments anfallenden Transaktionskosten und den für die Sicherung des Rechts zur Erbringung von Anlagemanagementleistungen anfallenden Kosten zu unterscheiden. D. h., das Gesamtentgelt ist sachgerecht aufzuteilen und nach den vorstehend beschriebenen Regeln erfolgswirksam zu vereinnahmen.

4.4.6.3. Entgelte, die mit der Ausführung einer bestimmten Tätigkeit verdient werden

Entgelte, die mit der Ausführung einer bestimmten Tätigkeit, die im Rahmen der Gesamttransaktion von übergeordneter Bedeutung ist, verdient werden („*fees that are earned on the execution of a significant act*“) sind dann als Ertrag zu vereinnahmen, wenn die Tätigkeit, für die das Entgelt bezahlt wird, erbracht wurde (IAS 18.A14(c)):

(1) Entgelte für die **Aktienzuteilung** an einen Kunden („*commission on the allotment of shares*“) (z. B. erhaltene Provisionen). Der Ertrag hieraus ist im Zeitpunkt der Zuteilung zu erfassen.

(2) Erhaltene **Vermittlungsentgelte** für die Anbahnung eines Kreditgeschäfts zwischen einem Gläubiger und einem Investor („*placement fees for arranging a loan*“) (z. B. Kreditvermittlungsprovisionen). Der Ertrag ist im Zeitpunkt des Abschlusses des zugrunde liegenden Kreditvertrags zu erfassen.

(3) Erhaltene Entgelte für die **Konsortialführerschaft** bei syndizierten Krediten („*loan syndication fees*“). Entgelte für die Platzierung von syndizierten Krediten durch den Konsortialführer, die ausschließlich organisatorisch-technische Aspekte des Konsortialgeschäfts betreffen, jedoch **nicht** mit einer Kreditgewährung für das die Provisionen erhaltende Unternehmen verbunden sind, werden zum Zeitpunkt

der Platzierung des Konsortialkredits als Vergütung für die Dienstleistung des Konsortialführers realisiert. Gleiches gilt für den Fall einer gleichzeitigen Kreditgewährung zu einer auch für die übrigen Konsortialmitglieder geltenden Effektivverzinsung unter der Annahme gleicher Risikobeteiligung.

Bei den **Entgelten für die Konsortialführerschaft** ist folglich weiterhin nach IAS 18 zu unterscheiden, ob das Entgelt nach Maßgabe der Erbringung einer fixierten Leistung wirtschaftlich verdient wird, oder ob durch das Entgelt zukünftige Leistungen oder eine Risikoübernahme abgegolten wird.

- Erfolgt mithin unter der Annahme gleicher Risikobeteiligung eine Kreditgewährung durch den Konsortialführer zu einem **geringeren** als dem von den übrigen Konsorten erhobenen Effektivzinssatz, ist das zusätzlich erhaltene Entgelt des Konsortialführers (Konsortialprovision) anteilig als ein **Ausgleich für die Unterverzinsung** des von ihm gewährten Kredits zu interpretieren und analog IAS 18.A14(a) passivisch abzugrenzen sowie über die Periode der Kreditgewährung zu vereinnahmen.[193]
- Erfolgt hingegen die Kreditgewährung durch den Konsortialführer unter der Annahme gleicher Risikobeteiligung zu einem **höheren** als dem von den übrigen Konsorten erhobenen Effektivzinssatz, beinhalten die periodisch vom Schuldner zu entrichtenden Zinsen anteilig auch Entgelte für die Tätigkeit des Konsortialführers. In Höhe dieser Zinsdifferenz sind diese Entgeltanteile für die Konsortialführerschaft zum Zeitpunkt der Platzierung des Konsortialkredits erfolgswirksam zu erfassen (analog zu IAS 18.A14(c)(iii) (revised 1993)).

Gebühren im Zusammenhang mit veräußerten Krediten

Werden Kredite veräußert, aber die Bearbeitung weiterhin vom veräußernden Unternehmen vorgenommen („*servicing*“), ist zu untersuchen, ob die vereinbarte Bearbeitungsgebühr marktgerecht ist. Soweit sie marktgerecht ist, handelt es sich um Gebührenerträge, die nach dem Grad der Leistungserbringung ertragswirksam zu vereinnahmen sind.

Ist die Bearbeitungsgebühr hingegen niedriger als marktüblich, ist ein Teil des Veräußerungspreises des Kreditportfolios als Upfront Payment für die künftige Bearbeitung zu betrachten. Dieser Teil ist abzugrenzen und über die Laufzeit der Leistungserbringung entsprechend erfolgswirksam zu vereinnahmen.

Ausweis

Bei **Nicht-Banken** erfolgt der Ausweis der im Zusammenhang mit der Kreditaufnahme angefallenen Gebühren und Provisionen, soweit diese nicht ohnehin Teil der Effektivverzinsung darstellen, im Finanzergebnis (brutto). Das Finanzergebnis

---

[193] Vgl. dazu auch die inhaltsgleichen Ausführungen in IAS 18.A14(c)(iii) (revised 1993).

(*„finance cost“*) setzt sich dabei entsprechend der Mindestgliederung aus Finanzierungserträgen und -aufwendungen (sowie den Gewinn- und Verlustanteilen nach Steuern an assoziierten Unternehmen und Joint Ventures, die nach der Equity-Methode bilanziert werden) zusammen (IAS 1.81(c); IAS 23.5).

Die Gebühren und Entgelte, die nicht Teil der Effektivverzinsung sind, sind bei **Banken** im Provisionsergebnis (brutto) auszuweisen.

Geplante Offenlegungspflichten nach ED 7 „Financial Instruments: Disclosures“

Nach ED 7.21(d) sollen Gebührenaufwendungen und -erträge, die im Zusammenhang mit

- finanziellen Vermögenswerten und
- finanziellen Verbindlichkeiten sowie
- Treuhandgeschäften und anderen fiduziarischen Funktionen, die das Halten oder die Anlage von Vermögenswerten für Einzelpersonen, Treuhandeinrichtungen, Altersversorgungspläne und sonstige Institutionen bewirken,

entstanden sind, im Anhang anzugeben sein. Ausgenommen hiervon sind die Beträge, die in die Effektivverzinsung eingerechnet werden. Diesbezüglich wird auf die obigen Ausführungen verwiesen.

4.4.7. Vereinnahmung von Dividendenerträgen

Dividenden (*„dividends“*) stellen im Regelfall das Ergebnis von beteiligungsproportionalen Gewinnausschüttungen eines dritten Unternehmens dar, von dem Eigenkapitalinstrumente gehalten werden (IAS 18.5(c)). Dabei konstituiert die Erwirtschaftung eines ausschüttungsfähigen Gewinns beim Beteiligungsunternehmen allein noch keinen Dividendenertrag. Die ausschüttungsfähigen Gewinne müssen vielmehr auch faktisch ausgeschüttet werden.[194]

Für die Ermittlung von **Anschaffungskosten von Beteiligungen** bedeutet dies, dass Ausschüttungsbeträge, die nach dem Zeitpunkt der Anschaffung zufließen, jedoch aus Gewinnen von Geschäftsjahren vor der Anschaffung stammen (*„pre-acquisition profits“*), von den Anschaffungskosten der erworbenen Beteiligung abzusetzen sind. Falls eine solche Zuordnung schwierig ist und nur willkürlich vorgenommen werden könnte, werden die späteren Dividenden jedoch in vollem Umfang als Ertrag erfasst, sofern sie nicht eindeutig als Rückzahlung eines Teils der Anschaffungskosten der Eigenkapitalinstrumente anzusehen sind (IAS 18.32).

[194] Insofern handelt es sich auch bei Erträgen, die durch Zuschreibungen auf den Beteiligungsbuchwert i.R.d. Equity-Methode vorgenommen werden, nicht um Beteiligungserträge i.S.d. IAS 18 (IAS 28.11).

Die **Vereinnahmung von Dividendenerträgen** hat nach IAS 18.30(c) dann zu erfolgen, wenn *„the shareholder's right to receive payment is established"*. Vom Grundsatz bedeutet dies, dass Dividenden mit der Entstehung eines entsprechenden Rechtsanspruchs zu realisieren sind, wobei der Begriff *„established"* nicht einheitlich interpretiert wird. Die Kriterien für die Entstehung eines Rechtsanspruchs auf eine Dividende können sich letztlich nur durch Rückgriff auf nationales Gesellschaftsrecht ergeben.

Beim Vorliegen eines wirksamen **Ergebnisabführungsvertrags** nach § 291 Abs. 1 AktG entsteht der Rechtsanspruch auf Ausschüttung einer Dividende mit Ablauf des Geschäftsjahrs des Beteiligungsunternehmens allein aufgrund des Vertrags. Insofern ist die Dividendenforderung vorbehaltlich der zuverlässigen Messbarkeit zu realisieren (IAS 18.30(c); IAS 18.29(b)).

Sofern **kein Ergebnisabführungsvertrag** abgeschlossen wurde, entsteht die Dividendenforderung gegenüber einer AG bzw. GmbH mit dem Gewinnverwendungsbeschluss der Hauptversammlung bzw. der Gesellschafterversammlung des Beteiligungsunternehmens (§ 174 AktG; §§ 29, 46 Nr. 1 GmbHG). Dies setzt eine entsprechende Feststellung des Jahresabschlusses voraus. Insofern entsteht die Dividendenforderung und damit verbunden die Vereinnahmung von Dividendenertrag erst zu diesem Zeitpunkt (IAS 18.30(c)).

Eine **phasengleiche Vereinnahmung** von Dividenden, die nach den handelsrechtlichen Grundsätzen ordnungsmäßiger Bilanzierung unter bestimmten Voraussetzungen als zulässig angesehen wird,[195] ist in einem Abschluss nach IFRS nicht zulässig.[196] Für die Vereinnahmung der Dividende muss der Rechtsanspruch auf Erhalt der Ausschüttung zum Bilanzstichtag bereits entstanden sein. Nicht zuletzt sieht IAS 10.12 spiegelbildlich vor, dass eine Dividendenverpflichtung zum Bilanzstichtag nicht passiviert werden darf, sofern die Dividende erst nach dem Bilanzstichtag beschlossen wird.

Thesaurierte Gewinne können daher ebenfalls nicht als Dividendenerträge vereinnahmt werden, da der Zeitpunkt der Realisierung nach IAS 18.30 der Zeitpunkt ist, zu dem der Rechtsanspruch auf die Auszahlung der Dividende begründet wird.

Einem Gesellschafter bzw. Kommanditisten steht aus einer **Beteiligung an einer Personengesellschaft** nach § 120 Abs. 2 HGB (für den Fall einer OHG) bzw. § 167

---

195 Der BGH formulierte in seinem Urteil v. 12.1.1998 dabei die folgenden Kriterien, die eine Pflicht zur phasengleichen Realisierung des Gewinnanspruchs begründen, wenn: (1) die Geschäftsjahre des Mutter- und des Tochterunternehmens übereinstimmen, (2) das Mutterunternehmen eine 100 %ige Beteiligung am Tochterunternehmen hält, (3) die Gesellschafterversammlung den Jahresabschluss des Tochterunternehmens feststellt und über die Gewinnverwendung entscheidet, bevor die Prüfung des Jahresabschlusses des Mutterunternehmens abgeschlossen wird.

196 Gl.A. *Heuser P. J./Theile, C. (Hrsg.)*, IAS-Handbuch, 2003, Tz. 184; *IDW*, in: FN-IDW 2004, S. 677; *Lüdenbach, N.*, in: Lüdenbach, N./Hoffmann, W.-D. (Hrsg.), IFRS-Kommentar^2, 2004, § 25, Tz. 116. A.A. *Ordelheide, D./Böckem, H.*, in: Baetge, J./Dörner, D. u.a. (Hrsg.), IAS-Kommentar^2, Teil B, IAS 18, Tz. 94.

Abs. 1 HGB (für den Fall einer KG) der anteilige Gewinn unmittelbar nach Ablauf des Geschäftsjahres zu. Insofern ist der Rechtsanspruch und damit die grundsätzliche Voraussetzung des IAS 18.30(c) zur Ertragsrealisierung mit Ablauf des Geschäftsjahres als erfüllt anzusehen.

In diesem Zusammenhang stellt sich jedoch die Frage, ob und inwieweit der Gewinnanspruch zu diesem Zeitpunkt bereits hinsichtlich der Höhe zuverlässig geschätzt werden kann (IAS 18.29). Eine wirksame Möglichkeit zur Konkretisierung des Anspruchs der Höhe nach kann dabei z. B. in der Feststellung des Jahresabschlusses durch die Gesellschafter gesehen werden.[197]

---

[197] So auch *Ordelheide, D./Böckem, H.*, in: Baetge, J./Dörner, D. u.a. (Hrsg.), IAS-Kommentar², Teil B, IAS 18, Tz. 95.

4.5. Währungsumrechnung

4.5.1. Überblick

Die Währungsumrechnung von Financial Instruments wird umfassend in IAS 21 *„The Effects of Changes in Foreign Exchange Rates"* geregelt.[198] IAS 21 ist bei der

- Bilanzierung einzelner **Geschäftsvorfälle und Salden in Fremdwährungen**, mit Ausnahme von Geschäftsvorfällen und Salden, die sich auf Derivate beziehen, im (Einzel-) Abschluss,
- **Umrechnung** der Vermögens-, Finanz- und Ertragslage **ausländischer Geschäftsbetriebe**, die im Rahmen der Konsolidierung oder der Equity-Methode in den Abschluss des berichtenden Unternehmens einbezogen werden sowie bei der
- Umrechnung der Vermögens-, Finanz- und Ertragslage eines Unternehmens in eine **Darstellungswährung** anzuwenden (IAS 21.3).[199]

Fragen zur Bilanzierung von Fremdwährungsderivaten und zu den Besonderheiten der Bilanzierung von Sicherungsbeziehungen (Hedge Accounting) einschließlich der Absicherung einer Nettoinvestition in einen ausländischen Geschäftsbetrieb werden in IAS 39 geregelt (IAS 21.4-5). Diese sind vom Anwendungsbereich des IAS 21 ausgenommen (IAS 21.2). Lediglich der Spezialfall der Behandlung von Umrechnungsdifferenzen aus einem monetären Posten (wie z. B. eine Forderung oder Verbindlichkeit in fremder Währung), der Teil einer Nettoinvestition des berichtenden Unternehmens in einen ausländischen Geschäftsbetrieb darstellt, ist in IAS 21.32 geregelt.

In IAS 21 werden die folgenden Begriffe definiert (IAS 21.8):

- Der **Stichtagskurs** (*„closing rate"*) ist der Kassakurs einer Währung am Bilanzstichtag.
- Eine **Umrechnungsdifferenz** (*„exchange difference"*) ist der Unterschiedsbetrag aus der Umrechnung der gleichen Anzahl von Währungseinheiten in eine andere Währung zu unterschiedlichen Wechselkursen.
- Der **Wechselkurs** (*„exchange rate"*) ist das Umtauschverhältnis zwischen zwei Währungen.
- Eine **Fremdwährung** (*„foreign currency"*) ist jede andere Währung außer der funktionalen Währung des berichtenden Unternehmens.
- Ein **ausländischer Geschäftsbetrieb** (*„foreign operation"*) ist ein Tochterunternehmen, ein assoziiertes Unternehmen, ein Joint Venture oder eine Niederlassung des berichtenden Unternehmens, dessen Geschäftstätigkeit in einem anderen Land

---

198 Ergänzend dazu ist SIC 7 *„Introduction of the Euro"* zu beachten.

199 Vgl. *Ernst & Young LLP (Hrsg.)*, International GAAP 2005, 2004, S. 519-572; *Lüdenbach, N.*, in: Lüdenbach, N./Hoffmann, W.-D. (Hrsg.), IFRS-Kommentar², 2004, § 27; *Oechsle, E./Müller, K./Doleczik, G.*, in: Baetge, J./Dörner, D. u.a. (Hrsg.), IAS-Kommentar², Teil B, IAS 21; *Schruff, L.*, in: Ballwieser, W./Beine, F. u.a. (Hrsg.), Abschn. 22.

angesiedelt oder in einer anderen Währung ausgeübt wird oder sich auf ein anderes Land oder eine andere Währung als die des berichtenden Unternehmens erstreckt.

- Die **funktionale Währung** („*functional currency*") ist die Währung des primären Wirtschaftsumfelds, in dem das Unternehmen tätig ist.
- **Monetäre Posten** („*monetary items*") sind im Besitz befindliche Währungseinheiten sowie Vermögenswerte und Verbindlichkeiten, für die das Unternehmen eine feste oder bestimmbare Anzahl von Währungseinheiten erhält oder bezahlen muss.
- Eine **Nettoinvestition in einen ausländischen Geschäftsbetrieb** („*net investment in a foreign operation*") ist die Höhe des Anteils des berichtenden Unternehmens am Nettovermögen dieses Geschäftsbetriebs.
- Die **Darstellungswährung** („*presentation currency*") ist die Währung, in der die Abschlüsse veröffentlicht werden. Bei einem deutschen Unternehmen oder einem Konzern mit einem deutschen Mutterunternehmen stellt der Euro regelmäßig die Darstellungswährung dar.[200]
- Der **Kassakurs** („*spot exchange rate*") ist der Wechselkurs bei sofortiger Ausführung.

Das HGB enthält nur für Kredit- und Finanzdienstleistungsinstitute in § 340h HGB Bestimmungen zur Währungsumrechnung.[201]

4.5.2. Neuerungen durch Einführung der Mengennotierung

Mengen- und Preisnotierung

Anstelle der Preisnotierung werden die Devisenkurse des Euro seit dem 1. Januar 1999 als Mengennotierung zu 1 Euro dargestellt. Da bei der Mengennotierung der Euro als feste Bezugsgröße dient, ergeben sich bei der Mengennotierung bezüglich der Devisenkassa-, Devisentermin- und Devisenoptionsgeschäfte eine Reihe von Änderungen, die nachfolgend kurz dargestellt werden.[202]

Bei der **Preisnotierung** wird der Inlandspreis für eine (bzw. hundert oder tausend) Einheit(en) ausländischer Währung notiert. Bei der **Mengennotierung** wird dagegen diejenige Menge ausländischer Währung angegeben, die notwendig ist, um eine Einheit der inländischen Währung (ein Euro) zu kaufen oder zu verkaufen.

Die Kursspannen zwischen Geld- und Briefkurs werden bei der Mengennotierung entgegen der Preisnotierung nicht in Inlandswährung, sondern in Fremdwährungseinheiten ausgewiesen.

---

200 Eine Pflicht zur Wahl des Euro als Darstellungswährung ergibt sich aus § 315a Abs. 1 n.F. i.V.m. §§ 298 Abs. 1 u. 244 HGB.

201 Vgl. *Scharpf, P.*, Handbuch Bankbilanz, 2. Aufl., 2004, S. 290-333.

202 Vgl. *Schiller, B./Marek, M.*, FB 2001, S. 197-200.

Kassageschäfte

Zwischen Handels- und Erfüllungstag liegen bei Devisenkassageschäften im Regelfall zwei Geschäftstage. Gegenüber der Preisnotierung haben sich bei Devisenkassageschäften für Kassakäufe und -verkäufe von Fremdwährung aufgrund der Mengennotierung folgende Änderungen ergeben:

- **Kassakauf von Fremdwährung**: Will ein Unternehmen Fremdwährung (z. B. USD) kaufen, muss es Inlandswährung verkaufen. Für die Umrechnung in Inlandswährung (EUR) muss bei der Mengennotierung hierzu der Fremdwährungsbetrag (z. B. USD) durch den EUR-Geldkurs dividiert werden (Preisnotierung: Fremdwährungsbetrag multipliziert mit Briefkurs).
- **Kassaverkauf von Fremdwährung**: Will ein Unternehmen Fremdwährung (z. B. USD) verkaufen, muss es Inlandswährung kaufen. Für die Umrechnung in Inlandswährung (EUR) muss bei der Mengennotierung der Fremdwährungsbetrag durch den EUR-Briefkurs dividiert werden (Preisnotierung: Fremdwährungsbetrag multipliziert mit Geldkurs).

Devisentermingeschäfte

Der Devisenterminkurs setzt sich zusammen aus dem aktuellen Kassakurs und dem Swapsatz, bei dem es sich um einen Aufschlag (Report) oder einen Abschlag (Deport) vom Kassakurs handeln kann. Der Swapsatz ist in erster Linie durch die Zinsstruktur im Inland und im Ausland beeinflusst.

Mit der Umstellung auf die Mengennotierung hat sich die Zuordnung von Aufschlag (positiver Swapsatz) und Abschlag (negativer Swapsatz) umgekehrt.

- **Auslandszins > Inlandszins**: Ein höherer ausländischer Zinssatz (z. B. für USD) im Vergleich zum inländischen Zinssatz (EUR) bewirkt bei der Mengennotierung einen Aufschlag bzw. Report (Preisnotierung: Abschlag).
- **Auslandszins < Inlandszins**: Ein niedrigerer ausländischer Zinssatz (z. B. für CHF) im Vergleich zum inländischen Zinssatz (EUR) führt bei der Mengennotierung zu einem Abschlag bzw. Deport (Preisnotierung: Aufschlag).

Für die Kurssicherung eines künftigen Zahlungseingangs in Fremdwährung (dies führt zu einem künftigen Verkauf der Fremdwährung) sind nunmehr die Termin-Briefkurse (Preisnotierung: Geldkurse) heranzuziehen. Wird hingegen ein Zahlungsausgang in Fremdwährung gesichert, sind Termin-Geldkurse zu verwenden.

Devisenoptionen

Die durch die Mengennotierung bedingte Umkehr der Begriffe hat auch im Bereich der Devisenoptionen zu Änderungen geführt. Die Begriffe Call und Put beziehen sich nunmehr auf Euro (Preisnotierung: Fremdwährung):

- **Absicherung eines künftigen Fremdwährungseingangs**: Künftige Zahlungseingänge in Fremdwährung (z. B. USD) werden nunmehr mittels Kauf eines EUR-Calls (Preisnotierung: Kauf eines USD-Put) auf Termin gesichert.
- **Absicherung eines künftigen Fremdwährungsausgangs**: Künftige Zahlungsverpflichtungen in Fremdwährung (z. B. USD) werden bei Mengennotierung mittels Kauf eines EUR-Put (Preisnotierung: Kauf eines USD-Call) gegen Währungsrisiken auf Termin gesichert.

Darüber hinaus wird die für den Kauf einer Option erforderliche Prämie jetzt in Fremdwährung fällig.

4.5.3. Ermittlung der Anschaffungskosten (Zugangsbewertung)

Bei in Fremdwährung abgeschlossenen oder abzuwickelnden Geschäften – wie z. B. die Fakturierung von Umsatzerlösen in Fremdwährung, der Kauf bzw. Verkauf von auf Fremdwährung lautenden Vermögenswerten oder Dienstleistungen, die Vergabe bzw. Aufnahme von Darlehen in fremder Währung, der Abschluss von schwebenden Devisengeschäften (Termin- und Optionsgeschäfte) – erfolgt die **Zugangsbewertung** in der funktionalen Währung durch Umrechnung des Fremdwährungsbetrags mit dem am jeweiligen **Tag des Geschäftsvorfalls gültigen Kassakurs**, d. h. zum historischen Kurs (IAS 21.21).

Hierbei kann, soweit der Wechselkurs nicht signifikant schwankt, aus praktischen Gründen auch ein Durchschnitts- oder Standardkurs einer Woche oder eines Monats für alle Geschäftsvorfälle in der jeweiligen Fremdwährung verwendet werden (IAS 21.22).[203] Bei der Ermittlung eines **Durchschnittskurses** wird zu Beginn der Periode ein Tageskurs festgelegt, mit dem dann sämtliche Geschäftsvorfälle umzurechnen sind. Bei **Standardkursen** handelt es sich um vom Unternehmen festgelegte Haus- oder Plankurse, die laufend überprüft und ggf. angepasst werden.[204] Handelt es sich hingegen um einen sehr volatilen Wechselkurs, muss der Kurs des Transaktionstags zur Anwendung kommen (IAS 21.22).

Welcher Kassakurs (Geld-, Brief- oder Mittelkurs) bei der Umrechnung anzuwenden ist, wird in IAS 21 nicht festgelegt. Entsprechend dem Grundgedanken der Bewertung ist bei wesentlichen Geschäftsvorfällen die Verwendung des **Geldkurses für Passiva** mit Ausnahme des Eigenkapitals und des **Briefkurses für Aktiva** notwendig. Vor dem Hintergrund der sehr häufig hohen Transaktionsvolumina in Fremdwährung wird aus Vereinfachungsgründen und da die Unterschiede zwischen Geld- und Briefkurs regelmäßig keinen wesentlichen Einfluss auf die Darstellung des Abschlusses haben, eine Verwendung des **Mittelkurses** für alle Geschäftsvorfälle ebenfalls für zulässig

---

203 Vgl. *Ernst & Young LLP (Hrsg.)*, International GAAP 2005, 2004, S. 529 u. 547-548.

204 Vgl. *Oechsle, E./Müller, K./Doleczik, G.*, in: Baetge, J./Dörner, D. u.a. (Hrsg.), IAS-Kommentar^2, Teil B, IAS 21, Tz. 20.

angesehen.[205] Ausnahmen sind bei der Umrechnung von in Fremdwährung angefallenen Aufwendungen und Erträgen möglich, sofern in einer Fremdwährungsbuchhaltung für jede Fremdwährung gesondert erfasste Aufwendungen und Erträge periodisch zu Durchschnitts- oder Ultimokursen umgerechnet werden.

Sind **mehrere Wechselkurse** verfügbar, wird der Kurs verwendet, zu dem die zukünftigen Cashflows, die durch den Geschäftsvorfall oder Saldo dargestellt werden, hätten abgerechnet werden können, wenn sie am Bewertungsstichtag stattgefunden hätten. Sollte der Umtausch zwischen zwei Währungen vorübergehend ausgesetzt sein, ist der erste darauf folgende Kurs zu verwenden, zu dem ein Umtausch wieder möglich war (IAS 21.26).[206]

4.5.4. Umrechnung von Fremdwährungsposten

4.5.4.1. Unterscheidung in monetäre und nicht-monetäre Posten

Zum Bilanzstichtag sind sämtliche in Fremdwährung eingegangenen finanziellen Vermögenswerte und finanziellen Verbindlichkeiten in die funktionale Währung bzw. Darstellungswährung umzurechnen. Für die **Folgebewertung** muss zunächst zwischen monetären und nicht-monetären Posten unterschieden werden.

Monetäre Posten sind Zahlungsmittel sowie Vermögenswerte und Verbindlichkeiten, die auf einen **festen oder bestimmbaren Geldbetrag** lauten und künftig in dieser Höhe zu einer Einzahlung oder Auszahlung beim Unternehmen führen (IAS 21.8). Hierunter fallen regelmäßig Zahlungsmittel, Forderungen und sonstige Vermögenswerte, verzinsliche Wertpapiere, Rückstellungen sowie Verbindlichkeiten. Allerdings müssen diese Posten stets im Einzelfall auf ihren monetären Charakter hin untersucht werden. Sofern ein **Tauschgeschäft** vorliegt, handelt es sich dem Charakter nach um eine nicht-monetäre Forderung bzw. Verbindlichkeit.

Bei **nicht-monetären Posten** besteht kein Anspruch auf einen bestimmten oder bestimmbaren Geldbetrag. Zu den nicht-monetären Posten gehören gehaltene Eigenkapitalinstrumente (Aktien, GmbH-Anteile, Investmentanteile), immaterielle Vermögenswerte, Sachanlagen, Vorräte, erhaltene und geleistete Anzahlungen, Abgrenzungsposten sowie das Eigenkapital (IAS 39.IG E.3.3 *IAS 39 and IAS 21 – Exchange differences on translation of foreign entities: equity or income?*). Das Eigenkapital gehört zu den monetären Posten, da es weder Forderungs- noch Verbindlichkeitscharakter hat. Gleiches gilt regelmäßig für Abgrenzungsposten, da sie ihrem Charakter nach der periodengerechten Erfassung von Aufwendungen und Erträgen dienen. Sie werden in der Regel im Zeitablauf durch Verbrauch oder Auflösung abgewickelt, nicht

---

[205] Vgl. *ADS International*, Abschn. 5, Tz. 31; *Langenbucher, G./Blaum, U.*, in: HdR[5], Kap. 6, Tz. 665; *Löw, E./Lorenz, K.*, KoR 2002, S. 236; *Oechsle, E./Müller, K./Doleczik, G.*, in: Baetge, J./Dörner, D. u.a. (Hrsg.), IAS-Kommentar[2], Teil B, IAS 21, Tz. 20.

[206] Vgl. *Ernst & Young LLP (Hrsg.)*, International GAAP 2005, 2004, S. 548.

aber durch einen Zahlungsvorgang in späteren Perioden. Anzahlungen gehören nur dann zu den monetären Posten, wenn etwa aufgrund von Leistungsstörungen teilweise oder vollständig mit ihrer Rückzahlung zu rechnen ist. Ansonsten handelt es sich bei Anzahlungen um Sachforderungen bzw. -verbindlichkeiten, und somit eher um nicht-monetäre Posten.

Unerheblich für die Unterscheidung zwischen monetären und nicht-monetären Posten ist deren Laufzeit. Monetär ist hier nicht als geldnah bzw. leicht liquidierbar zu interpretieren. Monetär bedeutet vielmehr, dass der Anspruch auf oder die Verpflichtung zur Leistung in einer bestimmten oder bestimmbaren Anzahl von Fremdwährungseinheiten ausgedrückt ist.[207]

Bezogen auf die Gliederung einer **Bilanz** lässt sich demnach vom Grundsatz her die folgende Einteilung vornehmen:

Bilanzposten	**Monetäre Posten**	**Nicht-monetäre Posten**
Flüssige Mittel / Barreserve	*X*	
Forderungen an Kreditinstitute und Kunden	*X*	
Verzinsliche Wertpapiere	*X*	
Gehaltene Eigenkapitalinstrumente (Aktien, GmbH-Anteile, Investmentanteile)		*X*
Derivate	*X*	
Immaterielle Vermögenswerte		*X*
Sachanlagen		*X*
Ertragsteueransprüche	*X*	
Abgrenzungsposten		*X*
Verbindlichkeiten (Kreditinstitute, Lieferungen und Leistungen)	*X*	
Verbriefte Verbindlichkeiten	*X*	
Rückstellungen	*X*	
Ertragsteuerverbindlichkeiten	*X*	
Eigenkapital		*X*

Abb. 14: Einteilung monetärer und nicht-monetärer Posten

Entsprechend der aufgezeigten Zuordnung werden in der Position **Handelsaktiva** sowie **Handelspassiva** regelmäßig sowohl monetäre als auch nicht-monetäre Posten enthalten sein.

---

207 Vgl. *Oechsle, E./Müller, K./Doleczik, G.*, in: Baetge, J./Dörner, D. u.a. (Hrsg.), IAS-Kommentar², Teil B, IAS 21, Tz. 21.

4.5.4.2. Folgebewertung und Behandlung der Umrechnungsdifferenzen

Monetäre Posten, und damit finanzielle Vermögenswerte, finanzielle Verbindlichkeiten sowie Eventualverbindlichkeiten, sind regelmäßig mit dem **Stichtagskurs** umzurechnen (IAS 21.23(a)). Dabei ist grundsätzlich (wie bei der Ermittlung der Anschaffungskosten) bei Vermögenswerten der Briefkurs und bei Verbindlichkeiten der Geldkurs anzuwenden. Vereinfachend wird auch hier der Mittelkurs zur Umrechnung herangezogen.

Umrechnungsdifferenzen zwischen Zugangs- und Folgebewertung sowie zwischen den einzelnen Bilanzstichtagen sind grundsätzlich **erfolgswirksam** zu erfassen (IAS 21.28). IAS 21.29 führt hierzu ergänzend aus, dass Umrechnungsdifferenzen aus monetären Posten, deren erstmalige Erfassung und Abwicklung in dieselbe Berichtsperiode fallen, ohnehin unmittelbar in der GuV erfasst werden.

Beispiele zur Umrechnung monetärer Finanzinstrumente in Fremdwährung:

(a) Ein Unternehmen reicht am 1. Januar 2005 ein Darlehen aus, das der Bewertungskategorie Loans and Receivables zugeordnet wird. Die Verzinsung beträgt 6 % und die Laufzeit 4 Jahre. Die Anschaffungskosten der Forderung betragen USD 1 Mio., der historische Umrechnungskurs beträgt 1,25 USD/EUR.

Im Rahmen der Folgebewertung zum 31. Dezember 2005 werden die fortgeführten Anschaffungskosten wie folgt auf der Basis des ursprünglichen Effektivzinssatzes ermittelt. Der Stichtagskurs zum 31. Dezember 2005 beträgt 1,35 USD/EUR.

	Cashflows in USD	*Barwert zum 01.01.2005 in USD*	*Cashflows in USD*	*Barwert zum 31.12.2005 in USD*
31.12.2005	*60.000*	*56.604*	*--*	*--*
31.12.2006	*60.000*	*53.400*	*60.000*	*56.604*
31.12.2007	*60.000*	*50.377*	*60.000*	*53.400*
31.12.2008	*1.060.000*	*839.619*	*1.060.000*	*889.996*
Fortgeführte Anschaffungskosten in USD		*1.000.000*		*1.000.000*
Fortgeführte Anschaffungskosten in EUR		*800.000*		*(bei 1,35 USD/EUR) 740.741*

Der Verlust aus der Stichtagskursbewertung i.H.v. EUR 59.259 (= EUR 740.741 - EUR 800.000) ist erfolgswirksam in der GuV zu erfassen.

(b) Ein Unternehmen erwirbt am 1. Januar 2005 ein festverzinsliches Wertpapier, das der Bewertungskategorie Available-for-Sale zugeordnet wird. Die Verzinsung beträgt 6 % und die Laufzeit 4 Jahre. Die Anschaffungskosten des Wert-

papiers betragen USD 1 Mio. (= Kurs 100 %). Der historische Umrechnungskurs beträgt 1,25 USD/EUR.

Im Rahmen der Folgebewertung zum 31. Dezember 2005 werden die fortgeführten Anschaffungskosten zunächst auf der Basis des ursprünglichen Effektivzinssatzes ermittelt. Aufgrund einer Veränderung des Marktzinssatzes auf 4,1917 % hat sich der Fair Value des Wertpapiers (zinsinduziert) auf USD 1,05 Mio. (= Kurs 105 %) erhöht. Der Stichtagskurs beträgt 1,35 USD/EUR.

	Cashflows in USD	*Barwert zum 01.01.2005 in USD*	*Cashflows in USD*	*Barwert zum 31.12.2005 in USD*
31.12.2005	*60.000*	*56.604*	*--*	*--*
31.12.2006	*60.000*	*53.400*	*60.000*	*57.586*
31.12.2007	*60.000*	*50.377*	*60.000*	*55.270*
31.12.2008	*1.060.000*	*839.619*	*1.060.000*	*937.144*
Fortgeführte Anschaffungskosten in USD		*1.000.000*		*1.050.000*
Fortgeführte Anschaffungskosten in EUR		*800.000*		*(bei 1,35 USD/EUR) 777.778*

Die Umrechungsdifferenz ist so zu behandeln, als ob das auf USD nominierte Wertpapier zu fortgeführten Anschaffungskosten umgerechnet wird, d. h. der Verlust aus der Stichtagskursbewertung i.H.v. EUR 59.259 (= EUR 740.741 - EUR 800.000) ist erfolgswirksam in der GuV zu erfassen.

Die (zinsinduzierte) Kurswertsteigerung von USD 50.000 ist ebenfalls zum Stichtagskurs in EUR 37.037 umzurechnen und, da es sich um ein Wertpapier der Kategorie Available-for-Sale handelt, unter Berücksichtigung latenter Steuern erfolgsneutral in einer gesonderten Position im Eigenkapital (AfS-Rücklage) auszuweisen.

Eine Ausnahme ist für Umrechnungsdifferenzen aus einem monetären Posten, der Teil einer **Nettoinvestition** des berichtenden Unternehmens in einen **ausländischen Geschäftsbetrieb** ist, vorgesehen (IAS 21.32) (vgl. Kapitel 4.5.5.). Eine weitere Ausnahme gilt für solche monetären Finanzinstrumente, die als Sicherungsinstrumente im Rahmen eines Cashflow Hedges eingesetzt sind. Bei einem Cash Flow Hedge werden die währungsinduzierten Fair Value-Änderungen der Sicherungsinstrumente zunächst erfolgsneutral im Eigenkapital erfasst, soweit die Absicherung effektiv ist (IAS 39.95) (vgl. Kapitel 7.4.2.).[208]

208 Vgl. *Ernst & Young LLP (Hrsg.)*, International GAAP 2005, 2004, S. 529-530.

Bei der Währungsumrechnung von monetären Posten (wie z. B. verzinsliche Wertpapiere), die als Available-for-Sale klassifiziert sind, muss beachtet werden, dass die Umrechungsdifferenzen so zu behandeln sind, als ob die betreffenden Wertpapiere in der jeweiligen Fremdwährung zu fortgeführten Anschaffungskosten umzurechnen wären. Dementsprechend werden die Umrechnungsdifferenzen aus Änderungen der fortgeführten Anschaffungskosten, die im Grunde Zinscharakter haben (wie z. B. die Amortisation von Disagien oder Transaktionskosten), stets **erfolgswirksam** erfasst (IAS 39.AG83; IAS 39.IG E.3.2 *IAS 39 and IAS 21 – Available-for-sale financial assets: separation of currency component*).

Nicht-monetäre Posten sind danach zu unterscheiden, ob sie mit den historischen Anschaffungskosten oder zum Fair Value anzusetzen sind. Sofern sie zu **historischen Anschaffungskosten** bewertet werden, sind sie mit dem Kurs am Tag des Geschäftsvorfalls (**historischer Kurs**) umzurechnen (IAS 21.23(b)). Hierunter fallen regelmäßig alle gehaltenen Eigenkapitalinstrumente, für die kein auf einem aktiven Markt notierter Preis vorliegt und deren Fair Value nicht verlässlich ermittelt werden kann. Bei der Anwendung dieser Vorgehensweise kann es (z. B. wenn Anschaffungskosten und nachträgliche Anschaffungskosten oder Anschaffungskostenminderungen zu unterschiedlichen Zeitpunkten anfallen) erforderlich werden, für einen finanziellen Vermögenswert verschiedene historische Kurse vorzuhalten.

Bewertungskategorien nach IAS 39	Die Fair Value-Änderung ist zurückzuführen auf eine Änderung…		…dann erfolgt die Erfassung in…	
	(a) des Wechselkurses	(b) anderer Risiken	(c) der GuV	(d) im Eigenkapital
Held for Trading	X	X	X**	--
At Fair Value through Profit or Loss	X	X	X	--
Held-to-Maturity	X	--	X	--
Loans and Receivables	X	--	X*	--
Available-for-Sale (monetäre Posten)	X	X	X (a)	X (b)
Available-for-Sale (nicht-monetäre Posten)	X	X	--	X (a + b)
Other Liabilities	X	--	X*	--

* *Sofern der monetäre Posten nicht Teil einer Nettoinvestition in einen ausländischen Geschäftsbetrieb darstellt.*

** *Sofern es sich nicht um Sicherungsinstrumente eines wirksamen Cashflow Hedges handelt.*

Abb. 15: Währungsumrechnung und Bewertungskategorien nach IAS 39

Sind **nicht-monetäre Posten** hingegen mit dem **Fair Value** zu bewerten, ist der Kurs zum Zeitpunkt der Bewertung maßgeblich (**Stichtagskurs**) (IAS 21.23(c)). Diese Vorgehensweise findet z. B. für alle Aktienbestände in fremder Währung Anwendung, für die ein auf einem aktiven Markt notierter Preis vorliegt und deren Fair Value verlässlich ermittelt werden kann.[209]

Eine Unterscheidung in Kurs- und Währungsergebnis ist bei als Available-for-Sale kategorisierten Eigenkapitalinstrumenten nicht notwendig. Vielmehr wird die gesamte Fair Value-Änderung erfolgsneutral im Eigenkapital erfasst (IAS 39.AG83).

Im Rahmen der Umrechnung ist zu beachten, dass die Posten in fremder Währung zunächst nach den allgemeinen Standards bewertet werden und dann erst die eigentliche Umrechnung des in Fremdwährung ermittelten Buchwerts in die funktionale Währung bzw. Darstellungswährung nach den Vorschriften des IAS 21 erfolgt (IAS 21.24).

Im Unterschied zur Währungsumrechnung nach HGB ist bei der Umrechnung von Fremdwährungsposten nach IAS 21 keine Begrenzung (a) bei Aktivposten nach oben auf die Anschaffungskosten und (b) bei Passivposten nach unten auf den Rückzahlungsbetrag zu beachten.

Beispiele:

Ein Darlehen wird i.H.v. USD 100 Mio. zu einem Kurs von 1,25 USD/EUR ausgereicht. Die Einbuchung der Forderung der Kategorie Loans and Receivables erfolgt zu EUR 80 Mio. (= USD 100 Mio./1,25 USD/EUR). Am Bilanzstichtag ergibt sich bei einem Stichtagskurs von 1,11 USD/EUR ein Betrag von EUR 90 Mio. (= USD 100 Mio./1,11 USD/EUR). Nach IAS 21 wird die Forderung in EUR 90 Mio. umgerechnet erfasst. In einer Rechnungslegung nach HGB würde die Forderung unter Beachtung des Niederstwertprinzips für Forderungen weiterhin zu EUR 80 Mio. bilanziert bleiben.

Eine Anleihe von USD 100 Mio. wird zu einem Kurs von 1,11 USD/EUR begeben. Die Einbuchung der finanziellen Verbindlichkeit erfolgt zu EUR 90 Mio. (= USD 100 Mio./1,11 USD/EUR). Am Bilanzstichtag ergibt sich bei einem Stichtagskurs von 1,25 USD/EUR ein Betrag von EUR 80 Mio. (= USD 100 Mio./1,25 USD/EUR). Nach IAS 21 wird die Anleihe in EUR 80 Mio. umgerechnet erfasst. In einer Rechnungslegung nach HGB würde die Anleihe unter Beachtung des Höchstwertprinzips für Verbindlichkeiten weiterhin zu EUR 90 Mio. bilanziert bleiben.

---

[209] Vgl. *Ernst & Young LLP (Hrsg.),* International GAAP 2005, 2004, S. 531.

4.5.5. Umrechnungsdifferenzen aus einem monetären Posten, der Teil einer Nettoinvestition in einen ausländischen Geschäftsbetrieb ist

Eine Nettoinvestition in einen ausländischen Geschäftsbetrieb ist ein **nicht-monetärer Posten**, da es sich um einen Anteil an einem ausländischen Geschäftsbetrieb (d. h. einem Tochterunternehmen, assoziierten Unternehmen, Joint Venture oder einer Niederlassung) handelt, mit dem kein Rückzahlungsanspruch verbunden ist. Sofern das die Nettoinvestition haltende Unternehmen **Forderungen** gegenüber dem ausländischen Geschäftsbetrieb ausreicht, sind diese Forderungen daraufhin zu untersuchen, ob sie dauerhaft dem Geschäftsbetrieb zur Verfügung stehen. Die korrespondierenden Verbindlichkeiten des ausländischen Geschäftsbetriebs hätten in diesem Fall wirtschaftlich den Charakter von Eigenkapital. Der umgekehrte Fall, dass das die Nettoinvestition haltende Unternehmen **Verbindlichkeiten** gegenüber dem ausländischen Geschäftsbetrieb in den Büchern hält, die dauerhaft zur Verfügung stehen, stellt aus Sicht des ausländischen Geschäftsbetriebs eine Einlagenrückgewähr dar.[210]

Nach der Definition in IAS 21.15 kann ein Unternehmen über **monetäre Posten** in Form von Forderungen oder Verbindlichkeiten gegenüber ausländischen Geschäftsbetrieben verfügen, für die die Abwicklung in einem absehbaren Zeitraum **weder geplant noch wahrscheinlich** ist. Diese (konzerninternen) Forderungen oder Verbindlichkeiten stellen dann einen Teil der Nettoinvestition in einen ausländischen Geschäftsbetrieb dar.[211] Für die Beurteilung, ob ein monetärer Posten seinem Wesen nach als Teil einer Nettoinvestition in einen ausländischen Geschäftsbetrieb angesehen wird, ist entscheidend, dass ein **enger wirtschaftlicher Zusammenhang** mit diesem existiert. In einem engen Zusammenhang mit der Nettoinvestition stehen insbesondere Forderungen und Verbindlichkeiten, die als Ausdehnung oder Reduzierung des Beteiligungsengagements angesehen werden können. Dies ist der Fall, wenn die Rückzahlung dieser Posten in absehbarer Zeit **weder geplant noch wahrscheinlich** ist. Unter solche Posten können Forderungen und Verbindlichkeiten fallen, jedoch keine Forderungen und Verbindlichkeiten aus Lieferungen und Leistungen (IAS 21.15).[212]

Ein **enger wirtschaftlicher Zusammenhang** mit der Beteiligung setzt nicht zwingend voraus, dass zwischen dem berichtenden Unternehmen und dem ausländischen Geschäftsbetrieb ein direktes Schuldverhältnis in Form einer Forderung bzw. Verbindlichkeit besteht. Der enge Zusammenhang kann genauso über einen Dritten hergestellt werden. Erhält z. B. der ausländische Geschäftsbetrieb von einer ausländischen Bank unter der Voraussetzung einen Kredit, dass das berichtende Unternehmen eine Einlage bei der Bank in entsprechender Höhe unterhält, so kann ggf. diese Einlage als Teil der

---

210 Vgl. *ADS International*, Abschn. 5, Tz. 62.

211 Eine Unterscheidung zwischen einem *ausländischen Geschäftsbetrieb* und einer *wirtschaftlich selbstständigen ausländischen Teileinheit* ist nach IAS 21 (revised 2003) nicht mehr notwendig, da nur noch Geschäftsbetriebe, die in einem anderen wirtschaftlichen Umfeld als das berichtende Unternehmen tätig sind, nach IAS 21.38-49 umzurechnen sind.

212 Vgl. *Ernst & Young LLP (Hrsg.)*, International GAAP 2005, 2004, S. 558.

Beteiligung anzusehen sein, soweit mit der Rückzahlung dieses Postens in absehbarer Zukunft nicht zu rechnen ist.[213]

In der Praxis werden häufig Forderungen oder Verbindlichkeiten aus Lieferungen und Leistungen gegenüber verbundenen Unternehmen unter Finanzierungsaspekten sehr langsam, teilweise oder gar nicht erfüllt. Die offenen Posten werden dann häufig auf separate verzinsliche Verrechnungskonten umgebucht, deren Höhe sich dann innerhalb eines flexiblen Kreditrahmens bewegt. Obgleich diese Forderungen und Verbindlichkeiten originär aus Liefer- und Leistungsbeziehungen entstanden sind, entsteht durch die Umbuchung aus der originären Leistungsforderung eine andere Forderung, die den Charakter einer Darlehensforderung haben kann.[214] Das alte Schuldverhältnis wird durch ein neues ersetzt (Novation). Für die Beurteilung, ob und inwieweit Verrechnungskonten unter den Sonderfall des IAS 21.15 fallen, dürfte eine wirtschaftliche Betrachtungsweise angebracht sein.[215]

Wenn ein monetärer Posten Teil einer Nettoinvestition des berichtenden Unternehmens in einen ausländischen Geschäftsbetrieb ist und in die funktionale Währung des berichtenden Unternehmens umgerechnet wird, ergeben sich in den Einzelabschlüssen des ausländischen Geschäftsbetriebs Umrechnungsdifferenzen. Analog dazu entstehen in einem Einzelabschluss des berichtenden Unternehmens Umrechnungsdifferenzen, wenn ein solcher Posten in die funktionale Währung des ausländischen Geschäftsbetriebs umgerechnet wird (IAS 21.34). Solche Umrechnungsdifferenzen, die aus einem monetären Posten resultieren, der Teil einer Nettoinvestition des berichtenden Unternehmens in einen ausländischen Geschäftsbetrieb ist (IAS 21.15), sind im Einzelabschluss des berichtenden Unternehmens (oder ggf. im Einzelabschluss des ausländischen Geschäftsbetriebs) stets **erfolgswirksam** zu erfassen (IAS 21.33).

In einem **konsolidierten Abschluss** (Konzernabschluss), in dem der ausländischen Geschäftsbetrieb (konsolidiert oder nach der Equity-Methode) und das berichtende Unternehmen enthalten sind, werden solche Umrechnungsdifferenzen – entgegen der Behandlung im jeweiligen Einzelabschluss – zunächst **erfolgsneutral** als separater Bestandteil des Eigenkapitals angesetzt und erst bei einer späteren Veräußerung der Nettoinvestition erfolgswirksam erfasst (IAS 21.33). Voraussetzung für die erfolgsneutrale Behandlung der Umrechnungsdifferenzen im Konzernabschluss ist die Identität der Währung des monetären Postens und der lokalen Währung des entsprechenden ausländischen Geschäftsbetriebs. Lautet der monetäre Posten auf einer von dieser

---

213 Vgl. *ADS International*, Abschn. 5, Tz. 67; *Oechsle, E./Müller, K./Doleczik, G.*, in: Baetge, J./Dörner, D. u.a. (Hrsg.), IAS-Kommentar², Teil B, IAS 21, Tz. 35.

214 Vgl. *Ernst & Young LLP (Hrsg.)*, International GAAP 2005, 2004, S. 558.

215 So *Oechsle, E./Müller, K./Doleczik, G.*, in: Baetge, J./Dörner, D. u.a. (Hrsg.), IAS-Kommentar², Teil B, IAS 21, Tz. 34.

lokalen Währung abweichenden Währung sind die aus der Umrechnung in die Berichtswährung resultierenden Differenzen erfolgswirksam zu erfassen (IAS 21.33).[216]

Ein Ausweis der erfolgsneutral behandelten Umrechnungsdifferenzen als separater Posten des Eigenkapitals wird nicht gefordert, jedoch können diese Umrechnungsdifferenzen als eine Komponente von mehreren Umrechnungsdifferenzen in das Eigenkapital einfließen, für die in Summe eine **Angabepflicht** besteht. Dabei ist der Saldo der Umrechnungsdifferenzen, die als separater Posten in das Eigenkapital eingestellt wurden, und eine Überleitungsrechnung des Betrags solcher Umrechnungsdifferenzen zu Beginn und am Ende der Berichtsperiode anzugeben (IAS 21.52(b)). Darüber hinaus ist nach IAS 1 jeder Posten, der nach anderen Standards direkt im Eigenkapital erfasst wird, in die Darstellung der Veränderung des Eigenkapitals aufzunehmen (IAS 1.96-97). Dies gilt sowohl für den Einzel- wie auch für den Konzernabschluss.

Bei einem späteren **Abgang eines ausländischen Geschäftsbetriebs** sind die kumulierten Umrechnungsdifferenzen, die bis zu diesem Zeitpunkt als separater Bestandteil des Eigenkapitals abgegrenzt wurden und die sich auf diesen ausländischen Geschäftsbetrieb beziehen, in der GuV der gleichen Periode zu erfassen, in der auch der Gewinn oder Verlust aus dem Abgang erfasst wird (IAS 21.48). Dabei ist zu beachten, dass ein Unternehmen seine Nettoinvestition in einen ausländischen Geschäftsbetrieb durch Verkauf, Liquidation, Kapitalrückzahlung oder Betriebsaufgabe, vollständig oder als Teil dieses Geschäftsbetriebs, abgeben kann. Die Zahlung einer Dividende ist nur dann als teilweiser Abgang eines Geschäftsbetriebs zu betrachten, wenn die Dividende eine Rückzahlung der Finanzinvestition darstellt (wenn z. B. die Dividende aus Gewinnen vor dem Unternehmenserwerb gezahlt wird).

Im Fall eines **teilweisen Abgangs** wird nur der entsprechende Anteil der damit verbundenen kumulierten Umrechnungsdifferenz als Gewinn oder Verlust einbezogen. Eine **außerplanmäßige Abschreibung des Buchwerts** eines ausländischen Geschäftsbetriebs ist **nicht** als teilweiser Abgang zu betrachten. Entsprechend wird auch kein Teil der abgegrenzten Umrechnungsgewinne oder -verluste zum Zeitpunkt der außerplanmäßigen Abschreibung im Periodenergebnis erfasst (IAS 21.49).

Die kumulierten Umrechnungsdifferenzen aus einem monetären Posten, der als Teil einer Nettoinvestition in einen ausländischen Geschäftsbetrieb anzusehen ist, sind sowohl beim Abgang des monetären Postens als auch bei einer **Auflösung des Absicherungszusammenhangs** im Eigenkapital zu belassen. Erst ein späterer Abgang des ausländischen Geschäftsbetriebs führt zu einer erfolgswirksamen Erfassung der aus dem monetären Posten entstandenen, bisher erfolgsneutral gebuchten Differenzen.

---

[216] Vgl. mit Beispiel *Ernst & Young LLP (Hrsg.)*, International GAAP 2005, 2004, S. 559-563; *Oechsle, E./Müller, K./Doleczik, G.*, in: Baetge, J./Dörner, D. u.a. (Hrsg.), IAS-Kommentar^2, Teil B, IAS 21, Tz. 37.

4.5.6. Umrechnung von Aufwendungen und Erträgen

Aufwendungen und Erträge, die im Zusammenhang mit monetären Posten stehen, sind zu dem Kurs umzurechnen, der zum Zeitpunkt der betreffenden Transaktion bzw. Bewertung vorlag. Aus Vereinfachungsgründen kann, soweit es sich nicht um eine stark schwankende Währung handelt, auf einen Durchschnittskurs zurückgegriffen werden. So erfolgt z. B. die Währungsumrechnung von Fremdwährungszinsen mit dem am Tag der Transaktion geltenden Kurs.

4.5.7. Ausweis von Umrechnungsdifferenzen in der GuV

Umrechnungsdifferenzen sind entweder gemeinsam mit dem sich aus dem Fremdwährungsgeschäft ergebenden Aufwand oder Ertrag oder in einem gesonderten Posten in der GuV auszuweisen.

Im Regelfall wird der Ausweis in dem Posten bevorzugt, in dem der Erfolg des Fremdwährungsgeschäfts in der GuV gezeigt wird. So rechnen z. B. Währungsumrechnungsdifferenzen auf Finanzverbindlichkeiten, soweit sie als Zinskorrektur anzusehen sind, zum Finanzergebnis (bzw. den Finanzierungsaufwendungen) („*finance cost*“).[217]

---

[217] Vgl. *Kleekämper, H./Knorr, L./Somes, K./Bischof, S./Doleczik, G.*, in: Baetge, J./Dörner, D. u.a. (Hrsg.), IAS-Kommentar[2], Teil B, IAS 1, Tz. 144.

4.6. Latente Steuern

4.6.1. Überblick

Die Bilanzierung von Ertragsteuern ist umfassend in IAS 12 *„Income Taxes"* geregelt.[218] Der gesamte Steueraufwand setzt sich danach aus den tatsächlich anfallenden Ertragsteuern einer Periode (*„current taxes"*) und den latenten Steuern (*„deferred taxes"*) zusammen (IAS 12.5). Der Ansatz von latenten Steuern im Abschluss entsteht dabei grundsätzlich aus einer Berücksichtigung der temporären Unterschiede (*„temporary differences"*) zwischen dem IFRS-Wert eines Bilanzpostens und dem zugehörigen Steuerwert (*„tax base"*), der nach der Verbindlichkeitsmethode (*„liability method"*) jedem Vermögenswert bzw. jeder Verbindlichkeit zugeordnet ist.[219]

Bei der Einteilung der zeitlich begrenzten Abweichungen wird zweckmäßig in abzugsfähige und zu versteuernde temporäre Differenzen unterschieden (IAS 12.15; IAS 12.24):

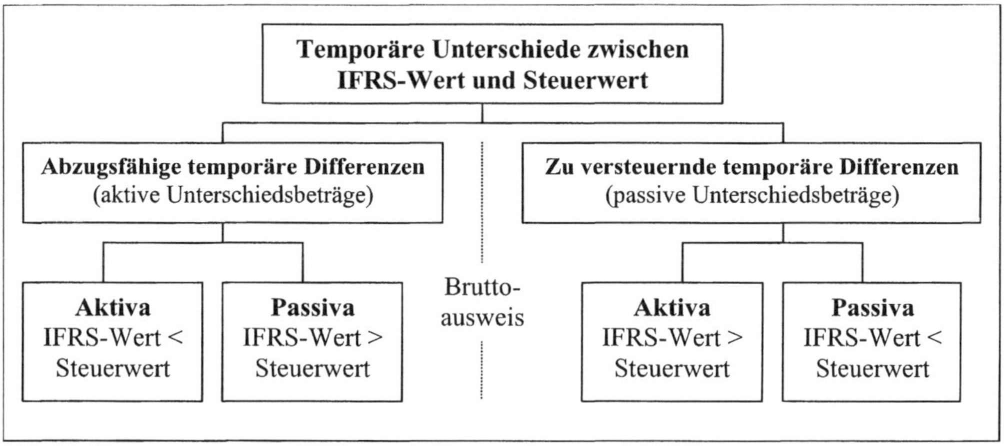

Abb. 16: Abgrenzung temporärer Differenzen bei latenten Steuern nach IAS 12

Im Grundsatz gilt eine Bilanzierungspflicht für sämtliche aktivischen und passivischen Unterschiedsbeträge. Für den Ansatz aktiver latenter Steuern ist jedoch als weitere Voraussetzung zu beachten, dass ausreichende steuerliche Gewinne in späteren Perioden hinreichend wahrscheinlich vorhanden sein müssen, um die gebildeten aktivischen latenten Steuern in den späteren Perioden ihrer Auflösung steuerlich wirksam nutzen zu können (IAS 12.24).

---

[218] Vgl. *App, J. G.,* KoR 2003, S. 209-214; *Coenenberg, A. G./Hille, K.*, in: Baetge, J./Dörner, D. u.a. (Hrsg.), IAS-Kommentar[2], Teil B, IAS 12; *Dahlke, J./Eitzen, B. v.*, DB 2003, S. 2237-2243; *Ernst & Young LLP (Hrsg.)*, International GAAP 2005, 2004, S. 1326-1335.

[219] Vgl. ausführlich *Coenenberg, A. G./Hille, K.*, in: Baetge, J./Dörner, D. u.a. (Hrsg.), IAS-Kommentar[2], Teil B, IAS 12, Tz. 44-54.

Die Ermittlung der nach IAS 12 erforderlichen Anhangangaben, die gegenseitige Abstimmung der der latenten und tatsächlichen Steuerberechnung zugrunde gelegten Daten, sowie die Ermittlung der latenten Steuern auf Verlustvorträge und temporäre Wertunterschiede und die Verprobung der Veränderung der Steuerpositionen in der Bilanz und GuV erfolgt in der Praxis üblicherweise in einem **Tax Reporting Tool**, in dem diese Effekte im Einzelnen berechnet und verprobt werden.

4.6.2. Anwendung der Vorschriften auf Finanzinstrumente

Bei einer **qualitativen Analyse** der temporären Differenzen von Bilanzpositionen einer typisierten Bankbilanz ergeben sich die folgenden Ergebnisse:

Aktiva Bankbilanz (typisiert)	**Bewertung in Bilanz nach IFRS**	**Bewertung in Steuerbilanz**	**Erwartete Steuer-latenz (aktiv/ passiv)**
(1) Barreserve	- *„at (amortised) cost"* - *Fair Value*	*(Fortgeführte) Anschaf-fungskosten*	*keine*
(2) Forderungen an Kreditinstitute (brutto)	- *„at (amortised) cost" (Loans and Receiv-ables)* - *Fair Value (At Fair Value through Profit or Loss bzw. Available-for-Sale)* - *Buchwertanpassung (Fair Value Hedge)*	*(Fortgeführte) Anschaf-fungskosten bzw. Teilwert*	*passiv*
(3) Forderungen an Kunden	- *„at (amortised) cost"* - *Fair Value* - *Buchwertanpassung*	*(Fortgeführte) Anschaf-fungskosten bzw. Teilwert*	*passiv*
(4) Risikovorsorge	*Kreditrisiko*	*Kreditrisiko*	*aktiv / passiv*
(5) Positive Marktwerte aus derivativen Siche-rungsinstrumenten	*Fair Value*	*(Fortgeführte) Anschaf-fungskosten bzw. Teilwert*	*passiv*
(6) Handelsaktiva	*Fair Value*	*(Fortgeführte) Anschaf-fungskosten bzw. Teilwert*	*passiv (bei Eigenka-pitalinstrumenten § 8b KStG beach-ten)*
(7) Finanzanlagen	- *„at (amortised) cost"* - *Fair Value* - *Buchwertanpassung*	*(Fortgeführte) Anschaf-fungskosten bzw. Teilwert*	*passiv (bei Eigenka-pitalinstrumenten § 8b KStG beach-ten)*

Abb. 17: Qualitative Analyse von temporären Differenzen auf der Aktivseite einer Bankbilanz

Die bilanzielle Erfassung der latenten Steuern erfolgt grundsätzlich – ebenso wie bei den tatsächlichen Steuern der Periode – konsistent zur Erfassung der jeweiligen Geschäftsvorfälle, aus denen sie resultieren (IAS 12.57). Ein expliziter Verweis auf die

Vorschriften in IAS 39 und die darin vorgesehene Bewertung von Finanzinstrumenten zum Fair Value ist in IAS 12.20 enthalten. Weiterhin wird in IAS 12.23 auf die Vorschriften zur Bilanzierung von zusammengesetzten Instrumenten („*compound instruments*") beim Emittenten nach IAS 32 verwiesen.[220]

Passiva Bankbilanz (typisiert)	**Bewertung in Bilanz nach IFRS**	**Bewertung in Steuerbilanz**	**Erwartete Steuerlatenz (aktiv/ passiv)**
(1) Verbindlichkeiten gegenüber Kreditinstituten	- *„at (amortised) cost" (Other Liabilities)* - *Fair Value (At Fair Value through Profit or Loss)* - *Buchwertanpassung (Fair Value Hedge)*	*Anschaffungskosten / Rückzahlungsbetrag bzw. Teilwert*	*keine*
(2) Verbindlichkeiten gegenüber Kunden	- *„at (amortised) cost"* - *Fair Value* - *Buchwertanpassung*	*Anschaffungskosten bzw. Teilwert*	*passiv*
(3) Verbriefte Verbindlichkeiten	- *„at (amortised) cost"* - *Fair Value* - *Buchwertanpassung*	*Anschaffungskosten bzw. Teilwert*	*passiv*
(5) Negative Marktwerte aus derivativen Sicherungsinstrumenten	*Kreditrisiko*	*Kreditrisiko*	*aktiv / passiv*
(6) Handelspassiva	*Fair Value*	*Anschaffungskosten bzw. Teilwert*	*passiv (bei Eigenkapitalinstrumenten § 8b KStG beachten)*
(7) Eigenkapital	- *„at cost" (Loans and Receivables)* - *Fair Value (At Fair Value / AfS)* - *Buchwertanpassung (Fair Value Hedge)*	*Anschaffungskosten bzw. Teilwert*	*passiv (bei Eigenkapitalinstrumenten § 8b KStG beachten)*

Abb. 18: Qualitative Analyse von temporären Differenzen auf der Passivseite einer Bankbilanz

Zur **erfolgswirksamen Erfassung** von aktiven und passiven latenten Steuern kommt es im Regelfall durch die zeitverzögerte Verrechnung von Aufwendungen und Erträgen (IAS 12.58).

220 Für weitere Sachverhalte, die zur Entstehung von temporären Differenzen führen, vgl. z. B. *Schulz-Danso, M.*, in: IFRS-Handbuch, 2004, § 7 Tz. 68-76; *PwC Deutsche Revision AG (Hrsg.)*, IAS für Banken, 2. Aufl., 2002, S. 402-403.

Als Ausnahme vom Grundsatz der erfolgswirksamen Erfassung von Steuerlatenzen erfolgt eine **erfolgsneutrale Verrechnung** latenter Steuern, wenn der Bilanzposten selbst erfolgsneutral behandelt wird (IAS 12.58(a) i.V.m. IAS 12.61).[221] Der Gesamtbetrag, der tatsächlichen und latenten Steuern, die direkt mit dem Eigenkapital verrechnet wurden, sind im Anhang anzugeben (IAS 12.81(a)).

Buchungstechnisch ist zu berücksichtigen, dass die erfolgsneutrale Einbuchung von latenten Steuern stets zulasten oder zugunsten der jeweiligen Eigenkapitalkomponente zu erfassen ist. Folgende **Eigenkapitalkomponenten** können durch die erfolgsneutrale Einbuchung latenter Steuern in ihrem Bestand beeinflusst werden:

- **Neubewertungsrücklage (AfS-Rücklage):** Latente Steuern auf Unterschiedsbeträge aus Anschaffungskosten und Fair Values der finanziellen Vermögenswerte der Kategorie Available-for-Sale, soweit nicht nach § 8b KStG steuerbefreit (IAS 39.55; IAS 12.61),
- **Cashflow Hedge-Rücklage**: Latente Steuern auf den effektiven Teil der Fair Value-Änderungen der Sicherungsinstrumente, die als Cashflow Hedge bilanziert werden (IAS 39.95(a); IAS 12.61),
- **Rücklage für den Eigenkapitalanteil von zusammengesetzten Finanzinstrumenten beim Emittenten** (wie z. B. Wandelschuldverschreibung): Latente Steuern auf den Unterschied zwischen dem IFRS-Wert der Fremdkapitalkomponente und dem steuerlichen Passivierungsbetrag (die latenten Steuern sind nur beim erstmaligen Ansatz ergebnisneutral zu erfassen) (IAS 12.62(d); IAS 12.23),
- **Rücklage für eigene Anteile**: Latente Steuern auf den vom Eigenkapital abgezogenen Betrag, falls der Verkauf steuerliche Konsequenzen auslöst (IAS 12.61),
- **Rücklage für Währungsumrechnung**: Erfolgsneutrale Währungsumrechnung von monetären Posten, die einen Teil der Nettoinvestition des berichtenden Unternehmens in einen ausländischen Geschäftsbetrieb darstellen (IAS 21.32; IAS 12.61),
- **Gewinnrücklagen**: Erstmalige Einbuchung latenter Steuern bei der Erstanwendung von IFRS, wobei in den Folgeperioden darin nur latente Steuern bei Korrekturen der Gewinnrücklagen aufgrund von Fehlern erfasst werden (IAS 39.104; IAS 12.80(h)).

---

221 Vgl. *Ernst & Young LLP (Hrsg.)*, International GAAP 2005, 2004, S. 1362-1365.

5. Bilanzierung dem Grunde nach

5.1. Bilanzansatz

5.1.1. Grundsätzliche Vorschriften des IAS 39 für die Einbuchung

Ein Unternehmen hat einen finanziellen Vermögenswert oder eine finanzielle Verbindlichkeit nur dann in seiner Bilanz anzusetzen, wenn das Unternehmen **Vertragspartei** zu den vertraglichen Regelungen des Finanzinstruments wird (IAS 39.14). Aus dieser Vorschrift zum erstmaligen Ansatz geht hervor, dass ein Vertrag bestehen muss, aus dem sich die Rechte und Pflichten, die aus dem Finanzinstrument resultieren, ergeben. Die Pflicht zur Bilanzierung erfordert bei Vertragsabschluss keine Überprüfung der Wahrscheinlichkeit der Vertragserfüllung oder der zuverlässigen Bewertbarkeit, da sich diese lediglich auf die Höhe des Bilanzansatzes auswirken würden. Die Frage des Bilanzansatzes selbst ist davon unabhängig.[222]

In welcher Form der Vertrag abgeschlossen wurde, d. h. **schriftlich**, **mündlich** oder durch **bloßes Handeln**, ist für die Frage der Bilanzierung nach IAS 39 nicht entscheidend. Durch das Abstellen auf eine vertragliche Regelung im Zusammenhang mit einem Finanzinstrument wird ausgeschlossen, dass erwartete künftige Transaktionen (*„forecast transactions“*) zu einem Bilanzansatz führen.[223]

Ein Unternehmen hat somit auch sämtliche vertraglichen Rechte und Verpflichtungen im Zusammenhang mit **Derivaten** in seiner Bilanz als Vermögenswerte oder Verbindlichkeiten zu erfassen. Davon ausgenommen sind jedoch solche Derivate, die verhindern, dass eine Übertragung finanzieller Vermögenswerte bilanziell als Verkauf zu behandeln ist und die somit einer Ausbuchung entgegenstehen. Diese sind bilanziell nicht zu erfassen. Ein Beispiel hierfür ist eine vom übertragenden Unternehmen (Veräußerer) gehaltene Kaufoption zum Rückkauf der übertragenen Vermögenswerte, die *„deep in-the-money“* ist (IAS 39.AG34, IAS 39.AG49, IAS 39.AG51(f)) (vgl. Kapitel 5.2.).

Insofern werden Derivate nach IAS 39 als schwebende Geschäfte stets – auch wenn sie für Absicherungszwecke abgeschlossen wurden – **bilanzwirksam**. Sofern Derivate in keine nach IAS 39 wirksame Sicherungsbeziehung (Hedge Accounting) eingebunden sind, werden diese der Bewertungskategorie Held for Trading zugeordnet (IAS 39.9). Die Folgebewertung der Derivate erfolgt regelmäßig auf der Basis des Fair Values am Bewertungsstichtag, wobei die Fair Value-Änderungen unmittelbar im Periodenergebnis erfasst werden. Im Gegensatz zum deutschen Handelsrecht sind nach

---

222 Vgl. *Bohl, W./Scheinpflug, P.*, in: IFRS-Handbuch, 2004, § 3, Tz. 40-45; *Ernst & Young LLP (Hrsg.)*, International GAAP 2005, 2004, S. 856-866; *Heuser P. J./Theile, C. (Hrsg.)*, IAS-Handbuch, 2003, Tz. 529-530; *Kehm, P./Lüdenbach, N.*, in: Lüdenbach, N./Hoffmann, W.-D. (Hrsg.), IFRS-Kommentar², 2004, § 28, Tz. 28-30.

223 Vgl. *Ernst & Young LLP (Hrsg.)*, International GAAP 2005, 2004, S. 856-857.

IAS 39 sämtliche Derivate zu bilanzieren, unabhängig davon, ob diese einen positiven oder negativen Marktwert besitzen.

Die Übertragung von Zahlungsmitteln als Barsicherheit führt zu einem finanziellen Vermögenswert, der bei dem einen Unternehmen zu einer Einbuchung, bei dem anderen zu einer Ausbuchung der Zahlungsmittel führt (IAS 39.IG D.1.1 *Recognition: cash collateral*) (vgl. Kapitel 5.2.2.).

5.1.2. Ansatz von derivativen Finanzinstrumenten

Vertragliche Rechte oder Verpflichtungen aus derivativen Finanzinstrumenten sind finanzielle Vermögenswerte oder finanzielle Verbindlichkeiten (IAS 39.AG34). Daher sind **Optionen** als finanzielle Vermögenswerte (Long Position) oder finanzielle Verbindlichkeiten (Short Position) zu erfassen, wenn der Inhaber oder Stillhalter Vertragspartner des Geschäfts wird. In diesem Zeitpunkt sind üblicherweise die Optionsprämien fällig (IAS 39.AG35(d)).

Termingeschäfte sind im Gegensatz zu den nicht-derivativen festen Verpflichtungen (*„firm commitments"*) bereits an dem Tag als finanzielle Vermögenswerte oder Verbindlichkeiten zu erfassen, an dem die vertragliche Verpflichtung eingegangen wurde (Handelstag) und somit nicht erst am Erfüllungstag. Sofern Termingeschäfte marktgerecht kontrahiert werden, beträgt ihr Fair Value im Zeitpunkt des Vertragsabschlusses regelmäßig null (IAS 39.AG35(c)). Ein Termingeschäft erfüllt mit dem Tag, an dem das Unternehmen Vertragspartei geworden ist, die Ansatzkriterien, denn es ist ab diesem Tag einem Marktpreisrisiko ausgesetzt. Soweit bei einem Termingeschäft marktabweichende Konditionen vereinbart werden, hat das Derivat bereits bei Vertragsabschluss einen positiven oder negativen Fair Value, der in der Bilanz als Vermögenswert oder Verbindlichkeit zu erfassen ist (IAS 39.AG35(c)).[224] Zum Zeitpunkt der Ersterfassung bei der Anschaffung von Kassageschäften vgl. Kapitel 5.1.3.

Eine **Ausnahme** von der generellen Ansatzpflicht von derivativen Finanzinstrumenten bilden Derivate, die verhindern, dass eine Übertragung finanzieller Vermögenswerte bilanziell als Abgang zu behandeln ist, und die somit einer Ausbuchung entgegenstehen (IAS 39.AG34). Solche Derivate sind bilanziell nicht zu erfassen. Ein Beispiel hierfür ist eine **vom Übertragenden** (Veräußerer) **gehaltene Kaufoption zum Rückkauf** der übertragenen Vermögenswerte, die so weit im Geld ist (*„deeply in-the-money"*), dass es sehr unwahrscheinlich ist, dass die Option vor Verfall aus dem Geld sein wird. In diesem Fall wird aufgrund der Rückkaufoption der veräußerten Vermögenswerte (z. B. Forderungen) nicht ausgebucht. Da der Vermögenswert weiterhin bilanziert bleibt, erübrigt sich die Erfassung der Rückkaufsoption. Das Risiko des Unternehmens ist mit der weiteren Bilanzierung der Forderung ausreichend im Abschluss abgebildet. Ein weiteres Beispiel ist eine vom **Empfänger** (Erwerber) **gehal-**

---

224 Vgl. *Ernst & Young LLP (Hrsg.)*, International GAAP 2005, 2004, S. 558.

tene Verkaufsoption zur Zurückübertragung der übertragenen Vermögenswerte an den Veräußerer, die so weit im Geld ist, dass es sehr unwahrscheinlich ist, dass die Option vor Verfall aus dem Geld sein wird. Auch in diesem Fall wird der Erwerber der Vermögenswerte (z. B. Forderungen) diese bei ökonomischer Betrachtung an den Veräußerer zurückgeben, was – wie im vorigen Beispiel – eine Ausbuchung der veräußerten Vermögenswerte verhindert (IAS 39.AG34; IAS 39.AG49; IAS 39.AG51(f)) (vgl. Kapitel 5.2.1.7. und 5.2.1.9.).

5.1.3. Ansatz von Kassageschäften (marktübliche Käufe und Verkäufe)

Unter einem Kassageschäft, d. h. einem marktüblichen Kauf oder Verkauf („*regular way contract*"), versteht man einen Kauf oder Verkauf eines **finanziellen Vermögenswerts** im Rahmen eines Vertrags, dessen Bedingungen die Lieferung des Vermögenswerts innerhalb eines Zeitraums vorsehen, der üblicherweise durch Vorschriften oder Konventionen des jeweiligen Markts (Marktusance) festgelegt wird (IAS 39.9) (vgl. Kapitel 4.2.2.).[225]

Ein Kassageschäft (d. h. marktüblicher Kauf oder Verkauf) von finanziellen Vermögenswerten ist entweder zum Handelstag („*trade date accounting*") oder zum Erfüllungstag („*settlement date accounting*") zu erfassen bzw. auszubuchen (IAS 39.38; IAS 39.AG55). Der erstmalige Ansatz einer **originären Forderung** (durch Lieferung oder Leistung oder im Rahmen der Ausreichung eines Darlehens) stellt **keinen marktüblichen Vertrag** (Kassageschäft) dar. Insofern ist der Bilanzansatz vor der Erfüllung („*settlement date*") durch den Verkäufer nicht zulässig (vgl. Kapitel 5.1.4.). Gleiches gilt für finanzielle Verbindlichkeiten.[226]

Der **Handelstag** („*trade date*") ist der Tag, an dem das Unternehmen die Verpflichtung zum Kauf oder Verkauf eines Vermögenswerts eingegangen ist. Insofern bezieht sich die Bilanzierung zum Handelstag auf

- den **Ansatz** eines zu erhaltenden Vermögenswerts und der dafür zu zahlenden Verbindlichkeit am Handelstag und
- die **Ausbuchung** eines veräußerten Vermögenswerts, die Erfassung etwaiger Gewinne oder Verluste aus dem Abgang und die Erfassung einer Forderung gegenüber dem Käufer auf Zahlung am Handelstag (IAS 39.AG55).

Eine Bilanzierung zum Handelstag ist nach den handelsrechtlichen Vorschriften nicht zulässig.

Die Laufzeit von Zinsen beginnt üblicherweise erst zum Erfüllungstag bzw. dem Übergang des Eigentums (IAS 39.AG55).

---

225 Vgl. *Ernst & Young LLP (Hrsg.)*, International GAAP 2005, 2004, S. 859-860.

226 Vgl. *Bohl, W./Scheinpflug, P.*, in: IFRS-Handbuch, 2004, § 3, Tz. 44-45.

Als **Erfüllungstag** (*„settlement date"*) wird der Tag bezeichnet, an dem der Vermögenswert an oder durch das Unternehmen geliefert wird. Die Wahl des Ansatzes zum Erfüllungstag bedeutet, dass

- ein Vermögenswert am Tag seiner Übergabe an das Unternehmen in der Bilanz angesetzt wird und
- die Ausbuchung eines Vermögenswerts und die Erfassung eines etwaigen Gewinns oder Verlusts aus dem Abgang am Tag seiner Übergabe durch das Unternehmen erfolgt (IAS 39.AG56).

Die Bilanzierung zum Erfüllungstag stimmt mit der nach den handelsrechtlichen Vorschriften erforderlichen valutagerechten Buchung überein.

Die bilanzielle Erfassung der Wertschwankungen zwischen dem Handels- und Erfüllungstag hängt von der **Bewertungskategorie** des finanziellen Vermögenswerts ab. Wird die Bilanzierung zum Erfüllungstag angewandt, gilt als Grundregel, dass jede Änderung des Fair Values eines zu erhaltenen Vermögenswerts in der Zeit zwischen Handels- und Erfüllungstag in der gleichen Weise zu erfassen ist wie der erworbene Vermögenswert bewertet wird. Insofern wird die Wertänderung bei Vermögenswerten, die mit ihren fortgeführten Anschaffungskosten angesetzt sind, nicht erfasst. Bei Vermögenswerten, die als At Fair Value through Profit or Loss klassifiziert sind, erfolgt eine Erfassung im Periodenergebnis und bei Vermögenswerten, die als Available-for-Sale kategorisiert sind, eine Erfassung im Eigenkapital (IAS 39.AG56). Soweit der Zinslauf für bestimmte Posten erst am Erfüllungstag beginnt, erübrigt sich für diese Posten die Ermittlung der fortgeführten Anschaffungskosten zwischen dem Handels- und Erfüllungstag.

Die anzuwendende Methode (d. h. Bilanzierung zum Handels- oder Erfüllungstag) ist für jede der in IAS 39.9 genannten Bewertungskategorien für finanzielle Vermögenswerte **separat** festzulegen, wobei die **einmal gewählte Methode** innerhalb einer Bewertungskategorie von finanziellen Vermögenswerten **stetig** anzuwenden ist. Die als Held for Trading designierten finanziellen Vermögenswerte gelten in diesem Zusammenhang als eine **eigenständige** Bewertungskategorie (IAS 39.AG53).

Insofern kann man lediglich für den Fall, dass der Stichtag eines Abschlusses (Jahres- oder Zwischenabschluss) genau zwischen den Handels- und Erfüllungstag fällt, in Abhängigkeit von der gewählten Buchungsmethode zu unterschiedlichen bilanziellen Auswirkungen gelangen. Sofern diese vermieden werden sollen, kann z. B. der Handel rechtzeitig vor einem solchen Stichtag bis nach dem Bilanzstichtag vorübergehend eingestellt werden.

Durch den Begriff **marktüblicher Vertrag** (*„regular way contract"*) soll der Umfang der Kassageschäfte nicht auf einen formalen Handelsplatz oder einen organisierten OTC-Markt beschränkt werden. So ist z. B. auch ein Vertrag über den Kauf von

GmbH-Anteilen als marktüblicher Vertrag anzusehen, der innerhalb einer **marktüblichen Zeitspanne** abgewickelt wird (IAS 39.IG B28 *Regular way contracts: no established market*).

Da ein Kassageschäft (marktüblicher Kauf bzw. Verkauf) eine **tatsächliche Lieferung** des Vermögenswerts voraussetzt, stellt ein Vertrag, der anstelle der Lieferung nur einen **Nettoausgleich** („*net settlement*") für eine Änderung des Vertragswerts vorschreibt oder gestattet, kein Kassageschäft (keinen marktüblichen Kauf bzw. Verkauf) dar. Ein derartiger Vertrag ist im Zeitraum zwischen Handels- und Erfüllungstag wie ein **Derivat** zu bilanzieren (IAS 39.AG54).

Für jede Bewertungskategorie von finanziellen Vermögenswerten ist im **Anhang** anzugeben, ob Kassageschäfte (marktübliche Käufe und Verkäufe) am Handels- oder am Erfüllungstag erfasst werden (IAS 32.61; ED 7.23(c)).

Beispiel:[227]

Am 29. Dezember 2005 (Handelstag) erfolgt der Kauf eines Wertpapiers zu einem Betrag von EUR 1.000 (einschließlich Transaktionskosten). Am 31. Dezember 2005 (Bilanzstichtag) und am 2. Januar 2006 (Erfüllungstag) beträgt der Fair Value des Wertpapiers EUR 1.020 bzw. EUR 1.030. Die für das Wertpapier zu bilanzierenden Beträge richten sich nach der Kategorisierung und danach, ob zum Handels- oder zum Erfüllungstag bilanziert wird. Dies wird in den beiden folgenden Tabellen veranschaulicht.

Erfassung am Erfüllungstag („settlement date accounting"):			
	Held-to-Maturity	*Available-for-Sale*	*At Fair Value through Profit or Loss / Held for Trading*
29.12.2005	--	--	--
31.12.2005	--	*Forderung: 20* *AfS-Rücklage: (20)*	*Forderung: 20* *GuV: (20)*
02.01.2006	*Wertpapier: 1.000*	*Wertpapier: 1.030* *AfS-Rücklage: (30)*	*Wertpapier: 1.030* *GuV: (10)*

Bei Wertpapieren der Kategorie Available-for-Sale erfolgt die Erfassung der Erhöhung des Fair Values zum 31. Dezember 2005 bzw. 2. Januar 2006 in der AfS-Rücklage. Bei Wertpapieren der Kategorie At Fair Value through Profit or Loss bzw. Held for Trading dagegen sind diese Erhöhungen des Fair Values erfolgswirksam zu erfassen.

---

227 Vgl. IAS 39.IG D.2.1 *Trade date vs. settlement date: amounts to be recorded for a purchase*. Vgl. dazu auch *Ernst & Young LLP (Hrsg.)*, International GAAP 2005, 2004, S. 861-865.

Erfassung am Handelstag („trade date accounting“):			
	Held-to-Maturity	*Available-for-Sale*	*At Fair Value through Profit or Loss / Held for Trading*
29.12.2005	*Wertpapier: 1.000*	*Wertpapier: 1.000*	*Wertpapier: 1.000*
31.12.2005	*Wertpapier: 1.000*	*Wertpapier: 1.020* *AfS-Rücklage: (20)*	*Wertpapier: 1.020* *GuV: (20)*
02.01.2006	*Wertpapier: 1.000*	*Wertpapier: 1.030* *AfS-Rücklage: (30)*	*Wertpapier: 1.030* *GuV: (10)*

Diese Übersicht zeigt, dass die Erhöhungen des Fair Values bei der Erfassung zum Handelstag im Ergebnis identisch zur Erfassung zum Erfüllungstag sind.

Im **deutschen Bilanzrecht** fehlt es an einer vergleichbaren Vorschrift zur Erfassung von Kassageschäften. Vor dem Hintergrund der handelsrechtlichen Grundsätze ordnungsmäßiger Bilanzierung ist jedoch grundsätzlich eine Erfassung von nichtderivativen Finanzinstrumenten zum Erfüllungstag vorzunehmen. Dies gilt sowohl für Kauf- als auch für Verkaufsaufträge. Dies entspricht auch den Regelungen in den Mindestanforderungen für das Betreiben von Handelsgeschäften der Kreditinstitute (MaH), die in Abschnitt 4.3 für Banken eine **valutagerechte Erfassung von Kauf- und Verkaufaufträgen** fordert.[228]

5.1.4. Ansatz von Forderungen

Das Entstehen von (originären) Forderungen z. B. durch Lieferungen oder Leistungen sowie die Ausreichung von Darlehen, Krediten und Ausleihungen oder die Umwandlung von Forderungen in Darlehen stellen **keine Kassageschäfte** (vgl. Kapitel 5.1.3.) dar.[229]

Forderungen werden in dem Zeitpunkt buchhalterisch und damit bilanziell erstmals erfasst, in dem sie **entstanden** sind. Dies ist bei Forderungen aus Lieferungen und Leistungen dann der Fall, wenn der Umsatz realisiert ist. Für Forderungen aus Zinsen und Gebühren gilt Entsprechendes (vgl. Kapitel 4.4.).

Ausgereichte Darlehen, Kredite usw. werden im Zeitpunkt der Ausreichung (Auszahlung; Buchung auf dem Kreditkonto durch die ausreichende Bank, damit der Kreditnehmer über den Betrag verfügen kann) bilanziell erfasst. Ein Ansatz vor der Erfüllung durch den Verkäufer (Forderungen aus Lieferungen und Leistungen) bzw. durch den Kreditgeber ist nicht möglich.

---

228 Vgl. *Scharpf, P./Luz, G.*, Risikomanagement, Bilanzierung und Aufsicht von Finanzderivaten, 2. Aufl., 2000, S. 734.

229 Vgl. *Bohl, W./Scheinpflug, P.*, in: IFRS-Handbuch, 2004, § 3, Tz. 44.

5.2. Ausbuchung

5.2.1. Ausbuchung finanzieller Vermögenswerte

5.2.1.1. Überblick

In Konzernabschlüssen sind die Vorschriften zur Ausbuchung („*derecognition*") finanzieller Vermögenswerte **auf konsolidierter Basis** anzuwenden. Daher hat ein Unternehmen gemäß IAS 39.15 zuerst alle Tochterunternehmen in Übereinstimmung mit IAS 27 „*Consolidated and Separate Financial Statements*" und SIC 12 „*Consolidation – Special Purpose Entities*" zu konsolidieren und erst anschließend, d. h. auf konsolidierter Basis, die Vorschriften zur Ausbuchung (IAS 39.16-23; IAS 39.AG34-AG52) anzuwenden.

Anschließend ist zu prüfen, ob die Ausbuchungsregeln auf einen Teil des finanziellen Vermögenswerts (oder auf einen Teil einer Gruppe ähnlicher finanzieller Vermögenswerte) oder auf den Vermögenswert (oder auf eine Gruppe ähnlicher Vermögenswerte) in seiner Gesamtheit anzuwenden sind (IAS 39.16).

Nach IAS 39 hat bei allen Ausbuchungsvorgängen das Kriterium der Übertragung der aus dem Eigentum resultierenden **Chancen and Risiken** Vorrang vor dem Kriterium der Übertragung der **Verfügungsmacht** (IAS 39.IN9).

Abb. 19 gibt einen Überblick über die Vorgehensweise zur Prüfung eines Abgangs. Die einzelnen Schritte des Prüfschemas werden in den nachfolgenden Kapiteln 5.2.1.2. bis 5.2.1.9. näher erläutert:

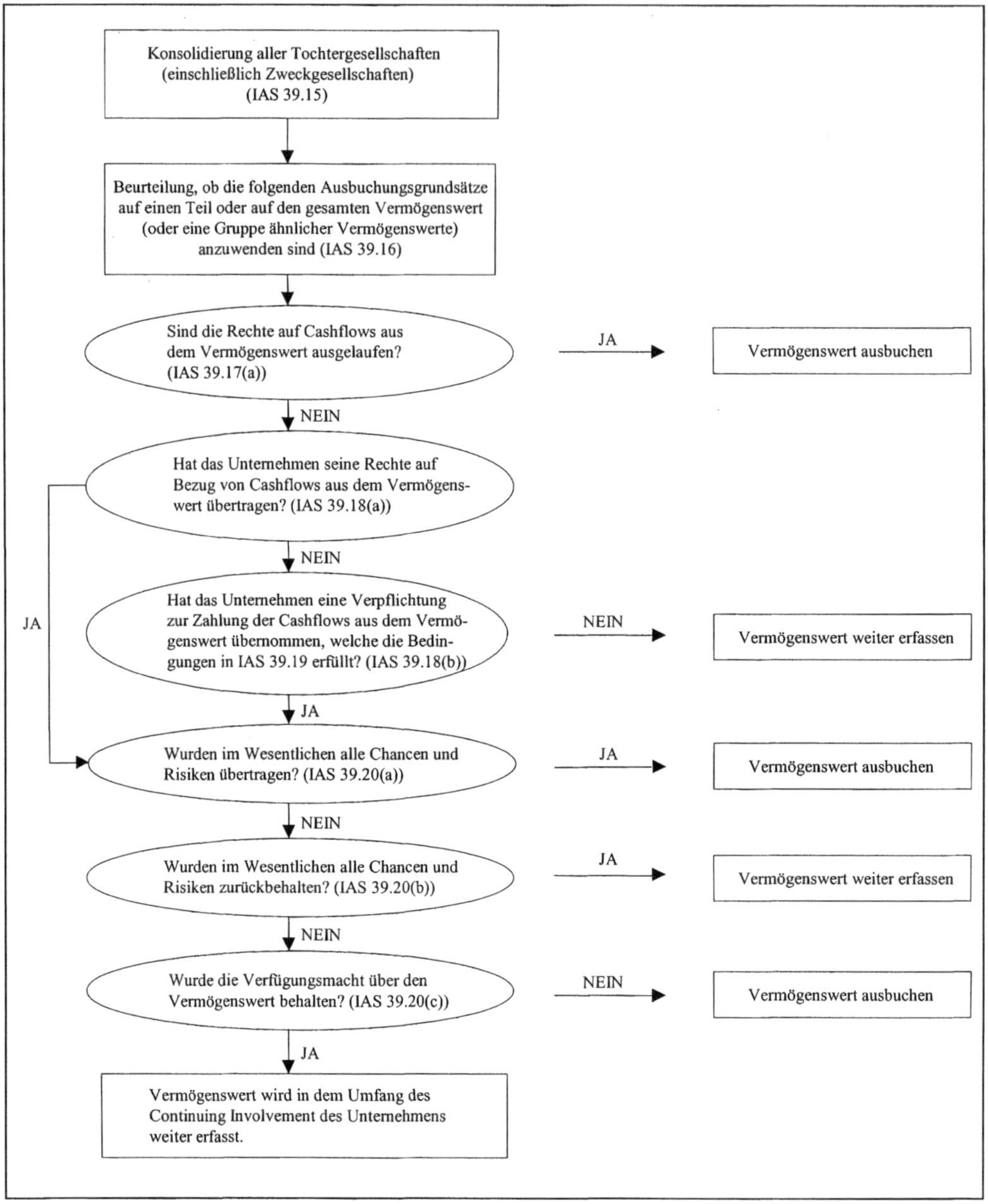

Abb. 19: Prüfschema der Ausbuchungsregelungen in IAS 39

5.2.1.2. Konsolidierung aller Tochterunternehmen (einschließlich Zweckgesellschaften)

Hat ein Mutterunternehmen nach IAS 27 einen Konzernabschluss aufzustellen, hat es vor Anwendung der Ausbuchungsregeln des IAS 39 zunächst grundsätzlich alle Tochterunternehmen („*subsidiaries*") einschließlich der Zweckgesellschaften (Special Purpose Entities, SPE) voll zu konsolidieren. Die Ausbuchungsregeln sind sodann auf konsolidierter Basis anzuwenden (IAS 39.15). Die Vorschriften zur Abgrenzung des Konsolidierungskreises finden sich in IAS 27 und in SIC 12.

Konsolidierung nach IAS 27

Der Konzernabschluss hat alle Tochterunternehmen zu umfassen (IAS 27.12). Ein Tochterunternehmen ist ein Unternehmen, das von einem anderen Unternehmen beherrscht wird, wobei die Rechtsform der jeweiligen Unternehmen unbeachtlich ist (IAS 27.4). **Beherrschung** („*control*") ist die Möglichkeit, die Finanz- und Geschäftspolitik eines Unternehmens zu bestimmen, um aus dessen Tätigkeit Nutzen zu ziehen (IAS 27.4). Maßgeblich ist die Einflussmöglichkeit und nicht, ob der Einfluss auch tatsächlich ausgeübt wird.[230]

Beherrschung wird dann angenommen, wenn das Mutterunternehmen, entweder direkt oder indirekt über Tochterunternehmen, über **mehr als die Hälfte der Stimmrechte** eines Unternehmens verfügt; dies gilt nicht, wenn sich in außergewöhnlichen Umständen eindeutig nachweisen lässt, dass ein derartiger Besitz keine Beherrschung begründet (IAS 27.13). Von Tochterunternehmen gehaltene Stimmrechte werden dem Mutterunternehmen vollständig zugerechnet und nicht nur in Höhe der Beteiligungsquote des Mutterunternehmens.[231]

In IAS 27.13 werden Fälle genannt, in denen das Mutterunternehmen zwar **die Hälfte oder weniger** als die Hälfte der Stimmrechte an einem Unternehmen hält, in denen jedoch trotzdem (faktische) Beherrschung vorliegt. Dabei handelt es sich um eine beispielhafte, nicht abschließende Aufzählung („*control also exists*"):[232]

- die Möglichkeit, über mehr als die Hälfte der Stimmrechte kraft einer mit anderen Anteilseignern abgeschlossenen Vereinbarung zu verfügen,
- die Möglichkeit, die Finanz- und Geschäftspolitik eines Unternehmens gemäß einer Satzungsbestimmung oder gemäß einer Vereinbarung zu bestimmen,
- die Möglichkeit, die Mehrheit der Mitglieder der Geschäftsführungs- und/oder Aufsichtsorgane oder eines gleichwertigen Leitungsgremiums zu ernennen oder abzuberufen, und das betreffende Organ die Beherrschung („*control*") vermittelt, oder

---

230 Vgl. *Baetge, J./Schulze, D.*, in: Baetge, J./Dörner, D. u.a. (Hrsg.), IAS-Kommentar², Teil B, IAS 27, Tz. 26.

231 Vgl. *Baetge, J./Schulze, D.*, in: Baetge, J./Dörner, D. u.a. (Hrsg.), IAS-Kommentar², Teil B, IAS 27, Tz. 30.

232 Vgl. *Baetge, J./Schulze, D.*, in: Baetge, J./Dörner, D. u.a. (Hrsg.), IAS-Kommentar², Teil B, IAS 27, Tz. 28.

- die Möglichkeit, die Mehrheit der Stimmen bei Sitzungen der Geschäftsführungs- und/oder Aufsichtsorgane oder eines gleichwertigen Leitungsgremiums abzugeben, und das betreffende Organ die Beherrschung („*control*") vermittelt.[233]

Ein Unternehmen kann Aktienoptionsscheine, Aktienkaufoptionen, Fremd- oder Eigenkapitalinstrumente halten, die in Stammaktien oder in ähnliche Instrumente eines anderen Unternehmens umwandelbar sind, bei deren Ausübung oder Umwandlung dem ausübenden Unternehmen möglicherweise Stimmrechte über die Finanz- und Geschäftspolitik verliehen oder die Stimmrechte eines anderen Anteilsinhabers des anderen Unternehmens beschränkt werden (**potenzielle Stimmrechte**). Die Existenz und Auswirkung von potenziellen Stimmrechten, die von dem Unternehmen gegenwärtig ausgeübt oder umgewandelt werden können, sowie die von anderen Unternehmen gehaltenen, gegenwärtig ausübbaren bzw. umwandelbaren potenziellen Stimmrechte, sind bei der Beurteilung, ob ein Unternehmen die Möglichkeit besitzt, die Finanz- und Geschäftspolitik eines anderen Unternehmens zu bestimmen, zu berücksichtigen. Potenzielle Stimmrechte können nicht gegenwärtig ausgeübt oder umgewandelt werden, wenn sie zum Beispiel erst zu einem zukünftigen Datum oder bei Eintritt eines zukünftigen Ereignisses ausgeübt oder umgewandelt werden können (IAS 27.14).

Bei der Beurteilung, ob **potenzielle Stimmrechte** zur Beherrschung beitragen, hat das Unternehmen alle Tatsachen und Umstände zu untersuchen, welche die potenziellen Stimmrechte beeinflussen (einschließlich der Ausübungsbedingungen potenzieller Stimmrechte und sonstiger vertraglicher Vereinbarungen). Unbeachtlich sind dagegen die Absicht des Managements und die finanziellen Möglichkeiten zur Ausübung bzw. Umwandlung (IAS 27.15).

Ein Tochterunternehmen ist nicht deshalb von der Konsolidierung ausgeschlossen, nur weil der Investor eine Wagniskapital-Organisation („*venture capital organisation*"), ein Investmentfonds („*mutual fund*"), ein Unit Trust oder ein ähnliches Unternehmen ist (IAS 27.19).

In der alten Fassung des IAS 27 war gemäß IAS 27.13(a) ein Tochterunternehmen dann von der Konsolidierung auszuschließen, wenn eine Beherrschung nur vorübergehend begründet ist, weil das Tochterunternehmen ausschließlich zum **Zweck der Weiterveräußerung in naher Zukunft** erworben wurde und gehalten wird. Diese Vorschrift ist in der neuen Fassung des IAS 27 nicht mehr enthalten. Erfüllt ein Tochterunternehmen zum Erwerbszeitpunkt die Kriterien für eine Klassifizierung als zur Veräußerung gehalten gemäß IFRS 5 „*Non-current Assets Held for Sale and Discontinued Operations*", hat die Bilanzierung nunmehr nach den Vorschriften des IFRS 5 zu erfolgen (vgl. Kapitel 3.3.1.).

---

233 In einer wirtschaftlichen Betrachtungsweise wird in diesen Fällen auf die Beherrschungsmöglichkeit abgestellt, unabhängig davon, ob diese rechtlich abgesichert ist oder nicht, vgl. *Baetge, J./Schulze, D.*, in: Baetge, J./Dörner, D. u.a. (Hrsg.), IAS-Kommentar[2], Teil B, IAS 27, Tz. 28.

Ein Tochterunternehmen wird nicht deshalb von der Konsolidierung ausgeschlossen, weil sich die **Geschäftstätigkeit** dieses Tochterunternehmens von der Geschäftstätigkeit anderer Unternehmen des Konzerns **unterscheidet**. Die notwendigen Informationen für den Investor werden dadurch geliefert, dass solche Tochterunternehmen konsolidiert werden und im Konzernabschluss zusätzliche Angaben über die verschiedenen Geschäftstätigkeiten gemacht werden. Auch die von IAS 14 *„Segment Reporting"* verlangten Angabepflichten helfen, die Bedeutung unterschiedlicher Geschäftstätigkeiten innerhalb des Konzerns zu erläutern (IAS 27.20).

Ein Mutterunternehmen beherrscht ein Beteiligungsunternehmen dann nicht mehr, wenn es nicht mehr in der Lage ist, dessen Finanz- und Geschäftspolitik zu bestimmen, um aus seiner Tätigkeit Nutzen zu ziehen. Ein **Verlust der Beherrschung** kann auch ohne Änderung der absoluten oder relativen Eigentumsverhältnisse eintreten, z. B. wenn ein Tochterunternehmen unter die Kontrolle staatlicher Behörden, Gerichte, Zwangsverwalter oder Aufsichtsbehörden gerät. Der Verlust der Beherrschung könnte aber auch das Ergebnis vertraglicher Vereinbarungen sein (IAS 27.21).

In der alten Fassung des IAS 27 war gemäß IAS 27.13(b) ein Tochterunternehmen dann von der Konsolidierung auszuschließen, wenn es unter erheblichen und langfristigen **Beschränkungen** tätig ist, die seine Fähigkeit zum **Finanzmitteltransfer** an das Mutterunternehmen wesentlich beeinträchtigen. Diese Vorschrift ist in der neuen Fassung des IAS 27 nicht mehr enthalten. Grund dafür ist, dass Beschränkungen dieser Art nach Auffassung des IASB nicht generell zum Ausschluss von der Konsolidierung führen. Vielmehr ist in jedem Einzelfall zu prüfen, ob unter Berücksichtigung dieser bestehenden Beschränkungen Beherrschung (*„control"*) gegeben ist oder nicht (IAS 27.BC15).

Konsolidierung nach SIC 12

IAS 27 schreibt die Konsolidierung von Unternehmen vor, die von dem berichtenden Unternehmen beherrscht werden. Der Standard beinhaltet jedoch keine expliziten Anwendungsleitlinien zur bilanziellen Behandlung von **Zweckgesellschaften** (Special Purpose Entities, SPE). SIC 12 trägt den Besonderheiten dieser Gestaltungsform Rechnung, indem die Definition des Begriffs *„Beherrschung"* (*„control"*) in IAS 27.4 im Sinne einer **wirtschaftlichen Betrachtungsweise** ergänzt wird. Im Ergebnis wird festgelegt, unter welchen Voraussetzungen Zweckgesellschaften zu konsolidieren sind.[234]

[234] Vgl. dazu z. B. *Alvarez, M./Wotschofsky, S./Miethig, M.*, WPg 2001, S. 933-947; *Findeisen, K.-D./Ross, N.*, DB 1999, S. 2224-2227; *Helmschrott, H.*, DB 1999, S. 1865-1871; *Helmschrott, H.*, WPg 2000, S. 426-429; *Kuhn, S./Schaber, M.*, DB 2001, S. 2661-2665; *Kustner C.*, KoR 2004, S. 308-318; *Schruff, W./Rothenburger, M.*, WPg 2002, S. 755-765; *Schultz, F.*, in: Hommelhoff, P./Zätzsch, R./Erle, B. (Hrsg.), 2001, S. 705-730; *Weber, C./Böttcher, B./Griesemann, G.*, WPg 2002, S. 905-918.

SIC 12 ist **nicht anwendbar** auf Pläne für Leistungen nach Beendigung des Arbeitsverhältnisses („*post-employment benefit plans*") und auf andere langfristige Pläne für Leistungen aus dem Arbeitsverhältnis („*other long-term employee benefit plans*"). Leistungen dieser Art sind nach den Vorschriften des IAS 19 „*Employee Benefits*" zu bilanzieren.[235]

Zweckgesellschaften sind Unternehmen, die gegründet werden, um ein enges und genau definiertes Ziel zu erreichen. In der Praxis werden Zweckgesellschaften insbesondere für folgende Ziele errichtet:

- Durchführung von Verbriefungsaktionen (Asset Backed Securities, ABS),
- Kapitalanlage,
- Leasing-Transaktionen,
- Durchführung von Forschungs- oder Entwicklungsprojekten,
- Vertragspartei bei derivativen Finanzinstrumenten,
- Durchführung von Unternehmensgründungen.[236]

In **Verbriefungsaktionen** (Asset Backed Securities-Transaktionen) werden finanzielle Vermögenswerte wie z. B. Forderungen oder Darlehen an eine Zweckgesellschaft veräußert. Die Zielsetzung des Verkäufers besteht neben der Verbesserung der Liquiditätssituation, der Erschließung neuer Finanzmärkte sowie der Verbesserung der Finanzierungsbedingungen regelmäßig in der Erreichung einer Bilanzentlastung durch Übertragung der finanziellen Vermögenswerte auf die Zweckgesellschaft.

Die **Refinanzierung der Zweckgesellschaft** erfolgt regelmäßig durch die Emission von Schuldverschreibungen (Asset Backed Securities, ABS), u.U. unter Einschaltung einer oder mehrerer weiterer Zweckgesellschaften. Um das Ziel einer möglichst günstigen Refinanzierung zu erreichen, ist es im Allgemeinen erforderlich, die Zweckgesellschaft(en) weitgehend gegen Ausfall- und Liquiditätsrisiken abzusichern.

Ausfallrisiken werden hierbei regelmäßig durch Kaufpreisabschläge, Garantien, Versicherungen, eine nachrangige Finanzierung oder vergleichbare Instrumente minimiert.

Liquiditätsrisiken werden z. B. durch Kreditlinien vermindert. Die Risiken werden je nach Vereinbarung vom Veräußerer der Vermögenswerte, von den initiierenden Banken bzw. von Dritten übernommen.

Bei der Beurteilung, ob die Veräußerung der finanziellen Vermögenswerte beim Veräußerer zu einem Abgang i.S.v. IAS 39 führt, ist in erster Linie auf den Veräußerer und die ankaufende Zweckgesellschaft abzustellen.

---

235 Vgl. *IFRIC*, Amendment to SIC 12, 2004.

236 Vgl. *Kustner, C.*, KoR 2004, S. 309.

Zweckgesellschaften können auch für **Zwecke der Kapitalanlage** gegründet werden. Wie auch bei anderen Zweckgesellschaften ist in diesen Fällen stets zu prüfen, ob sie aufgrund der Vorschriften des SIC 12 zu konsolidieren sind. Auch Investmentvermögen bzw. Sondervermögen i.S.d. deutschen Investmentgesetzes (InvG) können eine solche Zweckgesellschaft darstellen.[237] Insbesondere bei einem Spezial-Sondervermögen i.S.d. § 2 Abs. 3 InvG kann es sich um eine Zweckgesellschaft handeln. Spezial-Sondervermögen i.S.d. § 2 Abs. 3 InvG sind Sondervermögen, deren Anteile aufgrund schriftlicher Vereinbarungen mit einer Kapitalanlagegesellschaft jeweils von nicht mehr als 30 Anlegern, die nicht natürliche Personen sind, gehalten werden.[238]

Unabhängig von Zweck und rechtlicher Ausgestaltung der Zweckgesellschaft ist also stets zu prüfen, ob die Zweckgesellschaft aufgrund der Regelungen des SIC 12 zu konsolidieren ist.

Ein Unternehmen hat eine Zweckgesellschaft zu konsolidieren, wenn sich bei wirtschaftlicher Betrachtungsweise der Verhältnisse zwischen dem Unternehmen und der Zweckgesellschaft zeigt, dass die Zweckgesellschaft durch das Unternehmen beherrscht wird (SIC 12.8).

Eine Zweckgesellschaft kann durch Vorherbestimmung ihrer Geschäftstätigkeit (*„autopilot"*) oder auf andere Weise beherrscht werden. Beherrschung kann auch in den Fällen bestehen, in denen das beherrschende Unternehmen wenig oder kein Eigenkapital der Zweckgesellschaft hält. Die Prüfung, ob Beherrschung vorliegt, erfordert in jedem einzelnen Fall eine Beurteilung unter Berücksichtigung sämtlicher relevanter Faktoren (SIC 12.9). Unbeachtlich ist, ob die Beherrschung direkt oder indirekt existiert.

In SIC 12.10 werden beispielhaft Umstände aufgeführt, die darauf hindeuten, dass ein Unternehmen eine Zweckgesellschaft beherrscht und folglich eine Konsolidierungspflicht besteht:

(a) bei wirtschaftlicher Betrachtungsweise ist die Geschäftstätigkeit der Zweckgesellschaft auf das Unternehmen entsprechend dessen besonderen Geschäftsbedürfnissen ausgerichtet, sodass das Unternehmen Nutzen aus der Geschäftstätigkeit der Zweckgesellschaft zieht (SIC 12.10(a)). Dies kann z. B. gegeben sein, wenn die zentralen Aktivitäten der Zweckgesellschaft darin bestehen, dem Gründerunternehmen langfristiges Kapital oder Mittel zur Finanzierung der operativen Geschäftstätigkeit zu beschaffen (Finanzierungsfunktion). Gleiches gilt, wenn die Zweckgesellschaft die Versorgung des Gründerunternehmens mit Gütern oder

---

[237] Für am 1.1.2004 bestehende Sondervermögen dürfen die Regelungen des Gesetzes über Kapitalanlagegesellschaften (KAGG) bis zum 13.2.2007 weiterhin angewendet werden (§ 145 InvG). Auch diese Altfälle können Zweckgesellschaften darstellen, die unter den Voraussetzungen des SIC 12 zu konsolidieren sind.

[238] Sondervermögen dieser Art waren bislang durch den Begriff *„Spezialfonds"* i.S.d. § 1 Abs. 2 KAGG geprägt.

Dienstleistungen für dessen operative Geschäftstätigkeit übernimmt und das Gründerunternehmen ohne Bestehen der Zweckgesellschaft die Beschaffung selbst durchführen müsste (vgl. Appendix zu SIC 12),

(b) bei wirtschaftlicher Betrachtungsweise verfügt das Unternehmen über die Entscheidungsmacht, die Mehrheit des Nutzens aus der Geschäftstätigkeit der Zweckgesellschaft zu ziehen, oder das Unternehmen hat durch die Einrichtung eines „Autopilot"-Mechanismus diese Entscheidungsmacht delegiert (SIC 12.10(b)). Entscheidungsmacht äußert sich beispielsweise in der Möglichkeit, die Zweckgesellschaft eigenständig aufzulösen, die Satzung bzw. den Gesellschaftsvertrag der Zweckgesellschaft zu ändern, oder Änderungen der Satzung bzw. des Gesellschaftsvertrags der Zweckgesellschaft zu blockieren (vgl. Appendix zu SIC 12),

(c) bei wirtschaftlicher Betrachtungsweise verfügt das Unternehmen über das Recht, die Mehrheit (größer 50 %) des Nutzens aus der Zweckgesellschaft zu ziehen, und ist deshalb u.U. Risiken ausgesetzt, die mit der Geschäftstätigkeit der Zweckgesellschaft verbunden sind (SIC 12.10(c)). Die Mehrheit des Nutzens und der Risiken kann sich durch eine asymmetrische Zuordnung hinsichtlich der verteilbaren Jahresergebnisse sowie des Liquidationserlöses bzw. des verteilbaren Reinvermögens ergeben,[239] oder

(d) bei wirtschaftlicher Betrachtungsweise behält das Unternehmen die Mehrheit (größer 50 %) der mit der Zweckgesellschaft verbundenen Residual- oder Eigentumsrisiken oder Vermögenswerte, um Nutzen aus ihrer Geschäftstätigkeit zu ziehen (SIC 12.10(d)). Dies kann z. B. dann gegeben sein, wenn die Kapitalgeber der Zweckgesellschaft Gewinnen und Verlusten nur begrenzt ausgesetzt sind und somit bei wirtschaftlicher Betrachtung nur Kreditgeber sind. In diesem Fall beherrscht derjenige die Zweckgesellschaft, der die Mehrheit der Residual- oder Eigentumsrisiken oder Vermögenswerte trägt. Das Gründerunternehmen behält u.U. auch dann die Mehrheit der Residual- oder Eigentumsrisiken, wenn es Bonitäts- oder Ertragsgarantien gibt.

Unbeachtlich für die Kriterien des SIC 12.10(c)-(d) ist, ob das Unternehmen den Vorteilen und Risiken aufgrund schuldrechtlicher oder aufgrund gesellschaftsrechtlicher Vereinbarung ausgesetzt ist, d. h. es ist keine Beteiligung am Eigenkapital erforderlich.[240]

Eine **Mehrheit der Vorteile oder Risiken** i.S.v. SIC 12.10(c)-(d) ist nicht bereits dann gegeben, wenn eine Partei mehr Vorteile oder Risiken innehat als jede andere Partei. Vielmehr ist erforderlich, dass eine Partei mehr als 50 % der Vorteile oder Risiken innehat.[241]

239 Vgl. Appendix zu SIC 12; *Brune, J./Senger, T.*, in: IFRS-Handbuch, 2004, § 15, Tz. 15.
240 Vgl. *IDW*, WPg 2004, S. 1342.
241 Vgl. *IDW*, WPg 2004, S. 1342.

Indirekte Vorteile oder Risiken, die zwar in der Beziehung des Unternehmens zur Zweckgesellschaft begründet sein können, die jedoch in dem Unternehmen selbst und nicht in der Zweckgesellschaft entstehen, sind von der Regelung des SIC 12.10(c)-(d) nicht erfasst. Überträgt z. B. ein Unternehmen im Rahmen einer die Ausbuchungskriterien erfüllenden ABS-Transaktion ein Forderungsportfolio auf eine Zweckgesellschaft, und erhält das Unternehmen aufgrund seiner gestiegenen Eigenkapitalquote günstigere Finanzierungskonditionen, ist dies bei der Beurteilung nicht zu berücksichtigen.[242]

Im Appendix zu SIC 12 wird explizit darauf hingewiesen, dass die in SIC 12.10 aufgeführten Beispiele Umstände aufzeigen sollen, die bei der Beurteilung einer bestimmten Vereinbarung auf der Grundlage des Grundsatzes der wirtschaftlichen Betrachtungsweise (*„substance over form"*) zu berücksichtigen sind.

Von zentraler Bedeutung für die Frage der Konsolidierung ist, wie die aus dem Eigentum resultierenden **Chancen und Risiken** verteilt sind, d. h. die Abweichung von erwarteten Zahlungsströmen. Zur Beurteilung ist eine einzelfallbezogene Analyse der vertraglichen Vereinbarungen und des Risikoprofils der übertragenen Vermögenswerte vorzunehmen. Dabei ist immer vom Gesamtbild der o.g. Umstände auszugehen (SIC 12.9).

Häufig werden auf Zweckgesellschaften finanzielle Vermögenswerte in Form von Forderungen übertragen. Hierbei können sich insbesondere folgende Chancen und Risiken ergeben:

- verspätete Zahlungen bzw. teilweiser oder vollständiger Ausfall der Forderung,
- unerwartete zeitliche Verteilung der Zahlungseingänge aus den Forderungen im Fall von jederzeit rückzahlbaren Forderungen,
- Änderung des Zinsniveaus,
- Änderung der Devisenkurse.

Auf der Ebene der Zweckgesellschaft ist zu prüfen, wer bei fristeninkongruenter **Refinanzierung** das Zinsrisiko trägt (ob dieses z. B. faktisch wieder auf den Forderungsverkäufer zurückübertragen wurde) und wer das Liquiditätsrisiko der Zweckgesellschaft trägt, d. h. wer bei einer nicht festen Refinanzierungsvereinbarung das so genannte Anschlussfinanzierungsrisiko trägt. Diese Aufzählung ist nur beispielhaft und damit nicht abschließend.

Die Analyse der Chancen und Risiken ist auf der Basis der Ausgestaltung der Zweckgesellschaft vorzunehmen. Dabei sind stets die gesamten übertragenen finanziellen Vermögenswerte und die gesamten damit verbundenen Zahlungsströme sowie alle

---

242 Vgl. *IDW*, WPg 2004, S. 1342.

anderen Umstände zu betrachten; folglich ist auch ein vereinbarter variabler Kaufpreisabschlag Bestandteil der Chancen- und Risikoanalyse.

Ausgangspunkt der Chancen- und Risikobetrachtung sind somit die Zahlungseingänge (bei Forderungen: Zinsen und Tilgung) aus den übertragenen Vermögenswerten. Im Regelfall werden bei dieser Analyse verschiedene Szenarien unterstellt, die mit bestimmten Wahrscheinlichkeiten gewichtet werden. Entscheidend ist dabei die Veränderlichkeit der Zahlungsströme.

Es ist außerdem zu untersuchen, wer die *„eigentümertypischen"* Chancen und Risiken (z. B. Zinsänderungsrisiko) aus der Refinanzierung der Zweckgesellschaft innehat.

Übertragen **mehrere Veräußerer** Vermögenswerte an die Zweckgesellschaft und ist keinem der Veräußerer die Mehrheit der Chancen und Risiken zuzurechnen, kommt bei keinem Veräußerer eine Konsolidierung in Betracht. Abweichendes gilt jedoch, falls die Zweckgesellschaft nicht als Einheit betrachtet werden kann, sondern letztlich separate Teile (zellulare Zweckgesellschaft, *„Silos"*) vorliegen. Werden die einzelnen Portfolien von der Zweckgesellschaft jeweils separat refinanziert, ist von der Existenz mehrerer separater *„Silos"* auszugehen. Da bei Vorliegen mehrerer *„Silos"* die Beteiligten genau identifiziert werden können, sind die Chancen und Risiken der Vermögenswerte jedes einzelnen *„Silos"* separat zu betrachten und die Zuordnung der Chancen und Risiken auf die Beteiligten, verbunden mit der entsprechenden Konsolidierungspflicht, erfolgt nach den vorstehend beschriebenen Grundsätzen.

An jedem Bilanzstichtag ist zu prüfen, ob sich die **Vertragsverhältnisse** der Beteiligten und der Zweckgesellschaft **geändert** haben bzw. ob neue Parteien hinzugekommen sind. Kann einem Beteiligten zunächst nicht die Mehrheit von Chancen und Risiken zugerechnet werden, kann er im Zeitablauf in die Konsolidierungspflicht hineinwachsen, wenn er z. B. im Fall einer im Zusammenhang mit einer Verbriefungsaktion gegründeten Zweckgesellschaft im Nachhinein Schuldverschreibungen (Asset Backed Securities) mit relativ hoher Ausfallwahrscheinlichkeit (Junior Tranche) erwirbt.

Weicht die **tatsächlich eintretende Verteilung der Chancen und Risiken** von der erwarteten ab, führt dies nicht zwingend zu einer erneuten Beurteilung der Konsolidierungspflicht. Eine Neubeurteilung der Konsolidierungspflicht wird allerdings dann erforderlich, wenn die ursprüngliche Einschätzung deshalb fehlerhaft war, weil ursprünglich vorhandene Informationen fehlerhaft verarbeitet wurden; in diesem Fall ist eine rückwirkende Konsolidierung nach IAS 8 vorzunehmen.

Im Rahmen des Projekts *„Consolidation"* ist der IASB seit Juni 2003 dabei, einen einheitlichen Standard zu erarbeiten, der IAS 27 und SIC 12 ersetzen soll. Ende 2004 wurde beschlossen, in naher Zukunft einen *„Exposure Draft of Proposed Amendments to IAS 27"* zu veröffentlichen, der eine umfassendere Definition des Begriffs *„Beherrschung"* (*„control"*) beinhalten soll.

5.2.1.3. Abgang des gesamten Vermögenswerts oder eines Teils des Vermögenswerts

Zur Beurteilung, ob und in welchem Umfang eine Ausbuchung gemäß IAS 39.17-23 erfolgt ist, hat ein Unternehmen zunächst zu bestimmen, ob diese Ausbuchungsvorschriften

- auf **einen Teil** eines finanziellen Vermögenswerts (oder auf einen Teil eines Portfolios gleichartiger finanzieller Vermögenswerte)
- oder auf einen finanziellen Vermögenswert (oder auf ein Portfolio gleichartiger finanzieller Vermögenswerte) **als Ganzes**

anzuwenden sind (IAS 39.16).

In IAS 39.17-26 bezieht sich der Begriff *„finanzieller Vermögenswert"* entweder, wie in IAS 39.16(a) beschrieben, auf **einen Teil** eines finanziellen Vermögenswerts (oder einen Teil eines Portfolios ähnlicher finanzieller Vermögenswerte), oder, wie in IAS 39.16(b) beschrieben, auf einen finanziellen Vermögenswert **in seiner Gesamtheit** (oder auf ein Portfolio ähnlicher finanzieller Vermögenswerte in seiner Gesamtheit) (IAS 39.16).

Die Ausbuchungsregeln des IAS 39.17-23 sind **dann und nur dann auf einen Teil** eines finanziellen Vermögenswerts (oder auf einen Teil eines Portfolios ähnlicher finanzieller Vermögenswerte) anzuwenden, wenn der Teil, der für eine Ausbuchung in Erwägung gezogen wird, eine der drei folgenden Voraussetzungen erfüllt (IAS 39.16(a)(i)-(iii)):

- der Teil enthält nur speziell abgegrenzte Cashflows eines finanziellen Vermögenswerts (oder eines Portfolios ähnlicher finanzieller Vermögenswerte). Wenn z. B. ein Zinsstrip (*„interest-only strip"*) vereinbart wird, bei dem der Vertragspartner das Recht auf die Zinszahlungen, jedoch nicht auf die Tilgungen aus dem Schuldinstrument erwirbt (z. B. im Rahmen eines so genannten Bondstripping), ist IAS 39.17-23 auf die veräußerten Zinszahlungen anzuwenden (IAS 39.16(a)(i)). Beispielsweise können im Fall einer festverzinslichen Forderung mit einer Restlaufzeit von 10 Jahren und jährlicher Zinszahlung ausschließlich die Zinszahlungen für die ersten fünf Jahre der Restlaufzeit Gegenstand der Übertragung sein, oder z. B. ausschließlich die Zinszahlungen der letzten drei Jahre der Laufzeit.[243]
- der Teil umfasst lediglich einen exakt proportionalen (pro rata) Teil an den Cashflows eines finanziellen Vermögenswerts (oder eines Portfolios ähnlicher finanzieller Vermögenswerte). Wird z. B. vereinbart, dass die Vertragspartei 90 % aller Cashflows eines Schuldinstruments erhält, sind die IAS 39.17-23 auf 90 % dieser Cashflows anzuwenden. Wurde der Vertrag mit mehreren Vertragspartnern abge-

---

243 Vgl. *Ernst & Young LLP (Hrsg.)*, International GAAP 2005, 2004, S. 872.

schlossen, muss nicht jeder dieser Vertragspartner einen entsprechenden Anteil an den Cashflows erwerben, vorausgesetzt, dass das übertragende Unternehmen einen exakt proportionalen Anteil abgibt (IAS 39.16(a)(ii)),

- der Teil umfasst lediglich einen exakt proportionalen (pro rata) Teil an speziell abgegrenzten Cashflows eines finanziellen Vermögenswerts (oder eines Portfolios ähnlicher finanzieller Vermögenswerte). Wenn ein Unternehmen z. B. eine Vereinbarung eingeht, bei der der Vertragspartner die Rechte auf 90 % der Zinszahlungen eines Schuldinstruments erhält, sind die IAS 39.17-23 auf 90 % dieser Zinszahlungen anzuwenden. Wurde der Vertrag mit mehreren Vertragspartnern abgeschlossen, so muss nicht jeder dieser Vertragspartner einen proportionalen Anteil an den Cashflows erwerben, vorausgesetzt, dass das übertragende Unternehmen einen exakt proportionalen Anteil abgibt (IAS 39.16(a)(iii)).

In allen anderen Fällen sind die Regelungen zur Ausbuchung (IAS 39.17-23) auf den finanziellen Vermögenswert **als Ganzes** (oder auf ein Portfolio gleichartiger finanzieller Vermögenswerte als Ganzes) anzuwenden (IAS 39.16(b)). Beispiele hierfür nennt IAS 39.16(b):

- ein Unternehmen überträgt die Rechte an den ersten oder den letzten 90 % der Cashflows aus einem finanziellen Vermögenswert (oder einem Portfolio finanzieller Vermögenswerte), oder
- ein Unternehmen überträgt die Rechte an 90 % der Cashflows aus einem Portfolio von Forderungen, leistet jedoch eine Garantie, dem Käufer jegliche Zahlungsausfälle bis zu 8 % des Kapitalbetrags der Forderungen zu erstatten (IAS 39.16(b)).

Klarstellend sei auf Folgendes hingewiesen: Ist nur ein Teil eines Vermögenswerts Gegenstand der Transaktion, sind zur Beurteilung, ob insoweit eine Ausbuchung vorzunehmen ist oder nicht, **nur die für diesen Teil bestehenden Chancen und Risiken relevant**. Soll z. B. im Fall einer variabel verzinslichen Forderung nur die Forderung als solche übertragen werden, während die Zinsen weiterhin dem Übertragenden (Veräußerer) zustehen sollen, spielen die aus der Variabilität der Zinszahlungen resultierenden Chancen und Risiken bei der Beurteilung des Abgangs des Tilgungsteils keine Rolle.

5.2.1.4. Übertragung

Ein Unternehmen hat gemäß IAS 39.17(b) einen finanziellen Vermögenswert auszubuchen, wenn es den finanziellen Vermögenswert gemäß IAS 39.18 und IAS 39.19 überträgt und die Übertragung die Kriterien für eine Ausbuchung nach IAS 39.20 erfüllt.

Ein Unternehmen überträgt gemäß IAS 39.18 **dann und nur dann** einen finanziellen Vermögenswert, wenn es entweder

- die **vertraglichen Rechte** auf den Bezug von Cashflows aus dem finanziellen Vermögenswert **überträgt** (IAS 39.18(a)). Übernimmt der Veräußerer als Agent das Servicing der übertragenen Vermögenswerte, verhindert dies allein noch nicht die Übertragung, oder
- die **vertraglichen Rechte** auf den Bezug von Cashflows aus dem finanziellen Vermögenswert **zurückbehält, jedoch** eine vertragliche Verpflichtung zur Zahlung der Cashflows an einen oder mehrere Empfänger im Rahmen einer Vereinbarung, die die Bedingungen in IAS 39.19 erfüllt, übernimmt („*pass-through arrangement*") (IAS 39.18(b)). Dies ist z. B. der Fall bei Zweckgesellschaften oder Treuhandfonds, die finanzielle Vermögenswerte halten, an Investoren Anteile daran übertragen und weiterhin das Servicing dieser finanziellen Vermögenswerte übernehmen (IAS 39.AG37). Ist eine Zweckgesellschaft vom Veräußerer zu konsolidieren, müssen die Voraussetzungen für ein Pass-through Arrangement im Sinne des IAS 39.19 zwischen der Zweckgesellschaft und den Endempfängern der Zahlungen (z. B. Inhaber der Asset Backed Securities) erfüllt sein.

Ist eine Zweckgesellschaft vom Veräußerer zu konsolidieren (vgl. Kapitel 5.2.1.2.), kann ein (vollständiger bzw. teilweiser) Abgang erfolgen, wenn die Zweckgesellschaft ihrerseits die vertraglichen Rechte aus den übertragenen Vermögenswerten im Rahmen eines Pass-through Arrangements an Dritte außerhalb des Konzerns weiter überträgt.

Behält ein Unternehmen (oder eine von ihm zu konsolidierende Zweckgesellschaft) die **vertraglichen Rechte** auf den Bezug von Cashflows aus finanziellen Vermögenswerten **zurück und** übernimmt es eine vertragliche Verpflichtung zur Zahlung der Cashflows an einen oder mehrere Endempfänger, hat diese vertragliche Verpflichtung zur Zahlung der Cashflows gemäß IAS 39.19 folgende Voraussetzungen kumulativ zu erfüllen:

- Seitens des Unternehmens darf keinerlei Zahlungsverpflichtung gegenüber dem Endempfänger bestehen, sofern und soweit das Unternehmen nicht selbst entsprechende Beträge aus dem ursprünglichen Vermögenswert vereinnahmt. Vom Unternehmen geleistete kurzfristige Vorauszahlungen, für die es das Recht auf vollständige Rückzahlung zuzüglich aufgelaufener Zinsen zum Marktzinssatz hat, stellen keinen Verstoß gegen diese Bedingung dar (IAS 39.19(a)).
- Dem Unternehmen ist es nach der Übertragungsvereinbarung (Kaufvertrag) untersagt, den ursprünglichen Vermögenswert zu verkaufen oder zu verpfänden, es sei denn als Sicherheit gegenüber dem Endempfänger, um die Verpflichtung, ihm die Cashflows zu zahlen, zu erfüllen (IAS 39.19(b)).
- Das Unternehmen ist verpflichtet, alle Cashflows, die es für den Endempfänger einnimmt, ohne wesentliche Verzögerung weiterzuleiten. Das Unternehmen ist außerdem nicht befugt, solche Cashflows innerhalb der kurzen Erfüllungsperiode zwischen Inkassotag und gefordertem Überweisungstermin zu reinvestieren, außer

in Zahlungsmittel oder Zahlungsmitteläquivalente,[244] wobei die Zinsen aus solchen Reinvestitionen an den Endempfänger weiterzuleiten sind (IAS 39.19(c)).

Wann eine Weiterleitung von Cashflows nach IAS 39.19(c) als wesentlich verzögert einzustufen ist, ist nicht geregelt; es ist davon auszugehen, dass keine absolute Grenze gezogen werden kann, sondern die Beurteilung nach dem Gesamtbild der Verhältnisse im Einzelfall zu erfolgen hat. Zu berücksichtigen sind dabei insbesondere die Zahlungstermine der übertragenen Vermögenswerte und der zur Refinanzierung begebenen Instrumente.

Mitentscheidend für das Vorliegen eines *„pass-through arrangements"* ist, dass nicht mehr bezahlt wird, als aus den übertragenen Vermögenswerten vereinnahmt wird.

Werden die bei der Zweckgesellschaft eingehenden Zahlungen aus den übertragenen Vermögenswerten nicht zur Tilgung der Refinanzierung (z. B. Asset Backed Securities) verwendet, sondern zum Ankauf weiterer Vermögenswerte, liegt im Allgemeinen kein *„pass-through arrangement"* vor. Werden die Zahlungen jedoch zunächst an die refinanzierenden Parteien weitergeleitet und entscheiden diese anschließend frei über den Ankauf weiterer Vermögenswerte, steht dies einem *„pass-through arrangement"* nicht entgegen; eine freie Entscheidung ist allerdings regelmäßig nicht mehr möglich, wenn aufgrund von entsprechenden Regelungen in einem Rahmenvertrag faktische oder tatsächliche Zwänge bestehen und deshalb kein eigenbestimmter und ergebnisoffener Entscheidungsprozess stattfinden kann. Ist ein Treuhänder in die Transaktion eingebunden, muss dieser im Rahmen seines mit den Endempfängern der Zahlungen bestehenden Treuhandvertrages frei über die Verwendung der Mittel entscheiden können. Hier ist es erforderlich, dass die eingehenden Zahlungen zunächst z. B. auf ein Konto des Treuhänders tatsächlich ausgezahlt worden sind.

Um sich zur Ausbuchung zu qualifizieren, muss ein *„pass-through arrangement"* neben den Kriterien des IAS 39.19 stets auch die Voraussetzungen des IAS 39.20 für die Ausbuchung erfüllen.

Beispiel:

Eine verzinsliche Forderung mit einem Nennwert von EUR 10.000 wird gegen eine sofortige Barzahlung von EUR 9.000 übertragen. Dabei wird vereinbart, dass der Übertragende (Veräußerer) dem Empfänger (Erwerber) die in der Folgezeit eingehenden ersten EUR 9.000 zuzüglich Zinsen weiterleitet („pass-through arrangement"). Soweit weniger eingeht, besteht für den Veräußerer kei-

[244] Die Begriffe Zahlungsmittel und Zahlungsmitteläquivalente haben gemäß IAS 39.19 dieselbe Bedeutung wie in IAS 7 *„Cash Flow Statements"*. Danach umfassen Zahlungsmittel Barmittel und Sichteinlagen. Zahlungsmitteläquivalente sind kurzfristige, äußerst liquide Finanzinvestitionen, die jederzeit in bestimmte Zahlungsmittelbeträge umgewandelt werden können und nur unwesentlichen Wertschwankungsrisiken unterliegen.

ne Zahlungsverpflichtung. Soweit mehr eingeht, steht dieser Mehrerlös dem Veräußerer zu. Wenn in diesem Fall dem Veräußerer weiterhin im Wesentlichen alle „eigentümertypischen" Chancen und Risiken zuzurechnen sind, weil der dem Veräußerer zustehende Mehrerlös (maximal EUR 1.000) die gesamte erwartete Variabilität an Netto-Cashflows abdeckt, ist die Forderung weiterhin in vollem Umfang beim Veräußerer zu bilanzieren, d. h. es erfolgt keine Ausbuchung (IAS 39.BC61-62).

5.2.1.5. Übertragung der Chancen und Risiken (IAS 39.20)

Überblick

Für die Frage des Abgangs ist für den Fall, dass (1) die Zweckgesellschaft vom Verkäufer nicht zu konsolidieren ist oder (2) die Zweckgesellschaft vom Veräußerer zwar zu konsolidieren ist, gleichzeitig aber ein *„pass-through arrangement"* gemäß IAS 39.18(b) i.V.m. IAS 39.19 mit einem nicht zu konsolidierenden Dritten besteht, zu prüfen, inwieweit die Chancen und Risiken aus den verkauften finanziellen Vermögenswerten (bzw. Teilen davon) übertragen worden sind (IAS 39.20).

Überträgt ein Unternehmen einen finanziellen Vermögenswert, hat es nach IAS 39.20 das Ausmaß festzustellen, in dem es die Chancen und Risiken, die mit dem Eigentum an dem finanziellen Vermögenswert verbunden sind, zurückbehält. In diesem Fall gilt Folgendes:

- Wenn das Unternehmen im Wesentlichen alle Chancen und Risiken, die mit dem Eigentum an dem finanziellen Vermögenswert verbunden sind, **überträgt**, hat es den finanziellen Vermögenswert auszubuchen und sämtliche aus der Übertragung entstandenen und behaltenen Rechte und Verpflichtungen gesondert als Vermögenswerte bzw. Verbindlichkeiten zu erfassen (IAS 39.20(a)),
- Wenn das Unternehmen im Wesentlichen alle Chancen und Risiken, die mit dem Eigentum an dem finanziellen Vermögenswert verbunden sind, **behält**, so hat es den finanziellen Vermögenswert weiterhin in der Bilanz anzusetzen (IAS 39.20(b)),
- Wenn das Unternehmen im Wesentlichen alle Chancen und Risiken, die mit dem Eigentum an dem finanziellen Vermögenswert verbunden sind, **weder überträgt noch behält**, hat es in einem weiteren Schritt zu bestimmen, ob es die Verfügungsmacht über den finanziellen Vermögenswert behalten hat (IAS 39.20(c)). Es gilt in diesem Fall Folgendes:

  – hat das Unternehmen die **Verfügungsmacht nicht behalten**, ist der finanzielle Vermögenswert auszubuchen. Sämtliche bei dieser Übertragung entstandenen oder behaltenen Rechte und Verpflichtungen sind gesondert als Vermögenswerte bzw. Verbindlichkeiten anzusetzen (IAS 39.20(c)(i)),

- hat das Unternehmen die **Verfügungsmacht behalten**, ist der finanzielle Vermögenswert in dem Umfang seines anhaltenden Engagements („*continuing involvement*") nach den Vorschriften des IAS 39.30 weiter zu erfassen (IAS 39.20(c)(ii)).

Chance und Risiken

Aus IAS 39.21-22 ergibt sich, dass für die Entscheidung, ob eine Ausbuchung vorzunehmen ist oder nicht, nur solche Chancen und Risiken erheblich sind, die zu einer Variabilität der aus dem übertragenen Vermögenswert resultierenden Zahlungsströme führen. Die Zahlungsströme werden insbesondere durch folgende Faktoren beeinflusst:

- das Adressenausfallrisiko (Bonitätsrisiko),
- das Risiko verspäteter Zahlung (falls keine angemessene Verzinsung erfolgt),
- das Risiko vorzeitiger Zahlung (falls gemäß Vereinbarung eine vorzeitige Tilgung ohne angemessene Vorfälligkeitsentschädigung möglich ist),
- das Zinsänderungsrisiko (falls variable Zinsen oder Zinsneufestsetzungstermine vereinbart sind),
- das Fremdwährungsrisiko.

Übertragung von Chancen und Risiken

Die Übertragung von Chancen und Risiken wird anhand eines Vergleichs der Risikopositionen des Unternehmens im Hinblick auf Veränderungen in der Höhe und dem Eintrittszeitpunkt der Netto-Cashflows des übertragenen Vermögenswerts vor und nach der Übertragung beurteilt (IAS 39.21).

Zur konkreten Vorgehensweise bei Berechnung und Vergleich der Risikopositionen vor und nach der Übertragung werden in IAS 39 keine genauen Vorgaben gemacht. Chancen und Risiken werden in IAS 39.21 definiert als Veränderlichkeit in der Höhe und dem zeitlichen Anfall der aus dem verkauften finanziellen Vermögenswert (z. B. der Forderung) sich ergebenden Zahlungsströme. Miteinander zu vergleichen sind die Barwerte dieser Zahlungsströme vor und nach der Vereinbarung.

Häufig ist offensichtlich, ob ein Unternehmen im Wesentlichen alle Chancen und Risiken übertragen oder behalten hat, und es bedarf keiner weiteren Berechnungen. In anderen Fällen wird es notwendig sein, die Risikoposition des Unternehmens im Hinblick auf Schwankungen des Barwerts der künftigen Netto-Cashflows vor und nach der Übertragung zu berechnen und zu vergleichen. Zur Berechnung und zum Vergleich wird ein angemessener aktueller Marktzins als Abzinsungssatz benutzt. Jede für möglich gehaltene Schwankung der Netto-Cashflows wird berücksichtigt, wobei den Ergebnissen mit einer größeren Eintrittswahrscheinlichkeit mehr Gewicht beigemessen wird (IAS 39.22).

Ein Unternehmen hat im Wesentlichen alle mit dem Eigentum an dem finanziellen Vermögenswert verbundenen Chancen und Risiken **behalten**, wenn sich seine Risikoposition hinsichtlich der Schwankungen des Barwerts der künftigen Netto-Cashflows infolge der Übertragung nicht wesentlich geändert hat, z. B. weil bei der Veräußerung der Rückkauf zu einem Festpreis oder dem Verkaufspreis zuzüglich Verzinsung vereinbart wurde. Ein Unternehmen hat im Wesentlichen alle mit dem Eigentum an dem finanziellen Vermögenswert verbundenen Chancen und Risiken **übertragen**, wenn seine Risikoposition hinsichtlich der Schwankungen des Barwerts der mit dem finanziellen Vermögenswert verbundenen künftigen Netto-Cashflows nicht mehr signifikant ist im Vergleich zu der gesamten Schwankungsbreite des Barwerts der mit dem finanziellen Vermögenswert verbundenen künftigen Netto-Cashflows, z. B. weil

- das Unternehmen den finanziellen Vermögenswert verkauft hat, verbunden mit der Option, ihn zum Fair Value zum Zeitpunkt des Rückkaufs zurückzuerwerben, oder
- das Unternehmen einen exakt proportionalen Teil der Cashflows eines größeren finanziellen Vermögenswerts im Rahmen einer Vereinbarung, die die Bedingungen des IAS 39.19 erfüllt (z. B. einer Kredit-Unterbeteiligung), übertragen hat (IAS 39.21).

In IAS 39.AG39 werden Beispiele aufgeführt, bei denen im Wesentlichen alle Chancen und Risiken **übertragen** werden:

- Ein unbedingter Verkauf eines finanziellen Vermögenswerts. Dasselbe gilt im Fall von Forward-Rückkaufsvereinbarungen, deren Rückkaufpreis dem Fair Value zum Zeitpunkt des Rückerwerbs entspricht (IAS 39.AG51(j)).
- Der Verkauf eines finanziellen Vermögenswerts in Kombination mit einer Option, die zum Rückkauf des finanziellen Vermögenswerts zu dessen Fair Value zum Zeitpunkt des Rückkaufs berechtigt.
- Der Verkauf eines finanziellen Vermögenswerts in Kombination mit einer Verkaufs- oder Kaufoption, die so weit aus dem Geld ist, dass es sehr unwahrscheinlich ist, dass sie vor Fälligkeit ins Geld gehen wird.

Wenn ein Unternehmen einen finanziellen Vermögenswert verkauft und ausschließlich das **Vorrecht** behält, im Falle einer anschließenden Veräußerung durch den Empfänger (Erwerber) den **Vermögenswert zum Fair Value zurückzukaufen** (Vorkaufsrecht), hat das Unternehmen den Vermögenswert auszubuchen (IAS 39.AG51(d)).

In IAS 39.AG40 werden Beispiele aufgeführt, bei denen im Wesentlichen alle Chancen und Risiken **zurückbehalten** werden:

- ein Verkauf kombiniert mit einem vereinbarten Rückkauf, bei dem der Rückkaufspreis fixiert ist oder dem Verkaufspreis zuzüglich einer angemessenen Verzinsung entspricht (wie beim echten Pensionsgeschäft) (zu Wertpapierpensionsgeschäften vgl. Kapitel 5.2.1.10.2.),

- eine Wertpapierleihe (vgl. Kapitel 5.2.1.10.3.),
- der Verkauf eines finanziellen Vermögenswerts in Kombination mit der Vereinbarung eines Total Return Swaps, durch welchen das Marktrisiko auf den Übertragenden (Veräußerer) zurückübertragen wird,
- der Verkauf eines finanziellen Vermögenswerts in Kombination mit einer Verkaufs- oder Kaufoption, die so weit im Geld ist, dass es äußerst unwahrscheinlich ist, dass sie vor Fälligkeit aus dem Geld gehen wird,
- der Verkauf von kurzfristigen Forderungen, bei dem der Veräußerer eine Garantie auf Entschädigung des Empfängers für wahrscheinlich eintretende Kreditausfälle leistet.

Wenn ein übertragener finanzieller Vermögenswert vom Übertragenden (Veräußerer) zurückerworben werden kann und die **Kaufoption weit im Geld** ist, erfüllt die Übertragung nicht die Bedingungen für eine Ausbuchung, weil der Übertragende im Wesentlichen alle mit dem Eigentum verbundenen Chancen und Risiken zurückbehalten hat. Dasselbe gilt, wenn der übertragene finanzielle Vermögenswert vom Empfänger (Erwerber) zurückveräußert werden kann und die **Verkaufsoption weit im Geld** ist (IAS 39.AG51(f)). Ist jedoch die **Kaufoption bzw. die Verkaufsoption weit aus dem Geld**, sind die Bedingungen für eine Ausbuchung erfüllt (IAS 39.AG51(g)). Zu Wertpapierpensionsgeschäften vgl. Kapitel 5.2.1.10.2.

Manchmal erfolgt der **Rückerwerb** eines finanziellen Vermögenswerts bereits **kurz nach dessen Verkauf** („*wash sale transaction*“). Ein solcher Rückkauf schließt die Ausbuchung nicht aus, sofern der ursprüngliche Verkauf die Kriterien für eine Ausbuchung erfüllte. Eine Ausbuchung des Vermögenswerts ist jedoch nicht zulässig, wenn bereits beim ursprünglichen Verkauf eine Vereinbarung über den Rückerwerb zu einem festen Preis oder zu dem ursprünglichen Verkaufspreis zuzüglich einer Verzinsung geschlossen wird (IAS 39.AG51(e)).

Die Vereinbarung von **Nettobarausgleich** („*net cash settlement*“) im Fall von Kaufoptionen, Verkaufsoptionen oder Forward-Rückkaufsvereinbarungen bedeutet nicht automatisch, dass der Übertragende (Veräußerer) des finanziellen Vermögenswerts die Verfügungsmacht daran überträgt (IAS 39.AG51(k)).

Wird ein finanzieller Vermögenswert veräußert, und wird gleichzeitig vereinbart, dass durch einen **Total Return Swap** sämtliche Zinszahlungsströme aus dem veräußerten Vermögenswert im Austausch gegen eine feste Zahlung oder gegen eine variable, von der Entwicklung des Zinsniveaus abhängige Zahlung an den Übertragenden (Veräußerer) zurückfließen, und der Veräußerer außerdem alle Erhöhungen und Reduzierungen des Fair Values des veräußerten Vermögenswerts übernimmt, darf der Veräußerer keine Ausbuchung vornehmen (IAS 39.AG51(o)).

Wird ein festverzinslicher finanzieller **Vermögenswert veräußert und** zwischen Übertragendem (Veräußerer) und Empfänger (Erwerber) ein **Zinsswap** geschlossen, in dem, jeweils bezogen auf einen Nennwert, der dem Kapitalbetrag des übertragenen finanziellen Vermögenswerts entspricht, der Veräußerer einen festen Zinssatz erhält und einen variablen Zinssatz bezahlt,[245] schließt der Zinsswap die Ausbuchung des übertragenen Vermögenswerts nicht aus, sofern die aus dem Swap zu leistenden Zahlungen nicht von aus dem übertragenen Vermögenswert erhaltenen Zahlungen abhängen (IAS 39.AG51(p)).

Wird ein über die Laufzeit ratierlich zu tilgender festverzinslicher finanzieller Vermögenswert veräußert, und gleichzeitig ein Zinsswap zwischen Veräußerer (erhält fest und zahlt variabel)[246] und Erwerber (erhält variabel und zahlt fest) geschlossen, und verringert sich der Nominalbetrag des Swaps im Zeitablauf (**Amortisationsswap**), ist die Bilanzierung davon abhängig, auf welche Weise sich der Nominalbetrag des Swaps verringert. Amortisiert sich der **Nominalbetrag des Swaps** so, dass er zu jedem beliebigen Zeitpunkt **dem jeweils ausstehenden Kapitalbetrag des übertragenen finanziellen Vermögenswerts entspricht**, würde der Swap im Allgemeinen dazu führen, dass ein wesentliches Vorauszahlungsrisiko beim Veräußerer verbleibt. In diesem Fall hat der Veräußerer den übertragenen finanziellen Vermögenswert entweder vollständig oder im Umfang seines Continuing Involvements weiterhin anzusetzen (vgl. Kapitel 5.2.1.9.). Ist die Amortisierung des Nominalbetrags des Swaps **nicht an den ausstehenden Kapitalbetrag des übertragenen Vermögenswerts gekoppelt**, so würde dieser Swap nicht dazu führen, dass bezüglich des übertragenen Vermögenswerts ein Vorauszahlungsrisiko beim Veräußerer verbleibt; folglich schließt eine solche Vereinbarung eine Ausbuchung nicht aus, sofern die aus dem Amortisationsswap zu leistenden Zahlungen nicht von erhaltenen Zinszahlungen auf den übertragenen Vermögenswert abhängen und der Swap nicht dazu führt, dass der Veräußerer andere wesentliche Chancen und Risiken zurückbehält (IAS 39.AG51(q)).

5.2.1.6. Übergang der Verfügungsmacht

Ob die Verfügungsmacht bezüglich des übertragenen Vermögenswerts beim Übertragenden (Veräußerer) verblieben ist oder nicht, hängt von der Fähigkeit des Empfängers (Erwerbers) ab, den Vermögenswert zu verkaufen (IAS 39.23).

Wenn der Erwerber den Vermögenswert **faktisch** (tatsächlich) in seiner Gesamtheit an eine nicht verbundene dritte Partei **verkaufen kann** und diese Fähigkeit einseitig ohne Einschränkung ausüben kann, ohne in der Übertragung zusätzlichen Einschränkungen unterworfen zu sein, hat der Veräußerer die Verfügungsmacht nicht behalten. In allen anderen Fällen hat der Veräußerer die Verfügungsmacht behalten (IAS 39.23).

---

245 Bei der im Amtsblatt der EU veröffentlichten Übersetzung wird an dieser Stelle irrtümlicherweise der *Empfänger*, d. h. der Erwerber, als Festzinsempfänger genannt, vgl. Verordnung (EG) Nr. 2086/2004, ABl. EU Nr. L 363 v. 9.12.2004, S. 43.

246 Bei der im Amtsblatt der EU veröffentlichten Übersetzung wird an dieser Stelle irrtümlicherweise der *Empfänger*, d. h. der Erwerber, als Festzinsempfänger genannt, vgl. Verordnung (EG) Nr. 2086/2004, ABl. EU Nr. L 363 v. 9.12.2004, S. 43.

Neben der Frage, welche vertraglichen Verfügungsmöglichkeiten oder -verbote dem Erwerber in Bezug auf den übertragenen Vermögenswert zustehen bzw. auferlegt sind, ist maßgeblich, welche tatsächlichen Möglichkeiten der Erwerber hat. Insbesondere gilt nach IAS 39.AG43:

- Ein vertraglich eingeräumtes Recht auf Veräußerung eines übertragenen Vermögenswerts hat kaum eine tatsächliche Auswirkung, wenn kein Markt für den übertragenen Vermögenswert vorhanden ist.
- Die Fähigkeit, einen übertragenen Vermögenswert zu veräußern, hat kaum eine tatsächliche Auswirkung, wenn von der Veräußerungsmöglichkeit nicht frei Gebrauch gemacht werden kann. Aus diesem Grund gilt, dass

  - die Fähigkeit des Erwerbers, einen übertragenen Vermögenswert zu veräußern, von den Handlungen Dritter unabhängig sein muss und
  - der Erwerber in der Lage sein muss, den übertragenen Vermögenswert ohne einschränkende Bedingungen oder Auflagen zu veräußern. Eine schädliche einschränkende Bedingung kann z. B. eine Vereinbarung über das Servicing des Vermögenswerts sein oder die Einräumung einer Rückkaufoption (IAS 39.AG43).

Der Empfänger (Erwerber) verfügt über die tatsächliche Fähigkeit zur Veräußerung des übertragenen Vermögenswerts, wenn dieser an einem **aktiven Markt** gehandelt wird, da er den Vermögenswert, den er an einen Dritten weiter überträgt, bei Bedarf am Markt wieder erwerben könnte, falls er ihn an den ursprünglich Übertragenden (Veräußerer) zurückgeben muss (IAS 39.AG42). In diesen Fällen geht folglich die Verfügungsmacht unabhängig von den getroffenen vertraglichen Vereinbarungen an den Erwerber über. Dazu finden sich in IAS 39.AG42 folgende Erläuterungen:

- Der Erwerber kann über die tatsächliche Fähigkeit zum Verkauf des übertragenen Vermögenswerts verfügen, wenn dem Veräußerer zwar eine Rückkaufoption eingeräumt wurde, der Erwerber den übertragenen Vermögenswert jedoch bei Ausübung der Option jederzeit am Markt erwerben kann.
- Der Erwerber verfügt nicht über die tatsächliche Fähigkeit zum Verkauf des übertragenen Vermögenswerts, wenn dem Veräußerer eine Rückkaufoption gewährt wurde und der Erwerber den übertragenen Vermögenswert nicht jederzeit erwerben kann, falls der Veräußerer seine Option ausübt.

IAS 39.AG43(a) stellt klar, dass ein Weiterveräußerungsrecht des Erwerbers nicht relevant ist, wenn für den übertragenen Vermögenswert *kein Markt* vorhanden ist. Dies bedeutet andererseits, dass für den Fall, dass ein Markt vorhanden ist, eine Übertragung der Verfügungsmacht gegeben sein kann. Da IAS 39.AG43(a) nur vom *Markt* spricht, ist es nicht erforderlich, dass ein so genannter aktiver Markt für den Vermögenswert besteht. Andererseits betont IAS 39.42, dass für den Fall des Vorhandenseins eines aktiven Markts von einer Übertragung der Verfügungsmacht ausgegangen werden kann. IAS 39 macht zur Frage, wann *ein Markt* bzw. wann *kein Markt* gegeben ist, keine näheren Ausführungen. Regelungen zum aktiven Markt finden sich u.a. in IAS 39.AG71-AG73 (vgl. dazu ausführlich Kapitel 6.4.).

Allein die Tatsache, dass der Empfänger (Erwerber) den übertragenen Vermögenswert wahrscheinlich nicht veräußert, bedeutet noch nicht, dass der Übertragende (Veräußerer) die Verfügungsmacht an dem übertragenen Vermögenswert behalten hat. Die Verfügungsmacht wird vom Veräußerer jedoch dann weiterhin ausgeübt, **wenn eine Verkaufsoption oder eine Garantie den Erwerber** – vertragsmäßiges und wirtschaftliches Handeln angenommen – **davon abhält**, den Vermögenswert zu veräußern (IAS 39.AG44). Eine ausreichend werthaltige Verkaufsoption oder eine Garantie hält den Erwerber normalerweise davon ab, den Vermögenswert weiterzuveräußern, weil er den erworbenen Vermögenswert nicht an einen Dritten veräußern würde, ohne eine ähnliche Option bzw. andere restriktive Bedingungen an die Veräußerung zu knüpfen. Die **Verfügungsmacht** ist also nicht an den Erwerber übergegangen, sie **verbleibt beim Veräußerer** (IAS 39.AG44).

Ist der übertragene finanzielle **Vermögenswert jederzeit am Markt verfügbar** und hält der Übertragende (Veräußerer) eine **Kaufoption** auf den übertragenen Vermögenswert, die weder weit im Geld noch weit aus dem Geld ist, so bucht der Veräußerer den Vermögenswert aus, da er die Verfügungsmacht nicht behalten hat (IAS 39.AG51(h)) (zu Wertpapierpensionsgeschäften vgl. Kapitel 5.2.1.10.2). Ist der übertragene Vermögenswert jedoch nicht jederzeit am Markt verfügbar, ist eine Ausbuchung in Höhe des Teils, der der Kaufoption unterliegt, ausgeschlossen, da der Veräußerer insoweit die Verfügungsmacht behalten hat (IAS 39.AG51(h)).

5.2.1.7. Bilanzierung bei Übertragungen, welche die Kriterien für eine Ausbuchung erfüllen

Übertragungen im Sinne von IAS 39.20(a) und (c)(i) erfüllen die Kriterien für eine Ausbuchung (vgl. Kapitel 5.2.1.4.).

Servicing Assets und Servicing Liabilities

Wenn ein Unternehmen einen finanziellen Vermögenswert im Rahmen einer Übertragung, die die Kriterien für eine vollständige Ausbuchung erfüllt, überträgt und es diesen finanziellen Vermögenswert gegen eine Gebühr weiterhin verwaltet („*servicing*"), hat es für diesen Servicing-Vertrag ggf. einen Vermögenswert („*servicing asset*") bzw. eine Verbindlichkeit („*servicing liability*") zu erfassen:

- Falls keine Gebühr für das Servicing des Vermögenswerts vereinbart wurde, oder wenn zu erwarten ist, dass die vereinbarte Gebühr voraussichtlich keine angemessene Vergütung darstellt, hat der Übertragende (Veräußerer) des Vermögenswerts insoweit eine ***„servicing liability"*** anzusetzen, welche mit dem Fair Value zu bewerten ist.

- Entsprechend setzt der Veräußerer ein ***„servicing asset“*** an, soweit die vereinbarte Gebühr voraussichtlich mehr als ausreichend ist (IAS 39.24). Das Servicing Asset ist bilanziell wie ein weiterhin zu bilanzierender Teil des übertragenen Vermögenswerts zu behandeln. Die Aufteilung des bisherigen Buchwerts des übertragenen Vermögenswerts erfolgt nach den Vorschriften des IAS 39.27 entsprechend der relativen Fair Values des ausgebuchten Teils und des Servicing Assets zum Zeitpunkt der Übertragung.[247]

Bewertung neuer Vermögenswerte und Verbindlichkeiten

Wenn ein finanzieller Vermögenswert infolge einer Übertragung vollständig ausgebucht wird, die Übertragung jedoch dazu führt, dass das Unternehmen einen neuen finanziellen Vermögenswert erhält oder eine neue finanzielle Verbindlichkeit eingeht, hat das Unternehmen diese Posten mit dem Fair Value einzubuchen (IAS 39.25).

Realisierung des Abgangserfolgs

Bei der vollständigen Ausbuchung eines finanziellen Vermögenswerts ist die Differenz zwischen

- dem Buchwert und
- der Summe aus (1) der erhaltenen Gegenleistung (einschließlich jedes neu erhaltenen Vermögenswerts, abzüglich jeder neu eingegangenen Verbindlichkeit) und (2) allen nach IAS 39.55(b) direkt im Eigenkapital erfassten kumulierten Gewinnen oder Verlusten,

erfolgswirksam zu erfassen (IAS 39.26).[248]

Handelt es sich bei dem übertragenen Vermögenswert um einen **Teil eines größeren finanziellen Vermögenswerts** (z. B. bei der Veräußerung eines *„interest-only strip“*, d. h. es werden nur die Zinszahlungen eines Schuldinstruments veräußert, IAS 39.16(a)), und erfüllt diese Teilveräußerung vollständig die Kriterien für eine Ausbuchung, so ist zunächst eine **Aufteilung des bisherigen Buchwerts** dieses ganzen finanziellen Vermögenswerts auf den veräußerten und den nicht veräußerten Teil des ganzen finanziellen Vermögenswerts vorzunehmen (IAS 39.27). Dabei ist der Buchwert zwischen dem weiterhin zu bilanzierenden Teil und dem auszubuchenden Teil aufzuteilen, wobei die **relativen Fair Values** der jeweiligen Teile zum Zeitpunkt der Übertragung zugrunde zu legen sind. Ein *„servicing asset“* ist zu diesem Zweck als ein zurückbehaltener Teil des Vermögenswerts zu behandeln. Die Differenz zwischen

- dem ausgebuchten Teil zugeordneten Buchwert und

[247] Vgl. *Ernst & Young LLP (Hrsg.)*, International GAAP 2005, 2004, S. 897-898.
[248] Vgl. *Ernst & Young LLP (Hrsg.)*, International GAAP 2005, 2004, S. 894.

- der Summe aus (1) der für den ausgebuchten Teil erhaltenen Gegenleistung (einschließlich jedes neu erhaltenen Vermögenswerts, abzüglich jeder neu eingegangenen Verbindlichkeit) und (2) allen dem ausgebuchten Teil zuzuordnenden, nach IAS 39.55(b) direkt im Eigenkapital erfassten kumulierten Gewinnen oder Verlusten,

ist ergebniswirksam zu erfassen. Ein kumulierter Gewinn oder Verlust, der im Eigenkapital erfasst wurde, wird zwischen dem Teil, der weiter erfasst wird, und dem Teil, der ausgebucht wird, auf Basis der relativen Fair Values dieser Teile aufgeteilt (IAS 39.27). Zur Ermittlung der Fair Values sind die Grundsätze der IAS 39.48-49 und IAS 39.AG69-AG82 anzuwenden (IAS 39.AG46) (vgl. Kapitel 6.4.).[249]

Für die Aufteilung des bisherigen Buchwerts des größeren finanziellen Vermögenswerts auf den weiterhin zu erfassenden Teil und den auszubuchenden Teil ist es nach IAS 39.27 notwendig, den **Fair Value des weiterhin zu erfassenden Teils** zu bestimmen. Hat der Übertragende (Veräußerer) in der Vergangenheit ähnliche Teile verkauft, wie die bezüglich der vorliegenden Transaktion weiterhin zu erfassenden, oder gibt es andere Markttransaktionen für solche Teile, stellen die tatsächlichen Preise kürzlich erfolgter Transaktionen die beste Schätzung für den aktuellen Fair Value dar. Gibt es keine Preisfeststellungen oder aktuelle Markttransaktionen zur Belegung des Fair Values des weiterhin zu erfassenden Teils, besteht die beste Schätzung in der Differenz zwischen dem Fair Value des gesamten größeren finanziellen Vermögenswerts und der vom Empfänger (Erwerber) erhaltenen Gegenleistung für den ausgebuchten Teil (IAS 39.28).

Übernimmt der Übertragende (Veräußerer) weiterhin das **Servicing** des übertragenen Vermögenswerts und erhält er dafür **als Gegenleistung das Recht auf einen Teil der** auf den übertragenen Vermögenswert **geleisteten Zinszahlungen**, ist der Teil der Zinszahlungen, auf den der Veräußerer bei Beendigung des Servicing bzw. bei Übertragung der Servicing-Verpflichtung verzichten würde, dem *„servicing asset"* bzw. der *„servicing liability"* zuzuordnen. Der Teil der Zinszahlungen, der ihm trotz der Beendigung des Servicing bzw. der Übertragung der Servicing-Verpflichtung weiterhin zustehen würde, stellt eine Forderung aus einem *„interest-only strip"* dar. Zur Aufteilung des bisherigen Buchwerts des übertragenen Vermögenswerts nach IAS 39.27 werden der Fair Value des *„servicing assets"* bzw. der *„servicing liability"* und der Fair Value aus dem *„interest-only strip"* zugrunde gelegt (IAS 39.AG45).

5.2.1.8. Bilanzierung bei Übertragungen, welche die Kriterien für eine Ausbuchung nicht erfüllen

Führt eine Übertragung nicht zur Ausbuchung, da das Unternehmen im Wesentlichen alle mit dem Eigentum an dem übertragenen Vermögenswert verbundenen Risiken und

---

249 Vgl. *Ernst & Young LLP (Hrsg.)*, International GAAP 2005, 2004, S. 895-896.

Chancen zurückbehalten hat (IAS 39.20(b)), hat das Unternehmen den übertragenen Vermögenswert weiterhin vollständig anzusetzen und eine finanzielle Verbindlichkeit in Höhe des erhaltenen Kaufpreises zu erfassen. In den Folgeperioden hat das Unternehmen die Erträge aus dem übertragenen Vermögenswert und die Aufwendungen aus der finanziellen Verbindlichkeit zu erfassen (IAS 39.29).[250]

Die mit der Übertragung ggf. entstandenen Verpflichtungen und Ansprüche des Übertragenden (Veräußerers) werden von diesem nicht separat als Derivate bilanziert, soweit dies angesichts des weiterhin zu bilanzierenden Vermögenswerts bzw. der zu erfassenden Verbindlichkeit zu einer Doppelerfassung der Rechte bzw. der Verpflichtungen führen würde (IAS 39.AG49).

Beispiel:

Eine vom Veräußerer gehaltene Kaufoption kann dazu führen, dass der übertragene Vermögenswert nicht ausgebucht wird. In diesem Fall wird die Kaufoption nicht separat als derivativer Vermögenswert erfasst (IAS 39.AG49).

Soweit die Übertragung eines finanziellen Vermögenswerts nicht die Kriterien einer Ausbuchung erfüllt, setzt der **Empfänger** (Erwerber) den übertragenen Vermögenswert nicht an (IAS 39.AG50). Stattdessen bucht er die entrichtete Gegenleistung aus und setzt eine Forderung gegenüber dem Übertragenden (Veräußerer) an. Hat der Veräußerer sowohl das Recht als auch die Pflicht, die Verfügungsmacht über den gesamten finanziellen Vermögenswert gegen einen festen Betrag zurückzuerwerben (wie dies z. B. bei einer Rückkaufvereinbarung der Fall sein kann), kann der Erwerber seine Forderung der Kategorie Loans and Receivables zuordnen (IAS 39.AG50).

5.2.1.9. Bilanzierung bei Continuing Involvement

Wenn ein Unternehmen weder im Wesentlichen alle mit dem Eigentum an dem übertragenen Vermögenswert verbundenen Risiken und Chancen überträgt noch zurückbehält und weiterhin die Verfügungsmacht über den übertragenen Vermögenswert ausübt (IAS 39.20(c)(iii)), hat das Unternehmen den übertragenen Vermögenswert weiterhin in dem Umfang zu erfassen, der seinem anhaltenden Engagement (*„continuing involvement“*) in Bezug auf diesen übertragenen Vermögenswert entspricht (IAS 39.30) (vgl. Kapitel 5.2.1.5.).[251]

Der Abgang z. B. einer Forderung aus Lieferungen und Leistungen oder eines Darlehens ist unter Berücksichtigung des weiterhin verbleibenden *„continuing involvements“* zu erfassen.

---

250 Vgl. *Ernst & Young LLP (Hrsg.)*, International GAAP 2005, 2004, S. 899-903.
251 Vgl. *Ernst & Young LLP (Hrsg.)*, International GAAP 2005, 2004, S. 906-918.

Der Umfang des *„continuing involvements"* an dem übertragenen Vermögenswert entspricht dem Umfang, in dem das Unternehmen dem Risiko von Wertänderungen des übertragenen Vermögenswerts ausgesetzt ist (IAS 39.30).

Zur Höhe des *„continuing involvements"* sind in IAS 39.30 folgende Beispiele aufgeführt:

- Besteht das *„continuing involvement"* des Unternehmens in einer Garantie für den übertragenen Vermögenswert, so bestimmt sich das *„continuing involvement"* aus dem geringeren Wert aus (a) dem Betrag des Vermögenswerts und (b) dem Höchstbetrag der erhaltenen Gegenleistung, den das Unternehmen eventuell zurückzuzahlen hat (d. h. dem Garantiebetrag) (IAS 39.30(a)).
- Besteht das *„continuing involvement"* des Unternehmens in einer geschriebenen oder einer erworbenen Option (oder beidem) auf den übertragenen Vermögenswert, so bestimmt sich das *„continuing involvement"* nach dem Betrag des Vermögenswerts, den das Unternehmen zurück erwerben kann. Im Fall einer geschriebenen Verkaufsoption (Short Put) auf einen zum Fair Value bewerteten Vermögenswert beschränkt sich der Umfang des *„continuing involvements"* auf den niedrigeren Betrag aus dem Fair Value des Vermögenswerts und dem Ausübungspreis der Option (IAS 39.30(b)). Dies ist folgerichtig, da das Unternehmen keine Rechte an Erhöhungen des Fair Value über den Ausübungspreis hinaus hat (IAS 39.AG48(d)). Die bilanzielle Behandlung ist unabhängig davon, ob es sich um eine Option mit oder ohne Barausgleich (*„cash settlement"*) handelt (IAS 39.30(c)).

Erfasst ein Unternehmen einen Vermögenswert weiterhin entsprechend dem Umfang seines *„continuing involvements"*, hat das Unternehmen eine damit verbundene Verbindlichkeit (*„associated liability"*) zu erfassen (IAS 39.31).

Die Bewertung des übertragenen Vermögenswerts sowie der damit verbundenen Verbindlichkeit erfolgt – ungeachtet der übrigen Bewertungsvorschriften des IAS 39 – auf der Grundlage der von dem Unternehmen zurückbehaltenen Rechte und Verpflichtungen (IAS 39.31).

Die Bewertung der verbundenen Verbindlichkeit erfolgt in der Weise, dass der Nettobuchwert aus übertragenem Vermögenswert und verbundener Verbindlichkeit:

- den fortgeführten Anschaffungskosten der von dem Unternehmen zurückbehaltenen Rechte und Verpflichtungen entspricht, falls der übertragene Vermögenswert zu fortgeführten Anschaffungskosten bewertet wird (IAS 39.31(a)) oder
- dem Fair Value der von dem Unternehmen behaltenen Rechte und Verpflichtungen entspricht, wenn diese eigenständig bewertet würden, falls der übertragene Vermögenswert mit dem Fair Value bewertet wird (IAS 39.31(b)).

Erträge aus dem übertragenen Vermögenswert sind weiterhin im Umfang des *„continuing involvements"* zu erfassen, ebenso wie **Aufwendungen**, die im Zusammenhang mit der verbundenen Verbindlichkeit entstehen (IAS 39.32).

Im Rahmen der Bilanzierung des Continuing Involvements werden bei der Folgebewertung Änderungen des Fair Values sowohl des übertragenen Vermögenswerts als auch der verbundenen Verbindlichkeit gemäß IAS 39.55 in Abhängigkeit von der Kategorie, der der Vermögenswert zugeordnet ist, gleichartig erfasst und nicht miteinander saldiert (IAS 39.33). War der übertragene Vermögenswert bislang der Kategorie Loans and Receivables zugeordnet, erfolgt die Folgebewertung des sich aus dem *„continuing involvement"* ergebenden Vermögenswerts und der verbundenen Verbindlichkeit zu fortgeführten Anschaffungskosten (IAS 39.31(a)). Für die verbundene Verbindlichkeit kann nicht die Fair Value Option ausgeübt werden (IAS 39.35). War der übertragene Vermögenswert dagegen bislang der Kategorie Available-for-Sale zugeordnet, erfolgt die Bewertung zum Fair Value erfolgsneutral (AfS-Rücklage). Gehörte der übertragene Vermögenswert hingegen zur Kategorie At Fair Value through Profit or Loss, erfolgt die Fair Value Bewertung erfolgswirksam (IAS 39.31(b) i.V.m. IAS 39.33).

Der als *„continuing involvement"* (IAS 39.30) zu erfassende Vermögenswert und die damit verbundene Verbindlichkeit (IAS 39.31) sind jeweils brutto auszuweisen, eine Saldierung ist nicht zulässig (IAS 39.36).

Continuing Involvement bezüglich eines Teils eines finanziellen Vermögenswerts

Bezieht sich das *„continuing involvement"* des Unternehmens nicht auf den gesamten, sondern **lediglich auf einen Teil** eines finanziellen Vermögenswerts, hat das Unternehmen den bisherigen Buchwert des finanziellen Vermögenswerts in den Teil, den es aufgrund seines *„continuing involvements"* weiterhin erfasst, und den Teil, den es nicht länger erfasst, auf der Grundlage der relativen Fair Values der jeweiligen Teile zum Zeitpunkt der Übertragung aufzuteilen (IAS 39.34).[252] In IAS 39.34 werden folgende Beispiele genannt, in denen eine Aufteilung des bisherigen Buchwerts vorzunehmen ist:

- Das Unternehmen lässt sich eine Option auf den Rückkauf eines Teils eines übertragenen Vermögenswerts einräumen.
- Das Unternehmen übt weiterhin die Verfügungsmacht aus und behält einen Residualanspruch, der nicht zur Folge hat, dass im Wesentlichen alle mit dem Eigentum verbundenen Risiken und Chancen beim Unternehmen verbleiben.

Für die Aufteilung des bisherigen Buchwerts finden die diesbezüglichen Vorschriften des IAS 39.28 Anwendung (vgl. Kapitel 5.2.1.7.).

---

252 Vgl. *Ernst & Young LLP (Hrsg.)*, International GAAP 2005, 2004, S. 916-917.

Die Differenz zwischen

- dem anteiligen Buchwert, der dem nicht länger erfassten Teil zugeordnet wurde, und
- der Summe aus (a) der für den nicht länger erfassten Teil erhaltenen Gegenleistung und (b) der diesem Teil zugeordneten, direkt im Eigenkapital erfassten kumulativen Gewinne oder Verluste (nach IAS 39.55(b))

ist als Abgangserfolg im Periodenergebnis zu erfassen. Ein im Eigenkapital erfasster kumulativer Gewinn oder Verlust ist zwischen dem weiterhin zu bilanzierenden Teil und dem nicht länger zu bilanzierenden Teil aufzuteilen, wobei zur Aufteilung die relativen Fair Values der jeweiligen Teile zugrunde gelegt werden (IAS 39.34).[253]

Beispiele für ein Continuing Involvement

1. Gibt der Übertragende (Veräußerer) eines finanziellen Vermögenswerts dem Empfänger (Erwerber) die **Garantie, bis zu einem bestimmten Höchstbetrag Ausfallverluste zu übernehmen**, und kann der Vermögenswert aus diesem Grund vom Veräußerer in Höhe des *„continuing involvements"* nicht ausgebucht werden, bilanziert der Veräußerer den übertragenen Vermögenswert im Zeitpunkt der Übertragung zum niedrigeren Wert aus (1) dem Buchwert des Vermögenswerts und (2) dem Garantiebetrag, d. h. dem Höchstbetrag der erhaltenen Gegenleistung, den der Veräußerer eventuell zurückzahlen müsste (IAS 39.30(a)). Die verbundene Verbindlichkeit wird bei Zugang in Höhe des Garantiebetrags zuzüglich des Fair Values der Garantie[254] bilanziert (IAS 39.AG48(a)). Im Zeitablauf ist der anfängliche Fair Value der Garantie nach den Vorschriften des IAS 18 zeitanteilig im Periodenergebnis zu erfassen, der Buchwert des übertragenen Vermögenswerts ist um die tatsächlich eintretenden Wertminderungsaufwendungen zu kürzen (IAS 39.AG48(a)).

2. Wenn der **Übertragende** (Veräußerer) **eine Kaufoption hält oder Stillhalter einer Verkaufsoption ist** und dies zur Folge hat, dass der zu fortgeführten Anschaffungskosten bewertete finanzielle Vermögenswert (z. B. Forderung aus Lieferungen und Leistungen, Darlehen) vom Veräußerer nicht ausgebucht werden kann, ist beim Veräußerer die **verbundene Verbindlichkeit** ebenfalls mit deren fortgeführten Anschaffungskosten, d. h. mit der erhaltenen Gegenleistung, zu bewerten, wobei der Buchwert der Verbindlichkeit im Zeitablauf um die zu amortisierende Differenz zwischen diesen Anschaffungskosten und den fortgeführten Anschaffungskosten des übertragenen Vermögenswerts am Verfalltag der Option anzupassen ist (IAS 39.AG48(b)).

---

253 In IAS 39.AG52 wird das Konzept des *„continuing involvements"* für den Fall, dass sich das *„continuing involvement"* nur auf einen Teil eines finanziellen Vermögenswerts bezieht, in einem Beispiel veranschaulicht.

254 Der Fair Value der Garantie bei Zugang ist regelmäßig die für die Garantie erhaltene Gegenleistung.

Beispiel:

Die fortgeführten Anschaffungskosten und der Buchwert des übertragenen Vermögenswerts betragen EUR 98.000, die erhaltene Gegenleistung EUR 95.000. Am Verfalltag der Option werden die fortgeführten Anschaffungskosten des Vermögenswerts bei EUR 100.000 liegen. Der anfängliche Buchwert der verbundenen Verbindlichkeit beträgt EUR 95.000; die Differenz zwischen EUR 95.000 und EUR 100.000 ist unter Anwendung der Effektivzinsmethode im Periodenergebnis zu erfassen. Bei Ausübung der Option wird die Differenz zwischen dem Buchwert der zugehörigen Verbindlichkeit und dem Ausübungspreis erfolgswirksam erfasst (IAS 39.AG48(b)).

3. Wenn der bisher zum Fair Value bewertete, übertragene Vermögenswert aufgrund einer **dem Übertragenden** (Veräußerer) **eingeräumten Kaufoption** von diesem nicht ausgebucht werden kann, wird der übertragene Vermögenswert auch weiterhin zum Fair Value bewertet (IAS 39.AG48(c)). Der Veräußerer bilanziert die verbundene Verbindlichkeit (1) zum Ausübungspreis der Option abzüglich des Zeitwerts der Option, wenn diese im oder am Geld ist, oder (2) zum Fair Value des übertragenen Vermögenswerts abzüglich des Zeitwerts der Option, wenn diese aus dem Geld ist. Durch die Anpassung der Bewertung der verbundenen Verbindlichkeit wird gewährleistet, dass der Nettobuchwert des Vermögenswerts und der verbundenen Verbindlichkeit dem Fair Value der gehaltenen Kaufoption entspricht (IAS 39.AG48(c)).

   Beispiel:

   Der Fair Value des übertragenen Vermögenswerts ist EUR 80.000, der Ausübungspreis der dem Veräußerer eingeräumten Kaufoption beträgt EUR 95.000. Die Option ist daher aus dem Geld, der innere Wert der Option beträgt null. Der Zeitwert der Option beträgt EUR 5.000. Der Buchwert der verbundenen Verbindlichkeit beträgt EUR 75.000 (= EUR 80.000 - EUR 5.000). Der Buchwert des übertragenen Vermögenswerts entspricht seinem Fair Value und beträgt daher EUR 80.000 (IAS 39.AG48(c)).

4. Wenn der übertragene, bisher zum Fair Value bewertete Vermögenswert aufgrund einer **Stillhalterposition des Übertragenden** (Veräußerers) **aus einer dem Empfänger** (Erwerber) **eingeräumten Verkaufsoption** vom Veräußerer nicht ausgebucht werden kann, wird die verbundene Verbindlichkeit zum Ausübungspreis der Option zuzüglich dem Zeitwert der Option bilanziert (IAS 39.AG48(d)). Die Bewertung des übertragenen Vermögenswerts zum Fair Value ist auf den niedrigeren Wert aus (1) dem Fair Value des übertragenen Vermögenswerts und (2) dem Ausübungspreis der Option beschränkt, da der Veräußerer keine Rechte an Werterhöhungen des übertragenen Vermögenswerts über den Ausübungspreis der Option hinaus hat. Auf diese Weise wird sichergestellt, dass der Nettobuchwert aus

übertragenem Vermögenswert und verbundener Verbindlichkeit dem Fair Value der Verpflichtung aus der Verkaufsoption entspricht (IAS 39.AG48(d)).

Beispiel:

Der Fair Value des übertragenen Vermögenswerts ist EUR 120.000, der Ausübungspreis der Option beträgt EUR 100.000, und der Zeitwert der Option beträgt EUR 5.000. Der Buchwert der verbundenen Verbindlichkeit beträgt EUR 105.000 (= EUR 100.000 + EUR 5.000). Der Buchwert des übertragenen Vermögenswerts entspricht in diesem Fall dem Ausübungspreis der Option und beträgt daher EUR 100.000 (IAS 39.AG48(d)).

5. Verhindert ein **Collar** in Form einer erworbenen Kaufoption (Long Call) und einer eingegangenen Stillhalterposition aus einer Verkaufsoption (Short Put) die Ausbuchung des übertragenen, bisher zum Fair Value bewerteten Vermögenswerts beim Übertragenden (Veräußerer), so bewertet er den Vermögenswert weiterhin zum Fair Value (IAS 39.AG48(e)). Die verbundene Verbindlichkeit wird bewertet (1) in Höhe des Ausübungspreises der Kaufoption zuzüglich dem Fair Value der Verkaufsoption und abzüglich des Zeitwerts der Kaufoption, falls die Kaufoption im oder am Geld ist, oder (2) in Höhe des Fair Values des übertragenen Vermögenswerts zuzüglich dem Fair Value der Verkaufsoption und abzüglich des Zeitwerts der Kaufoption, wenn die Kaufoption aus dem Geld ist. Die Anpassung des Buchwerts der verbundenen Verbindlichkeit stellt sicher, dass der Nettobuchwert aus übertragenem Vermögenswert und verbundener Verbindlichkeit dem Fair Value der vom Veräußerer erworbenen und geschriebenen Optionen entspricht (IAS 39.AG48(e)).

   Beispiel:

   Ein zum Fair Value bilanzierter finanzieller Vermögenswert wird veräußert. Der Veräußerer erwirbt gleichzeitig eine Kaufoption (Ausübungspreis EUR 120.000), und geht eine Stillhalterposition aus einer Verkaufsoption ein (Ausübungspreis EUR 80.000). Der Fair Value des übertragenen Vermögenswerts zum Transaktionszeitpunkt beträgt EUR 100.000. Der Zeitwert der Verkaufsoption beträgt zum Transaktionszeitpunkt EUR 1.000, der Zeitwert der Kaufoption EUR 5.000. Der finanzielle Vermögenswert wird am Transaktionszeitpunkt zum Fair Value, d. h. in Höhe von EUR 100.000 bilanziert, die verbundene Verbindlichkeit mit EUR 96.000 (= EUR 100.000 + EUR 1.000 - EUR 5.000). Dies führt zu einem Nettobuchwert von EUR 4.000, der dem Fair Value der vom Veräußerer erworbenen und geschriebenen Optionen entspricht (IAS 39.AG48(e)).

6. Gelegentlich wird dem Übertragenden (Veräußerer) eine bedingungslose Rückkaufoption eingeräumt, die ihm das Recht gibt, übertragene Vermögenswerte **unter**

dem Vorbehalt bestimmter Beschränkungen zurückzuverlangen (**Rückübertragungsanspruch**, *„removal of accounts provision"*). Sofern eine derartige Option dazu führt, dass der Veräußerer im Wesentlichen alle mit dem Eigentum verbundenen Risiken und Chancen weder behält noch überträgt, und kann der Empfänger (Erwerber) die Vermögenswerte faktisch nicht veräußern, ist beim Veräußerer eine Ausbuchung nur in Höhe des Betrags ausgeschlossen, der unter dem Vorbehalt des Rückkaufs steht.

Beispiel:

Es wurden Kredite mit einem gesamten Buchwert von EUR 100.000 übertragen. Der Erlös aus der Übertragung betrug ebenso EUR 100.000. Der Veräußerer kann mittels Option jeden einzelnen Kredit zurückerwerben, jedoch darf die Summe aller zurückerworbenen Kredite EUR 10.000 nicht übersteigen. In diesem Fall erfüllen Kredite in Höhe von EUR 90.000 die Bedingungen für eine Ausbuchung (IAS 39.AG51(l)).

7. Übernimmt der Übertragende (Veräußerer) die Verwaltung bzw. die Abwicklung der übertragenen Vermögenswerte (*„**servicing**"*), wird ihm gelegentlich eine Kaufoption bezüglich der verbleibenden Vermögenswerte eingeräumt für den Fall, dass die Höhe der verbleibenden Vermögenswerte unter einen bestimmten Grenzwert fällt, ab dem die Kosten für das Servicing den damit verbundenen Nutzen übersteigen würden (*„**clean-up call**"*). Sofern ein solcher *„clean-up call"* dazu führt, dass der Veräußerer im Wesentlichen alle mit dem Eigentum verbundenen Risiken und Chancen weder behält noch überträgt, und der Empfänger (Erwerber) die Vermögenswerte faktisch nicht veräußern kann, schließt der *„clean-up call"* beim Veräußerer eine Ausbuchung nur in dem Umfang aus, der Gegenstand dieses *„clean-up calls"* ist (IAS 39.AG51(m)).

8. Der Übertragende (Veräußerer) des finanziellen Vermögenswerts kann dem Empfänger (Erwerber) eine **Bonitätsverbesserung** verschaffen, indem er seinen zurückbehaltenen Anteil an dem Vermögenswert ganz oder teilweise **im Rang nachordnet**. **Alternativ dazu** kann er eine unbeschränkte oder eine auf einen bestimmten Betrag beschränkte **Kreditgarantie** gewähren. Behält der Veräußerer im Wesentlichen alle mit dem Eigentum an dem übertragenen Vermögenswert verbundenen Chancen und Risiken, hat er diesen Vermögenswert weiterhin vollständig zu erfassen. Behält der Veräußerer einige, jedoch nicht im Wesentlichen alle Risiken und Chancen zurück, und übt er weiterhin die Verfügungsmacht aus, ist eine Ausbuchung in Höhe des Betrags an flüssigen Mitteln oder anderen Vermögenswerten ausgeschlossen, den er eventuell bezahlen müsste (IAS 39.AG51(n)).

5.2.1.10. Pensions- und Leihegeschäfte

5.2.1.10.1. Überblick

Führt eine Übertragung nicht zur Ausbuchung, da das Unternehmen im Wesentlichen alle mit dem Eigentum an dem übertragenen Vermögenswert verbundenen Risiken und Chancen zurückbehalten hat, hat das Unternehmen den übertragenen Vermögenswert weiterhin als Ganzes zu erfassen und eine finanzielle Verbindlichkeit für den erhaltenen Kaufpreis anzusetzen. In den Folgeperioden hat das Unternehmen die Erträge aus dem übertragenen Vermögenswert und die Aufwendungen aus der finanziellen Verbindlichkeit zu erfassen (IAS 39.29).

5.2.1.10.2. Wertpapierpensionsgeschäfte

Wertpapierpensionsgeschäfte sind Verträge, durch die eine Vertragspartei (Pensionsgeber) ihr gehörende Wertpapiere einer anderen Vertragspartei (Pensionsnehmer) gegen Zahlung eines Betrags überträgt und in denen gleichzeitig vereinbart wird, dass die übertragenen Wertpapiere später gegen die Entrichtung des empfangenen oder eines anderen im Voraus vereinbarten Betrags zurückübertragen werden müssen oder können.

Ein **echtes** Pensionsgeschäft ist dadurch gekennzeichnet, dass der Pensionsnehmer die Verpflichtung übernimmt, die in Pension genommenen Wertpapiere zu einem vorher bestimmten oder vom Pensionsgeber zu bestimmenden Zeitpunkt zurückzuübertragen. Ist der Pensionsnehmer lediglich berechtigt, die Wertpapiere zu einem vorher bestimmten oder von ihm noch zu bestimmenden Zeitpunkt zurückzuübertragen, handelt es sich um ein **unechtes** Pensionsgeschäft.

Echtes Pensionsgeschäft

Ein **echtes** Pensionsgeschäft ist entsprechend den Grundsätzen für die Bilanzierung von gesicherten Kreditgeschäften nach IAS 39.29 abzubilden, da der Pensionsgeber nach IAS 39.AG51(a)-(b) im Wesentlichen alle Risiken und Chancen aus den übertragenen Wertpapieren zurückbehält und diese beim Pensionsgeber somit weiterhin entsprechend ihrer bisherigen Kategorisierung in seiner Bilanz auszuweisen sind. Gleichzeitig hat der Pensionsgeber eine finanzielle Verbindlichkeit i.H.d. erhaltenen Barbetrags zu passivieren.

Ein eventueller Unterschiedsbetrag zwischen dem bei Übertragung erhaltenen und bei späterer Rückübertragung zu leistenden Betrag ist nach der Effektivzinsmethode über die Laufzeit des Pensionsgeschäfts der Verbindlichkeit des Pensionsgebers erfolgswirksam zuzuschreiben.

Der Pensionsnehmer erfasst nicht die i.R.d. echten Pensionsgeschäfts erworbenen Wertpapiere, sondern weist in Höhe des hingegebenen Betrags eine Forderung gegen den Pensionsgeber aus (IAS 39.AG50). Diese Forderung des Pensionsnehmers kann als Loans and Receivables kategorisiert (IAS 39.AG50) und zu fortgeführten Anschaffungskosten bewertet werden (IAS 39.46). Ein eventueller Unterschiedsbetrag zwischen den Anschaffungskosten der Forderung und dem bei der Rückübertragung zu leistenden Betrag wird korrespondierend zur Bilanzierung beim Pensionsgeber nach der Effektivzinsmethode über die Laufzeit des Pensionsgeschäfts der Forderung des Pensionsnehmers zugeschrieben. IAS 39.AG50 schreibt keine Kategorisierung als Loans and Receivables vor, sondern räumt ein diesbezügliches Wahlrecht ein. Die Forderung kann daher auch jeder anderen zulässigen Kategorie zugewiesen werden.[255]

Unechte Pensionsgeschäfte

Bei **unechten** Pensionsgeschäften ist der Pensionsgeber zwar verpflichtet, den Pensionsgegenstand zurückzunehmen, er hat jedoch nicht das Recht, diesen zurückzufordern. Vielmehr entscheidet ausschließlich der Pensionsnehmer über die Rückübertragung. Das Recht, den Vermögenswert zurückzuübertragen, stellt aus seiner Sicht eine Verkaufsoption dar, bei welcher der Pensionsgeber die Stillhalterposition einnimmt:

Die Verkaufsoption des Erwerbers (Stillhalter: Pensionsgeber) ist:	**Marktgängige finanzielle Vermögenswerte**	**Nicht-marktgängige finanzielle Vermögenswerte**
weit im Geld (***„deeply in-the-money"***)	**Keine Ausbuchung**, da keine Übertragung der wesentlichen Risiken und Chancen (IAS 39.AG51(f))	**Keine Ausbuchung**, da keine Übertragung der wesentlichen Risiken und Chancen (IAS 39.AG51(f))
weit aus dem Geld (***„deeply out-of-the-money"***)	**Ausbuchung**, da Übertragung der wesentlichen Risiken und Chancen (IAS 39.AG51(g))	**Ausbuchung**, da Übertragung der wesentlichen Risiken und Chancen (IAS 39.AG51(g))
Weder *weit im Geld*, noch *weit aus dem Geld*	**Ausbuchung**, da die Kontrolle auf den Pensionsnehmer übergegangen ist (IAS 39.AG51(i) i.V.m. IAS 39.AG51(h))	Vermögenswert muss in Höhe des ***„continuing involvements"*** weiterhin beim Pensionsgeber angesetzt bleiben (IAS 39.AG51(i))

Abb. 20: Ausbuchung bei unechten Pensionsgeschäften nach IAS 39

- Ist der Rückerwerb des Wertpapiers aufgrund der Verkaufsoption sehr unwahrscheinlich, da die Option so **weit aus dem Geld** ist, dass es zum Transaktionszeitpunkt unwahrscheinlich ist, dass diese Option während der Optionsfrist je ins Geld gehen wird, wurden die wesentlichen Risiken und Chancen übertragen (IAS 39.AG39, 51(g)). Dabei spielt es keine Rolle, ob das verpensionierte Wertpapier marktgängig ist oder nicht. Das in Pension gegebene Wertpapier ist auszubuchen.

---

255 Vgl. *Ernst & Young LLP (Hrsg.)*, International GAAP 2005, 2004, S. 900-903.

- Ist die Verkaufsoption jedoch umgekehrt **weit im Geld**, wurden die Chancen und Risiken zurückbehalten (IAS 39.AG40, AG51(f)). Hier ist es nicht relevant, ob das in Pension gegebene Wertpapier marktgängig ist oder nicht. Das Wertpapier ist nicht auszubuchen.
- Falls die Verkaufsoption **weder weit aus dem Geld noch weit im Geld** ist, behält der Pensionsgeber weder im Wesentlichen alle Risiken und Chancen, noch überträgt er im Wesentlichen alle Chancen und Risiken. In diesem Fall ist zu prüfen, ob das übertragende Unternehmen weiterhin die **Verfügungsmacht** über den Vermögenswert hat (IAS 39.20(c)). Hierbei ist zu prüfen, ob das Wertpapier auf einem Markt gehandelt wird (IAS 39.AG43(a)). Wird das Wertpapier auf einem aktiven Markt gehandelt, kann von einem Übergang der Verfügungsmacht ausgegangen werden (IAS 39.AG42).

Falls die übertragenen finanziellen Vermögenswerte **nicht-marktgängig**[256] sind, liegt kein Verlust der Verfügungsmacht des übertragenden Unternehmens vor, da die Verkaufsoption – sofern diese ausreichend werthaltig ist – einen Verkauf der Vermögenswerte durch den Pensionsnehmer verhindern wird (IAS 39.AG51(i)).

Insofern sind bei einem unechten Pensionsgeschäft, das nicht-marktgängige finanzielle Vermögenswerte zum Gegenstand hat, beim Pensionsgeber die verpensionierten Wertpapiere weiterhin in Höhe des *„continuing involvements"* in der Bilanz auszuweisen, vgl. Kapitel 5.2.1.8. Das *„continuing involvement"* wird sich in der Regel auf den gesamten Umfang des Pensionsgeschäfts erstrecken, weshalb de facto keine Ausbuchung der Wertpapiere erfolgt. Da nach den vorstehenden Grundsätzen bei einem unechten Pensionsgeschäft über nicht-marktgängige Wertpapiere eine Ausbuchung der verpensionierten Vermögenswerte nicht möglich ist, sind die Verbindlichkeit beim Pensionsgeber sowie die Forderung beim Pensionsnehmer nach denselben Grundsätzen bilanziell abzubilden wie beim echten Pensionsgeschäft. Die Stillhalterverpflichtung des Pensionsgebers und die Verkaufsoption des Pensionsnehmers, die sich auf die verpensionierten finanziellen Vermögenswerte beziehen, sind nicht gesondert als Option (Derivat) zu erfassen (IAS 39.AG49).

Werden die Wertpapiere jedoch auf **aktiven Märkten gehandelt**, sodass die Wertpapiere jederzeit verkauft und wieder zurückgekauft werden können, hat das übertragende Unternehmen (Pensionsgeber) die Verfügungsmacht verloren (IAS 39.AG42). In diesem Fall sind die Wertpapiere vom Pensionsgeber erfolgswirksam auszubuchen und eine Stillhalterverpflichtung aus der Verkaufsoption des Pensionsnehmers zu passivieren (IAS 39.20(c)(i); IAS 39.AG42-AG43). Die Still-

[256] Bei der Beurteilung der Marktgängigkeit ist nicht ausschließlich auf die abstrakte Handelbarkeit abzustellen. Maßgeblich ist vielmehr, ob der Pensionsnehmer im Falle der Weiterveräußerung der übertragenen Wertpapiere jederzeit in der Lage wäre, Wertpapiere gleicher Art, Menge und Güte am Markt wiederzubeschaffen. Dabei ist das Volumen des Pensionsgeschäfts sowie das üblicherweise am Markt gehandelte Volumen des Pensionsgegenstands zu berücksichtigen.

halterverpflichtung ist zu Beginn und an jedem folgenden Periodenstichtag zum Fair Value anzusetzen (IAS 39.25; IAS 39.43; IAS 39.46-47). Der Veräußerungserfolg ergibt sich in Höhe des vom Pensionsnehmer erhaltenen Betrags, abzüglich des Fair Values der Stillhalterverpflichtung, abzüglich des Buchwerts der übertragenen Wertpapiere, und unter Berücksichtigung bislang erfolgsneutral im Eigenkapital erfasster Wertänderungen.

Der Pensionsnehmer bilanziert die erhaltenen Wertpapiere und das Optionsrecht nach den allgemeinen Vorschriften des IAS 39.

Werden die **beim Pensionsgeber auszuweisenden Wertpapiere zum Fair Value** bewertet, erfolgt die Bilanzierung der verbundenen Verbindlichkeit des Pensionsgebers zum Ausübungspreis der Option zuzüglich deren Zeitwert (IAS 39.AG48(d)). Die Bewertung des Vermögenswerts mit dem Fair Value ist auf den niedrigeren Betrag aus (1) dem Fair Value des Vermögenswerts und (2) dem Ausübungspreis der Option beschränkt, da der Übertragende (Veräußerer) keine Rechte an Werterhöhungen des übertragenen Vermögenswerts über den Ausübungspreis der Option hinaus hat (IAS 39.AG48(d)). Hieraus ergibt sich ein Nettobuchwert des Vermögenswerts und der korrespondierenden Verbindlichkeit in Höhe der Verpflichtung aus der Verkaufsoption. Die Stillhalterverpflichtung des Pensionsgebers wird nicht gesondert als Derivat erfasst (IAS 39.AG34).

Werden die **beim Pensionsgeber auszuweisenden Wertpapiere mit den fortgeführten Anschaffungskosten bewertet**, so erfolgt die Bilanzierung der finanziellen Verbindlichkeit des Pensionsgebers nach IAS 39.AG48(b) mit deren Anschaffungskosten, die der erhaltenen Gegenleistung entsprechen. Im Zeitablauf wird der Buchwert der korrespondierenden Verbindlichkeit auf der Grundlage der Effektivzinsmethode angepasst, um eine Differenz zwischen den Anschaffungskosten des übertragenen Vermögenswerts und seinen fortgeführten Anschaffungskosten bei Fälligkeit der Verkaufsoption zu amortisieren.

5.2.1.10.3. Wertpapierleihegeschäfte

Von Wertpapierpensionsgeschäften abzugrenzen sind Wertpapierleihegeschäfte. Unter dem Begriff der **Wertpapierleihe** werden Geschäfte verstanden, bei denen Wertpapiere mit der Verpflichtung übereignet werden, dass der Entleiher nach Ablauf der vereinbarten Laufzeit Wertpapiere gleicher Art, Güte und Menge an den Verleiher zurückübereignet und für die Dauer der Leihe ein Entgelt entrichtet. Insofern kann der Entleiher – z. B. durch Veräußerung – frei über die geliehenen Wertpapiere verfügen. Der Verpflichtung gegenüber dem Verleiher kann er durch die Übertragung von anderen am Markt erworbenen Wertpapieren gleicher Gattung und Menge nachkommen.

Bei Wertpapierleihegeschäften trägt der Verleiher das Marktpreisrisiko, da der Entleiher zur Rückübertragung von Wertpapieren gleicher Gattung und Menge verpflichtet ist. Ebenso stehen dem Verleiher regelmäßig direkt oder indirekt über den Entleiher die laufenden Erträge und sonstigen Rechte aus den Wertpapieren zu.

Die wesentlichen Risiken und Chancen aus den finanziellen Vermögenswerten liegen beim Verleiher, da der Verleiher das gesamte Marktpreis- und Bonitätsrisiko trägt. Es liegt **kein Abgang** i.S.d. IAS 39.17 vor. Insofern sind die Grundsätze für echte Wertpapierpensionsgeschäfte für Wertpapierleihegeschäfte entsprechend anzuwenden.

Wertpapierleihegeschäfte mit Stellung von Barsicherheiten durch den Entleiher der Wertpapiere (Bardarlehensgeber) sind als gesicherte Kreditgeschäfte zu bilanzieren. Der Verleiher der Wertpapiere (Bardarlehensnehmer) bilanziert die Wertpapiere weiterhin nach den für die jeweilige Kategorie geltenden Vorschriften; er weist den Rückerwerbsanspruch nicht in seiner Bilanz aus. Dabei können auch Wertpapiere der Kategorie Held-to-Maturity Gegenstand einer Wertpapierleihe sein, ohne die Sanktionen des Tainting (vgl. Kapitel 4.2.3.3.) auszulösen (IAS 39.IG B.18 *Definition of held-to-maturity financial assets: pledged collateral, repurchase agreements (repos) and securities lending agreements*). Die Barsicherheit ist vom Verleiher der Wertpapiere als finanzielle Verbindlichkeit auszuweisen; der Rückerwerbsanspruch ist nicht als Derivat zu erfassen (IAS 39.AG49). Der Entleiher der Wertpapiere bilanziert eine entsprechende Forderung (IAS 39.IG D.1.1 *Recognition: cash collateral*).

Soweit die Wertpapierleihe nicht vollständig durch eine Barsicherheit unterlegt ist, hat der Verleiher der Wertpapiere bei der Bewertung der Wertpapiere auch das Kontrahentenrisiko (Entleiher) zu berücksichtigen. Der Verleiher der Wertpapiere hat den Buchwert der als Sicherheit verpfändeten Wertpapiere anzugeben (IAS 32.94(b)). Veräußert der Entleiher der Wertpapiere die Papiere weiter (Leerverkauf), hat er eine als Held for Trading zu klassifizierende Verbindlichkeit zum Fair Value anzusetzen.

5.2.1.11. Saldierung

Wird ein übertragener Vermögenswert weiterhin erfasst, dürfen der Vermögenswert und die verbundene Verbindlichkeit nicht saldiert werden. Ebenso darf ein Unternehmen Erträge aus dem übertragenen Vermögenswert nicht mit Aufwendungen saldieren, die für die verbundene Verbindlichkeit angefallen sind (IAS 39.36).

Dies gilt sowohl im Fall von Vermögenswerten, die vollständig weiterhin bilanziert werden, als auch im Fall von Vermögenswerten, die nur zum Teil weiterhin bilanziert werden.[257]

---

257 Vgl. *Ernst & Young LLP (Hrsg.)*, International GAAP 2005, 2004, S. 918.

5.2.2. Bilanzierung von Sicherheiten

IAS 39 regelt die Bilanzierung von als Sicherheit hingegebenen Vermögenswerten im Rahmen der Bestimmungen zum Abgang in IAS 39.37.

Barsicherheiten

Handelt es sich bei der Sicherheit um eine sog. **Barsicherheit** (d. h. die Hingabe von Geld), hat der **Sicherungsgeber** diese auszubuchen und zeitgleich eine Forderung gegenüber dem Sicherungsnehmer zu erfassen. Dies entspricht § 246 Abs. 1 Satz 3 HGB.

Der **Sicherungsnehmer** erfasst die erhaltene Zahlung (z. B. als Guthaben bei Kreditinstituten) und bucht gleichzeitig eine Verbindlichkeit gegenüber dem Sicherungsgeber ein. Dies entspricht ebenfalls § 246 Abs. 1 Satz 3 HGB.

Unbare Sicherheiten

Stellt der Sicherungsgeber (z. B. Kreditnehmer) dem Sicherungsnehmer (z. B. den Kredit gewährendes Kreditinstitut) **nicht zahlungswirksame (unbare) Sicherheiten** zur Verfügung (z. B. durch Verpfändung von Schuld- oder Eigenkapitalinstrumenten), richtet sich die **bilanzielle Behandlung der Sicherheit** durch den Sicherungsgeber und den Sicherungsnehmer danach (IAS 39.37),

- ob der Sicherungsnehmer das Recht zum Verkauf oder zur Weiterverpfändung der Sicherheit hat und
- ob der Sicherungsgeber ausgefallen ist.

Nach § 246 Abs. 1 Satz 2 HGB sind als Sicherheit verpfändete oder in anderer Weise als Sicherheit übertragene Vermögensgegenstände unabhängig von den in IAS 39.37 genannten Kriterien stets in der Bilanz des Sicherungsgebers auszuweisen.

Der Sicherungsgeber und der Sicherungsnehmer haben die Sicherheit nach wie folgt zu bilanzieren (IAS 39.37(a)-(d)):

(a) Hat der Sicherungsnehmer (z. B. kreditgewährendes Kreditinstitut) das vertrags- oder gewohnheitsmäßige Recht, die Sicherheit zu verkaufen oder weiter zu verpfänden, hat der **Sicherungsgeber** diesen Vermögenswert in seiner Bilanz getrennt von den anderen Vermögenswerten neu zu klassifizieren, und getrennt von den anderen Vermögenswerten auszuweisen (z. B. als verliehenen Vermögenswert, verpfändetes Eigenkapitalinstrument oder Rückkaufforderung).

(b) Verkauft der **Sicherungsnehmer** die ihm dienende Sicherheit, hat er den Veräußerungserlös (Zahlungsmittelzufluss aus dem Verkauf) sowie eine mit dem Fair Value zu bewertende Verbindlichkeit für seine Verpflichtung zur Rückgabe der Sicherheit zu erfassen.

(c) Ist der Sicherungsgeber (z. B. Kreditnehmer) gemäß den Vertragsbedingungen ausgefallen und nicht länger zur Rückforderung der Sicherheit berechtigt, hat der **Sicherungsgeber** die Sicherheit auszubuchen. Der **Sicherungsnehmer** hat in diesem Fall die Sicherheit als „eigenen" Vermögenswert anzusetzen und mit dem Fair Value zu bewerten, oder, falls er die Sicherheit bereits verkauft hat, seine Verpflichtung zur Rückgabe der Sicherheit (siehe vorstehend (b)) auszubuchen.

(d) Sofern Punkt (c) nichts anderes vorsieht, hat der **Sicherungsgeber** die Sicherheit als seinen Vermögenswert anzusetzen und der **Sicherungsnehmer** darf die Sicherheit nicht als Vermögenswert erfassen.

Geplante Offenlegungspflichten in ED 7 „Financial Instruments: Disclosures"

Der **Sicherungsgeber** (Kreditnehmer) hat nach ED 7.15 im Anhang zu den als Sicherheit für Verbindlichkeiten bzw. als Sicherheit für Eventualverbindlichkeiten verpfändeten Vermögenswerten

- den Buchwert und
- die (wesentlichen) vertraglichen Bedingungen

bezüglich der als Sicherheit überlassenen Vermögenswerte anzugeben. Nach dem Wortlaut des ED 7 sollen die Angaben jeweils **getrennt** nach Sicherheiten für Verbindlichkeiten und Sicherheiten für Eventualverbindlichkeiten gemacht werden. ED 7.15 enthält keine weitergehenden Anforderungen an diese Anhangangaben. Nach der entsprechenden Vorschrift des derzeit noch geltenden IAS 32.94(b) sind Angaben zu den wesentlichen vertraglichen Bedingungen bezüglich der als Sicherheit überlassenen Vermögenswerte im Einklang mit IAS 32.60(a) und IAS 32.63(g) zu machen. Dies bedeutet, dass alle wesentlichen vertraglichen Konditionen anzugeben sind, die die Höhe, die Zeitpunkte und die Wahrscheinlichkeit des Eintritts künftiger Cashflows beeinflussen können.

Der **Sicherungsnehmer** (Kreditgeber) soll nach ED 7.16, sofern der Sicherungsgeber nicht bereits ausgefallen (*„default"*) ist, folgende Angaben zu den hereingenommenen Sicherheiten, die er nach den vertraglichen Bedingungen verkaufen oder weiterverpfänden kann, machen:

- den Fair Value der akzeptierten Sicherheiten (finanzielle und nicht-finanzielle Vermögenswerte),
- den Fair Value von bereits verwerteten (verkauften oder weiterverpfändeten) Sicherheiten; hat der Sicherungsnehmer die Sicherheiten bereits verwertet, ist anzugeben, ob der Sicherungsnehmer verpflichtet ist, diese Sicherheiten wieder an den Sicherungsgeber zurückzugeben,

- die vertraglichen Vereinbarungen in Verbindung mit der Nutzung der Sicherheiten.

Die in ED 7.16 geforderten Angaben entsprechen den bislang nach IAS 32.94(c) zu veröffentlichenden Informationen. Zu beachten ist, dass der Sicherungsnehmer (Kreditgeber) im Rahmen der Angaben zum Ausfallrisiko (ED 7.39; ED 7.41) ebenfalls Angaben zu gestellten Sicherheiten zu machen hat.

Ist der Sicherungsgeber (z. B. Kreditnehmer) dagegen nach den Vertragsbedingungen ausgefallen und nicht länger zur Rückforderung der Sicherheit berechtigt, hat der **Sicherungsgeber** die hingegebene Sicherheit auszubuchen (IAS 39.37(c)). Hat der **Sicherungsnehmer** die als Sicherheit hereingenommenen Vermögenswerte bereits verkauft, hat er zunächst den Veräußerungserlös und eine zum Fair Value zu bewertende Verbindlichkeit (Rückgabeverpflichtung) zu erfassen (IAS 39.37(b)). Der Sicherungsnehmer hat, wenn der Kreditnehmer (Sicherungsgeber) ausgefallen ist, die Sicherheit als seinen Vermögenswert einzubuchen und mit dem Fair Value zu bewerten, oder, falls er die Sicherheit bereits verkauft hat, seine Verpflichtung zur Rückgabe der Sicherheit auszubuchen (IAS 39.37(b)-(c)).

5.2.3. Ausbuchung finanzieller Verbindlichkeiten

Ein Unternehmen hat eine finanzielle Verbindlichkeit (oder einen Teil einer finanziellen Verbindlichkeit) dann und nur dann aus seiner Bilanz auszubuchen, wenn sie getilgt ist, d. h. wenn die im Vertrag genannten Verpflichtungen beglichen oder aufgehoben sind oder wenn sie auslaufen (IAS 39.39).[258]

Eine finanzielle Verbindlichkeit (oder ein Teil davon) ist getilgt, wenn der Schuldner entweder

- die Verbindlichkeit (oder einen Teil davon) durch Zahlung an den Gläubiger beglichen hat, was regelmäßig durch Zahlungsmittel, andere finanzielle Vermögenswerte, Waren oder Dienstleistungen erfolgt, oder
- per Gesetz oder durch den Gläubiger von der ursprünglichen Verpflichtung aus der Verbindlichkeit (oder einem Teil davon) rechtlich entbunden wurde. Wenn der Schuldner eine Garantie gegeben hat, kann diese Bedingung noch erfüllt sein (IAS 39.AG57).

In einigen Fällen wird der **Schuldner vom Gläubiger** aus seiner gegenwärtigen Zahlungsverpflichtung **entlassen**, der Schuldner **leistet jedoch eine Zahlungsgarantie** für den Fall, dass die Partei, die die ursprüngliche Verpflichtung übernommen hat, dieser nicht nachkommt. In diesem Fall hat der Schuldner:

---

258 Vgl. *Ernst & Young LLP (Hrsg.)*, International GAAP 2005, 2004, S. 924-927.

- eine neue finanzielle Verbindlichkeit basierend auf dem Fair Value der Garantieverpflichtung anzusetzen und
- einen Gewinn oder Verlust zu erfassen, der der Differenz zwischen (1) etwaigen gezahlten Erlösen und (2) dem Buchwert der ursprünglichen finanziellen Verbindlichkeit abzüglich des Fair Values der neuen finanziellen Verbindlichkeit entspricht (IAS 39.AG63).

Zahlungen an einen Dritten, einschließlich eines Treuhandfonds (***„in-substance-defeasance“***), stellen für sich allein noch keine Entlassung aus dem ursprünglichen Schuldverhältnis dar, so lange keine rechtliche Entbindung erfolgt (IAS 39.AG59).

Wenn ein Schuldner einem Dritten eine Zahlung für die Übernahme einer Verpflichtung leistet und seinen Gläubiger von der **Schuldübernahme des Dritten** informiert, bucht er die Verpflichtung dann und nur dann aus, wenn er dadurch per Gesetz oder durch den Gläubiger von der ursprünglichen Verpflichtung rechtlich entbunden wurde. Vereinbart der Schuldner jedoch, Zahlungen auf die Schuld an den Dritten oder an den ursprünglichen Gläubiger direkt zu leisten, erfasst der Schuldner eine neue Schuldverpflichtung gegenüber dem Dritten (IAS 39.AG60).

Zwar führt eine rechtliche Entbindung, sei es per Gerichtsentscheid oder durch den Gläubiger, zur Ausbuchung einer Verbindlichkeit. Das Unternehmen erfasst jedoch ggf. eine neue Verbindlichkeit, falls die für eine Ausbuchung erforderlichen Kriterien aus IAS 39.15-37 für **übertragene finanzielle Vermögenswerte** nicht erfüllt sind. Werden die Kriterien nicht erfüllt, dürfen die übertragenen Vermögenswerte nicht ausgebucht werden und das Unternehmen erfasst eine neue Verbindlichkeit für die übertragenen Vermögenswerte (IAS 39.AG61).

Ein Emittent, der **eigene Schuldverschreibungen zurückkauft**, hat die ursprüngliche Verbindlichkeit auch dann auszubuchen, wenn der Emittent ein Market Maker für dieses Instrument ist oder beabsichtigt, es kurzfristig wieder zu veräußern (IAS 39.AG58).

Der **Austausch von Schuldinstrumenten** mit substanziell verschiedenen Vertragsbedingungen zwischen Gläubiger und Schuldner stellt eine Tilgung der ursprünglichen Verbindlichkeit dar, die zur Ausbuchung dieser Verbindlichkeit führt, verbunden mit der Einbuchung einer neuen Verbindlichkeit. Dasselbe gilt bei einer **wesentlichen Änderung der Vertragsbedingungen** einer vorhandenen finanziellen Verbindlichkeit (oder einem Teil davon), und zwar ungeachtet dessen, ob die Änderung auf finanzielle Schwierigkeiten des Schuldners zurückzuführen ist oder nicht (IAS 39.40). In diesem Zusammenhang gelten Änderungen der Vertragsbedingungen als wesentlich, wenn der abgezinste Barwert der Zahlungsströme (einschließlich erhaltener und bezahlter Gebühren) nach den neuen Vertragsbedingungen **mindestens 10 %** von dem abgezinsten Barwert der verbleibenden Zahlungsströme der ursprünglichen Vereinbarung abweicht, wobei die Abzinsung jeweils mit dem ursprünglichen Effektivzins erfolgt. Wird ein Austausch von Schuldinstrumenten oder eine Änderung der Vertragsbedingungen wie eine Tilgung bilanziert, so sind alle angefallenen Kosten oder Gebühren als Teil des Gewinns oder Verlusts aus der Tilgung zu buchen. Wird ein Austausch oder eine Änderung nicht wie eine Tilgung bilanziert, so führen angefallene Kosten oder Gebühren zu einer Anpassung des Buchwerts der Verbindlichkeit und werden über die Restlaufzeit der geänderten Verbindlichkeit amortisiert (IAS 39.AG62).

Die Differenz zwischen dem Buchwert einer getilgten oder auf eine andere Partei übertragenen finanziellen Verbindlichkeit (oder eines Teils davon) und der gezahlten Gegenleistung, einschließlich übertragener nicht zahlungswirksamer Vermögenswerte und übernommener Verbindlichkeiten, ist ergebniswirksam zu erfassen (IAS 39.41).

Für den Fall, dass ein Unternehmen einen **Teil einer finanziellen Verbindlichkeit zurückkauft**, hat das Unternehmen den früheren Buchwert der finanziellen Verbindlichkeit zwischen dem weiterhin zu bilanzierenden Teil und dem auszubuchenden Teil aufzuteilen. Bei der Aufteilung des Buchwerts sind die relativen Fair Values der jeweiligen Teile zum Zeitpunkt des Rückkaufs zugrunde zu legen. Die Differenz zwischen (a) dem auf den ausgebuchten Teil entfallenden Buchwert und (b) der für den ausgebuchten Teil gezahlten Gegenleistung (einschließlich übertragener nicht zahlungswirksamer Vermögenswerte und übernommener Verbindlichkeiten) ist erfolgswirksam zu erfassen (IAS 39.42).

6. Bewertung von Finanzinstrumenten

6.1. Zugangsbewertung

6.1.1. Zugangsbewertung finanzieller Vermögenswerte und Verbindlichkeiten

Beim erstmaligen Ansatz eines finanziellen Vermögenswerts oder einer finanziellen Verbindlichkeit sind diese mit dem **Fair Value** zu bewerten (IAS 39.43). Die erstmalige Erfassung eines Finanzinstruments zum Fair Value erfolgt regelmäßig auf der Basis des **Transaktionspreises** (Anschaffungskosten), der dem Fair Value der gegebenen oder erhaltenen Gegenleistung entspricht ggf. einschließlich der Transaktionskosten (vgl. Kapitel 4.4.2. und 4.4.4.) (IAS 39.AG64; IAS 39.AG76).[259]

Im Rahmen der Ermittlung der Anschaffungskosten unter Einschluss der **Transaktionskosten** ist danach zu unterscheiden, ob es sich um finanzielle Vermögenswerte bzw. finanzielle Verbindlichkeiten, die erfolgswirksam zum Fair Value bewertet werden handelt oder nicht (IAS 39.43):

- Bewertung erfolgt **nicht erfolgswirksam** zum Fair Value: Die Transaktionskosten sind bei der Ermittlung der Anschaffungskosten zu berücksichtigen (vgl. Kapitel 6.1.2.).
- Bewertung erfolgt **erfolgswirksam** zum Fair Value: Die Transaktionskosten sind unmittelbar erfolgswirksam zu erfassen.

Falls sich ein Teil der gegebenen oder erhaltenen Gegenleistung auf etwas anderes als das Finanzinstrument bezieht, wird der Fair Value des Finanzinstruments unter Anwendung einer **Bewertungsmethode** ermittelt (IAS 39.AG64; IAS 39.AG74). Der Fair Value eines langfristigen Kredits ohne Verzinsung oder einer langfristigen Forderung ohne Verzinsung kann als der Barwert aller künftigen Einzahlungen geschätzt werden, die unter Verwendung des aktuellen Marktzinses für ein ähnliches Finanzinstrument (vergleichbar im Hinblick auf Währung, Laufzeit, Art des Zinssatzes und sonstiger Faktoren) mit vergleichbarer Bonität abgezinst werden. Jeder zusätzlich geliehene Betrag stellt einen Aufwand bzw. eine Ertragsminderung dar, sofern er nicht die Kriterien für den Ansatz eines Vermögenswerts anderer Art erfüllt (IAS 39.AG64).

Wenn ein Unternehmen einen Kredit ausreicht, der zu einem marktunüblichen Zinssatz verzinst wird (z. B. zu 5 %, wenn der Marktzinssatz für ähnliche Kredite 8 % beträgt) und als Entschädigung ein im Voraus gezahltes Entgelt erhält, ist die Darlehensforderung zum Fair Value anzusetzen, d. h. abzüglich des erhaltenen Entgelts. Das

---

259 Vgl. *Bohl, W./Scheinpflug, P.*, in: IFRS-Handbuch, 2004, § 3, Tz. 50-53; *Ernst & Young LLP (Hrsg.)*, International GAAP 2005, 2004, S. 1004-1011; *Heuser P. J./Theile, C. (Hrsg.)*, IAS-Handbuch, 2003, Tz. 531-532; *Kehm, P./Lüdenbach, N.*, in: Lüdenbach, N./Hoffmann, W.-D. (Hrsg.), IFRS-Kommentar², 2004, § 28, Tz. 111-111e.

Disagio ist erfolgswirksam unter Anwendung der Effektivzinsmethode zuzuschreiben (IAS 39.AG65).

Kurzfristige Forderungen und **kurzfristige Verbindlichkeiten** ohne festgelegten Zinssatz können mit dem ursprünglichen **Rechnungsbetrag** („*original invoice amount*") bewertet werden, falls der Abzinsungseffekt unwesentlich ist („*the effect of discounting is immaterial*") (IAS 39.AG79).[260]

IAS 39 enthält keine explizite Regelung zur Behandlung von **Stückzinsen**. Stückzinsen erhöhen den Kaufpreis für einen zinstragenden finanziellen Vermögenswert, da der Verkäufer für die noch nicht ausbezahlten, aber bereits aufgelaufenen Zinsen (= Stückzinsen) entschädigt werden muss. Die Stückzinsen gehören somit nicht zu den Anschaffungskosten eines finanziellen Vermögenswerts (vgl. Kapitel 4.4.2.). Dies entspricht auch der ehemals in IAS 25.17 enthaltenen Regelung. Bei den Stückzinsen handelt es sich um den Erwerb einer **Zinsforderung**, die als kurzfristiger finanzieller Vermögenswert auszuweisen ist. Bei späterer Vereinnahmung der Zinsen sind diese auf die Periode vor dem Erwerb des finanziellen Vermögenswerts und die Periode nach dessen Erwerb aufzuteilen. Der Anteil, der auf die Periode vor dem Erwerb entfällt, ist dabei von den Anschaffungskosten der Forderung abzuziehen (Stückzinsforderung). Die Vereinnahmung dieser Zinsen bei deren Fälligkeit durch den Erwerber des finanziellen Vermögenswerts ist kein Ertrag, sondern ein Ersatz für den überhöhten Kaufpreis.[261]

Damit werden als Anschaffungskosten eines zinstragenden finanziellen Vermögenswerts üblicherweise dessen Transaktionspreis (ggf. korrigiert um Transaktionskosten) abzüglich der zu zahlenden Stückzinsen erfasst. Als Erträge dieses Vermögenswerts werden die auf den Zeitraum nach dem Kauf entfallenden Zinsen erfolgswirksam (IAS 18.32).[262]

Bei der Ermittlung von **Anschaffungskosten von Beteiligungen** sind Ausschüttungsbeträge, die nach dem Zeitpunkt der Anschaffung zufließen, jedoch aus Gewinnen von Geschäftsjahren vor der Anschaffung stammen („*pre-acquisition profits*"), von den Anschaffungskosten der erworbenen Beteiligung abzusetzen (vgl. Kapitel 4.4.7.). Falls eine solche Zuordnung schwierig ist und nur willkürlich vorgenommen werden könnte, werden die späteren Dividenden jedoch in vollem Umfang als Ertrag erfasst, sofern sie nicht eindeutig als Rückzahlung eines Teils der Anschaffungskosten der Eigenkapitalinstrumente anzusehen sind (IAS 18.32).

Erwirbt ein Unternehmen **Derivate** mit einem **symmetrischen Risikoprofil** (wie z. B. Forwards, Swaps) zu marktgerechten Bedingungen, beträgt der Fair Value im Zu-

---

260 Vgl. *Ernst & Young LLP (Hrsg.)*, International GAAP 2005, 2004, S. 1007.

261 Vgl. *Krumnow, J./Sprißler, W. u.a. (Hrsg.)*, Kommentar², IAS 39, Tz. 207.

262 Vgl. mit Beispiel *Heuser P. J./Theile, C. (Hrsg.)*, IAS-Handbuch, 2003, Tz. 532.

gangszeitpunkt regelmäßig null. Die Derivate sind unmittelbar im Zugangszeitpunkt im Nebenbuch zu erfassen. Soweit die Konditionen nicht marktgerecht kontrahiert sind, werden die Upfront-Zahlungen als Anschaffungskosten behandelt.

Bei börsengehandelten **Futures** ist eine Sicherheitsleistung (Initial Margin) zu leisten. Diese wird als Forderung bzw. als Verbindlichkeit gegenüber dem Vertragspartner erfasst. Die Variation Margins spiegeln den täglichen Ausgleich der sich ergebenden Gewinne oder Verluste aus der Marktbewertung und damit den Fair Value des Futures wider.

Derivate mit einem **asymmetrischen Risikoprofil** (wie z. B. Optionen) sind durch einen von null abweichenden Fair Value im Zugangszeitpunkt gekennzeichnet. So wird bei Abschluss eines Optionsgeschäfts regelmäßig eine Optionsprämie vereinbart, die zunächst – wie nach Handelsrecht – als finanzieller Vermögenswert aktiviert (gezahlte Optionsprämie) bzw. als finanzielle Verbindlichkeit passiviert (erhaltene Optionsprämie) werden muss.

Nach den **handelsrechtlichen Grundsätzen** erfolgt die erstmalige Erfassung von finanziellen Vermögenswerten zu Anschaffungskosten (einschließlich Anschaffungsnebenkosten).

6.1.2. Transaktionskosten

Im Falle von finanziellen Vermögenswerten oder finanziellen Verbindlichkeiten, die **nicht** der Kategorie At Fair Value through Profit or Loss zugeordnet sind, werden Transaktionskosten, die dem Erwerb oder der Ausgabe der finanziellen Vermögenswerte oder der finanziellen Verbindlichkeiten **direkt zugeordnet** werden können, zusätzlich als **Anschaffungskosten** erfasst (IAS 39.43).[263]

Transaktionskosten sind nach IAS 39.9 **zusätzlich anfallende Kosten**, die dem Erwerb, der Emission oder der Veräußerung eines finanziellen Vermögenswerts oder einer finanziellen Verbindlichkeit **unmittelbar zurechenbar** sind. Als **zusätzlich anfallende Kosten** definiert IAS 39.9 solche, die nicht entstanden wären, wenn das Unternehmen das Finanzinstrument nicht erworben, emittiert oder veräußert hätte.

Zu den Transaktionskosten gehören an Vermittler (einschließlich als Verkaufsberater agierende Mitarbeiter), Berater, Makler und Händler **gezahlte Gebühren** und **Provisionen**, an Aufsichtsbehörden und Wertpapierbörsen zu entrichtende Abgaben sowie auf die Transaktion anfallende Steuern und Gebühren. Unter die Transaktionskosten fallen weder Agien bzw. Disagien für Fremdkapitalinstrumente oder Finanzierungskosten noch interne Verwaltungs- oder Haltekosten (IAS 39.AG13).

---

263 Vgl. *Ernst & Young LLP (Hrsg.)*, International GAAP 2005, 2004, S. 1007-1008.

Nach IAS 39 werden bei allen finanziellen Vermögenswerten (oder finanziellen Verbindlichkeiten) im Rahmen der erstmaligen Erfassung Transaktionskosten auf die **finanziellen Vermögenswerte** addiert (oder von den finanziellen Verbindlichkeiten abgezogen), es sei denn, es handelt sich dabei um Finanzinstrumente der Kategorie At Fair Value through Profit or Loss (einschließlich Held for Trading) (IAS 39.IG E.1.1 *Initial measurement: transaction costs*). Bei Finanzinstrumenten der Bewertungskategorie At Fair Value through Profit or Loss (einschließlich Held for Trading) werden Transaktionskosten stets **unmittelbar erfolgswirksam** erfasst.

Insofern sind Transaktionskosten nur bei finanziellen Vermögenswerten der Kategorien Loans and Receivables, Held-to-Maturity sowie Available-for-Sale und bei finanziellen Verbindlichkeiten der Kategorie Other Liabilities als Anschaffungsnebenkosten zu erfassen. Bei zu fortgeführten Anschaffungskosten bewerteten Posten werden die Transaktionskosten im Rahmen der effektivzinsmäßigen Zu-/Abschreibung auf den Nominalwert bzw. Rückzahlungsbetrag berücksichtigt.

Prospektive Erfolgselemente, wie Transaktionskosten für den Veräußerungsfall sind hingegen nicht in die Zugangsbewertung einzubeziehen, wie auch erwartete Wertberichtigungen nicht beim erstmaligen Bilanzansatz zu berücksichtigen sind (IAS 39.IG E.4.2 *Impairment: future losses*).

6.1.3. Agien und Disagien bei verzinslichen Posten (fortgeführte Anschaffungskosten)

Weichen aufgrund eines Disagios (Agios) Anschaffungswert und Rückzahlungsbetrag voneinander ab, hat der Unterschiedsbetrag regelmäßig **Zinscharakter**. Dieser Differenzbetrag ist bei einem finanziellen Vermögenswert als zusätzlicher Zinsertrag (Zinsaufwand) und bei einer finanziellen Verbindlichkeit als zusätzlicher Zinsaufwand (Zinsertrag) über die Laufzeit zu verteilen, sodass jährlich ein entsprechender Zinsertrag bzw. Zinsaufwand erfolgswirksam erfasst wird. Die Auflösungsbeträge sind bei Verbindlichkeiten im Zinsaufwand und bei Vermögenswerten im Zinsertrag zu erfassen. Wie oben dargelegt, wirken sich die Transaktionskosten auf die Höhe eines Disagios (Agios) aus.[264] Wegen Einzelheiten zur Errechnung des Effektivzinssatzes vgl. Kapitel 4.4.2. sowie das dort dargestellte Beispiel.

Als **fortgeführte Anschaffungskosten** („*amortised cost*") eines finanziellen Vermögenswerts oder einer finanziellen Verbindlichkeit wird der Betrag bezeichnet, mit dem ein finanzieller Vermögenswert oder eine finanzielle Verbindlichkeit beim erstmaligen Ansatz bewertet wurde, abzüglich der vorgenommenen Tilgungen, zuzüglich oder abzüglich der kumulierten Amortisation einer etwaigen Differenz zwischen dem ursprünglichen Betrag und dem bei Endfälligkeit rückzahlbaren Betrag unter Anwendung der Effektivzinsmethode – dies ist ein **Disagio** bzw. **Agio** – sowie abzüglich

264 Vgl. *Krumnow, J./Sprißler, W. u.a. (Hrsg.)*, Kommentar^2, IAS 39, Tz. 210.

etwaiger Minderungen (entweder direkt oder mithilfe eines Wertminderungskontos) für Wertminderungen oder Uneinbringlichkeit (IAS 39.9).

Dabei wird ein Agio oder Disagio – dessen Höhe bei Fremdkapitalinstrumenten wie bereits erwähnt auch durch Transaktionskosten beeinflusst sein kann – im Regelfall bis zur Fälligkeit erfolgswirksam verteilt. Die **Verteilung** von Agien bzw. Disagien ist Bestandteil der Fortschreibung der Anschaffungskosten. Diese Verteilung muss nach der **Effektivzinsmethode** erfolgen (IAS 39.9). Die Effektivzinsmethode dient zur Kalkulation der Zinserträge und der Verteilung der Agien und Disagien (vgl. Kapitel 4.2.5.).

Zerobonds, d. h. festverzinsliche Wertpapiere, bei denen die Zinszahlung erst am Ende der Laufzeit in einem Betrag fällig wird, gelten in diesem Zusammenhang als klassisches Beispiel. Bei diesen Finanzinstrumenten ist die jährlich ermittelte Zinsforderung anhand der Effektivzinsmethode (Emissionsrendite) zuzuschreiben. Dabei ist der Buchwert des finanziellen Vermögenswerts bzw. der finanziellen Verbindlichkeit zu erhöhen. Diese Zuschreibung ist als Zinsertrag (Vermögenswert) bzw. Zinsaufwand (Verbindlichkeit) zu erfassen.

Nicht nur Zerobonds haben ein Disagio. Disagien und Agien in diesem Sinne können auch dadurch entstehen, dass die vertragliche Nominalverzinsung des Finanzinstruments von der aktuellen Marktverzinsung (Rendite) abweicht. Dies zeigt sich in Kursabschlägen (Disagien) bzw. Kurszuschlägen (Agien). Bei diesen handelt es sich um eine Anpassung der Marktverzinsung an die vereinbarte Nominalverzinsung. Deshalb haben sie ebenfalls Zinscharakter.

Beispiel:

Nach der Emission einer 10jährigen Anleihe zu pari zum Kurs von EUR 100 (vierteljährliche Verzinsung entspricht dem 3-Monats-Euribor + 3 %) sinkt der Kurswert bedingt durch eine Ratingverschlechterung des Emittenten.

Unternehmen A erwirbt die Anleihe zum Kurs von EUR 95 und stuft den finanziellen Vermögenswert als Held-to-Maturity ein. A muss das Disagio von EUR 5 über die Restlaufzeit nach der Effektivzinsmethode erfolgswirksam verrechnen.

6.2. Folgebewertung

6.2.1. Folgebewertung finanzieller Vermögenswerte

Zum Zwecke der Folgebewertung eines finanziellen Vermögenswerts nach dessen erstmaligem Ansatz hat ein Unternehmen finanzielle Vermögenswerte in eine der nachfolgenden **Bewertungskategorien** einzustufen (IAS 39.45):[265]

- At Fair Value through Profit or Loss (finanzielle Vermögenswerte, die erfolgswirksam zum beizulegenden Zeitwert bewertet werden),
- Held-to-Maturity (bis zur Endfälligkeit gehaltene Finanzinvestitionen),
- Loans and Receivables (Kredite und Forderungen) oder
- Available-for-Sale (zur Veräußerung verfügbare finanzielle Vermögenswerte).

Die Folgebewertung von finanziellen Vermögenswerten hängt von deren Kategorisierung ab. Zur Definition und Abgrenzung der einzelnen Bewertungskategorien vgl. Kapitel 4.2.3.). Nach IAS 39.45 darf ein Unternehmen für den reinen **Ausweis** im Abschluss auch **andere Bezeichnungen** (*„other descriptors"*) für die Bewertungskategorien oder **andere Einteilungen** (*„other categorisations"*) verwenden.

Finanzinstrumente mit einem **negativen Fair Value** – wie z. B. Termingeschäfte, bei denen sich die Marktpreise zuungunsten des Unternehmens entwickelt haben – sind als **finanzielle Verbindlichkeiten** auszuweisen (IAS 39.AG66). Dies ist z. B. auch für Zinsswaps oder Devisentermingeschäfte der Fall, bei denen im Zeitablauf negative Marktwerte entstanden sind.

Ein Unternehmen hat finanzielle Vermögenswerte, einschließlich derivativer Finanzinstrumente mit positivem Marktwert, nach dem erstmaligen Ansatz im Rahmen der Folgebewertung grundsätzlich mit deren **Fair Value** anzusetzen. Etwaige Transaktionskosten aus einem künftigen Verkauf oder anderen Verfügungen dürfen in die Berechnung des Fair Values zum Bilanzstichtag keinen Eingang finden. Für finanzielle Vermögenswerte sind jedoch **folgende Ausnahmen** zu beachten (IAS 39.46):

- **Loans and Receivables** sind unter Anwendung der Effektivzinsmethode zu ihren fortgeführten Anschaffungskosten (*„at amortised cost"*) zu bewerten,
- **Held-to-Maturity** Finanzinvestitionen sind unter Anwendung der Effektivzinsmethode zu ihren fortgeführten Anschaffungskosten (*„at amortised cost"*) zu bewerten und
- Finanzinvestitionen in Eigenkapitalinstrumente, für die **kein auf einem aktiven Markt notierter Preis** existiert **und** deren Fair Value **nicht verlässlich ermittelt**

---

[265] Vgl. *Beine, F./Meyer, C. H.*, in: Ballwieser, W./Beine, F. u.a. (Hrsg.), Abschn. 5, Tz. 128-155; *Bohl, W./ Scheinpflug, P.*, in: IFRS-Handbuch, 2004, § 3, Tz. 54-56; *Ernst & Young LLP (Hrsg.)*, International GAAP 2005, 2004, S. 1012-1013; *Kehm, P./Lüdenbach, N.*, in: Lüdenbach, N./Hoffmann, W.-D. (Hrsg.), IFRS-Kommentar^2, 2004, § 28, Tz. 112-112g.

werden kann, sowie Derivate auf solche nicht notierten Eigenkapitalinstrumente, die nur durch Andienung (d. h. physische Lieferung der nicht notierten Eigenkapitalinstrumente) erfüllt werden können, sind mit ihren Anschaffungskosten („*at cost*") zu bewerten.

Für finanzielle Vermögenswerte, die als Grundgeschäfte im Rahmen des Hedge Accountings designiert sind, gelten **Sondervorschriften** (IAS 39.89-102) (vgl. Kapitel 7.).

Bewertungskategorie	Instrument	Wertmaßstab	Fair Value-Änderungen	Wertminderung	Währungsumrechnung
At Fair Value through Profit or Loss (einschließlich Held for Trading)	Eigen-/Fremdkapitalinstrumente, Derivate	Fair Value	GuV	GuV (implizit)	GuV
	Eigen-/Fremdkapitalinstrumente, Derivate darauf (*kein* verlässlicher Fair Value)	„*at cost*"	--	GuV	--
Held-to-Maturity	Fremdkapitalinstrumente	„*at amortised cost*"	--	GuV	GuV
Loans and Receivables	Fremdkapitalinstrumente	„*at amortised cost*"	--	GuV	GuV
Available-for-Sale	Fremdkapitalinstrumente	Fair Value	AfS-Rücklage	GuV	GuV
	Eigenkapitalinstrumente	Fair Value	AfS-Rücklage	GuV	AfS-Rücklage
	Eigenkapitalinstrumente (*kein* verlässlicher Fair Value)	„*at cost*"	--	GuV	--

Abb. 21: Folgebewertung von finanziellen Vermögenswerten[266]

6.2.1.1. At Fair Value through Profit or Loss (einschließlich Held for Trading)

Finanzinstrumente der Kategorie At Fair Value through Profit or Loss (einschließlich Held for Trading) sind stets zum **Fair Value** zu bewerten. Fair Value-Änderungen sind unmittelbar erfolgswirksam im Periodenergebnis zu erfassen (IAS 39.46 i.V.m. IAS 39.55(a)).

[266] Vgl. *Ernst & Young LLP (Hrsg.)*, International GAAP 2005, 2004, S. 1012.

Derivate werden stets als Held for Trading eingestuft, es sein denn, sie sind in eine wirksame Sicherungsbeziehung im Rahmen des Hedge Accountings eingebunden (IAS 39.9).

Eine gesonderte Berücksichtigung einer Wertminderung („*impairment*") ist bei der Bewertung der Finanzinstrumente At Fair Value through Profit or Loss (einschließlich Held for Trading) nicht erforderlich, da eventuelle Abwertungen („*impairment*") bereits im Rahmen der Ermittlung des Fair Values berücksichtigt sind.

Ausgenommen von der Bewertung zum Fair Value sind Finanzinvestitionen in Eigenkapitalinstrumente (z. B. GmbH-Anteile, nicht notierte Aktien), für die **kein auf einem aktiven Markt notierter Marktpreis** existiert **und** deren Fair Value **nicht verlässlich bestimmt** werden kann, sowie Derivate auf solche nicht notierte Eigenkapitalinstrumente, die nur durch Andienung erfüllt werden können (IAS 39.9 i.V.m. IAS 39.46(c)). Diese Finanzinvestitionen werden mit ihren **Anschaffungskosten** („*at cost*") bewertet (IAS 39.46(c)). Zur Bewertung von Eigenkapitalinstrumenten, die über keinen auf einem aktiven Markt notierten Preis verfügen vgl. Kapitel 6.4.4.

Für die **verlässliche Bestimmbarkeit** des Fair Values reicht es aus, wenn

(a) die Schwankungsbandbreite der vernünftigen Schätzungen des Fair Values für dieses Instrument **nicht signifikant** ist („*the variability in the range of reasonable fair value estimates is not significant for that instrument*") **oder**
(b) die Eintrittswahrscheinlichkeiten der verschiedenen Schätzungen innerhalb dieser Bandbreite auf **angemessene Weise beurteilt** und bei der Schätzung des Fair Values verwendet werden können („*the probabilities of the various estimates within the range can be reasonably assessed and used in estimating fair value*") (IAS 39.AG80).[267]

Nach Ansicht des IASB gibt es zahlreiche Situationen, in denen die Schwankungsbandbreite der vernünftigen Schätzungen des Fair Values von Finanzinvestitionen in Eigenkapitalinstrumenten, die über keinen notierten Marktpreis verfügen, und von damit verbundenen Derivaten voraussichtlich nicht signifikant ist („*is likely not to be significant*"). In der Regel ist die Schätzung des Fair Values eines von einem Dritten („*from an outside party*") erworbenen finanziellen Vermögenswerts möglich. Wenn jedoch die Schwankungsbandbreite der vernünftigen Schätzungen signifikant ist und die Eintrittswahrscheinlichkeiten der verschiedenen Schätzungen nicht auf angemessene Weise beurteilt werden können, ist eine Bewertung des Finanzinstruments mit dem Fair Value ausgeschlossen (IAS 39.AG81). Diese Instrumente sind dann mit ihren **Anschaffungskosten** („*at cost*") zu bewerten (IAS 39.46(c)). Zur Bewertung von Eigenkapitalinstrumenten, die über keinen auf einem aktiven Markt notierten Preis verfügen vgl. Kapitel 6.4.4.

---

267 Vgl. *Ernst & Young LLP (Hrsg.)*, International GAAP 2005, 2004, S. 1024-1025.

6.2.1.2. Held-to-Maturity

Finanzielle Vermögenswerte der Kategorie Held-to-Maturity sind unter Anwendung der Effektivzinsmethode mit ihren **fortgeführten Anschaffungskosten** („*amortised cost*") einschließlich der Transaktionskosten zu bewerten (IAS 39.46(b)). Anpassungen eines finanziellen Vermögenswerts der Kategorie Held-to-Maturity aufgrund einer Amortisation eines Agios oder Disagios sind unmittelbar erfolgswirksam im Zinsergebnis zu berücksichtigen (IAS 39.56). Zur Ermittlung der fortgeführten Anschaffungskosten und zur Erfassung der Zinserträge vgl. Kapitel 4.4.2.

Diese finanziellen Vermögenswerte sind im Rahmen der Folgebewertung daraufhin zu untersuchen, ob **Wertminderungen** („*impairment*") gegeben sind und demzufolge eine Wertberichtigung zu erfassen ist (IAS 39.58; IAS 39.63). Zur Ermittlung der Wertberichtungen in Abhängigkeit der Kategorie vgl. Kapitel 6.3.1.1.

Da finanzielle Vermögenswerte der Kategorie Held-to-Maturity in fremder Währung **monetäre Posten** nach IAS 21 darstellen, erfolgt die Umrechnung zum Stichtagskurs (IAS 21.23(a)). Umrechnungsdifferenzen zwischen Zugangs- und Folgebewertung sowie zwischen den einzelnen Bilanzstichtagen sind bei **monetären Posten erfolgswirksam** zu erfassen (IAS 39.AG83; IAS 21.28). Zur Umrechnung von Fremdwährungsposten vgl. Kapitel 4.5.4.

Eine Kategorisierung von finanziellen Vermögenswerten als Held-to-Maturity erfordert aus der Anlage resultierende bestimmbare Zahlungen sowie eine feste Laufzeit. Des Weiteren muss das Unternehmen den Willen und die Fähigkeit haben, die Wertpapiere bis zur Endfälligkeit nicht zu veräußern (IAS 39.9).

Aktien, GmbH-Anteile bzw. Investmentanteile können z. B. mangels Endfälligkeit niemals dieser Kategorie zugeordnet werden. Die Kriterien für die Halteabsicht bis zur Endfälligkeit sind als äußerst restriktiv zu werten.

Darüber hinaus dürfen finanzielle Vermögenswerte nicht der Kategorie Held-to-Maturity zugeordnet werden, wenn das Unternehmen im laufenden oder während der vorangegangenen zwei Geschäftsjahre mehr als einen unwesentlichen Teil der Held-to-Maturity Vermögenswerte vor Endfälligkeit verkauft oder umgegliedert hat (IAS 39.9).

6.2.1.3. Loans and Receivables

Loans and Receivables sind unter Anwendung der Effektivzinsmethode mit ihren **fortgeführten Anschaffungskosten** („*amortised cost*") zu bewerten (IAS 39.46(a)). Kredite und Forderungen stellen Fremdkapitalinstrumente dar, die nicht auf einem aktiven Markt notiert sind. Anpassungen eines finanziellen Vermögenswerts der Kategorie Loans and Receivables aufgrund einer Amortisation eines Agios oder Disagios sind wiederum unmittelbar erfolgswirksam im Zinsergebnis zu berücksichtigen (IAS 39.56). Zur Ermittlung der fortgeführten Anschaffungskosten und zur Erfassung der Zinserträge vgl. Kapitel 4.4.2.

Diese finanziellen Vermögenswerte sind im Rahmen der Folgebewertung ebenfalls daraufhin zu untersuchen, ob **Wertminderungen** („*impairment*") gegeben sind und demzufolge eine Wertberichtigung zu erfassen ist (IAS 39.58; IAS 39.63). Zur Ermittlung der Wertberichtungen in Abhängigkeit der Kategorie vgl. Kapitel 6.3.1.1.

Da finanzielle Vermögenswerte der Kategorie Loans and Receivables in fremder Währung **monetäre Posten** nach IAS 21 darstellen, erfolgt die Umrechnung zum Stichtagskurs (IAS 21.23(a)). Umrechnungsdifferenzen zwischen Zugangs- und Folgebewertung sowie zwischen den einzelnen Bilanzstichtagen sind bei **monetären Posten erfolgswirksam** zu erfassen (IAS 39.AG83; IAS 21.28). Zur Umrechnung von Fremdwährungsposten vgl. Kapitel 4.5.4.

Eine Einstufung als Loans and Receivables erfordert aus der Anlage resultierende bestimmbare Zahlungen. Im Gegensatz zu Held-to-Maturity erfolgt die Klassifizierung unabhängig davon, ob die finanziellen Vermögenswerte bis zur Endfälligkeit gehalten werden oder nicht. Ein weiterer Unterschied ist, dass die finanziellen Vermögenswerte der Kategorie Loans and Receivables nicht auf einem aktiven Markt notiert sein dürfen (IAS 39.9).

6.2.1.4. Available-for-Sale

Finanzielle Vermögenswerte der Kategorie Available-for-Sale sind zum **Fair Value** zu bewerten. Fair Value-Änderungen sind – bis auf Wertberichtigungen und Gewinne und Verluste aus der Währungsumrechnung von monetären Posten – zunächst **erfolgsneutral** in einer gesonderten Position im Eigenkapital (Neubewertungsrücklage, AfS-Rücklage) zu erfassen (IAS 39.46 i.V.m. IAS 39.55(b); IAS 39.AG83). Beim Abgang oder einer bonitätsbedingten Wertminderung wird ein entsprechender Betrag aus der gesonderten Position im Eigenkapital in die GuV umgebucht. Dividenden sind mit der Entstehung des Rechtsanspruchs des Unternehmens auf Zahlung in der GuV zu erfassen (IAS 39.55(b)). Zur Vereinnahmung von Dividendenerträgen vgl. Kapitel 4.4.7.

Werden **zinstragende Posten** als Available-for-Sale kategorisiert, müssen im Rahmen der Folgebewertung (analog zur Folgebewertung bei Held-to-Maturity bzw. Loans and Receivables) weiterhin die **fortgeführten Anschaffungskosten** („*amortised cost*") ermittelt werden.[268] Die Vereinnahmung der Zinsen erfolgt auf der Basis der Effektivzinsmethode (IAS 39.55(b)). Zur Erfassung der Zinserträge vgl. Kapitel 4.4.2.

---

268 Vgl. *Ernst & Young LLP (Hrsg.)*, International GAAP 2005, 2004, S. 1013-1014.

Diese finanziellen Vermögenswerte sind im Rahmen der Folgebewertung ebenfalls daraufhin zu untersuchen, ob **Wertminderungen** („*impairment*") gegeben sind und demzufolge eine Wertberichtigung zu erfassen ist (IAS 39.58; IAS 39.67). Zur Ermittlung der Wertberichtungen in Abhängigkeit der Kategorie vgl. Kapitel 6.3.1.1.

Finanzielle Vermögenswerte der Kategorie Available-for-Sale in fremder Währung können monetäre Posten (wie z. B. verzinsliche Wertpapiere, Forderungen) oder nicht-monetäre Posten (wie z. B. Aktien) sein. In jedem Fall erfolgt die Umrechnung für alle Posten, die mit dem Fair Value bewertet werden, zum Stichtagskurs (IAS 21.23(c)). Umrechnungsdifferenzen zwischen Zugangs- und Folgebewertung sowie zwischen den einzelnen Bilanzstichtagen sind bei **monetären Posten erfolgswirksam** und bei **nicht-monetären Posten** grundsätzlich **erfolgsneutral** zu erfassen (IAS 39.AG83; IAS 21.28; IAS 21.30). Zur Umrechnung von Fremdwährungsposten vgl. Kapitel 4.5.4.

Ausgenommen von der Bewertung zum Fair Value sind Finanzinvestitionen in Eigenkapitalinstrumente, für die **kein auf einem aktiven Markt notierter Marktpreis** existiert **und** deren Fair Value **nicht verlässlich bestimmt** werden kann, sowie Derivate auf solche nicht notierte Eigenkapitalinstrumente, die nur durch Andienung erfüllt werden können (IAS 39.46(c)). Diese Finanzinvestitionen werden mit ihren **Anschaffungskosten** („*at cost*") bewertet (IAS 39.46(c)).

Für die **verlässliche Bestimmbarkeit** des Fair Values reicht es aus, wenn

(a) die Schwankungsbandbreite der vernünftigen Schätzungen des Fair Values für dieses Instrument **nicht signifikant** ist („*the variability in the range of reasonable fair value estimates is not significant for that instrument*") **oder**
(b) die Eintrittswahrscheinlichkeiten der verschiedenen Schätzungen innerhalb dieser Bandbreite auf **angemessene Weise beurteilt** und bei der Schätzung des Fair Values verwendet werden können („*the probabilities of the various estimates within the range can be reasonably assessed and used in estimating fair value*") (IAS 39.AG80).[269]

Nach Ansicht des IASB gibt es zahlreiche Situationen, in denen die Schwankungsbandbreite der vernünftigen Schätzungen des Fair Values von Finanzinvestitionen in Eigenkapitalinstrumenten, die über keinen notierten Marktpreis verfügen, und von damit verbundenen Derivaten, voraussichtlich nicht signifikant ist („*is likely not to be significant*"). In der Regel ist die Schätzung des Fair Values eines von einem Dritten („*from an outside party*") erworbenen finanziellen Vermögenswerts möglich. Wenn jedoch die Schwankungsbandbreite der vernünftigen Schätzungen signifikant ist und die Eintrittswahrscheinlichkeiten der verschiedenen Schätzungen nicht auf angemessene Weise beurteilt werden können, ist eine Bewertung des Finanzinstruments mit

[269] Vgl. *Ernst & Young LLP (Hrsg.)*, International GAAP 2005, 2004, S. 1024-1025.

dem Fair Value ausgeschlossen (IAS 39.AG81). Diese Instrumente sind dann mit ihren **Anschaffungskosten** („*at cost*") zu bewerten (IAS 39.46(c)). Zur Bewertung von Eigenkapitalinstrumenten, die über keinen auf einem aktiven Markt notierten Preis verfügen vgl. Kapitel 6.4.4.

6.2.2. Folgebewertung finanzieller Verbindlichkeiten

Nach dem erstmaligen Ansatz hat ein Unternehmen alle finanziellen Verbindlichkeiten mit den fortgeführten Anschaffungskosten unter Anwendung der Effektivzinsmethode zu bewerten (vgl. Kapitel 4.4.2. (Zinserträge) und Kapitel 4.4.4. (Zinsaufwendungen)), mit Ausnahme von (IAS 39.47):

- finanziellen Verbindlichkeiten, die der Kategorie At Fair Value through Profit or Loss zugeordnet sind. Solche Verbindlichkeiten, einschließlich derivativer Finanzinstrumente mit negativem Marktwert, sind mit ihrem Fair Value zu bewerten, mit Ausnahme einer derivativen Verbindlichkeit auf ein nicht notiertes Eigenkapitalinstrument, dessen Fair Value nicht verlässlich ermittelt werden kann und durch Andienung solcher Eigenkapitalinstrumente physisch erfüllt werden muss, sind mit ihren **Anschaffungskosten** („*at cost*") zu bewerten.
- finanziellen Verbindlichkeiten, die entstehen, wenn die Übertragung eines finanziellen Vermögenswerts nicht die Kriterien für eine Ausbuchung erfüllt oder die infolge des Ansatzes des anhaltenden Engagements („*continuing involvement*") bilanziert werden. Auf die Bewertung derartiger Verbindlichkeiten sind IAS 39.29 sowie IAS 39.31 anzuwenden.

Für finanzielle Verbindlichkeiten, die als Grundgeschäfte im Rahmen des Hedge Accountings designiert sind, gelten **Sondervorschriften** (IAS 39.89-102) (vgl. Kapitel 7.).

Der Fair Value von jederzeit kündbaren Einlagen (wie z. B. eine finanzielle Verbindlichkeit mit einem Kontokorrentinstrument) („*a financial liability with a demand feature*") **ist nicht niedriger** als der auf Sicht zahlbare Betrag, der vom ersten Tag an, an dem der Betrag zurückgezahlt werden muss, abgezinst wird (IAS 39.49).[270]

Wie bei finanziellen Vermögenswerten, die zu fortgeführten Anschaffungskosten bewertet werden, sind **Agien** und **Disagien** bei zu fortgeführten Anschaffungskosten bewerteten finanziellen Verbindlichkeiten der Kategorie Other Liabilities unter Anwendung der Effektivzinsmethode über die Laufzeit des entsprechenden Instruments zu verteilen und in der GuV zu berücksichtigen (IAS 39.56). Zur Erfassung der Zinsaufwendungen vgl. Kapitel 4.4.4.

---

270 Vgl. *Ernst & Young LLP (Hrsg.)*, International GAAP 2005, 2004, S. 1025-1026.

Die **fortgeführten Anschaffungskosten** von Verbindlichkeiten werden zusammengefasst wie folgt ermittelt:[271]

  Rückzahlungsbetrag (z. B. Nennwert)
- Tilgungen
+ noch nicht verteiltes Agio abzüglich Transaktionskosten
- noch nicht verteiltes Disagio zuzüglich Transaktionskosten
= fortgeführte Anschaffungskosten

Die Verteilung eines Agios oder Disagios erfolgt nach der **Effektivzinsmethode**. Dabei wird der Zinssatz ermittelt, der erforderlich ist, um die Tilgungs- und Zinszahlungen auf den bei Eingehen der Verbindlichkeit erhaltenen Betrag abzuzinsen. Dieser Zinssatz wird an jedem Bilanzstichtag auf den jeweiligen Buchwert angewandt, um den Zinsaufwand für das abgelaufene Geschäftsjahr zu ermitteln. Zur Ermittlung der fortgeführten Anschaffungskosten wird auch auf Kapitel 4.4.2. (Zinserträge) verwiesen.

Da finanzielle Verbindlichkeiten der Kategorie Other Liabilities in fremder Währung **monetäre Posten** nach IAS 21 darstellen, erfolgt die Umrechnung zum Stichtagskurs (IAS 21.23(a)). Umrechnungsdifferenzen zwischen Zugangs- und Folgebewertung sowie zwischen den einzelnen Bilanzstichtagen sind bei **monetären Posten erfolgswirksam** zu erfassen (IAS 39.AG83; IAS 21.28). Zur Umrechnung von Fremdwährungsposten vgl. Kapitel 4.5.4.

Nach IAS 39 (revised 2000) war die Fair Value-Bewertung bei den finanziellen Verbindlichkeiten auf Handelspassiva und Derivate mit negativem Marktwert beschränkt. Nach dem überarbeiteten IAS 39 dürfen finanzielle Verbindlichkeiten unabhängig davon ob eine Handelsabsicht tatsächlich gegeben ist oder nicht, wahlweise und unwiderruflich als At Fair Value through Profit or Loss kategorisiert werden. Durch die teilweise Übernahme von IAS 39 i.R.d. Endorsement Mechanism muss an dieser Stelle beachtet werden, dass die Nutzung der **Fair Value Option** für finanzielle Verbindlichkeiten entgegen den Vorschriften im vom IASB verabschiedeten IAS 39 nicht zulässig sind.

Hat ein Unternehmen eine finanzielle Verbindlichkeit als At Fair Value through Profit or Loss eingestuft, sind folgende Angaben erforderlich (IAS 32.94(f)):

- die Höhe der **Änderung des Fair Values** der finanziellen Verbindlichkeit, die **nicht** auf Änderungen eines Leitzinssatzes (z. B. Euribor) zurückzuführen sind und
- die **Differenz** zwischen dem **Buchwert und dem Betrag**, den das Unternehmen **vertragsgemäß bei Fälligkeit** an den Inhaber der Verpflichtung zahlen müsste.

---

271 Vgl. *Krumnow, J./Sprißler, W. u.a. (Hrsg.)*, Kommentar^2, IAS 39, Tz. 223.

Durch das neu eingeführte Wahlrecht, sämtliche Finanzinstrumente in der Bewertungskategorie At Fair Value through Profit or Loss zu erfassen, besteht erstmals die Möglichkeit, auch finanzielle Verbindlichkeiten dauerhaft zum Fair Value zu bewerten. Eine Marktbewertung von finanziellen Verbindlichkeiten stellt so gesehen einen **Paradigmenwechsel** in der Bilanzierung von Finanzinstrumenten dar.

Im Rahmen der Fair Value-Bewertung von finanziellen Verbindlichkeiten muss nach Ansicht des IASB aus den nachfolgenden Gründen das **eigene Kreditrisiko** („*own credit risk*") mit berücksichtigt werden (IAS 39.BC89):[272]

- Unternehmen können Änderungen des Fair Values der finanziellen Verbindlichkeiten realisieren, in dem sie sie zurückkaufen, erneut verhandeln oder Derivate einsetzen,
- Änderungen des eigenen Kreditrisikos wirken sich auf beobachtbare Marktpreise der finanziellen Verbindlichkeiten und deren Fair Values aus,
- es bereitet Anwendungsprobleme, Änderungen des Kreditrisikos von beobachtbaren Marktpreisschwankungen zu trennen und
- bei der erstmaligen Erfassung spiegelt der Fair Value das eigene Kreditrisiko der finanziellen Verbindlichkeit wider; der IASB ist davon überzeugt, dass es nicht angemessen ist, das Kreditrisiko bei der erstmaligen Erfassung und nicht bei den Folgeperioden zu berücksichtigen.

272 Vgl. *Ernst & Young LLP (Hrsg.)*, International GAAP 2005, 2004, S. 1028-1029.

6.3. Wertberichtigungen (Risikovorsorge)

6.3.1. Grundlagen

6.3.1.1. Ermittlung der Wertberichtigungen in Abhängigkeit von den Bewertungskategorien

6.3.1.1.1. Incurred Loss Model

Die Anforderungen an die Erfassung von Wertminderungen nach IAS 39 sind angesichts der Tatsache, dass es sich um einen für die meisten Unternehmen bekannten Sachverhalt handelt, aus technischer Sicht sehr anspruchsvoll.[273] Der Grund hierfür ist, dass IAS 39 für alle Unternehmen, einschließlich Kreditinstitute, entwickelt wurde.[274] Die Ermittlung einer Wertminderung sowie eine eventuell spätere Wertaufholung nach IAS 39 unterscheidet sich von der Praxis nach den handelsrechtlichen Grundsätzen (HGB).[275]

Bei der erstmaligen Erfassung von finanziellen Vermögenswerten erfolgt der Ansatz zum Fair Value (IAS 39.43). Dies ist i.d.R. der Transaktionspreis (IAS 39.AG64). Direkt zurechenbare Transaktionskosten sind bei finanziellen Vermögenswerten, die nicht erfolgswirksam mit dem Fair Value bewertet werden, Bestandteil der Anschaffungskosten (IAS 39.43). Darüber hinaus ist zum jeweiligen Abschlussstichtag zu untersuchen, ob und inwieweit eine Wertminderung eingetreten ist oder Uneinbringlichkeit vorliegt (IAS 39.58-70).

IAS 39 basiert auf dem **Incurred Loss Model**. Dementsprechend darf eine Wertberichtigung nur dann gebildet werden, wenn objektive Hinweise (*„objective evidence“*) dafür vorliegen, dass die Wertminderung infolge eines nach der erstmaligen Erfassung des Vermögenswerts eingetretenen Ereignisses bereits entstanden ist (*„loss event“, „trigger event“*) und dieses Verlustereignis Auswirkungen auf die geschätzten künftigen Zahlungsströme hat (IAS 39.59). Eine Wertminderung darf nicht auf der Grundlage von erwarteten oder gar künftig erst entstehenden Verlusten gebildet werden (*„Losses expected as a result of future events, no matter how likely, are not recognised.“*).[276] Nicht erforderlich ist das Erkennen bzw. die Kenntnis der Einzelheiten bereits eingetretener Verlustereignisse durch das bilanzierende Unternehmen (*„losses incurred but not reported“*) (IAS 39.AG90; IAS 39.BC108-BC110).

---

[273] Vgl. *Ernst & Young LLP (Hrsg.)*, International GAAP 2005, 2004, S. 1039.

[274] Zur Entwicklung der Vorschriften vgl. *Ernst & Young LLP (Hrsg.)*, International GAAP 2005, 2004, S. 1039-1040.

[275] Vgl. *Scharpf, P.*, Handbuch Bankbilanz, 2. Aufl., 2004, S. 175-191 (Einzelheiten zur Bildung von Einzelwertberichtigungen), S. 192-200 (Pauschalwertberichtigungen), S. 200-208 (Länderwertberichtigungen).

[276] Vgl. dazu auch z. B. *Meister, E./Hillen, K.-H.*, in: Lange, T. A./Löw, E. (Hrsg.), 2004, S. 346.

Eine Wertminderung ist also nur dann eingetreten, d. h. eine Wertberichtigung (unabhängig welcher Art) ist nur dann zulässig, wenn:[277]

(1) objektive Hinweise dafür vorliegen, dass
(2) seit dem Zeitpunkt, zu dem der Vermögenswert angeschafft (erstmals eingebucht) wurde, ein oder mehrere Verlustereignisse eingetreten sind, die
(3) Auswirkungen auf die geschätzten künftigen Cashflows haben, und die
(4) künftigen Cashflows verlässlich geschätzt werden können.

Für die Berücksichtigung von Verlustereignissen, die erst nach dem Abschlussstichtag bekannt geworden sind, ist der Nachweis ihres Eintretens vor dem Abschlussstichtag notwendig. Allgemeine pauschale Annahmen über erfahrungsgemäße künftige Ausfälle sind vom Incurred Loss Model nicht gedeckt.

Im Rahmen der Folgebewertung von Finanzinstrumenten hat das bilanzierende Unternehmen an jedem Bilanzstichtag zu prüfen, ob objektive Hinweise (IAS 39.59) darauf schließen lassen, dass eine Wertminderung eines finanziellen Vermögenswerts oder eines Portfolios von finanziellen Vermögenswerten eingetreten ist (IAS 39.58). Es ist zu prüfen, ob aufgrund der vollständigen oder teilweisen Uneinbringlichkeit von finanziellen Vermögenswerten eine Wertminderung (*„impairment“*) besteht.[278]

Verringert sich die Höhe der benötigten Wertberichtigung in einer späteren Berichtsperiode und ist dies objektiv darauf zurückzuführen, dass der Grund für die Wertberichtigung nachträglich wieder weggefallen ist, muss die Wertberichtigung in den meisten Fällen aufgelöst werden, d. h. es ist i.d.R. eine Wertaufholung vorzunehmen (siehe die nachfolgenden Ausführungen).

Der Begriff Wertminderung (*„impairment“*) wird in IAS 36 *„Impairment of Assets“* für jede Art von Wertminderung von Vermögenswerten verwendet. Nach IAS 39 wird der Begriff Wertminderung (*„impairment“*) demgegenüber auf **nicht marktpreisbedingte Wertänderungen** begrenzt, da Marktpreisrisiken entweder durch die Bewertung zum Fair Value berücksichtigt oder als nicht relevant (bei einer Bewertung zu fortgeführten Anschaffungskosten) angesehen werden. Insofern sind finanzielle Vermögenswerte vom Anwendungsbereich des IAS 36 ausgenommen (IAS 36.5). Die Bestimmungen zur Ermittlung einer Wertminderung bei der Bewertung von finanziellen Vermögenswerten sind in IAS 39 abschließend geregelt.

6.3.1.1.2. Unterschiedliche Vorgehensweise in Abhängigkeit von der Bewertung

Liegt ein objektiver Hinweis auf eine Wertminderung vor, ist nach IAS 39.63-70 für die **verschiedenen Bewertungskategorien** unterschiedlich vorzugehen:

---

277 Vgl. *Ernst & Young LLP (Hrsg.)*, International GAAP 2005, 2004, S. 1040.
278 Vgl. *Schmidbauer, R.*, RIW 2003, S. 291.

Zu fortgeführten Anschaffungskosten bewertete finanzielle Vermögenswerte

Unter die zu **fortgeführten Anschaffungskosten** (*„amortised cost"*) bilanzierten finanziellen Vermögenswerte fallen finanzielle Vermögenswerte der Kategorien Loans and Receivables und Held-to-Maturity (IAS 39.63-65).

Die **Höhe der Wertminderung** ergibt sich bei diesen Vermögenswerten als Differenz zwischen dem Buchwert des Vermögenswerts (fortgeführte Anschaffungskosten zuzüglich einer eventuellen Buchwertanpassung aus einem Fair Value Hedge) und dem Barwert der erwarteten künftigen Cashflows; Letzterer wird anhand des ursprünglichen Effektivzinses errechnet (IAS 39.63).[279] Marktzinsänderungen wirken sich dabei nicht aus.

Die Wertminderung kann entweder **direkt** am Buchwert des einzelnen Vermögenswerts gekürzt oder **indirekt** mittels eines eigenen Wertberichtigungskontos (Posten: Risikovorsorge) bilanziell abgebildet werden (IAS 39.63).

Spätere **Wertaufholungen** sind bis maximal zur Höhe der im Zeitpunkt der Wertaufholung geltenden fortgeführten Anschaffungskosten erfolgswirksam vorzunehmen (IAS 39.65).

Zu Anschaffungskosten bewertete finanzielle Vermögenswerte

Bei den zu **Anschaffungskosten** (*„cost"*) bewerteten finanziellen Vermögenswerten handelt es sich um Finanzinvestitionen in Eigenkapitalinstrumente, für die kein auf einem aktiven Markt notierter Preis vorliegt und deren Fair Value nicht verlässlich bilanziert werden kann, da dieser nicht verlässlich ermittelt werden kann, sowie Derivate auf solche nicht notierten Eigenkapitalinstrumente, die nur durch Andienung (d. h. durch physische Lieferung von nicht notierten Eigenkapitalinstrumenten) erfüllt werden können (IAS 39.66). Hierbei handelt es sich regelmäßig um nicht an einem aktiven Markt gehandelte Aktien oder GmbH-Anteile.

Der **Betrag der Wertminderung** ergibt sich als Differenz zwischen dem Buchwert des Vermögenswerts (ggf. korrigiert um Buchwertanpassungen aus einem Fair Value Hedge) und dem Barwert der geschätzten künftigen Cashflows, die mit der aktuellen Marktrendite eines vergleichbaren Vermögenswerts abgezinst werden (IAS 39.66). Die Abzinsung mit dem aktuellen Marktzins soll dem Tatbestand Rechnung tragen, dass diese Vermögenswerte normalerweise zum Fair Value zu bewerten wären. Beim Marktzins wird man auf Renditegrößen zurückgreifen müssen.[280] Die Schätzung der künftig erwarteten Cashflows wird regelmäßig eine Unternehmensbewertung erforderlich machen.

---

279 In der vorigen Version IAS 39 (revised 2000) wird der Barwert der künftigen Cashflows noch als erzielbarer Betrag (*„recoverable amount"*) bezeichnet.

280 Vgl. *Heuser P. J./Theile, C. (Hrsg.)*, IAS-Handbuch, 2003, Tz. 554.

IAS 39 enthält keine Vorschriften dahin gehend, ob bei diesen Vermögenswerten die erfolgswirksam zu buchenden Wertminderungen direkt beim betreffenden Vermögenswert abzusetzen sind oder mittels eines eigenen Wertberichtigungskontos erfasst werden können.

Wertaufholungen aufgrund des nachträglichen Wegfalls des Abwertungsgrunds sind bei diesen Vermögenswerten per se nicht zulässig (IAS 39.66).

Finanzielle Vermögenswerte der Kategorie Available-for-Sale (IAS 39.67-70)

Der **Betrag der Wertminderung** errechnet sich als Differenz zwischen den (fortgeführten) Anschaffungskosten (*„acquisition cost (net of any principal repayment and amortisation)“*) – ggf. korrigiert um etwaige Buchwertanpassungen aus einem Fair Value Hedge – und dem **aktuellen Fair Value** (abzüglich etwaiger, bereits früher ergebniswirksam erfasster Wertberichtigungen) (IAS 39.68). Dies gilt unabhängig davon, ob es sich um ein gehaltenes Eigen- oder Fremdkapitalinstrument handelt. Die Ermittlung des Fair Values erfolgt nach den allgemeinen Vorschriften des IAS 39. IAS 39.68 unterscheidet (entgegen IAS 39.118 (revised 2000)) bei der Art und Weise der Ermittlung des Wertberichtigungsbetrags nicht mehr nach Eigen- und Fremdkapitalinstrumenten.[281] Als Wert, dem der Buchwert gegenüberzustellen ist, ist nunmehr einheitlich bei allen Finanzinstrumenten der Kategorie Available-for-Sale der Fair Value heranzuziehen.

Bei allen gehaltenen finanziellen Vermögenswerten der Kategorie Available-for-Sale ist zu beachten, dass ein etwaiger bislang erfolgsneutral im Eigenkapital (AfS-Rücklage) kumulierter Verlust ergebniswirksam in die GuV umzubuchen ist.

Bei gehaltenen **nicht-monetären Eigenkapitalinstrumenten** (wie z. B. Aktien in Fremdwährung) ist der Teil des kumulierten Nettoverlusts, der auf Wechselkursveränderungen zurückzuführen ist, ebenfalls im Periodenergebnis zu erfassen, sofern die Instrumente nicht ausnahmsweise zu Anschaffungskosten (*„cost“*) bewertet werden (IAS 39.IG E.4.9 *Impairment of non-monetary available-for-sale financial asset*).

IAS 39 schreibt bei Vermögenswerten der Kategorie Available-for-Sale nicht vor, ob die Wertberichtigung direkt oder indirekt zu erfassen ist.

Wertaufholungen sind bei finanziellen Vermögenswerten der Kategorie Available-for-Sale in der Bilanz stets vorzunehmen. Hinsichtlich der Gegenbuchung einer Wertaufholung ist danach zu unterscheiden, ob es sich bei dem Vermögenswert der Katego-

---

[281] Bei Eigenkapitalinstrumenten wurde nach IAS 39.118 (revised 2000) noch auf die Differenz zwischen den Anschaffungskosten und dem Fair Value und bei Fremdkapitalinstrumenten zwischen den fortgeführten Anschaffungskosten und dem erzielbaren Betrag (*„recoverable amount“*) abgestellt. Dabei entspricht der erzielbare Betrag eines Fremdkapitalinstruments dem Barwert der erwarteten künftigen Cashflows, abgezinst mit dem aktuellen Marktzins zum Bewertungsstichtag.

rie Available-for-Sale um ein gehaltenes Eigenkapitalinstrument (wie z. B. Aktie, Investmentanteil, GmbH-Anteil) oder um ein gehaltenes Fremdkapitalinstrument (z. B. Anleihe) handelt. Bei Eigenkapitalinstrumenten ist die Wertaufholung **erfolgsneutral** vorzunehmen, d. h. im Eigenkapital (AfS-Rücklage) gegenzubuchen (IAS 39.69). Handelt es sich hingegen um ein Fremdkapitalinstrument, ist die Wertaufholung **erfolgswirksam** zu erfassen (IAS 39.70).

Finanzielle Vermögenswerte der Kategorie At Fair Value through Profit or Loss

Die Bestimmungen des IAS 39 zur Wertminderung finden dagegen **keine Anwendung** auf finanzielle Vermögenswerte der Kategorie **At Fair Value through Profit or Loss** (einschließlich Held for Trading), da diese ohnehin erfolgswirksam zum Fair Value zu bewerten sind und sämtliche Wertminderungen somit automatisch erfolgswirksam erfasst werden. Spezielle Vorschriften für die Berücksichtigung von bonitätsbedingten Wertminderungen sind damit nicht notwendig.

6.3.1.1.3. Besonderheiten bei der Kategorie Available-for-Sale

Handelt es sich bei finanziellen Vermögenswerten der Kategorie Available-for-Sale um eine **marktpreisrisikoinduzierte Fair Value-Änderung** (z. B. wegen gestiegener Renditen bei Anleihen), die sich nicht mit einem objektiven Hinweis nach IAS 39.59 begründen lässt und auch keine Auswirkungen auf die geschätzten künftigen Cashflows der finanziellen Vermögenswerte hat, führt diese Wertänderung zu keiner unmittelbaren Erfolgswirksamkeit, da diese erfolgsneutral im Eigenkapital (AfS-Rücklage) zu erfassen ist.

Handelt es sich hingegen um eine fundamentale (bonitätsrisikoinduzierte) Beeinträchtigung des erzielbaren Werts aufgrund objektiver Hinweise, ist die Wertminderung erfolgswirksam zu erfassen. Wertminderungen dürfen jedoch nicht bereits bei der Höhe des erstmaligen Bilanzansatzes berücksichtigt werden (IAS 39.IG E.4.2 *Impairment: future losses*).

Obgleich IAS 39.59 von einem einzelnen Vermögenswert und von Gruppen finanzieller Vermögenswerte ausgeht, die wertgemindert sind („*a financial asset or a group of financial assets is impaired*"), könnte man schließen, dass bei finanziellen Vermögenswerten aller Bewertungskategorien sowohl eine Ermittlung der Wertminderung auf Basis der jeweiligen Einzelforderung als auch auf Basis eines Portfolios vorgenommen werden kann. IAS 39.59 bezieht sich jedoch nur auf die Frage, **wann** objektive Hinweise vorliegen. Sämtliche weiteren Ausführungen zur Wertberichtigung auf Portfoliobasis beziehen sich ausschließlich auf finanzielle Vermögenswerte, die zu fortgeführten Anschaffungskosten bewertet werden. Mithin kommt eine solche Wertberichtigung auf Portfoliobasis eben nur für diese Vermögenswerte (Loans and Receivables und Held-to-Maturity) in Betracht.

6.3.1.2. Keine Pauschalwertberichtigung und keine pauschale Länderwertberichtigung entsprechend HGB

Nach IAS 39 ist es nicht möglich, die derzeit nach den handelsrechtlichen Grundsätzen ordnungsmäßiger Bilanzierung üblicherweise ermittelte **Pauschalwertberichtigung** (Banken und Industrieunternehmen) als Wertberichtigung i.S.d. IAS 39 zu übernehmen, da diese Pauschalwertberichtigungen sich im Regelfall an steuerlich akzeptierten Nichtbeanstandungsgrenzen orientieren.[282]

Gleiches gilt im Regelfall auch für die nach deutschen Bilanzierungsnormen üblicherweise unter Beachtung von steuerlichen Nichtbeanstandungsgrenzen ermittelten pauschalen **Länderwertberichtigungen**, die primär für Kreditinstitute von Bedeutung sind.[283] Ein eventuelles Länderrisiko (Devisentransferrisiko) ist vielmehr im Rahmen der Ermittlung der nach IAS 39 errechneten Wertminderung (individuell) zu berücksichtigen, denn das Verfahren zur Schätzung einer Wertminderung hat **alle** Ausfallrisikopositionen zu berücksichtigen, nicht nur die aufgrund geringerer Bonität des Schuldners (IAS 39.AG85), sondern auch solche aufgrund eines aktuell bestehenden Devisentransferrisikos. Dies gilt gleichermaßen für die Ermittlung einer Einzelwertberichtigung als auch für die Ermittlung von Wertberichtigungen auf Portfoliobasis.

Sowohl die nach handelsrechtlichen Grundsätzen ermittelte Pauschalwertberichtigung als auch die pauschale Länderwertberichtigung sind im Regelfall nicht mit dem Incurred Loss Model des IAS 39 vereinbar, wonach nur die im abgelaufenen Geschäftsjahr **tatsächlich eingetretenen** Verlustereignisse Berücksichtigung finden dürfen. Eine Art pauschale Wertberichtigung ist nur dann möglich, wenn Portfolien gleichartiger Kreditrisiken gebildet werden können und die für die Portfoliobildung geltenden Bestimmungen des Incurred Loss Models beachtet werden.[284] Der von *Kehm/Lüdenbach* vertretenen Ansicht, dass Pauschalwertberichtigungen bis zur Höhe der von der Finanzverwaltung akzeptierten Nichtbeanstandungsgrenze (1 %) auch nach IAS 39 als Wertberichtigung auf Portfoliobasis anzuerkennen sind, ist mithin nicht zu folgen.[285] Dies belegt auch die Tatsache, dass IAS 30.45, auf den bei Kreditinstituten die Zulässigkeit einer Pauschalwertberichtigung gestützt wurde, in der neuen Fassung des IAS 30 (sowie in ED 7) ersatzlos gestrichen ist.

Die Bildung von Wertberichtigungen unter Anwendung einer **Wertminderungsmatrix** oder vergleichbarer Methoden auf Basis der Anzahl der Tage, die ein Kredit oder eine Forderung überfällig ist (z. B. 0 % bei weniger als 90 Tagen, 20 % bei 90-180 Tagen, 50 % bei 181-365 Tagen und 100 % bei mehr als 365 Tagen) ist nach

282 Vgl. *Scharpf, P.*, Handbuch Bankbilanz, 2. Aufl., 2004, S. 192-200.

283 Vgl. *Scharpf, P.*, Handbuch Bankbilanz, 2. Aufl., 2004, S. 200-208.

284 Vgl. *Beine, F./Meyer, C. H.*, in: Ballwieser, W./Beine, F. u.a. (Hrsg.), Abschn. 5, Tz. 25-29. Die dabei aufgezeigten Methoden zur pauschalen Ermittlung von Wertberichtigungen sind nach IAS 39 nur dann anerkannt, wenn sie nach den für die Wertberichtigung auf Portfoliobasis geltenden Regeln ermittelt werden.

285 Vgl. *Kehm, P./Lüdenbach, N.*, in: Lüdenbach, N./Hoffmann, W.-D. (Hrsg.), IFRS-Kommentar², 2004, § 28, Tz. 274 und wohl auch in Tz. 122.

IAS 39.IG E.4.5. nur dann zulässig, wenn nachgewiesen werden kann, dass der mithilfe der angewandten Methode berechnete Schätzbetrag hinreichend mit dem unter Verwendung der in IAS 39 dargelegten Methode ermittelten Betrag der Wertminderung übereinstimmt.[286]

6.3.1.3. Objektive Hinweise (primär Fremdkapitalinstrumente)

Für einen einzelnen finanziellen Vermögenswert oder ein Portfolio von finanziellen Vermögenswerten liegt nur dann eine Wertminderung („*impairment*") vor, d. h. es ist nur dann ein Wertminderungsaufwand zu erfassen, wenn objektive Hinweise dafür vorliegen, dass

(1) die Wertminderung infolge eines oder mehrerer Ereignisse **im abgelaufenen Geschäftsjahr bereits entstanden** ist, das/die nach der erstmaligen Erfassung des Vermögenswerts eingetreten ist („*loss event (or events)*") und
(2) dieses Verlustereignis (oder Verlustereignisse) **Auswirkungen auf die geschätzten künftigen Cashflows** des finanziellen Vermögenswerts oder eines Portfolios von finanziellen Vermögenswerten hat (IAS 39.59).

Die Beurteilung, ob objektive Hinweise auf eine Wertminderung vorliegen, ist unter Berücksichtigung der Gesamtumstände vorzunehmen.[287] **Künftig erwartete Ereignisse** dürfen ungeachtet ihrer Eintrittswahrscheinlichkeit am Bilanzstichtag **nicht** berücksichtigt werden. Dies verbietet das Incurred Loss Model des IAS 39.

Häufig ist die Wertminderung nicht an einem einzigen, in der Vergangenheit eingetretenen Ereignis festzumachen. So stellt der **Wegfall eines aktiven Markts** aufgrund der Einstellung des öffentlichen Handels mit Finanzinstrumenten eines Unternehmens für sich allein gesehen noch keinen Hinweis für eine Wertminderung dar (IAS 39.60). Auch die Herabstufung des Bonitätsrating eines Unternehmens ist für sich allein gesehen kein substanzieller Hinweis auf eine Wertminderung, sie kann jedoch zusammen mit anderen verfügbaren Informationen ein substanzieller Hinweis für eine Wertminderung werden (IAS 39.60; IAS 39.IG E.4.1 *Objective evidence of impairment*).

Auch ein rein zinsbedingtes Sinken des Fair Values eines gehaltenen Fremdkapitalinstruments unter seine Anschaffungskosten bzw. unter seine fortgeführten Anschaffungskosten (z. B. die risikolosen Renditen bzw. Renditekurven für Forderungen oder Anleihen sind gestiegen) ist nicht notwendigerweise ein Grund (objektiver Hinweis)

---

286 Vgl. *Ernst & Young LLP (Hrsg.)*, International GAAP 2005, 2004, S. 1044. Vgl. diesbezüglich auch die Ausführungen bei *Beine, F./Meyer, C. H.*, in: Ballwieser, W./Beine, F. u.a. (Hrsg.), Abschn. 5, Tz. 25-29. Die dort dargestellte Vorgehensweise ist nur unter den genannten Bedingungen zulässig. Kann eine annähernde Übereinstimmung der nach den von *Beine/Meyer* vorgeschlagenen Methoden mit den nach den Regeln des IAS 39 ermittelten Wertminderungen nicht belegt werden, sind diese Methoden nicht zulässig.

287 Vgl. *Bohl, W./Scheinpflug, P.*, in: IFRS-Handbuch, 2004, § 3, Tz. 71.

für die Berücksichtigung einer erfolgswirksam zu buchenden Wertminderung (IAS 39.60).

Die **objektiven Hinweise** auf eine Wertminderung eines finanziellen Vermögenswerts oder eines Portfolios von Vermögenswerten schließen beobachtbare Informationen über die nachstehend im Standard ausdrücklich genannten **Verlustereignisse** ein, von denen der Inhaber des Vermögenswerts Kenntnis erlangt (IAS 39.59(a)-(f)):[288]

(a) erhebliche finanzielle Schwierigkeiten des Emittenten oder des Schuldners,
(b) ein Vertragsbruch (wie z. B. der Ausfall oder Verzug von Zins- oder Tilgungszahlungen),
(c) Zugeständnisse seitens des Kreditgebers (Gläubiger) an den Kreditnehmer aufgrund wirtschaftlicher oder rechtlicher Gründe im Zusammenhang mit den finanziellen Schwierigkeiten des Kreditnehmers, zu denen der Kreditgeber ansonsten nicht zugestimmt hätte,
(d) eine erhöhte Wahrscheinlichkeit der Insolvenz oder eines sonstigen Sanierungsverfahrens des Kreditnehmers,
(e) das Verschwinden eines aktiven Markts für diesen finanziellen Vermögenswert infolge von finanziellen Schwierigkeiten oder
(f) beobachtbare Informationen, die auf eine messbare Verringerung der erwarteten künftigen Cashflows aus einer Gruppe von finanziellen Vermögenswerten (Portfolio) seit deren erstmaligem Ansatz hinweisen, obwohl die Verringerung noch nicht einzelnen finanziellen Vermögenswerten der Gruppe zugeordnet werden kann, einschließlich:
   (i) nachteilige Veränderungen hinsichtlich des Zahlungsverhaltens der Kreditnehmer im Portfolio (z. B. eine größere Anzahl von Zahlungsaufschüben oder eine größere Anzahl von Kreditkarteninhabern, die ihr Kreditlimit erreicht haben und den niedrigsten Monatsbetrag zahlen) oder
   (ii) volkswirtschaftliche oder regionale wirtschaftliche Bedingungen, die mit Ausfällen von Vermögenswerten in der Gruppe korrelieren (z. B. Anstieg der Arbeitslosenrate in der Region des Kreditnehmers, eine Ölpreisreduzierung bei Krediten an Erdölproduzenten oder nachteilige Veränderungen in den Branchenbedingungen, die die Kreditnehmer des Portfolios beeinträchtigen).

Die Indikatoren des überarbeiteten IAS 39.59(a)-(e) entsprechen den in IAS 39.110(a)-(d) und (f) (revised 2000) genannten Kriterien. Das in IAS 39.110(e) (revised 2000) genannte Kriterium der Erfassung eines Wertminderungsaufwands aus dem besagten Vermögenswert in einer vorangegangenen Berichtsperiode ist in IAS 39.59 nicht mehr aufgeführt; dies hat jedoch keine materiellen Auswirkungen.

Weiterhin weggefallen sind die in IAS 39.100(g) (revised 2000) genannten Hinweise zu Erfahrungen mit dem Forderungseinzug aus der Vergangenheit, die darauf schlie-

288 Vgl. *Ernst & Young LLP (Hrsg.)*, International GAAP 2005, 2004, S. 1040.

ßen lassen, dass der gesamte Nennwert eines Forderungsportfolios nicht beizutreiben ist. Neu hinzugekommen sind die Hinweise für eine Portfoliobetrachtung (IAS 39.59(f)). Klargestellt wurde damit auch, dass es sich um eine Wertminderung handeln muss, die nach dem erstmaligen Ansatz einer Gruppe von finanziellen Vermögenswerten entstanden ist, sofern die Wertminderung nicht einzelnen Vermögenswerten zugeordnet werden kann. Damit ist die Bewertung auf Portfoliobasis hinsichtlich des Bonitätsrisikos lediglich eine **Vorstufe einer Einzelbewertung**.

Die in IAS 39.59(a)-(e) genannten Indikatoren betreffen vor allem solche, die eine **Insolvenz** oder eine **Insolvenzgefährdung** anzeigen. IAS 39.59(f) sieht darüber hinaus zusätzliche Indikatoren bei Ausfallerfahrungen für Kreditportfolios vor. Wie oben dargestellt, kann hieraus nicht geschlossen werden, dass die nach den handelsrechtlichen Grundsätzen insbesondere im Rahmen von steuerlichen Nichtbeanstandungsgrenzen gebildeten Pauschalwertberichtigungen bzw. pauschalen Länderwertberichtigungen unmittelbar in einen Abschluss nach IFRS übernommen werden können.

Weitere Faktoren, die bei der Bestimmung, ob eine Wertminderung vorliegt, in Betracht gezogen werden müssen, sind: Informationen über die Liquidität, Solvenz, geschäftliche und finanzielle Risiken eines Schuldners oder eines Emittenten, die Häufigkeit bezüglich des Ausfalls ähnlicher finanzieller Vermögenswerte, konjunkturelle Trends (national und regional) und Bedingungen sowie der Fair Value von Sicherheiten und Garantien (IAS 39.IG E.4.1 *Objective evidence of impairment*).[289]

Es ist durchaus möglich, dass im Einzelfall die zur Schätzung eines Wertminderungsaufwands erforderlichen beobachtbaren Informationen nur in begrenztem Umfang zur Verfügung stehen oder im Hinblick auf die gegenwärtige Situation nicht mehr uneingeschränkt relevant sind. Dies ist z. B. der Fall, wenn ein Kreditnehmer in finanzielle Schwierigkeiten gerät und nur wenige historische Vergleichsinformationen über andere Kreditnehmer zur Verfügung stehen. In solchen Fällen greift das bilanzierende Unternehmen zur Schätzung der Höhe einer Wertberichtigung regelmäßig auf eigene Erfahrungswerte zurück. Die Verwendung kaufmännisch vernünftiger Schätzungen ist im Rahmen der Aufstellung von Abschlüssen üblich. Deren Verlässlichkeit wird dadurch nicht beeinträchtigt (IAS 39.62).

Zusätzliche Wertminderungen („*impairment or bad debt losses*"), die die auf Basis von objektiven Hinweisen ermittelten Wertminderungen übersteigen, dürfen demgegenüber nicht erfolgswirksam gebildet werden (IAS 39.IG E.4.6 *Impairment: excess losses*).

IAS 39.59 macht keine Einschränkung dahin gehend, dass es sich bei den oben dargestellten Kriterien nur um objektive Hinweise für eine Wertminderung von Fremdkapitalinstrumenten handelt. Mithin sind diese Kriterien auch für die Beurteilung, ob bei

289 Vgl. *Ernst & Young LLP (Hrsg.)*, International GAAP 2005, 2004, S. 1041.

Eigenkapitalinstrumenten eine Wertminderung vorliegt, mit zu berücksichtigen (IAS 39.61).[290] Andererseits enthält IAS 39.61 den ausdrücklichen Hinweis, dass neben den in IAS 39.59 genannten Ereignissen für gehaltene Eigenkapitalinstrumente zusätzliche Informationen zu berücksichtigen sind. Dies darf jedoch u. E. nicht so interpretiert werden, dass die in IAS 39.61 genannten und nachfolgend besprochenen Indikatoren nicht auf Fremdkapitalinstrumente anzuwenden sind.[291]

Von den in IAS 39.59 aufgeführten objektiven Hinweisen, die bereits bei isolierter Betrachtung zu einer Wertminderung („*impairment*") führen, sind Sachverhalte zu unterscheiden, die für sich genommen noch keine objektiven Hinweise darstellen. Diese führen nur dann zu einer Wertminderung, wenn sie durch objektive Hinweise i.S.d. IAS 39.59 hervorgerufen werden.

6.3.1.4. Ergänzende objektive Hinweise (primär Eigenkapitalinstrumente)

Für die Beurteilung der Notwendigkeit zur Erfassung einer Wertminderung einer Finanzinvestition in ein Eigenkapitalinstrument enthält der Standard über die oben dargestellten objektiven Hinweise (IAS 39.59) hinaus weitere Indikatoren (IAS 39.61). Diese Indikatoren sind u. E. auch auf gehaltene Fremdkapitalinstrumente anzuwenden.[292] IAS 39 (revised 2000) enthielt keine Bestimmungen bezüglich der Anzeichen, die bei Eigenkapitalinstrumenten auf eine Wertminderung hinweisen; dies wurde von der Bilanzierungspraxis regelmäßig beanstandet.

Nach den vorliegenden Indikatoren liegt eine Wertminderung („*impairment*") vor, wenn **signifikant negative Veränderungen** im technologischen, ökonomischen, rechtlichen oder Marktumfeld, in dem das Unternehmen des Emittenten tätig ist, darauf hindeuten, dass die Anschaffungskosten der Finanzinvestition in das Eigenkapitalinstrument nicht mehr erzielt werden können.

Ebenso stellt eine signifikante oder länger **anhaltende Abnahme des Fair Values** einer Finanzinvestition in ein Eigenkapitalinstrument (unter dessen Anschaffungskosten) einen objektiven substanziellen Hinweis für eine Wertminderung dar (IAS 39.61).

Die Kriterien signifikant (wesentlich) und länger anhaltende Abnahme werden vom Standard nicht näher erläutert. Insoweit wird auf die vom Versicherungsfachausschuss des IDW aufgestellten und der US-Bilanzierungspraxis folgenden Kriterien für das Vorliegen einer **dauernden Wertminderung**[293] verwiesen. Danach liegt eine dauernde Wertminderung vor, wenn

290 Nach dem strengen Wortlaut des IAS 39.61 sind die dort genannten objektiven Hinweise nicht auf Fremdkapitalinstrumente anzuwenden. A.A. *Bohl, W./Scheinpflug, P.*, in: IFRS-Handbuch, 2004, § 3, Tz. 70.

291 Gl.A. *Bohl, W./Scheinpflug, P.*, in: IFRS-Handbuch, 2004, § 3, Tz. 70.

292 Gl.A. *Bohl, W./Scheinpflug, P.*, in: IFRS-Handbuch, 2004, § 3, Tz. 70.

293 Vgl. dazu ausführlich *Scharpf, P.*, Handbuch Bankbilanz, 2. Aufl., 2004, S. 100 m.w.N.; *IDW*, WPg 2002, S. 476-477; *IDW*, FN-IDW 2002, S. 667-668.

(a) der Fair Value der Wertpapiere in den dem Bilanzstichtag vorangehenden sechs Monaten permanent um mehr als 20 % unter dem Buchwert lag oder
(b) der Durchschnittswert der täglichen Börsenkurse der Wertpapiere in den letzten zwölf Monaten um mehr als 10 % unter dem Buchwert lag.[294]

Ein Bewertungsmodell darf nur mit Daten arbeiten, die aus nachvollziehbaren Märkten („*observable markets*") stammen. Diese Daten dürfen für die Zwecke der Bewertung nicht extrapoliert werden.[295]

6.3.2. Wertberichtigungen bei Loans and Rcceivables

6.3.2.1. Einzelengagement- versus Portfoliobetrachtung

Das folgende Schaubild gibt einen Überblick über die Bestimmung der Wertminderung auf Einzel- sowie auf Portfoliobasis nach IAS 39.64:

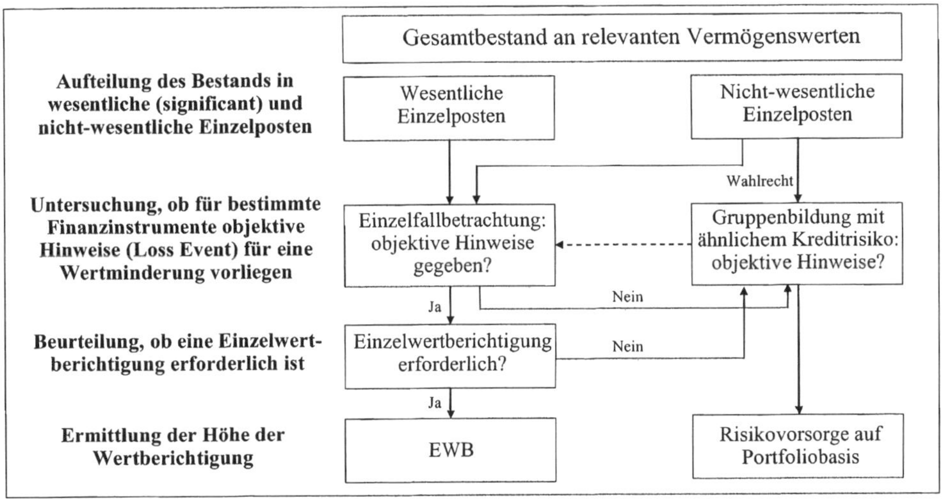

Abb. 22: Wertminderung auf Einzel- und Portfoliobasis nach IAS 39

Die Ausführungen zur Frage, ob und wann die Wertberichtung auf der Grundlage eines Einzelengagements oder auf der Grundlage von mehreren Engagements, die zu einem Portfolio zusammengefasst sind, zu erfolgen hat, befinden sich in IAS 39 ausschließlich in den Abschnitten des Standards und den Anwendungsleitlinien, in denen die Ermittlung der Wertberichtigung von zu fortgeführten Anschaffungskosten bewerteten finanziellen Vermögenswerten dargestellt ist. Mithin gelten die Regelungen zur Portfoliobetrachtung nur für **Loans and Receivables** und finanzielle Vermögenswerte der Kategorie **Held-to-Maturity**. Die finanziellen Vermögenswerte der

294 So auch *Beine, F./Meyer, C. H.*, in: Ballwieser, W./Beine, F. u.a. (Hrsg.), Abschn. 5, Tz. 146.
295 Vgl. *Bohl, W./Scheinpflug, P.*, in: IFRS-Handbuch, 2004, § 3, Tz. 70.

anderen Kategorien (Available-for-Sale, At Fair Value through Profit or Loss) werden dagegen zum Fair Value bewertet (vgl. Kapitel 6.3.1.1.2.).

IAS 39.64 schreibt hinsichtlich der Bewertung von finanziellen Vermögenswerten folgende in Abb. 22 dargestellte Vorgehensweise vor:[296]

- Für finanzielle Vermögenswerte, die einzeln betrachtet wesentlich (*„significant"*) sind, ist eine Einzelbetrachtung (Einzelbewertung) vorzunehmen.
- Für andere (nicht wesentliche) finanzielle Vermögenswerte kann wahlweise ebenfalls eine Einzelbetrachtung (Einzelbewertung) oder eine Portfoliobetrachtung vorgenommen werden.
- Finanzielle Vermögenswerte, die einzeln betrachtet wurden, für die jedoch keine objektiven Hinweise auf eine Wertminderung vorliegen, sind in einem Portfolio von finanziellen Vermögenswerten mit vergleichbaren Ausfallrisiken (*„similar credit risk characteristics"*) zusammenzufassen und mit diesen gemeinsam auf eine Wertminderung hin zu bewerten.
- Finanzielle Vermögenswerte, die einzeln auf eine Wertminderung hin beurteilt wurden und für die eine Wertminderung festgestellt wurde (oder weiterhin besteht), können keiner gemeinsamen Bewertung im Rahmen eines Portfolios unterzogen werden. Für sie ist eine Einzelwertberichtigung zu bilden.
- Alle anderen finanziellen Vermögenswerte, d. h. die, für die keine Einzelwertberichtigung gebildet wurde, sind gleichwohl einer gemeinsamen Bewertung im Rahmen eines Portfolios zu unterziehen.

Im Rahmen der Bewertung zum Stichtag ist somit zunächst zu untersuchen, ob **objektive Hinweise** (*„objective evidence"*) für eine dauerhafte Wertminderung von finanziellen Vermögenswerten vorliegen, wobei wesentliche Einzelposten einzeln zu betrachten sind und bei nicht wesentlichen Posten eine Betrachtung auf Portfolioebene erfolgen kann. Werden bei der Einzelengagementbetrachtung objektive Hinweise auf eine dauerhafte Wertminderung identifiziert, ist die Ermittlung des Betrags der **Wertminderung auf Einzelengagementbasis** durchzuführen. Bestehen hingegen keine Hinweise auf eine Wertminderung für einzeln untersuchte (bewertete) finanzielle Vermögenswerte, sind diese in Gruppen mit ähnlichen Kreditrisikomerkmalen zusammenzufassen, für die eine **Wertminderung auf Portfoliobasis** zu ermitteln ist.

Die Portfoliobewertung stellt ausdrücklich nur einen **Zwischenschritt** dar, bis einzelne Kredite innerhalb des Portfolios als wertgemindert identifiziert werden können. Sobald objektive substanzielle Hinweise für die Wertminderung eines Vermögenswerts innerhalb des Portfolios vorliegen, ist dieser aus dem Portfolio herauszunehmen und einzeln zu bewerten (IAS 39.AG88).

---

[296] Vgl. *Ernst & Young LLP (Hrsg.)*, International GAAP 2005, 2004, S. 1042.

Andererseits sieht IAS 39 vor, dass finanzielle Vermögenswerte (wie z. B. Forderungen), die zwar einzeln betrachtet nicht wesentlich sind, für die jedoch eine Wertminderung festgestellt wurde, einer gemeinsamen Betrachtung im Rahmen eines Portfolios unterzogen werden könnten. Dadurch könnte die Erfassung eines Wertminderungsverlusts vermieden werden, wenn der Fair Value anderer im selben Portfolio enthaltener Vermögenswerte deren fortgeführte Anschaffungskosten übersteigt. Dies ist jedoch nicht zulässig.[297] IAS 39.IG E.4.7 schreibt für diesen Fall zwingend die Erfassung des ermittelten Wertminderungsaufwands vor. Eine Verrechnung einer festgestellten Wertminderung mit stillen Reserven und damit im Ergebnis die Nichterfassung (Teilerfassung) einer Wertminderung ist somit nicht zulässig (IAS 39.IG E.4.7 *Recognition of impairment on a portfolio basis*).

Das Eintreten von Verlustereignissen (wie z. B. ein Zahlungsverzug von 90 Tagen) führt daher bei Forderungen, die zu einem in sich homogenen Portfolio gehören und von untergeordneter Bedeutung sind, nicht zwangsläufig dazu, dass diese (nicht wesentlichen) Forderungen aus der Portfoliobetrachtung herausgenommen werden müssen und einzeln auf eine Wertminderung zu untersuchen sind. Vielmehr wird es als zulässig angesehen, die Forderungen mit gleichen Verlustereignissen in separaten Portfolien zusammenzufassen und diese Portfolien unter Beachtung historischer Ausfalldaten zu bewerten (IAS 39.IG E.4.7 *Recognition of impairment on a portfolio basis*). Dagegen sind signifikante (wesentliche) Forderungen, bei denen Verlustereignisse vorliegen, aus der Portfoliobetrachtung herauszunehmen und nach IAS 39.AG88 einzeln zu betrachten.

Ist es dagegen nicht möglich, ein Portfolio von finanziellen Vermögenswerten mit vergleichbarem Kreditrisiko zu bilden, sind keine über die Einzelbewertung hinausgehenden Wertberichtigungen zu ermitteln (IAS 39.AG87). In diesen Fällen ist es angebracht, die Grenze für die Aufgliederung in wesentliche und nicht-wesentliche Einzelposten entsprechend niedriger anzusetzen.

Für die Bestimmung der Wertminderung auf Portfoliobasis hat eine **Gruppierung** der finanziellen Vermögenswerte nach **Ausfallrisikomerkmalen** zu erfolgen, welche Indikatoren dafür sind, inwieweit die Schuldner ihren Zahlungsverpflichtungen nachkommen können bzw. werden. Als Beispiel für solche Risikomerkmale werden z. B. die Art des Vermögenswerts, die Branche, die geographische Lage oder der Verzugsstatus genannt (IAS 39.AG87). Zu Einzelheiten vgl. Kapitel 6.3.2.3.

Die **Ermittlung** der zukünftigen Cashflows aus einer Gruppe finanzieller Vermögenswerte, die gemeinsam auf eine Wertminderung hin beurteilt werden, hat auf der Grundlage der historischen Verluste aus Vermögenswerten (historische Ausfallquote) zu erfolgen, die ähnliche Ausfallrisikomerkmale aufweisen wie die in dieser Gruppe zusammengefassten Vermögenswerte. Unternehmen, die über keine oder nur unzurei-

---

297 Vgl. *Ernst & Young LLP (Hrsg.)*, International GAAP 2005, 2004, S. 1042.

chende eigene historische Erfahrungswerte verfügen, sollten sich auf die Informationen vergleichbarer Unternehmen zu gleichartigen Gruppen von Vermögenswerten stützen. Die historischen Erfahrungswerte sind auf Basis von aktuellen beobachtbaren Daten anzupassen.

Die für die Schätzung der zukünftigen Cashflows verwendeten Methoden und Annahmen sind regelmäßig zu überprüfen (*„backtesting"*), um Abweichungen zwischen den geschätzten und den tatsächlichen Verlusten zu minimieren (IAS 39.AG89).

Werden für die Schätzung der künftigen Cashflows historische Verlustraten verwendet, ist es notwendig, dass die entsprechenden Informationen nur auf solche Portfolios angewandt werden, die mit den Portfolios, auf die sich die historischen Verlustraten beziehen, vergleichbar sind (IAS 39.AG91). Dabei sollte die angewandte Methode so gewählt werden, dass nur Portfolios gebildet werden, bei denen die entsprechenden Informationen über historische Erfahrungswerte auf aktuellen Gegebenheiten basieren.[298]

Zur Bestimmung des Wertminderungsaufwands eines Portfolios finanzieller Vermögenswerte können auch **formelbasierte Ansätze** oder **statistische Methoden** angewendet werden (z. B. für kleinere Kredite, Retailgeschäft). Das jeweils angewandte Modell hat die Wirkung des Zinseffekts, die Cashflows für die gesamte Restlaufzeit eines Vermögenswerts und die bisherige Laufzeit der in dem Portfolio enthaltenen Kredite zu berücksichtigen und darf bei der erstmaligen Erfassung des betreffenden finanziellen Vermögenswerts (Einbuchung) nicht zur Entstehung eines Wertminderungsaufwands führen (IAS 39.AG92).

6.3.2.2. Einzelwertberichtigungen

6.3.2.2.1. Überblick

Bei der **erstmaligen Erfassung** von finanziellen Vermögenswerten der Kategorie Loans and Receivables (sowie Held-to-Maturity) erfolgt der Ansatz zum Fair Value (i.d.R. der Auszahlungsbetrag). Direkt zurechenbare Transaktionskosten sind Bestandteil der Anschaffungskosten (IAS 39.43). Diese Transaktionskosten werden in die Ermittlung der fortgeführten Anschaffungskosten mittels der Effektivzinsmethode einbezogen (IAS 39.IG E.1.1 *Initial measurement: transaction costs*). Beispiele für Transaktionskosten bei Loans and Receivables sind Gebühren für die Bestellung und Eintragung von Grundschulden und die (interne oder externe) Erstellung von Wertgutachten für Immobilien (sofern nicht weiterbelastet) (IAS 39.AG13). Die **Folgebewertung** erfolgt unter Anwendung der Effektivzinsmethode zu fortgeführten Anschaffungskosten (IAS 39.46(a)).

---

298 Vgl. *Ernst & Young LLP (Hrsg.)*, International GAAP 2005, 2004, S. 1047.

Darüber hinaus ist im Rahmen der Folgebewertung zum jeweiligen Abschlussstichtag festzustellen, ob und inwieweit eine Wertminderung eingetreten ist oder Uneinbringlichkeit vorliegt (IAS 39.58-70). Der Prozess der Prüfung der Werthaltigkeit erfolgt in **zwei Stufen**. In der ersten Stufe werden die Forderungen einzeln und ggf. in Gruppen auf Basis bestimmter Kriterien daraufhin untersucht, ob objektive Hinweise auf eine Wertminderung vorliegen. Sofern dies der Fall ist, wird anhand der erwarteten zukünftigen Zahlungsströme die Höhe der erfolgswirksam zu erfassenden Wertminderung (*„impairment loss“)* bestimmt. Eine Erfassung von Wertminderungsaufwendungen, die über die Aufwendungen auf Basis der objektiven Hinweise (entweder auf Basis des einzelnen Vermögenswerts oder auf Portfolioebene) hinausgehen, ist nicht erlaubt.[299]

Der Aufwand aus einer Wertberichtigung ist stets im Periodenergebnis zu erfassen. Für die bilanzielle Abbildung bestehen jedoch zwei Möglichkeiten. Der Buchwert des Vermögenswerts ist entweder direkt oder aber unter Verwendung eines Wertberichtigungspostens (Risikovorsorge) abzuwerten (IAS 39.63). Dabei ist der Grundsatz der Stetigkeit zu beachten.

6.3.2.2.2. Diskontierung der künftigen Cashflows

Die Abzinsung der künftig erwarteten Cashflows hat auf der Basis des **ursprünglichen Effektivzinssatzes** zu erfolgen, da die Anwendung des aktuellen Marktzinssatzes eine Fair Value-Bewertung darstellen würde (IAS 39.AG84). Bei gegen Zinsrisiken gesicherten Forderungen sind Besonderheiten zu beachten. Durch die Verwendung des ursprünglichen Effektivzinssatzes wird die Einheitlichkeit der Bewertungsgrundsätze gewahrt.

Beispiel: Änderungen der Cashflows in der Höhe oder im zeitlichen Verlauf

Eine Bank befürchtet, dass fünf ihrer Kunden (die Unternehmen A bis E) aufgrund finanzieller Schwierigkeiten nicht in der Lage sein werden, die für einen ausgereichten Kredit vereinbarten Zins- und Tilgungszahlungen fristgerecht zu leisten. Die Bank einigt sich mit den Vertragsparteien auf eine Neuregelung der Kreditvereinbarungen und erwartet, dass die Kunden ihren Verpflichtungen unter den neuen Kreditbedingungen nachkommen werden. Diese lauten wie folgt:

- *Kunde A zahlt den vollen Kapitalbetrag des Kredits fünf Jahre nach dem ursprünglichen Fälligkeitsdatum, jedoch ohne die ursprünglich vereinbarten Zinsen zurück.*
- *Kunde B zahlt den vollen Kapitalbetrag des Kredits am ursprünglichen Fälligkeitsdatum, jedoch ohne die ursprünglich vereinbarten Zinsen zurück.*

299 Vgl. *Ernst & Young LLP (Hrsg.)*, International GAAP 2005, 2004, S. 1043 sowie IAS 39.IG E.4.6 *Impairment: excess losses.*

- *Kunde C zahlt den vollen Kapitalbetrag des Kredits, einschließlich Zinsen zu einem gegenüber der vorherigen Kreditvereinbarung ermäßigten Zinssatz, am ursprünglichen Fälligkeitsdatum zurück.*
- *Kunde D zahlt den vollen Kapitalbetrag des Kredits, einschließlich sämtlicher während der ursprünglichen Laufzeit des Kredits aufgelaufener Zinsen, fünf Jahre nach dem ursprünglichen Fälligkeitsdatum zurück. Für die infolge der Neuregelung des Kreditvertrags verlängerte Laufzeit fallen keine zusätzlichen Zinsen an.*
- *Kunde E zahlt den vollen Kapitalbetrag des Kredits, einschließlich sämtlicher während der ursprünglichen und der verlängerten Laufzeit des Kredits für alle ausstehenden Beträge aufgelaufenen Zinsen, fünf Jahre nach dem ursprünglichen Fälligkeitsdatum zurück.*

Ein Wertminderungsaufwand entsteht dann, wenn objektive Hinweise auf eine Wertminderung vorliegen – von dieser Tatsache wird aufgrund der finanziellen Schwierigkeiten der Kunden A bis E ausgegangen. Der Wertminderungsaufwand eines mit den fortgeführten Anschaffungskosten bewerteten Kredits entspricht der Differenz zwischen dem Buchwert des Kredits und dem Barwert der mit dem ursprünglichen effektiven Zinssatz des Kredits abgezinsten zukünftigen Tilgungs- und Zinszahlungen.

Im Falle der Kunden A bis D ergibt sich ein gegenüber dem Buchwert des Kredits niedrigerer Barwert der mit dem ursprünglichen effektiven Zinssatz des Kredits abgezinsten zukünftigen Tilgungs- und Zinszahlungen. Folglich ist in diesen Fällen ein Wertminderungsaufwand zu erfassen.

Im Beispiel des Kunden E erhält die Bank Zinseszinsen auf alle ausstehenden Zahlungen, sodass der Barwert der mit dem ursprünglichen effektiven Zinssatz des Kredits abgezinsten zukünftigen Tilgungs- und Zinszahlungen dem Buchwert des Kredits entspricht, obwohl sich die Fälligkeitstermine für die Zahlungen geändert haben. Somit entsteht kein Wertminderungsaufwand (IAS 39.IG E.4.3 Assessment of impairment: principal and interest).

Sofern die Forderungen eine variable Verzinsung aufweisen, ist zur Bestimmung der Wertminderung der aktuelle, vertraglich vereinbarte Referenzzinssatz zu verwenden unabhängig davon, ob im Einzelfall die kurzfristige Forderung bei Ausreichung abgezinst werden muss oder nicht (IAS 39.AG84).

Beispiel: Wertminderung kurzfristiger Forderungen

Das Bauunternehmen K errichtet ein neues Stadion für den Profi-Fußballklub L. Die Laufzeit des Projekts beträgt sechs Monate. Sechs Wochen nach Fertigstellung des Stadions wird eine Zahlung in Höhe von EUR 10 Mio. fällig. Bei Fertigstellung erfasst K die Umsatzerlöse und eine entsprechende Forderung in Höhe von EUR 10 Mio., da der Abzinsungseffekt für sechs Monate bei einem gegenwärtigen Zinssatz von 5 % auf Jahresbasis unwesentlich ist.

Kurz nach der Fertigstellung gerät L in finanzielle Schwierigkeiten und wird wahrscheinlich nicht in der Lage sein, seine Schulden in Höhe von EUR 10 Mio. zu begleichen. Zwecks Vermeidung eines Insolvenzverfahrens nimmt L eine Umstrukturierung seiner finanziellen Verpflichtungen vor und bietet K die Zahlung von EUR 1 Mio. pro Jahr verteilt über die nächsten 10 Jahre an. K akzeptiert das Angebot, da seiner Überzeugung nach auf diese Weise die größte Aussicht besteht, die noch ausstehenden Forderungen zu erhalten.

Unter diesen Voraussetzungen (und in der Erwartung, dass durch die Umschuldung kein erneuter Zahlungsverzug entstehen wird), ließe sich argumentieren, dass K keinen Wertminderungsaufwand erfassen muss, da alle ausstehenden Forderungen voraussichtlich beglichen werden und der ursprüngliche effektive Zinssatz der Schuld 0 % betrug. Diese Sichtweise ist jedoch nicht zutreffend. Daher ist der Abzinsungseffekt der umgeschuldeten Zahlungen in Höhe von 5 % p.a. (ca. EUR 2,28 Mio.) als Wertminderungsaufwand zu erfassen.

Werden die Vertragsbedingungen eines Kredits, einer Forderung oder einer Finanzinvestition der Kategorie Held-to-Maturity aufgrund finanzieller Schwierigkeiten des Schuldners oder des Gläubigers neu verhandelt oder anderweitig geändert, erfolgt die Bewertung einer daraus resultierenden Wertminderung unter Verwendung des ursprünglichen effektiven Zinssatzes vor der Änderung der Vertragsbedingungen (IAS 39.AG84).

6.3.2.2.3. Wertminderung bei gegen Zinsrisiken gesicherten Vermögenswerten

Wird ein festverzinslicher finanzieller Vermögenswert (z. B. Forderung) mittels eines Fair Value Hedges gegen das Zinsrisiko gesichert, beinhaltet der Buchwert des Vermögenswerts auch die Buchwertanpassung („*basis adjustment*") i.S.d. IAS 39.89(b), die aufgrund des gesicherten Risikos ermittelt wird.[300]

Der für die Ermittlung des Barwerts der künftigen Cashflows erforderliche ursprüngliche Effektivzinssatz sowie die fortgeführten Anschaffungskosten des Vermögenswerts werden aufgrund dieser Buchwertanpassung („*basis adjustment*") korrigiert.[301] Diese Buchwertanpassung führt quasi zu einem (nachträglichen) Disagio/Agio und damit zu einem veränderten künftigen Effektivzins. Der ursprüngliche, vor Designation der Sicherungsbeziehung vereinbarte Effektivzins verliert damit seine Bedeutung. Er ist auf der Grundlage des um die Buchwertanpassung geänderten Buchwerts (neu) zu ermitteln (korrigierter Effektivzinssatz). Der Barwert der künftig erwarteten Cashflows

300 Vgl. *Scharpf, P.*, KoR 2004, Beilage 1, S. 5-6.
301 Vgl. *Ernst & Young (Hrsg.)*, International GAAP 2005, 2004, S. 1048.

i.S.d. IAS 39.63 ist anhand dieses korrigierten Effektivzinssatzes zu berechnen (IAS 39.IG E.4.4 *Assessment of impairment: fair value hedge*).

Die erfolgswirksam zu erfassende Wertminderung errechnet sich mithin dergestalt, dass dem Buchwert des Vermögenswerts (einschließlich Buchwertanpassung) der Barwert der künftigen Cashflows, diskontiert anhand dieses korrigierten Effektivzinses, gegenübergestellt wird.[302]

6.3.2.2.4. Ermittlung der Wertberichtigung anhand des Fair Values

Es kann aus **praktischen Gründen** zweckmäßig sein, die Bewertung der Wertminderung eines zu den fortgeführten Anschaffungskosten bilanzierten finanziellen Vermögenswerts auf der Grundlage des **Fair Values** eines Finanzinstruments unter Verwendung **beobachtbarer Marktpreise** vorzunehmen (IAS 39.AG84). In IAS 39 (revised 2000) ist diese Regelung nur auf variabel verzinsliche Vermögenswerte anwendbar. In IAS 39.AG84 ist diese Unterscheidung nicht mehr enthalten. Die Anwendungsmöglichkeit wird damit auch auf festverzinsliche Vermögenswerte ausgedehnt.[303]

6.3.2.2.5. Berücksichtigung von Kreditsicherheiten

Sind Kreditsicherheiten für Forderungen (z. B. Grundpfandrechte, Bürgschaften, Garantien[304]) vorhanden, ist bei der Ermittlung des Wertberichtigungsaufwands der erzielbare Betrag für die Sicherheit (Sicherheitenerlös) unter Berücksichtigung von Verwertungskosten als künftiger Cashflow zu berücksichtigen (IAS 39.AG84). Nach IAS 39.113 (revised 2000) war die Berücksichtigung der Cashflows aus Sicherheiten nur unter der einschränkenden Bedingung zulässig, wenn eine Zwangsvollstreckung wahrscheinlich war.

Dementsprechend sind Versicherungsleistungen aus Warenkreditversicherungen ebenfalls zu berücksichtigen.[305] Dabei kommt es auf die Höhe der Versicherungsleistung, den vereinbarten Selbstbehalt und die Einhaltung der Versicherungsbedingungen an. Vor einer Berücksichtigung von Kreditversicherungen ist zuerst festzustellen, ob überhaupt ein Rechtsanspruch auf die Versicherungsleistung entstanden ist oder ob z. B. das Entstehen eines Rechtsanspruchs verhindernde Vertragsverletzungen vorliegen.

Stehen einer Forderung aufrechnungsfähige Verbindlichkeiten des bilanzierenden Unternehmens gegenüber, kann eine Wertberichtigung auf den überschießenden

---

302 Vgl. *Ernst & Young LLP (Hrsg.)*, International GAAP 2005, 2004, S. 1048.

303 Vgl. *Ernst & Young LLP (Hrsg.)*, International GAAP 2005, 2004, S. 1043.

304 Zur Berücksichtigung von Garantien (*„guarantees"*) vgl. *Ernst & Young LLP (Hrsg.)*, International GAAP 2005, 2004, S. 1044-1045.

305 Vgl. *Scheinpflug, P.*, in: IFRS-Handbuch, 2004, § 4, Tz. 963.

Betrag beschränkt sein,[306] sofern eine bürgerlich-rechtliche Aufrechnungslage gegeben ist.

Bandbreite der Beträge

Das Verfahren für die Schätzung eines Wertminderungsaufwands kann entweder einen Einzelbetrag oder eine Bandbreite möglicher Beträge ergeben. In letzterem Fall hat das Unternehmen einen Wertminderungsaufwand in Höhe der bestmöglichen Schätzung innerhalb dieser Bandbreite zu erfassen. Dabei sind alle vor Veröffentlichung des Abschlusses verfügbaren relevanten Informationen über die am Bilanzstichtag bestehenden Gegebenheiten zu berücksichtigen (IAS 39.AG86). Dies bedeutet, dass werterhellende Tatsachen zu berücksichtigen sind.

6.3.2.2.6. Erfassung des Zinsertrags nach einer Wertberichtigung

Bei wertberichtigten Forderungen ist der Zinsertrag, der nach Vornahme der Wertberichtigung ertragswirksam zu vereinnahmen (oder bis zum Abschlussstichtag abzugrenzen) ist, nach den Regeln des IAS 39.AG93 zu berechnen, d. h. unter Verwendung des **ursprünglichen effektiven Zinssatzes** des Finanzinstruments ist eine Aufzinsung der wertberichtigten Nettoforderung erforderlich. Somit sind nicht mehr die vertraglich vereinbarten bzw. zugeflossenen Beträge als künftige Zinserträge zu erfassen oder abzugrenzen, sondern die Fortschreibung des Barwerts zum nächsten Abschlussstichtag (**Unwinding**).

Eine nach den handelsrechtlichen Grundsätzen ggf. notwendige buchhalterische **Zinslosstellung** der Forderung[307] und damit der Verzicht auf die Vereinnahmung von Zinserträgen ist nach IAS 39 nicht zulässig.[308] Darüber hinaus darf die (barwertbedingte) Fortschreibung des Barwerts (Unwinding) in der GuV nicht als Auflösung der Wertberichtigung erfasst werden. Der Betrag ist vielmehr zwingend als **Zinsertrag** zu buchen.

Die Art und Weise der Berücksichtigung des Unwindings in der Bilanz ist dagegen nicht vorgeschrieben. Daher besteht zum einen die Möglichkeit, das Wertberichtigungskonto zu reduzieren, zum anderen kann eine Zuschreibung der (Brutto-) Forderung erfolgen (analog zur anteiligen Erfassung eines Disagios);[309] aufgrund der fehlenden Vorschriften werden beide Methoden als zulässig angesehen. Eine Zuschreibung der (Brutto-) Forderung kann jedoch dazu führen, dass der fortgeschriebene Bruttoforderungsbetrag die ursprünglich aufgrund der Darlehensvereinbarung aktivierte

---

306 Vgl. *Scheinpflug, P.*, in: IFRS-Handbuch, 2004, § 4, Tz. 963.

307 Vgl. *Scharpf, P.*, Handbuch Bankbilanz, 2. Aufl., 2004, S. 190-191.

308 A.A. *Scheinpflug, P.*, in: IFRS-Handbuch, 2004, § 4, Tz. 572. *Scheinpflug* vertritt die Ansicht, dass eine fortgesetzte Erfassung von Zinserträgen für wertgeminderte Darlehensforderungen, bei denen die Zins- und/oder Tilgungsleistungen nicht vertragsgemäß geleistet werden, nicht zulässig ist.

309 Eine Zuschreibung der Forderung wäre nicht als Bestandteil der Hauptforderung, sondern als Zinsforderung zu verstehen.

Forderung übersteigt. Dieser Effekt wird durch eine Reduzierung des Wertberichtigungskontos vermieden. Insofern ist die Methode der **Reduzierung der Wertberichtigung** in der Bilanz vorzuziehen. Die gewählte Methode ist von Bedeutung für die Angabepflichten zur Entwicklung der Wertberichtigungen.

Wurden während des Geschäftsjahrs für einen Zeitraum vor Feststellung einer Wertminderung einer Forderung bereits Zinserträge aktiviert, aber nicht gezahlt, ist die Wertberichtigung bei Feststellung der Wertminderung – ausgehend von dem zu diesem Zeitpunkt ausgewiesenen Forderungsbetrag, d. h. einschließlich ausstehender Zinszahlungen – zu ermitteln. In den auf die Feststellung der Wertminderung folgenden Zwischenabschlüssen sind die Zinserträge auf diese Forderung ebenfalls nach IAS 39.AG93 zu ermitteln. Eine Anpassung der Zahlen bereits veröffentlichter Zwischenabschlüsse erscheint nicht erforderlich.

6.3.2.2.7. Verrechnung von Tilgungsleistungen

Im deutschen BGB sind für den Fall von Teilleistungen der Darlehensnehmer verschiedene Anrechnungsvorschriften enthalten: Gemäß § 367 BGB sind bei einem Darlehen die eingehenden Zahlungen, die nicht zur Tilgung der fälligen Beträge ausreichen, zunächst auf die **Kosten**, dann auf die **Zinsen** und zuletzt auf die **Hauptleistung** anzurechnen. Für Verbraucherkredite gilt gemäß § 497 BGB eine hiervon abweichende Behandlung von Teilleistungen des Darlehensnehmers. Demzufolge sind Zahlungen des Darlehensnehmers, die zur Tilgung der gesamten fälligen Schuld nicht ausreichen, zunächst auf die Kosten der Rechtsverfolgung, dann auf den übrigen geschuldeten Betrag und zuletzt auf die Zinsen anzurechnen. Im Gegensatz dazu erfolgt nach IAS 39.63 zur Ermittlung der Höhe der Wertminderung eine **Barwertbetrachtung** aller erwarteten zukünftigen Zahlungsströme mit ihren erwarteten Fälligkeiten. Dabei ist keine Unterscheidung in Zins- oder Tilgungszahlungen vorzunehmen. Als Folge der unterschiedlichen Regelungen nach BGB und IFRS kann eine doppelte Bestandsführung erforderlich werden.

Die bilanzielle Erfassung künftiger Zahlungen nach einer vorgenommenen Wertberichtigung erfolgt nach IAS 39 wie folgt:

- Die Erfassung aller **späteren erwarteten** Zahlungseingänge erfolgt nach IAS 39 einheitlich als **erfolgsneutrale Reduzierung der Forderung** anstelle einer Zuordnung der Zahlungen zu Zins oder Tilgung.
- Sofern allerdings **unerwartete Zahlungen** eingehen, ergibt sich eine erfolgswirksame Veränderung der Wertberichtigung. Liegen die tatsächlichen Zahlungseingänge über den ursprünglichen Erwartungen (z. B. aus der Sicherheitenverwertung, höhere Zins- oder Tilgungszahlungen als erwartet), sollten diese unerwarteten Zahlungen als erfolgswirksame nachträgliche Korrektur der Wertberichtigung erfasst werden, da bei einer zutreffenden Schätzung in den Vorjahren eine entsprechend niedrigere Wertberichtigung gebildet worden wäre. Zudem hätte eine frühere An-

passung an geänderte Erwartungen auch zu einer Korrektur der Wertberichtigung geführt.

Die **später erwarteten Zahlungen** wurden im Rahmen der Ermittlung des Barwerts aller künftigen Cashflows nach IAS 39.63 berücksichtigt, sind also Bestandteil des Nettobuchwerts der Forderung (nach Wertberichtigung). Die **unerwarteten Zahlungen** hingegen sind nicht in dem nach IAS 39.63 ermittelten Barwert enthalten; dies bedeutet, dass um diesen Betrag die Wertberichtigung (Bruttoforderung abzüglich Barwert künftiger Cashflows) zu hoch ist. Mithin ist es sachgerecht, wenn diese Zahlungen zu einer erfolgswirksamen Veränderung (Verminderung) der Wertberichtigung führen.

6.3.2.2.8. Darstellung der Ermittlung und Buchung der Einzelwertberichtigung anhand von Beispielen

Beispiel: Ermittlung und Buchung der Wertberichtigung sowie des Unwindings

Die IJK AG gewährte am 31.12.2003 einen mit 5 % festverzinslichen Kredit in Höhe von EUR 1 Mio., der am 31.12.2013 fällig ist. Ein Disagio wurde nicht vereinbart. Direkt zurechenbare Transaktionskosten sind nicht entstanden; Erträge i.S.d. IAS 18.A14 sind nicht angefallen. Die Effektivverzinsung beträgt 5 %.

***Bilanzstichtag 31.12.2006:** Es ist absehbar, dass der Schuldner seinen Tilgungs- und Zinsverpflichtungen nicht mehr (voll) nachkommen kann. Die IJK AG erwartet nur noch eine Tilgung in Höhe von EUR 500.000 bei Fälligkeit und keine Zinszahlungen (Ausfall der Zinszahlungen) mehr. Es wird für dieses Beispiel davon ausgegangen, dass sich an dieser Einschätzung an den nachfolgenden Bilanzstichtagen nichts ändert.*

*Die **Ermittlung der Wertberichtigung** ist wie folgt vorzunehmen: Zunächst sind die erwarteten künftigen Cashflows (31.12.2013: EUR 500.000) anhand des ursprünglichen Effektivzinses (5 %) für die Restlaufzeit (7 Jahre) auf den Bilanzstichtag 31.12.2006 abzuzinsen. Der sich daraus ergebende Barwert (Nettobuchwert der Forderung, „recoverable amount") beträgt EUR 355.340. Die Einzelwertberichtigung zum 31.12.2006 beläuft sich damit auf EUR 644.660 (= EUR 1.000.000 - EUR 355.340). In entsprechender Art und Weise ist auch für die anderen Bilanzstichtage zu rechnen.*

Die IJK AG beschließt, die Wertberichtigungen (Risikovorsorge) nicht direkt an den Forderungen zu kürzen, sondern unter Verwendung eines Wertberichtigungskontos (IAS 39.63) bilanziell zu erfassen.

Die jeweiligen Barwerte sowie der jeweilige Stand der Wertberichtigung und das Unwinding ergeben sich aus folgender Übersicht:

Datum	***Barwert in EUR***	***EWB in EUR***	***Unwinding in EUR***
31.12.2006	*355.340*	*644.660*	--
31.12.2007	*373.107*	*626.893*	*17.767*
31.12.2008	*391.762*	*608.238*	*18.655*
31.12.2009	*411.350*	*588.650*	*19.588*
31.12.2010	*431.918*	*568.082*	*20.568*
31.12.2011	*453.514*	*546.486*	*21.596*
31.12.2012	*476.190*	*523.810*	*22.676*
31.12.2013	*500.000*	*500.000*	*23.810*

Die Wertentwicklung der (Netto-) Forderung zeigt sich wie folgt:

	EUR
31.12.2006:	
Buchwert der Forderung vor Feststellung der Wertberichtigung	*1.000.000*
Barwert der erwarteten Zahlungen (IAS 39.63)	*- 355.340*
= Einzelwertberichtigung	***644.660***
31.12.2007:	
Nettobuchwert der Forderung per 31.12.2006	*355.340*
Unwinding (Zinsertrag 5 %)	*+ 17.767*
= Nettobuchwert der Forderung per 31.12.2007	*373.107*
31.12.2008:	
Unwinding (Zinsertrag 5 %)	*+ 18.655*
= Nettobuchwert der Forderung per 31.12.2008	*391.762*
31.12.2009:	
Unwinding (Zinsertrag 5 %)	*+ 19.588*
= Nettobuchwert der Forderung per 31.12.2009	*411.350*
31.12.2010:	
Unwinding (Zinsertrag 5 %)	*+ 20.568*
= Nettobuchwert der Forderung per 31.12.2010	*431.918*
31.12.2011:	
Unwinding (Zinsertrag 5 %)	*+ 21.596*
= Nettobuchwert der Forderung per 31.12.2011	*453.514*
31.12.2012:	
Unwinding (Zinsertrag 5 %)	*+ 22.676*
= Nettobuchwert der Forderung per 31.12.2012	*476.190*
31.12.2013:	
Unwinding (Zinsertrag 5 %)	*+ 23.810*
= Nettobuchwert der Forderung per 31.12.2013	*500.000*
Tilgung (wie erwartet)	***- 500.000***
= Forderung nach Tilgung	***0***

*Zum **Bilanzstichtag 31.12.2006** ist die Wertberichtigung in Höhe von EUR 644.660 erfolgswirksam zu buchen:*

Konto	***EUR***		***Konto***	***EUR***
Aufwand Risikovorsorge (GuV)	*644.660*	*an*	*Risikovorsorge (Bilanz)*	*644.660*

Die Forderung hat nach der Buchung der Einzelwertberichtigung noch einen Nettobuchwert von EUR 355.340 (hier: Barwert der erwarteten künftigen Zahlungen).

An den nachfolgenden Bilanzstichtagen (31.12.2007-2013) wird der erwartete Zahlungsbetrag (per 31.12.2013: EUR 500.000) nach wie vor mit 5 % (ursprünglicher Effektivzins) abgezinst, was zu einem stetig um das sog. Unwinding zunehmenden Nettobuchwert der Forderung führt.

Dadurch verringert sich zwar die ***bilanzierte Wertberichtigung*** *(Risikovorsorge) an jedem nachfolgenden Bilanzstichtag um den entsprechenden Betrag. Das Unwinding (Barwerteffekt) wird jedoch in der GuV nicht als Verminderung der Wertberichtigung erfasst, sondern aufgrund der Bestimmung des IAS 39.AG93 als Zinsertrag (Buchung: Risikovorsorge (Bilanz) an Zinsertrag); unabhängig davon, ob die IJK AG aus der Forderung noch Zinsen erwartet bzw. erhält. Damit wird nach IAS 39 nach Vornahme einer Wertberichtigung eine Verzinsung in Höhe des ursprünglichen Effektivzinssatzes, berechnet auf den jeweiligen Nettobuchwert, von IAS 39.AG93, unterstellt.*

Zum ***Bilanzstichtag 31.12.2007*** *wird das Unwinding wie folgt gebucht:*

Konto	EUR		Konto	EUR
Risikovorsorge (Bilanz)	*17.767*	*an*	*Zinsertrag*	*17.767*

An den nachfolgenden Bilanzstichtagen (31.12.2008-2013) wird das jeweilige Unwinding (EUR 18.655 bis EUR 23.810) entsprechend der Buchung zum 31.12.2007 gebucht.

Zum ***Bilanzstichtag 31.12.2013*** *wird schließlich die Tilgung erfasst:*

Konto	EUR		Konto	EUR
Bank *Risikovorsorge (Bilanz)*	*500.000* *500.000*	*an*	*Forderung*	*1.000.000*

Die ***Wertberichtigung in der Bilanz*** *(Risikovorsorge (Bilanz)) ist aufgrund der Erfassung des Unwindings (Barwerteffekt) von ursprünglich EUR 644.660 auf EUR 500.000 reduziert worden. Der Geldeingang in Höhe von EUR 500.000 sowie der Endbestand der Risikovorsorge (Bilanz) stehen der Bruttoforderung (EUR 1.000.000) gegenüber.*

Es wäre auch zulässig gewesen, das jährliche Unwinding über insgesamt EUR 144.660 (= EUR 500.000 - EUR 355.340) der (Brutto-) Forderung (als Zinsforderung) zuzuschreiben. In diesem Fall wäre die Risikovorsorge (Bilanz) zum 31.12.2013 in Höhe von EUR 644.660 (ursprüngliche Höhe der Wertberich-

tigung) auszubuchen. Der Risikovorsorge (Bilanz) und der Zahlung in Höhe von EUR 500.000 wäre in diesem Fall die (Brutto-) Forderung in Höhe von EUR 1.144.660 gegenübergestanden.

Bei dieser Vorgehensweise übersteigt jedoch der Bruttowert der Forderung (EUR 1.000.000 zuzüglich Unwinding in Höhe von EUR 144.660) die Anschaffungskosten der Forderung (EUR 1.000.000) aufgrund der ursprünglichen Darlehensvereinbarung. Aus diesem Grund wurde hier der Buchung des Unwindings in der Bilanz als Verminderung der Risikovorsorge der Vorzug gegeben.

***Abwandlung des Beispiels:** Der Sachverhalt im obigen Beispiel soll nun dahin gehend abgewandelt werden, dass der Schuldner im Jahr 2007 **eine unerwartete Zahlung** in Höhe von EUR 50.000 (= ursprünglich vereinbarte Zinsen 5 %) leistet.*

Da IAS 39 bei einer unerwarteten Zahlung keine Differenzierung danach vornimmt, ob es sich hierbei um eine Zins- oder Tilgungsleistung handelt, ist die Zahlung zunächst einmal als Verminderung der (Brutto-) Forderung zu buchen.

Konto	***EUR***		***Konto***	***EUR***
Bank	*50.000*	*an*	*Forderung*	*50.000*

Die Bruttoforderung beträgt damit nur noch EUR 950.000 (= EUR 1.000.000 - EUR 50.000), auch wenn es sich im Grunde um die ursprünglich vereinbarte Zinszahlung handelt.

*Da die Erwartung der Zahlung am Ende der Laufzeit unverändert ist, also nach wie vor am 31.12.2013 lediglich EUR 500.000 und zwischenzeitlich keine weiteren Zinszahlungen erwartet werden, ergibt die Abzinsung dieses künftigen Cashflows zum 31.12.2007 ggü. dem obigen Beispiel unverändert einen Wert von EUR 373.107. Dieser Betrag ist zum 31.12.2007 als Nettobuchwert der Forderung zu bilanzieren; die Nettowerte der Forderung (Barwerte künftiger Cashflows) an den anderen Bilanzstichtagen bleiben damit gleich wie im vorigen Beispiel. Da sich der Nettowert der Forderung damit in den Folgejahren ggü. dem Fall, dass keine unerwartete Zahlung erfolgt wäre, nicht ändert, führt die unerwartete Zahlung in Höhe von EUR 50.000 zu einer **erfolgswirksam** zu buchenden **Verminderung der Wertberichtigung**.*

Konto	***EUR***		***Konto***	***EUR***
Risikovorsorge (Bilanz)	*50.000*	*an*	*Auflösung Wertberichtigung*	*50.000*

*Sofern **unerwartete Zahlungen** erfolgen, ergibt sich also eine erfolgswirksame Veränderung der bilanzierten Wertberichtigung. Liegen daher die tatsächlichen Zahlungseingänge über den ursprünglichen Erwartungen (z. B. aus der Sicher-*

heitenverwertung, höhere Zins- oder Tilgungszahlungen als erwartet), sind diese unerwarteten Zahlungen im Ergebnis als erfolgswirksame nachträgliche Korrektur der Wertberichtigung zu erfassen, da bei einer zutreffenden Schätzung in den Vorjahren eine entsprechend niedrigere Wertberichtigung gebildet worden wäre.

Die in der Bilanz zum 31.12.2007 zu zeigende Wertberichtigung beträgt damit noch EUR 576.893 (= EUR 644.660 - EUR 50.000 - EUR 17.767).

In den Folgejahren vermindert sich die ***Höhe der Wertberichtigung*** *in der Bilanz (Risikovorsorge) um den Betrag des Unwindings (d. h. die Beträge der Wertberichtigung sind in den Jahren 2008-2013 ggü. dem vorigen Beispiel um EUR 50.000 niedriger). Dies zeigt folgende Übersicht:*

Datum	***Barwert in EUR***	***EWB in EUR***	***Unwinding in EUR***
31.12.2006	*355.340*	*644.660*	*--*
31.12.2007	*373.107*	*576.893*	*17.767*
31.12.2008	*391.762*	*558.238*	*18.655*
31.12.2009	*411.350*	*538.650*	*19.588*
31.12.2010	*431.918*	*518.082*	*20.568*
31.12.2011	*453.514*	*496.486*	*21.596*
31.12.2012	*476.190*	*473.810*	*22.676*
31.12.2013	*500.000*	*450.000*	*23.810*

Das Unwinding ändert sich in den Jahren 2007-2013 nicht. Daher ist dieses wie im obigen Beispiel dargestellt zu buchen (Buchung: Risikovorsorge (Bilanz) an Zinsertrag).

Bei Fälligkeit und Rückzahlung der Forderung (Bruttowert EUR 950.000) in der erwarteten Höhe von EUR 500.000 ist folgende Schlussbuchung vorzunehmen.

Konto	***EUR***		***Konto***	***EUR***
Bank	*500.000*	*an*	*Forderung*	*950.000*
Risikovorsorge (Bilanz)	*450.000*			

Der Eingang der bei der erstmaligen Bildung einer Wertberichtigung erwarteten Zahlungen (z. B. jährliche verminderte Zinszahlungen, laufende verminderte Tilgungen) wird bei der Berechnung des Barwerts der künftig erwarteten Cashflows und damit auch bei der Ermittlung der Wertberichtigung berücksichtigt. Die Buchung dieser späteren ***erwarteten Zahlungseingänge*** *erfolgt daher einheitlich als* ***erfolgsneutrale Reduzierung der Forderung****. Ein solcher Eingang einer erwarteten Zahlung führt im Gegensatz zu unerwarteten Zahlungen nicht zu einer Verminderung der Wertberichtigung. Es wird dabei keine Zuordnung der Zah-*

lungen zu Zins oder Tilgung vorgenommen. Handelt es sich bei den nach der Bildung der Wertberichtigung eingehenden Zahlungen z. B. um (verminderte) Zinsen, werden diese nicht als Zinsertrag, sondern als Minderung der Forderung erfasst. Gleichzeitig wird in Höhe des Unwindings eine Fortschreibung des Nettobuchwerts der Forderung vorgenommen und ein Zinsertrag in dieser Höhe ausgewiesen.

6.3.2.3. Wertberichtigung auf Portfoliobasis

6.3.2.3.1. Incurred Loss Model

Die Portfoliobetrachtung stellt wie die Einzelbetrachtung nur auf bereits eingetretene Verlustereignisse ab (Incurred Loss Model). Im Gegensatz zur Einzelwertberichtigung kann die Wertberichtigung noch nicht den einzelnen Forderungen zugeordnet werden. Daher bildet die Wertberichtigung auf Portfoliobasis einen Zwischenschritt bis zu dem Zeitpunkt, in dem eine Zuordnung zu einzelnen Forderungen des Portfolios möglich wird (IAS 39.AG88).

In die Portfoliobetrachtung sind **alle** Forderungen einzubeziehen, d. h. nicht nur Forderungen mit geringer Bonität (IAS 39.AG85*)*.

Aufgrund des **Incurred Loss Models** sind Pauschalwertberichtigungen[310] sowie pauschale Länderwertberichtigungen, wie sie nach den handelsrechtlichen Grundsätzen insbesondere nach Maßgabe der steuerlichen Nichtaufgriffsgrenzen gebildet werden, nicht vereinbar (vgl. Kapitel 6.3.1.2.).

Die Portfoliobetrachtung kommt gemäß IAS 39.64 in **zwei Fällen** zur Anwendung:

- Zum einen werden finanzielle Vermögenswerte (wie z. B. Forderungen) von untergeordneter Bedeutung (*„not individually significant"*) auf Portfoliobasis auf das Vorliegen einer Wertminderung untersucht.
- Zum anderen sind finanzielle Vermögenswerte (wie z. B. Forderungen), bei denen im Rahmen der Einzelprüfung keine Hinweise auf eine Wertminderung vorlagen

---

310 A.A. *Beine, F./Meyer, C. H.*, in: Ballwieser, W./Beine, F. u.a. (Hrsg.), Abschn. 5, Tz. 25-29. *Beine/Meyer* halten bei Nicht-Banken eine Pauschalwertberichtigung nach der Percentage of Sales Method bzw. der Aging Method für zulässig. Nach der **Percentage of Sales Method** werden für die Schätzung des pauschalen Wertminderungsaufwands historische Daten analysiert, um das Verhältnis von Kreditverkäufen zu Forderungsausfällen festzustellen. Der aus den historischen Daten abgeleitete Prozentsatz wird dann auf die Verkäufe der aktuellen Periode angewendet, um einen für das Geschäftsjahr angemessenen Wertminderungsaufwand zu bestimmen. Nach der **Aging Method** wird für die Schätzung der pauschalen Wertberichtigung von Forderungen zum Bilanzstichtag eine Analyse der Altersstruktur der Forderungen ggü. Kunden vorgenommen. Die Kategorisierung erfolgt nach der Anzahl der Tage bzw. Monate, die seit der erstmaligen Erfassung der Forderungen vergangen sind. Auf Grundlage von Erfahrungswerten des Unternehmens oder anderer verfügbarer Statistiken erfolgt die Anwendung von historischen Forderungsausfallquoten auf die Summen der einzelnen Gruppen, wobei für die Gruppen älterer Forderungen höhere Prozentsätze heranzuziehen sind.

(*„no objective evidence of impairment“*), zusammenzufassen und auf Gruppenbasis erneut auf das Vorliegen einer Wertminderung zu untersuchen.

Die weitere Vorgehensweise der Ermittlung der Wertberichtigung auf Portfoliobasis ist für beide Fälle identisch.

6.3.2.3.2. Bildung von homogenen Portfolien

Hinsichtlich der Beantwortung der Frage, ob eine Forderung von **untergeordneter Bedeutung** (*„not individually significant“*) ist, muss neben dem **Betrag** auch auf **andere Merkmale** abgestellt werden. In diesem Zusammenhang kann das jeweilige Limit der Forderung eine Rolle spielen, auch wenn sich die Regelungen des IAS 39 im Übrigen nicht auf Limite beziehen. Die Kriterien können ggf. für verschiedene Portfolien unterschiedlich abgegrenzt werden.[311] Die Grundsätze der Methodeneindeutigkeit und der Methodenstetigkeit sind zu beachten. Die Zusammenfassung von Forderungen zu in sich **homogenen Portfolien** (*„financial assets with similar credit risk characteristics“*) muss sich ebenfalls an Risikomerkmalen orientieren. Die Portfoliobildung kann daher z. B. unter Berücksichtigung der (IAS 39.AG87) nach nachfolgend genannten Merkmale erfolgen:

- geschätzte Ausfallwahrscheinlichkeiten oder Kreditrisikostufen (Bonitätsklassen, Ratingklassen),
- Produkt- bzw. Kreditnehmermerkmale,[312]
- Branche bzw. Branchenkonzentration,
- geographische Standorte (in diesem Zusammenhang ist auch das Länderrisiko mit zu berücksichtigen) (vgl. Kapitel 6.3.1.2.),
- Limite,
- Art der Sicherheiten und
- Verzugsstatus.

Die Bildung einer den handelsrechtlichen Grundsätzen entsprechenden pauschalen Länderwertberichtigung ist nicht zulässig. Eine Berücksichtigung des Länderrisikos ist hingegen z. B. bei der Beurteilung des geographischen Standorts unmittelbar mit zu berücksichtigen.

---

311 Bei der Bestimmung der Kriterien können bei Kreditinstituten auch die nach den Mindestanforderungen an das Kreditgeschäft der Kreditinstitute (MaK) geforderten Überlegungen zur Risikotragfähigkeit des Kreditinstituts sowie zur Risikorelevanz von Kreditgeschäften einbezogen werden.

312 Das Vorliegen einer Wertminderung auf Gruppenbasis ist z. B. zu prüfen bei sich abzeichnenden Überkapazitäten auf den maßgeblichen Märkten sowie bei Veränderungen von gesetzlichen Rahmenbedingungen (Umweltschutz). Bei der Portfoliobetrachtung sind Daten über Todesfälle, Arbeitslosenquoten usw. nur dann als eingetretenes Verlustereignis zu berücksichtigen, wenn seitens des Unternehmens valide Modelle hinsichtlich des Eintretens der Verlustereignisse vorliegen.

Auch bei Forderungen aus Lieferungen und Leistungen sind ggf. nach den oben dargestellten Kriterien **homogene Portfolios** zu bilden. Es dürfte nur in Ausnahmefällen zulässig sein, den Gesamtbestand der Forderungen in einem Portfolio abzubilden.[313]

6.3.2.3.3. Ermittlung der künftig erwarteten Cashflows im Portfolio

Für die gebildeten homogenen Portfolien sind zunächst ebenso wie bei der Einzelbetrachtung die künftigen Cashflows aus dem Portfolio zu ermitteln. Dabei können bei der Bestimmung der erwarteten zukünftigen Cashflows bzw. der Höhe der Wertminderung historische **Ausfallraten** herangezogen werden. Hierzu müssen die gebildeten Gruppen von Engagements jedoch vergleichbar sein mit denjenigen Gruppen, für welche die historischen Ausfallraten ermittelt wurden.

Bei der Bestimmung der historischen Ausfallraten können – sofern keine unternehmensspezifische Verlustdatenbank/-historie vorliegt – auch die Erfahrungen von Peer Groups für vergleichbare Gruppen von Forderungen herangezogen werden. Zudem sind die historischen Ausfallraten bei entsprechender Änderung der (Markt-) Gegebenheiten anzupassen (IAS 39.AG89; IAS 39.AG91).

Die bei der Ermittlung der Wertberichtigung auf Portfoliobasis zugrunde gelegten Methoden und Annahmen müssen regelmäßig auf Basis der tatsächlich eingetretenen Verluste überprüft werden (Backtesting) (IAS 39.AG89).

6.3.2.3.4. Diskontierung der künftig erwarteten Cashflows

Bei einem Portfolio ist die Summe der erwarteten zukünftigen Cashflows mit dem **durchschnittlichen Effektivzins** zu diskontieren. Nach IAS 39.63 sind die ursprünglich vereinbarten Effektivzinssätze zu verwenden. Hier stellt sich die Frage, ob und in welcher Weise Änderungen des Portfolios im Zeitablauf bei der Ermittlung der durchschnittlichen Effektivzinssätze zu berücksichtigen sind.

Obgleich die Portfoliobildung nach eindeutigen und stetig angewendeten Kriterien zu erfolgen hat, werden durch die laufenden **Veränderungen des Portfolios** (z. B. Zugänge, Rückzahlungen, Veränderungen des Ratings und anderer Eigenschaften einer Forderung) zu den unterschiedlichen Betrachtungszeitpunkten regelmäßig Zu- und Abgänge bei den einzelnen Portfolien vorkommen. Zwischen einem ursprünglich berechneten durchschnittlichen Effektivzinssatz und dem durchschnittlichen Effektivzinssatz eines Portfolios auf Basis der aktuellen Portfoliozusammensetzung können daher erhebliche Unterschiede entstehen. Für die Barwertberechnung ist daher der jeweils auf Basis der aktuellen Portfoliozusammensetzung berechnete durchschnittliche (ursprüngliche) Effektivzinssatz des Portfolios zu verwenden.

---

313 Vgl. dazu *Heuser P. J./Theile, C. (Hrsg.)*, IAS-Handbuch, 2003, Tz. 552.

Wird allerdings bei der Ermittlung des (erwarteten i.S.v. eingetretenen, aber noch nicht erkannten) Verlusts durch Multiplikation des ausstehenden Forderungsvolumens mit der Ausfallwahrscheinlichkeit und der Verlusthöhe bereits der Zeitwert des Geldes zutreffend in der Verlusthöhe berücksichtigt, kann auf eine explizite Barwertberechnung verzichtet werden. Hierbei macht es keinen Unterschied, ob es sich um Forderungen von untergeordneter Bedeutung oder um Gruppen homogener Forderungen handelt, die einzeln als nicht wertgemindert identifiziert wurden. Die formelbasierten Verfahren müssen in Einklang mit den Anforderungen aus IAS 39.63-65 und IAS 39.AG87-AG91 stehen (IAS 39.AG92).

6.3.2.3.5. Ermittlung des Zinsertrags nach einer Portfoliowertberichtigung

Da IAS 39.AG93 bezüglich der zu erfassenden Zinserträge keine Unterscheidung zwischen der Wertberichtigung auf Einzel- und Portfoliobasis macht, sind auch für die auf Portfoliobasis bewerteten Forderungen die Zinsen gemäß dieser Vorschrift zu ermitteln. Die Berechnung der zu erfassenden Zinserträge kann hierbei auf Zahlungsströmen basieren, die aus Portfoliodaten abgeleitet wurden.

6.3.2.3.6. Bilanzielle Abbildung von Wertberichtigungen auf Portfoliobasis

Entgegen der für den einzelnen Vermögenswert individuell identifizierten Wertminderung, die sowohl direkt beim Bilanzansatz des betreffenden Vermögenswerts (z. B. Forderung) als auch wahlweise unter Verwendung eines Wertberichtigungspostens gebucht werden kann, könnte man bei strenger (restriktiver) Auslegung des Wortlauts von IAS 39.63 (letzter Satz), wonach *„der Buchwert des Vermögenswerts [...] entweder direkt oder unter Verwendung eines Wertberichtigungskontos"* zu vermindern ist, bei Wertberichtigungen auf Portfoliobasis zu dem Ergebnis kommen, dass grundsätzlich nur die Verwendung eines Wertberichtigungspostens in Betracht kommt, da eine so gebildete Portfoliowertberichtigung nicht direkt vom Buchwert eines einzelnen Vermögenswerts gekürzt werden kann.[314] Ungeachtet dessen wird es hier auch für zulässig gehalten, dass die Portfoliowertberichtigung vom betreffenden Bilanzposten gekürzt und dies entsprechend im Anhang erläutert wird. Dabei ist jedoch zu gewährleisten, dass in den Portfolien nur Vermögenswerte enthalten sind, die im betreffenden Posten in der Bilanz erfasst sind.

6.3.3. Wertaufholung

6.3.3.1. Loans and Receivables sowie Held-to-Maturity

Verringert sich die Höhe des Wertminderungsaufwands in einer der Folgeperioden und kann diese Verringerung objektiv auf einen nach der Erfassung der Wertminderung eingetretenen Sachverhalt zurückgeführt werden (wie z. B. die Verbesserung des Bonitätsratings eines Schuldners), ist der vorher erfasste Wertminderungsaufwand

[314] Vgl. *Scheinpflug, P.*, in: IFRS-Handbuch, 2004, § 4, Tz. 964.

direkt bzw. durch Anpassung des Wertminderungspostens rückgängig zu machen, je nachdem wie der Wertminderungsaufwand ursprünglich bilanziell abgebildet wurde.

Die Wertaufholung darf jedoch nicht zu einem Buchwert des finanziellen Vermögenswerts zum Zeitpunkt der Aufhebung der Wertminderung führen, der die fortgeführten Anschaffungskosten übersteigt, die sich ergeben hätten, wenn die Wertminderung nicht erfolgt wäre.

Die **Wertaufholung ist erfolgswirksam** im Periodenergebnis zu erfassen (IAS 39.65).

6.3.3.2. Zu Anschaffungskosten bewertete finanzielle Vermögenswerte

Wenn objektive Hinweise dafür vorliegen, dass ein Wertminderungsaufwand z. B. für ein nicht **notiertes Eigenkapitalinstrument**, das nicht zum Fair Value bilanziert wird, weil dieser nicht verlässlich ermittelt werden kann (wie z. B. GmbH-Anteile), oder für ein derivatives Finanzinstrument, das mit einem solchen nicht notierten Eigenkapitalinstrument verbunden ist und durch dessen physische Lieferung zu begleichen ist, angefallen ist, so ist die Höhe des Wertminderungsaufwands als Differenz zwischen dem Buchwert des finanziellen Vermögenswerts und dem Barwert der geschätzten künftigen, mit der aktuellen Marktrendite eines gleichartigen finanziellen Vermögenswerts (*„current market rate of return of a similar financial asset"*) abgezinsten Cashflows, zu bewerten.

Die Vornahme einer **Wertaufholung** in nachfolgenden Perioden ist **nicht zulässig** (IAS 39.66).

Eine Wertminderung (*„impairment"*) von finanziellen Vermögenswerten, die mangels verlässlicher Bestimmbarkeit des Fair Values zu Anschaffungskosten bewertet werden, war nach den Regelungen des IAS 39 (revised 2000) durch Wertaufholungen wieder auszugleichen, wenn diese in einer späteren Periode anhand objektiver Kriterien notwendig wurden. Im überarbeiteten IAS 39 wird die Zuschreibungspflicht für diese finanziellen Vermögenswerte nunmehr aufgehoben und durch ein Zuschreibungsverbot ersetzt.

6.3.3.3. Vermögenswerte der Kategorie Available-for-Sale

Wurde der Rückgang des Fair Values eines finanziellen Vermögenswerts der Kategorie Available-for-Sale direkt im Eigenkapital erfasst und liegen objektive substanzielle Hinweise auf eine Wertminderung vor, so ist der direkt im Eigenkapital erfasste kumulierte Verlust aus dem Eigenkapital (AfS-Rücklage) in das Periodenergebnis umzubuchen (IAS 39.67).

Bei **nicht-monetären finanziellen Eigenkapitalinstrumenten** (z. B. Aktien in Fremdwährung) ist der Anteil des kumulierten Nettoverlusts, der auf Wechselkursveränderungen zurückzuführen ist, ebenfalls im Periodenergebnis zu erfassen (IAS 39.IG E.4.9 *Impairment of non-monetary available-for-sale financial asset*).

Die Höhe des aus dem Eigenkapital auszubuchenden Verlusts entspricht der Differenz zwischen den fortgeführten Anschaffungskosten (Anschaffungskosten abzüglich Tilgungen und Amortisierungsbeträgen einschließlich einer Buchwertanpassung aus einem Fair Value Hedge) und dem Fair Value des Vermögenswerts am Bewertungsstichtag abzüglich etwaiger, zuvor im Periodenergebnis erfasster Wertminderungsaufwendungen für den betreffenden finanziellen Vermögenswert (IAS 39.68).

Wertaufholung bei Eigenkapitalinstrumenten

Tritt in nachfolgenden Perioden eine Wertaufholung bei Eigenkapitalinstrumenten der Kategorie Available-for-Sale ein, darf der auf diese finanziellen Vermögenswerte erfasste Wertminderungsaufwand **nicht erfolgswirksam zugeschrieben** werden (IAS 39.69).

Die Erhöhungen des Fair Values nach der Durchführung einer Wertminderung („*impairment*") sind daher erfolgsneutral im Eigenkapital (AfS-Rücklage) zu erfassen. Dies stellt eine bedeutsame Änderung gegenüber dem ursprünglichen IAS 39 (revised 2000) dar, wonach eine erfolgswirksame Wertaufholung bei allen finanziellen Vermögenswerten der Kategorie Available-for-Sale vorgesehen war.

Bei Unternehmen, die Zwischenabschlüsse (Quartal, Halbjahr) veröffentlichen, stellt sich die Frage, in welchen Abständen die Notwendigkeit einer Wertberichtigung von Eigenkapitalinstrumenten der Kategorie Available-for-Sale überprüft werden muss. Es kann davon ausgegangen werden, dass dies zum Ende einer jeden Zwischenabschlussperiode zu erfolgen hat.[315] Sodann stellt sich die Frage, wie z. B. eine Abwertung zum Ende des dritten Quartals, die am Ende des Geschäftsjahres nicht mehr sachgerecht ist, zu behandeln ist.

> *Beispiel: Abwertung eines AfS-Wertpapiers*[316]
>
> *Ein Unternehmen A hält Aktien des Unternehmens B, die es für EUR 100 erworben hat. Nunmehr sind diese Aktien im Q3/2005 (also zum 30. September 2005) auf EUR 60 abzuwerten. Die erfolgswirksam zu buchende Wertminderung beträgt mithin EUR 40. Im Q4/2005 stellt sich heraus, dass die Gründe für die Wertminderung nicht mehr bestehen, also eine Wertaufholung zu erfolgen hat.*

Nach dem Wortlaut des IAS 39.69 ist diese Wertaufholung erfolgsneutral zu buchen (AfS-Rücklage), was zur Folge hätte, dass im Geschäftsjahr zum einen ein Aufwand in Höhe von EUR 40 und zum anderen eine Werterhöhung der Aktien zu erfassen wäre,

---

[315] Vgl. *Ernst & Young LLP (Hrsg.)*, International GAAP 2005, 2004, S. 1049-1050.
[316] Vgl. *Ernst & Young LLP (Hrsg.)*, International GAAP 2005, 2004, S. 1050.

die nunmehr erfolgsneutral dargestellt würde, obwohl aus Sicht des ganzen Geschäftsjahres kein Aufwand entstanden ist. Dadurch entstünde eine stille Reserve.

Andererseits besagt die Einleitung zu IAS 34 *„Interim Financial Reporting"*, dass die Häufigkeit der Berichterstattung eines Unternehmens (jährlich, halb- oder vierteljährlich) nicht die Höhe seines Jahresergebnisses beeinflussen darf.

Betrachtet man IAS 34 als *lex specialis* zu IAS 39 und vertritt die Ansicht, dass es nach IFRS insbesondere um eine zutreffende Darstellung des Jahresergebnisses geht, würde man in dem Beispiel zu dem Ergebnis gelangen, dass die Wertaufholung im 4. Quartal 2006 erfolgswirksam vorzunehmen ist, sodass über das gesamte Jahr betrachtet ein zutreffendes Ergebnis dargestellt wird. Es bleibt abzuwarten, welche Ansicht sich bei dieser Frage durchsetzen wird.

Wertaufholung bei Fremdkapitalinstrumenten

Tritt in nachfolgenden Perioden eine Wertaufholung bei Fremdkapitalinstrumenten der Kategorie Available-for-Sale ein und kann die Werterhöhung objektiv auf ein nach der Erfassung der Wertminderung (*„impairment"*) eingetretenes Ereignis zurückgeführt werden, so ist der erfasste Wertminderungsaufwand im Gegensatz zu Eigenkapitalinstrumenten **erfolgswirksam zuzuschreiben** (IAS 39.70).

Bei Fremdkapitalinstrumenten ist eine erfolgswirksame Wertaufholung bis maximal zu der Höhe vorzunehmen, welche zuvor erfolgswirksam als Wertminderung erfasst wurde. Werterhöhungen, welche über diesen Betrag hinausgehen, sind wiederum erfolgsneutral in der Neubewertungsrücklage (AfS-Rücklage) zu erfassen.

6.3.4. Geplante Offenlegungspflichten nach ED 7 „Financial Instruments: Disclosures"

Die bei der Ermittlung der Wertberichtigungen zugrunde gelegten Bilanzierungs- und Bewertungsmethoden sind nach ED 7.23 im Anhang anzugeben. Dazu zählt auch die Methode zur buchhalterischen Erfassung der Barwertänderungen in der Bilanz (Unwinding, d. h. Verminderung des Wertberichtigungskontos oder Zuschreibung der Forderung).

Zudem müssen die nach IAS 39.AG93 erfassten **Zinserträge** ausdrücklich angegeben werden (ED 7.21(e)).

Nach ED 7.17 haben alle Unternehmen (nicht nur Kreditinstitute) für den Fall, dass es zur bilanziellen Darstellung seiner Wertberichtigungen einen **Wertberichtigungsposten** in der Bilanz (*„allowance account for credit losses"*) verwendet, für **jede Kategorie**[317] (*„classification"*) von finanziellen Vermögenswerten, für die Wertberichtigun-

[317] Vgl. *Kuhn, S./Scharpf, P.*, KoR 2004, S. 386.

gen gebildet werden, eine Überleitungsrechnung der Änderungen des Buchwerts (Entwicklung vom 1. Januar bis zum 31. Dezember des Berichtsjahrs) zu machen. In der Bilanzierungspraxis von Kreditinstituten, für die diese Angabepflicht bislang in IAS 30.43 geregelt ist, hat sich die Darstellung in Form eines **Risikovorsorgespiegels** etabliert. Diese Offenlegungspflicht bezieht sich nicht allein auf Forderungen (Kreditgeschäft), sondern auch auf Wertpapiere, soweit keine Direktabschreibungen vorgenommen werden.[318]

ED 7.17 differenziert nicht nach Einzelwertberichtigungen und Wertberichtigungen auf Portfoliobasis. Es empfiehlt sich jedoch, im Risikovorsorgespiegel nach Einzelwertberichtigungen und Risikovorsorgen auf Portfoliobasis zu differenzieren.

Sofern ein solcher Wertberichtigungsposten (Risikovorsorge) in der Bilanz („*allowance account*") verwendet wird, sind Angaben nach ED 7.23(d)(i) und (ii) erforderlich. Danach ist anzugeben, nach welchen Kriterien der Buchwert eines finanziellen Vermögenswerts direkt vermindert wird und wann dies indirekt mittels des Wertberichtigungspostens erfolgt (ED 7.23(d)(i)). Gleichzeitig sind die Kriterien anzugeben, nach denen von der indirekten Berücksichtigung einer Wertberichtigung mittels eines Wertberichtigungspostens zu einem direkten Abzug vom jeweiligen Vermögenswert (Direktabschreibung) übergegangen wird (ED 7.23(d)(ii)).

Darüber hinaus hat jedes Unternehmen nach ED 7.22 die **Höhe des gesamten Wertminderungsaufwands** („*amount of any impairment loss*") getrennt nach (Klassen) Kategorien von finanziellen Vermögenswerten anzugeben. In diesem Zusammenhang sind auch die Kriterien anzugeben, nach denen beurteilt wird, ob eine Wertberichtigung gebildet werden muss. ED 7.23(f) verlangt auch die Angabe der Methode, nach der beurteilt wird, ob ein finanzieller Vermögenswert überfällig (rückständig) ist (vgl. auch die Angaben nach ED 7.40).

Neben diesen Angaben verlangt ED 7.39-41 **qualitative Angaben zum Ausfallrisiko** und zu den **erhaltenen Sicherheiten**. Diese Angaben werden nicht nur von Kreditinstituten gefordert, sondern von allen Unternehmen.[319]

---

318 Vgl. *Eckes, B./Sittmann-Haury, C.*, WPg 2004, S. 1197.
319 Vgl. *Kuhn, S./Scharpf, P.*, KoR 2004, S. 388.

6.4. Zur Bewertungshierarchie

6.4.1. Überblick

Der IASB ist grundsätzlich der Ansicht, dass ein Ansatz von Finanzinstrumenten zum Fair Value zuverlässiger und aussagekräftiger ist als eine Bewertung zu fortgeführten Anschaffungskosten.

Nach der Definition in IAS 32 ist der **Fair Value** der Betrag, zu dem zwischen sachverständigen, vertragswilligen und voneinander unabhängigen Geschäftspartnern ein Vermögenswert getauscht oder eine Verbindlichkeit beglichen werden könnte (IAS 32.11).[320]

Jedes Unternehmen muss daher den Fair Value **für jede Klasse** („*for each class*") von finanziellen Vermögenswerten und finanziellen Verbindlichkeiten so offen legen, dass ein Vergleich mit den Buchwerten in der Bilanz möglich ist (IAS 32.86). Für Finanzinstrumente wie **kurzfristige Forderungen** und **kurzfristige Verbindlichkeiten aus Lieferungen und Leistungen** ist jedoch keine Angabe der Fair Values erforderlich, wenn die Buchwerte angemessene Schätzwerte („*reasonable approximation*") für die Fair Values darstellen (IAS 32.88). Bei der Angabe der Fair Values sind die finanziellen Vermögenswerte und finanziellen Verbindlichkeiten so zu Klassen zusammenzufassen und miteinander zu saldieren, wie dies auch bei den zugehörigen Buchwerten in der Bilanz geschieht (IAS 32.89).

Informationen über den **Fair Value** sind nach Ansicht des IASB relevant für eine Vielzahl von Entscheidungen, die die Abschlussadressaten (Investoren) zu treffen haben; denn der Fair Value spiegelt in vielen Fällen die Erwartungen der Finanzmärkte bezüglich des Barwerts künftiger Cashflows wider, die aus einem bestimmten Finanzinstrument resultieren. Darüber hinaus soll damit der Vergleich verschiedener Finanzinstrumente möglich sein. Die Fair Values bilden insofern eine neutrale Grundlage für Urteile darüber, wie das Management im Auftrag der Eigenkapitalgeber gearbeitet hat („*management's stewardship*"), indem sie die Folgen von Entscheidungen über den Kauf, den Verkauf oder das Halten von **finanziellen Vermögenswerten** und über die Aufnahme, das Halten oder die Tilgung von **finanziellen Verbindlichkeiten** abbilden. Selbst wenn ein Unternehmen finanzielle Vermögenswerte und finanzielle Verbindlichkeiten nicht zum Fair Value bilanziert, sind Informationen über den Fair Value in Form von zusätzlichen Angaben bereitzustellen (IAS 32.87).

Ein Unternehmen soll die **angewandten Methoden** und **wesentlichen Annahmen**, die zur Ermittlung der Fair Values finanzieller Vermögenswerte und finanzieller Verbindlichkeiten herangezogen werden offen legen, wobei diese Angabe für jede wesentliche Klasse („*significant classes*") finanzieller Vermögenswerte und finanzieller Verbindlichkeiten **gesondert** zu machen ist (IAS 32.92(a)).

---

320 Vgl. *Ernst & Young LLP (Hrsg.)*, International GAAP 2005, 2004, S. 1016-1017.

Ferner ist anzugeben, ob der Fair Value der finanziellen Vermögenswerte und finanziellen Verbindlichkeiten **direkt**, **teilweise** oder **vollständig** mit **notierten Preisen** von einem **aktiven Markt** („*published price quotations in an active market*") oder durch Schätzungen mithilfe einer Bewertungsmethode („*valuation technique*") bestimmt wurde (IAS 32.92(b)).

Der Definition des Fair Values liegt die **Prämisse der Unternehmensfortführung** („*going concern*") zugrunde, der zufolge weder die Absicht noch die Notwendigkeit zur Liquidation, zur wesentlichen Einschränkung des Geschäftsbetriebs oder zum Eingehen von Geschäften zu ungünstigen Bedingungen besteht. Der Fair Value wird daher nicht durch den Betrag bestimmt, den ein Unternehmen aufgrund von erzwungenen Geschäften, zwangsweisen Liquidationen oder durch Notverkäufe erzielen oder bezahlen würde. Der Fair Value spiegelt indes die Bonität des Finanzinstruments wider (IAS 39.AG69).

Auch ED 7 „*Financial Instruments: Disclosures*" enthält Angabepflichten, wonach ein Unternehmen den Fair Value **für jede Klasse** finanzieller Vermögenswerte und Verbindlichkeiten auf eine Weise angeben soll, die einen Vergleich mit den entsprechenden Buchwerten in der Bilanz ermöglicht (ED 7.26). Als Ausnahmen hiervon werden wiederum **kurzfristige Forderungen** und **kurzfristige Verbindlichkeiten aus Lieferungen und Leistungen** explizit genannt, sofern die jeweiligen Buchwerte der genannten Instrumente angemessene Schätzwerte für die Fair Values darstellen (ED 7.27). Bei der Angabe der einzelnen Fair Values für finanzielle Vermögenswerte und finanzielle Verbindlichkeiten darf eine Zusammenfassung von Klassen und damit eine Saldierung nur in dem Umfang erfolgen, wie dies auch bei den zugehörigen Buchwerten in der Bilanz geschieht (ED 7.28).

Nach IAS 39 existiert die nachfolgende **Bewertungshierarchie** zur Bestimmung des Fair Values (IAS 39.48):

- Notierter Preis auf einem aktiven Markt („*active market: quoted price*"),
- Anwendung von Bewertungsmethoden, wenn kein aktiver Markt vorhanden ist („*no active market: valuation technique*"),
- Bewertung von Eigenkapitalinstrumenten, wenn kein aktiver Markt vorhanden ist („*no active market: equity instruments*").

6.4.2. Notierter Preis auf einem aktiven Markt

6.4.2.1. Überblick

Der Begriff des **aktiven Markts** ist bei der Anwendung von IAS 39 in mehrfacher Hinsicht von Bedeutung. Der Begriff stellt zunächst einen Schlüsselparameter im Rahmen der Designation von Finanzinstrumenten in die Bewertungskategorien At Fair

Value through Profit or Loss sowie Loans and Receivables dar.[321] Eine Zuordnung zur Kategorie **At Fair Value through Profit or Loss** ist für Finanzinvestitionen in Eigenkapitalinstrumenten, für die kein auf einem aktiven Markt notierter Marktpreis existiert, nicht zulässig (IAS 39.9). Als **Loans and Receivables** können grundsätzlich alle nicht-derivativen finanziellen Vermögenswerte mit festen oder bestimmbaren Zahlungen, die nicht auf einem aktiven Markt notiert sind zugeordnet werden (IAS 39.9; IAS 39.AG26).

Der Begriff aktiver Markt ist auch im Rahmen der **Folgebewertung von Finanzinvestitionen in Eigenkapitalinstrumenten** relevant, für die kein auf einem aktiven Markt notierter Preis vorliegt und deren Fair Value nicht verlässlich ermittelt werden kann (IAS 39.46).

Ferner ist der **Wegfall eines aktiven Markts** infolge finanzieller Schwierigkeiten als ein **objektiver Hinweis** auf eine Wertminderung zu beachten (IAS 39.59). Der Wegfall eines aktiven Markts infolge einer Einstellung des öffentlichen Handels mit Wertpapieren eines Unternehmens ist demgegenüber jedoch kein objektiver Hinweis auf eine Wertminderung (IAS 39.60).

6.4.2.2. Ermittlung notierter Preise auf einem aktiven Markt

Wenn **notierte Preise** auf einem **aktiven Markt** existieren, sind diese zu verwenden. Ein Finanzinstrument gilt als an einem aktiven Markt notiert, wenn notierte Preise an einer Börse, von einem Händler, Broker, einer Branchengruppe (*„industry group"*), einem Preisberechnungs-Service (*„pricing service"*) oder einer Aufsichtsbehörde (*„regulatory agency"*)

- **leicht und regelmäßig** (*„readily and regularly"*) erhältlich sind und
- diesen Preise **aktuelle und regelmäßig** (*„actual and regularly"*) auftretende Markttransaktionen
- wie unter unabhängigen Dritten (*„at arm's length"*) zugrunde liegen (IAS 39.AG71).[322]

Die **Zielsetzung** bei der Bestimmung eines Fair Values für ein Finanzinstrument, das auf einem aktiven Markt gehandelt wird, besteht in der Ermittlung des Preises, den eine Transaktion am Bilanzstichtag (d. h. ohne das Instrument zu modifizieren oder neu zu strukturieren) mit diesem Finanzinstrument, auf dem für das Unternehmen **vorteilhaftesten** aktiven Markt, zu dem es **unmittelbaren Zugang** hat, ergeben würde (IAS 39.AG71).

---

321 Vgl. *Knoblauch, U. v./Hagemann, M.*, Kredit & Rating Praxis 2004, S. 25-27.

322 Vgl. *Ernst & Young LLP (Hrsg.)*, International GAAP 2005, 2004, S. 1018.

Bei der Beurteilung, ob und inwieweit notierte Preise auf einem aktiven Markt leicht und regelmäßig erhältlich sind, ist im Einzelfall insbesondere auf das **Alter der verfügbaren Preisnotierungen** abzustellen. Vor dem Hintergrund der Vielzahl von Finanzinstrumenten, die weltweit auf aktiven Märkten handelbar sind, ist der Begriff des aktiven Markts im Einzelfall **markt- und produktabhängig** festzulegen.[323]

Bei einem Erwerb eines Finanzinstruments ist individuell zu prüfen, ob **über die Gesamtlaufzeit** des betrachteten Instruments ein aktiver Markt vorliegt.

Ein **späterer Wegfall** eines aktiven Markts führt nicht zu einer Umklassifizierung des Finanzinstruments. Ein **nachträgliches Entstehen** eines aktiven Markts führt dazu, dass die Wertpapiere von Loans and Receivables in die Kategorie Available-for-Sale umzuwidmen sind. Für eine Darstellung der besonderen Vorschriften zur Umwidmung nach IAS 39 vgl. Kapitel 4.2.3.7.

Auf einem aktiven Markt wird vorausgesetzt, dass die gehandelten Produkte **homogen** sind (Produkthomogenität), vertragswillige Käufer und Verkäufer **jederzeit** gefunden werden können und Preise der **Öffentlichkeit** zur Verfügung stehen (IAS 36.6; IAS 41.8). Insofern umfasst die Definition des aktiven Markts nicht alleine die Börsennotierung, sondern schließt auch den Handel auf **OTC-Märkten** ein, wenn die dort gehandelten Preise (z. B. über Reuters oder Bloomberg) der Öffentlichkeit zur Verfügung gestellt werden.

Für Vermögenswerte, die gehalten, oder Verbindlichkeiten, die vom Unternehmen begeben werden, ist der sachgerechte notierte Preis in der Regel der vom Käufer gebotene **Geldkurs**; für Vermögenswerte, die erworben werden, oder Verbindlichkeiten, die gehalten werden, gilt der **Briefkurs**. Hat ein Unternehmen Vermögenswerte und Verbindlichkeiten mit sich kompensierenden Marktrisiken, kann es die Bestimmung der Fair Values der kompensatorischen Risikopositionen auf der Basis von Mittelkursen vornehmen und den Geld- oder Briefkurs je nach Angemessenheit auf die offenen Nettopositionen anwenden (IAS 39.AG72).

Der Fair Value eines einheitlichen **Portfolios** von Finanzinstrumenten ist das Produkt der Anzahl der Einheiten des Instruments und seiner notierten Preise (IAS 39.AG72).

Paketzu- oder Paketabschläge sind nicht zu berücksichtigen. Der auf einem aktiven Markt ermittelte Fair Value wird auch dann als der verlässlichste Wertansatz betrachtet, wenn aufgrund des Verkaufs von Wertpapierpaketen ein höherer oder niedrigerer Wert erzielt werden könnte (IAS 39.IG E.2.2 *Fair value measurement: large holding*).

Wenn in einem aktiven Markt für ein Finanzinstrument in seiner Gesamtheit keine Preisnotierung verfügbar ist, aber ein aktiver Markt für seine Komponenten existiert,

---

[323] Vgl. *Ernst & Young LLP (Hrsg.)*, International GAAP 2005, 2004, S. 1020-1021.

ist der Fair Value auf der Basis der relevanten Preise für die einzelnen Komponenten zu bestimmen (IAS 39.AG72).

Liegt für das zu bewertende Finanzinstrument **kein notierter Preis** auf einem aktiven Markt vor, sind Hinweise auf den Fair Value aus den Preisen der **letzten Transaktionen** („*the most recent transaction*") zu erhalten, sofern sich die wirtschaftlichen Rahmendaten („*economic circumstances*") seit dem Zeitpunkt der letzten Transaktion nicht wesentlich geändert haben. Sollten sich die wirtschaftlichen Rahmendaten seit der letzten Transaktion wesentlich geändert haben (wie z. B. durch eine Änderung des risikolosen Zinssatzes, nachdem eine Kursnotierung für eine Industrieanleihe als Preis der letzten Transaktion herangezogen wurde), ist die korrespondierende Änderung des Fair Values des zu bewertenden Finanzinstruments **sachgerecht anzupassen** (IAS 39.AG72). Eine solche Anpassung kann z. B. auf der Basis der Entwicklung branchenspezifischer Indices erfolgen.

6.4.2.3. Konkretisierung des Begriffs aktiver Markt

Der Begriff des aktiven Markts ist zwar implizit über IAS 39.AG71 geregelt, gleichwohl ergeben sich hinsichtlich der Anforderungen leicht und regelmäßig („*readily and regularly*") sowie **aktuell und regelmäßig** („*actual and regularly*") in der Praxis eine Reihe von Anwendungsfragen.

Bei allen Preisnotierungen auf **organisierten Märkten** nach § 2 Abs. 5 WpHG ist grundsätzlich von einem **aktiven Markt** i.S.d. IAS 39 auszugehen, da die Preise auf diesen Märkten leicht und regelmäßig verfügbar sind. Ferner werden die Preise anhand von tatsächlich stattfindenden Markttransaktionen regelmäßig objektiviert. Unter einem organisierten Markt wird nach § 2 Abs. 5 WpHG ein Markt verstanden, der von staatlich anerkannten Stellen geregelt ist und überwacht wird, regelmäßig stattfindet und deren Preise der Öffentlichkeit unmittelbar oder mittelbar zur Verfügung stehen. Hierunter fallen die Segmente **Amtlicher Markt** und **Geregelter Markt** an den deutschen Wertpapierbörsen sowie z. B. der Handel an der **Eurex**. Der **Freiverkehr** stellt demgegenüber keinen organisierten Markt dar.[324]

Sofern das Handelsvolumen an einem organisierten Markt ausnahmsweise relativ gering ist, kann dieser Markt (als Ausnahme von dem oben genannten Grundsatz) nicht als aktiver Markt angesehen werden. Es ist im konkreten Einzelfall zu prüfen, ob und inwieweit die an dem organisierten Markt notierten Preise als an einem aktiven Markt notiert anzusehen sind.

Sofern für bestimmte Finanzinstrumente verbindliche Angebotspreise von einem Market Maker verfügbar sind, können auch diese Preise für Zwecke der Fair Value-

324 Weitere organisierte Märkte in anderen europäischen Ländern werden in der Übersicht über die geregelten Märkte und einzelstaatliche Rechtsvorschriften zur Umsetzung der entsprechenden Anforderungen der Wertpapierdienstleistungsrichtlinie abschließend genannt.

Bewertung herangezogen werden, da sich ein Market Maker aufgrund des quotierten Preises dazu verpflichtet, zu diesem Preis auch tatsächlich einen Geschäftsabschluss mit dem Kontrahenten zu tätigen.

Manche Aktien werden in **mehreren Börsensegmenten** wie z. B. über Xetra und an anderen Wertpapierbörsen im In- und Ausland gehandelt. Aufgrund eines unterschiedlichen Angebots- und Nachfrageverhaltens innerhalb der Segmente unterscheiden sich die an den einzelnen Handelsplätzen notierten Preise. Es stellt sich die Frage, auf welchen Preis ein bilanzierendes Unternehmen für Zwecke der Fair Value-Bewertung seiner Aktienbestände zurückgreifen soll. In einem solchen Fall ist im Accounting Manual oder einer anderen Dokumentation (wie z. B. in der Treasury Guideline) unter Beachtung der Stetigkeit (*„consistency“*) festzulegen, zu welchem Börsensegment ein unmittelbarer Zugang besteht und welches Segment am vorteilhaftesten für die Bewertung angesehen wird (IAS 8.13).

Ein bilanzierendes Unternehmen kann nicht davon absehen, einen notierten Preis auf einem aktiven Markt zu verwenden, nur weil ein zugrunde liegendes Bewertungsmodell anzeigt, dass der ermittelte Fair Value vom notierten Börsenpreis abweicht. Ein notierter Preis in einem aktiven Markt ist so lange als bester Indikator für den Fair Value zu verwenden, bis das Unternehmen objektiv nachprüfbar darlegt, dass ein Markt nicht mehr aktiv ist.

6.4.2.4. Bewertung ausgewählter finanzieller Vermögenswerte

Schuldscheindarlehen

Bei Schuldscheindarlehen handelt es sich regelmäßig um standardisierte langfristige Kredite an Großunternehmen, an die öffentliche Hand und bestimmte Institute mit Sonderaufgaben, welche sich, insbesondere bei guten Bonitäten, einfach bewerten lassen. Eine im Durchschnitt höhere Effektivverzinsung (Rendite) bei Schuldscheindarlehen wird durch zusätzliche Nebenkosten des Schuldners bei der Anleihe nahezu ausgeglichen. Aus der Sicht des Käufers eines Schuldscheindarlehens entschädigt der Renditevorteil für die eingeschränkten Weiterverkaufsmöglichkeiten angesichts der fehlenden Börsennotiz.

Für Schuldscheindarlehen existiert im Regelfall **kein aktiver Markt.**[325] Sie werden über nicht öffentliche Transaktionen gehandelt. Die Abwicklung eines Schuldscheindarlehens erfolgt dabei durch Abtretung der Forderung (§ 398 BGB). Ältere Darlehensverträge enthalten teilweise noch Restriktionen, die die Häufigkeit der Abtretung begrenzen. Für Schuldscheindarlehen existieren keine öffentlichen Preisnotierungen und keine Market Maker. Da für Schuldscheindarlehen keine Preise auf einem aktiven Markt vorliegen, können gehaltene Schuldscheindarlehen unter anderem der Kategorie **Loans and Receivables** zugeordnet und zu fortgeführten Anschaffungskosten bewer-

---

325 Vgl. *Knoblauch, U. v./Hagemann, M.*, Kredit & Rating Praxis 2004, S. 26.

tet werden (IAS 39.9). Sind keine Preise auf einem aktiven Markt verfügbar, steht dies einer Zuordnung zur Kategorie **Available-for-Sale** bzw. **At Fair Value through Profit or Loss** jedoch nicht entgegen, sofern die übrigen Voraussetzungen der genannten Kategorien erfüllt sind. Der Fair Value für Schuldscheindarlehen lässt sich im Regelfall unter Verwendung von Bewertungsmodellen verlässlich bestimmen.

Börsennotierte Anleihen („corporate bonds")

Anleihen sind im Gegensatz zu Schuldscheindarlehen durch **börsenfähige Wertpapiere** verbrieft. Die Preise an den Märkten für börsennotierte Anleihen werden veröffentlicht und stehen allen Marktteilnehmern zur Verfügung. Die veröffentlichten Preise beziehen sich jedoch nur auf die Umsätze an der Börse, während ein Vielzahl von Transaktionen außerbörslich stattfindet. Über die gesamte Laufzeit betrachtet, verfügen börsennotierte Anleihen über eine Transaktionsstruktur, die in mehrere Phasen eingeteilt werden kann. Nach der Emission finden in der Regel häufige Transaktionen statt. Einige Zeit nach der Emission kommt der Handel (bis zum Eintritt kursbeeinflussender Ereignisse) oftmals zum Erliegen.

Bei einem Erwerb einer börsennotierten Anleihe ist individuell zu prüfen, ob **über die gesamte Laufzeit** des betrachteten Instruments ein aktiver Markt vorliegt. Ein **späterer Wegfall** eines aktiven Markts führt nicht zu einer Umklassifizierung der Anleihe in die Kategorie Loans and Receivables. Ein **nachträgliches Entstehen** eines aktiven Markts führt jedoch dazu, dass die Anleihe von der Kategorie Loans and Receivables in Available-for-Sale umzuwidmen ist, sofern keine Handelsabsicht besteht (vgl. Kapitel 4.2.3.7.4.).

Asset Backed Securities

Der deutsche Markt für Asset Backed Securities (ABS) ist (im Gegensatz zum US-amerikanischen Markt) noch nicht sehr weit entwickelt. Dies führt oftmals dazu, dass für ABS-Papiere – wie für börsennotierte Anleihen – **kein aktiver Markt über die gesamte Laufzeit** beobachtbar ist. So kann für ein ABS-Papier mit einer Laufzeit von z. B. zehn Jahren kurz nach der Emission aufgrund der mangelnden Liquidität des ABS-Markts ggf. kein aktiver Markt mehr festgestellt werden. Zudem handelt es sich bei den verfügbaren Preisen regelmäßig um nicht bindende Preisquotierungen der Emittenten. Analog zu den Schuldscheindarlehen stellt sich auch hier wieder die Frage, ob es zulässig ist, gehaltene ABS-Papiere im Zeitpunkt des Erwerbs als Loans and Receivables zu kategorisieren.

Der Erwerber eines ABS-Papiers muss im Zeitpunkt des Erwerbs individuell prüfen, ob **über die gesamte Laufzeit** des betrachteten Instruments ein aktiver Markt vorliegt und i.S.d. IAS 39.AG71 Preisquotierungen leicht und regelmäßig verfügbar sind. Da ein **späterer Wegfall** eines aktiven Markts nicht zu einer Umklassifizierung des ABS-Papiers führt, folgt aus einer Zuordnung in die Kategorie Available-for-Sale (mit einer Bewertung zum Fair Value), dass über einen langen Zeitraum komplexe Bewertungsmodelle zur Bestimmung des Fair Values der ABS-Papiere herangezogen werden müssten. Ein **nachträgliches Entstehen** eines aktiven Markts führt jedoch dazu, dass das ABS-Papier von der Kategorie Loans and Receivables in Available-for-Sale umzuwidmen ist, sofern keine Handelsabsicht besteht (vgl. Kapitel 4.2.3.7.4.).

6.4.3. Anwendung von Bewertungsmethoden – kein aktiver Markt

Wenn für ein zu bewertendes Finanzinstrument **kein aktiver Markt** verfügbar ist, ist der Fair Value durch Anwendung von Bewertungsmethoden (*„valuation technique"*) zu bestimmen (IAS 39.AG74).

Zu den an den Finanzmärkten etablierten **Bewertungsmethoden** gehören

- der **Vergleich mit** dem aktuellen Fair Value eines anderen, im Wesentlichen **identischen Finanzinstruments**,
- die Analyse von **diskontierten Cashflows** und
- **Optionspreismodelle**.

Sofern eine bestimmte Bewertungsmethode existiert, die üblicherweise von den Marktteilnehmern für die Bewertung dieses Finanzinstruments verwendet wird und die Methode nachweislich zu verlässlichen Schätzwerten von Preisen führt, die bei aktuellen Markttransaktionen erzielt wurden, ist das Unternehmen an diese Methode gebunden (IAS 39.AG74).

Aufgrund der Auswahl zwischen mehreren anerkannten Bewertungsmodellen sind die im Einzelfall angewandten Methoden und wesentlichen Annahmen zur Bestimmung des Fair Values **offen zu legen** (IAS 32.92 (a)).

Die Zielsetzung bei der Anwendung von Bewertungsverfahren besteht darin, den **Transaktionspreis** festzustellen, der sich am Bewertungsstichtag zwischen unabhängigen Vertragspartnern bei Vorliegen normaler Geschäftsbedingungen ergeben hätte (IAS 39.AG75). Deshalb hat ein Bewertungsverfahren

- alle Faktoren, die Marktteilnehmer bei der Preisfestlegung bedenken würden, zu berücksichtigen und
- konsistent mit anerkannten ökonomischen Preisfindungsmethoden für Finanzinstrumente zu sein (IAS 39.AG76).

Die angewandte Bewertungsmethode ist in **periodischen** Abständen neu auszurichten. Ferner ist die **Validität der Ergebnisse** zu überprüfen, indem Preise von beobachtbaren aktuellen Markttransaktionen oder Preise, die auf verfügbaren, beobachtbaren Marktdaten beruhen, auf dasselbe Finanzinstrument (d. h. ohne Änderung oder Umgestaltung) angewendet werden.

Beim **erstmaligen Ansatz** ist der beste Nachweis des Fair Values eines Finanzinstruments der **Transaktionspreis**, d. h. der Fair Value der hingegebenen oder erhaltenen Gegenleistung), es sei denn, der Fair Value wird durch einen Vergleich mit anderen beobachtbaren aktuellen Markttransaktionen desselben Instruments nachgewiesen oder beruht auf einer Bewertungsmethode, deren Variablen nur Daten von beobachtbaren Märkten umfasst (IAS 39.AG76). Letzteres ist insbesondere für solche Unternehmen bedeutsam, die aktiv mit Finanzinstrumenten handeln. Eine **Erfolgsrealisierung am Zugangstag** („*day one profit recognition*") ist nicht zulässig.[326]

Eine angemessene Methode zur Schätzung des Fair Values eines bestimmten Finanzinstruments basiert auf **beobachtbaren Marktdaten** über **Marktbedingungen** und andere Faktoren, die voraussichtlich den Fair Value des Finanzinstruments beeinflussen. Der Fair Value wird regelmäßig auf einem oder mehreren der nachfolgenden **Faktoren** beruhen (keine abschließende Aufzählung) (IAS 39.AG82):[327]

(a) Zeitwert des Geldes (d. h. risikolosen Zinssatzes) („*time value of money*"),
(b) Ausfallrisiko („*credit risk*"),
(c) Wechselkurse („*foreign currency exchange prices*"),
(d) Warenpreise („*commodity prices*"),
(e) Kurse von gehandelten Eigenkapitalinstrumenten („*equity prices*"),
(f) Volatilität („*volatility*"),
(g) Risiko der vorzeitigen Rückzahlung und Rückgaberisiko („*prepayment risk and surrender risk*"),
(h) Verwaltungs- bzw. Abwicklungsgebühren für einen finanziellen Vermögenswert oder eine finanzielle Verbindlichkeit („*servicing costs for a financial asset or a financial liability*").

6.4.4. Bewertung von Eigenkapitalinstrumenten – kein aktiver Markt

Der Fair Value von Finanzinvestitionen in Eigenkapitalinstrumente, die über keinen auf einem aktiven Markt notierten Preis verfügen, sowie von Derivaten, die mit derartigen Eigenkapitalinstrumenten verbunden sind und die durch physische Lieferung solcher nicht notierten Eigenkapitalinstrumente beglichen sind, **kann verlässlich** bestimmt werden, wenn (IAS 39.AG80):

- die Abweichungen in der Schwankungsbreite der angemessenen Schätzungen des Fair Values („*the variability in the range of reasonable fair value estimates*") für diese Instrumente **nicht wesentlich** sind **oder**
- die **Eintrittswahrscheinlichkeiten der verschiedenen Schätzungen** innerhalb der Schwankungsbreite auf angemessene Weise beurteilt und bei der Schätzung des Fair Values verwendet werden können.

---

326 Vgl. *Ernst & Young LLP (Hrsg.)*, International GAAP 2005, 2004, S. 1026-1027.
327 Vgl. *Ernst & Young LLP (Hrsg.)*, International GAAP 2005, 2004, S. 1023-1024.

Sofern die Schwankungsbreite der angemessenen Schätzungen des Fair Values wesentlich ist und die Eintrittswahrscheinlichkeiten der verschiedenen Schätzungen **nicht** auf angemessene Weise beurteilt werden können, ist das bilanzierende Unternehmen davon ausgenommen, die Finanzinvestitionen in Eigenkapitalinstrumente, die über keinen auf einem aktiven Markt notierten Preis verfügen (sowie damit verbundene Derivate), zum Fair Value zu bewerten (IAS 39.AG81).[328] Die betreffenden Eigenkapitalinstrumente sind dann auf der Basis von **Anschaffungskosten** („*at cost*") zu bewerten (IAS 39.46(c)).

---

328 Vgl. *Ernst & Young LLP (Hrsg.)*, International GAAP 2005, 2004, S. 1024-1025.

7. Bilanzierung von Sicherungsbeziehungen (Hedge Accounting)

7.1. Grundlagen

IAS 39 schreibt für die Bewertung von Finanzinstrumenten und allen weiteren Bilanzposten ein gemischtes Modell (*„mixed model"*) vor. Folglich sind bestimmte finanzielle Vermögenswerte und finanzielle Verbindlichkeiten zum **Fair Value**, zu **Anschaffungskosten** (*„at cost"*) sowie zu **fortgeführten Anschaffungskosten** (*„at amortised cost"*) zu bewerten:[329]

- Finanzinstrumente der Kategorie At Fair Value through Profit or Loss (einschließlich Held for Trading) werden i.R.d. Folgebewertung zum Fair Value bilanziert, wobei Fair Value-Änderungen unmittelbar erfolgswirksam zu erfassen sind.
- Finanzinstrumente innerhalb der übrigen Bewertungskategorien (Held-to-Maturity, Loans and Receivables, Available-for-Sale sowie Other Liabilities) werden i.R.d. Folgebewertung entweder zu Anschaffungskosten (*„at cost"*) oder zu fortgeführten Anschaffungskosten (*„at amortised cost"*) erfasst.
- Nicht-finanzielle Vermögenswerte (wie z. B. Sachanlagevermögen oder Vorräte) und Verbindlichkeiten (wie z. B. Verbindlichkeiten, die ohne vertragliche Grundlage begründet sind) sind i.d.R. nach anderen Standards bzw. dem Rahmenkonzept (*„framework"*) ebenfalls zu (fortgeführten) Anschaffungskosten zu bewerten.
- Sämtliche (noch nicht erfüllte) feste Verpflichtungen (*„firm commitments"*), die keine Derivate i.S.v. IAS 39 darstellen, sind nicht bilanzwirksam, es sei denn, es liegen belastende Verträge i.S.v. IAS 37 vor (*„onerous contracts"*).[330] Darüber hinaus sind alle erwarteten Transaktionen (*„forecast transactions"*) nicht bilanzwirksam, obgleich derartige Geschäfte und die damit verbundenen Risiken sehr häufig bereits i.R.d. Risikosteuerung erfasst sind.

Unter Verwendung von (derivativen) Finanzinstrumenten können ganz allgemein Risiken, die im operativen Geschäft oder im Zusammenhang mit Kapitalanlage- oder Finanzierungsmaßnahmen übernommen wurden, wirksam an Dritte übertragen werden (Hedging).[331] Hedging ist eine Form der Risikobegrenzung, bei der zu einer vorhandenen oder antizipierten Position (Grundgeschäft, *„hedged item"*) temporär ein entgegengesetztes Engagement (Sicherungsinstrument, *„hedging instrument"*) so eingegangen wird, dass sich Verluste und Gewinne bzw. die Cashflows aus beiden Geschäften bei Marktpreisänderungen (annähernd) kompensieren.[332] Ansprüche und Verpflichtungen aus den Sicherungsinstrumenten sind denen aus dem Grundgeschäft stets entgegengesetzt.[333] Hedging ist sowohl mit Kassa- als auch mit Termingeschäften möglich. Durch Hedging werden neben dem Risiko z.T. auch die Chancen einer günstigen

---

329 Vgl. *Gebhardt, G./Naumann, T. K.*, DB 1999, S. 1467; *Hommel, M./Hermann, O.*, DB 2003, S. 2501; *Kemmer, M./Naumann, T. K.*: ZfgK 2003, S. 570-573; *Kuhn, S./Scharpf, P.*, DB 2003, S. 2294.

330 Vgl. *Ernst & Young LLP (Hrsg.)*, International GAAP 2005, 2004, S. 1417-1421.

331 Vgl. *Gebhardt, G./Naumann, T. K.*, DB 1999, S. 1461.

332 Vgl. *Ernst & Young LLP (Hrsg.)*, International GAAP 2005, 2004, S. 1063.

333 Vgl. *Gebhardt, G.*, BFuP 1996, S. 558.

Entwicklung beschränkt oder sogar völlig ausgeschlossen. Der Aufbau einer Hedge-Position setzt daher eine fundierte Analyse des wirtschaftlichen Umfelds voraus.

Unabhängig von der Bilanzierung unterliegen grundsätzlich alle vertraglich fixierten Zahlungsströme einem **Transaktionsrisiko**, wenn eine Preiskomponente (wie z. B. ein Wechselkurs, Zinssatz, Rohstoff- oder Güterpreis) erst in einem künftigen Zeitpunkt verbindlich festgeschrieben wird.[334] Sofern die Definition des Transaktionsrisikos als rechtliche Konkretisierung auf vertraglich fixierten Cashflows basiert, dürfen **geplante künftige Transaktionen**, die neben einem Preis- regelmäßig noch ein Mengenrisiko aufweisen, bei der Erfassung des Transaktionsrisikos nicht berücksichtigt werden.[335] Das Mengenrisiko bei den geplanten Transaktionen wird jedoch im Rahmen der Bilanzierung teilweise dadurch relativiert, dass die mit einer hohen Eintrittswahrscheinlichkeit geplanten Mengen der *„forecast transactions"* (wie z. B. geplante Umsatzerlöse in Fremdwährung) unter bestimmten Voraussetzungen für bilanzielle Zwecke als quasisicher angenommen werden.

Währungsrisiken bei Bilanzposten, festen Verpflichtungen sowie mit hoher Wahrscheinlichkeit geplanten künftigen Transaktionen entstehen dadurch, dass der Kurs im Zeitpunkt der Abwicklung bzw. Veräußerung von einem hier als Referenzkurs bezeichneten Buchkurs abweichen kann. Für sonstige Preisrisiken wie z. B. Warenpreisrisiken, Aktienkursrisiken usw. gilt Entsprechendes wie für Währungsrisiken.

Zinsänderungsrisiken wirken sich im Gegensatz zu Währungsrisiken nicht immer auf den Wert des Geschäfts aus. Die Art der Auswirkung hängt davon ab, ob dem Geschäft eine feste oder variable Verzinsung zugrunde liegt. Bei fester Nominalverzinsung besteht ein Marktwertrisiko (Fair Value-Risiko). Steigt der Marktzins (Rendite) über den vereinbarten Nominalzins, entstehen bei Aktiva unrealisierte Marktwertverluste und bei Passiva dementsprechend unrealisierte Gewinne. Diese Gewinne und Verluste realisieren sich bei Verkauf oder Abwicklung. Bei variabler Verzinsung schlagen sich die Chancen und Risiken in veränderten Cashflows nieder (Cashflow-Risiko). Solange es sich um künftige Cashflows handelt, sind die Fair Value-Änderungen unrealisiert. Sie realisieren sich entweder mit den Zinszahlungen bis zur Abwicklung oder bei einem Verkauf. Wird das variable Zinsänderungsrisiko z. B. mittels eines Zinsswaps in ein Festsatzrisiko transformiert, wird das Cashflow-Risiko zu einem Bewertungsrisiko.

Es gehört heute zum üblichen Geschäftsgebaren, dass Zins-, Währungs- und sonstige Preisrisiken, aber auch Kreditrisiken, durch den Einsatz von (derivativen) Finanzinstrumenten abgesichert werden.

---

334 Vgl. *Groß, H./Knippschild, M.*, Risikosteuerung, in: Krumnow, J. (Hrsg.), 1996, S. 98-99; *Scharpf, P./Luz, G.*, Risikomanagement, Bilanzierung und Aufsicht von Finanzderivaten, 2. Aufl., 2000, S. 88.

335 Vgl. *Gebhardt, G./Mansch, H. (Hrsg.)*, in: ZfbF-Sonderheft 46, 2001, S. 26-27.

Unter **Hedge Accounting** wird die bilanzielle Abbildung von ökonomischen Sicherungsbeziehungen verstanden. Dabei steht die symmetrische Erfassung der kompensatorischen Aufwands- und Ertragseffekte aus Fair Value-Änderungen des Sicherungsinstruments und des korrespondierenden (gesicherten) Grundgeschäfts im Mittelpunkt (IAS 39.85).

IAS 39.9 legt die unterschiedlichen Elemente einer Sicherungsbeziehung dar. Ein **Sicherungsinstrument** („*hedging instrument*") ist ein designierter derivativer oder (im Falle einer Absicherung von Währungsrisiken) nicht-derivativer finanzieller Vermögenswert bzw. eine nicht-derivative finanzielle Verbindlichkeit, von deren Fair Value oder Cashflows erwartet wird, dass sie die Änderungen des Fair Values oder der Cashflows eines designierten Grundgeschäfts kompensieren (IAS 39.9; IAS 39.72-77; IAS 39.AG94-AG97). Bei ökonomischen Hedges, die die Anforderungen des Hedge Accounting nach IAS 39 nicht erfüllen, ist das derivative Sicherungsinstrument stets der Kategorie Held for Trading zuzuordnen. Fair Value-Änderungen des derivativen Sicherungsinstruments werden dann unmittelbar erfolgswirksam erfasst.

Ein gesichertes **Grundgeschäft** („*hedged item*") ist ein Vermögenswert, eine Verbindlichkeit, eine feste Verpflichtung („*firm commitment*"), eine erwartete und mit hoher Wahrscheinlichkeit eintretende künftige Transaktion („*forecast transaction*") oder eine Nettoinvestition in einen ausländischen Geschäftsbetrieb, durch das

- das Unternehmen dem Risiko einer Änderung des Fair Values oder der künftigen Cashflows ausgesetzt ist und das
- als gesichert designiert wird (IAS 39.9; IAS 39.78-84; IAS 39.AG98-AG101).

Die **Wirksamkeit (Effektivität) einer Sicherungsbeziehung** („*hedge effectiveness*") bezeichnet den Grad, mit dem die einem gesicherten Risiko zurechenbaren Änderungen des Fair Values oder der Cashflows des Grundgeschäfts durch Änderungen des Fair Values oder der Cashflows des Sicherungsinstruments kompensiert werden (IAS 39.9; IAS 39.AG105-AG113).

Zunächst ist festzuhalten, dass **Derivate**, also auch derivative Sicherungsinstrumente („*hedging instruments*"), in der Bilanz zu erfassen und mit ihrem Fair Value zu bewerten sind. Die Fair Value-Änderungen werden regelmäßig unmittelbar erfolgswirksam im Periodenergebnis erfasst. Im Rahmen des Hedge Accountings gibt es von dieser Grundregel Abweichungen.

Ohne die Sondervorschriften für das Hedge Accounting würden Gewinne und Verluste aus der gesicherten Transaktion und dem zur Absicherung eingesetzten Derivat separat und unabhängig voneinander erfasst.

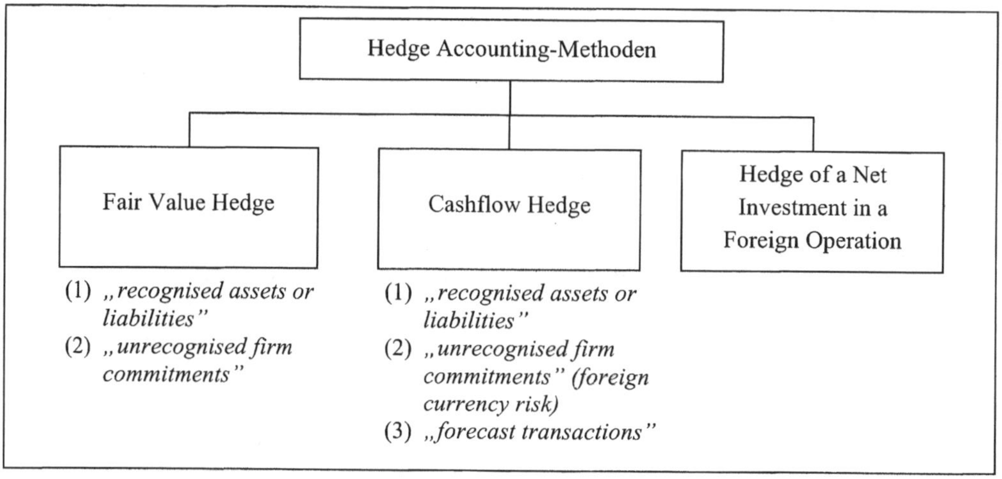

Abb. 23: Hedge Accounting-Methoden

Mittels eines **Fair Value Hedges** (Absicherung des beizulegenden Zeitwerts) wird das Risiko einer Änderung des Fair Values eines bilanzierten Vermögenswerts oder einer bilanzierten Verbindlichkeit oder einer bilanzunwirksamen festen Verpflichtung oder eines genau bezeichneten Teils davon, das auf ein bestimmtes Risiko zurückzuführen ist und Auswirkungen auf das Periodenergebnis haben könnte, abgesichert. Derartige Änderungen des Fair Values können sich bei Zinsinstrumenten (wie z. B. einer festverzinslichen Anleihe) aus einer Änderung der Zinssätze, bei Fremdwährungsinstrumenten (wie z. B. einer Forderung oder Verbindlichkeit in fremder Währung) aus sich verändernden Devisenkursen und bei Aktieninstrumenten aus einer Veränderung der Aktienkurse ergeben.

Die Gewinne und Verluste aus der Bewertung eines derivativen Sicherungsinstruments zum Fair Value oder die Währungskomponente des nach IAS 21 bewerteten Buchwerts für nicht-derivative Sicherungsinstrumente werden, wie bei einer Einzelbewertung, unmittelbar im Periodenergebnis erfasst. Der Buchwert des gesicherten Grundgeschäfts ist ebenfalls um den **dem abgesicherten Risiko** zuzurechnenden Gewinn oder Verlust aus dem Grundgeschäft anzupassen und im Periodenergebnis zu erfassen (Buchwertanpassung). Soweit ein Fair Value Hedge effektiv ist, gleichen sich somit die Bewertungsänderungen von gesicherten Grundgeschäften und Sicherungsinstrumenten aus. **Ineffektivitäten** eines Fair Value Hedges sind im **Hedge-Ergebnis** in der GuV zu erfassen (IAS 39.89).

Die Absicherung gegen das Risiko von Schwankungen in den künftigen Cashflows, die sich auf das Ergebnis auswirken können, erfolgt mittels **Cashflow Hedges** (Absicherung von Zahlungsströmen). Das Risiko von Schwankungen der künftigen Cashflows kann sich dabei auf bilanzierte Vermögenswerte oder Verbindlichkeiten (wie z. B. ein Teil oder alle künftigen Zinszahlungen einer variabel verzinslichen Verbindlichkeit oder Schwankungen der Devisenkurse bei Forderungen und Verbindlichkeiten in fremder Währung) oder auf erwartete mit hoher Wahrscheinlichkeit eintretende künftige Transaktionen (wie z. B. geplante Umsatzerlöse) beziehen. Das bestimmte Risiko der Änderung der Cashflows kann z. B. auf einen Zinssatz, Wechselkurs oder auch auf eine Inflationsrate zurückzuführen sein. Eine Ausnahme hiervon bildet das in IAS 39.87 enthaltene Wahlrecht, wonach die Absicherung des Fremdwährungsrisikos einer bilanzunwirksamen festen Verpflichtung („*firm commitment*“) auch weiterhin als Cashflow Hedge bilanziert werden darf.

Bewertungsgewinne und -verluste, die als **das Ergebnis der effektiven Absicherung** aus dem Sicherungsinstrument ermittelt werden, sind im Gegensatz zum Fair Value Hedge nicht unmittelbar im Periodenergebnis, sondern **erfolgsneutral in einer gesonderten Position im Eigenkapital** zu erfassen. Die Erfolge werden in künftigen Perioden erfolgswirksam in das Periodenergebnis umgebucht, um die gegenläufigen Verluste bzw. Gewinne aus dem gesicherten Grundgeschäft auszugleichen (IAS 39.95).

Die Vorschriften zum **Hedge of Net Investment in a Foreign Operation** (Absicherung einer Nettoinvestition in einen ausländischen Geschäftsbetrieb, einschließlich der Absicherung eines monetären Postens, der als Teil der Nettoinvestition behandelt wird) sind in IAS 21 enthalten. IAS 39 baut darauf auf und legt Kriterien für die Bilanzierung als Sicherungsbeziehung fest. Bewertungsgewinne/-verluste aus einem Sicherungsinstrument werden wie bei einem Cashflow Hedge in eine gesonderte Position im Eigenkapital gebucht. Sie werden in künftigen Perioden erfolgswirksam erfasst, um gegenläufige Verluste bzw. Gewinne aus dem gesicherten Grundgeschäft auszugleichen (IAS 39.102). Mit einem Hedge of a Net Investment in a Foreign Operation soll ganz allgemein die **Volatilität des Eigenkapitals**, die aus der Währungsumrechnung der Nettoinvestition in einen ausländischen Geschäftsbetrieb resultiert (Translationsrisiko), reduziert werden.

Fair Value und Cashflow Hedges unterscheiden sich hinsichtlich des **gesicherten Risikos**. Mittels Fair Value Hedges werden die Marktwertänderungen der gesicherten Grundgeschäfte abgesichert. Cashflow Hedges haben die Festschreibung von zustandsabhängigen Zahlungsströmen zum Ziel. Die Risikofaktoren sind jedoch bei beiden Risikoauffassungen letztlich die gleichen: Marktpreise, Bonität der Vertragspartner, wirtschaftliche und rechtliche Veränderungen.

Als weitere Besonderheit ist es neuerdings unter Beachtung der allgemeinen Vorschriften zum Hedge Accounting zulässig, einen **Portfolio Fair Value Hedge gegen das Zinsänderungsrisiko** finanzieller Vermögenswerte oder finanzieller Verbindlichkeiten vorzunehmen (IAS 39.89A).

Für die **Bilanzierung von Sicherungsbeziehungen nach den handelsrechtlichen Grundsätzen** haben sich im Laufe der Zeit Kriterien herausgebildet, die das wirtschaftliche Konzept der Absicherung weitestgehend in die Bilanzierung von **Bewertungseinheiten** umsetzen:[336]

- Die **individuelle Festbilanzierung**, bei der eine perfekte Sicherung vorliegen muss, die eine nahezu vollständige Korrelation gewährleistet. Gesichertes Grundgeschäft und Sicherungsinstrument werden nach dem Schließen der Position grundsätzlich nicht mehr bewertet. Die GuV wird erst dann berührt, wenn der erwartete Wertausgleich nicht mehr erreicht wird.
- Die **Marktbewertung bis zur sog. Null-Linie** bei nicht perfekten Sicherungen. Diese setzt voraus, dass sich der Marktwert auf liquiden Märkten objektiv ermitteln lässt und die Komponenten der Sicherung laufend und zeitnah bewertet werden. Hierbei werden unrealisierte Gewinne nach dem saldierten Niederstwertprinzip nur bis zur Höhe von unrealisierten Verlusten vereinnahmt (imparitätische Marktwertbilanzierung). Bei einem Verlustüberhang ist gegebenenfalls eine Drohverlustrückstellung zu bilden.
- Die **Bewertung als synthetische Position**. Diese führt dazu, dass die Bewertungseinheit im Rahmen der Niederstwertbetrachtung (einschließlich Imparitätsprinzip) als ein Bewertungsobjekt gesehen wird. Einem Verlustüberhang ist entweder durch Abschreibung oder Bildung einer Rückstellung Rechnung zu tragen.

336 Vgl. *Krumnow, J./Sprißler, W. u.a. (Hrsg.)*, Kommentar², § 340e, Tz. 328-335; *Prahl, R.*, in: Lange, T. A./ Löw, E. (Hrsg.), 2004, S. 213-223; *Scharpf, P./Luz, G.*, Risikomanagement, Bilanzierung und Aufsicht von Finanzderivaten, 2. Aufl., 2000, S. 270-296.

7.2. Anforderungen an Sicherungsinstrumente

7.2.1. Derivative Finanzinstrumente

Sämtliche **derivative Finanzinstrumente**, die unter den Anwendungsbereich von IAS 39 fallen, können als Sicherungsinstrumente eingesetzt werden, sofern die in IAS 39.88 genannten Voraussetzungen erfüllt sind.[337] Ausgenommen hiervon sind bestimmte geschriebene Optionen (IAS 39.AG94). Ein nicht-derivativer finanzieller Vermögenswert oder eine nicht-derivative finanzielle Verbindlichkeit kann demgegenüber nur dann als Sicherungsinstrument designiert werden, wenn es sich um die Absicherung eines Währungsrisikos handelt (IAS 39.72).

Die Designation und formale Dokumentation eines Derivats als Sicherungsinstrument zu einer Sicherungsbeziehung kann bereits zum Zeitpunkt des Vertragsabschlusses des Sicherungsinstruments oder **jederzeit prospektiv** während der Laufzeit des Derivats erfolgen. Mit anderen Worten, eine rückwirkende Designation als Sicherungsinstrument ist somit per se **ausgeschlossen** (IAS 39.IG F.3.9 *Hedge accounting: designation at the inception of the hedge*). Insofern muss ein Sicherungsinstrument nicht ausdrücklich zu diesem Zweck am Markt beschafft worden sein, sondern es kann sich durchaus auch um ein Derivat handeln, welches bereits in der Kategorie Held for Trading gehalten wird (IAS 39.IG F.3.9 *Hedge accounting: designation at the inception of the hedge*). Im Zeitpunkt der Designation als Sicherungsinstrument ist das bislang als Handelsderivat kategorisierte Instrument erfolgswirksam zu bewerten. Lediglich die nach der Designation als Sicherungsinstrument eintretenden Änderungen des Fair Values werden nach den Regeln des Hedge Accountings abgebildet. Faktisch entspricht dies dann einem zu aktuellen Marktkonditionen zu Sicherungszwecken abgeschlossenen Derivat.

Als Sicherungsinstrumente kommen primär derivative Finanzinstrumente in Betracht, deren Fair Value **zuverlässig** ermittelt werden kann. Kann der Fair Value nicht mit hinreichender Zuverlässigkeit festgestellt werden, scheidet das Derivat als Sicherungsinstrument aus (IAS 39.AG96). Der Standard sagt nichts darüber aus, ob das Unternehmen selbst in der Lage sein muss, diesen Fair Value zu ermitteln. Nach dem Sinn und Zweck der Vorschriften ist jedoch davon auszugehen, dass das Unternehmen grundsätzlich in der Lage sein muss, den Fair Value selbst zu ermitteln.[338]

---

337 Vgl. *Ernst & Young LLP (Hrsg.)*, International GAAP 2005, 2004, S. 1067; *Flintrop, B.*, in: IFRS-Handbuch, 2004, § 18, Tz. 47; *Krumnow, J./Sprißler, W. u.a. (Hrsg.)*, Kommentar^2, IAS 39, Tz. 273-287.

338 In diesem Zusammenhang wird auf IDW EPS 315 (Die Prüfung von Zeitwerten) hingewiesen, wonach die gesetzlichen Vertreter des bilanzierenden Unternehmens für die Ermittlung und Darstellung von Zeitwerten in der Rechnungslegung verantwortlich sind. Diese Verantwortung umfasst dabei: die Einrichtung entsprechender organisatorischer Vorkehrungen, die Auswahl angemessener Bewertungsmethoden, das Treffen von Annahmen über solche Sachverhalte, die die Ermittlung von Zeitwerten wesentlich beeinflussen, die Wertermittlung sowie die Sicherstellung, dass die Darstellung im Abschluss und Lagebericht mit den angewandten Rechnungslegungsgrundsätzen übereinstimmt. Vgl. dazu *IDW*, WPg 2004, S. 82-85.

Ein einzelnes Sicherungsinstrument kann zur Absicherung **verschiedener Risiken** eingesetzt werden, vorausgesetzt

- die abzusichernden Risiken können **eindeutig** ermittelt werden,
- die **Wirksamkeit** der Sicherungsbeziehung ist nachweisbar und
- eine **exakte Zuordnung** des Sicherungsinstruments zu den verschiedenen Risikopositionen ist gewährleistet (IAS 39.76; IAS 39.IG F.1.13 *Hedging instrument: dual foreign currency forward exchange contract*).

In diesem Zusammenhang ist es zulässig, wenn zur Risikosteuerung z. B. kombinierte Zins-/Währungsswaps eingesetzt werden, um variabel verzinsliche Währungspositionen in festverzinsliche Positionen in einer anderen Währung zu konvertieren. Der kombinierte Zins-/Währungsswap kann dabei als Fair Value Hedge gegen das Währungsrisiko und gleichzeitig als Cashflow Hedge gegen das Zinsänderungsrisiko designiert werden, sofern die genannten Voraussetzungen erfüllt sind. Dabei ist zu beachten, dass IAS 39.58 **gesonderte Angaben** für Fair Value Hedges, Cashflow Hedges sowie Hedges of a Net Investment in a Foreign Operation vorsieht. Das vorstehend beschriebene Instrument ist demnach für jede Sicherungsbeziehung gesondert im Rahmen der Offenlegung zu erfassen (IAS 39.IG F.1.12 *Hedges of more than one type of risk*).

Die Designation lediglich **einzelner Bestandteile** eines Derivats als Sicherungsinstrument ist demgegenüber nicht zulässig. Bei einem kombinierten Zins-/Währungsswap wäre es z. B. nicht zulässig, lediglich die Währungskomponente (isoliert) in eine Sicherungsbeziehung einzubeziehen.

Neben einzelnen Derivaten können auch **zwei oder mehrere Derivate** oder Teile des Nominalbetrags davon (oder im Falle der Absicherung eines Währungsrisikos zwei oder mehrere nicht-derivative Instrumente oder Teile des Nominalbetrags davon bzw. eine Kombination von derivativen und nicht-derivativen Instrumenten oder Teilen des Nominalbetrags davon), **in Verbindung berücksichtigt** und **zusammen als Sicherungsinstrument** eingesetzt werden, ebenso wenn das/die aus einigen Derivaten entstandene(n) Risiko/Risiken diejenigen aus anderen ausgleichen, es sei denn, das Portfolio stellt netto eine geschriebene Option dar (IAS 39.77).

Ein **Collar** (zur Steuerung des Zinsrisikos) oder eine andere Kombination von Derivaten (wie z. B. eine Bandbreiten- oder Zylinderoption zur Steuerung des Währungsrisikos), in dem eine geschriebene Option und eine erworbene Option kombiniert wird, erfüllt dann nicht die Anforderungen an ein Sicherungsinstrument, wenn es sich netto um eine geschriebene Option handelt, für die eine Nettoprämie vereinnahmt wird (IAS 39.77).[339]

339 Vgl. *Ernst & Young LLP (Hrsg.)*, International GAAP 2005, 2004, S. 1069.

Noch nicht abschließend geklärt ist in diesem Zusammenhang die Frage, ob zwei oder mehrere Derivate auch als ein Sicherungsinstrument eingesetzt werden dürfen, indem im Einklang mit der dokumentierten Risikomanagementstrategie z. B. eine festverzinsliche Verbindlichkeit mittels eines Receiver Zinsswaps ökonomisch zu einer variabel verzinslichen Verbindlichkeit (Fair Value Hedge) konvertiert wird, deren variables Zinsrisiko mittels eines Caps wiederum nach oben begrenzt wird (Cashflow Hedge). Es würde sich dabei um einen zweistufigen Hedge handeln.

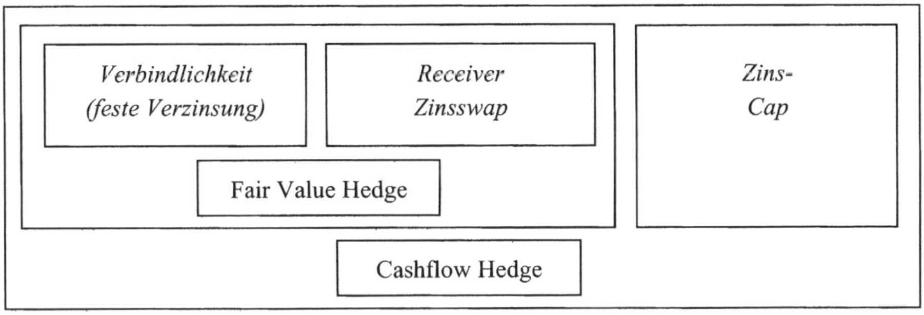

Abb. 24: Beispiel für einen zweistufigen Hedge

Für eine solche Vorgehensweise spricht, dass es nach IAS 39.IG F.1.12 – wie gezeigt – zulässig ist, mehrere Risiken durch Designation eines Sicherungsinstruments (wie z. B. ein Zins-/Währungsswap) in ein Hedge Accounting einzubinden (das seinerseits aus einer Kombination von zwei Derivaten dargestellt werden kann (als ein Währungs- und ein Zinsswap)). Ferner ist zu beachten, dass in dem genannten Beispiel (zumindest bei Industrieunternehmen) regelmäßig nur ein zweistufiger Hedge im Einklang mit der Risikomanagementzielsetzung stehen kann. Dieser Argumentation steht jedoch entgegen, dass es grundsätzlich nicht zulässig (*„generally inappropriate“*) ist, zwei oder mehrere eigenständige Derivate für Zwecke des IAS 39 als ein eigenständiges zusammengesetztes (synthetisches) Instrument zu betrachten (IAS 39.IG C.6 *Embedded derivatives: synthetic instruments*). Darüber hinaus ist auch eine Designation eines Derivats als gesichertes Grundgeschäft nicht zulässig (IAS 39.IG F.2.1 *Whether a derivative can be designated as a hedged item*). Sofern aus den genannten Gründen die Vornahme eines zweistufigen Hedges abgelehnt wird, kommt für den aufgezeigten Sachverhalt nur eine der folgenden Varianten infrage, die im Rahmen der praktischen Anwendung stets im Hinblick auf die mit den Geschäften voraussichtlich zu erzielende Effektivität und den Zielen des Risikomanagements einzelfallbezogen zu untersuchen und zu beurteilen sind:

(1) Die variabel verzinsliche Verbindlichkeit wird der Kategorie Other Liabilities zugeordnet, d. h. die Folgebewertung würde ohne Anwendung von Hedge Accounting auf den fortgeführten Anschaffungskosten basieren. Der Zinsswap wird als Sicherungsinstrument eines Fair Value Hedges zur Absicherung der Verbindlichkeit designiert. Der Zins-Cap wird der Kategorie Held for Trading zugeordnet. Sofern die Konditionen zwischen der Verbindlichkeit und dem Zinsswap im Rahmen eines

Critical Term Matches übereinstimmen ist prospektiv davon auszugehen, dass eine hinreichende Effektivität zwischen der Fair Value-Änderung des Zinsswaps und der Buchwertanpassung der Verbindlichkeit erzielt werden kann. Die Fair Value-Änderungen des Zins-Caps werden unmittelbar im Periodenergebnis erfasst.

(2) Die variabel verzinsliche Verbindlichkeit wird der Kategorie Other Liabilities zugeordnet, d. h. die Folgebewertung würde ohne Anwendung von Hedge Accounting auf den fortgeführten Anschaffungskosten basieren. Der Zinsswap wird gemeinsam mit dem Zins-Cap als zwei Sicherungsinstrumente eines Fair Value Hedges zur Absicherung der Verbindlichkeit designiert. Selbst wenn die Konditionen zwischen der Verbindlichkeit und dem Zinsswap im Rahmen eines Critical Term Matches übereinstimmen sollten, ist zu erwarten, dass zumindest die Fair Value-Änderungen des Zins-Caps einen störenden Einfluss auf die Effektivität darstellen werden. Dies kann ggf. dazu führen, dass ein Hedge Accounting für diese Sicherungsbeziehung irgendwann nicht weiter angewandt werden kann.

(3) Es wird auf die Anwendung der Vorschriften zum Hedge Accounting verzichtet und die Verbindlichkeit wird unwiderruflich der Kategorie At Fair Value through Profit or Loss zugeordnet, d. h. die Folgebewertung basiert auf dem Full Fair Value.[340] Beide Derivate werden der Kategorie Held for Trading zugeordnet. Es ist zu erwarten, dass sich die Fair Value-Änderung des Zinsswaps und die Full Fair Value-Änderung der Verbindlichkeit in einem gewissen Umfang ausgleichen, solange die kompensatorische Wirkung nicht durch eine bonitätsinduzierte Wertänderung der Verbindlichkeit gestört wird. Bezüglich der Fair Value-Änderung des Zins-Caps ist keine Aussage möglich. Es kann zu Ineffektivitäten kommen, die zu einer Auflösung der Sicherungsbeziehung zwingen.

(4) Es wird auf die Anwendung der Vorschriften zum Hedge Accounting verzichtet und die Verbindlichkeit wird der Kategorie Other Liabilities zugeordnet, d. h. die Folgebewertung basiert auf den fortgeführten Anschaffungskosten. Beide Derivate werden der Kategorie Held for Trading zugeordnet. Mit dieser Variante ist voraussichtlich die größte Ergebnisvolatilität verbunden. Dies deshalb, da die Fair Value-Änderungen der Derivate ohne kompensatorische Buchwertanpassungen auf die Verbindlichkeit einseitig im Periodenergebnis erfasst werden.

Um die Kriterien für die Anwendung von Hedge Accounting zu erfüllen, muss sich die Sicherungsbeziehung nicht nur auf allgemeine Geschäftsrisiken, sondern auf ein **bestimmtes, identifizier- und bestimmbares Risiko** beziehen und sich letztlich auf das Periodenergebnis des Unternehmens auswirken. Die Absicherung gegen Veralterung von physischen Vermögenswerten oder gegen das Risiko einer staatlichen Ent-

---

340 Bei dieser Variante ist zu beachten, dass bedingt durch das partielle Endorsement der EU, die Nutzung der Fair Value Option für finanzielle Verbindlichkeiten entgegen der Vorschriften im vom IASB verabschiedeten IAS 39 derzeit nicht zulässig ist (vgl. Kapitel 1.7.).

eignung von Gegenständen kann damit nicht als Sicherungsbeziehung bilanziert werden, denn die Wirksamkeit lässt sich nicht bewerten, da die hiermit verbundenen Risiken nicht verlässlich geschätzt werden können (IAS 39.AG110).

Wird z. B. das Zinsänderungsrisiko im Rahmen einer fristeninkongruenten Refinanzierung z. B. bei Kreditinstituten mittels Zinsswaps abgesichert, besteht kein Unterschied, ob ein Zinsswap im Rahmen eines Fair Value Hedges für die Festzinsposition oder im Rahmen eines Cashflow Hedges für die variable Zinsposition designiert wird. Daher ist für das Hedge Accounting die Zuordnung (Designation) von derivativen Finanzinstrumenten zu gesicherten Grundgeschäften oder Bestandteilen von Grundgeschäften ausdrücklich in das Ermessen des bilanzierenden Unternehmens gestellt. Dabei ist jedoch zu beachten, dass aus den Zuordnungsalternativen erhebliche, unterschiedliche Konsequenzen für die Bilanzierung und die Anforderungen an die Dokumentation der Sicherungsbeziehung folgen (vgl. Kapitel 7.5.).

Gegen andere finanzielle Risiken als Währungsrisiken (z. B. Zins- oder Aktienrisiken) werden nach IAS 39 grundsätzlich **nur Derivate als Sicherungsinstrumente** anerkannt. Für Absicherungszwecke eingesetzte nicht-derivative finanzielle Vermögenswerte oder finanzielle Verbindlichkeiten werden nur für die Absicherung von Währungsrisiken anerkannt (vgl. Kapitel 7.2.2.).

Ein **Derivat** auf eine Finanzinvestition in ein **nicht notiertes Eigenkapitalinstrument**, das nicht mit dem Fair Value bilanziert wird, da dieser nicht verlässlich bestimmt werden kann, darf nicht als Sicherungsinstrument designiert werden, da wenn das Basisobjekt nicht bewertbar ist, auch das Derivat nicht sachgerecht bewertet werden kann (IAS 39.AG96).

Die **eigenen Eigenkapitalinstrumente** eines Unternehmens stellen keine finanziellen Vermögenswerte oder finanziellen Verbindlichkeiten des Unternehmens dar und können daher auch nicht als Sicherungsinstrumente designiert werden (IAS 39.AG97). Diese Ausnahme ist analog auf Minderheitenanteile in einem konsolidierten Abschluss anzuwenden.[341]

7.2.2. Nicht-derivative Vermögenswerte und Verbindlichkeiten zur Absicherung des Währungsrisikos

Ein nicht-derivativer finanzieller Vermögenswert oder eine nicht-derivative finanzielle Verbindlichkeit (*„cash instrument“*) kann demgegenüber nur dann als Sicherungsinstrument designiert werden, wenn es sich um die **Absicherung eines Währungsrisikos** handelt (IAS 39.72). Dies gilt auch für finanzielle Vermögenswerte der Bewertungskategorie Held-to-Maturity, die als Sicherungsinstrumente zur Absicherung eines Währungsrisikos designiert werden können (IAS 39.AG95).

---

341 Vgl. *Ernst & Young LLP (Hrsg.)*, International GAAP 2005, 2004, S. 1077.

Beispiele:[342]

Ein Unternehmen, dessen funktionale Währung Euro ist, hat ein festverzinsliches Fremdkapitalinstrument über USD 5 Mio. mit einer Laufzeit von 5 Jahren emittiert. Darüber hinaus besitzt es auf der Aktivseite eine festverzinsliche Anleihe über USD 5 Mio. mit einer Laufzeit von 5 Jahren, die es als Available-for-Sale klassifiziert hat.

(1) Kann das Unternehmen seine USD-Verbindlichkeit als Sicherungsinstrument zur Absicherung gegen das gesamte Fair Value-Risiko (Zins- und Währungsrisiko sowie Bonitätsrisiko) seiner gehaltenen USD-Anleihe ansetzen?

Nein. IAS 39.72 schreibt vor, dass ein nicht-derivatives Produkt nur als Sicherungsinstrument zur Absicherung eines Währungsrisikos verwendet werden kann. Die USD-Anleihe unterliegt jedoch einem Fair Value-Risiko aufgrund eines Währungs-, Zinsänderungs- und Kreditrisikos.

(2) Kann die USD-Verbindlichkeit alternativ als Sicherungsinstrument zur Absicherung des währungsinduzierten Fair Value- oder Cashflow-Risikos designiert werden?

Ja. Die Anwendung der Vorschriften zum Hedge Accounting ist in diesem Fall jedoch nicht erforderlich, da die fortgeführten Anschaffungskosten sowohl des Sicherungsinstruments als auch des Grundgeschäfts nach IAS 21 erfolgswirksam zu Stichtagskursen bewertet werden. Die Auswirkung auf das Periodenergebnis ist unabhängig davon, ob das Unternehmen die Beziehung als Fair Value oder Cashflow Hedge designiert, identisch. Gewinne oder Verluste aus dem nichtderivativen Sicherungsinstrument, das zur Absicherung des Cashflows eingesetzt wird, werden unmittelbar im Periodenergebnis ausgewiesen, um mit der nach IAS 21 erforderlichen Erfassung der Änderung des Kassakurses des gesicherten Grundgeschäfts im Periodenergebnis übereinzustimmen.

In diesem Zusammenhang ist zu beachten, dass eine **feste Verpflichtung** (*„firm commitment“*) nicht als Sicherungsinstrument designiert werden kann. Für den besonderen Fall, dass die Währungskomponente der festen Verpflichtung nach IAS 39.11 und IAS 39.AG33(d) als ein **eingebettetes Derivat** getrennt zu bilanzieren ist, könnte das nunmehr abgespaltene Derivat jedoch wiederum als ein Sicherungsinstrument designiert werden (IAS 39.IG F.1.2. *Hedging with a non-derivative financial asset or liability*).

342 Vgl. *Ernst & Young LLP (Hrsg.)*, International GAAP 2005, 2004, S. 1070-1071.

Eine **Finanzinvestition** in ein **nicht notiertes Eigenkapitalinstrument**, das nicht mit dem Fair Value bilanziert wird, da dieser nicht verlässlich bestimmt werden kann, darf nicht als Sicherungsinstrument designiert werden (IAS 39.AG96).

Ferner kann ein Unternehmen z. B. eine originäre finanzielle Verbindlichkeit in fremder Währung zur Absicherung des Währungsrisikos für eine entsprechende Währungsforderung, eine Nettoinvestition in einen ausländischen Geschäftsbetrieb, ein auf diese Fremdwährung gehaltenes Eigenkapitalinstrument oder für erwartete Transaktionen (z. B. Umsätze) in dieser Fremdwährung verwendet werden.

7.2.3. Verwendung von Teilen von Sicherungsinstrumenten

Ein Sicherungsinstrument wird regelmäßig nur **in seiner Gesamtheit** mit einem einzigen Fair Value bewertet, und die Faktoren, die zu Änderungen des Fair Values führen, bedingen sich gegenseitig (IAS 39.74).

Als Ausnahme von diesem Grundsatz kann – wie dargelegt – ein einzelnes Sicherungsinstrument zur **Absicherung verschiedener Risiken** eingesetzt werden, vorausgesetzt die abzusichernden Risiken können eindeutig ermittelt werden, die Wirksamkeit der Sicherungsbeziehung ist nachweisbar und eine exakte Zuordnung des Sicherungsinstruments zu den verschiedenen Risikopositionen ist gewährleistet (IAS 39.76). So kann z. B. ein kombinierter Zins-/Währungsswap (*„currency interest rate swap“*) eingesetzt werden, um eine fest- bzw. variabel verzinsliche Währungsforderung oder Währungsverbindlichkeit synthetisch in eine fest- bzw. variabel verzinsliche Position in einheimischer Währung umzuwandeln. IAS 39 ermöglicht es, den Zins-/Währungsswap als Sicherungsinstrument zur Absicherung des Fair Values des Grundgeschäfts hinsichtlich des Währungsrisikos und gleichzeitig zur Absicherung der Cashflows hinsichtlich des Zinsänderungsrisikos der Position zu verwenden (IAS 39.IG F.1.12 *Hedges of more than one risk*).[343]

Im Rahmen der Designation ist es auch zulässig, zwei unterschiedliche Grundgeschäfte miteinander zu verbinden, wodurch de facto **mehrere Sicherungsbeziehungen** begründet werden (IAS 39.IG F.1.13 *Hedging instrument: dual foreign currency forward exchange contract*; F.2.18 *Hedging instrument: cross-currency interest rate swap*).

Entsprechend der Grundregel dürfen **börsengehandelte Transaktionskombinationen** (wie z. B. Bull Price Spread, Bear Price Spread usw.), die eine eigenständige Kontraktart darstellen, für Zwecke der teilweisen Designation als Sicherungsinstrument **nicht in die einzelnen Bestandteile** aufgespalten werden.[344]

---

343 Vgl. *Ernst & Young LLP (Hrsg.)*, International GAAP 2005, 2004, S. 1076.

344 Vgl. *Ernst & Young LLP (Hrsg.)*, International GAAP 2005, 2004, S. 1072; Vgl. *Scharpf, P./Luz, G.*, Risikomanagement, Bilanzierung und Aufsicht von Finanzderivaten, 2. Aufl., 2000, S. 375-392.

Die einzigen zulässigen **Ausnahmen** von diesem Grundsatz sind:

- eine **Trennung des inneren Werts und des Zeitwerts einer Option**, wobei nur die Änderung des inneren Werts einer Option als Sicherungsinstrument designiert werden kann, wohingegen Änderungen des Zeitwerts ausgeklammert werden sowie
- eine **Trennung von Zinskomponente** (die auch als Swapstellen bezeichnet wird) **und Kassakurs eines Terminkontrakts**, wobei nur die Änderung des Kassakurses als Sicherungsinstrument designiert werden kann (IAS 39.74).

Diese Ausnahmen sind deshalb zugelassen, da der innere Wert einer Option und die Kassakurskomponente eines Terminkontrakts in der Regel getrennt bewertet werden können (IAS 39.74). Sofern eine Abspaltung des Zeitwerts einer Option oder der Terminkomponente eines Termingeschäfts erfolgt und nur der innere Wert der Option bzw. die Kassakurskomponente des Termingeschäfts in eine Sicherungsbeziehung eingebunden sind, sind die Fair Value-Änderungen der jeweils abgespaltenen Teile der Kategorie **Held for Trading** zuzuordnen. Wird z. B. eine Aktie mit einem Fair Value von 100 durch den Kauf einer Verkaufsoption mit Basispreis 90 abgesichert, werden im Rahmen der Messung der Effektivität nur die Fair Value-Änderungen der Aktie bei Kursen zwischen null und 90 zu berücksichtigen (IAS 39.IG F.1.10 *Hedging instrument: out of the money put option*).

Bei Optionen und Terminkontrakten kann aber auch jeweils das gesamte Instrument als Sicherungsinstrument designiert werden, was im Regelfall einfacher ist. Anderseits kann eine separate Behandlung durchaus notwendig sein, um überhaupt die gewünschte Sicherungswirkung bzw. Effektivität im Rahmen des Hedge Accountings zu erzielen.

Auch für eine **dynamische Sicherungsstrategie**, bei der einerseits der innere Wert und andererseits der Zeitwert der Option bewertet wird, können die Voraussetzungen für Hedge Accounting erfüllt sein (IAS 39.74; IAS 39.IG F.1.9 *Delta-neutral hedging strategy*).

Der Standard lässt es zu, einen **Anteil des gesamten Sicherungsinstruments** (wie z. B. 50 % des Nominalvolumens) in eine Sicherungsbeziehung einzubeziehen. Damit ist eine **Betragsgleichheit** von gesichertem Grundgeschäft und Sicherungsinstrument – wie auch nach den handelsrechtlichen Grundsätzen ordnungsmäßiger Bilanzierung – nicht erforderlich. Der über den geringeren Betrag hinausgehende Kapitalbetrag des Derivats stellt eine offene Position dar und ist dementsprechend nach den allgemeinen Vorschriften als Held for Trading zu bewerten. Die Wertveränderungen dieses übersteigenden Betrags werden erfolgswirksam in die GuV gebucht (IAS 39.75).[345]

---

345 Vgl. *Ernst & Young LLP (Hrsg.)*, International GAAP 2005, 2004, S. 1073.

7.2.4. Part Time Hedging

Ein Sicherungsinstrument kann (für seine Gesamtlaufzeit) nur für einen **Teil der (Rest-) Laufzeit des gesicherten Grundgeschäfts** als Sicherungsinstrument bestimmt werden (IAS 39.IG F.2.17 *Partial term hedging*).

Im Gegensatz dazu ist die Anwendung von Hedge Accounting lediglich für einen **Teil der Restlaufzeit eines Sicherungsinstruments** nicht zulässig (IAS 39.75; IAS 39.IG F.1.11 *Hedging instrument: proportion of the cash flows of a cash instrument*). Dies bedeutet faktisch, dass die (Rest-) Laufzeit des Sicherungsinstruments stets kleiner/gleich der des Grundgeschäfts sein muss.

Dies bedeutet ferner, dass es nach dem Wortlaut des Standards nicht zulässig ist, die Vorschriften des Hedge Accountings anzuwenden, wenn ein Grundgeschäft mit einer (Rest-) Laufzeit von 5 Jahren, das aufgrund der Risikobetrachtung des Unternehmens während der nächsten 3 Jahre gesichert werden soll (z. B. weil es während dieses Zeitraums bzw. zum Ende dieses Zeitraums veräußert werden soll), mittels eines Sicherungsinstruments, das ebenfalls eine Laufzeit von 5 Jahren hat, für diese 3 Jahre zu sichern.

Der Standard sieht es aber andererseits als zulässig an, ein Grundgeschäft lediglich für einen Teil seiner (Rest-) Laufzeit abzusichern, wenn hierfür ein Sicherungsinstrument verwendet wird, dessen Laufzeit dem Absicherungszeitraum entspricht.

> *Beispiel:*
>
> *Es ist möglich, ein zu sicherndes Grundgeschäft (z. B. eine festverzinsliche Position) mit einer (Rest-) Laufzeit von 5 Jahren für einen Teil dieser Laufzeit – also z. B. für 3 Jahre – mittels eines Sicherungsinstruments (z. B. ein Zinsswap), das eine Laufzeit von ebenfalls 3 Jahren hat, abzusichern und die Grundsätze für das Hedge Accounting anzuwenden. Hierbei wird das Sicherungsinstrument während seiner gesamten Laufzeit eingesetzt.*

Eine zentrale Voraussetzung für die Zulässigkeit des Hedge Accountings ist die **Wirksamkeit** („*hedge effectiveness*") der Sicherungsbeziehung. Die Effektivität muss prospektiv in hohem Maße wirksam eingestuft werden können und während der Dauer der Sicherungsbeziehung laufend (retrospektiv) gegeben sein. Zu beachten ist in diesem Zusammenhang, dass in dem vorstehenden Beispiel die Effektivität der Absicherung nicht ohne weiteres von vornherein mit hoher Wahrscheinlichkeit gewährleistet ist, weil sich die (voraussichtliche) Marktwertänderung von Grundgeschäft und Sicherungsinstrument nicht unbedingt gleichartig (mit umgekehrtem Vorzeichen) entwickeln wird. Dies ist bedingt durch die unterschiedlichen (Rest-) Laufzeiten und der davon abhängigen Bewertung (Zur Messung der Effektivität vgl. ausführlich Kapitel 7.5.2.).

Aus diesem Grund kann es unter wirtschaftlichen Gesichtspunkten (Wirksamkeit des Hedges) zweckmäßiger sein, für die Absicherung eines Grundgeschäfts mit z. B. 5 Jahren (Rest-) Laufzeit ggf. ein Sicherungsinstrument mit ebenfalls 5 Jahren Laufzeit zu verwenden, auch wenn die beabsichtigte Sicherungsperiode weniger als 5 Jahre (also z. B. 3 Jahre) beträgt. Dieses Ergebnis kann dann erreicht werden, wenn das Unternehmen zunächst beabsichtigt, die Sicherungsbeziehung für die gesamte Laufzeit des Grundgeschäfts herzustellen, sich aber nach einer gewissen Zeit entschließt, das Hedge Accounting für diese Sicherungsbeziehung wahlweise zu beenden.

7.2.5. Nicht als Sicherungsinstrumente geeignete Finanzinstrumente

Die **eigenen Eigenkapitalinstrumente** sowie Derivate, die als eigene Eigenkapitalinstrumente zu klassifizieren sind, stellen keine finanziellen Vermögenswerte oder finanziellen Verbindlichkeiten des Unternehmens dar und können daher auch nicht als Sicherungsinstrumente designiert werden (IAS 39.AG97). Zur Abgrenzung von Eigen- und Fremdkapital vgl. Kapitel 9. Diese Ausnahme ist analog auf Minderheitenanteile in einem konsolidierten Abschluss anzuwenden.[346]

Für ein Finanzinstrument, dessen **Fair Value nicht hinreichend verlässlich** ermittelt werden kann, sind die Voraussetzungen für das Vorliegen eines Sicherungsinstruments ebenfalls nicht erfüllt (IAS 39.AG96). Gerade für die Durchführung des Effektivitätstests stellt die verlässliche Ermittlung des Fair Values eine *Conditio sine qua non* dar (IAS 39.88(d)).

Gegenläufige Derivate, die mit dem **gleichen Kontrahenten** gleichzeitig abgeschlossen werden und die sich hinsichtlich ihrer Wirkung **kompensieren**, können nicht als Sicherungsinstrumente designiert werden, wenn kein überzeugender geschäftspolitischer Grund (*„substantive business purpose“*) für den separaten Abschluss der Transaktionen nachgewiesen werden kann (IAS 39.IG F.1.14 *Concurrent offsetting swaps and use of one as a hedging instrument*).

Es ist nicht zulässig, eine feste Verpflichtung (*„firm commitment“*), die die Definitionsmerkmale eines Derivats nach IAS 39.9 nicht erfüllt, oder eine erwartete Transaktion (*„forecast transaction“*) als Sicherungsinstrument zu designieren (IAS 39.IG F.1.2 *Hedging with a non-derivative financial asset or liability*).

Optionen, bei denen ein Unternehmen als Stillhalter auftritt (geschriebene Optionen), weisen ein auf die erhaltene Prämie begrenztes Gewinn- sowie ein u.U. sehr viel höheres Verlustpotenzial auf. Da geschriebene Optionen nach Ansicht des IASB kein wirksames Mittel zur Reduzierung des Gewinn- und Verlustrisikos eines Grundgeschäfts darstellen, sieht IAS 39 ein **Verbot der Designation von geschriebenen**

346 Vgl. *Ernst & Young LLP (Hrsg.)*, International GAAP 2005, 2004, S. 1077.

Optionen im Hedge Accounting vor (IAS 39.72; IAS 39.AG94).[347] Damit sind sog. Covered Call-Transaktionen per se nicht zulässig.[348]

Eine Designation geschriebener Optionen im Rahmen des Hedge Accountings kommt nur dann in Betracht, wenn diese zur **Glattstellung einer erworbenen Option** eingesetzt werden; hierzu gehören auch solche Optionen, die in ein anderes Finanzinstrument eingebettet sind (z. B. Designation einer geschriebenen Option durch den Gläubiger, mit der das Risiko aus einer kündbaren Verbindlichkeit (Schuldnerkündigungsrecht) abgesichert werden soll) (IAS 39.AG94; IAS 39.IG F.1.3 *Hedge accounting: use of written options in combined hedging instruments*).

Für den Fall, dass ein Unternehmen eine **Optionskombination** aus einer geschriebenen und einer erworbenen Option (wie z. B. bei einem Collar, einer sog. Bandbreiten- oder Zylinderoption) mit nur einem Kontrahenten abschließt und dieses **Kombinationsgeschäft** somit als ein einziges Instrument fungiert, darf die geschriebene Option nicht von der erworbenen Option getrennt und lediglich die erworbene Option als Sicherungsinstrument eingesetzt werden. Dies wird damit begründet, dass eine Sicherungsbeziehung nach IAS 39.74 stets einem Sicherungsinstrument in seiner **Gesamtheit** zuzuordnen ist, falls nicht eine der oben beschriebenen Ausnahmen vorliegt (IAS 39.IG F.1.8 *Combination of written and purchased options*). Ein Collar oder ein anderes derivatives Finanzinstrument, das eine geschriebene Option beinhaltet, kann demgegenüber als Sicherungsinstrument eingesetzt werden, wenn es sich bei der Kombination netto um eine erworbene Option oder um einen Zero-Cost-Collar handelt.

Zwei Derivate, die saldiert im Ergebnis eine geschriebene Option („*net written option*") darstellen (d. h. bei denen das Unternehmen in der Summe netto eine Prämie erhält), qualifizieren sich als Kombination hingegen nicht als Sicherungsinstrumente (IAS 39.77). Eine **geschriebene Option** liegt bei einer Nettobetrachtung **nicht** vor, wenn die folgenden beiden Voraussetzungen erfüllt sind (IAS 39.IG F.1.3 *Hedge accounting: use of written options in combined hedging instruments*):

- Weder bei Abschluss noch während der Laufzeit der Optionskombination erhält das bilanzierende Unternehmen eine Netto-Optionsprämie.
- Mit Ausnahme des Ausübungspreises sind die entscheidenden Ausgestaltungsmerkmale („*critical terms*") der geschriebenen und der erworbenen Optionskomponente (einschließlich des zugrunde liegenden Basisobjekts, der Währung sowie des Fälligkeitsdatums) identisch. Zudem darf der Nominalbetrag der geschriebenen Optionskomponente nicht größer sein, als der Nominalbetrag der erworbenen Optionskomponente.

[347] Aus diesem Grund wird in den Risikorichtlinien von Industrieunternehmen die Begründung von Netto-Stillhalterverpflichtungen regelmäßig nicht zugelassen.

[348] Vgl. *Scharpf, P./Luz, G.*, Risikomanagement, Bilanzierung und Aufsicht von Finanzderivaten, 2. Aufl., 2000, S. 429-431.

Insofern ist zur Beurteilung der Frage, ob eine geschriebene Option im Einzelfall gegeben ist, nicht der Fair Value (netto) bei der Designation der Sicherungsbeziehung, sondern der **Fair Value bei Erwerb** der Optionskombination entscheidend. Eine andere Vorgehensweise wäre nicht sachgerecht.

Die Einschränkung dergestalt, dass Short-Positionen in Optionen nicht als Sicherungsinstrument eingesetzt werden dürfen, ist nicht in jedem Fall sachgerecht. Zu denken ist dabei z. B. an das Covered Call Writing oder an die Absicherung von Long- bzw. Short-Positionen mittels synthetischer Short- bzw. Long-Positionen, die sich ihrerseits aus einer Long-Position bzw. Short-Position in Optionen zusammensetzen und bei denen eine Prämie vereinnahmt wird.[349] In den genannten Fällen ist die Gesamtposition ökonomisch gesichert.

Obgleich beim **Covered Call Writing** das Marktpreisrisiko eindeutig begrenzt ist, kann nach dem Wortlaut von IAS 39 der Short Call nicht als ein Sicherungsinstrument designiert werden. Andererseits kann er auch nicht als Grundgeschäft eingesetzt werden. Als Folge sind Änderungen des Fair Values des Aktienbestands, der der Kategorie Available-for-Sale zugeordnet ist und bei dem die Änderungen des Fair Values im Eigenkapital erfasst werden, nach wie vor erfolgsneutral über das Eigenkapital zu buchen, während die Wertveränderungen des Short Calls erfolgswirksam in der GuV zu erfassen sind. Dies ist nicht sachgerecht, denn die Wertänderungen des Derivats sind, obwohl bei einer tatsächlichen Ausübung ein Verlust nicht zwingend zu erwarten ist, einseitig im Periodenergebnis zu erfassen.

Entsprechendes gilt für die Absicherung durch **synthetische Positionen**, die unter Verwendung von mehreren Optionen hergestellt und für die Prämien vereinnahmt werden. Hierunter sind auch bestimmte Collars, die eine Kombination aus einem Cap und einem Floor darstellen, zu subsumieren. Aber auch Kombinationen, die im Ergebnis zu einer (synthetischen) Short- oder Long-Position im Underlying führen.

Beispiel:

Ein Unternehmen hat einen Aktienbestand, der der Kategorie Available-for-Sale zugeordnet ist. Dieser Aktienbestand soll gegen Aktienkursverluste gesichert werden.

Hierzu verwendet das Unternehmen zunächst einen Long Put. Dies ist nach IAS 39 zulässig. Aufgrund einer zwischenzeitlich eingetretenen Kurswertveränderung und der Kursprognose entschließt sich das Unternehmen, den Long Put durch einen Aktienterminverkauf zu ersetzen, d. h. das Kursniveau festzuschreiben. Hierzu kann der Long Put verkauft bzw. glattgestellt werden. Gleichzeitig

---

[349] Vgl. *Scharpf, P./Luz, G.*, Risikomanagement, Bilanzierung und Aufsicht von Finanzderivaten, 2. Aufl., 2000, S. 375-378; 429-431.

wäre dann ein Terminverkauf auf die Aktien auf aktuellem Kursniveau abzuschließen. Alternativ ist es jedoch auch möglich, den Long Put mit einem Short Call zu kombinieren und dadurch einen synthetischen Aktienterminverkauf darzustellen. Dies kann sich insgesamt ertragsmäßig besser darstellen als der Verkauf des Long Puts bzw. dessen Glattstellung.[350] *Soweit für solche Kombinationsgeschäfte jedoch keine Prämie vereinnahmt wird, liegt netto betrachtet ein zulässiges Sicherungsinstrument vor.*

7.2.6. Interne Geschäfte (Sicherungsinstrumente)

Zum Abschluss von internen (derivativen) Geschäften kommt es regelmäßig dann, wenn eine offene Risikoposition nicht innerhalb derselben rechtlichen Organisationseinheit, sondern lediglich extern am Markt geschlossen werden kann. Stellvertretend für das extern abzuschließende Sicherungsinstrument sichert die betreffende Organisationseinheit das zu sichernde Grundgeschäft durch ein **internes Geschäft mit einer anderen Organisationseinheit** (z. B. Treasury Center).[351]

In einer Sicherungsbeziehung können nur solche Derivate als Sicherungsinstrumente designiert werden, bei denen eine nicht zum berichtenden Unternehmen (nicht zum berichtenden Konzern, Segment oder einzelnen Unternehmen) gehörende **externe Partei** involviert ist (IAS 39.73; IAS 39.IG F.1.4 *Internal hedges*). Zwar können einzelne Unternehmen innerhalb eines Konzerns (oder einzelne Bereiche innerhalb eines Unternehmens) mit anderen Unternehmen des gleichen Konzerns (oder anderen Bereichen des gleichen Unternehmens) interne Geschäfte als Sicherungsinstrumente designieren, jedoch werden diese internen Geschäfte (*„internal hedging instruments“*) im Konzernabschluss konsolidiert (im Abschluss des Unternehmens eliminiert).

Die in IAS 39 enthaltenen Regelungen in Bezug auf interne (derivative) Geschäfte lassen sich wie folgt zusammenfassen (IAS 39.IG 1.4 *Internal hedges*):

IAS 39 schränkt die Verwendung von internen (derivativen) Geschäften für Zwecke des Risikomanagements nicht ein. Darüber hinaus schließt der Standard nicht aus, dass sämtliche internen Derivate von einem Zentralbereich (wie z. B. von einem Treasury Center) abgeschlossen werden, um Risiken unternehmensweit (*„on an entity-wide basis“*) oder auf einer anderen übergeordneten Ebene zu steuern.

Zwischen zwei eigenständigen Konzernunternehmen (*„two separate entities within a consolidated group“*) abgeschlossene interne (derivative) Geschäfte (**konzerninterne Geschäfte**) können für eine Bilanzierung als Sicherungsinstrumente in den **Einzelabschlüssen** der beiden Unternehmen designiert werden, selbst wenn die internen Ge-

---

350 Vgl. *Scharpf, P./Luz, G.*, Risikomanagement, Bilanzierung und Aufsicht von Finanzderivaten, 2. Aufl., 2000, S. 377.

351 Vgl. *Elkart, W./Schaber, M.*, in: Knobloch, A. P./Kratz, N. (Hrsg.), 2003, S. 407; mit Beispiel *Prahl, R.*, in: Lange, T. A./Löw, E. (Hrsg.), 2004, S. 232-234.

schäfte nicht durch Derivate mit einer externen Partei außerhalb des Konzerns glattgestellt werden.

Zwischen zwei eigenständigen Bereichen innerhalb eines rechtlich selbstständigen Unternehmens („*two separate divisions within the same legal entity*") abgeschlossene interne (derivative) Geschäfte (unternehmensinterne Geschäfte) erfüllen die Anforderungen für eine Bilanzierung als Sicherungsinstrument im **Einzelabschluss** dieses Unternehmens nur dann, wenn sie im Einzelnen nachweislich durch Derivate mit einer **aus Sicht des Unternehmens** externen Partei glattgestellt werden.

Zwischen eigenständigen Bereichen innerhalb eines rechtlich selbstständigen Unternehmens (unternehmensinterne Geschäfte) und zwischen eigenständigen Konzernunternehmen (konzerninterne Geschäfte) abgeschlossene interne (derivative) Geschäfte erfüllen die Bedingungen für eine Bilanzierung als Sicherungsinstrument im **Konzernabschluss** nur dann, wenn sie im Einzelnen nachweislich durch Derivate mit einer **aus Sicht des Konzerns** externen Partei glattgestellt werden.

Erfolgt keine Glattstellung der internen (derivativen) Geschäfte durch Derivate mit externen Vertragsparteien, so sind die unternehmens- und konzerninternen (derivativen) Geschäfte im Rahmen der Aufstellung des Einzel- bzw. Konzernabschlusses **zu eliminieren** (IAS 27.24).

Mit anderen Worten, werden die Zins- und Währungsrisiken innerhalb eines Konzerns **zentral** durch die Konzern-Treasury vorgenommen, sind die (internen) derivativen Sicherungsinstrumente zwischen der Treasury und den einzelnen Konzernunternehmen im Rahmen der Konsolidierung wieder zu eliminieren. Auf der Ebene des Konzernabschlusses müssen nunmehr zwischen den einzelnen Grundgeschäften (Unternehmen A) einerseits und den diese absichernden externen, z. B. mit Banken abgeschlossenen, Sicherungsinstrumenten (Unternehmen B) andererseits Sicherungsbeziehungen hergestellt werden, um die Bilanzierung nach den Grundsätzen des Hedge Accountings durchführen zu können. Hierzu benötigt die Konzern-Treasury von den Tochtergesellschaften die notwendigen Informationen.

Soweit einem internen (derivativen) Geschäft in entsprechender Höhe im Einzelnen nachweislich ein externes Derivat gegenübersteht, kann das interne Geschäft zum **Nachweis** der Absicherung von Grundgeschäft und externem Sicherungsinstrument verwendet werden. Dies gilt jedoch z. B. nicht für die Steuerung des Zinsrisikos auf Gesamtbankebene, bei der offene Zinspositionen auf Nettobasis durch Abschluss interner Geschäfte an den Handel weitergegeben werden, da den externen Sicherungsinstrumenten regelmäßig keine einzelnen Grundgeschäfte zugeordnet werden können.

Gerade Kreditinstitute können neben der Durchführung auch auf die Bilanzierung interner Geschäfte nicht verzichten. Eine Eliminierung dieser Geschäfte würde z. B. starke Verwerfungen zwischen einzelnen Positionen der GuV zur Folge haben, so etwa zwischen dem Handels- und Zinsergebnis. Nach der hier vertretenen Ansicht wäre die Berücksichtigung interner Geschäfte für die Bilanzierung bei Kreditinstituten somit nicht nur sachgerecht, sondern auch sachlich geboten. Diese Auffassung findet nicht nur im Aufsichtsrecht Unterstützung. Für bankaufsichtliche Zwecke werden die internen Geschäfte nicht eliminiert. Auch im handelsrechtlichen Schrifttum wird diese Ansicht zunehmend geteilt. Hier wird immer häufiger empfohlen, interne Geschäfte auch im Rahmen der externen Rechnungslegung nicht uneingeschränkt zu eliminieren.[352]

Es bleibt festzuhalten, dass die Vorschriften, wonach interne Sicherungsinstrumente für das Hedge Accounting lediglich anerkannt werden, wenn sie auf Einzelgeschäftsbasis an eine externe Partei weitergereicht werden, den Vorteilen fundamental entgegensteht, die sich im modernen Risikomanagement durch den Einsatz von internen Geschäften erzielen lassen (z. B. Erzielung von Effizienzgewinnen, Reduzierung des Kontrahentenrisikos). Insofern sprechen viele ökonomische Argumente dafür, im Rahmen der Diskussion der Anerkennung von internen Geschäften für bilanzielle Zwecke diese grundsätzlich wie externe Geschäfte zu behandeln und sie damit immer dann zum Hedge Accounting zuzulassen, wenn die Sicherungsbeziehung dokumentiert ist und darüber hinaus die Effektivitätsbedingungen des IAS 39 erfüllt sind. Der IASB ist dieser Ansicht bislang nicht gefolgt.

---

352 Vgl. *Prahl, R.*, in: Lange, T. A./Löw, E. (Hrsg.), 2004, S. 230-236.

7.3. Anforderungen an Grundgeschäfte

Ein Grundgeschäft („*hedged item*") kann ein bilanzierter Vermögenswert oder eine bilanzierte Verbindlichkeit, eine bilanzunwirksame feste Verpflichtung („*firm commitment*"), eine erwartete und mit hoher Wahrscheinlichkeit eintretende künftige Transaktion („*forecast transaction*") oder eine Nettoinvestition in einen ausländischen Geschäftsbetrieb („*net investment in a foreign operation*") sein, sofern **aus den gesicherten Risiken letztlich Auswirkungen auf das Periodenergebnis** für das bilanzierende Unternehmen entstehen können (IAS 39.78; IAS 39.86).[353]

Ferner kann das Grundgeschäft

- ein einzelner Vermögenswert, eine einzelne Verbindlichkeit, eine feste Verpflichtung, eine erwartete und mit hoher Wahrscheinlichkeit eintretende künftige Transaktion oder eine Nettoinvestition in einen ausländischen Geschäftsbetrieb sein oder
- eine Gruppe davon **mit gleichartigem Risikoprofil** („*with similar risk characteristics*") oder
- bei der Absicherung eines Portfolios gegen Zinsänderungsrisiken **ein Teil** eines Portfolios an finanziellen Vermögenswerten oder finanziellen Verbindlichkeiten, **die demselben Risiko unterliegen** („*that share the same risk*") (IAS 39.78).

Insofern ist es nicht zulässig, wenn sich eine Sicherungsbeziehung nur auf **allgemeine Geschäftsrisiken** („*overall business risk*") bezieht. Für die Anwendung von Hedge Accounting muss sie sich vielmehr auf ein bestimmtes, identifizier- und bestimmbares Risiko beziehen und sich letztlich auf das Periodenergebnis des Unternehmens auswirken. Insofern kann z. B. die Absicherung gegen Veralterung von physischen Vermögenswerten (Sachgüter) oder gegen das Risiko einer staatlichen Enteignung nicht im Rahmen des Hedge Accountings abgebildet werden, selbst wenn es im Einzelfall ökonomisch sinnvoll sein sollte (IAS 39.AG110).

Dies gilt auch für eine ökonomische Absicherung des Risikos, dass eine Transaktion nicht eintreten wird (und damit letztlich ein geringeres Periodenergebnis verbunden ist bzw. sein kann) (IAS 39.IG F.2.8 *Hedge accounting: risk of a transaction not occurring*).

Ferner dürfen bestimmte nicht bilanzierte (immaterielle) Vermögenswerte („*core deposit intangibles*") nicht als Grundgeschäfte designiert werden (IAS 39.IG F.2.3 *Hedge accounting: core deposit intangibles*).

---

353 Vgl. *Ernst & Young LLP (Hrsg.)*, International GAAP 2005, 2004, S. 1077; *Flintrop, B.*, in: IFRS-Handbuch, 2004, § 18, Tz. 48-50; *Krumnow, J./Sprißler, W. u.a. (Hrsg.)*, Kommentar², IAS 39, Tz. 288-296.

7.3.1. Finanzielle Posten als Grundgeschäfte

Im Gegensatz zu finanziellen Vermögenswerten der Kategorie Loans and Receivables können als **Held-to-Maturity** gehaltene Finanzinvestitionen *ex definitione* keine Grundgeschäfte im Hinblick auf die Absicherung gegen **Zinsänderungsrisiken** oder **Risiken der vorzeitigen Rückzahlung** (Kündigungsrisiken) (*„prepayment risk“*) sein, da die Klassifizierung als bis zur Endfälligkeit gehaltene Finanzinvestition die Absicht erfordert, den Vermögenswert unabhängig von zinsinduzierten Änderungen des Fair Values oder der Cashflows bis zur Endfälligkeit zu halten (IAS 39.79; IAS 39.IG F.2.9 *Held-to-maturity investments: hedging variable interest rate payments*). Das Verbot der Designation des Zinsrisikos ist dabei unabhängig von der Frage, ob das Fair Value-Risiko einer festverzinslichen Position oder das Cashflow-Risiko einer variabel verzinslichen Position gesichert wird.

Eine bis zur Endfälligkeit gehaltene Finanzinvestition kann jedoch ein Grundgeschäft zum Zwecke der Absicherung von **Währungs-** und **Ausfallrisiken** sein (IAS 39.79; IAS 39.AG95).

Darüber hinaus kann auch ein **geplanter Kauf** von finanziellen Vermögenswerten, die bei Anschaffung als Held-to-Maturity kategorisiert werden sollen, als Grundgeschäft eines Cashflow Hedges mit Termingeschäften zur Festschreibung des derzeitigen Zinsniveaus designiert werden. Dies deshalb, weil eine Kategorisierung als Held-to-Maturity erst im Zugangszeitpunkt vorzunehmen ist (IAS 39.IG F.2.10 *Hedged items: purchase of held-to-maturity investment*).[354]

Gleichermaßen zulässig ist auch die Designation von **noch zu erhaltenen Zinszahlungen** aus einem finanziellen Vermögenswert der Kategorie Held-to-Maturity für deren Neuanlage (*„reinvestment risk“*) (IAS 39.IG F.2.11 *Cash flow hedges: reinvestment of funds obtained from held-to-maturity investments*).

Finanzielle Vermögenswerte der Kategorie **Loans and Receivables** können gegen **Zinsänderungsrisiken** gesichert werden (IAS 39.79; IAS 39.IG 2.13 *Fair value hedge: risk that could affect profit or loss*).

Finanzielle Vermögenswerte und finanzielle Verbindlichkeiten der Kategorie **Held for Trading**, deren Fair Value-Änderungen bereits im Periodenergebnis erfasst werden, können nicht als Grundgeschäfte i.S.d. Hedge Accounting designiert werden. Stehen diesen Positionen Derivate gegenüber, zeigt sich der kompensatorische Bewertungseffekt ohnehin in der Bilanz und in der GuV. Die Derivate sind in diesem Fall ebenfalls als Held for Trading zu kategorisieren.

Eine **feste Verpflichtung** zum **Erwerb eines Unternehmens** im Rahmen eines Unternehmenszusammenschlusses (*„a firm commitment to acquire a business in a*

---

354 Vgl. *Ernst & Young LLP (Hrsg.)*, International GAAP 2005, 2004, S. 1083-1084.

business combination") kann nicht als Grundgeschäft gelten, mit Ausnahme der damit verbundenen Währungsrisiken, da die anderen abzusichernden Risiken nicht gesondert ermittelt und bewertet werden können. Bei den anderen Risiken handelt es sich um allgemeine Geschäftsrisiken (IAS 39.AG98).

Es ist nicht zulässig **Derivate als gesicherte Grundgeschäfte** zu designieren, da diese stets der Kategorie Held for Trading zugeordnet sind und sämtliche Fair Value-Änderungen ohnehin unmittelbar im Periodenergebnis zu berücksichtigen sind (IAS 39.IG F.2.1 *Whether a derivative can be designated as a hedged item*). Eine Ausnahme hiervon besteht lediglich für Optionen, die als Grundgeschäft eines Fair Value Hedges designiert werden können, wenn es sich um eingebettete Derivate eines zusammengesetzten Instruments („*compound instrument*") handelt. In diesem Zusammenhang wird nicht in abspaltungs- und nicht abspaltungspflichtige eingebettete Derivate unterschieden (IAS 39.AG94).[355]

Die **eigenen Eigenkapitalinstrumente** des bilanzierenden Unternehmens sowie **geplante Dividendenausschüttungen** können nicht als Grundgeschäfte i.R.d. Hedge Accountings designiert werden (IAS 39.86; IAS 39.IG F.2.7. *Cash flow hedge: forecast transaction related to an entity's equity*). Im Gegensatz dazu kann eine bereits beschlossene Dividende („*a declared dividend*"), die als finanzielle Verbindlichkeit bilanziell erfasst worden ist, die Bedingungen für ein Grundgeschäft erfüllen. Dies wird regelmäßig dann der Fall sein, wenn die Verbindlichkeit z. B. in einer fremden Währung denominiert ist. Zur bilanziellen Abbildung der Sicherung des Währungsrisikos eines Bilanzpostens kommt wahlweise ein Fair Value oder ein Cashflow Hedge infrage (IAS 39.86).

Darüber hinaus dürfen Cashflows aus finanziellen Vermögenswerten (oder finanziellen Verbindlichkeiten), mit denen ein **Risiko der vorzeitigen Rückzahlung** („*prepayable financial assets*") durch den Vertragspartner verbunden ist, nur dann als Grundgeschäfte designiert werden, wenn das Recht zur Rückzahlung mit hoher Wahrscheinlichkeit nicht ausgeübt wird („*prepayment option is significantly out of the money*") oder das Sicherungsinstrument ein entsprechendes Rückzahlungsrecht („*a comparable option*") aufweist (IAS 39.IG F.2.12 *Hedge accounting: prepayable financial asset*).

Sofern es sich bei dem Grundgeschäft um einen finanziellen Vermögenswert oder eine finanzielle Verbindlichkeit handelt, kann es auch in Bezug auf Risiken, denen lediglich **ein Teil** („*a portion of*") seiner Cashflows oder seines Fair Values ausgesetzt ist (wie ein oder mehrere ausgewählte vertragliche Cashflows oder Teile derer oder ein prozentualer Anteil des Fair Values), ein Grundgeschäft sein, vorausgesetzt die Effektivität der Sicherungsbeziehung kann ermittelt werden (IAS 39.81) (zur Messung der Wirksamkeit vgl. Kapitel 7.5.2). Insofern ist es zulässig, einen **proportionalen Anteil**

355 Vgl. *Ernst & Young LLP (Hrsg.)*, International GAAP 2005, 2004, S. 1084.

oder lediglich **bestimmte Risikokomponenten** (wie z. B. das Zinsänderungsrisiko, Credit Spread-Risiko oder Währungsrisiko) eines finanziellen Vermögenswerts oder einer finanziellen Verbindlichkeit im Rahmen des Hedge Accountings abzubilden. Als Voraussetzung für die oben beschriebenen Fälle ist allerdings darauf zu achten, dass die Effektivität der Sicherungsbeziehung zuverlässig gemessen werden kann.

Beispiel:

Eine erworbene Anleihe mit einer festen Verzinsung i.H.v. 10 % p.a. und einer Laufzeit von 10 Jahren wird als Wertpapier Available-for-Sale kategorisiert. Zur Absicherung des zinsinduzierten Fair Value-Risikos, das aus den festen Zinszahlungen der ersten 5 Jahre resultiert, wird ein Payer-Zinsswap mit einer Laufzeit von 5 Jahren abgeschlossen. Der Zinsswap kann als Sicherungsinstrument zur Absicherung des zinsinduzierten Fair Value-Risikos der Kupons der ersten 5 Jahre sowie der Änderung des Rückzahlungsbetrags designiert werden, soweit Letztere aus einer Änderung der Fünfjahrezinsen resultiert (IAS 39.IG F.2.17 Partial term hedging).

Damit kann auch ein **identifizierbarer und einzeln bewertbarer Teil des Zinsrisikos** eines zinstragenden Vermögenswerts oder einer zinstragenden Verbindlichkeit (wie z. B. der risikolose Zinssatz oder eine Benchmark wie Libor oder Euribor) als gesichertes Risiko bestimmt werden (IAS 39.81).

Wird ein Teil der Cashflows eines finanziellen Vermögenswerts oder einer finanziellen Verbindlichkeit als Grundgeschäft designiert, muss dieser bestimmte Teil **kleiner** als die Gesamtsumme der Cashflows des Vermögenswerts oder der Verbindlichkeit sein. Ein Unternehmen kann z. B. im Falle einer Verbindlichkeit, deren Effektivzinssatz unter dem Euribor liegt, weder

- einen Teil der Verbindlichkeit, der dem Kapitalbetrag zuzüglich den Zinsen zum Euribor entspricht, noch
- einen negativen Restteil

als Grundgeschäft designieren und sie gegen nur ein bestimmtes Risiko absichern. Demgegenüber kann ein Unternehmen aber z. B. bei einer Verbindlichkeit, deren Effektivzinssatz 100 Basispunkte unter dem Euribor liegt, die gesamte Verbindlichkeit (d. h. Kapitalbetrag zuzüglich der Zinsen zum Euribor abzüglich 100 Basispunkte) als Grundgeschäft designieren und die gesamte Verbindlichkeit gegen Änderungen des Fair Values oder der Cashflows, die auf Änderungen des Euribor zurückzuführen sind, absichern. Dabei kann auch ein anderer Hedge-Faktor als eins zu eins gewählt werden, um die Effektivität der Sicherungsbeziehung zu erhöhen (IAS 39.99A).[356]

---

[356] Vgl. *Ernst & Young LLP (Hrsg.)*, International GAAP 2005, 2004, S. 1078-1079.

Ferner ist es zulässig, das **Währungsrisiko von Aktien** in Fremdwährung, die nicht an einer Börse („*not traded on an exchange*") in der funktionalen Währung gehandelt werden und bei denen auch keine Dividendenzahlung in dieser Währung erfolgen, als gesichertes Risiko eines Grundgeschäfts zu designieren, sofern die aus der Währungsumrechnung resultierende Änderung des Fair Values oder der Cashflows zuverlässig messbar ist (IAS 39.IG F.2.19 *Hedged items: hedge of foreign currency risk of publicly traded shares*).

Im Rahmen der im März 2004 neu eingeführten Vorschriften zum Portfolio Fair Value Hedge Accounting von Zinsänderungsrisiken (Fair Value Hedge Accounting for a Portfolio of Interest Rate Risk) kann der abgesicherte Teil in Form eines Währungsbetrags festgelegt werden (z. B. ein EUR-, USD- oder GBP-Betrag), anstelle eines einzelnen Vermögenswerts (oder einer Verbindlichkeit). Auch wenn das Portfolio für Zwecke des Risikomanagements Vermögenswerte und Verbindlichkeiten beinhalten kann, ist der festgelegte Betrag ein Betrag von Vermögenswerten oder ein Betrag von Verbindlichkeiten (vgl. dazu ausführlich Kapitel 7.7.).

7.3.2. Nicht-finanzielle Posten als Grundgeschäfte

Handelt es sich bei einem Grundgeschäft nicht um einen finanziellen Vermögenswert oder eine finanzielle Verbindlichkeit (wie z. B. Vorräte), ist es entweder

- im Hinblick auf **Währungsrisiken** oder
- **insgesamt** in Bezug **auf alle Risiken** („*in its entirety for all risks*")

als abgesichert zu bestimmen. Eine weitere Unterteilung in einzelne Risikokomponenten (analog zu IAS 39.81) ist an dieser Stelle **nicht** zulässig. Dies wird vom IASB durch die Schwierigkeiten bei der Isolierung und Bewertung der in Bezug auf spezifische Risiken (ausgenommen der Währungsrisiken) zurechenbaren anteiligen Veränderungen der Cashflows bzw. der Fair Values begründet (IAS 39.82; IAS 39.AG100; IAS 39.IG 6.5 *IAS 39 and IAS 21 – Fair value hedge of asset measured at cost*).[357]

Bei der Zuordnung von nicht-finanziellen Posten als gesicherte Grundgeschäfte muss beachtet werden, dass Preisänderungen eines Bestandteils oder einer Komponente eines nicht-finanziellen Vermögenswerts oder einer nicht-finanziellen Verbindlichkeit in der Regel keine vorhersehbaren, getrennt bestimmbaren Auswirkungen auf den Preis des Postens haben, die mit den Auswirkungen z. B. einer Änderung des Marktzinses auf den Kurs einer Anleihe vergleichbar wären. Deshalb kann ein nicht-finanzieller Vermögenswert oder eine nicht-finanzielle Verbindlichkeit **nur insgesamt** oder für **Währungsrisiken** als Grundgeschäft designiert werden (IAS 39.AG100).

---

[357] Vgl. *Ernst & Young LLP (Hrsg.)*, International GAAP 2005, 2004, S. 1079-1082.

Handelt es sich bei dem Grundgeschäft um eine **feste Verpflichtung** („*firm commitment*") oder eine erwartete und mit hoher Wahrscheinlichkeit eintretende **künftige Transaktion** („*forecast transaction*"), sind diese entweder in Bezug auf Währungsrisiken oder insgesamt in Bezug auf alle Risiken zu betrachten.

Besteht zwischen den Bedingungen des Sicherungsinstruments und des Grundgeschäfts ein Unterschied (wie z. B. für die Absicherung eines geplanten Kaufs von brasilianischem Kaffee durch ein Termingeschäft auf den Kauf von kolumbianischem Kaffee zu ansonsten vergleichbaren Bedingungen), kann die Sicherungsbeziehung dennoch als eine solche gelten, sofern alle Voraussetzungen zum Hedge Accounting nach IAS 39.88 erfüllt sind, insbesondere die prospektive Effektivität als nachhaltig und ausreichend hoch belegt werden kann.

Zur Verbesserung der Wirksamkeit einer solchen Sicherungsbeziehung kann der Wert des Sicherungsinstruments größer oder kleiner als der des Grundgeschäfts sein (Hedge Ratio). Eine Regressionsanalyse könnte für diesen Zweck zweckmäßig sein, um zwischen dem Grundgeschäft (z. B. eine Transaktion mit brasilianischem Kaffee) und dem Sicherungsinstrument (z. B. eine Transaktion mit kolumbianischem Kaffee) einen statistischen Zusammenhang herzustellen mittels dem eine ausreichende prospektive Effektivität belegt werden kann. Wenn zwischen den beiden Größen ein valider statistischer Zusammenhang („*valid statistical relationship*") besteht (d. h. zwischen dem Preis je Einheit von brasilianischem Kaffee und kolumbianischem Kaffee), kann anhand der Steigung der Regressionskurve das Hedge Ratio bestimmt werden, das die erwartete (prospektive) Effektivität maximiert. Liegt z. B. die Steigung der Regressionskurve bei 1,02 maximiert ein Hedge Ratio, das auf 0,98 Mengeneinheiten der gesicherten Posten zu 1,00 Mengeneinheiten der Sicherungsinstrumente basiert, die erwartete Effektivität. Die Sicherungsbeziehung kann jedoch auch zu einer Ineffektivität führen, die während der Laufzeit der Sicherungsbeziehung im Periodenergebnis zu erfassen ist (IAS 39.AG100; IAS 39.BC137-BC139).

7.3.3. Anteile an ausländischen Unternehmen

Ein nach der **Equity-Methode** bilanzierter Anteil kann kein Grundgeschäft im Rahmen eines Fair Value Hedges sein, da bei der Equity-Methode der auf das bilanzierende Unternehmen entfallende Anteil am Periodenergebnis des assoziierten Unternehmens erfolgswirksam erfasst wird und nicht die Änderung des Fair Values der Finanzinvestition. Aus dem gleichen Grund kann auch ein Anteil an einem **vollkonsolidierten Tochterunternehmen** kein Grundgeschäft im Rahmen eines Fair Value Hedges sein, da bei der Vollkonsolidierung der angefallene Periodenerfolg eines Tochterunternehmens erfolgswirksam erfasst wird und nicht etwaige Änderungen des Fair Values der Finanzinvestition (IAS 39.AG99).

Anders verhält es sich bei der Absicherung einer Nettoinvestition in einen ausländischen Geschäftsbetrieb, da es sich hierbei um die Absicherung eines Währungsrisikos handelt und nicht um einen Fair Value Hedge in Bezug auf etwaige Änderungen des Investitionswerts („*change in the value of the investment*") (IAS 39.AG99).

7.3.4. Portfolien als Grundgeschäfte (Homogenitätstest)

Gleichartige Vermögenswerte oder Verbindlichkeiten dürfen nur dann allgemein als Portfolio (Gruppe) gegen Risiken abgesichert werden, wenn die einzelnen Vermögenswerte oder Verbindlichkeiten in dem Portfolio **demselben Risikofaktor** unterliegen, für das sie als Grundgeschäft designiert sind. In diesem Zusammenhang muss die erwartete Änderung des Fair Values, die dem abgesicherten Risiko für jeden einzelnen Posten in dem Portfolio zugerechnet werden kann, **annähernd proportional** („*approximately proportional*") sein zur erwarteten Fair Value-Änderung des ganzen Portfolios, die dem gesicherten Risiko zuzurechnen ist (IAS 39.83).[358] Zur Absicherung des Zinsänderungsrisikos im Rahmen eines Portfolio Fair Value Hedge Accountings vgl. Kapitel 7.7.

Eine Hilfestellung bei der Auslegung des Begriffs annähernd proportional wird in der Guidance on Implementing anhand eines Negativbeispiels (indexreplizierendes Aktienportfolio) gegeben, welches das Kriterium annähernd proportional nicht erfüllt. Demnach kann ein Aktienportfolio (welches der Kategorie Available-for-Sale zugeordnet ist), das einen Aktienindex (z. B. DAX) nachbildet, nicht mittels Put Optionen auf den Index oder Verkäufen von Index-Futures gesichert werden, da das Aktienindex-Portfolio aufgrund der unterschiedlichen Risikoprofile der einzelnen Aktien kein Portfolio homogener Vermögenswerte darstellt. Das Aktienportfolio wird sich in der Wertveränderung zwar in etwa proportional wie der Wert der Option verhalten, doch werden einzelne Aktien im Portfolio eine Wertveränderung erfahren, die nicht annähernd proportional zur Fair Value-Änderung der Option ist (IAS 39.IG F.2.20 *Hedge accounting: stock index*). Obgleich es sich dabei ökonomisch um eine (nahezu) perfekte Sicherungsbeziehung handelt, sind die Fair Value-Änderungen der Aktien im Portfolio, die als Available-for-Sale kategorisiert sind, im Rahmen der Bilanzierung weiterhin erfolgsneutral im Eigenkapital auszuweisen, während die Wertänderungen der zur Absicherung kontrahierten Derivate erfolgswirksam zu erfassen sind.

Für die praktische Anwendung der Vorschriften bedeutet dies, sofern sich das gesicherte Portfolio aus mehreren Grundgeschäften zusammensetzt, ist im Rahmen eines **Homogenitätstests** nachzuweisen, dass sich die Grundgeschäfte im Portfolio hinreichend homogen bezüglich Änderungen der gesicherten Risikoparameter verhalten. Für den Homogenitätstest ist ein Homogenitätsparameter β zu definieren, der die relativen Schwankungen der einzelnen Grundgeschäfte ins Verhältnis zu den relativen Schwankungen des Portfolios setzt. Bei zinstragenden Posten wird für den Homogenitätstest häufig auf die Sensitivität eines Parallelshifts der Zinsstrukturkurve von z. B. 100

[358] Vgl. *Ernst & Young LLP (Hrsg.)*, International GAAP 2005, 2004, S. 1082-1083.

Basispunkten zurückgegriffen. Der Homogenitätsparameter β wird dann wie folgt definiert:

$$\beta = \frac{\text{Present Value Portfolio (bei Parallelshift) / Present Value Portfolio}}{\text{Present Value Einzelgeschäft (bei Parallelshift) / Present Value Einzelgeschäft}}$$

Eine annähernd proportionale („*approximately proportional*") Reaktion kann nach der hier vertretenen Ansicht als gegeben angenommen werden, wenn für den Homogenitätsparameter β aller Grundgeschäfte gilt:

$$90\,\% \leq \beta \leq 110\,\%$$

Mit anderen Worten, weist ein gesichertes Portfolio einen Wertanstieg von +10 % aus, so muss jeder einzelne finanzielle Vermögenswert bzw. jede einzelne finanzielle Verbindlichkeit, der/die Bestandteil dieses Portfolios ist, eine individuelle Werterhöhung von +9 % bis +11 % aufweisen.

Die Prüfung der Homogenität des Portfolios (Homogenitätstest) ist stets bei der **Begründung der Sicherungsbeziehung** (d. h. im Rahmen des prospektiven Effektivitätstests) nachzuweisen. Sollte sich im Zeitablauf z. B. durch den Austausch von einzelnen Grundgeschäften die Zusammensetzung des Portfolios ändern, muss an den nachfolgenden Stichtagen erneut eine Prüfung der Homogenität vorgenommen werden. Nur wenn das zu sichernde Portfolio die Anforderungen des Homogenitätstests erfüllt, sind die Vorschriften des Hedge Accountings anwendbar.

Die **Absicherung einer gesamten Nettoposition** („*an overall net position*") wie z. B. der Saldo aller festverzinslichen Vermögenswerte und festverzinslichen Verbindlichkeiten mit ähnlichen Laufzeiten erfüllt im Gegensatz zu einer Absicherung eines einzelnen Postens nicht die Kriterien für die Anwendung des Hedge Accountings. Dies deshalb, weil die Wirksamkeit der Absicherung durch den Vergleich der Änderung des Fair Values oder der Cashflows eines Sicherungsinstruments (oder einer Gruppe gleichartiger Sicherungsinstrumente) und eines Grundgeschäfts (oder einer Gruppe gleichartiger Grundgeschäfte) zu beurteilen ist (IAS 39.84; IAS 39.AG101; IAS 39.IG F.2.21 *Hedge accounting: netting of assets and liabilities*).[359]

Die Vorschriften des IAS 39 zur Absicherung von Nettorisikopositionen sind **äußerst restriktiv**, obwohl derzeit viele Unternehmen, insbesondere auch Kreditinstitute, Risikomanagementstrategien und -techniken einsetzen, die sich auf die Absicherung von Nettopositionen erstrecken. Hierzu werden z. B. in Konzernen die Zins-, Währungs- und ggf. auch die sonstigen Preisrisiken zentral in der Treasury erfasst und aggregiert auf Nettobasis gesteuert und abgesichert.[360] Dabei werden z. B. sämtliche

---

359 Vgl. *Ernst & Young LLP (Hrsg.)*, International GAAP 2005, 2004, S. 1083.

360 Vgl. *Brackert, G./Prahl, R./Naumann, T. K.*, WPg 1995, S. 552.

finanziellen Vermögenswerte und Verbindlichkeiten sowie schwebenden Geschäfte und ggf. auch geplante Transaktionen, deren Eintritt eine sehr hohe Wahrscheinlichkeit haben, in einer Währung (z. B. USD) kumuliert und daraus ein Nettobetrag ermittelt. Hiermit werden natürliche Hedges bereits berücksichtigt. Dieser Nettobetrag wird durch ein oder mehrere Sicherungsinstrumente abgesichert. Entsprechendes gilt für Kreditinstitute, die das Zinsänderungsrisiko des Bankbuchs regelmäßig im Rahmen der Aktiv-/Passivsteuerung auf Nettobasis ermitteln und steuern. Auch dabei werden natürliche Hedges berücksichtigt. An dieser Stelle wird offensichtlich, dass die IAS 39-Vorschriften der dienenden Funktion der Rechnungslegung nur sehr bedingt gerecht werden.

Diese Art der Sicherung einer Nettoposition hat darüber hinaus gegenüber der Einzelsicherung auch Kostenvorteile. Zunächst werden natürliche Sicherungseffekte erfasst und berücksichtigt. Zudem ist die Absicherung auf Bruttobasis, d. h. jedes Geschäft wird für sich allein abgesichert, kostenintensiv. Geschäfte die sich dabei risikomäßig ausgleichen, müssen bei strenger Auslegung nach dem Wortlaut des Standards separat abgesichert werden, wobei zumindest die Geld-Brief-Spanne als zusätzliche Kosten entsteht. Dies ist bei einer Nettobetrachtung zu vermeiden.

Immerhin ist es jedoch – der Praxis entgegenkommend – für zulässig zu erachten, einen Teil der zugrunde liegenden (Brutto-) Position als Grundgeschäft zu betrachten. Hierbei können annähernd die gleichen Auswirkungen auf das Periodenergebnis wie bei Anwendung von Hedge Accounting dadurch erzielt werden, dass einzelne Vermögenswerte (oder Verbindlichkeiten) als Grundgeschäfte designiert werden. Mit anderen Worten, wenn z. B. ein Unternehmen über finanzielle Vermögenswerte von EUR 100 Mio. und Verbindlichkeiten von EUR 80 Mio. verfügt, deren Risiken und Laufzeiten in etwa ähnlich sind („*with risks and terms of a similar nature*“[361]), und das Unternehmen das verbleibende Nettorisiko von EUR 20 Mio. absichern möchte, kann es EUR 20 Mio. dieser Vermögenswerte als gesichertes Grundgeschäft bestimmen (IAS 39.AG101).

Mit der in IAS 39.83 beschriebenen Grundregel ergeben sich erhebliche Schwierigkeiten bei der gegenwärtigen Vorgehensweise im Rahmen der Kreditportfolio-Bildung von Unternehmen der Kreditwirtschaft. Forderungen gleicher Bonität basieren zwar auf demselben Zinsänderungsrisiko, reagieren jedoch aufgrund ihrer unterschiedlichen Laufzeiten nicht annährend proportional auf Änderungen dieses Risikofaktors. Die Unternehmen sind somit gefordert, ihren Kreditbestand regelmäßig einer **Korrelationsanalyse** zu unterziehen und für Zwecke der Bilanzierung in Laufzeitbänder einzuteilen. Diese werden sich bei längeren Laufzeiten in Bandbreiten mit Jahresabständen, bei kürzeren Restlaufzeiten im Monats- oder ggf. Wochenbereich darstellen lassen.

361 Bei der im Amtsblatt der EU veröffentlichten Übersetzung wird an dieser Stelle statt „*in etwa ähnlich*“ irrtümlicherweise der Begriff „*in ähnlich*“ verwendet, vgl. Verordnung (EG) Nr. 2237/2004, ABl. EU Nr. L 393 v. 31.12.2004, S. 53.

Dies führt insofern zu einem größeren administrativen Aufwand, da jeder einzelne Kredit bei Unterschreiten einer entsprechenden Restlaufzeit in das Portfolio der nächsten Laufzeit umgegliedert werden muss.

Eine Bildung von Laufzeitbändern ist notwendig, um eine andauernde Effektivität von Hedges sicherzustellen. Um einen effektiven Hedge durchführen zu können, müssen die in einem Laufzeitband zusammengefassten Geschäfte in folgender Weise einheitlich sein:

- die den Geschäften zugrunde liegenden Zahlungsströme werden in der gleichen Währung generiert,
- die Geschäfte haben den gleichen Referenzzinssatz und die gleiche Zinsbindungsfrist,
- die ersten 24 Monate der Laufzeit sind grundsätzlich in monatliche Laufzeitbänder einzuteilen, sodass sich bei Zinsänderungen praktisch keine Ineffektivität ergeben kann.

Insofern ist der Begriff Portfolio sehr viel enger gefasst, als dies in der deutschen und kontinentaleuropäischen Bankenpraxis derzeit üblich ist. Soweit **Portfolien im Handelsbereich** geführt werden, ist deren Bilanzierung nach IAS 39 dann unproblematisch, wenn die darin geführten finanziellen Vermögenswerte und Verbindlichkeiten einheitlich der Kategorie Held for Trading zugeordnet werden. In diesem Fall werden sämtliche originären Finanzinstrumente sowie die zur Marktwertsicherung im Portfolio geführten Derivate per se zum Fair Value mit unmittelbarer Erfassung der Wertänderung im Periodenergebnis angesetzt. Ein Hedge Accounting ist hier nicht zulässig, aber auch nicht erforderlich.

Für eine Darstellung der Vorschriften zum Portfolio Fair Value Hedge Accounting von zinstragenden Posten vgl. ausführlich Kapitel 7.7.

7.3.5. Interne Grundgeschäfte

7.3.5.1. Interne Bilanzposten

Zum Zwecke der Bilanzierung von Sicherungsbeziehungen (Hedge Accounting) können nur (gesicherte) Grundgeschäfte designiert werden, bei denen eine nicht zum Unternehmen gehörende externe Partei eingebunden ist (IAS 39.80).

Als eine Ausnahme von diesem Grundsatz kann das **Währungsrisiko** aus einem **konzerninternen monetären Posten** (wie z. B. eine Verbindlichkeit oder eine Forderung zwischen zwei Tochterunternehmen) die Voraussetzungen eines Grundgeschäfts im Konzernabschluss erfüllen, wenn aus der Währungsposition Gewinne oder Verluste resultieren, die nach IAS 21 im Rahmen der Konsolidierung nicht eliminiert werden (IAS 39.80). Sichert ein Unternehmen mit funktionaler Währung EUR eine konzerninterne Forderung (bzw. Verbindlichkeit) aus Transaktionen mit einem anderen Konzernunternehmen in USD z. B. auf der Basis eines kombinierten Zins-/Währungsswaps sowohl gegen das Währungs- als auch das Zinsrisiko, ist IAS 39.80 anzuwenden. Es liegt ein monetärer Posten i.S.v. IAS 21 vor, der gegen das Währungsrisiko gesichert wird und die Umrechnungsdifferenzen werden nach IAS 21 nicht vollständig eliminiert. Wird die Forderung (bzw. Verbindlichkeit) im aufgezeigten Sachverhalt lediglich gegen das Zinsänderungsrisiko gesichert, ist IAS 39.80 nicht anzuwenden.

7.3.5.2. Interne feste Verpflichtungen und geplante Transaktionen

Als vorläufige Entscheidung des IASB im Februar 2005 wird der Exposure Draft *„Cash Flow Hedge Accounting of Forecast Intragroup Transactions"* entsprechend der Altregelung in IGC Q&A 137-14 *„Forecasted intra-group foreign currency transactions that will affect consolidated net income"* geändert. Nach der verbindlichen Verabschiedung wird es wieder zulässig sein, eine *„forecast intragroup transaction"* auf Konzernebene als Grundgeschäft zur Absicherung des Währungsrisikos in einen Cashflow Hedge zu designieren (vgl. Kapitel 1.5.2.).[362] Gleiches gilt für interne feste Verpflichtungen (*„firm commitments"*).

7.3.6. Beispiele für geeignete Grundgeschäfte

Jeder monetäre Posten in Fremdwährung kann gegen das **Währungsrisiko** (Kursänderungsrisiko) gesichert werden, denn die dem gesicherten Risiko zuzurechnende Wertveränderung ist immer in der GuV zu erfassen. Eine besondere Bilanzierung als Grundgeschäft ist nicht notwendig, da die (gegenläufigen) Gewinne und Verluste aus der Währungsumrechnung unmittelbar im Periodenergebnis erfasst werden.

Finanzielle Vermögenswerte der Kategorie **Available-for-Sale** können in Bezug auf das Zinsänderungsrisiko ein Grundgeschäft darstellen, da aus den Zinsänderungen sich ergebende Wertänderungen letztlich erfolgswirksam in der GuV gebucht werden. Diese finanziellen Vermögenswerte können auch bezüglich des Währungsrisikos oder des Aktienkursrisikos ein Grundgeschäft sein.

Loans and Receivables können ebenso gegen das Zinsänderungsrisiko und/oder das Währungsrisiko gesichert werden.

Finanzinvestitionen der Kategorie **Held-to-Maturity** sind zwar für die Absicherung gegen das Zinsänderungsrisiko nicht geeignet, können jedoch gegen das Währungsrisiko oder das Ausfallrisiko abgesichert werden.

Die **Verpflichtung zum Erwerb eines anderen Unternehmens** (oder einer Beteiligung) kann gegen das Währungsrisiko abgesichert werden. Die zur Finanzierung

---

362 Vgl. *IASB*, IASB Update, February 2005, S. 5.

dieses Erwerbs eingegangenen oder künftig noch einzugehenden Verbindlichkeiten können unabhängig davon gegen das Zinsänderungsrisiko gesichert werden.

Verbindlichkeiten (Other Liabilities), die nicht als At Fair Value through Profit or Loss bzw. Held for Trading gehalten werden, können ebenfalls gegen das Zinsänderungsrisiko und gegen das Währungsrisiko gesichert werden.

Darüber hinaus können **geplante Transaktionen** („*forecast transactions*") – wie z. B. ein künftiger Umsatz oder künftige Zinsen – gesichert werden. Hierunter kann auch der künftige Erwerb eines finanziellen Vermögenswerts der Kategorie Held-to-Maturity fallen, soweit die weiteren Voraussetzungen für das Hedge Accounting (insbesondere eine hohe Eintrittswahrscheinlichkeit) erfüllt sind.

Finanzielle Vermögenswerte können mittels Kreditderivaten gegen das **Ausfallrisiko** gesichert werden.

Eine **Nettoinvestition in einen ausländischen Geschäftsbetrieb** kann gegen das Währungsrisiko abgesichert werden.

Nicht-finanzielle Vermögenswerte oder **Verbindlichkeiten**, wie z. B. Vorräte, können die Voraussetzung eines Grundgeschäfts nur hinsichtlich des Währungsrisikos oder der Änderungen des Fair Values eines bestimmten Vorratspostens insgesamt erfüllen. Die Absicherung eines Vorratspostens (wie z. B. Papiervorrat) ist – abgesehen von Währungsrisiken – nur dergestalt möglich, dass er insgesamt als Grundgeschäft angesehen wird. Darin enthaltene einzelne (anteilige) Rohstoffe (z. B. Zellstoff oder Altpapier) können nicht als Grundgeschäft betrachtet werden. Die Wirksamkeit der Sicherungsbeziehung ist durch den Vergleich der Veränderung des Zellstoffpreises bzw. Altpapierpreises mit der Veränderung des Fair Values des Papiers insgesamt zu ermitteln. Dabei ist es für die Wirksamkeit des Hedges von erheblicher Bedeutung, welchen Anteil der Zellstoff bzw. das Altpapier an den Gesamtkosten des Papiers hat.

7.4. Vorstellung der verschiedenen Arten von Sicherungsbeziehungen

Nach IAS 39 werden drei Arten von Sicherungsbeziehungen unterschieden: Fair Value Hedges, Cashflow Hedges sowie Hedges of a Net Investment in a Foreign Operation (IAS 39.86). Die Arten von Sicherungsbeziehungen werden nachfolgend separat dargestellt und erläutert.

7.4.1. Fair Value Hedge Accounting

Unter einem **Fair Value Hedge** (Absicherung des beizulegenden Zeitwerts) wird definitionsgemäß die Absicherung gegen das Risiko einer Änderung des Fair Values eines bilanzierten Vermögenswerts oder einer bilanzierten Verbindlichkeit oder einer bilanzunwirksamen festen Verpflichtung („*firm commitment*") oder eines identifizierten Teils eines solchen Vermögenswerts, einer solchen Verbindlichkeit oder einer solchen festen Verpflichtung verstanden, das auf ein bestimmtes Risiko zurückzuführen ist und Auswirkungen auf das Periodenergebnis haben könnte (IAS 39.86(a)).

Klarstellend sei darauf hingewiesen, dass IAS 39.86(a) neutral von Sicherungsbeziehungen bezüglich Vermögenswerte, Verbindlichkeiten und bilanzunwirksamen festen Verpflichtungen ausgeht. Damit sind sowohl finanzielle als auch nicht-finanzielle Vermögenswerte, Verbindlichkeiten und nicht bilanzwirksame feste Verpflichtungen gemeint. In ein Hedge Accounting können daher auch z. B. Kupfer, Strom oder Gas einbezogen werden.

Als grundlegendes Beispiel für einen Fair Value Hedge kann die **Absicherung eines festverzinslichen Fremdkapitalinstruments** gegen Fair Value-Änderungen aufgeführt werden, die durch eine Änderung der Marktzinssätze hervorgerufen wird, wobei ein solches Sicherungsinstrument sowohl vonseiten des Emittenten als auch des Inhabers der Verbindlichkeit abgeschlossen werden kann (IAS 39.AG102).

Gleiches gilt für eine festverzinsliche Verbindlichkeit in Fremdwährung, die mittels eines Zins-/Währungsswaps im Ergebnis zu einer variabel verzinslichen Verbindlichkeit in der funktionalen Währung des bilanzierenden Unternehmens wird. Hier wäre es theoretisch auch möglich, das Zinsrisiko im Rahmen eines Fair Value Hedges und das Währungsrisiko durch einen Cashflow Hedge abzubilden (analog IAS 39.IG F.1.12 *Hedges of more than one type of risk*).

Sofern die übrigen Voraussetzungen des IAS 39.88 erfüllt sind, können die folgenden Transaktionen als Fair Value Hedges abgebildet werden:

- Absicherung von **Vorräten** (wie z. B. Kupfer) gegen das Preisänderungsrisiko (IAS 39.IG F.3.6 *Fair value hedge: inventory*).
- Absicherung einer **festen Verpflichtung zur Lieferung von Energie** (Strom, Gas, Kohle, Öl) zu einem festgelegten Preis (mittels strom-, gas-, kohle- oder ölbezogenen Derivaten) (IAS 39.AG104).

- Absicherung einer Anleihe gegen eine **bonitätsinduzierte Fair Value-Änderung** oder aus einem geringen, für die Dauer der Zinsfestschreibungsperiode noch verbleibenden Zinsänderungsrisikos (IAS 39.IG F.3.5 *Fair value hedge: variable rate debt instrument*).
- Absicherung des **Währungsrisikos** einer Verbindlichkeit oder einer Forderung aus Lieferungen und Leistungen in fremder Währung. Hierbei ist alternativ die Abbildung als Cashflow Hedge zulässig (IAS 39.IG F.3.3 *Foreign currency hedge*; IAS 39.IG F.3.4 *Foreign currency cash flow hedge*). Sofern Umrechnungsdifferenzen im Rahmen der Konsolidierung nicht vollständig eliminiert werden, schließt dies auch konzerninterne Forderungen und Verbindlichkeiten ein (IAS 39.80). Für interne feste Verpflichtungen und geplante Transaktionen wird auf Kapitel 7.3.5.2. verwiesen).
- Absicherung von zwei schwebenden Verkaufsgeschäften mit konzernfremden Dritten („*firm commitments*"), für die z. B. der Zahlungseingang in Höhe von USD 8 Mio. bzw. USD 2 Mio. in 9 Monaten im Abstand von 7 Tagen erwartet wird und die durch einen Devisenterminverkauf in Höhe von USD 8 teilgesichert (d. h. zu 80 %) werden.

In IAS 39 (revised 2000) war eine Absicherung gegen das Risiko einer Änderung des Fair Values einer nicht bilanzwirksamen festen Verpflichtung („*firm commitment*") stets als Cashflow Hedge zu bilanzieren, obgleich es sich hierbei de facto um ein Fair Value-Risiko handelt. Nach dem überarbeiteten IAS 39 sind solche Sicherungsbeziehungen nunmehr grundsätzlich als Fair Value Hedge zu bilanzieren. Eine Ausnahme hiervon bildet das in IAS 39.87 spezifizierte **Wahlrecht**, wonach die Absicherung des Währungsrisikos einer festen Verpflichtung auch weiterhin als **Cashflow Hedge** bilanziert werden darf.

Wird eine noch nicht bilanzwirksame feste Verpflichtung („*firm commitment*") als Grundgeschäft designiert, so sind die nachfolgenden kumulierten Fair Value-Änderungen der festen Verpflichtung, die dem gesicherten Risiko zugeordnet werden können, als Vermögenswert oder Verbindlichkeit in der Bilanz zu erfassen. Die dem abgesicherten Risiko zurechenbaren Fair Value-Änderungen sind ebenso erfolgswirksam in der GuV zu berücksichtigen, wie die Fair Value-Änderungen des Sicherungsinstruments, womit es durch die gegenläufigen Wertveränderungen zu einem (teilweisen) Ausgleich in der GuV kommt (IAS 39.93).[363]

7.4.2. Cashflow Hedge Accounting

Unter einem **Cashflow Hedge** (Absicherung von Zahlungsströmen) wird definitionsgemäß die Absicherung gegen das Risiko schwankender Zahlungsströme verstanden, das (a) einem bestimmten mit dem bilanzierten Vermögenswert oder der bilanzierten Verbindlichkeit (wie z. B. ein Teil oder alle künftigen Zinszahlungen einer variabel

363 Vgl. *Ernst & Young LLP (Hrsg.)*, International GAAP 2005, 2004, S. 1102-1103.

verzinslichen Verbindlichkeit) oder dem mit einer geplanten Transaktion, deren Eintreten mit hoher Wahrscheinlichkeit erwartet wird, verbundenen Risiko zugeordnet werden kann und das (b) Auswirkungen auf das Periodenergebnis haben könnte (IAS 39.86(b)).

Als grundlegendes Beispiel für einen Cashflow Value Hedge kann die **Absicherung einer variabel verzinslichen Verbindlichkeit** durch den Einsatz eines Payer Zinsswaps gegen Cashflow-Änderungen aufgeführt werden, die durch eine Änderung der künftigen Zinszahlungen hervorgerufen werden (IAS 39.AG103).

Sofern die übrigen Voraussetzungen des IAS 39.88 erfüllt sind, können die folgenden Transaktionen als Cashflow Hedge abgebildet werden:

- Absicherung des **Währungsrisikos** einer Verbindlichkeit oder einer Forderung aus Lieferungen und Leistungen in fremder Währung. Hierbei ist alternativ die Abbildung als Fair Value Hedge zulässig (IAS 39.IG F.3.3 *Foreign currency hedge*; IAS 39.IG F.3.4 *Foreign currency cash flow hedge*). Sofern Umrechnungsdifferenzen im Rahmen der Konsolidierung nicht vollständig eliminiert werden, schließt dies auch konzerninterne Forderungen und Verbindlichkeiten ein (IAS 39.80). Für interne feste Verpflichtungen und geplante Transaktionen wird auf Kapitel 7.3.5.2. verwiesen.
- Absicherung einer **geplanten Emission** einer festverzinslichen Anleihe (IAS 39.IG F.2.2. *Cash flow hedge: anticipated issue of fixed rate debt*).
- Absicherung von Zinszahlungen, die einem **Risiko der vorzeitigen Rückzahlung** unterliegen, sofern die Zahlungen mit einer hohen Wahrscheinlichkeit („*highly probable*") zu erwarten sind (IAS 39.IG F.2.12 *Hedge accounting: prepayable financial asset*).
- Absicherung der **Variabilität der Kaufpreiszahlung** eines Vertrags, der eine physische Lieferung (z. B. eines Schuldtitels) zu einem festen Preis vorsieht. Als Grundgeschäft wird dabei die physische Lieferung selbst designiert (IAS 39.IG F.2.5 *Cash flow hedges: 'all in one' hedge*).
- Absicherung des Währungsrisikos aus **geplanten Umsatzerlösen** oder aus dem **geplanten Einkauf** von Roh-, Hilfs- und Betriebsstoffen in fremder Währung durch den Abschluss von Devisentermingeschäften, Devisenoptionen oder durch die Aufnahme einer Verbindlichkeit in fremder Währung (IAS 39.IG F.2.4 *Hedge accounting: hedging of future foreign currency revenue streams*).
- Absicherung des Zinsänderungsrisikos einer **variabel verzinslichen Verbindlichkeit** durch den Abschluss eines Swaps (IAS 39.AG103). Sofern es sich um variable Kapitalbeträge handelt, liegt eine Absicherung einer geplanten Transaktion („*forecast transaction*") vor. Wenn es sich um feste Kapitalbeträge handelt (wie z. B. bei einer Floating Rate Note), handelt es sich um eine Absicherung einer festen Verpflichtung („*firm commitment*").

Das **Grundgeschäft** eines Cashflow Hedges ist ein einzelner künftiger Cashflow oder innerhalb spezifizierter Perioden (Laufzeitbändern) aggregierte zukünftige Cashflows. Die Cashflows resultieren dabei z. B. aus Zinszahlungen für bestehende, variabel verzinsliche Bilanzposten, Zinseingängen aus künftigen Wiederanlagen von Zahlungseingängen und Zinszahlungen für künftige Refinanzierungen („*forecast transactions*"). Entsprechendes gilt für Währungsgeschäfte.

Beispiel:

Am 31. Dezember 2005 bestehen bei einem Unternehmen mit funktionaler Währung EUR vier feste Verpflichtungen („firm commitments"), mit denen per Ende Oktober 2006 folgende Zahlungsströme in USD verbunden sind:

+ 75 Mio.	*Zahlungseingang A aus schwebendem Verkauf*
+ 75 Mio.	*Zahlungseingang B aus schwebendem Verkauf*
- 50 Mio.	*Zahlungsausgang C aus schwebender Bestellung*
- 25 Mio.	*Zahlungsausgang D aus schwebender Bestellung*
= 75 Mio.	*Nettoposition in USD*

Die bilanzielle Abbildung einer Absicherung der Nettoposition in USD im Cashflow Hedge Accounting kann nach einer der folgenden Varianten erfolgen, sofern die übrigen Voraussetzungen (Dokumentation, Effektivität usw.) erfüllt sind:

(1) Jeder Cashflow aus den festen Verpflichtungen (schwebende Geschäfte) wird einzeln als Grundgeschäft durch ein separates Derivat (z. B. Devisentermingeschäft) gesichert und als Cashflow Hedge abgebildet.

(2) Ein Devisenterminverkauf von USD 150 Mio. zur Absicherung der aggregierten Cashflows aus den schwebenden Verkäufen A und B als Grundgeschäft und ein Devisenterminkauf von USD 75 Mio. zur Absicherung der aggregierten Cashflows aus den schwebenden Bestellungen C und D als Grundgeschäft.

(3) Ein Devisenterminverkauf von USD 75 Mio. (d. h. das Devisentermingeschäft wird an der Nettoposition in USD ausgerichtet); als Grundgeschäft werden die Cashflows aus schwebenden Verkäufen i.H.v. USD 75 Mio. dokumentiert: (a) als Anteil (= 50 %) der aggregierten schwebenden Verkäufe A und B (d. h. insgesamt USD 150 Mio. · 50 % = USD 75 Mio.) oder (b) zu 100 % des schwebenden Verkaufs A oder B.

Bestandteil der Dokumentation sind bei Kreditinstituten die (z. B. vom Risikomanagement verwendeten) Cashflow-Projektionen auf Grundlage eines **Cashflow-Generators.** Eine Rückverfolgung der Cashflows auf einzelne Geschäfte ist nicht erforderlich (und regelmäßig technisch auch nicht möglich). Wird das Zinsänderungsrisiko bei

Kreditinstituten z. B. mittels Zinsswaps gesichert, kann dabei aber ein Swap nicht einer Nettoposition, sondern muss den entsprechenden variablen Cashflows (brutto) zugeordnet werden, die der Nettoposition gegenüberstehen.[364]

Nach IAS 39.88(a) muss die Sicherungsbeziehung in der Art und Weise dokumentiert werden, dass das Grundgeschäft (hier die gesicherten Cashflows) und das Sicherungsinstrument (hier der Zinsswap) **eindeutig** identifiziert und dokumentiert werden. Damit muss der Zinsswap den entsprechenden variablen Cashflows zugeordnet werden. Nach Ansicht des *Ausschusses für Bilanzierung des Bundesverbands deutscher Banken* ist es dabei nicht notwendig, dem Sicherungsinstrument spezifische antizipierte variable Zinszahlungen zuzuordnen; vielmehr wäre der Nachweis ausreichend, dass die Gruppe der künftigen variablen Zinszahlungen brutto – aktiv oder passiv – größer ist als die künftigen variablen Zinszahlungen aus dem bzw. den derivativen Geschäft(en).[365] Als gesichertes Grundgeschäft sind danach die zuerst eingehenden Zahlungen anzusehen, ohne dass einzelne Transaktionen formal dokumentiert werden.

Dieser Ansicht kann, wenn man streng der Systematik des Standards folgt, nicht uneingeschränkt zugestimmt werden. Soweit nur feststeht, dass die gesicherten Cashflows betragsmäßig größer sind als die Cashflows aus dem Sicherungsinstrument und deshalb die Cashflows aus dem Sicherungsinstrument immer kompensieren werden, ist das nach IAS 39 nicht ausreichend. Nach dem Standard muss vielmehr entweder eine Einzelzuordnung erfolgen, d. h. die abzusichernden Cashflows des Grundgeschäfts (z. B. variabel verzinsliche Forderung) müssen in Höhe der Cashflows des Sicherungsinstruments (z. B. Zinsswap) für Zwecke des Hedge Accountings einander zugeordnet werden oder es erfolgt eine Portfoliozuordnung, d. h. es muss ein der Höhe der Cashflows aus dem Sicherungsinstrument entsprechender Anteil der abgesicherten Cashflows zugeordnet werden (z. B. die zeitlich zuerst entstehenden 60 % aller Cashflows).

Dieses Erfordernis der eindeutigen Zuordnung von gesicherten Cashflows ergibt sich auch aus der Voraussetzung der zu dokumentierenden Methode der Effektivitätsmessung (IAS 39.88(a)). Dabei muss festgelegt werden, dass die Veränderungen der Cashflows des Sicherungsinstruments für die betreffende Periode mit den Veränderungen der abzusichernden Cashflows der zukünftigen Geschäfte verglichen werden.

Für die hier vertretene Ansicht spricht auch, dass die Bestimmungen des Standards für die Bilanzierung bei Beendigung der Sicherungsbeziehung eine eindeutige Zuordnung der Cashflows verlangen.

---

364 Vgl. *Ausschuss für Bilanzierung des BdB*, WPg 2001, S. 349; *Krumnow, J./Sprißler, W. u.a. (Hrsg.)*, Kommentar[2], IAS 39, Tz. 306.

365 Vgl. *Ausschuss für Bilanzierung des BdB*, WPg 2001, S. 349; *Krumnow, J./Sprißler, W. u.a. (Hrsg.)*, Kommentar[2], IAS 39, Tz. 307.

Andererseits werden die praktischen Schwierigkeiten, die bei einer streng formalen Sichtweise im Rahmen der Steuerung des Zinsänderungsrisikos bei Kreditinstituten bestehen, durchaus gesehen.

Mit der Dokumentation der Sicherungsstrategie wird bei Kreditinstituten festgelegt, welche Sicherungsgeschäfte im Rahmen des **Asset-Liability-Managements** für das Zinsrisiko des Bankbuchs abzuschließen sind. Die innerhalb dieser Strategie abgeschlossenen Sicherungsinstrumente müssen dann bei Abschluss eindeutig als Sicherungsinstrument gekennzeichnet werden. Das gesicherte Risiko muss bei Kreditinstituten als Sicherung eines Teils des allgemeinen Zinsrisikos festgelegt werden, z. B. des risikofreien Zinses oder des Interbankenzinses. Zur Sicherstellung der Wirksamkeit ist es sinnvoll, die Ermittlung dieses Teils des Zinsrisikos auf der Grundlage der gleichen Zinskurve durchzuführen, die dem Sicherungsinstrument zugrunde liegt.

Bei Einzelpositionen lässt sich die Art der Hedge-Beziehung (Fair Value Hedge oder Cashflow Hedge) zweifelsfrei aus dem Sicherungszweck ablesen, d. h. entweder soll durch das Sicherungsinstrument eine Fair Value-Änderung oder es soll eine Änderung der Cashflows abgesichert werden. Bei dem **Ausgleich von Überhängen aus zusammengesetzten Positionen** z. B. im Rahmen des Asset-Liability-Managements stellt sich hingegen die Frage, von welchem Standpunkt aus der Vergleich vorgenommen wird. In diesem Zusammenhang lässt sich bei Banken häufig ein Überhang variabel verzinslicher Verbindlichkeiten über variabel verzinsliche Kreditvergaben feststellen, während bei den Festzinskonditionen die verzinslichen Kreditvergaben die Verpflichtungen übersteigen. Unter der Annahme eines ansonsten ausgeglichenen Verhältnisses zwischen Gesamtvolumen der Kredite und Gesamtvolumen der Verbindlichkeiten kann das bestehende Zinsänderungsrisiko grundsätzlich von zwei Ausgangspunkten abgesichert werden: der Festzinsüberhang im Kreditgeschäft wird dadurch gekennzeichnet, dass mittels eines Swaps dieser Überhang in eine variabel verzinsliche Vermögensposition konvertiert wird, sodass der Fair Value unverändert bleibt (Fair Value Hedge), oder, dass mittels eines Swaps variabel verzinsliche Verpflichtungen in eine Schuldposition mit einem für das Kreditgeschäft passenden festen Cashflow umgewandelt werden (Cashflow Hedge). Es kann demnach sowohl die Begründung eines Fair Value Hedges als auch eines Cashflow Hedges zu dem gewollten Absicherungsergebnis führen (IAS 39.IG F.6.2 *Hedge accounting considerations when interest rate risk is managed on a net basis*). Die Wahl der Absicherungsmethode bleibt hierbei grundsätzlich dem sichernden Unternehmen überlassen.

Ausweispolitisch ist dabei allerdings zu bedenken, dass sich nur bei einem effektiven Fair Value Hedge die Wertänderungen von Grundgeschäft und Sicherungsinstrument ausgleichen, während bei dem Cashflow Hedge nur die Wertänderungen des Sicherungsinstruments erfasst werden (der effektive Teil der Wertänderungen ist im Eigenkapital in der Cashflow Hedge-Rücklage zu berücksichtigen, der ineffektive Teil ist unmittelbar erfolgswirksam zu erfassen).

Der Begriff der **hohen Wahrscheinlichkeit** („*highly probable*“) wird zwar in IAS 39 nicht ausdrücklich definiert, bedeutet jedoch eine deutlich höhere Eintrittswahrscheinlichkeit („*a much greater likelihood*“)[366] als mit „*more likely than not*“ (d. h. mehr als 50 %) verbunden ist.[367] Eine Beurteilung der Wahrscheinlichkeit, dass eine geplante Transaktion tatsächlich eintritt, ist nicht nur auf Basis der Absichten und Pläne des Managements vorzunehmen, da eine solche Absicht nicht nachprüfbar ist. Die Eintrittswahrscheinlichkeit einer Transaktion ist vielmehr durch beobachtbare Tatsachen und die damit verbundenen Umstände zu belegen.

Bei der Einschätzung der in IAS 39 geforderten **hohen Wahrscheinlichkeit** des Eintritts einer geplanten Transaktion sind die folgenden Umstände zu berücksichtigen (IAS 39.88(c); IAS 39.IG F.3.7 *Hedge accounting: forecast transaction*):[368]

- die Häufigkeit vergleichbarer Transaktionen in der Vergangenheit,
- die finanzielle und operative Fähigkeit des Unternehmens, die geplante Transaktion auch durchzuführen,
- substanzielle Ressourcenbindung (Investitionsverpflichtung) für einzelne geplante Aktivitäten (z. B. eine Fertigungseinrichtung, die kurzfristig nur zu Herstellung einer bestimmten Warengruppe genutzt werden kann),
- der Umfang eines Verlusts oder einer Produktionsunterbrechung im operativen Bereich, der daraus resultieren könnte, dass die geplante Transaktion nicht stattfindet,
- die Wahrscheinlichkeit, dass Transaktionen mit substanziell unterschiedlichen Merkmalen zur Erreichung des gleichen Geschäftsziels eingesetzt werden können (z. B. unterschiedliche Formen der Kapitalbeschaffung),
- der Geschäftsplan eines Unternehmens.

Ferner ist der **Prognosehorizont** (und damit implizit die angestrebte Reichweite der Absicherung) zu beachten, da bei einem längeren Prognosehorizont tendenziell die Unsicherheit einer späteren Durchführung erhöht ist. Als weiterer Indikator kann – sofern vorhanden – auch der **in der Vergangenheit erreichte Zuverlässigkeitsgrad** bei der Absicherung von geplanten Transaktionen herangezogen werden (IAS 39.IG F.3.7 *Hedge accounting: forecast transaction*).

Als weitere Voraussetzung müssen geplante Transaktionen mit hinreichender Genauigkeit („*sufficient specificity*“) **identifiziert** und (im Rahmen einer Cashflow-Planung) **dokumentiert** sein. Im Zeitpunkt des Eintretens der geplanten Transaktion muss eindeutig bestimmbar sein, ob es sich um eine gesicherte Transaktion oder eine

---

366 In der vorherigen Version der IAS 39 Guidance on Implementing wurde an dieser Stelle noch der Begriff „*a significantly greater likelihood*“ verwandt.

367 Einen weiteren Hinweis enthält Appendix A des IFRS 5, in dem der Begriff „*highly probable*“ mit „*significantly more likely than probable*“ definiert wird (IFRS 5.BC81).

368 Vgl. *Ernst & Young LLP (Hrsg.)*, International GAAP 2005, 2004, S. 1120-1122.

nicht gesicherte Transaktion handelt (IAS 39.IG F.3.10 *Hedge accounting: identification of hedged forecast transaction*). Sofern geplante Transaktionen nicht hinreichend identifiziert werden können, wie z. B. geplante Dividendenausschüttungen („*forecast dividend payments*") oder nicht genau identifizierbare Käufe oder Verkäufe, kommen sie nach Klarstellung in der Guidance on Implementing nicht als Grundgeschäfte infrage (IAS 39.IG F.2.4 *Hedge accounting: hedging of future foreign currency revenue*; F.2.7 *Cash flow hedge: forecast transaction related to an entitiy's equity*).

Vor diesem Hintergrund kommt als geplante Transaktion („*forecast transaction*") weder der Kauf oder Verkauf der letzten 60 Einheiten eines Grundgeschäfts (z. B. Vorräte) während einer bestimmten Periode (z. B. im Laufzeitband Mai 2006) noch ein prozentualer Anteil dieser Transaktionen (z. B. 60 % der Cashflows im Laufzeitband Mai 2006) infrage. Demgegenüber können **die ersten 60 Einheiten**, die während einer bestimmten Periode verkauft werden, als Grundgeschäft eines Cashflow Hedges designiert werden. Nach den Vorgaben des Standards ist bei der Bestimmung der Periode, in die das Eintrittsdatum der gesicherten Cashflows fällt, eine **angemessen spezifische** und **grundsätzlich enge Zeitspanne** („*a reasonably specific and generally narrow range of time from a most probable date*") anzusetzen (IAS 39.IG F.3.11 *Cash flow hedge: documentation of timing of forecast transaction*). Insofern ist es zur Erfüllung der restriktiven Vorgabe nicht ausreichend, diese Zeitspanne als ein (Geschäfts-) Jahr festzulegen.

Es wird empfohlen, die Laufzeitbänder im Rahmen der **Währungssicherung** zumindest in 3 bzw. 1-Monats-Perioden zu unterteilen. Ausnahmen von dieser engen Definition der Zeitspanne können nur im Einzelfall unter Beachtung von weiteren Anforderungen an die Höhe der Eintrittswahrscheinlichkeit gewährt werden. Für alle anderen Cash Flow Hedge-Sicherungsbeziehungen, insbesondere im Rahmen von **Zinssicherungen**, ist bei der Bildung von Laufzeitbändern auf monatliche Abstände für die ersten 24 Monate und danach auf Jahresbänder überzugehen.

Gerade im **Anlagen- und Projektgeschäft** ist neben der besten Schätzung des Fälligkeitstermins zusätzlich die Periode, innerhalb der die gesicherte Transaktion erwartungsgemäß eintreten wird, anzugeben. Das Ende eines Projekts muss jedoch nicht mit dem Fälligkeitstermin der letzten Zahlung übereinstimmen. Ferner ist es zulässig, bei der Schätzung des Projektendes auch die wahrscheinlichen Zeitverzögerungen auf der Basis von bisherigen Erfahrungen zu berücksichtigen. Im Gegensatz zur Regelung nach US-GAAP sieht IAS 39 keine verbindliche Vorgabe einer *„originally specified time period"* für den Eintritt der gesicherten Cashflows vor. Insofern enthält der Standard auch keine 2-Monatsregel, wonach das Cashflow Hedge Accounting prospektiv beendet werden muss, wenn der Eintritt der gesicherten Cashflows sich um mehr als die anfangs dokumentierte *„originally specified time period"* zuzüglich zwei Monate überschreitet und damit per Definition ein *„forecast error"* gegeben ist.

Für **zeitlich verspätet** eintretende geplante Transaktionen ist das Sicherungsinstrument zu prolongieren oder ein neues Sicherungsinstrument zu designieren bzw. abzuschließen. Die für diesen Fall vorzunehmende Anschlusssicherung muss jedoch in der ursprünglichen Dokumentation festgehalten sein (Für eine Darstellung der Auswirkungen auf die Effektivität vgl. Kapitel 7.5.2.5.)

Tritt eine geplante Transaktion **früher** als ursprünglich erwartet ein, stellt dies zwar nicht die erfolgte Designation der ursprünglichen Sicherungsbeziehung infrage, gleichwohl kann dies Auswirkungen auf die Beurteilung der Effektivität haben. Das zur Absicherung kontrahierte Sicherungsinstrument kann bei einem früheren als geplanten Eintritt des Grundgeschäfts erneut (für die verbleibende Restlaufzeit) in eine Sicherungsbeziehung mit einem anderen Grundgeschäft designiert werden (IAS 39.IG F.5.4 *Cash flow hedges: forecast transaction occurs before the specified period*).

7.4.3. Hedge of a Net Investment in a Foreign Operation

Die Absicherung einer Nettoinvestition in einen ausländischen Geschäftsbetrieb (Hedge of a Net Investment in a Foreign Operation) stellt die dritte Methode zum Hedge Accounting dar (IAS 39.86(c); IAS 21.8). Die Währungsumrechnung von Nettoinvestitionen in einen ausländischen Geschäftsbetrieb wird ausführlich in IAS 21 behandelt (IAS 21.8; IAS 21.15). IAS 39 ergänzt diese Vorschriften durch Voraussetzungen, die bei Anwendung von Hedge Accounting an derartige Sicherungsbeziehungen gestellt werden. Unter einem **ausländischen Geschäftsbetrieb** wird ein Tochterunternehmen, ein assoziiertes Unternehmen, ein Joint Venture oder eine Niederlassung des berichtenden Unternehmens verstanden, dessen Geschäftstätigkeit in einem anderen Land angesiedelt oder in einer anderen Währung ausgeübt wird oder sich auf ein anderes Land oder auf eine andere Währung als die des berichtenden Unternehmens erstreckt (IAS 21.8).

Nach der Grundkonzeption des IAS 21 sind in einem Konzernabschluss alle Währungsdifferenzen, die aus der Umrechnung von Abschlüssen mit abweichender funktionaler Währung in die **Darstellungswährung** (*„presentation currency"*) resultieren, sowie Währungsdifferenzen, die aus der **Umrechnung von monetären Posten** entstehen, die Teil einer Nettoinvestition in einen ausländischen Geschäftsbetrieb sind, so lange als **Eigenkapital** zu bilanzieren, bis die Nettoinvestition veräußert oder anderweitig aufgegeben wird (*„disposal of the net investment"*) (IAS 21.32-33; IAS 21.39; IAS 21.48). Im Rahmen eines Hedges of a Net Investment in a Foreign Operation ist es ferner zulässig, Sicherungsinstrumente zu designieren, um durch die **erfolgsneutrale Erfassung** des jeweils effektiven Teils der Fair Value-Änderung, die aus der Umrechnung einer Nettoinvestition resultierende Volatilität des Eigenkapitals **zu vermindern**. Der ineffektive Teil ist unmittelbar im Periodenergebnis zu erfassen (IAS 39.102; IAS 39.IG E.3.4 *IAS 39 and IAS 21 – Interaction between IAS 39 and IAS 21*).

7.5. Voraussetzungen für die Anwendung von Hedge Accounting

Eine Sicherungsbeziehung erfüllt die Kriterien für die Anwendung von Hedge Accounting nach IAS 39.89-102 nur dann, wenn alle der folgenden Bedingungen kumulativ erfüllt werden:

7.5.1. Designation und Dokumentation

Zu Beginn der Sicherungsbeziehung muss eine **formale Designation** und **Dokumentation** erfolgen. Dies umfasst auch die Erläuterung der Risikomanagementzielsetzung für das Hedge Accounting des Unternehmens und der dieser Absicherung zugrunde liegenden Sicherungsstrategie (IAS 39.88(a)).

In der formalen Designation und Dokumentation sind die genaue Bezeichnung des **Sicherungsinstruments**, die genaue Bestimmung des **Grundgeschäfts** sowie die **Art des gesicherten Risikos** zu benennen und es ist die Vorgehensweise anzugeben, wie das Unternehmen die **Effektivität** des Sicherungsinstruments, Risiken aus Änderungen des Fair Values oder der Cashflows des gesicherten Grundgeschäfts zu kompensieren, bestimmen wird. Aus der Dokumentation der Vorgehensweise muss neben der angewandten **Messmethode** auch hervorgehen, ob die Beurteilung auf die gesamte Änderung des Fair Values eines Sicherungsinstruments abstellt oder ob die Terminkomponente eines Termingeschäfts bzw. der Zeitwert einer Option außer Acht gelassen wird (IAS 39.AG107).

Die Dokumentation hat **zu Beginn** der Sicherungsbeziehung zu erfolgen. Eine rückwirkende Designation und/oder Dokumentation ist explizit nicht zulässig (IAS 39.IG F.3.8 *Retrospective designation of hedges*; F.3.9 *Hedge accounting: designation at the inception of the hedge*).

Die Dokumentation der Sicherungsbeziehung bei Cashflow Hedges umfasst darüber hinaus die eindeutige **Bestimmung der gesicherten Cashflows** und der dazu eingesetzten **Sicherungsinstrumente**. Die Sicherungsinstrumente müssen hierbei den entsprechenden variablen Zahlungsströmen eindeutig zuordenbar sein. Dabei ist es nicht ausreichend, nachweisen zu können, dass die künftigen variablen Zahlungen des gesicherten Grundgeschäfts brutto größer sind als die künftigen variablen Zahlungen aus den Sicherungsinstrumenten. Nach IAS 39 muss vielmehr entweder eine 1:1-Zuordnung der Cashflows aus dem Grundgeschäft und den Sicherungsinstrumenten oder eine Portfoliozuordnung erfolgen.

Da sämtliche Sicherungsbeziehungen für bilanzielle Zwecke stets **transaktionsbezogen** zu beurteilen sind, braucht ein Nachweis, dass ein Sicherungsinstrument das Gesamtrisiko des Unternehmens reduziert, nicht erbracht werden („*IAS 39 does not require risk reduction on an entity wide basis*“) (IAS 39.IG F.2.6 *Hedge relationships: entity-wide risk*).

7.5.2. Vorschriften des IAS 39 zur Effektivität

7.5.2.1. Begriff und Bedeutung der Effektivität

Um sich für die Anwendung des Hedge Accountings zu qualifizieren, muss bei einer Sicherungsbeziehung eine **hohe Effektivität** der Sicherungsbeziehung über die gesamte Laufzeit zu erwarten sein (IAS 39.88(b)). Dies wird als **prospektive Effektivität** bezeichnet.[369] Es ist darüber hinaus bereits zu Beginn der Sicherungsbeziehung zu dokumentieren, auf welche Weise diese Effektivität (Wirksamkeit) ermittelt werden soll (IAS 39.88(a)).

Des Weiteren wird gefordert, dass die Effektivität eines Sicherungsinstruments verlässlich bestimmbar ist und eine laufende nachträgliche Beurteilung der Effektivität durchgeführt wird, welche die Sicherungsbeziehung für die abgelaufene Berichtsperiode als hoch effektiv einstuft (**retrospektive Effektivität**). Hierzu ist es notwendig, dass der Fair Value bzw. die Cashflows des Grundgeschäfts sowie des Sicherungsinstruments verlässlich ermittelt werden können (IAS 39.88 (d)). Jedes Unternehmen muss hierzu selbst in der Lage sein. Mithin muss jedes Unternehmen die hierfür erforderlichen (technischen) Voraussetzungen schaffen.

Als **Effektivität** (Wirksamkeit) einer Sicherungsbeziehung definiert IAS 39.9 den Grad, mit dem Veränderungen des Fair Values oder der Cashflows eines Grundgeschäfts, die auf das abgesicherte Risiko zurückzuführen sind, durch das Sicherungsinstrument kompensiert werden.

Ist das Kriterium der Effektivität nicht (mehr) erfüllt, ist künftig das Hedge Accounting nicht (mehr) möglich, d. h. eine Sicherungsbeziehung ist bilanziell zu beenden. Eine der Folgen ist, dass das/die Sicherungsderivat/e bis zu einer Neudesignation erfolgswirksam zum Fair Value zu bewerten ist/sind.

7.5.2.2. Hoch wirksame Sicherungsbeziehung

Die Sicherungsbeziehung muss, um die Vorschriften des Hedge Accountings anwenden zu dürfen, hoch wirksam sein (IAS 39.88(b)). Wann eine Sicherungsbeziehung als **hoch wirksam** zu bezeichnen ist, ist in IAS 39.AG105 näher beschrieben.

Eine Sicherungsbeziehung wird nur dann als in hohem Maße wirksam angesehen, wenn die beiden folgenden Voraussetzungen erfüllt sind (IAS 39.AG105):[370]

---

369 Vgl. *Ernst & Young LLP (Hrsg.)*, International GAAP 2005, 2004, S. 1122-1146; *Scharpf, P.*, KoR 2004, Beilage 1, S. 3-22.

370 Vgl. *Ernst & Young LLP (Hrsg.)*, International GAAP 2005, 2004, S. 1122-1124.

(a) Sowohl zu Beginn als auch während der Laufzeit der Sicherungsbeziehung muss das Unternehmen erwarten können, dass die Sicherungsbeziehung ***prospektiv hoch wirksam*** *(„highly effective") sein wird, sodass die Änderungen des Fair Values oder der Cashflows des Grundgeschäfts (soweit diese auf das gesicherte Risiko zurückzuführen sind) durch Änderungen des Fair Values bzw. der Cashflows des Sicherungsinstruments kompensiert werden.*

Eine derartige Erwartung kann auf unterschiedliche Art und Weise belegt werden. Die auf das gesicherte Risiko zurückzuführenden Änderungen des Fair Values bzw. der Cashflows des Grundgeschäfts können z. B. mit früheren Änderungen des Fair Values bzw. der Cashflows aus dem Sicherungsinstrument verglichen werden (historische Erfahrung, historischer Abgleich). Daneben ist der Nachweis auch durch eine **hohe statistische Korrelation** zwischen dem Fair Value bzw. den Cashflows des Grundgeschäfts und dem Fair Value bzw. den Cashflows des Sicherungsinstruments möglich. Ein rechnerischer Nachweis der prospektiven Effektivität ist jedoch nicht in jedem Fall erforderlich (IAS 39.AG108).

Die prospektive Effektivität kann ferner durch die Berechnung von **Sensitivitäten** wie z. B. **Basis Point Value** belegt werden.[371] Dabei wird untersucht, wie stark sich der Fair Value von gesichertem Grundgeschäft und Sicherungsinstrument ändert, wenn das gesicherte Risiko (Risikofaktoren) von einem definierten Wert abweicht. Bei Sicherung des Zinsrisikos kann hier z. B. die Auswirkung einer parallelen Verschiebung der Zinsstrukturkurve um 100 Basispunkte (d. h. um 1 %-Punkt) auf den Fair Value von Grundgeschäft und Sicherungsinstrument untersucht werden. Entsprechen sich die absoluten Beträge dieser Änderungen weitgehend, kann die Sicherungsbeziehung prospektiv für bilanzielle Zwecke als effektiv bezeichnet werden.

Das Unternehmen kann – wie in IAS 39.AG100 beschrieben – eine Hedge Ratio (Absicherungsquotient) wählen, die ungleich eins ist, um die Wirksamkeit des Sicherungsinstruments zu verbessern. Dies bedeutet, dass z. B. 80 % des Volumens eines Geschäfts als gesichertes Grundgeschäft designiert werden kann, das dann seinerseits vollständig (also zu 100 %) gesichert wird. Dieses Vorgehen erhöht üblicherweise die Effektivität. Es ist hingegen nicht möglich, das gesamte Volumen eines Geschäfts als Grundgeschäft im Rahmen des Hedge Accountings zu designieren, dieses jedoch nur zu 80 % zu sichern.

*(b) Die aktuellen Ergebnisse der Sicherungsbeziehung müssen im Nachhinein ermittelt (****retrospektiv****) innerhalb einer Bandbreite von 80 bis 125 % liegen.*

Um die Effektivität verlässlich beurteilen bzw. messen zu können, muss es sich bei den als **Sicherungsinstrumenten** eingesetzten Derivaten um solche handeln, deren

371 Vgl. dazu ausführlich *Scharpf, P./Luz, G.*, Risikomanagement, Bilanzierung und Aufsicht von Finanzderivaten, 2. Aufl., 2000, S. 145-146.

Fair Value vom Unternehmen zuverlässig ermittelt werden kann. Im Hinblick auf die Beurteilung bzw. Messung der Effektivität können nur solche **Grundgeschäfte** abgesichert werden, für die sich die Fair Value- bzw. Cashflow-Änderungen im Hinblick auf das abgesicherte Risiko ebenfalls zuverlässig ermitteln lassen.

Der Fair Value sowie die anderen für das Hedge Accounting notwendigen Werte müssen vom bilanzierenden Unternehmen grundsätzlich selbst ermittelt werden können.

7.5.2.3. Bestimmung des zu sichernden Risikos und dessen Einfluss auf die Effektivität

Die Änderungen des Fair Values bzw. der Cashflows, die in die Messung der Effektivität eingehen, müssen beim **gesicherten Grundgeschäft** dem **abgesicherten Risiko** zurechenbar sein (IAS 39.AG110). Dies erfordert, dass das gesicherte Risiko **eindeutig bestimmt** wird. Hierzu ist es erforderlich, in der zu Beginn der Sicherungsbeziehung zu erstellenden **Dokumentation** (IAS 39.88(a)) das **zu sichernde Risiko** eindeutig zu bezeichnen und zu beschreiben.

Das im Rahmen einer Sicherungsbeziehung zu sichernde Risiko kann ein einzelnes Risiko (z. B. Zinsrisiko) oder es können auch gleichzeitig mehrere Risiken (z. B. Zins- und Währungsrisiko) sein. In letzterem Fall ist es zwingend erforderlich, dass (IAS 39.76):

- die abzusichernden Risiken eindeutig ermittelbar sind,
- die Effektivität der Sicherungsbeziehung nachgewiesen werden kann und
- es möglich ist, eine exakte Zuordnung des Sicherungsinstruments zu den verschiedenen Risikopositionen zu gewährleisten.

Nach IAS 39.IG F.1.12 ist der IASB nicht grundsätzlich gegen eine Trennung eines Derivats in seine Risikokomponenten und eine separate Designation dieser Komponenten als Sicherungsinstrumente in einer Sicherungsbeziehung (IAS 39.IG F.1.12 *Hedges of more than one type of risk*). Es ist mithin erlaubt, dass ein Derivat (z. B. ein kombinierter Zins-/Währungsswap) gleichzeitig mehrere Risiken sichert;[372] dies ist z. B. der Fall, wenn eine variabel verzinsliche Verbindlichkeit in Fremdwährung mittels eines Zins-/Währungsswaps sowohl gegen das Zins- als auch gegen das Währungsrisiko gesichert wird.

Dies muss aber über IAS 39.IG F.1.12 hinaus nicht nur für Zins-/Währungsswaps, sondern grundsätzlich auch für andere Derivate gelten. Daher kann nach der hier vertretenen Ansicht ein Sicherungsderivat dann in seine Komponenten zerlegt und

---

372 Vgl. *Eckes, B./Barz, K./Bäthe-Guski, M./Weigel, W.*, Die Bank 2004, S. 418.

diese Komponenten separat in einer Sicherungsbeziehung als Sicherungsinstrumente designiert werden, wenn die folgenden Voraussetzungen insgesamt erfüllt sind:

1. Sämtliche separat erkennbaren Komponenten sind als Sicherungsinstrumente designiert und gleichzeitig auch für ein Hedge Accounting geeignet.
2. Jede separate Komponente ist aus den Originalkonditionen des Instruments eindeutig identifizierbar und abgeleitet.

Sind beide Kriterien erfüllt, wird wie von IAS 39.74 gefordert stets das Sicherungsinstrument in seiner Gesamtheit zugeordnet. Dabei kann es in Abhängigkeit vom Sicherungsinstrument vorkommen, dass im Rahmen einer solchen Sicherungsbeziehung sowohl ein Fair Value Hedge als auch ein Cashflow Hedge abzubilden ist (IAS 39.IG F.1.12 *Hedges of more than one type of risk*).

Daneben ist aber auch möglich, dass mehrere unterschiedliche Derivate zusammen oder jeweils einzeln ein Risiko des Grundgeschäfts sichern. Dies ist z. B. dann gegeben, wenn eine variabel verzinsliche Verbindlichkeit in Fremdwährung mittels Währungsswap gegen das Währungsrisiko und mittels eines separat kontrahierten Zinsswaps gegen das Zinsrisiko abgesichert wird.[373]

Werden mehrere Risiken (z. B. Zins- und Währungsrisiko) eines Grundgeschäfts durch ein einziges oder auch durch mehrere Sicherungsderivate gesichert, ist für jede Risikoart (z. B. sowohl für das Zinsrisiko als auch für das Währungsrisiko) **eine eigene Sicherungsbeziehung zu designieren**. Dies bedeutet, dass die Beurteilung und Messung der Effektivität für diese beiden Sicherungsbeziehungen eigenständig durchzuführen sind. Wird z. B. eine variabel verzinsliche Fremdwährungsverbindlichkeit sowohl gegen das Währungs- als auch gegen das Zinsrisiko gesichert, sind **zwei** Sicherungsbeziehungen zu designieren: (1) ein Cashflow Hedge für das Zinsrisiko (Sicherung der variablen Zinsen der Verbindlichkeit) und (2) entweder ein Fair Value Hedge oder wahlweise auch ein Cashflow Hedge für die Sicherung des Währungsrisikos (IAS 39.IG F.3.3 *Foreign currency hedge*).[374] Demzufolge ist auch für beide Sicherungsbeziehungen jeweils eine eigenständige Beurteilung bzw. Messung der Effektivität durchzuführen.

Bei der Sicherung von **Zinsrisiken** kann das zu sichernde Risiko z. B. das Risiko sein, das sich aus einer risikolosen Zinsstrukturkurve (ggf. korrigiert um einen bestimmten

373 So auch *Eckes, B./Barz, K./Bäthe-Guski, M./Weigel, W.*, Die Bank 2004, S. 418.

374 Vgl. auch *Eckes, B./Barz, K./Bäthe-Guski, M./Weigel, W.*, Die Bank 2004, S. 418, die jedoch für die Sicherung des Währungsrisikos nur den Fair Value Hedge nennen. Die von *Eckes/Barz/Bäthe-Guski/Weigel* gemachten Ausführungen, wonach bei Sicherungsinstrumenten für Zwecke der Messung der Effektivität eine Aufspaltung der Fair Value-Änderung in gesicherte und nicht gesicherte Komponenten nicht zulässig sein soll, wird nicht belegt. Jedes derivative Sicherungsinstrument ist zu seinem (Full) Fair Value in der Bilanz anzusetzen. Hiervon zu unterscheiden ist jedoch die Messung der Effektivität. IAS 39 schreibt hierfür keine bestimmte Methode vor, verlangt aber, dass die Messmethode mit den Risikomanagementstrategien und -zielen vereinbar sein muss.

Credit Spread) ergibt. Bei Sicherung von **Währungsrisiken** kommt z. B. der Kassakurs oder der Terminkurs als gesichertes Risiko infrage. Sollten **Aktienkursrisiken** gesichert werden, ist exakt zu bezeichnen, um welche Aktie (Emittent, Gattung) es sich handelt.

Sofern es sich beim gesicherten Grundgeschäft um einen finanziellen Vermögenswert oder eine finanzielle Verbindlichkeit handelt und die Effektivität der Absicherung gemessen werden kann, was z. B. im Fall der Absicherung des risikofreien Zinssatzes oder eines Benchmark-Zinssatzes (z. B. 6-Monats-Euribor) gegeben ist, kann auch nur ein **Teil der Cashflows** bzw. **ein Teil des Fair Values** eines Grundgeschäfts gesichert werden (IAS 39.81).

Die Messbarkeit der Effektivität ist bei der Absicherung lediglich eines Teils der Cashflows bzw. eines Teils des Fair Values von besonderer Relevanz. Dabei kann ein bestimmbarer und einzeln bewertbarer Teil des Zinsrisikos eines verzinslichen Vermögenswerts oder einer verzinslichen Verbindlichkeit als abgesichertes Risiko (wie z. B. risikolose Zinssätze oder eine Benchmark-Komponente des gesamten Zinsrisikos) eingesetzt werden. Hier sind ergänzend IAS 39.AG99A und IAS 39.AG99B zu beachten.

Bei der Sicherung nur eines Teils der Cashflows muss sichergestellt sein, dass der abgesicherte Teil der Cashflows kleiner als die gesamten Cashflows des Grundgeschäfts ist. Liegt daher der vertraglich vereinbarte Zins eines Finanzinstruments unter dem Benchmark-Zinssatz, ist es für Sicherungszwecke nicht zulässig, die Fair Value-Änderungen bzw. Cashflows in den Benchmark-Zinssatz und einen negativen Credit Spread aufzuteilen (IAS 39.AG99A). Soll ein solches Finanzinstrument gegen Änderungen des Benchmark-Zinssatzes gesichert werden, müssen die gesamten Fair Value- bzw. Cashflow-Änderungen in die Sicherungsbeziehung einbezogen werden, was zur Folge hat, dass die Sicherungsbeziehung in Abhängigkeit von der Höhe des negativen Credit Spreads in aller Regel ineffektiv sein wird.[375]

Liegt hingegen eine nachträgliche Designation einer Sicherungsbeziehung im Rahmen von Zinsänderungsrisiken vor und haben sich die Zinssätze seit dem Erwerb des Finanzinstruments geändert, kann das auf den Benchmark-Zinssatz entfallende Zinsänderungsrisiko auch für den Fall gesichert werden, dass der Benchmark-Zinssatz den vertraglich vereinbarten Zinssatz übersteigt. Voraussetzung ist, dass der Benchmark-Zinssatz im Zeitpunkt der Designation niedriger ist als der Effektivzins, der sich bei einem Kauf des Finanzinstruments zum Zeitpunkt der Designation ergeben würde (IAS 39.AG99B).

Das Sicherungsinstrument darf sich nicht auf allgemeine Geschäftsrisiken beziehen (IAS 39.AG110). Es muss sich vielmehr auf ein **bestimmtes, identifizierbares und**

---

375 Vgl. *Eckes, B./Barz, K./Bäthe-Guski, M./Weigel, W.*, Die Bank 2004, S. 419.

exakt benennbares Risiko beziehen und sich letztlich auf das Periodenergebnis des Unternehmens auswirken (IAS 39.AG110).

7.5.2.4. Methoden zur Beurteilung und Messung der Effektivität

Hinsichtlich der Methoden, die anzuwenden sind, um die geforderten Effektivitäten zu bestimmen, werden in IAS 39 keine Vorschriften gemacht (IAS 39.AG107). Die vom Unternehmen **gewählte Methode** hat sich allerdings **nach der Risikomanagementstrategie zu richten** (IAS 39.AG107).

> *„The assessment of a hedge's effectiveness has the potential to be an extremely difficult exercise, involving the use of complex statistical techniques and valuation models [...]. All of this is not helped by the fact that the IASB has provided very limited practical guidance on how to go about testing effectiveness."*[376]

Die gewählte Methode zur Messung bzw. Beurteilung der Effektivität muss mithin mit dem in der Risikomanagementstrategie verfolgten Ziel vereinbar sein, d. h. **die Risikomanagementstrategie bestimmt letztendlich die Messmethode mit**. Weitere Einschränkungen hinsichtlich der anwendbaren Methoden macht IAS 39 nicht. Der Standard schreibt insbesondere keine bestimmte Methode vor. Eine einmal gewählte Messmethode zur Durchführung des Effektivitätstests ist grundsätzlich während der gesamten Sicherungsbeziehung stetig anzuwenden. Ein Methodenwechsel während der Laufzeit einer Sicherungsbeziehung ist nur in begründeten Ausnahmefällen und bei entsprechender Dokumentation zulässig.[377]

Die Eignung einer Methode zur Beurteilung der Wirksamkeit hängt von der Art des zu sichernden Risikos und des eingesetzten Sicherungsinstruments ab (IAS 39.AG107). In der Dokumentation nach IAS 39.88(a) über die Sicherungsstrategie hat das Unternehmen auch Angaben über die zur Beurteilung der Wirksamkeit eingesetzten Methode/n und Verfahren zu machen (IAS 39.AG107).

Für die Beurteilung bzw. Messung der Effektivität kann der Zeitwert von Optionen bzw. die Terminkomponente von Termingeschäften außer Acht gelassen werden (IAS 39.AG107).

Vor diesem Hintergrund stellt sich die in Fachkreisen umstrittene Frage, ob Entsprechendes nicht auch bei **Zinsswaps** für den Einfluss der variablen Seite (Variable Leg) beim Fair Value Hedge bzw. der Festzinsseite beim Cashflow Hedge gelten muss. Ansonsten könnte es zu einem Widerspruch zur Risikomanagementstrategie kommen.[378] Die Frage der Messung der Effektivität ist unabhängig von der Bilanzierung

---

376 *Ernst & Young LLP (Hrsg.)*, International GAAP 2005, 2004, S. 1122.

377 Ein Wechsel der Methode kann z. B. dann notwendig sein, wenn die zur Durchführung einer Regressionsanalyse benötigte Anzahl von Datenpunkten nicht über die gesamte Sicherungsbeziehung vorhanden ist.

378 Vgl. *Scharpf, P.*, KoR 2004, Beilage 1, S. 7.

und Bewertung des als Sicherungsinstrument designierten Derivats zu beantworten. Die Messung der Effektivität kann vielmehr nach verschiedenen Methoden erfolgen und ist der eigentlichen Bilanzierung und Bewertung des Sicherungsinstruments nicht nur zeitlich vorgelagert, sondern unabhängig von der Bewertung des Sicherungsinstruments zu sehen. Das Derivat ist unabhängig davon, ob es als Sicherungsinstrument eingesetzt ist oder nicht, stets mit seinem (Full) Fair Value in der Bilanz anzusetzen. Die Messung der Effektivität beantwortet in diesem Zusammenhang zum einen die Frage, mit welchem Betrag das Sicherungsinstrument ineffektiv ist, und zum anderen die Frage, ob die Sicherungsbeziehung mangels retrospektiver Effektivität aufzulösen ist.

Die vorgesehene Methode ist **stetig** über die Sicherungsperiode anzuwenden. Die Grundlage für die Beurteilung der Effektivität einer Sicherungsbeziehung kann für verschiedene Arten von Hedges jedoch unterschiedlich sein (IAS 39.AG107), muss aber für **ähnliche Geschäfte** konsistent gewählt werden. Die prospektive Beurteilung sowie die retrospektive Messung der Effektivität können mit unterschiedlichen Verfahren (z. B. mittels einer Dollar Offset-Methode oder statistischen Methoden) erfolgen.[379] Für ähnliche Sicherungsbeziehungen sind aber ähnliche Effektivitätstestmethoden anzuwenden. Dies hängt damit zusammen, dass die angewandte Methode mit den Zielen und Strategien des Risikomanagements übereinstimmen muss.

7.5.2.5. Verzögerungen beim Eintritt einer geplanten Transaktion

Der nicht planmäßige zeitliche Eintritt von *„forecast transactions"* hat auf die Gültigkeit der ursprünglich designierten Sicherungsbeziehung selbst keinen Einfluss, d. h. die Sicherungsbeziehung als solche besteht nach wie vor weiter, auch wenn die für einen bestimmten Tag geplante künftige Transaktion (Grundgeschäft) verfrüht oder verspätet eintritt. Der nicht termingerechte Eintritt der vorhergesehenen Transaktion kann sich nach IAS 39.IG F.5.4 jedoch auf die Beurteilung der **Effektivität** der Sicherungsbeziehung auswirken, ohne dass IAS 39 die Gründe hierfür näher erläutert (IAS 39.IG F.5.4 *Cash flow hedges: forecast transaction occurs before the specified period*).

Hierzu ist zu beachten, dass ein Derivat stets für seine gesamte Laufzeit als Sicherungsgeschäft designiert werden muss (keine Part Time Hedges). Dies gilt auch bei einem früheren Eintreten einer geplanten Transaktion. Das Problem hierbei ist, dass für den Fall des früheren Eintritts der geplanten Transaktion für die zeitliche Differenz bis zur Fälligkeit des Sicherungsinstruments keine Sicherungsbeziehung (mehr) besteht, weil das Grundgeschäft quasi weggefallen (bereits eingetreten) ist. Ferner ist in solchen Fällen die Frage zu beurteilen, ob die ursprüngliche Cashflow-Planung so präzise war, dass zukünftig für weitere geplante Transaktionen die Voraussetzungen

379 Kommen statistische Methoden zum Einsatz, sind die Zeitreihen für jeden Beobachtungszeitraum fortzuschreiben, vgl. *Jamin, W./Krankowsky, M.*, KoR 2003, S. 505 m.w.N.

für ein Hedge Accounting (hoch wahrscheinlicher, zeitgerechter Eintritt) weiterhin als gegeben angenommen werden können.

Bei einem **verspäteten Eintritt** der geplanten Transaktion (z. B. Verzögerung einer Lieferung) ist zunächst ebenfalls die Frage der nicht hinreichend präzisen Cashflow-Planung und deren Auswirkung für ein zukünftiges Hedge Accounting zu beantworten. Darüber hinaus läuft das Sicherungsinstrument in diesem Fall vor dem Eintritt des Grundgeschäfts aus, sodass sich hier nicht die Problematik des Part Time Hedges stellt. Für derartige Fälle sollte das bilanzierende Unternehmen in der nach IAS 39.88 erforderlichen Dokumentation ausdrücklich vorsehen, dass ein entsprechendes **Anschlusssicherungsgeschäft** zu kontrahieren ist. Dabei ist entscheidend, dass die eventuell notwendig werdenden Anschlusssicherungen ökonomisch begründet und im Zusammenhang mit der Risikomanagementstrategie sinnvoll sind.

7.5.2.6. Erleichterungen beim prospektiven Effektivitätstest

Die Möglichkeit einer sog. **Shortcut-Methode**, wenn sich die wesentlichen Konditionen wie Laufzeit, Nominalbetrag, Zinstermine usw. absolut decken, ist nach IAS 39 nicht zulässig.[380] Bei konditionsmäßig deckungsgleichem gesichertem Grundgeschäft und Sicherungsinstrument würde bei Anwendung einer Shortcut-Methode *per se* eine 100%ige Effektivität angenommen.

Ungeachtet dessen erlaubt IAS 39.AG108 zumindest für die Beurteilung der **prospektiven** Effektivität eine Erleichterung, falls die wesentlichen Bedingungen eines Sicherungsinstruments und eines gesicherten Grundgeschäfts identisch sind (**Critical Term Match**). Dies wird im Standard damit begründet, dass sich in solchen Fällen die Änderungen des Fair Values und der Cashflows, die dem gesicherten Risiko zuzurechnen sind, wahrscheinlich gegenseitig vollständig ausgleichen. Dies gilt für die Beurteilung der prospektiven Effektivität sowohl zu Beginn der Sicherungsbeziehung als auch für seine gesamte Laufzeit. Bezüglich der Messung der **retrospektiven** Effektivität kann diese Erleichterung jedoch nicht angewandt werden. Mit anderen Worten bedeutet dies, dass selbst wenn es sich in einzelnen Fällen um absolut perfekte Hedges handelt, die Effektivität der Sicherungsbeziehung aus **rein formalen Gründen gemessen** und **dokumentiert** werden muss.

Der Standard nennt in IAS 39.AG108 **zwei Beispiele** für diesen **Critical Term Match**:

- Ein **Zinsswap** („*interest rate swap*") ist voraussichtlich ein wirksames Sicherungsinstrument, wenn Nominal- bzw. Kapitalbetrag, Laufzeiten, Zinsanpassungs- bzw. Rückzahlungstermine, die Zeitpunkte für Zins- und Tilgungszahlungen (Ein- und Auszahlungen) sowie die Bemessungsgrundlage (Referenzzins) für die Festsetzung

[380] Vgl. *Ernst & Young LLP (Hrsg.)*, International GAAP 2005, 2004, S. 1138 u. 1140.

der Zinsen beim Sicherungsinstrument und gesicherten Grundgeschäft identisch sind.

Dabei muss der feste Zinssatz des gesicherten Grundgeschäfts der Höhe nach nicht exakt mit dem Festsatz des Zinsswaps übereinstimmen (IAS 39.AG112). Gleiches gilt für den variablen Zinssatz. Entscheidend ist jedoch, dass der variable Zinssatz im gesicherten Grundgeschäft gleich oder höher ist als der des Zinsswaps, z. B. weil der Credit Spread beim Grundgeschäft höher ist als beim Zinsswap. Hier sind die Ausführungen in IAS 39.AG99A und IAS 39.AG99B zu beachten, die für den Fall, dass nur ein Teil des Zinscashflows bei variablen Zinsen gesichert wird, zu beachten sind.

- Ein **Termingeschäft** (*„forward"*) zur Absicherung eines geplanten Warenkaufs ist wahrscheinlich hoch wirksam, wenn das Termingeschäft den Erwerb einer Ware der gleichen Art und Menge, zum gleichen Zeitpunkt und Ort wie das gesicherte geplante Grundgeschäft zum Gegenstand hat.

  Der Fair Value des Termingeschäfts muss zu Beginn der Sicherungsbeziehung gleich null sein, d. h. das Termingeschäft muss zu marktgerechten Konditionen abgeschlossen worden sein.

  In der nach IAS 39.88(a) vorgeschriebenen Dokumentation muss vorgesehen sein, dass entweder die Änderung des Terminauf- bzw. -abschlags des Termingeschäfts aus der Beurteilung der Wirksamkeit herausgenommen wird (IAS 39.AG107) oder dass die Änderung der erwarteten Cashflows aus dem hochwahrscheinlich eintretenden geplanten Grundgeschäft (Warenkauf) anhand des Terminkurses der zugrunde liegenden Ware beurteilt wird (IAS 39.IG F.5.6 *Cash flow hedges: firm commitment to purchase inventory in a foreign currency*).

Nachdem IAS 39.AG108 ausdrücklich Swaps und Termingeschäfte beispielhaft nennt, muss ein Critical Term Match auch **mit anderen Sicherungsinstrumenten** möglich sein, sonst wären Swaps und Termingeschäfte in IAS 39AG.108 abschließend aufgezählt.

7.5.2.7. Erleichterungen beim retrospektiven Effektivitätstest

Das bilanzierende Unternehmen kann **nicht** ohne Prüfung der retrospektiven Effektivität von einer 100%igen Effektivität ausgehen, selbst wenn die wesentlichen Bedingungen des Sicherungsinstruments und des gesicherten Grundgeschäfts übereinstimmen (IAS 39.IG F.4.7 *Assuming perfect hedge effectiveness*). Nach IAS 39.88(e) ist die retrospektive Effektivität von Sicherungsinstrumenten vielmehr laufend zu beurteilen. Denn aufgrund der Eigenschaften von Sicherungsinstrumenten, wie ihre Liquidität oder ihr Ausfallrisiko, können nach Ansicht des IASB im Zeitablauf Beeinträchtigungen der Effektivität entstehen.

Bei einer **perfekten Sicherungsbeziehung** kann es (in bestimmten vorher zu bestimmenden Bandbreiten für das gesicherte Risiko) als ausreichend angesehen werden, den retrospektiven Effektivitätstest auf eine **qualitative Beurteilung** („*qualitative method for assessing hedge effectiveness*") zu beschränken. Im Rahmen der qualitativen Beurteilung ist jeweils der Nachweis zu erbringen, dass die wesentlichen Konditionen von Grundgeschäft und Sicherungsinstrument weiterhin übereinstimmen („*the critical terms still match*").[381]

Das Unternehmen hat ferner die Möglichkeit, für die Messung der Effektivität dem Sicherungsinstrument nur **bestimmte Einzelrisiken** innerhalb eines Gesamtrisikos zuzuordnen und dadurch die Wirksamkeit der Sicherungsbeziehung zu erhöhen (IAS 39.IG F.4.7 *Assuming perfect hedge effectiveness*). So kann es im Falle einer Absicherung des Fair Values eines Fremdkapitalinstruments durch ein Derivat, dessen Ausfallrisiko einem AA-Rating entspricht, nur die bei Zinsen, die bei einem AA-Rating zu zahlen sind, auftretende Fair Value-Änderung absichern. Damit beeinflussen z. B. Änderungen des Credit Spreads nicht die Effektivität des Sicherungsinstruments.[382]

In diesem Zusammenhang ist auch die Möglichkeit zu nennen, bei der Absicherung mittels Optionen bzw. Termingeschäften den Zeitwert (Option) bzw. die Terminkomponente (Termingeschäft) bei der Messung der Effektivität außer Acht zu lassen (IAS 39.AG107).

Bei der Messung der Effektivität im Rahmen von Cashflow Hedges mittels Termingeschäften z. B. im Rahmen der Absicherung von fest kontrahierten Warenbezügen bzw. Warenverkäufen („*firm commitments*") in Fremdwährung kann auch dergestalt vorgegangen werden, dass die fest kontrahierten Aufträge – d. h. die damit verbundenen künftigen Fremdwährungsaus- oder -einzahlungen aufgrund der kontrahierten Umsätze bzw. Warenbezüge – **anhand der Terminkurse** („*forward rate method*") bewertet werden (IAS 39.IG F.5.6 *Cash flow hedges: firm commitment to purchase inventory in a foreign currency*). Dies gilt für Absicherungen von erwarteten Transaktionen („*forecast transactions*"), die als Cashflow Hedge bilanziert werden analog.[383]

Bei der Absicherung von **Zinsänderungsrisiken auf Portfoliobasis** ist es auch zulässig, die Effektivität einer Sicherungsbeziehung durch die Erstellung eines Fälligkeitsplans („*maturity schedule*") für finanzielle Vermögenswerte und finanzielle Verbindlichkeiten zu beurteilen, dass die vollständige oder teilweise Verminderung des Zinsänderungsrisikos für die Nettoposition nachweist (IAS 39.AG111).

---

381 Vgl. *Ernst & Young LLP (Hrsg.)*, International GAAP 2005, 2004, S. 1139.

382 Vgl. *Ernst & Young LLP (Hrsg.)*, International GAAP 2005, 2004, S. 1138-1139.

383 Vgl. *Ernst & Young LLP (Hrsg.)*, International GAAP 2005, 2004, S. 1131-1134.

7.5.2.8. Einfluss der Hedge Ratio auf die Effektivitätsmessung

Ein Unternehmen kann z. B. nur 85 % des Risikos eines abzusichernden Grundgeschäfts sichern. Hierzu hat es als gesichertes Grundgeschäft den sich ergebenden Betrag von 85 % des Grundgeschäfts (z. B. EUR 1 Mio.) als das zu sichernde Grundgeschäft zu designieren. Der sich ergebende Betrag (z. B. EUR 850.000) wird dann zu 100 % gesichert.

Die Effektivität ist in derartigen Fällen auf der Grundlage des als gesicherten Grundgeschäfts zu designierenden Betrags (85 % des Grundgeschäfts) zu beurteilen bzw. zu messen (IAS 39.AG107A).

7.5.2.9. Häufigkeit der Effektivitätsmessung

Die Beurteilung der Effektivität von Sicherungsbeziehungen hat mindestens zu jedem Zeitpunkt der **Aufstellung des jährlichen Abschlusses** oder des **Zwischenabschlusses** (Quartals- bzw. Halbjahresabschluss) zu erfolgen (IAS 39.AG106). Bei einer Veröffentlichung von Quartalsabschlüssen muss somit mindestens vierteljährlich ein Test sowohl zur Feststellung der prospektiven als auch der retrospektiven Effektivität durchgeführt werden. Bei einer halbjährlichen Veröffentlichung eines Zwischenabschlusses bedingt dies eine mindestens halbjährliche Messung der Effektivität der Sicherungsbeziehungen.[384] Bei **Cashflow Hedges** ist es zudem notwendig, die Effektivität **bei Ende der Sicherungsbeziehung** zu bestimmen. Zu diesem Zeitpunkt sind die Cashflows aus dem Grundgeschäft den Cashflows aus dem Sicherungsinstrument gegenüber zu stellen.

Dem steht nicht entgegen, monatlich oder in einem anderen kürzeren Intervall eine Messung der Wirksamkeit z. B. **für Zwecke des Risikocontrollings** vorzunehmen, sofern dies im Rahmen der Dokumentation der Sicherungsstrategie im Vorhinein festgelegt wird. Gerade bei Unternehmen in der Kreditwirtschaft hat sich herausgestellt, dass zumindest eine monatliche Effektivitätsmessung vorgenommen wird. Dadurch lassen sich die bei Ineffektivität auf die GuV ergebenden Auswirkungen vermindern.

Besteht die Risikomanagementstrategie des Unternehmens z. B. darin, den für das Sicherungsinstrument angesetzten Betrag (d. h. die Hedge Ratio) regelmäßig anzupassen, um Änderungen der gesicherten Position widerzuspiegeln, muss das Unternehmen nur nachweisen, dass die Absicherung für den Zeitraum bis zur nächsten Anpassung als hoch wirksam einzustufen ist (IAS 39.AG107).

Eine Sicherungsbeziehung kann nicht nur statischer Natur sein. Es ist vielmehr auch zulässig, eine **dynamische Sicherungsstrategie** durchzuführen (IAS 39.74, IAS 39.IG F.1.9 *Delta-neutral hedging strategy*). Eine solche dynamische Strategie ist insbesondere im Zusammenhang mit der dynamischen Sicherung gegen Aktienkursrisiken

---

384 Vgl. *Ernst & Young LLP (Hrsg.)*, International GAAP 2005, 2004, S. 1123.

sinnvoll. Dabei wird einem abzusichernden (konstanten) Aktienbestand eine veränderliche Anzahl von Optionen auf Aktien gegenübergestellt. Die Anzahl der Optionen kann so bestimmt werden, dass sich die Wertveränderungen des Aktienbestands und die des Optionsbestands kompensieren (Delta-Hedge). Im Rahmen einer solchen Strategie ist es zwingend erforderlich, zwischen den einzelnen Jahres- bzw. Zwischenabschlussstichtagen die Effektivität zu messen, um die Optionsposition ggf. anzupassen.

In der nach IAS 39.88(a) erforderlichen Dokumentation muss festgelegt werden, wie die Überwachung der Sicherungsstrategie und die Anpassung der Sicherungsinstrumente erfolgen.[385]

7.5.2.10. Einfluss von Steuern auf die Beurteilung und Messung der Effektivität

Sowohl die Beurteilung der prospektiven Effektivität als auch der Nachweis der tatsächlichen (retrospektiven) Effektivität erfolgt normalerweise auf einer Vor-Steuer-Basis. Die Beurteilung kann jedoch auch auf Nach-Steuer-Basis erfolgen, wenn dies in der nach IAS 39.88(a) erforderlichen Dokumentation zu Beginn der Sicherungsbeziehung vermerkt ist (IAS 39.IG F.4.1 *Hedging on an after-tax basis*).

7.5.2.11. Berücksichtigung des Ausfallrisikos des Kontrahenten

IAS 39.AG109 führt aus, dass die Absicherung eines Zinsrisikos nur beschränkt wirksam sein dürfte, wenn ein Teil der Änderung des Fair Values des Sicherungsinstruments auf das Ausfallrisiko des Kontrahenten zurückzuführen ist.

Im Rahmen der – unten beschriebenen – Ermittlung des Hedge Fair Values wird in der Praxis im Regelfall davon ausgegangen, dass das bei Designation der Sicherungsbeziehung bestehende Ausfallrisiko konstant bleibt, denn der Credit Spread wird für die Wertermittlung üblicherweise konstant gehalten.

Ungeachtet dessen ist das Ausfallrisiko insoweit beim Grundgeschäft zu berücksichtigen, als der Ausfall einer Forderung wahrscheinlich ist, was beim Fair Value Hedge und Cashflow Hedge die Effektivität beeinflusst.

Sowohl bei der Beurteilung der prospektiven als auch bei der Messung der retrospektiven Effektivität muss das bilanzierende Unternehmen die Wahrscheinlichkeit, dass der Kontrahent des Sicherungsinstruments seinen Zahlungsverpflichtungen nicht vertragsgerecht nachkommt, einbeziehen (IAS 39.IG F.4.3 *Hedge effectiveness: counterparty credit risk*). Änderungen der Bonität eines Kontrahenten wirken sich sowohl auf die Wahrscheinlichkeit der Erbringung von künftigen Cashflows aus dem Sicherungsinstrument als auch auf dessen Fair Value aus.

---

[385] Vgl. *Eckes, B./Barz, K./Bäthe-Guski, M./Weigel, W.*, Die Bank 2004, S. 420.

Ist es **wahrscheinlich**, dass ein Kontrahent ausfallen wird, kann das Unternehmen die Voraussetzung, dass die Absicherung künftig erwartungsgemäß hoch ist, sowohl bei Cashflow Hedges als auch bei Fair Value Hedges **nicht länger als erfüllt ansehen**, sodass das Hedge Accounting nicht länger möglich ist. Ein bereits bestehendes Hedge Accounting ist in derartigen Fällen nach den Regeln des IAS 39.AG113 zu beenden.

Änderungen des Fair Values eines Sicherungsinstruments, die auf ein **verändertes Ausfallrisiko des Kontrahenten** zurückzuführen sind, führen dazu, dass die Sicherungsbeziehung nicht mehr als 100 % effektiv bestimmt werden kann (IAS 39.IG F.5.2 u. F.5.3 *Cash flow hedges: performance of hedging instrument (1)-(2)*). Bei Cashflow Hedges ist in einem derartigen Fall nur der effektive Teil der Änderung des Fair Values z. B. eines Zinsswaps im Rahmen des IAS 39.96 im Eigenkapital zu erfassen. Handelt es sich hingegen um einen Fair Value Hedge, ergibt sich die erfolgswirksame Erfassung dieser Ineffektivität automatisch in der GuV (Hedge-Ergebnis).

7.5.2.12. Messung auf periodenbezogener oder kumulierter Basis

Die **Risikomanagementstrategie** beeinflusst die Methode der Beurteilung bzw. Messung der Effektivität (IAS 39.AG107). Dies gilt insbesondere auch für die Frage, ob die Effektivität auf jährlicher oder auf kumulierter Basis ermittelt wird.

IAS 39 schreibt nicht explizit vor, ob die Effektivitätsmessung **periodenbezogen** (d. h. Betrachtung der Wertänderungen bzw. Cashflow-Änderungen der einzelnen, vergangenen Perioden) oder **kumuliert** (d. h. Betrachtung der Wertänderungen seit Sicherungsbeginn) zu erfolgen hat. IAS 39.IG F.4.2 führt hierzu aus, dass eine Beurteilung bzw. Messung der Effektivität wahlweise sowohl auf periodenbezogener als auch auf kumulierter Basis vorgenommen werden kann (IAS 39.IG F.4.2 *Hedge effectiveness: assessment on cumulative basis*). Entscheidend ist, dass das gewählte Vorgehen bereits zu Beginn der Sicherungsbeziehung in die für das Hedge Accounting erforderliche Dokumentation gemäß IAS 39.88(a) aufgenommen wird.[386]

Wird die Effektivität auf kumulierter Basis ermittelt, ist ein weiteres Hedge Accounting auch dann möglich (d. h. das Hedge Accounting ist nicht zu beenden), wenn das Sicherungsinstrument zwar in einer Periode auf Periodenbasis gesehen nicht effektiv ist, dafür aber über die **Gesamtdauer der Sicherungsbeziehung** eine ausreichende Effektivität (retrospektiv) bzw. eine ausreichend hohe Wahrscheinlichkeit der künftigen Effektivität (prospektiv) aufweist (IAS 39.IG F.4.2 *Hedge effectiveness: assessment on cumulative basis*). Ungeachtet dessen sind ermittelte Ineffektivitäten zum Zeitpunkt ihres Auftretens erfolgswirksam abzubilden.

Die Frage, ob die Beurteilung bzw. Messung der Effektivität auf periodenbezogener oder kumulierter Basis zu einer näher bei 100 % liegenden Effektivität führt, ist

386 Vgl. *Ernst & Young LLP (Hrsg.)*, International GAAP 2005, 2004, S. 1124.

jeweils im Einzelfall zu beurteilen. Häufig wird man bei Fair Value Hedges bei einer kumulierten Messung der Effektivität zu einem für das Unternehmen vorteilhafteren Ergebnis gelangen als bei einer periodenbezogenen Messung, da vor allem bei geringeren Wertänderungen von Grundgeschäft und Sicherungsinstrument die Effektivität auf periodenbezogener Basis aus dem geforderten Intervall herausfallen kann. Bei Cashflow Hedges zur Sicherung von geplanten Transaktionen („*forecast transactions*") wird man häufig zum selben Ergebnis kommen können wie bei Fair Value Hedges.

Ein Vorteil der Messung auf kumulierter Basis ist auch die Möglichkeit, eine Sicherungsbeziehung nicht von vornherein ausschließen zu müssen, wenn zu erwarten ist, dass die Sicherungsbeziehung nur in einer bestimmten Periode nicht die geforderte Effektivität erfüllt.

Bei Fair Value Hedges zeigt sich die Ineffektivität automatisch in der GuV im Hedge Ergebnis. Der Grund ist darin zu sehen, dass zum einen das Sicherungsinstrument mit seinem (Full) Fair Value erfolgswirksam bewertet wird und zum anderen beim Grundgeschäft die sich aufgrund des gesicherten Risikos ergebende Wertveränderung (Buchwertanpassung) mit umgekehrtem Vorzeichen ebenfalls erfolgswirksam erfasst wird.

Bei Cashflow Hedges ist zunächst die retrospektive Effektivität zu ermitteln. Soweit diese von 100 % abweicht, liegt eine Ineffektivität vor, die erfolgswirksam zu erfassen ist. Diese Ineffektivität zeigt sich bei Fair Value Hedges automatisch erfolgswirksam in der GuV und ist bei Cashflow Hedges nach den Bestimmungen des IAS 39.96 buchungstechnisch abzubilden (IAS 39.IG F.4.5 *Hedge effectiveness: less than 100 per cent offset*).

7.5.2.13. Wegfall der Wirksamkeit zu einem späteren Zeitpunkt

Erfüllt das Sicherungsinstrument zu einem späteren Zeitpunkt nicht mehr die Voraussetzung der retrospektiven Effektivität, hat das Unternehmen die Bilanzierung nach den Regeln des Hedge Accountings einzustellen.

Das Hedge Accounting wird nach IAS 39.AG113 zu dem Tag beendet, an dem die Effektivität der Sicherungsbeziehung **letztmalig nachgewiesen** wurde. War die prospektive und retrospektive Effektivität z. B. zum 31. Dezember 2005 noch gegeben und stellt das Unternehmen beim ersten Zwischenabschluss zum 31. März 2006 fest, dass zu diesem Zeitpunkt die retrospektive Effektivität nicht mehr gegeben ist, ist das Hedge Accounting mit Wirkung zum 31. Dezember 2005 einzustellen. Dies berührt jedoch nicht die Bilanzierung zum 31. Dezember 2005. Es ist vielmehr so zu verfahren, dass zum 31. März 2006 kein Hedge Accounting mehr möglich ist, d. h., dass das Grundgeschäft nach dem 31. Dezember 2005 nach den hierfür geltenden allgemeinen

Vorschriften und das Sicherungsinstrument erfolgswirksam zum Fair Value als Held for Trading-Derivat zu bilanzieren und zu bewerten ist.

Vor diesem Hintergrund kann es – wie oben bereits erwähnt – sinnvoll sein, die Effektivität **gezielt in kürzeren (z. B. monatlichen) Abständen** zu messen. Dies hat den Vorteil, dass die erfolgswirksam zu buchenden Beträge aufgrund einer Änderung des Fair Values des (nicht effektiven) Sicherungsderivats im Regelfall geringer sind als bei einer ineffektiven Periode, die größer als ein Monat ist. Das Sicherungsderivat kann für die nächste/n Periode/n dann auch unverzüglich wieder als Sicherungsinstrument designiert werden.

Identifiziert das Unternehmen das Ereignis oder die Änderung der Umstände, die dazu geführt haben, dass die Effektivität der Sicherungsbeziehung nicht mehr erfüllt ist, und weist es nach, dass das Sicherungsinstrument (unmittelbar) vor Eintritt des identifizierten Ereignisses oder vor Änderung der Umstände noch wirksam war, ist das Hedge Accounting mit Wirkung zu dem Tag des Eintritts des Ereignisses oder der Änderung der Umstände einzustellen (IAS 39.AG113). Hierunter fallen z. B. Katastrophenereignisse mit entsprechend definierbaren Auswirkungen auf den Kapitalmarkt.

IAS 39 unterscheidet nicht explizit hinsichtlich der Frage, ob nur bei Wegfall der retrospektiven Effektivität und/oder auch bei Wegfall der prospektiven Effektivität das Hedge Accounting einzustellen ist. Dies betrifft nach IAS 39.91(b) sowohl Fair Value Hedges als auch nach IAS 39.101(b) Cashflow Hedges, denn in beiden Fällen bezieht sich der Standard jeweils insgesamt auf die in IAS 39.88 genannten Kriterien, zu denen sowohl die prospektive als auch die retrospektive Effektivität zählen. Der von *Jamin/Krankowsky* in diesem Zusammenhang vertretenen Ansicht, dass für den Fall des Fehlschlagens des retrospektiven Effektivitätstests in einer Periode das Hedge Accounting weiterhin angewendet werden darf, wenn gleichzeitig davon ausgegangen werden kann, dass die Hedge-Beziehung in Zukunft die Effektivitätsvoraussetzungen erfüllen wird, kann – da explizit gegen den Wortlaut des Standards – nicht gefolgt werden.[387]

Gleichwohl ist in der Praxis festzustellen, dass bei einer unter dem Gesichtspunkt der **Unwesentlichkeit** geringfügig nicht effektiven Sicherungsbeziehung (z. B. retrospektive Effektivität von 78 %), die nachweislich vorübergehender Natur ist, im Einzelfall eine Effektivität dennoch angenommen wird, sofern die prospektive Effektivität nachgewiesen wird. Diese Fälle sind aber lediglich bei individueller Beurteilung und unter Beachtung des Grundsatzes der Wesentlichkeit nicht zu beanstanden.

Wird das Fair Value Hedge Accounting für zinstragende Finanzinstrumente eingestellt, sind die Buchwertanpassungen bzw. Basis Adjustments der gesicherten Grundgeschäfte, die auf das abgesicherte Risiko zurückzuführen sind, wie Agien oder

---

387 Vgl. *Jamin, W./Krankowsky, M.*, KoR 2003, S. 505.

Disagien, bis zur Fälligkeit erfolgswirksam als Renditekorrektiv zu verteilen (IAS 39.92). Der angepasste Buchwert stellt die fortgeführten Anschaffungskosten dar.

7.5.2.14. Besonderheiten bei einzelnen Sicherungsinstrumenten

Da ein Sicherungsinstrument i.d.R. nur in seiner **Gesamtheit** mit einem Fair Value bewertet werden kann, kann das Sicherungsinstrument nur in seiner Gesamtheit bzw. mit einem prozentualen Anteil einer Sicherungsbeziehung zugeordnet werden. Eine Ausnahme bilden Optionen und Termingeschäfte (IAS 39.74):

- **Optionen:** Bei Optionen kann der Fair Value in den Zeitwert und den inneren Wert aufgeteilt werden. Es ist erlaubt, nur den inneren Wert als Sicherungsinstrument zu designieren.
- **Termingeschäfte:** Bei Termingeschäften ist eine Trennung in Kassabasis und Terminauf- oder -abschlag möglich. Nach einer solchen Aufteilung ist es z. B. möglich, nur die Kassabasis oder auch nur den Terminauf- oder -abschlag als Sicherungsinstrument zu designieren.

Von der Designation als Sicherungsinstrument zu unterscheiden ist die Frage nach der Methode zur Effektivitätsmessung bzw. die Frage, ob z. B. IAS 39.AG107 angewandt wird.

Wird lediglich der **innere Wert** bzw. die **Kassabasis** als Sicherungsinstrument designiert, erfolgt die Messung der Effektivität ebenfalls auf dieser Grundlage (innerer Wert, Kassabasis).

Bei Optionen kann der **Zeitwert** nach IAS 39.AG107 von der Effektivitätsmessung ausgeschlossen werden, um eine möglichst hohe Effektivität zu erzielen; d. h. der Effektivitätstest bezieht sich dann nur auf den inneren Wert der Option. Insofern wird nach IAS 39.AG107 zwar die Option als Ganzes als Sicherungsinstrument designiert, die Effektivität wird aber lediglich auf Basis des inneren Werts gemessen. Wird demgegenüber nur der innere Wert als Sicherungsinstrument designiert, kann die Effektivität eben auch nur auf dieser Basis gemessen werden. Ein Ausschluss des Zeitwerts von der Messung der Effektivität ist hier obsolet.[388]

Analog kann z. B. bei Devisentermingeschäften die **Termin- bzw. Zinskomponente** von der Beurteilung der Effektivität ausgeschlossen werden, d. h. der Effektivitätstest bezieht sich nur auf die Wertänderung der Kassabasis.[389]

Bei der Anwendung der vorgenannten Grundkonzeption auf **Zinsswaps** kann man zum gleichen Ergebnis gelangen, was jedoch in Fachkreisen umstritten ist. Wird z. B. eine

---

388 Vgl. *Ernst & Young LLP (Hrsg.)*, International GAAP 2005, 2004, S. 1141.

389 Vgl. *Ernst & Young LLP (Hrsg.)*, International GAAP 2005, 2004, S. 1131-1136.

festverzinsliche Forderung oder Verbindlichkeit gegen Änderungen des Fair Values gesichert, könnte der Einfluss der variablen Seite (Variable Leg) des Zinsswaps auf dessen Fair Value für die Messung der Effektivität außer Acht gelassen werden. Dies entspricht darüber hinaus dem Ziel der Sicherungsstrategie. Da die Methode zur Messung der Effektivität mit der Risikomanagementstrategie vereinbar sein muss, wird es mitunter als zulässig angesehen, die variable Seite für die Messung der Effektivität außer Acht zu lassen.[390] Dies stellt die zur nachfolgend beschriebenen Change in Variable Cashflow-Methode analoge Vorgehensweise für Fair Value Hedges mit Zinsswaps dar. Dies entspricht bei wirtschaftlicher Betrachtungsweise de facto dem Weglassen des Zeitwerts bei Optionen bzw. der Terminkomponente bei Devisentermingeschäften im Rahmen der Effektivitätsmessung. Folgt man dem nicht, wird eine Absicherung mittels Zinsswaps häufig als ineffektiv erkannt, obgleich z. B. das nach dem Willen des bilanzierenden Unternehmen zu sichernde Risiko vollständig gesichert ist. Klarstellend sei erwähnt, dass das Sicherungsinstrument stets zum (Full) Fair Value bilanziert werden muss. Die in diesem Zusammenhang zentrale Frage ist, ob und inwieweit die Bilanzierung und die Bewertung von Sicherungsinstrumenten untrennbar mit der Messung der Effektivität verbunden sind.

Optionen sichern das Risiko nur in eine Richtung ab und führen nur solange zu einer Risikokompensation, wie die Option *„in-the-money"* ist. Ist die Option *„out-of-the-money"*, wird diese nicht ausgeübt; damit liegt keine ausgleichende Wirkung von Grundgeschäft und Sicherungsinstrument vor. Der Effektivitätstest ist auf diesen Umstand auszurichten. Dies geschieht z. B. dadurch, dass als gesichertes Risiko eine Wertentwicklung **bis zur Höhe des Ausübungspreises** definiert wird. Auch dies entspricht zweifelsfrei dem Ziel, die Messung der Effektivität an den Zielen und Strategien des Risikomanagements auszurichten.

Für das Ausschließen von Komponenten eines Derivats von der Beurteilung der Effektivität ist zu beachten, dass für ähnliche Sicherungsbeziehungen auch ähnliche Effektivitätstests zugrunde gelegt werden sollen und ein Abweichen hiervon explizit im Anhang (Notes) zu erläutern ist.

7.5.3. Ausgewählte Methoden zur Messung der Effektivität

7.5.3.1. Grundlagen

IAS 39 schreibt hinsichtlich der **Methoden**, die anzuwenden sind, um die geforderte Effektivität zu bestimmen, keine bestimmten Verfahren vor. Eine Vorgabe, welche allerdings relativ weit ausgelegt werden kann, ist die Anforderung, dass sich die vom Unternehmen gewählte Methode **nach der Risikomanagementstrategie** zu richten hat. Dies bedeutet, dass sich die Vorgehensweise der Effektivitätsmessung im jeweili-

390 Vgl. *Scharpf, P.*, KoR 2004, Beilage 1, S. 11.

gen Einzelfall an den Strategien und Zielen des Risikomanagements orientieren muss.[391]

Eine weitere Anforderung an das für die Effektivitätsmessung verwendete Verfahren ist, dass die zur Anwendung kommende Methode **angemessen** und **konsistent** bei vergleichbaren Sicherungsbeziehungen ist. Eine Ausnahme hiervon ist ausdrücklich zu begründen.

Bezüglich der Anwendbarkeit einer bestimmten Methode muss nach der hier vertretenen Ansicht Folgendes gelten: *Besteht ein nach vernünftiger kaufmännischer Beurteilung absolut perfekter Hedge, z. B. weil das Sicherungsziel bei wirtschaftlicher Betrachtungsweise vollständig erreicht wird, muss es eine Methode geben bzw. muss eine Methode zulässig sein, die mathematisch eine Effektivität von 100 % nachweist.*

Hierauf weist z. B. auch IAS 39.AG107 hin, wonach bei der Messung der Effektivität bei Options- bzw. Termingeschäften der Zeitwert bzw. die Terminkomponente nicht zu berücksichtigen werden braucht. Hätte der IASB nur ganz bestimmte Methoden als zulässig angesehen, wären diese Methoden explizit genannt und beschrieben worden. Dies ist auch im Rahmen der grundlegenden Überarbeitung von IAS 39 nicht erfolgt.

Im Allgemeinen beschränken sich die eingesetzten Verfahren auf zwei übergeordnete Methoden zur Effektivitätsmessung – die **Dollar Offset-Methode** und die **statistischen Verfahren** – welche sowohl für die prospektive als auch für die retrospektive Effektivitätsmessung eingesetzt werden können. Ergänzt werden diese in der Praxis durch die Berücksichtigung von Toleranzwerten. Zur Beurteilung der prospektiven Effektivität werden in der Praxis auch **Sensitivitätsmessmethoden** wie z. B. Basis Point Value angewendet. Letztere sind für die retrospektive Messung nicht geeignet.[392]

Der erforderliche Umfang der Beurteilung bzw. Messung der Effektivität hängt – bei der prospektiven Effektivitätsprüfung – von der Art des eingesetzten Derivats bzw. von dessen Verhältnis zum Grundgeschäft ab. Je perfekter dabei ein Hedge aufgrund der Beziehung von Grund- und Sicherungsgeschäft ist, desto einfacher stellt sich i.d.R. die Effektivitätsmessung dar.

Ein Zinsswap gilt z. B. dann prospektiv als ein wirksames Sicherungsinstrument, wenn Nominal- bzw. Kapitalbetrag, Laufzeiten, Zinsanpassungstermine, die Zeitpunkte für Zins- und Tilgungszahlungen sowie die Referenzzinssätze von Zinsswap und Grundgeschäft übereinstimmen. Diese vereinfachte prospektive Effektivitätsmessung (Critical Term Match) wäre für dieses Sicherungsinstrument somit ausreichend. Dieses vereinfachte Verfahren der prospektiven Effektivitätsmessung ist nicht mit der Short-

---

[391] Mit einem Verweis auf die Prinzipien- versus Regelbasierung im Zusammenhang mit IAS 39 und den Methoden zur Effektivitätsmessmethoden vgl. z. B. *Eckes, B./Gehrer, J.*, ZfgK 2003, S. 590-591.

[392] Vgl. *Ernst & Young LLP (Hrsg.)*, International GAAP 2005, 2004, S. 1125-1137.

cut-Methode zu verwechseln, bei der in diesem Fall auf eine Effektivitätsmessung ganz (auch retrospektiv) verzichtet werden darf. Die Anwendung einer Shortcut-Methode ist nach IAS 39 nicht zulässig.

7.5.3.2. Messung der Effektivität beim Fair Value Hedge

7.5.3.2.1. Überblick

Nach der Dollar Offset-Methode wird die Hedge-Effektivität auf die in IAS 39.9 beschriebene Art und Weise bestimmt, nämlich anhand eines Vergleichs der Änderungen der Fair Values von Grundgeschäft und Sicherungsinstrument, d. h. bei diesem Ansatz wird die Fair Value-Änderung eines gesicherten Grundgeschäfts zu der Fair Value-Änderung des Sicherungsinstruments in das Verhältnis gesetzt.

Bei der Dollar Offset-Methode handelt es sich um eine Vorgehensweise zur Effektivitätsmessung, die in praxi leicht verständlich ist. Zudem hat sie den Vorteil, dass Bewertungsgrößen zur Anwendung kommen, die für die Bilanzierung bzw. Bewertung ohnehin ermittelt bzw. vorgehalten werden müssen.

Andererseits hat diese Methode den Nachteil, dass das Ergebnis der Effektivitätsmessung sehr sensitiv reagieren kann, wenn die Änderungen der Fair Values von Grundgeschäft und/oder Sicherungsinstrument nur sehr klein sind (Problem der kleinen Zahlen, *„law of small numbers“*). In diesen Fällen kann das Ergebnis der Effektivitätsmessung formal gesehen außerhalb der Bandbreite von 80-125 % liegen, obgleich wirtschaftlich betrachtet die Sicherungsbeziehung hoch effektiv ist.

7.5.3.2.2. Bilanzielle Abbildung beim Fair Value Hedge

Wie nachfolgend gezeigt wird, müssen bei Anwendung der Dollar Offset-Methode für die Messung der Effektivität einer Fair Value Hedge-Beziehung insbesondere bei **Zinsgeschäften** für die bilanzielle Abbildung spezifische Werte ermittelt werden. Diese werden nachfolgend als **Hedge Amortised Costs** (HAC), **Hedge Fair Value** (HFV) sowie als **Buchwertanpassung** bzw. **Basis Adjustment** (BA) genannt. Die Buchwertanpassung wird auch für Buchungszwecke verwendet. Bei der Sicherung von Aktien- und Devisenrisiken genügt im Regelfall die Ermittlung des Hedge Fair Values, um die Buchwertanpassung ermitteln zu können.

Soweit festverzinsliche Forderungen der Kategorie Loans and Receivables bzw. Verbindlichkeiten der Kategorie Other Liabilities im Rahmen eines Fair Value Hedges gesichert werden, werden diese Posten in der Bilanz mit einem Betrag angesetzt, der sich aus den fortgeführten Anschaffungskosten (Buchwert) zuzüglich/abzüglich des dem abgesicherten Risiko zuzurechnenden Gewinns/Verlusts (Buchwertanpassung oder Basis Adjustment) ergibt (IAS 39.89(b)). Dabei finden preisbildende Faktoren, die nicht durch das Sicherungsinstrument gesichert sind, i.d.R. keine Berücksichtigung (bzw. werden konstant gehalten).

Bei gegen Zinsrisiken gesicherten festverzinslichen Wertpapieren (oder Forderungen) der Kategorie **Available-for-Sale** (AfS) ist Folgendes zu beachten: Zunächst sind auch bei festverzinslichen Wertpapieren der Kategorie Available-for-Sale die fortgeführten Anschaffungskosten zu ermitteln. Die effektivzinsmäßige Amortisation eines Agios/ Disagios bei diesen Wertpapieren ist wie bei Forderungen und Verbindlichkeiten in das Zinsergebnis zu buchen. Sodann ist die Wertänderung, die sich aufgrund des gesicherten Risikos ergibt (= Buchwertanpassung), bei Wertpapieren Available-for-Sale bilanziell zu buchen und im Hedge-Ergebnis erfolgswirksam zu erfassen. Der sich aus diesen beiden Werten (fortgeführte Anschaffungskosten + Buchwertanpassung) ergebende Betrag (Buchwert nach Buchwertanpassung) ist dem (Full) Fair Value des Wertpapiers gegenüberzustellen. Das Wertpapier ist in der Bilanz mit dem (Full) Fair Value anzusetzen. Die sich ergebende (positive/negative) Differenz zum Buchwert nach Vornahme der Buchwertanpassung ist in einem gesonderten Posten im Eigenkapital (AfS-Rücklage) gegenzubuchen. Zur **Währungsumrechnung** wird auf Kapitel 4.5. verwiesen.

Sowohl die **Wertänderungen des Grundgeschäfts**, die sich auf das/die **gesicherte/n Risiko/en** beziehen (= Buchwertanpassungen) als auch die gesamten **Wertänderungen des Sicherungsinstruments** (Änderung des (Full) Fair Values) fließen in der GuV in das **Hedge-Ergebnis** ein.[393] Je perfekter eine Sicherungsbeziehung dabei ist, desto vollständiger gleichen sich diese Wertänderungen von Grundgeschäft und Sicherungsinstrument im Hedge Ergebnis aus; Ineffektivitäten zeigen sich bei Fair Value Hedges automatisch als Saldo in der GuV im Hedge-Ergebnis.

Das in der GuV auszuweisende **Zinsergebnis** aus dem **Grundgeschäft** setzt sich zusammen aus den vereinnahmten Nominalzinsen, korrigiert um normale Zinsabgrenzungen (anteilige Zinsen) sowie vermindert bzw. erhöht um die effektivzinsmäßige Amortisation des Agios bzw. Disagios (einschließlich der Transaktionskosten) i.R.d. fortgeführten Anschaffungskosten.

Die Beträge aus der **Amortisation** der Buchwertanpassungen auf das Grundgeschäft (IAS 39.92) sollten nach *Eckes/Barz/Bäthe-Guski/Weigel* im Hedge-Ergebnis ausgewiesen werden.[394] Es wird aber auch für zulässig gehalten, dass der gesicherte Teilbetrag der Zinsen (hierzu gehört auch der Amortisationsbetrag der Buchwertanpassungen) – mit entsprechender Erläuterung in den Notes – im Zinsergebnis gezeigt wird.[395]

Die aus dem **Sicherungsinstrument** (z. B. Zinsswap) abgegrenzten Zinsen (Stückzinsen, anteilige Zinsen) sollten ebenso wie die laufend bezahlten Zinsen ebenfalls im Zinsergebnis erfasst werden. Es wird jedoch auch ein Ausweis sämtlicher Ergebnis-

393 Vgl. *Eckes, B./Barz, K./Bäthe-Guski, M./Weigel, W.*, Die Bank 2004, S. 58.

394 Vgl. *Eckes, B./Barz, K./Bäthe-Guski, M./Weigel, W.*, Die Bank 2004, S. 58.

395 Vgl. *Arnoldi, R./Leopold, T.*, KoR 2005, S. 29.

komponenten der Sicherungsinstrumente im Hedge-Ergebnis empfohlen. Die Vorgehensweise im Einzelfall ist in den Notes anzugeben.

7.5.3.2.3. Ermittlung der erforderlichen Werte bei der Dollar Offset-Methode

Hedge Fair Value

Der Hedge Fair Value (HFV) ist der Fair Value, der auf der Grundlage des gesicherten Risikos (d. h. unter Ausschluss der nicht gesicherten Risikofaktoren) ermittelt wird. IAS 39 enthält keine besonderen Vorschriften, wie dieser Wert zu ermitteln ist.

Eine modellmäßige Berechnung kann zum einen dergestalt erfolgen, dass der Ermittlung des Hedge Fair Values bei Sicherung des Zinsrisikos z. B. nur die gewählte risikolose Zinsstrukturkurve zugrunde gelegt wird. Zum anderen kann die Ermittlung auch so vorgenommen werden, dass ein bei Sicherungsbeginn bestehender Credit Spread in die Berechnung einbezogen und anschließend konstant gehalten wird. Letzteres führt dazu, dass der Hedge Fair Value den Anschaffungskosten bzw. dem (Full) Fair Value bei Designation der Sicherungsbeziehung entspricht. Es ist darüber hinaus auch möglich, einen definierten Credit Spread in die Sicherung einzubeziehen, der z. B. bei Absicherung eines Portfolios dem Kreditrisiko des bonitätsmäßig besten Einzelpostens entspricht.

Im Rahmen der **Absicherung des Zinsrisikos** wird in der Praxis der Hedge Fair Value des zinstragenden **Grundgeschäfts** anhand eines Bewertungsmodells berechnet, unter Fixierung der nicht gesicherten Faktoren. Wird als gesichertes Risiko z. B. eine risikolose Zinsstrukturkurve (z. B. die Zinskurve, die dem Pricing des Sicherungsinstruments zugrunde liegt) definiert, wird das Grundgeschäft anhand dieser bewertet. Der so berechnete Wert ist ggf. um die **Zinsabgrenzung** (Stückzinsen, verdiente Zinsen) zu korrigieren, um den relevanten Hedge Fair Value des Grundgeschäfts zu erhalten (Clean Price bzw. Clean Present Value).[396]

Dieser Hedge Fair Value muss bei allen gegen Zinsrisiken gesicherten Geschäften ermittelt werden, also auch bei finanziellen Vermögenswerten der Kategorie Available-for-Sale (Wertpapiere) (und nicht nur bei Loans and Receivables und Other Liabilities, die zu fortgeführten Anschaffungskosten bewertet werden).

Da die anderen wertbeeinflussenden Faktoren konstant gehalten werden, wird in der Praxis der bei Beginn der Sicherungsbeziehung bestehende und ermittelte Credit Spread (Hedge Credit Spread) für die weiteren Berechnungen des Hedge Fair Values in den Folgeperioden festgeschrieben. Dies führt dazu, dass in den Folgeperioden zum jeweiligen Bewertungstag bei Ermittlung des Hedge Fair Values die relevante aktuelle (risikolose) Zinsstrukturkurve zur Anwendung kommt, jeweils korrigiert um den zu Beginn der Sicherungsbeziehung ermittelten (konstant gehaltenen) Credit Spread.

---

396 Vgl. *Ernst & Young LLP (Hrsg.)*, International GAAP 2005, 2004, S. 1140.

Für die **Sicherungsinstrumente** ist grundsätzlich ebenfalls ein Hedge Fair Value zu ermitteln. Dieser kann bei **Optionen** dem inneren Wert und bei **Termingeschäften** (d. h. Forwards und Futures) der Kassakomponente entsprechen (IAS 39.AG107). Für Zinstermingeschäfte ist dabei bzgl. der Kassakomponente auf die Wertveränderung des entsprechenden Underlyings (z. B. Cheapest to deliver-Bundesanleihe) abzustellen. Bei **Zinsswaps** wird grundsätzlich der Clean Price (Dirty Price (bzw. Dirty Present Value) abzüglich Saldo der abzugrenzenden Zinsen) als der Hedge Fair Value herangezogen.

Für die Ermittlung des Hedge Fair Values bei der **Absicherung von Aktien- bzw. Währungsrisiken** mittels Optionen bzw. Termingeschäften sind die nachfolgenden Besonderheiten zu beachten.

Soweit es in der nach IAS 39.88 erforderlichen Dokumentation so vorgesehen ist, kann bei der Beurteilung der Effektivität die Wertveränderung, die bei Optionen auf den Zeitwert entfällt, unbeachtet bleiben (IAS 39.AG107). Entsprechendes gilt bei Termingeschäften für die Terminkomponenten des Terminpreises.

Beim Einsatz von **Optionen** zur Absicherung von Aktienkursrisiken ist danach zu unterscheiden, ob sich die Option *„in-the-money"* oder *„out-of-the-money"* befindet.

- Ist die Option *„out-of-the-money"*, hat die Option also nur einen Zeitwert, ist für den Aktienbestand und die Option nur ein (Full) Fair Value zu ermitteln. Die Wertveränderung des Aktienbestands ist in der AfS-Rücklage gegenzubuchen. Die Wertänderung der Option hingegen ist erfolgswirksam zu erfassen.
- Befindet sich die Option *„in-the-money"*, ist für diesen Teil ein Hedge Fair Value zu ermitteln. Hier entfaltet die Option für den sich *„in-the-money"* befindlichen Teil eine Sicherungswirkung. Auch hier kann nach IAS 39.AG107 der Zeitwert bzw. die Zeitwertveränderung unberücksichtigt bleiben. Die Effektivität wird auf der Basis des Hedge Fair Values von gesichertem Grundgeschäft und Sicherungsinstrument ermittelt.

Bei **Termingeschäften** kann die **Kassakomponente** als Sicherungsinstrument designiert werden. Für die Beurteilung bzw. Messung der Effektivität ist es nach IAS 39.AG107 möglich, die Terminkomponente außer Acht zu lassen, d. h. für die Effektivitätsmessung lediglich die Wertänderung der Kassakomponente heranzuziehen.

Hedge Amortised Costs

Unter den **fortgeführten Anschaffungskosten** (*„amortised cost"*) versteht man den Betrag, mit dem ein finanzieller Vermögenswert oder eine finanzielle Verbindlichkeit bei der erstmaligen Erfassung bewertet wurde (= Anschaffungskosten), abzüglich Tilgungen, zuzüglich bzw. abzüglich der unter Anwendung der Effektivzinsmethode kumulierten Amortisation einer Differenz zwischen den ursprünglichen Anschaffungskosten und dem bei Endfälligkeit rückzahlbaren Betrag (Disagio, Agio), abzüglich Wertberichtigungen oder Ausbuchungen (IAS 39.9). An dieser Stelle muss auf die Verteilung von Agien und Disagien (einschließlich etwaiger Transaktionskosten) bei Zinsgeschäften geachtet werden. Die **Amortisation eines Agios oder Disagios** ist mit dem ursprünglichen, bei Geschäftsabschluss zu ermittelnden Effektivzinssatz (IAS 39.9) vorzunehmen (vgl. Kapitel 4.4.).

Der **Effektivzinssatz** ist nach IAS 39.9 der Zinssatz, mit dem die aus dem Zinsinstrument erwarteten künftigen Cashflows zu diskontieren sind, damit der so ermittelte Barwert den Anschaffungskosten bzw. dem Nettoauszahlungsbetrag für den finanziellen Vermögenswert bzw. für die finanzielle Verbindlichkeit im Erwerbszeitpunkt entspricht (interner Zins). Der Berechnungszeitraum geht bis zur Endfälligkeit oder ggf. bis zum nächsten Zinsanpassungstermin. Bei der Ermittlung des effektiven Zinssatzes hat das Unternehmen die Cashflows unter Berücksichtigung aller vertraglichen Bedingungen (z. B. Vorauszahlungen, Kaufoptionen und gleichartige Optionen), jedoch ohne Berücksichtigung künftiger Kreditausfallquoten zu schätzen.

Sicherungsbeziehungen können zum einen bereits bei Erwerb des Grundgeschäfts designiert werden. Zum anderen ist es aber auch möglich, eine Sicherungsbeziehung erst nachträglich – z. B. nachdem das zu sichernde Grundgeschäft bereits zwei Jahre besteht – zu designieren. Je nachdem, wann die Sicherungsbeziehung beginnt, ergeben sich in der Regel unterschiedliche Hedge Amortised Costs:

- Sicherungsbeziehung wird **bei Eingehen des Grundgeschäfts** designiert: Die Hedge Amortised Costs entsprechen bei Sicherungsbeginn den Anschaffungskosten, wenn der zu diesem Zeitpunkt bestehende Credit Spread berücksichtigt (und künftig konstant gehalten) wird. Wird der Hedge Fair Value lediglich auf der Basis der risikolosen Zinskurve ermittelt, sind die Hedge Amortised Costs separat zu berechnen.
- Sicherungsbeziehung wird erst **nachträglich** designiert: In diesem Fall sind die Hedge Amortised Costs wie unten dargestellt zu ermitteln. Bei nachträglicher Designation der Sicherungsbeziehung können und werden üblicherweise die fortgeführten Anschaffungskosten und die Hedge Amortised Costs voneinander abweichen.

Die für Zwecke des Hedge Accountings zu ermittelnden **Hedge Amortised Costs** (HAC) bei festverzinslichen Grundgeschäften werden wie die fortgeführten Anschaffungskosten i.S.d. IAS 39.9 ermittelt. Zur Ermittlung der Hedge Amortised Costs ist die Differenz zwischen dem Hedge Fair Value zum Zeitpunkt der Designation (bzw. Messung der Effektivität) der Sicherungsbeziehung ((Full) Fair Value, Anschaffungskosten) und dem Rückzahlungsbetrag effektivzinsmäßig jeweils auf die (Rest-) Laufzeit zu verteilen.

Die Hedge Amortised Costs ermitteln sich damit – wie die fortgeführten Anschaffungskosten gemäß IAS 39.9 – dergestalt, dass der Hedge Fair Value zum Zeitpunkt der Begründung der Sicherungsbeziehung (bzw. Messung der Effektivität) um die anteilige Differenz aus Hedge Fair Value und Rückzahlungsbetrag (effektivzinsmäßig) fortgeschrieben wird. Die Ermittlung der Hedge Amortised Costs erfolgt nur für Zwecke der Messung der Effektivität bzw. zur Berechnung der Buchwertanpassungen bei Zinsgeschäften.

Bei **Sicherungsinstrumenten** (wie z. B. Zinsswaps) sind ebenfalls grundsätzlich Hedge Amortised Costs zu ermitteln. Die Korrektur des Hedge Fair Values von Zinsswaps um Hedge Amortised Costs berücksichtigt Einmalzahlungen wie z. B. Upfront oder Balloon Payments. Bei Zinsswaps, die erst nach Kontraktabschluss als Sicherungsinstrument designiert werden und die demzufolge zu diesem Zeitpunkt üblicherweise einen positiven bzw. negativen Fair Value aufweisen,[397] ist dieser positive bzw. negative Fair Value für Zwecke der Messung der Effektivität auf die Restlaufzeit des Zinsswaps effektivzinsmäßig zu verteilen. Aus dieser Verteilung errechnen sich die Hedge Amortised Costs des Zinsswaps.

Für die **Absicherung von Aktienkurs- und Fremdwährungsrisiken** werden im Gegensatz zur Sicherung von Zinsrisiken keine Hedge Amortised Costs benötigt. Die Buchwertanpassung bzw. die Messung der Effektivität erfolgen auf der Grundlage der Hedge Fair Values bzw. deren Veränderung.

Buchwertanpassungen (Hedge Adjustments)

Die Buchwertanpassung (BA) ist der Betrag, um den im Rahmen eines Fair Value Hedges der Buchwert des gesicherten **Grundgeschäfts** nach IAS 39.89(b) anzupassen ist. Es ist der dem abgesicherten Risiko zuzurechnende Gewinn/Verlust, der erfolgswirksam gegenzubuchen ist.

Rechnerisch wird bei der Absicherung von **Zinsrisiken** die Buchwertanpassung (BA_t) für das Grundgeschäft als Differenz zwischen Hedge Fair Value (HFV_t) und Hedge Amortised Costs (HAC_t) zum jeweiligen Bewertungsstichtag ermittelt ($BA_t = HFV_t - HAC_t$). Die Korrektur des Hedge Fair Values um die Hedge Amortised Costs berücksichtigt bei zinstragenden Geschäften Effekte, die sich aus **Agio- bzw. Disagio-Strukturen** ergeben.

Der **Bilanzwert** des gesicherten Grundgeschäfts ergibt sich bei **Loans and Receivables** und **Other Liabilities**, die zu fortgeführten Anschaffungskosten bilanzierten werden, indem die Buchwertanpassung den fortgeführten Anschaffungskosten hinzu-

397 Dieser positive bzw. negative Fair Value im Zeitpunkt der Designation der Sicherungsbeziehung entspricht den Anschaffungskosten des Zinsswaps, wenn er zu diesem Zeitpunkt mit den entsprechenden Kontraktbedingungen abgeschlossen worden wäre. Dies ist mit einem Agio bzw. Disagio bei einer Forderung bzw. Verbindlichkeit zu vergleichen.

gerechnet und um eventuelle Amortisationen nach IAS 39.92 korrigiert wird (IAS 39.89(b)).

Handelt es sich bei dem gesicherten Grundgeschäft hingegen um Wertpapiere der Kategorie **Available-for-Sale**, ist anders als bei Loans and Receivables zu verfahren. Der Bilanzwert bei diesen Wertpapieren ist der (Full) Fair Value. Die Amortisation eines Agios bzw. Disagios (einschließlich Transaktionskosten) i.R.d. Ermittlung der fortgeführten Anschaffungskosten ist in der GuV im Zinsergebnis gegenzubuchen. Die Buchwertanpassung ist den fortgeführten Anschaffungskosten zuzurechnen (bzw. davon abzuziehen) und in der GuV im Hedge-Ergebnis zu erfassen. Der so ermittelte (Zwischen-) Wert ist dem (Full) Fair Value gegenüberzustellen; die sich hier ergebende Differenz ist in der AfS-Rücklage gegenzubuchen.

Die einzelne Buchwertanpassung bei festverzinslichen Grundgeschäften ist nach den Vorschriften des IAS 39.92 künftig zu **amortisieren**. Diese Amortisation darf im Zeitpunkt der Designation der Sicherungsbeziehung beginnen. Sie darf jedoch nicht später als zu dem Zeitpunkt beginnen, zu dem die Sicherungsbeziehung beendet wird. Für die bis zur Fälligkeit des Grundgeschäfts erforderliche Verteilung der Buchwertanpassungen ist die Ermittlung eines neuen Effektivzinssatzes erforderlich (IAS 39.92). Eine Vereinfachung dergestalt, dass diese Amortisation unter bestimmten Voraussetzungen linear vorgenommen werden darf, besteht nach IAS 39.92 grundsätzlich nur für die Absicherung i.R.d. Fair Value Hedge Accounting for a Portfolio Hedge of Interest Rate Risk, d. h. bei Absicherung eines ganzen Festzinsportfolios (vgl. Kapitel 7.7.)

Für die **Absicherung von Aktienkursrisiken** und **Fremdwährungsrisiken** werden keine Hedge Amortised Costs ermittelt. Die Buchwertanpassung berechnet sich daher als Differenz zwischen dem Hedge Fair Value am Bewertungsstichtag und dem Hedge Fair Value am vorigen Bewertungsstichtag ($BA_t = HFV_t - HFA_{t-1}$).

Messung der retrospektiven Effektivität

In die Messung der Effektivität geht zum einen die **Wertänderung des Grundgeschäfts**, die sich auf das abgesicherte Risiko bezieht (Buchwertanpassung), ein. Es ist der auch für Bilanzierungs- bzw. Bewertungszwecke zu ermittelnde Wert.

Zum anderen wird hierzu die **Wertänderung des Sicherungsinstruments** benötigt. Grundsätzlich ist bei Sicherungsinstrumenten die Änderung des (Full) Fair Values heranzuziehen; bei **Zinsswaps** ggf. bereinigt um den Effekt aus der Verteilung eines Upfront Payments bzw. eines bei Designation bestehenden positiven/negativen Fair Values ($BA_{(Zinsswap)\,t} = HFV_{(Zinsswap)\,t} - HAC_{(Zinsswap)\,t}$). Dabei ist der Hedge Fair Value ($HFV_{(Zinsswap)\,t}$) stets der Clean Price-Bestandteil des (Full) Fair Values. Bei Zinsswaps als Sicherungsinstrument ist zu beachten, dass der Fair Value um den Saldo der abzugrenzenden Zinsen, d. h. der Stückzinsen, anteiligen bzw. verdienten Zinsen (Ausweis ebenfalls im Zinsergebnis) für die Messung der Effektivität zu korrigieren ist, d. h. bei Zinsswaps geht nur die Veränderung des Clean Price in die Messung der Effektivität ein.

Berücksichtigung von Toleranzwerten (Problem der kleinen Zahlen)

Vorteil der Dollar Offset-Methode ist ihre Einfachheit sowie der Umstand, dass Größen, die ohnehin für Bewertungs- bzw. Bilanzierungszwecke zu ermitteln sind, verwendet werden. In der Praxis zeigt sich jedoch, dass diese Methode auch einen Nachteil aufweist.

Ergeben sich bei der Ermittlung der Buchwertanpassung (Basis Adjustments) bzw. der Wertänderung des Sicherungsinstruments **absolut gesehen** sehr **kleine Wertänderungen**, kann es vorkommen, dass die rechnerische Effektivität außerhalb der Bandbreite 80-125 % liegt. Wenn z. B. die relevante Wertänderung des Grundgeschäfts (Volumen EUR 10 Mio.) EUR + 1.000 beträgt und die Wertänderung bei einem Zinsswap (Volumen EUR 10 Mio.) EUR - 2.000 beträgt, beläuft sich die rechnerisch ermittelte retrospektive Effektivität auf 50 % (= EUR 1.000/EUR 2.000), obwohl die Sicherungsbeziehung tatsächlich ökonomisch hoch effektiv ist. Hier werden in der Praxis unter Beachtung des Grundsatzes der Wesentlichkeit **Toleranzwerte** bzw. Toleranzziffern (absolut und relativ) bestimmt, bei deren Einhaltung die Effektivität dennoch als gegeben gilt. Ergibt sich eine Effektivität aus einem der beiden Toleranzwerte (also entweder absolut oder relativ), wird die Effektivität der Sicherungsbeziehung im Ganzen vermutet.[398]

Bei dieser Vorgehensweise gelten alle Sicherungsbeziehungen, bei denen die in die Messung der Effektivität eingehenden Beträge (Änderung des Hedge Fair Values, ggf. korrigiert um Hedge Amortised Costs) einen festgelegten **absoluten Toleranzwert** (z. B. EUR 10.000) nicht überschreiten, als effektiv. Diese Bedingung muss jeweils sowohl für das gesicherte Grundgeschäft als auch für das Sicherungsinstrument erfüllt sein.

Darüber hinaus wird bei dieser Vorgehensweise ein **relativer Toleranzwert** festgelegt. Dabei werden die anteiligen absoluten Toleranzwerte für das gesicherte Grundgeschäft und das Sicherungsinstrument zum jeweiligen Volumen in Beziehung gesetzt. Das Ergebnis ist eine relative Wertänderung (Prozentsatz). Liegt diese unter einem definierten Prozentsatz (z. B. 0,1 %), gilt die Sicherungsbeziehung als effektiv.

Ergibt sich eine Effektivität aus einem der beiden Toleranzwerte (also entweder absolut oder relativ), wird die Effektivität der Sicherungsbeziehung im Ganzen vermutet.

---

398 Vgl. *Ernst & Young LLP (Hrsg.)*, International GAAP 2005, 2004, S. 1136-1137.

7.5.3.3. Messung der Effektivität beim Cashflow Hedge

7.5.3.3.1. Überblick

Bei Cashflow Hedges ist wie bei Fair Value Hedges (mindestens) zu jedem (Zwischen-) Bilanzstichtag die Effektivität zu messen und ggf. eine Ineffektivität der Sicherungsbeziehung festzustellen.

Nach den US-amerikanischen Bilanzierungsvorschriften für Cashflow Hedges werden für den Fall, dass die Shortcut-Methode im Zusammenhang mit Zinsswaps nicht angewandt werden kann, **drei Methoden** zur Messung der Effektivität bei Cashflow Hedges vorgeschlagen, die bei einer Analyse der derzeitigen Bilanzierungspraxis auch nach IAS 39 angewendet werden (IAS 39.IG F.5.5 *Cash flow hedges: measuring effectiveness for a hedge of a forecast transaction in a debt instrument*):[399]

- Change in Fair Value-Methode,
- Hypothetical Derivative-Methode,
- Change in Variable Cashflows-Methode.

Diese Methoden sind nach der FASB Interpretation Issue G7 zu SFAS No. 133 *„Cash Flow Hedges: Measuring the Ineffectiveness of a Cash Flow Hedge under Paragraph 30(b) When the Shortcut Method Is Not Applied"* (i.V.m. IAS 8.12) zunächst für die Absicherung von variabel verzinslichen Posten mittels Swaps zulässig. Diese Methoden, die zu den **Dollar Offset-Methoden** gehören, sind aber analog auch auf die Messung der Effektivität von Cashflow Hedges mittels anderer Sicherungsderivate anwendbar.[400]

Nachfolgend werden die Methoden – soweit es um die Absicherung von Zinsrisiken geht – anhand der Absicherung mittels Zinsswaps dargestellt.

7.5.3.3.2. Bilanzielle Abbildung beim Cashflow Hedge

Erfüllt ein **Cashflow Hedge** im Verlauf der Berichtsperiode die genannten Voraussetzungen, so erfolgt die Erfassung folgendermaßen:

- der Teil des Gewinns oder Verlusts aus einem Sicherungsinstrument, der als **effektiver Teil** bestimmt ist, ist (unter Berücksichtigung latenter Steuern) **direkt im Eigenkapital** zu erfassen (IAS 39.95(a)) und
- der **ineffektive Teil** des Gewinns oder Verlusts aus dem Sicherungsinstrument ist im **Periodenergebnis** zu erfassen (IAS 39.95(b)).

---

[399] Vgl. *Ernst & Young LLP (Hrsg.)*, Accounting for Derivative Instruments and Hedging Activities, 2000, S. 6.12-6.14; *Ernst & Young LLP (Hrsg.)*, International GAAP 2005, 2004, S. 1125-1131.

[400] Vgl. *Ernst & Young LLP (Hrsg.)*, Accounting for Derivative Instruments and Hedging Activities, 2000, S. 6.12.

Ziel von Cashflow Hedges ist es, sich gegen künftige Ergebniswirkungen aus Cashflow-Schwankungen abzusichern. Diese Schwankungen können z. B. dadurch bedingt sein, dass sich bei variabel verzinslichen Vermögenswerten oder Verbindlichkeiten der Zinssatz geändert hat.

Das dem variablen Cashflow zugrunde liegende Geschäft (z. B. eine variabel verzinsliche Forderung oder Verbindlichkeit bzw. ein verzinsliches Wertpapier) wird weiterhin nach den allgemeinen Vorschriften abgebildet. Das gesichertes **Grundgeschäft** beim Cashflow Hedge sind die **künftigen Cashflows**.

Das **Sicherungsinstrument** wird – wie beim Fair Value Hedge – mit seinem (Full) Fair Value in der Bilanz angesetzt. Fair Value-Änderungen des Sicherungsinstruments werden bei Cashflow Hedges jedoch in dem Umfang, in dem der Hedge als effektiv erkannt ist, unter Berücksichtigung latenter Steuern im Eigenkapital erfolgsneutral erfasst und erst in der Periode erfolgswirksam in die GuV umgebucht, in der das gesicherte Grundgeschäft in der Bilanz berücksichtigt oder das gesicherte Grundgeschäft erfolgswirksam wird.

Für den Fall, dass ein **effektiver Hedge** – d. h. die retrospektive Effektivität liegt zwischen 80-125 % – vorliegt, ist die **Ineffektivität**, d. h. die betragsmäßige Abweichung von einer 100%igen Effektivität, wie folgt zu behandeln (IAS 39.96):

- **Unterschreitet** der kumulierte Gewinn oder Verlust eines Sicherungsinstruments die kumulierten Änderungen zukünftiger Cashflows aus dem gesicherten Grundgeschäft (***„under hedge“***), wird die **gesamte Wertänderung des Sicherungsinstruments im Eigenkapital** erfasst (jeweils Absolutbeträge).
- **Übersteigt** der kumulierte Gewinn oder Verlust aus dem Sicherungsinstrument die kumulierten Änderungen der künftigen Cashflows aus dem gesicherten Grundgeschäft (***„over hedge“***), wird der **übersteigende Betrag unmittelbar erfolgswirksam** erfasst (jeweils Absolutbeträge).

Gewinne bzw. Verluste aus der Währungsumrechnung von monetären Posten (z. B. Forderungen bzw. Verbindlichkeiten in fremder Währung), die im Rahmen eines **Cashflow Hedges** als Sicherungsinstrument (Währungsrisiko) eingesetzt werden, werden nicht erfolgswirksam erfasst, sondern entsprechend den Vorschriften des Hedge Accountings erfolgsneutral in der Cashflow Hedge-Rücklage gebucht (IAS 39.AG83).

Besteht eine **Sicherungsbeziehung** zwischen einem **nicht-derivativen monetären Vermögenswert** (wie z. B. Währungsforderung) und einer **nicht-derivativen monetären Verbindlichkeit** (wie z. B. Währungsverbindlichkeit), sind Änderungen der Fremdwährungskomponente nach IAS 39.AG83 dagegen erfolgswirksam im Periodenergebnis zu erfassen.

Der nach IAS 39.96 erfolgswirksam zu buchende **Betrag der Ineffektivität** kann mittels einer der nachfolgend dargestellten Methoden ermittelt werden. Diese Methoden können nicht nur für Sicherungsbeziehungen mit Zinsswaps, sondern auch mit anderen Sicherungsinstrumenten angewandt werden, sofern dies dem Risikomanagementziel des Unternehmens gerecht wird.

7.5.3.3.3. Change in Fair Value-Methode

Darstellung der Methode

Im Rahmen der Change in Fair Value-Methode wird die kumulierte (absolute) Änderung des Fair Values der künftig erwarteten Cashflows aus der gegen das variable Zinsrisiko gesicherten Forderung/Verbindlichkeit mit der kumulierten (absoluten) Änderung des (Full) Fair Values des Sicherungsinstruments verglichen.[401] Die Ermittlung der kumulierten Änderung des Fair Values der künftig erwarteten Cashflows eines Vermögenswerts bzw. einer Verbindlichkeit wird unten dargestellt.

Für die Messung der Effektivität sind die beiden Werte in Relation zueinander zu setzen. Ergibt sich dabei ein Wert zwischen 80-125 %, ist die Sicherungsbeziehung retrospektiv effektiv.

Ein nach IAS 39.96 **ineffektiver Betrag** ergibt sich bei dieser Methode dann, wenn die kumulierte absolute Änderung des (Full) Fair Values des Sicherungsinstruments (z. B. Zinsswap) größer als die kumulierte absolute Änderung des Fair Values (Barwert) der erwarteten künftigen Cashflows aus der gesicherten Forderung/Verbindlichkeit ist. Diese Differenz, die wie nachfolgend noch gezeigt wird, beträchtlich sein kann, ist erfolgswirksam zu buchen.

Probleme bei der Anwendung der Change in Fair Value-Methode

Werden Sicherungsbeziehungen mit Zinsswaps nach der Change in Fair Value-Methode auf ihre Effektivität hin beurteilt, sind diese Sicherungsbeziehungen regelmäßig nicht zu 100 % effektiv. Die Gründe hierfür werden nachfolgend anhand eines Beispiels dargestellt.

Es sei angenommen, dass eine **variabel verzinsliche Verbindlichkeit** i.H.v. EUR 1 Mio. (3-Monats-Euribor) mittels eines **Zinsswaps** (das Unternehmen erhält 3-Monats-Euribor und zahlt 5 % Festzins) gegen das Risiko steigender Zinsen gesichert wird. Insgesamt gesehen liegt bei dieser Sicherungsbeziehung gewollt eine mit 5 % verzinsliche Verbindlichkeit vor (die variablen Zinsen aus Grundgeschäft und Sicherungsinstrument gleichen sich aus, es verbleibt ein Zinssatz von 5 %). Im Zinsaufwand müssen letztlich zeitanteilig 5 % Zinsen als Aufwand erfasst werden. Das Grundgeschäft sind dabei die variablen Zinscashflows (3-Monats-Euribor) der Verbindlichkeit.

---

401 Vgl. *Ernst & Young LLP (Hrsg.)*, Accounting for Derivative Instruments and Hedging Activities, 2000, S. 6.17.

Die Laufzeit der Verbindlichkeit beginnt am 1. November 2005 und endet am 31. Oktober 2015 (= 10 Jahre). Der Zinsswap über ebenfalls EUR 1 Mio. beginnt ebenfalls am 1. November 2005 und läuft bis zum 31. Oktober 2015 (= 10 Jahre), sodass eine perfekte Hedge-Beziehung gegeben ist.

Sodann sei angenommen, dass sich der 3-Monats-Euribor zum 31. Dezember 2005 um 0,20 % (d. h. 20 Basispunkte) erhöht hat; gleichzeitig sei der Festsatz am 31. Dezember 2005 für die Restlaufzeit bis 31. Oktober 2015 um 1 % gestiegen.

Verbindlichkeit und Zinsswap stimmen in den Konditionen überein. Beide Geschäfte werden mit demselben Geschäftspartner (Bank) abgeschlossen. Es wird angenommen, alle weiteren Anforderungen des IAS 39.88 wie Dokumentation usw. sind erfüllt.

Die Effektivität (IAS 39.9) bezeichnet den Grad, mit dem die einem abgesicherten Risiko (3-Monats-Euribor) zuzurechnenden Änderungen der Cashflows des gesicherten Grundgeschäfts (0,2 % von EUR 1 Mio. = EUR 2.000) durch eine Änderung der Cashflows des Sicherungsinstruments (0,2 % von EUR 1 Mio. = EUR 2.000) kompensiert werden. Da die Änderung des Cashflows der Verbindlichkeit und des Swaps absolut übereinstimmen, ist die **Effektivität nach vernünftiger kaufmännischer Beurteilung gleich 100 %**.

Die Verbindlichkeit sowie der zur Absicherung gegen das (variable) Zinsrisiko kontrahierte Zinsswap werden zum **Bilanzstichtag** (31. Dezember 2005) wie folgt buchhalterisch abgebildet:

Zunächst einmal sind die Zinsen der **Verbindlichkeit** für die Zeit vom 1. November bis 31. Dezember 2005 abzugrenzen (Stückzinsen, anteilige Zinsen). Die Verbindlichkeit ist mit den fortgeführten Anschaffungskosten zu bewerten (IAS 39.46(a)). Da kein Agio bzw. Disagio vereinbart wurde und keine Transaktionskosten anfielen, sind die fortgeführten Anschaffungskosten (IAS 39.9) mit den Anschaffungskosten identisch.

Derivate sind im Rahmen der Folgebewertung mit ihrem (Full) Fair Value in der Bilanz anzusetzen. Die Sicherungsbeziehung erfüllt die Voraussetzungen des IAS 39.88, insbesondere ist die Sicherungsbeziehung nach vernünftiger kaufmännischer Beurteilung vollständig (d. h. zu 100 %) effektiv. Mithin wäre die Fair Value-Änderung des **Zinsswaps** (Konto: Sicherungsderivat (bzw. Hedging Instruments)) zunächst insgesamt gegen die Cashflow Hedge-Rücklage (Eigenkapital) zu buchen (IAS 39.95(a)). Da zum 31. Dezember 2005 das Grundgeschäft (Zinsabgrenzung) erfolgswirksam wird, wäre aus der Cashflow Hedge-Rücklage ein Betrag zu entnehmen, um in der GuV den Zinsaufwand für die Verbindlichkeit so darzustellen, dass dieser für die Laufzeit vom 1. November bis 31. Dezember 2005 (abgegrenzt, anteilig)

5 % beträgt.[402] Per Saldo verbliebe in der Cashflow Hedge-Rücklage damit die Clean Price-Veränderung des Swaps.

Entscheidend an dieser Stelle ist, dass in der Cashflow Hedge-Rücklage die **Veränderung des Clean Price** des Zinsswaps (erfolgsneutral) abgebildet wird. Der Fair Value und damit auch der Clean Price sind bei marktgerechten Konditionen zu Beginn sowie am Laufzeitende des Zinsswaps gleich null.

Somit ergibt sich insgesamt gesehen folgendes Ergebnis: Im Zinsergebnis wird der über den Zinsswap synthetisch dargestellte Zins erfasst. Im vorstehenden Beispiel sind dies (abgegrenzt) 5 %. Die sonstigen Änderungen des Fair Values des Zinsswaps werden lediglich erfolgsneutral über die Cashflow Hedge-Rücklage gebucht. Da die Sicherungsbeziehung im vorstehenden Beispiel absolut effektiv ist, ist dieses Ergebnis sachgerecht und im Sinne des IAS 39 folgerichtig.

Eine Ineffektivität ergibt sich nach der Change in Fair Value-Methode bei Anwendung von IAS 39.96 dann, wenn die kumulierte absolute Änderung des Fair Values des Sicherungsinstruments (z. B. Zinsswap) größer als die kumulierte absolute Änderung des Fair Values (Barwert) der erwarteten künftigen Cashflows aus der gesicherten (Forderung)/Verbindlichkeit ist. Dass es bei Anwendung von IAS 39.96 dabei fälschlicherweise zu beträchtlichen Ineffektivitäten kommen kann, wird im Folgenden gezeigt.

Zum weiteren Verständnis muss man sich hierzu mit der **Bewertung von Zinsswaps** befassen. Die Fair Value-Änderung des im obigen Beispiel verwendeten Zinsswaps setzt sich aus dem Barwert der variablen Seite (Variable Leg) und dem Barwert der festen Seite des Zinsswaps (Fixed Leg) zusammen. Die variable Seite wird dergestalt bewertet, dass sämtliche künftigen Cashflows (Zinsen) auf den 31. Dezember 2005 abgezinst werden; dabei wird zunächst der per 1. November gefixte variable Satz als Cashflow herangezogen. Weiterhin werden die darüber hinausgehenden variablen Zinsen anhand der Forward-Zinssätze abgebildet. Sämtliche variablen Cashflows (erster gefixter sowie die Forward-Sätze) werden anschließend mit der sog. Zerobond-Strukturkurve auf den 31. Dezember 2005 diskontiert.[403] Die Festsatzseite des Zinsswaps wird in ähnlicher Weise ermittelt, indem nämlich die vereinbarten Festsatzzins-Cashflows auf den 31. Dezember 2005 diskontiert werden. Zur Ermittlung des Marktwerts (Fair Value) des Zinsswaps werden nunmehr beide Barwerte (Variable Leg und Fixed Leg) vorzeichengerecht saldiert. **Dieser Saldo ist der Fair Value**. Dies ist vergleichbar mit der Ermittlung der Wertänderung eines variabel verzinslichen Aktiv-/ Passivpostens und eines festverzinslichen Passiv-/Aktivpostens, die vorzeichengerecht miteinander saldiert werden.

---

402 Vgl. *PwC Deutsche Revision AG (Hrsg)*, Derivative Finanzinstrumente in Industrieunternehmen, 3. Aufl., 2001, S. 186-187.

403 Vgl. *Scharpf, P./Luz, G.*, Risikomanagement, Bilanzierung und Aufsicht von Finanzderivaten, 2. Aufl., 2000, S. 472-481.

Wird nun angenommen, dass die Change in Fair Value-Methode die einzig zulässige Methode zur Ermittlung der Effektivität bzw. Ineffektivität wäre, also bei jeder Cashflow Hedge-Beziehung stets IAS 39.96 auf dieser Basis anzuwenden ist, also auch dann, wenn es sich um eine nachgewiesenermaßen perfekte Sicherungsbeziehung handelt, wäre bei dem vorstehenden Beispiel wie folgt vorzugehen:

Sobald die kumulierte absolute Änderung des Fair Values des Zinsswaps größer ist als die kumulierte absolute Änderung des Fair Values der erwarteten Cashflows der Forderung (IAS 39.96(a)(ii) i.V.m. IAS 39.96(b)), wäre die entstehende Differenz erfolgswirksam zu erfassen.

Wie nachfolgend gezeigt wird, kann die kumulierte absolute Änderung des (Full) Fair Values des Zinsswaps größer sein als die kumulierte absolute Änderung des Fair Values der erwarteten gesicherten Cashflows aus der Verbindlichkeit. Es entstünde also nach IAS 39.96 bei dieser Konstellation eine ggf. nennenswerte Ineffektivität; dies aus folgenden Gründen:

Nach IAS 39.96(a)(ii) ist der Fair Value der erwarteten künftigen Cashflows (Zinsen) der Verbindlichkeit zu ermitteln, also der Fair Value der variablen Zinscashflows aus der Verbindlichkeit: Als relevante Cashflows fließen in die Betrachtung zunächst einmal der am 1. November fixierte 3-Monats-Euribor ein, ferner die Forward Rates für die Restlaufzeit. Diese werden mit den laufzeitgerechten Zerobondzinssätzen diskontiert. Der sich ergebende Barwert ist der gesuchte Fair Value der künftigen (Zins-) Cashflows. Dies entspricht dem Barwert der variablen Seite eines Zinsswaps mit entsprechenden Konditionen.

Da sich der Fair Value des **Zinsswaps** als Saldo aus dem Barwert der **variablen Seite** (dies entspricht mit umgekehrtem Vorzeichen dem Fair Value der aus der Verbindlichkeit erwarteten Zinscashflows) und der **Festsatzseite** ermittelt, kann die Änderung des (Full) Fair Values des Swaps absolut gesehen größer sein als lediglich die Barwertänderung der variablen Seite des Zinsswaps.

Da der Barwert (bzw. dessen Veränderung) der variablen Seite des Zinsswaps dem bei der Absicherung der variablen Zinscashflows der Verbindlichkeit zu ermittelnden Wert entspricht (beide werden auf dieselbe Art und anhand derselben Zahlen und Daten ermittelt), kann damit die (Full) Fair Value-Änderung des Zinsswaps absolut gesehen also größer sein als die Änderung des Fair Values der gesicherten Cashflows der Verbindlichkeit. Damit entstünde eine Ineffektivität i.S.d. IAS 39.96 in Höhe dieser Differenz.

Dies hätte zur Folge, dass, wenn mit dieser an sich vollständig effektiven Sicherungsbeziehung gleichzeitig IAS 39.96 auf der Basis der Change in Fair Value-Methode anzuwenden ist, diese Differenz erfolgswirksam zu erfassen wäre.

Dieses Ergebnis zwingt Unternehmen faktisch, ggf. auch Methoden zu verwenden, die in den oben beschriebenen Fällen ein sachgerechteres Ergebnis liefern. Diese Methoden werden nachfolgend beschrieben. Festzuhalten ist an dieser Stelle, dass diese sachgerechteren Methoden nach SFAS No. 133 Anwendung finden, wenn die Shortcut-Methode nicht greift. Mithin ist davon auszugehen, dass mittels dieser Methoden auch nach IAS 39 eine sachgerechte Lösung zu finden ist.

7.5.3.3.4. Change in Variable Cashflows-Methode

Die Change in Variable Cashflows-Methode vergleicht zur Messung der Effektivität bzw. zur Ermittlung einer Unwirksamkeit i.S.d. IAS 39.96 die **variable Seite des Zinsswaps** (Variable Leg) mit dem **gesicherten variablen Zins** eines finanziellen Vermögenswerts oder einer finanziellen Verbindlichkeit, so wie dies explizit auch die Definition der Effektivität in IAS 39.9 beschreibt. Damit steht diese Methode eigentlich im Einklang mit dem durch die Absicherung der (variablen) Cashflows verfolgten Ziel eines Ausgleichs von Änderungen der dem abgesicherten Risiko zuzuordnenden Cashflows. Es ist jedoch darauf hinzuweisen, dass in Fachkreisen umstritten ist, ob die Change in Variable Cashflows-Methode nach IAS 39 überhaupt zulässig ist. Es besteht damit das Risiko, dass diese Methode in der weiteren Diskussion abgelehnt wird.

Zinsrisiko

Die Change in Variable Cashflows-Methode basiert nach SFAS No. 133 Implementation Issue G 7 auf der Annahme, dass nur die **variable Zinskomponente** des Zinsswaps den Cashflow Hedge ermöglicht bzw. bestimmt und demzufolge jede Änderung des Fair Values des Zinsswaps, die auf den festen Zinssatz des Swaps zurückzuführen ist, für die Veränderlichkeit der gesicherten variablen (Zins-) Cashflows des Grundgeschäfts nicht von Bedeutung ist. Dies bedeutet, dass die Änderungen des Fair Values der Festsatzseite des Zinsswaps (Fixed Leg) – unabhängig von der Frage der Bilanzierung und Bewertung des Sicherungsinstruments mit dem (Full) Fair Value – nicht in die Messung der Effektivität einbezogen wird.[404]

Dies entspricht der Regelung in IAS 39.9, wonach die Effektivität eines Cashflow Hedges als der Grad definiert wird, mit dem die einem abgesicherten Risiko (hier variabler Zinscashflow) zurechenbaren Änderungen der Cashflows des gesicherten Grundgeschäfts durch Änderungen der Cashflows des Sicherungsinstruments kompensiert werden.

Für eine Anwendung der Change in Variable Cashflows-Methode muss der **Zinsswap** bei Designation der Sicherungsbeziehung einen **Fair Value von null** oder **nahe null** aufweisen. Ist diese Bedingung nicht erfüllt, bietet es sich an, die Hypothetical Derivative- oder die Change in Fair Value-Methode anzuwenden.

---

404 Vgl. *Ernst & Young LLP (Hrsg.)*, Accounting for Derivative Instruments and Hedging Activities, 2000, S. 6.16.

Das **Sicherungsinstrument** (z. B. Zinsswap) wird ungeachtet der hier beschriebenen Methode für die Messung der Effektivität mit seinem (Full) Fair Value in der Bilanz erfasst. Das den zu sichernden variablen Cashflow generierende **(Grund-) Geschäft** ist hingegen nach den für dieses Geschäft geltenden allgemeinen Regeln abzubilden.

Die **Messung** der **Effektivität** bzw. die Berechnung einer Ineffektivität nach IAS 39.96 erfolgt nach der Change in Variable Cashflows-Methode dergestalt, dass die kumulierte Änderung des Fair Values (Barwert) der variablen Seite des Zinsswaps und die kumulierte Änderung des Fair Values (Barwert) der erwarteten künftigen Cashflows (Grundgeschäft) aus dem/der gegen das Zinsrisiko gesicherten Vermögenswert/Verbindlichkeit miteinander verglichen werden. Zur Ermittlung des Barwerts der erwarteten künftigen Cashflows aus dem gesicherten finanziellen Vermögenswert bzw. der gesicherten finanziellen Verbindlichkeit kann dieselbe Zinsstrukturkurve wie für die Bewertung des Zinsswaps verwendet werden, wenn die variablen Cashflows auf Änderungen eines variablen Referenzzinssatzes (z. B. 3-Monats-Euribor) beruhen.

Eine **Ineffektivität** liegt bei der Anwendung der Change in Variable Cashflows-Methode insoweit vor, als der kumulierte absolute Betrag der Änderung des Fair Values der variablen Seite des Zinsswaps (Sicherungsinstrument) den kumulierten absoluten Betrag der Änderung des Fair Values (Barwert) der erwarteten künftigen Cashflows aus dem Vermögenswert bzw. der Verbindlichkeit (Grundgeschäft) übersteigt.[405]

Hier kommt die Regelung des IAS 39.96 zur Anwendung, d. h. nur dann, wenn der seit Designation der Sicherungsbeziehung kumulierte (absolute) Betrag der Änderung des Fair Values der variablen Seite des Zinsswaps **größer** ist als der kumulierte (absolute) Betrag des Fair Values (Barwert) der künftig erwarteten variablen Zinscashflows aus dem gesicherten finanziellen Vermögenswert bzw. der gesicherten finanziellen Verbindlichkeit, entsteht in eben der Höhe dieser Differenz eine Ineffektivität. Nur diese Differenz ist erfolgswirksam zu erfassen. Ist hingegen der kumulierte absolute Betrag des Fair Values der variablen Seite des Zinsswaps (Sicherungsinstrument) **kleiner** als der kumulierte absolute Betrag der Änderung des Fair Values der erwarteten künftigen Cashflows aus dem Vermögenswert bzw. der Verbindlichkeit, ist nach IAS 39.96 keine Ineffektivität erfolgswirksam zu erfassen.

Die bilanzielle Abbildung erfolgt in der Praxis dergestalt, dass zunächst einmal die gesamte Änderung des (Full) Fair Values des Zinsswaps im Konto Sicherungsderivate erfasst und in der Cashflow Hedge-Rücklage gegengebucht wird. Sodann wird der Betrag der Ineffektivität aus der Cashflow Hedge-Rücklage in die GuV umgebucht. Dies bedeutet, dass dadurch die Cashflow Hedge-Rücklage nach den Bestimmungen des IAS 39.96 angepasst wird.

---

405 Vgl. *Ernst & Young LLP (Hrsg.)*, Accounting for Derivative Instruments and Hedging Activities, 2000, S. 6.16.

Die Change in Variable Cashflows-Methode führt unter den nachfolgend aufgeführten Bedingungen zu **keiner** Ineffektivität:

1. Die variable Seite des Swaps und die gesicherten variablen Zinscashflows aus dem Vermögenswert/der Verbindlichkeit basieren auf **demselben Referenzzinssatz** (z. B. jeweils 3-Monats-Euribor).
2. Die **Zinsanpassungs- und Zinszahlungstermine** der variablen Seite des Swaps und der gesicherten variablen Zinscashflows sind identisch.
3. Die Sicherungsbeziehung beinhaltet **keine weiteren grundlegenden Unterschiede** in den Konditionen. Eine Ineffektivität kann bspw. entstehen, wenn die variable Seite des Zinsswaps eine Zinsbegrenzungsvereinbarung (Zins-Cap) aufweist, der variabel verzinsliche Vermögenswert bzw. die variabel verzinsliche Verbindlichkeit jedoch nicht.
4. Es ist unwahrscheinlich, dass der/die Kontrahent/en **zahlungsunfähig** wird/werden.

Um **retrospektiv effektiv** zu sein, müssen sich die ins Verhältnis gesetzten oben genannten Werte in einer Bandbreite von 80-125 % befinden.

Die vorstehend aufgeführten Kriterien sind weitgehend mit denen vergleichbar, die nach SFAS No. 133 für die Anwendung der Shortcut-Methode vorausgesetzt werden.

Soweit die vorstehend genannten Bedingungen nicht **kumulativ** erfüllt sind, ergibt sich bei Anwendung der Change in Variable Cashflows-Methode im Regelfall eine Ineffektivität i.S.d. IAS 39.96, die erfolgswirksam zu erfassen ist. Eine solche Ineffektivität wird sich z. B. dann ergeben, wenn die Referenzzinssätze oder die Zinszahlungstermine von Grundgeschäft und Sicherungsinstrument voneinander abweichen.

Dies sei an folgendem vereinfachten Beispiel gezeigt:

> *Die variable Seite des Zinsswaps basiert auf dem 3-Monats-Euribor. Der variable Zins der gegen Schwankungen der Zinsen gesicherten Verbindlichkeit basiert hingegen auf dem 3-Monats-Libor.*
>
> *Die Änderung des (Full) Fair Values des Zinsswaps seit Beginn der Sicherungsbeziehung beträgt EUR + 16.300. Der Barwert der variablen Seite des Zinsswaps beläuft sich auf (absolut) EUR 16.596, wohingegen der Barwert der künftigen Cashflows aus der Verbindlichkeit nur (absolut) EUR 16.396 ausmacht.*
>
> *Die Effektivität beträgt 101,2 % (= EUR 16.596 : EUR 16.396 · 100). Die **retrospektive Effektivität** ist mithin gegeben. Die in der GuV zu erfassende **Unwirksamkeit** nach IAS 39.96 beträgt EUR 200 (= EUR 16.596 - EUR 16.396).*

*In der **Bilanz** wird der **Zinsswap** mit seinem gesamten Fair Value angesetzt, also mit EUR 16.300; die Gegenbuchung erfolgt in der Cashflow Hedge-Rücklage (Buchung: Sicherungsderivat EUR 16.300 an Cashflow Hedge-Rücklage EUR 16.300).*

*Gleichzeitig ist der Betrag der Unwirksamkeit in Höhe von EUR 200 aus der Cashflow Hedge-Rücklage ertragswirksam in die **GuV** umzubuchen (Buchung: Cashflow Hedge-Rücklage EUR 200 an Ertrag EUR 200). Damit wird die Cashflow Hedge-Rücklage nach IAS 39.96 auf den Betrag von EUR 16.100 angepasst.*

Ist bei einem Zinsswap ein **Upfront Payment** vereinbart oder wird der Zinsswap erst nachdem er kontrahiert wurde als Sicherungsinstrument designiert und weist im Zeitpunkt der Designation einen Fair Value auf (dieser entspricht faktisch einem Upfront Payment), hat also der Zinsswap bei Designation als Sicherungsinstrument nicht einen Fair Value von null oder nahe null, kann diese Methode grundsätzlich nicht angewendet werden. Der Grund ist darin zu sehen, dass in diesem Fall eine Erfassung der Ineffektivität bezüglich der Änderung des Upfront Payments normalerweise nicht erfolgswirksam erfasst würde. Aufgrund des Upfront Payments hat der Zinsswap (für die Restlaufzeit) einen von den (nominellen) Konditionen abweichenden Effektivzinssatz.

Aktienkurs- und Fremdwährungsrisiko

Die vorstehend dargestellte Change in Variable Cashflows-Methode ist auch bei anderen Sicherungsinstrumenten wie z. B. Termingeschäften oder Optionsgeschäften zur Sicherung von Aktienkurs- und Fremdwährungsrisiken analog anwendbar.[406] Dabei sind die künftigen variablen Cashflows (Grundgeschäft) bei der Sicherung mittels Termingeschäften mit dem Terminkurs zu bewerten (IAS 39.IG F.5.6 *Cash flow hedges: firm commitment to purchase inventory in a foreign currency*). Bei der Sicherung mittels Termin- und Optionsgeschäften können nach IAS 39.AG107 zur Messung der Effektivität die Terminkomponente bzw. der Zeitwert außer Acht bleiben.

7.5.3.3.5. Hypothetical Derivative-Methode

Die Messung der Effektivität mittels der Hypothetical Derivative-Methode erfolgt dergestalt, dass die kumulierte absolute Änderung des Fair Values des bestehenden Sicherungsinstruments (z. B. Zinsswap) mit der kumulierten absoluten Änderung des Fair Values eines **hypothetischen Derivats** verglichen wird. Die kumulierte Änderung des Fair Values des hypothetischen Derivats ist quasi der **Stellvertreter** für die kumu-

---

[406] Vgl. *Ernst & Young LLP (Hrsg.)*, Accounting for Derivative Instruments and Hedging Activities, 2000, S. 6.15.

lierte Änderung des Fair Values der erwarteten künftigen Cashflows aus der gesicherten Transaktion.

Nach der hier vertretenen Ansicht kann diese Methode nicht nur beim Hedging mittels Zinsswaps, sondern auch für Cashflow Hedges mittels anderer Sicherungsinstrumente – also auch bei der Absicherung gegen Aktienkurs- und Fremdwährungsrisiken – zur Anwendung kommen.[407]

Bei dieser Methode ist das hypothetische Derivat so zu gestalten, dass es in seinen bewertungsrelevanten Konditionen den Konditionen des gesicherten Grundgeschäfts in allen Details entspricht (z. B. identischer Nominalbetrag, identische Zinsanpassungstermine bzw. Fälligkeitstermine, identischer Referenzzins, identische Währung bzw. Aktie, identische Zinsobergrenze bzw. -untergrenze). Die Bewertung des hypothetischen Derivats erfolgt unter Verwendung der hierfür geltenden Marktkonditionen.

Dabei müssen z. B. bei der Absicherung mittels eines Zinsswaps sämtliche bewertungsrelevanten Konditionen einer gegen Zinsrisiken gesicherten Forderung (Verbindlichkeit) mit denen des hypothetischen Derivats übereinstimmen (Nominalbetrag, Referenzzins, Zinsanpassungstermine, Laufzeit).

Der **hypothetische Zinsswap** muss zudem bei Sicherungsbeginn einen Fair Value (Marktwert) von null haben. Der hypothetische Swap soll dabei ferner die abgesicherten Cashflows vollständig ausgleichen.

Der als Sicherungsinstrument eingesetzte Zinsswap darf dagegen bei Designation als Sicherungsinstrument auch einen von null abweichenden Fair Value besitzen.

Ebenso wie bei allen anderen Methoden zur Messung der Effektivität ist das **Sicherungsinstrument** mit seinem (Full) Fair Value in der Bilanz anzusetzen.

Eine Ineffektivität, die erfolgswirksam zu erfassen ist, ergibt sich nach IAS 39.96 insoweit, als die kumulierte absolute Veränderung des Fair Values des tatsächlichen Sicherungsinstruments die kumulierte absolute Veränderung des Fair Values des hypothetischen Derivats übersteigt.

Da auch nach der Hypothetical Derivative-Methode das Sicherungsinstrument mit seinem Fair Value in der Bilanz anzusetzen ist, erfolgt die Buchung der Änderung des Fair Values über das Konto Sicherungsderivate. Die Gegenbuchung erfolgt in der Cashflow Hedge-Rücklage.

---

407 Vgl. *Ernst & Young LLP (Hrsg.)*, Accounting for Derivative Instruments and Hedging Activities, 2000, S. 6.15.

Nach IAS 39.96 ist der Betrag, um den die kumulierte absolute Änderung des Fair Values des tatsächlichen Sicherungsinstruments die kumulierte absolute Änderung des Fair Values des hypothetischen Derivats übersteigt, aus der Cashflow Hedge-Rücklage in die GuV umzubuchen.

Um retrospektiv effektiv zu sein, müssen sich die ins Verhältnis gesetzten oben genannten Werte wiederum in einer Bandbreite von 80-125 % befinden. Wird dies nicht eingehalten, ist die Sicherungsbeziehung als retrospektiv nicht effektiv zu bezeichnen.

7.6. Bilanzierung von Fair Value Hedges

7.6.1. Bilanzierung einer laufenden Sicherungsbeziehung

Erfüllt ein Fair Value Hedge im Verlauf der Berichtsperiode die in IAS 39.88 genannten Voraussetzungen, hat die Bilanzierung folgendermaßen zu erfolgen:

Der Gewinn oder Verlust aus der Bewertung des **Sicherungsinstruments** zum Fair Value (bei einem derivativen Sicherungsinstrument) oder der Währungskomponente des nach IAS 21 ermittelten Buchwerts (für nicht-derivative Sicherungsinstrumente) ist unmittelbar im Periodenergebnis zu erfassen (IAS 39.89(a)).

Der Buchwert eines **Grundgeschäfts** ist um den **dem abgesicherten Risiko** zuzurechnenden Gewinn oder Verlust aus dem Grundgeschäft anzupassen und im Periodenergebnis zu erfassen (Buchwertanpassung, Basis Adjustment). Dies gilt für den Fall, dass das Grundgeschäft ansonsten mit den (fortgeführten) Anschaffungs- oder Herstellungskosten bewertet wird. Entsprechendes gilt, wenn das Grundgeschäft ansonsten mit dem Fair Value bilanziert wird und Fair Value-Änderungen nach IAS 39.55(b) direkt erfolgsneutral in einem gesonderten Posten im Eigenkapital (AfS-Rücklage) erfasst werden (d. h. bei finanziellen Vermögenswerten der Kategorie Available-for-Sale) (IAS 39.89(b)).[408]

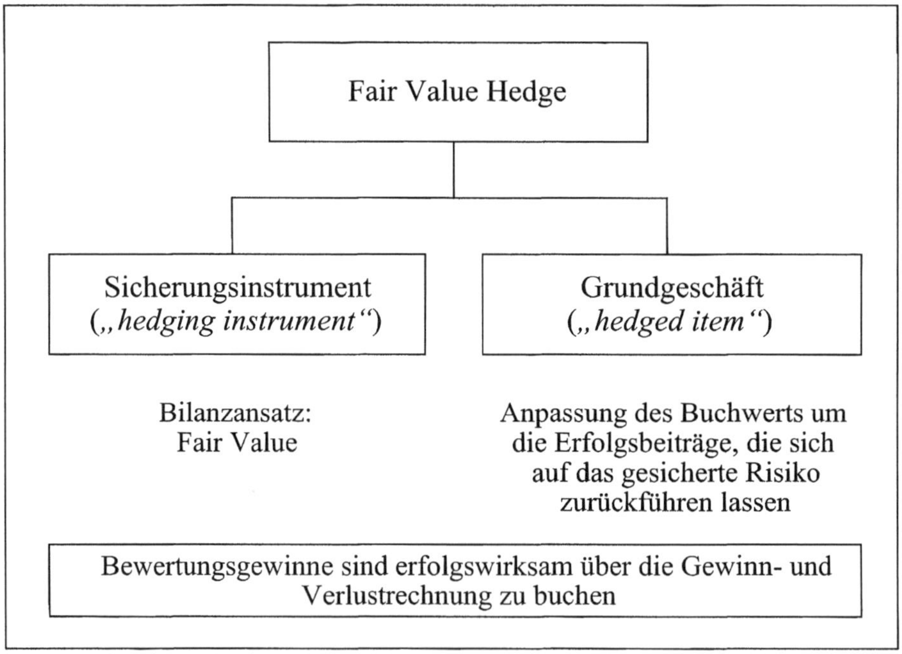

Abb. 25: Fair Value Hedge (Bewertung, Erfolgsausweis)

---

[408] Vgl. *Ernst & Young LLP (Hrsg.)*, International GAAP 2005, 2004, S. 1104-1106.

Sofern lediglich **bestimmte** mit dem Grundgeschäft verbundene **Risiken** durch einen Fair Value Hedge abgesichert werden, sind erfasste Fair Value-Änderungen eines finanziellen Vermögenswerts der Kategorie **Available-for-Sale**, die nicht auf das gesicherte Risiko entfallen, weiterhin erfolgsneutral in einem gesonderten Posten im Eigenkapital (AfS-Rücklage) zu erfassen (IAS 39.90).

Das **Ziel bei einem Fair Value Hedge** ist, die Fair Value-Änderung eines Sicherungsinstruments durch eine gegenläufige erfolgswirksame Anpassung des Buchwerts (Buchwertanpassung, Basis Adjustment) des Grundgeschäfts in Höhe der aus dem abgesicherten Risiko resultierenden Wertänderung dieses Geschäfts zu kompensieren, sodass per Saldo kein Fair Value-Risiko besteht bzw. dieses minimiert wird.

Da bei einem Fair Value Hedge die Wertänderungen aus dem Sicherungsinstrument unmittelbar erfolgswirksam erfasst werden, müssen – um eine Kompensation zu erreichen – auch beim Grundgeschäft die dem abgesicherten Risiko zuordenbaren Wertänderungen erfolgswirksam erfasst werden.

Jede **Ineffektivität** wird hierbei automatisch in der GuV erfasst, da sowohl Gewinne oder Verluste aus dem Sicherungsinstrument als auch Gewinne oder Verluste aus dem Grundgeschäft, die dem gesicherten Risiko zugerechnet werden können, erfolgswirksam im Hedge-Ergebnis erfasst werden.

Für **nicht-derivative Finanzinstrumente** der Kategorien Held-to-Maturity, Loans and Receivables sowie Other Liabilities, die als Sicherungsinstrumente zur **Absicherung des Währungsrisikos** designiert sind, bedeutet die Anwendung der Vorschriften zum Fair Value Hedge Accounting, dass nicht (wie bei derivativen Sicherungsinstrumenten) die Full Fair Value-Änderung der Sicherungsinstrumente seit Beginn der Sicherungsbeziehung im Periodenergebnis zu erfassen ist, sondern lediglich der Teil der Wertänderung, der sich auf das gesicherte Währungsrisiko bezieht (IAS 39.89(a)).

Die nach IAS 39.89(b) vorzunehmenden Anpassungen der Buchwerte (Buchwertanpassungen) von gesicherten **zinstragenden Grundgeschäften**, die mit den fortgeführten Anschaffungskosten bewertet werden, sind **erfolgswirksam zu amortisieren**. Dies gilt für alle zinstragenden Posten der Kategorien **Loans and Receivables** und **Available-for-Sale** sowie finanzielle Verbindlichkeiten der Kategorie **Other Liabilities** (IAS 39.92).[409]

Die **Amortisierung** muss spätestens beginnen, wenn der Fair Value Hedge beendet wird; sie darf bereits beginnen, sobald eine Buchwertanpassung vorgenommen wurde. Das bilanzierende Unternehmen hat die Amortisierung für alle im Rahmen eines Fair Value Hedges gesicherten Fremdkapitalinstrumente einheitlich vorzunehmen (IAS 39.92).

---

409 Vgl. *Ernst & Young LLP (Hrsg.)*, International GAAP 2005, 2004, S. 1107.

Die Anpassung basiert auf einem zum Zeitpunkt des Beginns der Amortisierung **neu berechneten Effektivzinssatz**. Die Verteilung der Buchwertanpassung erfolgt bis zur Fälligkeit des Finanzinstruments, sodass sie am Ende der Laufzeit des Grundgeschäfts vollständig amortisiert ist (IAS 39.92).

Wenn eine **bilanzunwirksame feste Verpflichtung** („*firm commitment*") als Grundgeschäft in einem Fair Value Hedge designiert wird, ist die nachfolgende, dem abgesicherten Risiko zuzurechnende kumulierte Änderung des Fair Values der festen Verpflichtung eigenständig als Vermögenswert oder Verbindlichkeit mit einem entsprechenden Gewinn oder Verlust im Periodenergebnis zu erfassen (analog IAS 39.89(b)). Die Änderungen des Fair Values des Sicherungsinstruments sind ebenfalls im Periodenergebnis zu erfassen (IAS 39.93).

Geht ein Unternehmen eine **feste Verpflichtung** zum **Erwerb eines Vermögenswerts** oder zur **Übernahme einer Verbindlichkeit** ein, die im Rahmen eines Fair Value Hedges ein Grundgeschäft darstellt, wird der Buchwert des Vermögenswerts oder der Verbindlichkeit, der aus der Erfüllung der festen Verpflichtung hervorgeht, im Zugangszeitpunkt um die kumulierten Fair Value-Änderungen, die auf das gesicherte Risiko entfallen und bislang als eigenständiger Vermögenswert bzw. als eigenständige Verbindlichkeit in der Bilanz erfasst waren, angepasst (IAS 39.94). Insofern werden die kumulierten Gewinne und Verluste aus der Sicherungsbeziehung als Korrektur der Anschaffungskosten bzw. Buchwerte erfasst. Die allgemeinen Vorschriften zur Wertminderung von Vermögenswerten (wie z. B. in IAS 36) gelten auch für solche nichtfinanziellen Vermögenswerte, die im Rahmen der Absicherung von festen Verpflichtungen entstanden sind.

Nach IAS 39 (revised 2000) erfolgte die Absicherung von festen Verpflichtungen noch zwingend als Cashflow Hedge. Ein Argument hierfür war, dass bei Anwendung von Fair Value Hedge Accounting eine teilweise eigenständige Erfassung von „*firm commitments*" in der Bilanz zu erfolgen hätte, die ansonsten bilanzunwirksame Geschäfte darstellen (IAS 39.BC149).

7.6.2. Beendigung von Fair Value Hedge Accounting

Die gesonderte bilanzielle Behandlung eines Fair Value Hedges ist aufzugeben, wenn das Sicherungsinstrument bzw. das Grundgeschäft **ausläuft**, **glattgestellt**, **aufgehoben** oder **ausgeübt** wurde oder falls die Anforderungen an das Hedge Accounting nicht länger gegeben sind (IAS 39.91(a)).[410]

Letzteres ist z. B. dann der Fall, wenn sich während der Laufzeit der Sicherungsbeziehung herausstellt, dass diese nicht mehr ausreichend effektiv ist oder wenn die Geschäftsleitung sich zum Auflösen der Sicherungsbeziehung entschließt.

---

410 Vgl. *Ernst & Young LLP (Hrsg.)*, International GAAP 2005, 2004, S. 1109-1110.

Wird das **derivative Sicherungsinstrument glattgestellt** und wird hierfür eine Prämie bzw. Ausgleichszahlung geleistet (z. B Optionsprämie, Marktwert eines Zinsswaps), wird diese Prämie bzw. Ausgleichszahlung erfolgsneutral gegen den bilanzierten Buchwert (Fair Value) des Sicherungsinstruments – ggf. einschließlich bis zum Glattstellungszeitpunkt aufgelaufene Zinsabgrenzungen – gebucht.[411] Eine eventuelle Differenz zwischen der Prämie bzw. Ausgleichszahlung und dem bilanzierten Buchwert des Derivats ist erfolgswirksam als Veräußerungsgewinn oder -verlust zu erfassen.

Ab der Glattstellung des Sicherungsinstruments sind für das **Grundgeschäft keine weiteren Buchwertanpassungen** (Basis Adjustments) mehr vorzunehmen. Die fortgeführten Anschaffungskosten des bislang gesicherten Grundgeschäfts ergeben sich aus den um die Summe der Basis Adjustments angepassten ursprünglichen Anschaffungskosten, ggf. unter Berücksichtigung von Abschreibungen (Fair Value im Zeitpunkt der Beendigung des Sicherungsinstruments).

Eine im Rahmen des Fair Value Hedges für das Grundgeschäft vorgenommene Anpassung des Buchwerts eines **zinstragenden Finanzinstruments** ist nach Beendigung des Hedge Accountings über die Restlaufzeit des Grundgeschäfts im Zinsergebnis zu amortisieren (IAS 39.92). Dadurch wird das bis zum Zeitpunkt der Glattstellung des Sicherungsinstruments (z. B. Zinsswap) bestehende Zinsniveau in der GuV festgeschrieben.[412]

Wird das Fair Value Hedge Accounting eingestellt, ist zu diesem Zeitpunkt die Bilanzierung der Wertänderungen von Sicherungsinstrumenten und Grundgeschäften letztmals nach IAS 39.89 vorzunehmen. Danach erfolgt die Bewertung der Grundgeschäfte entsprechend ihrer (neuen) Kategorisierung. Die Sicherungsderivate sind ab diesem Zeitpunkt regelmäßig der Kategorie Held for Trading zuzuordnen.

Der Ersatz oder die Weiterführung eines Sicherungsinstruments im Zusammenhang mit einer **dokumentierten Roll-over-Strategie**, d. h. einer Strategie, in welcher der nahtlose Übergang eines fälligen Sicherungsinstruments in ein anderes Sicherungsinstrument festgelegt wird, gilt nicht als Beendigung der Sicherungsbeziehung (IAS 39.91(a)).

Bei einer Auflösung (Verkauf, Rückzahlung) des **Grundgeschäfts** wird der Veräußerungspreis bzw. die Rückzahlung zunächst erfolgsneutral gegen den bilanzierten Buchwert des Grundgeschäfts gebucht. Eine eventuelle Differenz zwischen dem Veräußerungspreis bzw. der Rückzahlung und dem Buchwert des Grundgeschäfts (einschließlich Buchwertanpassungen) ist erfolgswirksam als Veräußerungsgewinn bzw. -verlust zu buchen.

---

411 Vgl. *Ausschuss für Bilanzierung des BdB*, WPg 2001, S. 349.

412 Vgl. *Ausschuss für Bilanzierung des BdB*, WPg 2001, S. 349.

Das **derivative Sicherungsinstrument** wird – wenn es weiterhin im Bestand verbleibt – nach wie vor zum Fair Value bilanziert. Ab dem Zeitpunkt der Auflösung des Grundgeschäfts ist das Derivat kein Sicherungsinstrument i.S.d. IAS 39 mehr. Es ist nunmehr als Held for Trading einzustufen.

Dementsprechend sind die Änderungen des Full Fair Values (Clean Price zuzüglich der Zinsabgrenzungen = Dirty Price) des Derivats weiterhin in der GuV zu erfassen. Bei Banken erfolgt der Ausweis jedoch nunmehr im Handelsergebnis.[413]

Entfallen die Voraussetzungen für das Hedge Accounting nach IAS 39.88, weil z. B. die Sicherungsbeziehung nicht mehr als wirksam eingestuft werden kann, wird ab diesem Zeitpunkt für das **Grundgeschäft** keine weitere Anpassung des Buchwerts (Basis Adjustment) mehr vorgenommen. Das Fair Value Hedge Accounting ist ab dem Zeitpunkt prospektiv zu beenden, zu dem letztmalig die Erfüllung der Voraussetzungen nachgewiesen wurde (IAS 39.91(b); IAS 39.AG113).

Der um den bis zu diesem Zeitpunkt aufgelaufenen Betrag der Basis Adjustments korrigierte Buchwert des Grundgeschäfts wird als fortgeführte Anschaffungskosten betrachtet. Das Basis Adjustment ist damit entsprechend der Handhabung eines Agios oder Disagios im Rahmen der Ermittlung der fortgeführten Anschaffungskosten über die Restlaufzeit des Grundgeschäfts zu verteilen.

Nach IAS 39.91(c) ist es zulässig, jederzeit wahlweise ein Fair Value Hedge Accounting für eine Sicherungsbeziehung durch Dedesignation aufzulösen.

Ab der Dedesignation der Sicherungsbeziehung sind für das **Grundgeschäft keine weiteren Buchwertanpassungen** (Basis Adjustments) mehr vorzunehmen. Die fortgeführten Anschaffungskosten des bislang gesicherten Grundgeschäfts ergeben sich aus den um die Summe der Basis Adjustments angepassten ursprünglichen Anschaffungskosten, ggf. unter Berücksichtigung von Abschreibungen (Fair Value im Zeitpunkt der Beendigung des Sicherungsinstruments).

---

413 Vgl. *Ausschuss für Bilanzierung des BdB*, WPg 2001, S. 349.

7.7. Portfolio Fair Value Hedge von Zinsänderungsrisiken

7.7.1. Überblick

Am 21. August 2003 hat der IASB einen 41-seitigen Exposure Draft zur geplanten Änderung von IAS 39 zur Diskussion veröffentlicht, wodurch im Gegensatz zu den bisherigen Vorschriften zum Fair Value Hedge Accounting eine bilanzielle Abbildung eines **Portfolios gegen Zinsänderungsrisiken** zulässig sein sollte.[414] Gerade für Unternehmen in der Kreditwirtschaft verursacht die Anwendung der sehr umfangreichen, detaillierten und komplizierten Regelungen in IAS 39 erhebliche Umstellungen und Anpassungen.[415] Um eine Annäherung von bilanzieller Darstellung und tatsächlichem Risikocontrolling zu erreichen, müssen Banken ihre Risikosteuerung gerade im Zinsbereich (sowie gegebenenfalls ihre Bewertungsmodelle) unter zusätzlichen Transaktionskosten an die restriktiven Vorschriften des Standards anpassen.[416] Eine zutreffende bilanzielle Abbildung von laufenden Nettopositionen einzelner Portfolien (Bücher) als Makro-Hedges scheidet aus, vielmehr sind Unternehmen, die bisher nicht dem Handelsbestand zugeordnete Bestände auf Basis von Makro-Hedges gesichert haben, bislang gezwungen, zu „einer aufwendigen, teilweise nicht zu erbringenden Dokumentation von Sicherungsbeziehungen im Rahmen von Mikro-Hedges überzugehen."[417] Insbesondere im Zinsbereich stehen die Anforderungen des IAS 39 den modernen Techniken des Risikomanagements von Unternehmen diametral entgegen, sodass zu befürchten ist, dass diese Unternehmen künftig zur Vermeidung artifizieller Ergebnisschwankungen auf ökonomisch sinnvolle Absicherungen verzichten.[418]

Der IASB hat in diesem Zusammenhang erneut die Problematik der bestehenden Vorschriften zum Hedge Accounting im Rahmen von Roundtable-Gesprächen diskutiert (IAS 39.BC11). Dabei brachte die *Fédération Bancaire de l'Union Européenne* als Interessenvertretung der europäischen Bankenverbände ein Arbeitspapier *„Macro Hedging of Interest Rate Risk"* in die Diskussion ein.[419] Als Ergebnis der Diskussionen hat der IASB die folgenden **Ursachen** für die Entwicklung der Vorschriften zum Portfolio Fair Value Hedge Accounting von Zinsänderungsrisiken identifiziert (IAS 39.BC176):

- Bilanzwirksame Geschäfte beinhalten oftmals **Kündigungsrechte** (*„prepayment options"*), die dazu führen, dass z. B. ein ausgereichter Kredit vor seiner Fälligkeit (*„contractual repricing date"*) zurückgezahlt werden kann. Sofern die zur Absi-

---

414 Vgl. *Kropp, M./Klotzbach, D.*, WPg 2003, S. 1180-1192; *Krumnow, J./Sprißler, W. u.a. (Hrsg.)*, Kommentar², IAS 39, Tz. 372-384; *Kuhn, S./Scharpf, P.*, DB 2003, S. 2293-2299.

415 Vgl. *Ausschuss für Bilanzierung des BdB*, WPg 2001, S. 346.

416 Vgl. *Paul, S./Brütting, C./Weber, N.*, ZfgK 2003 S. 582.

417 *Prahl, R./Naumann, T. K.*, in: HdJ, Abt. II/10, 2000, Tz. 342.

418 Vgl. *Kropp, M./Klotzbach, D.*, WPg 2003, S. 1181.

419 Vgl. *Fédération Bancaire de l'Union Européenne*, Macro Hedging of Interest Rate Risk, vom 4.4.2003, *http://www.fbe.be*.

cherung eingesetzten Derivate keine Kündigungsrechte enthalten, hat dies eine negative Auswirkung auf die Effektivität im Hedge Accounting.

- Das Zinsrisiko wird bei Unternehmen in der Kreditwirtschaft intern regelmäßig auf der Basis von **Nettopositionen** gesteuert. Nach den Vorschriften des IAS 39 ist die Designation einer gesamten Nettoposition („*overall net position*") jedoch ausdrücklich nicht zulässig. Dies führt dazu, dass allein für bilanzielle Zwecke einzelne Vermögenswerte und Verbindlichkeiten als Grundgeschäfte designiert werden. Durch die Änderung der Nettopositionen im Zeitablauf kommt es zu einer permanenten Dedesignation und Neudesignation von Sicherungsbeziehungen.
- Bei der Anwendung der Vorschriften zum Fair Value Hedge Accounting sind **auf jedes einzelne Grundgeschäft Buchwertanpassungen** (Basis Adjustments) vorzunehmen, die über die jeweiligen Restlaufzeiten zu amortisieren sind.

Die grundsätzliche Funktionsweise im Rahmen des Portfolio Fair Value Hedge Accountings ist wie folgt:[420] Die Fair Value-Änderungen der derivativen Sicherungsinstrumente werden weiterhin unmittelbar erfolgswirksam erfasst. Die korrespondierende Berücksichtigung der Wertänderungen der abgesicherten Festzinspositionen erfolgt aufgrund des Wegfalls der individuellen Zuordnung von Grundgeschäft und Sicherungsinstrument jedoch nicht mehr durch die bislang erforderlichen umfangreichen Buchwertanpassungen der einzelnen Geschäfte, sondern durch eine **aggregierte Erfassung** in einem separaten Bilanzposten („*in a single separate line item*") (IAS 39.89A). Die Anwendungsleitlinien beschreiben die Vorgehensweise beim Portfolio Fair Value Hedge Accounting auf der Basis eines Regelkreises, der nachfolgend aufgezeigt und erläutert wird.

Bei der praktischen Anwendung des Portfolio Fair Value Hedge Accountings von Zinsänderungsrisiken zeigt sich regelmäßig, dass insbesondere die **Portfoliostrukturierung**, die **Effektivitätsmessung** sowie die **buchungstechnische Abbildung** der Sicherungsbeziehungen im Haupt- und Nebenbuch kritische Erfolgsfaktoren für eine erfolgreiche Implementierung des Ansatzes darstellen.[421]

7.7.2. Regelkreis zum Portfolio Fair Value Hedge

Im Rahmen eines Portfolio Fair Value Hedges von Zinsänderungsrisiken hat ein Unternehmen den folgenden 8-stufigen Regelkreis als **regelmäßigen Prozess** zu beachten, der in IAS 39.AG114 vorgegeben ist. Auf andere Arten von Risiken (wie z. B. Währungs- oder Warenpreisrisiken) sind die Neuregelungen zum Portfolio Fair Value Hedge Accounting nicht übertragbar (IAS 39.AG115).

---

420 Für den Portfolio Ansatz wird teilweise auch der Begriff „*macro hedging*" verwandt (IAS 39.BC11A).

421 Vgl. *Arnoldi, R./Leopold, T.*, KoR 2005, S. 23.

1.	Identifikation des relevanten Portfolios an Grundgeschäften
2.	Bildung von Laufzeitbändern
3.	Bestimmung des gesicherten Betrags
4.	Bestimmung des gesicherten Zinsänderungsrisikos
5.	Designation von einem oder mehreren Sicherungsinstrumenten für jedes Laufzeitband
6.	Nachweis der voraussichtlich hohen prospektiven Effektivität für den Zeitpunkt der Designation und jeweils in den Folgeperioden
7.	Retrospektiver Effektivitätstest der Sicherungsbeziehung
8.	Bilanzielle Abbildung der Sicherungsbeziehung

Abb. 26: Regelkreis zum Portfolio Fair Value Hedge

7.7.2.1. Identifikation des relevanten Portfolios an Grundgeschäften

Zur Ermittlung der Risikoposition werden in einem ersten Schritt im Rahmen des Risikomanagements **ein oder mehrere Portfolien** (Gruppen) von **festverzinslichen** Finanzinstrumenten, die gegen das Zinsrisiko gesichert werden sollen, identifiziert (IAS 39.AG114(a)). Werden mehrere Portfolios gebildet, sind die Vorschriften auf jedes Portfolio einzeln anzuwenden. Die einzelnen Posten in jedem Portfolio müssen **währungsidentisch** sein.

Diese Portfolien können entsprechend der gängigen Praxis im Zinsrisikomanagement von Banken **sowohl finanzielle Vermögenswerte als auch finanzielle Verbindlichkeiten** enthalten. Gleichfalls zulässig ist die Identifikation von Portfolien, die **nur aus finanziellen Vermögenswerten** oder **nur aus finanziellen Verbindlichkeiten** bestehen (IAS 39.AG116). Der Grundsatz der Stetigkeit ist dabei zu beachten. Eine zahlenmäßige Begrenzung der zu bildenden Portfolien ist dabei nicht vorgesehen. Für finanzielle Vermögenswerte der Kategorie **Available-for-Sale** kann ein separates Portfolio gebildet werden (IAS 39.AG114(a)).

Da ferner die allgemeinen Voraussetzungen zur Anwendung von Hedge Accounting unverändert zu beachten sind, ist die Designation von finanziellen Vermögenswerten der Kategorie **Held-to-Maturity** und von **derivativen Finanzinstrumenten** als Grundgeschäfte nicht zulässig (IAS 39.79; IAS 39.AG94; IAS 39.IG F.2.1 *Whether a derivative can be designated as a hedged item*).

7.7.2.2. Bildung von Laufzeitbändern

Im Anschluss an diese Abgrenzung erfolgt für jedes Portfolio eine Einteilung der festverzinslichen Aktiva und/oder Passiva auf der Grundlage der **erwarteten** (und nicht der vertraglich vereinbarten) **Zinsanpassungstermine** („*repricing dates*") in **kalendarische Laufzeitbänder** („*time buckets*"). Der erwartete Zinsanpassungstermin eines Geschäfts entspricht dabei **dem früheren der beiden folgenden Zeitpunkte** (IAS 39.AG114(b); IAS 39.AG117):

- erwartete Zahlungstermine oder
- erwarteter Zeitpunkt, an dem eine Zinsanpassung des Geschäfts an die aktuellen Marktkonditionen erfolgen wird.

Die erwarteten Zinsanpassungstermine werden basierend auf **Erfahrungen** in der Vergangenheit und anderen verfügbaren Informationen (z. B. künftige Erwartungen) zu Beginn und über die gesamte Laufzeit im Einklang mit den Risikomanagementmethoden und -zielen geschätzt. Diese Schätzungen werden **periodisch überprüft** und angesichts der Erfahrungen in der Vergangenheit ggf. angepasst. Sind keine unternehmensspezifischen Erfahrungswerte verfügbar, ist auf die Erfahrung anderer Unternehmen mit vergleichbaren Instrumenten zurückzugreifen (*„peer group experience for comparable instruments“*) (IAS 39.AG117).

Beispiel:

Eine Bank reicht ein festverzinslichen Hypothekendarlehen i.H.v. EUR 10 Mio. mit einer Laufzeit von 8 Jahren aus, bei dem der Schuldner über mehrere Optionen zur vorzeitigen Rückzahlung („prepayment option“) verfügt. Die Zinskonditionen werden nach 4 Jahren an die Marktkonditionen angepasst. Der Schuldner darf am Ende des 2. sowie am Ende des 3. Jahres jeweils 20 % des ausgereichten Nominalvolumens im Rahmen einer Sondertilgung zurückzahlen. Ferner besteht das Recht, das gesamte Hypothekendarlehen nach Ablauf von 4 Jahren vollständig zu tilgen. Sofern vorzeitige Tilgungen erbracht werden, wird eine Vorfälligkeitsentschädigung fällig.

In einem solchen Fall ist das ausgereichte Hypothekendarlehen entsprechend der erwarteten Zeitpunkte einer vorzeitigen Rückzahlung auf die damit korrespondierenden Laufzeitbänder aufzuteilen. Der Zeitpunkt der Anpassung an die Marktkonditionen nach 4 Jahren stellt die Obergrenze für den erwarteten Zinsanpassungstermin dar. Ferner sind die beiden Sondertilgungsrechte nach Ablauf des 2. und 3. Jahres zu beachten. Im Ergebnis ist das Hypothekendarlehen wie folgt in Zinsanpassungstermine aufzuteilen: 2 Jahre für einen Betrag i.H.v. EUR 2 Mio., 3 Jahre für einen Betrag i.H.v. EUR 2 Mio. und 4 Jahre für den Restbetrag i.H.v. EUR 6 Mio.

Sofern die für eine Schätzung der erwarteten Zinsanpassungstermine notwendigen Angaben nicht verfügbar sind, kann im Rahmen der praktischen Anwendung zunächst von den **vertraglichen Fälligkeiten** ausgegangen werden. Es ist jedoch zu beachten, dass diese Vorgehensweise zu Ineffektivitäten führen kann.

Sichteinlagen („*core deposits*"), **Kündigungsgelder** („*demand deposits*") und ähnliche Finanzinstrumente (d. h. ganz allgemein Posten, mit denen ein Risiko der vorzeitigen Rückzahlung („*prepayment risk*") verbunden ist), deren vereinbarte Laufzeit den frühesten vertraglichen Kündigungstermin („*beyond the shortest period in which the holder can demand payment*") übersteigt, dürfen **kein Grundgeschäft** einer Portfolio-Sicherungsbeziehung sein. Demgegenüber ist es jedoch zulässig, derartige Instrumente in die Portfoliobildung – zur Ermittlung der Nettorisikoposition – miteinzubeziehen. Mit anderen Worten dürfen Geschäfte mit einem Kontrahentenkündigungsrecht, bei denen im Fall einer Kündigung keine Vorfälligkeitsentschädigung fällig wird, nur dann als Grundgeschäft designiert werden, wenn sie entsprechend ihrer erwarteten Zahlungs- oder Zinsanpassungstermine einem Laufzeitband zugeordnet sind, das nicht später endet, als das Laufzeitband, innerhalb dessen der Kontrahent frühestens ein Kündigungsrecht ausüben kann (IAS 39.AG118(b); IAS 39.BC189(b)).[422]

Beispiel:

Wird ein Portfolio von festverzinslichen Verbindlichkeiten als relevantes Portfolio von Grundgeschäften identifiziert und enthält das betrachtete Laufzeitband Verbindlichkeiten i.H.v. EUR 10 Mio., die sich (1) aus Anleiheverbindlichkeiten i.H.v. EUR 8 Mio. und (2) jederzeit kündbaren Einlagen („core deposits") i.H.v. EUR 2 Mio. zusammensetzen, dann beläuft sich der maximal als Grundgeschäft designierbare Betrag auf EUR 8 Mio.

Für die Zuordnung der Geschäfte in Zinsanpassungsperioden sind verschiedene Methoden – wie z. B. eine **Zuordnung der Cashflows** zu ihren jeweils erwarteten Fälligkeiten oder der **Aufteilung der Nominalbeträge** in alle Laufzeitbänder bis zur erwarteten Fälligkeit des jeweiligen Geschäfts – zulässig (IAS 39.AG114(b)). Bei einem Verzicht auf eine Aufteilung ist in diesem Zusammenhang auch eine Zuordnung des **gesamten Nominalbetrags** eines Geschäfts in das Laufzeitband der erwarteten Fälligkeit zulässig. Die für ein Portfolio einmal gewählte Zuordnungsmethode ist grundsätzlich beizubehalten.

Die Methoden der Zuordnung zu den Laufzeitbändern müssen den angewandten **Risikomanagementmethoden** entsprechen und sind im Zeitablauf **stetig** anzuwenden. Hinsichtlich der einzurichtenden (kalendarischen) **Bandbreiten** (Wochen-, Monats- oder Jahresbänder) enthält der Standard keine explizite Aussage. Im vorgegebenen Beispiel („*illustrative example*") wird für eine Sicherungsperiode von insgesamt 60 Monaten eine Bandbreite im Monatsabstand zugrunde gelegt (IAS 39.IE2). Die einzurichtenden Bandbreiten können auch **ungleich** gewählt werden (z. B. Einrichtung von Monatsbändern für die ersten 24 Monate, für den langfristigen Bereich (über 24 Monate) z. B. Quartalsbänder), sofern dies mit der dokumentierten Risikomanage-

---

422 Vgl. *Arnoldi, R./Leopold, T.*, KoR 2005, S. 24.

mentstrategie übereinstimmt. Darüber hinaus enthält IAS 39 keine Vorgaben bezüglich der Anzahl der erforderlichen Laufzeitbänder.

Vor dem Hintergrund, dass jede Sicherungsbeziehung nach Ablauf des mehrstufigen Regelkreises **aufgehoben** und anschließend wieder neu designiert und durchlaufen wird, wird sich die Zusammensetzung der in den Portfolien befindlichen finanziellen Vermögenswerte und Verbindlichkeiten sowie der Bestand an Sicherungsinstrumenten regelmäßig ändern.

Im Gegensatz zu den allgemeinen Anforderungen zum Hedge Accounting muss für die in das Portfolio eingestellten Geschäfte **nicht** zu erwarten sein, dass die Fair Value-Änderungen, die dem abgesicherten Risiko für jeden einzelnen Posten in dem Portfolio zuzurechnen sind, in **annähernd proportional** zur gesamten Fair Value-Änderung bezogen auf das abgesicherte Risiko sind (IAS 39.83; IAS 39.BC181).

7.7.2.3. Bestimmung des gesicherten Betrags

Im Anschluss an die Abgrenzung und Einteilung der Portfolien in Laufzeitbänder wird nunmehr für jedes Laufzeitband/Währung die offene **Zinsrisikoposition** ermittelt. Die offene Zinsrisikoposition ist zwar die Grundlage zur Bestimmung der im Rahmen des Portfolio Fair Value Hedges designierbaren Geschäfte, stellt aber keine Obergrenze dar (IAS 39.AG118). Es wird ein bestimmter (prozentualer) **Betrag** (*„amount"*) des Gesamtbestands an finanziellen Vermögenswerten oder Verbindlichkeiten als das **Grundgeschäft** designiert. Die Designation eines Nettobetrags, der Vermögenswerte und Verbindlichkeiten umfasst, ist nicht zulässig (IAS 39.AG81A; IAS 39.AG101). Zur Ermittlung des gesicherten Betrags schreibt der Standard keine Methode vor. Obergrenze für den gesicherten Betrag ist jeweils entweder die Gesamtsumme der sicherungsfähigen finanziellen Vermögenswerte oder die Gesamtsumme der sicherungsfähigen finanziellen Verbindlichkeiten je Laufzeitband.

> *Beispiel:*
>
> *In das Laufzeitband 10/2006 wurden festverzinsliche finanzielle Vermögenswerte i.H.v. EUR 100 und finanzielle Verbindlichkeiten i.H.v. EUR 80 eingestellt. Es ergibt sich eine Nettoposition i.H.v. EUR 20 als Aktivüberhang. Annahmegemäß werden als gesicherter Betrag finanzielle Vermögenswerte i.H.v. EUR 20 bestimmt, d. h. 20 % der finanziellen Vermögenswerte im Laufzeitband 10/2006. Aber: Es können im Beispiel finanzielle Vermögenswerte bis zu EUR 100 gesichert werden (IAS 39.AG118).*

Der gesicherte Betrag bestimmt auch das **prozentuale Messverfahren** beim Ineffektivitätstest (IAS 39.AG114(c)). Es wird unterstellt, dass jeder Vermögenswert im Portfolio zu einem bestimmten Prozentsatz (*„percentage approach"*) gesichert ist

(IAS 39.BC199). Da die Posten, die ein Risiko der vorzeitigen Rückzahlung (*„prepayment risk“*) aufweisen (*„core deposits“*, *„demand deposits“*), in die Portfoliobildung eingehen, werden diese zwar gleichfalls bei der Bestimmung des gesicherten Betrags berücksichtigt. Gleichwohl sind diese Posten, die nicht als Grundgeschäfte in einem Fair Value Hedge designiert werden dürfen oder aber keinem Zinsänderungsrisiko ausgesetzt sind, **aus den einzelnen Laufzeitbändern zu eliminieren** (IAS 39.AG118(a)). Hierunter fallen vor allem Wertpapiere der Kategorie Held-to-Maturity.

Die Designation der Grundgeschäfte ist ein zwingender Bestandteil der **erforderlichen Dokumentation**, die neben der Beschreibung der konkreten Verfahren und der Zielsetzung des Risikomanagements insbesondere die nachfolgenden Aspekte umfasst (IAS 39.AG119):

- Festlegung der Vermögenswerte und Verbindlichkeiten, die in die Portfolio-Sicherungsbeziehung einbezogen sind und in welcher Form sie wieder aus dem Portfolio entfernt werden (d. h. Beschreibung, wie das *„line item“* aufgelöst wird),
- Angabe der Verfahren zur Schätzung der erwarteten Zinsanpassungstermine sowie der Annahmen über Zinssätze für vorzeitige Rückzahlungen,
- Anzahl und Dauer der Laufzeitbänder (*„number and duration of repricing time periods“*),
- Häufigkeit des Effektivitätstests und Angabe der nach IAS 39.AG126 gewählten Methode,
- Darstellung der Methodik, wie der als Grundgeschäft designierte Betrag bestimmt wird,
- sofern die Effektivitätsmessmethode nach IAS 39.AG126(b) angewandt wird, ist die Ermittlung des Hedge Ratios anzugeben. Ferner ist festzulegen, ob der Effektivitätstest für jedes Laufzeitband einzeln oder für alle Laufzeitbänder gemeinsam (oder eine Kombination von beidem) durchgeführt wird.

Die festgelegte Vorgehensweise muss mit den Abläufen und Zielsetzungen des Risikomanagements übereinstimmen (*„the entity's risk management procedures and objectives“*). Die Methoden dürfen nicht willkürlich geändert werden, sondern müssen sich aus Änderungen der Marktbedingungen und anderer Faktoren ergeben und auf den Risikomanagementverfahren und der -zielsetzung des Unternehmens beruhen und mit diesen im Einklang stehen (IAS 39.AG119).

7.7.2.4. Bestimmung des gesicherten Zinsänderungsrisikos

Als gesichertes Zinsänderungsrisiko kann nur **ein bestimmtes Zinsrisiko** designiert werden, d. h. die Sicherung eines Portfolios z. B. gleichzeitig gegen Libor und Euribor ist nicht möglich. Die Absicherung eines **Teils des Zinsänderungsrisikos** (*„portion of the interest rate risk“*), das in jedem der im Portfolio enthaltenen Geschäfte enthalten ist (*„in each of the items in the hedged position“*), wie z. B. ein risikofreier Zinssatz oder ein bestimmter Referenzzinssatz (1-Monats-Euribor), ist in jedem Laufzeitband/Währung des Portfolios möglich, sodass die individuellen Credit Spreads der einzelnen Vermögenswerte und Verbindlichkeiten innerhalb des Portfolios für die Ermittlung des zu buchenden Betrags sowie bei der Messung der Hedge-Effektivität unbeachtlich sein können (IAS 39.81A; IAS 39.AG114(d)). Die Einbeziehung bzw. Nichteinbeziehung von Spreads ist zu dokumentieren.

Andere Risiken (wie z. B. Aktien-, Währungs- oder Bonitätsrisiken) können nicht auf dieser Portfoliobasis als Fair Value Hedge bilanziert werden.

7.7.2.5. Designation der Sicherungsinstrumente

Im nächsten Schritt sind dem pro Laufzeitband/Währung ermittelten gesicherten Betrag entsprechend der Risikomanagementstrategie **ein oder mehrere derivative Finanzinstrumente** (oder Teile davon) als Sicherungsinstrumente zu designieren (IAS 39.77; IAS 39.AG114(e)). Diese Derivate müssen dabei dem zu sichernden Zinsänderungsrisiko unterliegen. Die Sicherungsinstrumente können dabei einzelne Derivate sein oder auch Portfolien ähnlicher derivativer Finanzinstrumente (z. B. ein Portfolio von Zinsswaps). Bei dem Sicherungsinstrument kann es sich auch um ein Portfolio handeln, dass **kompensierende Risikopositionen** („*offsetting risk positions*“) enthält. Somit kann z. B. ein Teilbetrag eines als Sicherungsinstrument designierten Zinsswaps durch Abschluss eines Gegenswaps (teilweise) kompensiert werden (IAS 39.AG120). Damit wird es ermöglicht, sich im Zeitablauf ändernde Risikopositionen durch entsprechende Anpassungen bei den Sicherungsinstrumenten zu steuern, ohne dass einzelne Derivate dedesigniert werden und als Held for Trading zu behandeln sind.

Die einzelnen Sicherungsinstrumente können in Abhängigkeit von der Struktur der Laufzeitbänder auch **einem oder mehreren Laufzeitbänder** (Zinsanpassungsterminen) zugeordnet werden. Erfolgt eine Designation zu mehreren Laufzeitbändern, dann muss das gesamte Sicherungsinstrument auf die einzelnen Laufzeitbänder aufgeteilt werden (IAS39.AG120).

Termingeschäfte bzw. Optionen können für die Designation als Sicherungsinstrumente in die Kassabasis und Terminkomponente bzw. den inneren Wert und Zeitwert zerlegt werden (IAS 39.74). Bei Designation der Kassabasis bzw. des inneren Werts erfolgt die Effektivitätsmessung auf der Grundlage dieser Größen, sofern dies dokumentiert ist (IAS 39.AG107).

Es dürfen jedoch **keine** einzelnen **geschriebenen Optionen**, auch im Fall einer Einbettung in strukturierte Produkte, oder Kombinationen, die im Saldo (netto) geschriebene Optionen darstellen („*net written options*“), als Sicherungsinstrumente designiert werden (IAS 39.77). Dies gilt entsprechend für den Fall der Bildung von Portfolien. Ferner müssen die als Sicherungsinstrument eingesetzten Derivate mit **fremden**

Dritten kontrahiert werden. Sofern diese Instrumente mit Unternehmen des gleichen Konzerns abgeschlossen werden, sind die konzerninternen Geschäfte zwar auf der Ebene der einzelnen juristischen Einheit (Einzelabschluss) als Sicherungsinstrumente geeignet, sie werden jedoch im Rahmen der Konsolidierung auf Konzernebene (Konzernabschluss) wieder eliminiert.

7.7.2.6. Prospektiver Effektivitätstest der Sicherungsbeziehung

Im **Zeitpunkt der Designation** und in den **Folgeperioden** muss nachgewiesen werden, dass die Sicherungsbeziehung innerhalb des für die Absicherung relevanten Zeitraums voraussichtlich **in hohem Maße wirksam** ist (*„the hedge is expected to be highly effective"*) (prospektive Effektivität) (IAS 39.AG114(f); IAS 39.BC136). Dieser Zeitraum kann auch nur den Zeitraum bis zum nächsten Termin umfassen, an dem die Sicherungsbeziehung im Rahmen einer dynamischen Absicherung angepasst wird. Hinsichtlich des prospektiven Effektivitätstests enthält der Standard an dieser Stelle keine weiteren Sonderregelungen, sodass auf die allgemeinen Anforderungen zum Fair Value Hedge verwiesen wird (IAS 39.AG105(a)) (vgl. Kapitel 7.5.2.).

Der Nachweis der prospektiven Effektivität kann im Rahmen eines Portfolio Fair Value Hedge Accountings von Zinsänderungsrisiken nicht in Form eines **Critical Term Matches** (IAS 39.AG108) erbracht werden.

7.7.2.7. Retrospektiver Effektivitätstest der Sicherungsbeziehung

Nach Ablauf jeder Sicherungsperiode ist regelmäßig ein retrospektiver Effektivitätstest durchzuführen (IAS 39.AG114(g)). Die retrospektive Effektivität einer Sicherungsbeziehung stellt die mit dem abgesicherten Zinsänderungsrisiko verbundene Fair Value-Änderung der einem Laufzeitband zugeordneten Beträge (Grundgeschäft) und der eingetretenen Fair Value-Änderung der Sicherungsinstrumente, jeweils korrigiert um die bis zum Stichtag abgegrenzten (anteiligen) Zinsen, ins Verhältnis. Für die Anwendung der Vorschriften zum Hedge Accounting muss das Verhältnis der Fair Value-Änderungen in einer Bandbreite von 80-125 % liegen.[423]

Für die Bestimmung der retrospektiven Effektivität gibt der Standard keine bestimmte Messmethode vor. Werden für solche Bewertungen **statistische oder andere Schätzmethoden** verwendet, muss das Management erwarten, dass diese Ergebnisse annähernd zum gleichen Ergebnis führen wie bei einer Messung der Effektivität auf Basis aller Einzelgeschäfte, aus denen das Grundgeschäft besteht. Die Annahme, dass die Fair Value-Änderungen des Grundgeschäfts den Fair Value-Änderungen des Sicherungsinstruments entsprechen (Shortcut-Methode) ist nicht zulässig (IAS 39.AG122).

Im Zusammenhang mit der Messung der prospektiven und retrospektiven Effektivität kommt den festverzinslichen Posten, mit denen ein **Risiko der vorzeitigen Rückzah-**

---

423 Vgl. *Arnoldi, R./Leopold, T.*, KoR 2005, S. 25-29.

lung verbunden ist (*„prepayable items"*), eine besondere Bedeutung zu. Diese Posten können aus Gläubigersicht in eine **endfällige Forderung** und eine **geschriebene Kündigungsoption** (*„prepayment option"*) aufgeteilt werden. Insofern setzt sich eine Fair Value-Änderung dieser Posten aus (1) einem zinsinduzierten Einfluss auf die vertraglichen Cashflows der endfälligen Forderung sowie (2) einem zinsinduzierten Einfluss auf den Wert der geschriebenen Option zusammen (IAS 39.AG121).

Nach IAS 39.81A ist es zur Berücksichtigung des Risikos der vorzeitigen Rückzahlung zulässig, im Fall der Absicherung eines Portfolios, das Posten, mit denen ein Risiko der vorzeitigen Rückzahlung verbunden ist, enthält, nur jene Fair Value-Änderungen abzusichern, die auf einer Änderung des gesicherten Zinssatzes auf Grundlage der **erwarteten** statt der vertraglichen **Zinsanpassungstermine** basieren (IAS 39.81A). Sofern sich Abweichungen zwischen der erwarteten Fälligkeit und der tatsächlich eintretenden Fälligkeit ergeben (*„if actual repricing dates differ from those expected"*) oder die erwartete Fälligkeit im Zeitablauf angepasst wird (*„if the expected repricing dates are revised"*), führt dies im Rahmen des retrospektiven Effektivitätstests zu einer nach IAS 39.AG126 zu erfassenden **Ineffektivität**. Sofern der Nachweis gelingt, dass

- die Abweichungen der erwarteten und der tatsächlich eingetretenen Fälligkeit bzw. die Anpassungen der erwarteten Fälligkeit eindeutig auf anderen Faktoren beruht (*„clearly arise from factors other than changes in the hedged interest rate"*) und
- diese Faktoren nicht mit den Änderungen des gesicherten Zinssatzes korreliert (*„uncorrelated with changes in the hedged interest rate"*) sind und
- diese Faktoren verlässlich hiervon getrennt (*„reliably separated"*) werden können,

sind die Abweichungen und Anpassungen bei der Festlegung des Fair Values des Grundgeschäfts nicht zu berücksichtigen, da sie nicht auf das abgesicherte Zinsrisiko zurückgeführt werden können. Sofern die oben genannten drei Voraussetzungen kumulativ erfüllt sind und dies im Rahmen des retrospektiven Effektivitätstest nachgewiesen wird, resultiert hieraus keine Ineffektivität (IAS 39.AG121).

Für die Ermittlung des **retrospektiven Effektivitätstests** sieht IAS 39.AG126 die beiden folgenden Alternativen vor:

(1) Die Effektivität einer Sicherungsbeziehung wird als Differenz zwischen der Fair Value-Änderung des Sicherungsinstruments und der Fair Value-Änderung des Grundgeschäfts (gesicherter Betrag), die auf das abgesicherte Zinsrisikos zurückzuführen ist, bestimmt (IAS 39.AG114(h)). Es ist zu beachten, dass bei der Ermittlung der Fair Value-Änderung des Grundgeschäfts die Fair Value-Änderung aus den eingebetteten Vorfälligkeitsoptionen (vorzeitige Kündigungsrechte) **mit zu erfassen** ist. **Abgänge** aus dem Ausgangsportfolio, die aus vorzeitigen Rückzahlungen, Änderungen der ursprünglich erwarteten Zuordnung aufgrund geänderter Erwartungen bzgl. der Zinsanpassung oder Tilgung, Veräußerung oder Wertberichti-

gungen, resultieren, **führen zu Ineffektivitäten**. Sofern zwischenzeitliche Neugeschäfte abgeschlossen wurden, bleiben diese unberücksichtigt (IAS 39.AG126(a)).

(2) Die Effektivität einer Sicherungsbeziehung kann alternativ anhand der folgenden **Näherungsmethode** („*approximation*") bestimmt werden (IAS 39.AG126(b)):

- Ermittlung des **Prozentsatzes** der gesicherten Vermögenswerte (oder Verbindlichkeiten) in jedem Laufzeitband auf der Grundlage der geschätzten Zinsanpassungstermine zum letzten Zeitpunkt der Effektivitätsmessung.
- Anwendung dieses Prozentsatzes auf die korrigierte Schätzung des Gesamtbetrags („*revised estimate of the amount*") am Ende dieses Laufzeitbands, um den **Betrag des Grundgeschäfts** aufgrund der korrigierten Schätzung zu erhalten. Hierfür sind alle Ausgangsportfolien in einer Währung einzubeziehen. Die Veränderung von Zinsanpassungsterminen aufgrund einer Veränderung der Marktzinssätze hat eine Zuordnung zu neuen Laufzeitbändern zur Folge (IAS 39.AG127). Sofern zwischenzeitliche Neugeschäfte abgeschlossen wurden, bleiben diese wiederum unberücksichtigt.
- Berechnung der Fair Value-Änderung des gesicherten Betrags des Grundgeschäfts (Δ Hedge Fair Value (HFV)), die auf das abgesicherte Zinsrisiko zurückzuführen ist, wobei die einbezogenen Geschäfte so zu bewerten sind, als ob diese (geschätzt) endfällig wären (d. h. eine explizite Bewertung von Posten, mit denen ein Risiko der vorzeitigen Rückzahlung verbunden ist, erfolgt nicht) (IAS 39.AG114(g)). Credit Spreads werden nur erfasst, wenn sie mitgesichert sind.
- **Erfassung der Ineffektivität**, die sich aus der Differenz zwischen der Fair Value-Änderung des korrigierten Betrags des Grundgeschäfts (HFV) und der Fair Value-Änderung des Sicherungsinstruments ergibt (IAS 39.AG114(h)).

$$\Delta\ \text{Fair Value gesicherter Gesamtbetrag} = \underbrace{\frac{\text{gesicherter Betrag}}{\text{Gesamtbetrag}}} \cdot \underbrace{\text{korrigierter Gesamtbetrag}} \cdot \underbrace{\Delta\ \text{Fair Value der Ausgangsbestände}}$$

Beispiel: EUR 20 Mio./EUR 100 Mio. · EUR 120 Mio. · EUR 0,1 je EUR 1

Abb. 27: Ermittlung der Fair Value-Änderung des gesicherten Gesamtbetrags

Bei der Anwendung der Näherungsmethode kann die Messung der Effektivität wahlweise für jedes Laufzeitband einzeln, für alle Laufzeitbänder gemeinsam oder als Kombination von beidem durchgeführt werden (IAS 39.AG119(f)). Nach der Festlegung des Wahlrechts ist der Grundsatz der Stetigkeit zu beachten.

Mit dem retrospektiven Effektivitätstest wird die tatsächliche Wirksamkeit der Sicherungsbeziehung (ex post) ermittelt. Durch diese Vorgehensweise kommt es in dem Maße zu einer automatischen Erfassung von **Ineffektivitäten** in der GuV, in dem die

Änderung des Fair Values des Grundgeschäfts, das dem abgesicherten Zinsrisiko zuzurechnen ist, von der Änderung des Fair Values des derivativen Sicherungsinstruments abweicht (IAS 39.AG114(i)). Eine solche Abweichung kann u.a. aus folgenden Gründen entstehen (IAS 39.AG124):

- die tatsächlichen Zinsanpassungstermine weichen von den erwarteten ab,
- die erwarteten Zinsanpassungstermine wurden korrigiert,
- Posten aus dem gesicherten Portfolio wurden in ihrem Wert gemindert bzw. abgeschrieben oder veräußert (ausgebucht),
- die Zahlungstermine des Sicherungsinstruments und des Grundgeschäfts weichen voneinander ab,
- sonstige Gründe (z. B. wenn die Zinssätze einiger Grundgeschäfte von dem Referenzzinssatz, zu dem sie abgesichert werden, abweichen).

Der Standard gibt darüber hinaus generelle Hinweise, wie die Effektivität der Absicherung **grundsätzlich verbessert** werden kann (IAS 39.AG125):

- Zuordnung der Posten mit unterschiedlichen Rückzahlungseigenschaften auf die Laufzeitbänder in der Form, dass die Verhaltensunterschiede von vorzeitigen Rückzahlungen berücksichtigt werden.
- Erhöhung der Anzahl der Posten im Portfolio, da die Wahrscheinlichkeit der Unwirksamkeit bei einer geringen Anzahl von Posten relativ höher ist.
- Kürzere Zinsanpassungsperioden verringern eine Inkongruenz zwischen den Zinsanpassungs- und Zinszahlungsterminen (innerhalb der Zinsanpassungsperioden) des Grundgeschäfts und des Sicherungsinstruments.
- Durch eine häufige Anpassung des Betrags des Sicherungsinstruments, der die Änderungen des Grundgeschäfts widerspiegelt, kann eine höhere Effektivität erzielt werden.

7.7.2.8. Bilanzielle Abbildung der Sicherungsbeziehung

Im Anschluss an die Durchführung des retrospektiven Effektivitätstests erfolgt die bilanzielle Abbildung der Sicherungsbeziehung, d. h. die buchungstechnische Erfassung der Ergebniswirkungen aus dem Grundgeschäft und dem Sicherungsinstrument. Im Fall eines **aktiven (passiven) Grundgeschäfts** werden die Fair Value-Änderungen des Grundgeschäfts (Basis Adjustments), die dem gesicherten Zinsrisiko zugeordnet werden können, in einer **separaten Bilanzposition** (*„in a single separate line item"*) auf der Aktivseite (Passivseite) der Bilanz erfasst (IAS 39.89A). Im Unterschied zu den Vorschriften zum Fair Value Hedge Accounting erfolgt jedoch keine Zuordnung zu einzelnen Vermögenswerten oder Verbindlichkeiten, sondern es erfolgt die Buchung im einem separaten Bilanzposten (IAS 39.AG114(g)).
Die Gegenbuchung erfolgt im **Hedge-Ergebnis** der GuV. Da die Basis Adjustments jeweils positiv oder negativ sein können, sind auch aktivische oder passivische Bilanzposten mit negativem Vorzeichen möglich.

Zur **Erfassung der Abgänge** und **Vornahme der Amortisation** nach IAS 39.92 sind innerhalb der separaten Bilanzposten zweckmäßigerweise jeweils Unterkonten für die einzelnen Laufzeitbänder (getrennt nach Währung) einzurichten.

Die Fair Values der designierten **Sicherungsinstrumente** bzw. deren Veränderung werden ebenfalls in separaten Bilanzposten erfasst (IAS 39.AG114(h)). Bei Zinsswaps ist für Zwecke der Effektivitätsmessung der Clean Price zugrunde zu legen. Die aus einem Zinsswap abzugrenzenden Zinsen (anteilige Zinsen) sind zwar erfolgwirksam im Zinsergebnis und gemeinsam mit dem Clean Price des Swaps in der Bilanz zu erfassen, werden aber beim Effektivitätstest nicht berücksichtigt. Die Gegenbuchung erfolgt ebenfalls im **Hedge-Ergebnis** in der GuV.

Sofern die Sicherungsbeziehung **retrospektiv** für ein Laufzeitband **nicht effektiv** war, ist das Hedge Accounting ab dem Zeitpunkt zu beenden, an dem die Sicherungsbeziehung zuletzt als effektiv beurteilt war (IAS 39.AG113). Ein Basis Adjustment ist in diesem Fall nicht vorzunehmen. Die Fair Value-Änderung der Sicherungsinstrumente wird jedoch erfolgswirksam in der GuV erfasst. Wenn in nachfolgenden Perioden eine prospektive Effektivität gegeben ist, kann dieses Sicherungsinstrument erneut einer Hedge-beziehung designiert werden.

Für eine ausführliche Darstellung einer **Buchungskonzeption** für das Portfolio Fair Value Hedge Accounting (anhand eines praktischen Beispielsachverhalts) wird an dieser Stelle auf die Buchungskonzeption von *Arnoldi/Leopold* verwiesen.[424]

Während der Sicherungsperiode wird sich die Zusammensetzung der Portfolien regelmäßig **ändern**. Es werden neue Geschäfte abgeschlossen, bestehende Geschäfte wertgemindert, vorzeitig getilgt oder in anderer Weise in ihren Konditionen angepasst. Die geänderte Zusammensetzung der Portfolien muss in den nächsten Sicherungsperioden entsprechend berücksichtigt werden.

---

[424] Vgl. *Arnoldi, R./Leopold, T.*, KoR 2005, S. 29-38.

7.8. Bilanzierung von Cashflow Hedges

7.8.1. Bilanzierung einer laufenden Sicherungsbeziehung

Erfüllt ein Cashflow Hedge im Verlauf der Berichtsperiode die in IAS 39.88 genannten Voraussetzungen, ist wie folgt zu bilanzieren (IAS 39.95):[425]

- Der Teil des Gewinns oder Verlusts aus einem Sicherungsinstrument, der als **effektive Absicherung** ermittelt wird („*that is determined to be an effective hedge*"), ist mittels der Aufstellung über die Veränderungen des Eigenkapitals **direkt im Eigenkapital** zu erfassen und
- der **ineffektive Teil** des Gewinns oder Verlusts aus dem Sicherungsinstrument ist **unmittelbar erfolgswirksam** im Periodenergebnis zu erfassen.

Im Rahmen der Erfassung des ineffektiven Teils aus dem Sicherungsinstrument ist es nicht notwendig, den ineffektiven Teil zunächst buchungstechnisch über das Eigenkapital zu erfassen; er kann auch direkt in der GuV erfasst werden.

Ziel von Cashflow Hedges ist es, sich gegen künftige Ergebnisauswirkungen aus Cashflow-Schwankungen abzusichern. Diese Schwankungen können z. B. dadurch bedingt sein, dass sich bei variabel verzinslichen Vermögenswerten oder Verbindlichkeiten der Zinssatz ändert und dadurch Zinszahlungen in anderer Höhe anfallen als gewollt. Fair Value-Änderungen des Sicherungsinstruments werden bei Cashflow Hedges in dem Umfang, in dem die Absicherung effektiv ist, im Eigenkapital berücksichtigt und erst in der Periode erfolgswirksam umgebucht, in der das gesicherte Grundgeschäft in der Bilanz berücksichtigt oder das gesicherte Grundgeschäft erfolgswirksam wird. IAS 39 schreibt nicht explizit vor, dass die Erfassung im Eigenkapital in einem **gesonderten Posten** (Cashflow Hedge-Rücklage) zu erfolgen hat. Der Ausweis in einem eigenen Posten ist jedoch zu empfehlen.

Die Beschränkung auf den effektiven Teil eines Sicherungsinstruments ist folgerichtig, da die Vorschriften des Hedge Accountings nur für Sachverhalte vorgesehen sind, die dem Sicherungszweck dienen. Durch die Erfassung im Eigenkapital wird die Ergebniswirkung der Gewinne und Verluste, die sich auf den effektiven Teil des Hedges beziehen, zeitlich in die Zukunft verlagert.

Bei Cashflow Hedges ist zu jedem Stichtag die **Ineffektivität** der Sicherungsbeziehung zu ermitteln, welche die Differenz zwischen den Wertänderungen von Grundgeschäft und Sicherungsinstrument darstellt (zur Messung der Effektivität vgl. Kapitel 7.5.3.3.). Diese zeigt somit auf, um welchen Betrag kein exakter Ausgleich durch die Sicherungsbeziehung erreicht wurde.

---

425 Vgl. *Ernst & Young LLP (Hrsg.)*, International GAAP 2005, 2004, S. 1110.

Sofern sich im Rahmen der Ermittlung der Effektivität **eine 100%ige Wirksamkeit** für ein Sicherungsinstrument ergibt, wird die **gesamte Fair Value-Änderung** direkt im Eigenkapital erfasst. Für die Beurteilung der Effektivität ist es nach IAS 39.AG107 zulässig, dass die Zeitwertkomponente von Optionen bzw. die Terminkomponente von Termingeschäften unberücksichtigt bleiben (IAS 39.IG F.5.6 *Cash flow hedges: firm commitment to purchase inventory in a foreign currency*).

Führt die **Sicherungsbeziehung** zu einem **von 100 % abweichenden Ergebnis**, ist der direkt in das Eigenkapital einzustellende sowie der als Ineffektivität zu erfassende Betrag nach IAS 39.96 wie folgt zu ermitteln (vgl. mit Beispiel Kapitel 7.5.3.3.):

(a) Die eigenständige Komponente des Eigenkapitals, die aus dem Cashflow Hedge eines Grundgeschäfts resultiert, wird **auf den niedrigeren der folgenden Beträge** (absolut betrachtet) korrigiert („*is adjusted to the lesser of the following amounts*"):

- den **kumulierten absoluten Gewinn oder Verlust aus dem Sicherungsinstrument** seit Beginn der Sicherungsbeziehung,
- die **kumulierte absolute Fair Value-Änderung (Barwert) der erwarteten künftigen Cashflows aus dem Grundgeschäft** seit Beginn der Sicherungsbeziehung.

(b) Ein verbleibender Gewinn oder Verlust aus einem Sicherungsinstrument oder einer designierten Komponente davon, **der nicht effektiv** ist, wird unmittelbar **in der GuV** erfasst.

(c) Sofern die **dokumentierte Risikomanagementstrategie** eines Unternehmens für die Sicherungsbeziehung eine bestimmte Komponente der Gewinne oder Verluste oder der damit verbundenen Cashflows eines Sicherungsinstruments aus der **Beurteilung der Effektivität** der Sicherungsbeziehung **ausschließt** (gewollte Trennung des gesamten Optionspreises in inneren Wert und Zeitwert oder des Terminkurses bei Termingeschäften in Kassa- und Terminkomponente) (IAS 39.74; IAS 39.75; IAS 39.88(a)), ist dieser ausgeschlossene Teil (d. h. die Zeitwertkomponente bei Optionen oder die Terminkomponente bei Termingeschäften) als Gewinn oder Verlust nach IAS 39.55 unmittelbar erfolgswirksam im Periodenergebnis zu erfassen.

Die von einem Unternehmen gewählte Methode zur Beurteilung der Wirksamkeit einer Sicherungsbeziehung richtet sich nach der **dokumentierten Risikomanagementstrategie** (IAS 39.AG107). Dabei ist in der Dokumentation auch anzugeben, ob bei der Beurteilung sämtliche Gewinne/Verluste aus einem Sicherungsinstrument berücksichtigt werden, oder ob z. B. bei Optionen der Zeitwert des Sicherungsinstruments unberücksichtigt bleibt. Ebenso kann die Terminkomponente (Terminauf- bzw. -abschlag) aus der Beurteilung der Effektivität herausgenommen und erfolgswirksam im Periodenergebnis erfasst werden (IAS 39.AG108(c)). Die Beurteilung der Effektivität kann auch dergestalt vorgenommen werden, dass eine Änderung der erwarteten

Cashflows aus einer mit sehr hoher Wahrscheinlichkeit eintretenden geplanten Transaktion (z. B. geplante Umsatzerlöse) anhand des mit dem **Terminkurs** bewerteten Grundgeschäfts beurteilt wird (IAS 39.IG F.5.6 *Cash flow hedges: firm commitment to purchase inventory in a foreign currency*).

Sofern sich in einer 100 % effektiven Sicherungsbeziehung der Fair Value der gesicherten Cashflows (Grundgeschäft) in einem **stärkeren Umfang** als der Fair Value des korrespondierenden Sicherungsinstruments vermindert, wird lediglich die Fair Value-Änderung des Sicherungsinstruments in der separaten Komponente im Eigenkapital erfasst. Die die Fair Value-Änderungen des Sicherungsinstruments übersteigenden Wertänderungen des Grundgeschäfts stellen mithin **keine Ineffektivität** dar (*„under-hedge"*). Für den umgekehrten Fall, dass der Fair Value der gesicherten Cashflows (Grundgeschäft) sich in einem **geringeren Umfang** als der Fair Value des Sicherungsinstruments ändert, stellt der Differenzbetrag eine erfolgswirksam **zu erfassende Ineffektivität** dar (*„over-hedge"*) (IAS 39.IG F.5.2-5.3 *Cash flow hedges: performance of hedging instrument (1)-(2)*).

Eine Fair Value-Änderung eines Sicherungsinstruments, die aus einer Veränderung des **Ausfallrisikos des Kontrahenten** (*„credit risk of the swap counterparty"*) resultiert, kann dazu führen, dass eine Sicherungsbeziehung nicht als 100 % effektiv eingestuft wird (IAS 39.IG F.5.2 *Cash flow hedges: performance of hedging instrument (1)*).

Führt die Absicherung einer erwarteten Transaktion (*„forecast transaction"*) später zur **Erfassung eines finanziellen Vermögenswerts** oder einer **finanziellen Verbindlichkeit**, verbleiben die mit der Absicherung dieser Transaktion verbundenen kumulierten Gewinne und Verluste im Zeitpunkt der erstmaligen Erfassung in der gesonderten Komponente des Eigenkapitals. Diese direkt im Eigenkapital erfassten Gewinne oder Verluste sind in derselben Berichtsperiode oder denselben Berichtsperioden in der GuV zu erfassen, in denen der erworbene finanzielle Vermögenswert oder die übernommene finanzielle Verbindlichkeit das Periodenergebnis beeinflussen (wie z. B. in den Berichtsperioden, in denen Zinserträge oder Zinsaufwendungen erfasst werden) (*„recycling gains and losses from equity"*) (IAS 39.97).[426]

Wird allerdings erwartet, dass der gesamte oder ein Teil des direkt im Eigenkapital erfassten Verlusts in einer oder mehreren Berichtsperioden **nicht werthaltig** ist (*„will not be recovered"*), muss dieser Betrag unmittelbar erfolgswirksam aufgelöst werden (IAS 39.97).

Die Behandlung der in der gesonderten Komponente des Eigenkapitals abgegrenzten Beträge stellt eine Änderung gegenüber den Vorschriften in IAS 39 (revised 2000) dar. Danach wurden zum Zeitpunkt der erstmaligen Erfassung der erwarteten Transaktion

---

426 Vgl. *Ernst & Young LLP (Hrsg.)*, International GAAP 2005, 2004, S. 1112.

als Bilanzposten die kumulierten Beträge stets als *„basis adjustment"* umgebucht, wobei die Anschaffungskosten um den im Eigenkapital abgegrenzten Betrag angepasst wurden (IAS 39.IN24). Die Abkehr vom *„basis adjustment"* wird vom IASB damit begründet, dass mit der Anpassung von Anschaffungskosten um die im Eigenkapital kumulierten Gewinne und Verluste der Wert beim erstmaligen Ansatz **nicht dem Fair Value** entspricht und somit mit der Vorschrift in IAS 39.43 im Widerspruch steht.[427]

Im Rahmen der praktischen Anwendung muss eine Verknüpfung zwischen den zugegangenen finanziellen Vermögenswerten und finanziellen Verbindlichkeiten und der Cashflow-Rücklage geschaffen werden, um buchungstechnisch die aus der Rücklage zu entnehmenden Anpassungsbeträge zu bestimmen. Es bedarf hierzu ggf. umfangreicher Nebenrechnungen.

Führt die Absicherung einer erwarteten Transaktion später zur **Erfassung eines nicht-finanziellen Vermögenswerts** (wie z. B. einem Anlagengegenstand) oder einer **nicht-finanziellen Verbindlichkeit** oder wird eine erwartete Transaktion für einen nicht-finanziellen Vermögenswert oder eine nicht-finanzielle Verbindlichkeit zu einer **festen Verpflichtung** (*„firm commitment"*), für die Fair Value Hedge Accounting angewandt wird, hat das Unternehmen das folgende **Wahlrecht**, das **für alle Sicherungsbeziehungen einmalig** und **stetig** auszuüben ist (IAS 39.98; IAS 39.99):[428]

- Die direkt im Eigenkapital erfassten kumulierten Gewinne und Verluste sind in das Ergebnis derselben Berichtsperiode oder der Berichtsperioden umzubuchen, in denen der erworbene Vermögenswert oder die übernommene Verbindlichkeit das Periodenergebnis beeinflusst (wie z. B. in den Berichtsperioden, in denen Abschreibungsaufwendungen oder Umsatzkosten erfasst werden). Erwartet ein Unternehmen jedoch, dass der gesamte oder ein Teil des direkt im Eigenkapital erfassten Verlusts, nicht werthaltig ist, muss dieser Betrag erfolgswirksam aufgelöst werden (IAS 39.98(a)).
- Die entsprechenden kumulierten Gewinne oder Verluste, die nach IAS 39.95 direkt im Eigenkapital erfasst wurden, werden bei der erstmaligen Erfassung der nicht-finanziellen Vermögenswerte oder nicht-finanziellen Verbindlichkeiten als Teil der Anschaffungskosten oder des andersartigen Buchwerts (*„in the initial cost or other carrying amount"*) erfasst (*„basis adjustment"*) (IAS 39.98(b)).

Bei allen Cashflow Hedges, die **nicht** zu einer späteren Erfassung eines Vermögenswerts oder einer Verbindlichkeit führen, sind die Beträge, die direkt in der gesonderten Komponente im Eigenkapital erfasst wurden, in derselben Berichtsperiode oder in denselben Berichtsperioden erfolgswirksam zu erfassen, **in denen die gesicherte geplante Transaktion das Periodenergebnis beeinflusst** (z. B. wenn ein erwarteter Verkauf stattfindet) (IAS 39.100). Dementsprechend erfolgt im Rahmen der Absiche-

[427] Vgl. *Ernst & Young LLP (Hrsg.)*, International GAAP 2005, 2004, S. 1115.
[428] Vgl. *Ernst & Young LLP (Hrsg.)*, International GAAP 2005, 2004, S. 1112-1114.

rung von geplanten Umsatzerlösen in Fremdwährung eine erfolgswirksame Auflösung der gesondert im Eigenkapital erfassten Beträge, sobald der **gesicherte Umsatz tatsächlich erfolgt** und die damit korrespondierende Forderung aus Lieferungen und Leistungen eingebucht wird.

Sofern ein nicht-derivativer monetärer Vermögenswert als Sicherungsinstrument zur Absicherung des Währungsrisikos einer nicht-derivativen monetären Verbindlichkeit designiert ist, sind die Ergebnisse aus der Umrechnung beider Geschäfte unmittelbar in der GuV zu erfassen (IAS 39.IG F.5.1 *Hedge accounting: non-derivative monetary asset or non-derivative monetary liability used as a hedging instrument*).

7.8.2. Beendigung von Cashflow Hedge Accounting

Wenn das Sicherungsinstrument **ausläuft**, **glattgestellt**, **aufgehoben** oder **ausgeübt** wird oder falls die Anforderungen an das Hedge Accounting nicht länger gegeben sind, ist die gesonderte bilanzielle Behandlung eines Cashflows Hedges zu beenden (IAS 39.101(a)).[429]

Nicht als Auslaufen oder Glattstellung gilt eine in der ursprünglich dokumentierten Sicherungsstrategie vorgesehene **rollierende Absicherung** (*„replacement or roll-over“*) dergestalt, dass ein auslaufendes Sicherungsinstrument durch ein anderes Sicherungsinstrument ersetzt wird (IAS 39.101(a)). In diesem Fall verbleiben die kumulierten Gewinne oder Verluste aus dem Sicherungsinstrument in der gesonderten Komponente des Eigenkapitals, bis die erwartete Transaktion eingetreten ist. Bei Eintritt der Transaktion sind IAS 39.97, IAS 39.98 oder IAS 39.100 anzuwenden.

Sofern eine Sicherungsbeziehung nicht mehr die in IAS 39.88 genannten Voraussetzungen für die Anwendung von Hedge Accounting erfüllt, verbleiben die kumulierten Gewinne oder Verluste aus dem Sicherungsinstrument ebenfalls in der gesonderten Komponente des Eigenkapitals, bis die erwartete Transaktion eingetreten ist (d. h. die gesicherten Cashflows erfolgswirksam erfasst sind). Tritt die Transaktion ein, sind IAS 39.97, IAS 39.98 oder IAS 39.100 anzuwenden (IAS 39.101(b)).

Ein Wegfall der Voraussetzungen ist insbesondere dann gegeben, wenn die Sicherungsbeziehung künftig nicht mehr als effektiv (prospektive Effektivität) bezeichnet werden kann oder wenn festgestellt wird, dass die retrospektive Effektivität nicht gegeben ist. Erfüllt die Sicherungsbeziehung nicht mehr die Effektivitätskriterien, hat das Unternehmen an dem Tag das Cashflow Hedge Accounting einzustellen, an dem die Effektivität letztmalig nachgewiesen wurde (IAS 39.AG113).

Sofern **mit dem Eintreten der erwarteten Transaktion nicht länger gerechnet wird**, ist der Sicherungsbeziehung die Grundlage (das Grundgeschäft) entzogen, und

[429] Vgl. *Ernst & Young LLP (Hrsg.)*, International GAAP 2005, 2004, S. 1116-1117.

die während des Zeitraums der Wirksamkeit der Sicherungsbeziehung erfolgsneutral im Eigenkapital erfassten kumulierten Gewinne oder Verluste, die im Zusammenhang mit der erwarteten Transaktion erfasst wurden, sind unmittelbar erfolgswirksam im Periodenergebnis zu erfassen (IAS 39.101(c)).

Das Unternehmen kann die Designation der Sicherungsbeziehung **wahlweise jederzeit aufheben** (IAS 39.101(d)). Für Absicherungen einer erwarteten Transaktion verbleiben die kumulierten Gewinne oder Verluste aus dem Sicherungsinstrument, die erfolgsneutral in der gesonderten Komponente des Eigenkapitals erfasst wurden, während die Sicherungsbeziehung effektiv war, im Eigenkapital, bis die erwartete Transaktion eintritt oder deren Eintritt nicht mehr erwartet wird. Bei Eintritt der Transaktion sind IAS 39.97, IAS 39.98 oder IAS 39.100 anzuwenden.

7.9. Bilanzierung von Hedges of a Net Investment in a Foreign Operation

Hedges of a Net Investment in a Foreign Operation (Absicherungen von Nettoinvestitionen in einen ausländischen Geschäftsbetrieb), einschließlich der Absicherung eines monetären Postens, der als Teil der Nettoinvestition nach IAS 21 behandelt wird (vgl. Kapitel 4.5.5.), sind **wie Cashflow Hedges zu bilanzieren**. Insofern wird der Teil des Gewinns oder Verlusts aus einem Sicherungsinstrument, der als **effektive Absicherung** ermittelt wird, mittels der Aufstellung über die Veränderungen des Eigenkapitals unmittelbar im Eigenkapital erfasst und der **ineffektive Teil** des Sicherungsinstruments ist im Periodenergebnis zu erfassen (IAS 39.102).[430]

Der Gewinn oder Verlust aus einem Sicherungsinstrument, der dem effektiven Teil der Sicherungsbeziehung zuzurechnen ist und direkt im Eigenkapital erfasst wurde, ist **im Zeitpunkt der Veräußerung** des ausländischen Geschäftsbetriebs erfolgswirksam zu erfassen (IAS 39.102).

Der Hedge of a Net Investment in a Foreign Operation wird bereits in IAS 21 geregelt. IAS 39 ergänzt die in IAS 21 enthaltenen Regelungen durch Voraussetzungen (formale Dokumentation, Messung der Wirksamkeit der Sicherungsbeziehung usw.), die bei Anwendung des Hedge Accountings an diese Form von Sicherungsbeziehungen gestellt werden. Ferner sind sämtliche auf Fremdwährung lautenden derivativen Finanzinstrumente vom Anwendungsbereich des IAS 21 ausgenommen, die in den Anwendungsbereich von IAS 39 fallen (IAS 21.3(a)).

Nach dem Grundprinzip in IAS 21 sind Umrechnungsdifferenzen aus Verbindlichkeiten in fremder Währung erfolgswirksam in der GuV zu erfassen (vgl. Kapitel 4.5.). Kursdifferenzen aus der Umrechnung des Abschlusses eines wirtschaftlich selbstständigen Geschäftsbetriebs im Ausland werden dagegen im Eigenkapital erfasst. Vor diesem Hintergrund gestattet IAS 21 die ergebnisneutrale Erfassung von Umrechnungsdifferenzen aus einer Währungsverbindlichkeit, die der Absicherung einer Nettoinvestition dient (IAS 21.32). Eine erfolgswirksame Umbuchung erfolgt bei Veräußerung der Nettoinvestition (IAS 21.48; IAS 39.102).

Unter einem **ausländischen Geschäftsbetrieb** wird ein Tochterunternehmen, ein assoziiertes Unternehmen, ein Joint Venture oder eine Niederlassung des berichtenden Unternehmens verstanden, dessen Geschäftstätigkeit in einem anderen Land angesiedelt ist oder in einer anderen Währung ausgeübt wird oder sich auf ein anderes Land oder eine andere Währung als die des berichtenden Unternehmens erstreckt (IAS 21.8).

Für einen Hedge zur Absicherung einer Nettoinvestition in einen ausländischen Geschäftsbetrieb (einschließlich der Absicherung von monetären Posten, die als Teil der Nettoinvestition bilanziert werden) wird die Nettoinvestition **als Ganzes als ein**

---

430 Vgl. *Ernst & Young LLP (Hrsg.)*, International GAAP 2005, 2004, S. 1117.

abzusichernder Vermögenswert, nicht also die einzelnen Vermögenswerte und Verbindlichkeiten des ausländischen Geschäftsbetriebs, betrachtet. Es ist jedoch zu beachten, dass eine Absicherung von künftig erwarteten Dividenden/Gewinnen (von verbundenen Unternehmen) gegen Währungsrisiken nicht zulässig ist.

IAS 39 verlangt für die Absicherung einer Nettoinvestition die **Erfüllung derselben restriktiven Voraussetzungen** hinsichtlich Dokumentation und Effektivität wie für Fair Value Hedges und Cashflow Hedges, die in IAS 39.88 dokumentiert sind.

Als Sicherungsinstrumente für eine Nettoinvestition sind in erster Linie **Verbindlichkeiten in fremder Währung** geeignet. Inwieweit Derivate wie z. B. Devisentermingeschäfte bzw. Währungsswaps als Sicherungsinstrumente geeignet sind, muss im jeweiligen Einzelfall geprüft werden.[431] Derivate können ggf. auch zur Absicherung gegen das Zinsrisiko eingesetzt werden.

Der **Nominalwert** der Sicherungsinstrumente kann dabei den gesamten Betrag der Nettoinvestition oder auch nur einen Teil davon ausmachen.

Grundsätzlich ist es möglich, dass das Sicherungsinstrument (z. B. Währungsverbindlichkeit, Devisentermingeschäft oder Währungsswap) im Vergleich zur Nettoinvestition **in einer anderen Währung** abgeschlossen wird. Da die Effektivität der Absicherung während des gesamten Sicherungszeitraums gegeben sein muss, können sich aus diesen unterschiedlichen Währungen jedoch Probleme hinsichtlich der prospektiven und retrospektiven Effektivität der Sicherungsbeziehung ergeben. Eine solche Vorgehensweise kommt daher zunächst nur dann in Betracht, wenn eine hohe Wirksamkeit erwartet werden kann. Mithin wird sich im Sinne einer voraussichtlich hohen Effektivität empfehlen, die **Währungsidentität** herzustellen. Es sei denn, die Währungen sind so eng miteinander verbunden, dass sie sich derzeit und in Zukunft mit sehr hoher Wahrscheinlichkeit im Rahmen einer sehr engen Schwankungsbreite entwickeln.

---

[431] Vgl. *Ernst & Young LLP (Hrsg.)*, International GAAP 2005, 2004, S. 1143-1146.

8. Eingebettete Derivate

8.1. Überblick und Definitionen

Ein eingebettetes Derivat („*embedded derivative*“) ist Bestandteil eines strukturierten (zusammengesetzten) Instruments („*hybrid (combined) instrument*“), das auch einen **nicht-derivativen Basisvertrag** („*non-derivative host contract*“) enthält.[432] Für zusammengesetzte Instrumente ist charakteristisch, dass ein Teil der Zahlungsströme ähnlichen Schwankungen ausgesetzt ist wie ein freistehendes Derivat („*stand-alone derivative*“). Ein eingebettetes Derivat verändert einen Teil oder alle Cashflows aus einem Kontrakt in Abhängigkeit von einem bestimmten Zinssatz, Preis eines Finanzinstruments, Rohstoffpreis, Wechselkurs, Preis- oder Kursindex, Bonitätsrating oder -index oder einer anderen Variablen, sofern im Fall einer nicht-finanziellen Variablen die Variable nicht spezifisch für eine Partei („*is not specific to a party*“) des Vertrags ist (IAS 39.10).

IAS 39 ist nicht nur auf freistehende Derivate anzuwenden, sondern auch auf Derivate, die Bestandteil (komplexer) strukturierter Produkte (hybrider Instrumente) sind.

Ein Derivat, das mit einem Finanzinstrument verbunden („*attached*“) ist,

- jedoch **unabhängig** von diesem Instrument **vertraglich übertragbar** ist oder
- mit einer von diesem Instrument **abweichenden Vertragspartei** abgeschlossen wurde,

ist kein eingebettetes derivatives Finanzinstrument, sondern stellt ein **eigenständiges Finanzinstrument** („*separate financial instrument*“) dar (IAS 39.10). Damit sind Optionsanleihen, bei denen der Optionsschin separat handelbar ist, kein strukturiertes Produkt.

Als **strukturierte (zusammengesetzte) Instrumente** gelten Vermögenswerte bzw. Verbindlichkeiten, die im Vergleich zu nicht strukturierten Produkten hinsichtlich ihrer Verzinsung, Laufzeit oder Rückzahlung **besondere Ausstattungsmerkmale** aufweisen. Unter einem strukturierten Finanzinstrument wird folglich ein Finanzinstrument verstanden, das sich aus einem nicht-derivativen Basisvertrag und einem (oder mehreren) die Zahlungsströme des Basisvertrags modifizierenden eingebetteten Derivat zusammensetzt. So werden verzinsliche Wertpapiere häufig mit Wandlungsrechten oder Optionsrechten ausgestattet, sodass dadurch die ursprüngliche Struktur der Papiere maßgeblich verändert wird. Zentrale Voraussetzung für das Vorliegen eines eingebetteten Derivats ist, dass das Derivat **integraler Vertragsbestandteil** (des

---

[432] Vgl. *Bertsch, A.*, KoR 2003, S. 559-563; *Dombek, M.*, WPg 2002, S. 1065-1074; *Ernst & Young LLP (Hrsg.)*, International GAAP 2005, 2004, S. 812-826; *Flintrop, B.*, in: IFRS-Handbuch, 2004, § 18, Tz. 21-27; *Gebhardt, G./Naumann, T. K.*, DB 1999, S. 1463-1464; *Kehm, P./Lüdenbach, N.*, in: Lüdenbach, N./ Hoffmann, W.-D. (Hrsg.), IFRS-Kommentar[2], 2004, § 28, Tz. 144-150; *Scharpf, P.*, FB 1999, S. 21-29.

Basisvertrags) ist und daher **nicht separat** auf einen Dritten übertragen werden kann (IAS 39.10).

Das eingebettete Derivat ist von dem Basisvertrag **nur dann zu trennen** und getrennt zu bilanzieren, wenn die folgenden drei Voraussetzungen kumulativ erfüllt sind (IAS 39.11):[433]

(a) die **wirtschaftlichen Merkmale und Risiken** („*the economic characteristics and risks*“) des eingebetteten Derivats **nicht eng** („*not closely related*“) mit den wirtschaftlichen Merkmalen und Risiken des Basisvertrags verbunden sind,
(b) ein eigenständiges Instrument mit den gleichen Bedingungen wie das eingebettete Derivat die **Definition eines Derivats** erfüllen würde und
(c) das **strukturierte (zusammengesetzte) Instrument nicht mit dem Fair Value** bewertet wird, dessen Änderungen sich unmittelbar im Periodenergebnis niederschlagen.

Die Trennung und separate Bilanzierung eines eingebetteten derivativen Finanzinstruments vom Basisvertrag ist unzulässig, wenn die aufgezeigten Bedingungen **nicht kumulativ** erfüllt sind. Eine **freiwillige Trennung** ist mithin **nicht zulässig** (IAS 39.AG33).

Nach der ersten Bedingung ist eine Aufspaltung vorzunehmen, wenn die Wertentwicklung der einzelnen Bestandteile **nicht auf dem gleichen Risikofaktor** basiert (IAS 39.11).

Ein Derivat, welches z. B. einem als At Fair Value through Profit or Loss bzw. Held for Trading kategorisierten Finanzinstrument eingebettet ist, wird nicht getrennt erfasst (IAS 39.11(c)).

Wird ein eingebettetes Derivat getrennt, so ist der Basisvertrag nach IAS 39 zu bilanzieren, wenn es sich um ein Finanzinstrument handelt. Wenn es sich bei dem Basisvertrag um kein Finanzinstrument handelt, dann erfolgt eine Bilanzierung nach den Bestimmungen anderer Standards (IAS 39.11) (sofern es sich z. B. um Leasingverträge handelt, ist IAS 17 anzuwenden; handelt es sich um Versicherungsverträge gilt IFRS 4 usw.)

Wenn der Basisvertrag keine angegebene oder vorbestimmte Laufzeit hat und einen Residualanspruch am Reinvermögen eines Unternehmens begründet, sind seine wirtschaftlichen Merkmale und Risiken die eines Eigenkapitalinstruments („*equity instrument*“). Ein eingebettetes Derivat müsste Eigenkapitalmerkmale in Bezug auf das gleiche Unternehmen aufweisen, um als eng mit dem Basisvertrag verbunden zu gelten. In diesem Fall wäre keine Abspaltung des eingebetteten Derivats vorzunehmen.

---

433 Vgl. *Ernst & Young LLP (Hrsg.)*, International GAAP 2005, 2004, S. 813.

Sofern der Basisvertrag jedoch kein Eigenkapitalinstrument darstellt und die Definition eines Finanzinstruments erfüllt, sind seine wirtschaftlichen Merkmale und Risiken die eines Schuldinstruments („*debt instrument*") (IAS 39.AG27).

Bei Vorliegen z. B. eines **Verkaufsprospekts** wird eine Orientierung an den genannten Ausstattungsmerkmalen („*stated terms*") empfohlen. Sofern diese nicht im Detail bekannt gegeben sind, hat das **Unternehmen selbst** über eine sachgerechte Darstellung zu befinden (IAS 39.IG C.1 *Embedded derivatives: separation of host debt instrument*).

Ein eingebettetes Derivat **ohne Optionscharakter** (z. B. ein eingebettetes Devisentermingeschäft oder ein eingebetteter Zinsswap) ist auf Grundlage seiner **expliziten** oder **impliziten** wesentlichen Vertragsbedingungen („*stated or implied substantive terms*") getrennt vom Basisvertrag zu erfassen, sodass sein Fair Value bei erstmaliger Erfassung regelmäßig null ist. Ein auf einer **Option** basierendes Derivat (z. B. eine eingebettete Verkaufsoption, Kaufoption, Zins- (Cap) bzw. Zinsuntergrenze (Floor) oder Option auf einen Zinsswap (Swaption)) wird auf der Grundlage der vertraglich festgelegten Bedingungen der Option getrennt vom Basisvertrag erfasst. Der erstmalige Buchwert des originären Instruments entspricht dem Restwert nach Abtrennung des eingebetteten Derivats (IAS 39.AG28; IAS 39.IG C.1 *Embedded derivatives: separation of host debt instrument*, C.2 *Embedded derivatives: separation of embedded options*).

Mehrere in ein einziges Instrument eingebettete Derivate werden grundsätzlich wie ein **einziges zusammengesetztes eingebettetes Derivat** behandelt. Eingebettete Derivate, die nach IAS 32 als Eigenkapital klassifiziert werden (vgl. Kapitel 9), werden getrennt von den als Vermögenswerten oder Verbindlichkeiten eingestuften Instrumenten erfasst. Verfügt ein Instrument über mehrere eingebettete Derivate, die **sich auf unterschiedliche Risiken** beziehen und jederzeit voneinander getrennt werden können und voneinander unabhängig sind, werden diese getrennt voneinander erfasst (IAS 39.AG29). Abgespaltete eingebettete Derivate müssen die vertraglich festgelegten Zahlungsströme widerspiegeln (IAS 39.IG C.1 *Embedded derivatives: separation of host debt instrument*).

Die Vorschriften zur Bilanzierung von eingebetteten Derivaten wurden vor dem Hintergrund verabschiedet, die Bilanzierung und Bewertung von freistehenden (nicht eingebetteten) Derivaten nicht dadurch zu umgehen, dass die Vereinbarungen in andere Kontrakte eingebettet werden (IAS 39.BC37). Ändern sich bei strukturierten Produkten nach dem Vertragsabschluss die Marktbedingungen, so ist dieser Tatbestand nicht vom Bilanzierenden zu vertreten. Es kann somit auch kein Missbrauchstatbestand des Bilanzierenden unterstellt werden, der zu bilanziellen Auswirkungen nach dem Zeitpunkt des Vertragsabschlusses führen sollte. Demzufolge ist bei der Beurteilung der Abspaltung von eingebetteten Derivaten stets auf den **Zeitpunkt des Vertragsabschlusses** abzustellen. Im Rahmen der erstmaligen Anwendung von IFRS ist auf den Zeitpunkt abzustellen, an dem das bilanzierende Unternehmen Vertragspartner geworden ist. Das Abstellen auf den Zeitpunkt der erstmaligen Anwendung von IFRS ist nicht zulässig.[434]

Nach den **handelsrechtlichen Vorschriften** existieren keine gesetzlichen Vorschriften zur bilanziellen Behandlung von eingebetteten Derivaten. Der Bankenfachausschuss des IDW kam mit dem Rechnungslegungshinweis zur Bilanzierung strukturierter Produkte (IDW RH BFA 1.003) dem Bedürfnis der Praxis nach einer einheitlichen bilanziellen Behandlung entgegen.[435] Danach sind strukturierte Produkte beim Erwerber/Gläubiger grundsätzlich als ein einheitlicher Vermögensgegenstand zu bilanzieren. Als Ausnahme von diesem Grundsatz ist eine getrennte Bilanzierung der einzelnen Bestandteile dann vorgesehen, wenn eine der folgenden Voraussetzungen erfüllt ist:[436]

- Verbindung eines Kassainstruments mit einem (oder mehreren) derivativen Finanzinstrument(en), das einem über das Zinsrisiko hinausgehenden Marktpreisrisiko unterliegt,
- das eingesetzte Kapital wird neben dem Bonitätsrisiko des Emittenten durch weitere Risiken gefährdet (z. B. mit Wetterderivaten kombinierte Anleihen, Credit Linked Notes),
- es besteht die Möglichkeit einer Negativverzinsung (z. B. Reverse Floater ohne Mindestverzinsung),
- es liegen Vereinbarungen zur Verlängerung der Laufzeit vor, wobei die Verzinsung im Zeitpunkt der Verlängerung nicht an die aktuellen Marktkonditionen angepasst wird.

8.2. Getrennte Bilanzierung eingebetteter Derivate

In den folgenden Beispielen gelten die wirtschaftlichen Merkmale und Risiken eines eingebetteten Derivats nach IAS 39 als **nicht eng** mit dem **Basisvertrag verknüpft**. In diesen Fällen (und unter der Annahme, dass die Bedingungen aus IAS 39.11(b)-(c) ebenfalls erfüllt sind) bilanziert ein Unternehmen **ein eingebettetes Derivat getrennt** von seinem Basisvertrag (IAS 39.AG30):

- Eine in ein Instrument **eingebettete Verkaufsoption**, die dem Inhaber das Recht einräumt, vom Emittenten den Rückkauf des Instruments gegen Zahlungsmittel oder sonstige Vermögenswerte zu verlangen, deren Höhe von der Änderung eines Aktienkurses oder eines Rohstoffpreises oder eines Indexes abhängt, ist **nicht eng**

434 Vgl. *IFRIC*, IFRIC Update, February 2005, S. 5.
435 Vgl. *IDW*, WPg 2001, S. 916-917.
436 Vgl. *Scharpf, P.*, Handbuch Bankbilanz, 2. Aufl., 2004, S. 242-247.

mit dem originären Schuldinstrument („*host debt instrument*")[437] verbunden (IAS 39.AG30(a)).

- Eine in ein **Eigenkapitalinstrument eingebettete Kaufoption**, die dem Emittenten das Recht einräumt, dieses Eigenkapitalinstrument zu einem festgesetzten Preis zurückzukaufen, ist aus Sicht des Inhabers **nicht eng** mit dem originären Eigenkapitalinstrument verknüpft. Aus Sicht des Emittenten ist die Kaufoption ein Eigenkapitalinstrument, sofern sie die Kriterien für diese Klassifizierung gemäß IAS 32 erfüllt. Ist dies der Fall, fällt die Kaufoption nicht unter den Anwendungsbereich von IAS 39 (IAS 39.AG30(b)).[438]

- Eine Option oder automatische Verpflichtung („*automatic provision*") **zur Verlängerung der Laufzeit eines Schuldinstruments** ist **nicht eng** mit dem originären Schuldinstrument verknüpft, es sei denn, zum Zeitpunkt der Verlängerung findet gleichzeitig eine Anpassung an den aktuellen Marktzins statt. Hat ein Unternehmen ein Schuldinstrument emittiert und verkauft der Inhaber eine Kaufoption auf dieses Schuldinstrument an Dritte, betrachtet der Emittent die Kaufoption als Verlängerung der Laufzeit des Schuldinstruments, vorausgesetzt, vom Emittenten kann aufgrund der Ausübung der Kaufoption verlangt werden, sich an der Neuplatzierung („*remarketing*") des Schuldinstruments zu beteiligen oder diese zu ermöglichen (IAS 39.AG30(c)).

- In ein **originäres Schuldinstrument** oder in einen **Versicherungsvertrag** eingebettete **aktienindizierte Zins- oder Kapitalzahlungen**, bei denen die Höhe der Zinsen oder des Kapitalbetrags an den Wert von Aktien gekoppelt ist, sind **nicht eng** mit dem originären Schuldinstrument verknüpft, da das originäre und das eingebettete Instrument unterschiedlichen Risiken ausgesetzt sind (IAS 39.AG30(d)).

- In ein **originäres Schuldinstrument** oder in einen **Versicherungsvertrag** eingebettete **güterindizierte** („*commodity-indexed*") **Zins- oder Kapitalzahlungen**, bei denen die Höhe der Zinsen oder des Kapitalbetrags an den Preis eines Rohstoffs (z. B. Gold) gebunden ist, sind **nicht eng** mit dem originären Schuldinstrument oder Versicherungsvertrag verknüpft, da das originäre und das eingebettete Instrument unterschiedlichen Risiken ausgesetzt sind (IAS 39.AG30(e)).

- Ein in ein **Schuldinstrument eingebettetes Recht zur Wandlung** in ein Eigenkapitalinstrument ist aus Sicht des Inhabers des Instruments **nicht eng** mit dem originären Schuldinstrument verknüpft. Aus Sicht des Emittenten ist die Option zur Umwandlung in ein Eigenkapitalinstrument ein Eigenkapitalinstrument und fällt

[437] Bei der im Amtsblatt der EU veröffentlichten Übersetzung wird an dieser Stelle statt *originären Schuldinstrument* (bzw. *Basisschuldinstrument*) der Begriff *Basisvertrag* verwendet, vgl. Verordnung (EG) Nr. 2086/2004, ABl. EU Nr. L 363 v. 9.12.2004, S. 34.

[438] Vgl. *Ernst & Young LLP (Hrsg.)*, International GAAP 2005, 2004, S. 816-817.

nicht unter den Anwendungsbereich von IAS 32, sofern sie die Kriterien für eine derartige Klassifizierung erfüllt (IAS 39.AG30(f)).

- Eine in ein originäres **Schuldinstrument eingebettete Kauf-, Verkaufs-, Rückgabe- oder Vorauszahlungsoption** (*„call, put, surrender or prepayment option“*) ist **nicht eng** mit dem Schuldinstrument verknüpft, es sei denn, der Ausübungspreis der Option entspricht an jedem Ausübungsdatum annähernd den fortgeführten Anschaffungskosten des Schuldinstruments. Aus der Sicht des Emittenten eines wandelbaren Schuldinstruments mit einer eingebetteten Verkaufs- oder Kaufoption erfolgt die Beurteilung darüber, ob die Verkaufs- oder Kaufoption eng mit dem originären Schuldinstrument verknüpft ist, vor Abtrennung der Eigenkapitalkomponente gemäß IAS 32 (IAS 39.AG30(g)).[439]

- **Kreditderivate**, die in ein originäres Schuldinstrument eingebettet sind und einer Vertragspartei (dem Begünstigten) die Möglichkeit einräumen, das Ausfallrisiko eines bestimmten Referenzvermögenswerts, der sich unter Umständen nicht in seinem Eigentum befindet, auf eine andere Vertragspartei (den Garantiegeber) zu übertragen, sind **nicht eng** mit dem Basisschuldinstrument verbunden (z. B. Credit Linked Notes). Solche Kreditderivate ermöglichen es dem Garantiegeber, das mit dem Referenzvermögenswert verbundene Ausfallrisiko zu übernehmen, ohne dass er den dazugehörigen Vermögenswert direkt haben muss (IAS 39.AG30(h)).

Nachrangig vergebene Kredite, bei denen der Kreditgeber zusätzlich zu Zinsen und Rückzahlungsbetrag bei einem erfolgreichen Börsengang des Kredit nehmenden Unternehmens Aktien zu einem sehr niedrigen Kurs desselben erhält (*„equity kicker“*), weisen häufig eine niedrigere als die marktübliche Verzinsung auf. Dieser *„equity kicker“* stellt ein zu trennendes eingebettetes Derivat dar (IAS 39.IG C.4 *Embedded derivatives: equity kicker*).[440]

8.3. Keine getrennte Bilanzierung eingebetteter Derivate

Die wirtschaftlichen Merkmale und Risiken des eingebetteten Derivats sind in den folgenden Fällen **eng mit den wirtschaftlichen Merkmalen und Risiken** des Basisvertrags **verbunden**. In diesen Fällen weist das Unternehmen das eingebettete Derivat **nicht getrennt** vom Basisvertrag aus (IAS 39.AG33):

- Bei vielen Schuldinstrumenten ist die Höhe der **Zinszahlungen** an einen **Zinsindex** gekoppelt, der die Höhe des andernfalls für ein verzinsliches **originäres Schuldinstrument** zu zahlenden oder zu empfangenden Zinsbetrags verändern kann. So ist z. B. bei einer **Floating Rate Note** die Höhe der Zinszahlung an den 3-Monats-Euribor gekoppelt. Zu den komplexeren Beispielen zählen:[441]

---

439 Vgl. *Ernst & Young LLP (Hrsg.)*, International GAAP 2005, 2004, S. 817, S. 966 und S. 969.

440 Vgl. *Ernst & Young LLP (Hrsg.)*, International GAAP 2005, 2004, S. 818.

441 Vgl. *Scharpf, P.*, FB 1999, S. 22.

- Inverse Floater: fest vereinbarte Kuponzahlungen abzüglich Euribor,
- Inverse Floater mit Hebelwirkung (Leverage): wie vorstehend beschrieben, aber mit einem Multiplikator der größer als eins ist,
- Range (Bandbreite) Floater: feste Kuponzahlungen nur an den Tagen, an denen der Euribor-Zinssatz innerhalb einer bestimmten Bandbreite ist.

In diesen Beispielen ist das eingebettete Derivat, dessen Basisobjekt ein Zinssatz oder Zinsindex ist, **eng** mit dem originären Instrument **verbunden**, es sei denn, die Verpflichtungen aus dem zusammengesetzten Instrument können so erfüllt werden, dass:

- der Inhaber seine bilanzierte Finanzinvestition nicht mehr im Wesentlichen vollständig wiedererlangt oder
- das eingebettete Derivat die anfängliche Rendite aus dem Basisvertrag mindestens verdoppeln und zu einer Rendite führen könnte, die mindestens doppelt so hoch wie die Marktrendite für einen Vertrag mit den gleichen Bedingungen wie der Basisvertrag wäre (IAS 39.AG33(a)).

- Eine **eingebettete Zinsober- oder -untergrenze** auf den Zinssatz eines Schuldinstruments ist **eng** mit dem **originären Schuldinstrument** verbunden, wenn zum Zeitpunkt der Emission des Finanzinstruments die Zinsobergrenze (Cap) gleich oder höher als der Marktzins ist oder die Zinsuntergrenze (Floor) gleich oder unter dem Marktzins liegt und die Zinsober- oder Untergrenze im Verhältnis zum originären Instrument keine Hebelwirkung aufweist. In einem Vertrag enthaltene Vorschriften zum Kauf oder Verkauf eines Vermögenswerts (z. B. eines Rohstoffs), die eine Ober- und -untergrenze auf den für den Vermögenswert zu zahlenden oder zu empfangenden Preis vorsehen, sind entsprechend eng mit dem Basisvertrag verbunden, wenn sowohl die Obergrenze als auch die Untergrenze zu Beginn aus dem Geld wären und keine Hebelwirkung aufweisen (IAS 39.AG33(b)).

  Um das Kriterium *„eng mit dem originären Schuldinstrument verbunden"* zu erfüllen, ist es **nicht notwendig**, dass **gleichzeitig** eine **Obergrenze und eine Untergrenze** vereinbart worden ist. So kann z. B. eine vereinbarte Zinsobergrenze (Zinsuntergrenze) bei einer Zinszahlung auf ein Schuldinstrument auch ohne Zinsuntergrenze (Zinsobergrenze) als *„eng mit dem Basisinstrument verbunden"* gelten, sofern die Zinsobergrenze (-untergrenze) zum Zeitpunkt des Vertragsabschlusses höher (niedriger) als der Marktzinssatz ist.[442]

- Ein **eingebettetes Fremdwährungsderivat**, das Kapital- oder Zinsströme generiert, die auf eine Fremdwährung lauten und in ein originäres Schuldinstrument eingebettet ist (z. B. eine Doppelwährungsanleihe) ist **eng** mit dem **originären Schuldinstrument** verbunden. Ein solches Derivat wird nicht von seinem Basisinstrument abgetrennt, da IAS 21 vorsieht, dass Gewinne und Verluste aus der

442 Vgl. *Ernst & Young LLP (Hrsg.)*, International GAAP 2005, 2004, S. 819.

Währungsumrechnung der monetären Posten im Periodenergebnis erfasst werden (IAS 39.AG33(c)).

- Ein **eingebettetes Fremdwährungsderivat** in einem Basisvertrag, der **kein Finanzinstrument** ist (z. B. ein Vertrag über den Kauf oder Verkauf eines nichtfinanziellen Postens, dessen Preis auf eine Fremdwährung lautet), ist **eng** mit dem **Basisvertrag** verbunden, sofern es keine Hebelwirkung aufweist, keine Optionsklausel beinhaltet und Zahlungen in einer der folgenden Währungen erfordert („*it is not leveraged, does not contain an option feature, and requires payments denominated in one of the follwing currencies*") (IAS 39.AG33(d)):
  - der **funktionale Währung** einer substanziell an dem Vertrag beteiligten Partei,
  - der im **internationalen Handel üblichen Währung** für die hiermit verbundenen erworbenen oder gelieferten Waren oder Dienstleistungen (z. B. USD bei Erdölgeschäften) oder
  - einer **Währung, die üblicherweise in Verträgen über den Kauf oder Verkauf nicht-finanzieller Posten in dem Wirtschaftsumfeld**, in dem die Transaktion stattfindet, verwendet wird („*a currency that is commonly used in contracts to purchase or sell non-financial items in the economic environment in which the transaction takes place*") (z. B. eine relativ stabile und liquide Währung, die üblicherweise bei lokalen Geschäftstransaktionen oder im Außenhandel verwendet wird).

- Eine **Vorfälligkeitsoption**, die in einen **Zins- oder Kapitalstrip** eingebettet ist, ist **eng** mit dem Basisvertrag verbunden, sofern der Basisvertrag
  - anfänglich aus der Trennung des Rechts auf Empfang vertraglich festgelegter Cashflows eines Finanzinstruments resultierte, in das ursprünglich kein Derivat eingebettet war und der
  - keine Bedingungen beinhaltet, die nicht auch Teil des ursprünglichen originären Schuldinstruments sind (IAS 39.AG33(e)).

- Ein in einen Basisvertrag in Form eines **Leasingverhältnisses** eingebettetes Derivat ist **eng** mit dem Basisvertrag verbunden, wenn das eingebettete Derivat
  - ein **an die Inflation gekoppelter Index** ist, wie z. B. im Falle einer Anbindung von Leasingzahlungen an einen Verbraucherpreisindex (vorausgesetzt, das Leasingverhältnis wurde nicht als Leveraged-Lease-Finanzierung gestaltet und der Index ist an die Inflationsentwicklung im Wirtschaftsumfeld des Unternehmens geknüpft), oder
  - auf Eventualmietzahlungen auf Umsatzbasis basiert („*contingent rentals based on related sales*") oder
  - auf Eventualmietzahlungen basiert, die an variable Zinsen gekoppelt sind („*contingent rentals based on variable interest rates*") (IAS 39.AG33(f)).

Bausparverträge, die regelmäßig mit einer (oder mehreren) Option(en) auf eine spätere Inanspruchnahme eines Darlehens verbunden sind, werden nach IAS 39 **nicht explizit** geregelt.[443] Eine solche Option wird im Regelfall ein Derivat gemäß IAS 39 darstellen, das anhand der in IAS 39.11 genannten allgemeinen Voraussetzungen auf eine vom Basisvertrag getrennte oder einheitliche Bilanzierung zu überprüfen ist. Sofern ein **enger** Zusammenhang zwischen den Chancen und Risiken des Basisvertrags und des eingebetteten Derivats gegeben ist, ist eine Abtrennung und separate Bilanzierung der eingebetteten Option nicht zulässig.[444]

8.4. Bewertung von eingebettetem Derivat und Basisvertrag

Bei Trennung des strukturierten Instruments in seine Komponenten ist das **eingebettete Derivat** mit dem **Fair Value** zu bilanzieren (IAS 39.11).

Der Wert eines Basisvertrags ergibt sich aus dem Wert des zusammengesetzten Instruments abzüglich dem Wert des eingebetteten Derivats, welches mit dem Fair Value zu bewerten ist (IAS 39.AG28). Bei der erstmaligen Erfassung wird bei Trennung des Derivats kein Gewinn oder Verlust erfasst.

Falls ein Unternehmen ein eingebettetes Derivat **weder beim Erwerb noch an folgenden Abschlussstichtagen** separat bewerten kann, ist eine Aufspaltung des strukturierten Instruments zu unterlassen. In diesem Fall wird das gesamte strukturierte Instrument mit dem Fair Value bewertet (IAS 39.12).

Wenn ein Unternehmen den Fair Value eines eingebetteten Derivats **nicht verlässlich ermitteln** kann (*„unable to determine reliable the fair value“*) (weil z. B. das eingebettete Derivat auf einem nicht notierten Eigenkapitalinstrument basiert), ist der Fair Value des eingebetteten Derivats durch **Subtraktion** des Fair Values für den Basisvertrag vom Marktwert des gesamten strukturierten Instruments abzuleiten. Ist die Anwendung dieser Methode nicht möglich, muss das strukturierte Instrument insgesamt zum Fair Value bewertet werden (IAS 39.13).

Nach der erstmaligen Erfassung erfolgt die gleiche bilanzielle Behandlung von getrennt zu bilanzierenden eingebetteten Derivaten wie bei freistehenden Derivaten (IAS 39.11).

Mit den Vorschriften zur Bilanzierung von eingebetteten Derivaten soll vermieden werden, dass über Konstruktionen mit strukturierten Instrumenten, die Bewertung von Derivaten zum Fair Value umgangen wird (IAS 39.BC37).[445]

---

443 Für eine detaillierte Aufschlüsselung der einzelnen Rechte bei Bausparverträgen vgl. z. B. *Apitzsch, T./ Knüdeler, R./Weigel, W.*, Immobilien & Finanzierung 2002, S. 807.

444 So auch *Apitzsch, T./ Knüdeler, R./Weigel, W.*, Immobilien & Finanzierung 2003, S. 58.

445 Vgl. *Ernst & Young LLP (Hrsg.)*, International GAAP 2005, 2004, S. 812.

8.5. Eingebettete Derivate in Verträgen über den Kauf oder Verkauf von nicht-finanziellen Vermögenswerten

Sofern der Kauf oder Verkauf von nicht-finanziellen Vermögenswerten oder Verbindlichkeiten durch Ausgleich in bar erfüllt werden kann, fallen diese Verträge in den Anwendungsbereich von IAS 39 und der Vertrag erfüllt grundsätzlich die Definition eines Derivats (IAS 39.9): Der Vertrag hat als Basisobjekt den Preis der Ware, der sich bis zur Lieferung verändern kann, er erfordert keine Anfangsinvestition und wird zu einem späteren Zeitpunkt beglichen. Eine Bilanzierung als Derivat erfolgt jedoch nur dann, wenn Warentermingeschäfte Finanzinstrumente darstellen (IAS 39.2; IAS 39.5-6; IAS 39.9) (vgl. Kapitel 3.2.).

Die Vorschriften zur Abtrennung von eingebetteten Derivaten kommen auch dann zur Anwendung, wenn der Basisvertrag die Definition eines Finanzinstruments nicht erfüllt (IAS 39.11). Damit können eingebettete Derivate i.S.d. Standards auch in solchen Verträgen enthalten sein, die als **schwebendes Geschäft** nach den IFRS-Vorschriften grundsätzlich nicht bilanziert wurden.[446] Sofern die Verträge nicht in den Anwendungsbereich von IAS 39 fallen, sind die Sachverhalte als noch zu erfüllende Verträge zu bilanzieren.

Beispiel für in nicht-finanzielle Posten eingebettete Derivate:

Ein norwegisches Unternehmen schließt mit einem deutschen Unternehmen einen Terminkaufvertrag über eine bestimmte Menge einer Ware zu einem festen Preis ab. Der Kaufvertrag lautet auf Schweizer Franken. Es ist physische Lieferung vereinbart. Wahlrechte, wie z. B. eine Ausgleichszahlung in bar, sind nicht vereinbart. Ferner stellt das norwegische Unternehmen grundsätzlich (bei mit Dritten Parteien geschlossenen Terminverkäufe) nicht vor Lieferung per Ausgleichszahlung glatt.

Der Basisvertrag (Kaufvertrag) wird als noch zu erfüllender Vertrag (schwebendes Geschäft) und nicht als Finanzinstrument behandelt, da keiner Vertragspartei das Recht auf einen Ausgleich in bar oder in anderen Finanzinstrumenten oder auf Tausch von Finanzinstrumenten zusteht (IAS 39.5-6).

Da Schweizer Franken weder die funktionale Währung einer der beiden Vertragsparteien ist, noch eine im internationalen Handel übliche Währung für die zu liefernde Ware darstellt und darüber hinaus Schweizer Franken auch nicht die Währung ist, die gewöhnlich in Verträgen über den Kauf oder Verkauf nicht-finanzieller Posten in dem Wirtschaftsumfeld des norwegischen Unternehmens verwendet wird, ist das eingebettete Fremdwährungsderivat nicht eng mit dem Basisvertrag verbunden (IAS 39.AG33(d)).

---

446 Vgl. *Dombek, M.*, WPg 2002, S. 1070.

Damit stellt das Fremdwährungsderivat ein Devisentermingeschäft dar und ist getrennt vom Basisvertrag zu erfassen. Der Fair Value des Derivats ist bei der erstmaligen Erfassung null (IAS 39.11; IAS 39.IG C.1 Embedded derivatives: separation of host debt instrument).

9. Abgrenzung von Eigen- und Fremdkapital nach IAS 32

9.1. Einführung

Bislang wurde in der Literatur die Bilanzierung **einzelner Arten** von Finanzinstrumenten, wie etwa Genussrechte, Wandelanleihen oder Anteile an Personengesellschaften, aus **Sicht des Emittenten** isoliert betrachtet.[447] Nachfolgend werden in einer Gesamtschau der Einstieg in das äußerst komplexe Thema Abgrenzung von Eigen- und Fremdkapital nach IAS 32 gegeben und die Unterschiede im Vergleich zu HGB, US-GAAP und zur Vorgängerversion von IAS 32 aufgezeigt.

Bei Geschäftsanteilen von Genossenschaften, bestimmten Gesellschafteranteilen oder so genanntem Mezzanine-Kapital (Genussrechte, Wandelanleihen und stille Einlagen) besitzt häufig entweder der Inhaber oder der Emittent **Kündigungs- oder Wandlungsrechte**. Diese Rechte stellen in diese Finanzinstrumente eingebettete derivative Merkmale („*embedded derivative features*“) dar. In einigen Fällen gleicht die bilanzielle Behandlung dieser eingebetteten derivativen Merkmale der von freistehenden derivativen Kontrakten auf eigene Eigenkapitalinstrumente.[448] Daher wird zunächst auf derivative Kontrakte auf eigene Eigenkapitalinstrumente eingegangen und erst im nächsten Schritt die Bilanzierung von nicht-derivativen Finanzinstrumenten mit eingebetteten derivativen Merkmalen beschrieben.

Nach dem überarbeiteten IAS 32 werden gegenüber der vorigen Version IAS 32 (revised 1998) einige Finanzinstrumente, wie etwa bestimmte Gesellschafteranteile oder Mezzanine-Kapital, tendenziell eher als **Fremdkapital** beurteilt. Insofern können Wandlungs- oder Kündigungsrechte ursächlich für erhebliche erfolgswirksame Effekte in der GuV sein.

---

447 Vgl. *Broser, M./Hoffjan, A./Strauch, J.*, KoR 2004, S. 452-459; *Brüggemann, B./Lühn, M./Siegel, M.*, KoR 2004, S. 340-352; *Harrer, H./Janssen, U./Halbig, U.*, FB 2005, S. 1-7; *Kopatschek, M.*, WPg 2004, S. 1124-1127; *Leuschner, C.-F./Weller, H.*, WPg 2005, S. 261-269; *Lüdenbach, N./Hoffmann, W.-D.*, BB 2004, S. 1042-1047; *Spanier, G./Weller, H.*, ZfgG 2004, S. 269-287.

448 Vgl. *Ernst & Young LLP (Hrsg.)*, International GAAP 2005, 2004, S. 956.

9.2. Grundzüge von IAS 32

9.2.1. Definitionen

IAS 32.11 definiert ein Finanzinstrument als einen Vertrag, der gleichzeitig bei dem einen Unternehmen zu einem finanziellen Vermögenswert und bei dem anderen Unternehmen zu einer finanziellen Verbindlichkeit oder einem Eigenkapitalinstrument führt. Hierzu zählen alle vertraglichen Ansprüche und Verpflichtungen, die unmittelbar oder mittelbar auf den Austausch von Zahlungsmitteln oder Zahlungsmitteläquivalenten gerichtet sind (vgl. Kapitel 4.1.1.).

Zu den Finanzinstrumenten zählen nicht-derivative Finanzinstrumente (wie z. B. Forderungen, Zahlungsverpflichtungen und Eigenkapitalinstrumente) und Derivate (wie z. B. Futures, Forwards, Swaps und Optionen). Derivate erfüllen die Definition eines Finanzinstruments und fallen daher in den Anwendungsbereich von IAS 32 (IAS 32.AG15).

Der Emittent hat ein Finanzinstrument oder dessen Bestandteile (Komponenten) beim erstmaligen Ansatz entweder als **finanzielle Verbindlichkeit** bzw. **finanziellen Vermögenswert** oder als **Eigenkapitalinstrument** entsprechend der wirtschaftlichen Substanz (*„in accordance with the substance“*) der **vertraglichen Vereinbarungen** und den **Definitionen** für finanzielle Verbindlichkeiten, finanzielle Vermögenswerte und Eigenkapitalinstrumente zu klassifizieren (IAS 32.15).

Ein **Eigenkapitalinstrument** (*„equity instrument“*) wird in IAS 32.11 (sowie gleichlautend im Rahmenkonzept para. 49(c)) als ein Vertrag definiert, der einen Residualanspruch an den Vermögenswerten eines Unternehmens nach Abzug aller dazugehörigen Verbindlichkeiten begründet (vgl. Kapitel 4.1.5.). Die Definition von Eigenkapital setzt damit den Begriff der Verbindlichkeit und seine Abgrenzung vom Eigenkapital bereits voraus. Die Definition ist somit zirkulär und löst die Abgrenzungsfrage als solche nicht.[449]

Nach IAS 32.16 liegt ein Eigenkapitalinstrument nur dann vor, wenn die nachfolgenden Bedingungen (1) und (2) kumulativ erfüllt sind (Negativabgrenzung zur Definition von finanziellen Verbindlichkeiten):[450]

(1) Das Finanzinstrument enthält **keine** vertragliche Verpflichtung (a) flüssige Mittel oder andere finanzielle Vermögenswerte an ein anderes Unternehmen abzugeben oder finanzielle Vermögenswerte oder finanzielle Verbindlichkeiten mit einem anderen Unternehmen zu potenziell nachteiligen Bedingungen (für den Emittenten) auszutauschen.

---

449 Vgl. *Lüdenbach, N.*, in: Lüdenbach, N./Hoffmann, W.-D. (Hrsg.), IFRS-Kommentar², 2004, § 20, Tz. 6.
450 Vgl. *Ernst & Young LLP (Hrsg.)*, International GAAP 2005, 2004, S. 942-943.

(2) Wenn das Finanzinstrument in eigenen Eigenkapitalinstrumenten (des Emittenten) erfüllt werden wird oder kann, handelt es sich um: (a) ein nicht-derivatives Finanzinstrument, das **keine** vertragliche Verpflichtung seitens des Emittenten beinhaltet oder beinhalten kann, eine variable Anzahl eigener Eigenkapitalinstrumente abzugeben oder (b) ein Derivat, das (vom Emittenten) **nur durch** den Austausch eines festen Betrags an flüssigen Mitteln oder anderen finanziellen Vermögenswerten gegen eine feste Anzahl eigener Eigenkapitalinstrumente erfüllt werden wird oder kann.

Ein Finanzinstrument, das durch folgende, kumulativ zu erfüllenden Kriterien gekennzeichnet ist, stellt ein **Derivat** dar (IAS 39.9) (vgl. Kapitel 4.2.1.):

- sein Wert verändert sich infolge einer Änderung eines bestimmten Zinssatzes, Preises eines Finanzinstruments, Rohstoffpreises, Wechselkurses, Preis- oder Zinsindexes, Bonitätsratings oder Kreditindexes oder einer ähnlichen Variablen,
- es erfordert keine Anschaffungsauszahlung oder eine, die im Vergleich zu anderen Vertragsformen, von denen zu erwarten ist, dass sie in ähnlicher Weise auf Änderungen der Marktbedingungen reagieren, geringer ist und
- es wird zu einem späteren Zeitpunkt beglichen.

Diese in IAS 39 enthaltene Definition von Derivaten ist nicht nur auf finanzielle Vermögenswerte oder finanzielle Verbindlichkeiten anzuwenden, sondern auch bei der Abgrenzung von derivativen und nicht-derivativen Eigenkapitalinstrumenten zu berücksichtigen (IAS 32.12; IAS 32.16). Zu den derivativen Finanzinstrumenten zählen z. B. Optionen und Termingeschäfte (IAS 39.AG9).

Optionen sind Vereinbarungen, bei denen einem Vertragspartner das Recht eingeräumt wird, zukünftig innerhalb einer bestimmten Frist bzw. zu einem bestimmten Zeitpunkt mit dem anderen Vertragspartner ein festgelegtes Vertragsverhältnis einzugehen bzw. vom Stillhalter die Zahlung eines hinsichtlich seiner Bestimmungsgrößen festgelegten Geldbetrags zu verlangen. Optionen können sich z. B. auf Aktien, Devisen, Wertpapiere, Schuldscheindarlehen oder Indizes beziehen (IAS 32.AG17) (vgl. dazu auch Kapitel 4.2.1.).[451]

9.2.2. Der Leitgedanke von IAS 32

9.2.2.1. Überblick

Nach der **traditionellen Sichtweise** stellt die Abgrenzung von Eigen- und Fremdkapital kein bedeutendes Problem dar. Danach verkörpert Eigenkapital einen Eigentümer- bzw. Residualanspruch am Unternehmen. Dieser Eigentümeranspruch wird durch Dividendenzahlungen vergütet und somit in der Berichtsperiode als Ausschüttungen

---

451 Vgl. *Scharpf, P./Luz, G.*, Risikomanagement, Bilanzierung und Aufsicht von Finanzderivaten, 2. Aufl., 2000, S. 340-398.

und nicht als Aufwand ausgewiesen. Dagegen werden finanzielle Verbindlichkeiten, wie etwa Schuldscheindarlehen, durch Zinszahlungen vergütet. Die Zinszahlungen werden in der GuV als Aufwand erfasst.[452]

IAS 32 beinhaltet in Bezug auf die Abgrenzung von Eigen- und Fremdkapital eine davon abweichende Konzeption. Danach ist auf die **Dauerhaftigkeit** des Verbleibs der **Ressourcen** im Unternehmen abzustellen. Mögliche Ressourcenabflüsse führen zu einer Erfassung des ganzen Finanzinstruments (oder einer Komponente) als Fremdkapital. Ein entscheidendes Kriterium für die Zuordnung eines Finanzinstruments zum Eigen- oder zum Fremdkapital ist damit, in welchem Umfang finanzielle Ressourcen aus Sicht des emittierenden Unternehmens dauerhaft zur Verfügung stehen bzw. abfließen können. Die **Perspektive des Investors** (d. h. des Inhabers des Finanzinstruments) tritt für die Beurteilung in den Hintergrund.[453] Darüber hinaus stellen nach IAS 32 auch die Vorschriften zur **Erfüllung** der **Zahlungsverpflichtung** mit **eigenen Eigenkapitalinstrumenten** eine geänderte Sichtweise dar.

9.2.2.2. Formen von Finanzinstrumenten

Vom Unternehmen emittierte Finanzinstrumente können entweder **ganz** im **Eigen-** oder ganz im **Fremdkapital** erfasst werden. Darüber hinaus gibt es Eigenkapitalinstrumente, mit denen aufgrund der Vertragskonditionen beim Emittenten eine Zahlungsverpflichtung in Höhe eines bestimmten Betrags verbunden ist oder verbunden sein kann. Diese Zahlungsverpflichtung kann entweder mit flüssigen Mitteln oder mit einer variablen Anzahl von eigenen Eigenkapitalinstrumenten beglichen werden. Solche Eigenkapitalinstrumente werden hier als *„EK-/FK-Instrumente"* bezeichnet. Diese *„EK-/FK-Instrumente"* werden so bezeichnet, weil sie aufgrund der vertraglichen Konditionen teilweise im Eigen- und teilweise im Fremdkapital zu erfassen sind (vgl. Abb. 28).

Emissionserlös = 100 %	**Eigenkapital (in %)**	**Fremdkapital (in %)**
Eigenkapitalinstrumente	100	0
„EK-/FK-Instrumente" (1. Gruppe): „zusammengesetzte Finanzinstrumente"	$0 < x < 100$	$100 - x$[454]
Fremdkapitalinstrumente	0	100
„EK-/FK-Instrumente" (2. Gruppe): EK-Instrumente mit einer synthetischen Verbindlichkeit	100	$100 + x$

Abb. 28: Formen bei der Abgrenzung von Eigen- und Fremdkapital

452 Vgl. *Ernst & Young LLP (Hrsg.)*, International GAAP 2005, 2004, S. 937.

453 Vgl. *Lüdenbach, N./Hoffmann, W.-D.*, BB 2004, S. 1044.

454 Umgliederung eines Betrags von Eigen- in Fremdkapital in Höhe des Barwerts einer oder mehrerer möglichen Zahlungsverpflichtungen.

Zu den *„EK-/FK-Instrumenten"* zählen **zwei Gruppen** von Finanzinstrumenten:[455]

- zusammengesetzte Finanzinstrumente (*„compound financial instruments"*) und
- Eigenkapitalinstrumente mit einer synthetischen Verbindlichkeit (*„equity instruments with a 'synthetic liability'"*).

Zahlungsverpflichtungen können bereits zum Zeitpunkt des Vertragsabschlusses fest vereinbart worden sein. Ferner können beim Emittenten Zahlungsverpflichtungen erst in den Folgeperioden nach Ausübung von Kündigungs- oder Wandlungsrechten des Inhabers oder nach dem Eintritt von externen Ereignissen, die außerhalb des Einflussbereichs des Emittenten und des Inhabers liegen, entstehen (IAS 32.16; IAS 32.18(b); IAS 32.23; IAS 32.25 und IAS 32.AG37).

9.2.2.2.1. Zusammengesetzte Finanzinstrumente

Die **erste Gruppe** – zusammengesetzte Finanzinstrumente – umfasst i.d.R. Finanzinstrumente, bei denen der Inhaber Kündigungsmöglichkeiten bzw. Wandlungsrechte hat, oder Finanzinstrumente, bei denen eine (mögliche) Zahlungsverpflichtung vereinbart worden ist. Der **Barwert** dieser (möglichen) Zahlungsverpflichtung ist bei zusammengesetzten Finanzinstrumenten **kleiner** als der **Emissionserlös** (IAS 32.28; IAS 32.AG31(a)).

Beispiel zur Wandelanleihe (Plain Vanilla):

Der Nominalbetrag einer Wandelanleihe beträgt EUR 100, die jährlichen Kuponzahlungen EUR 5. Sofern der Inhaber nach drei Jahren, zum Fälligkeitszeitpunkt, sein Wandlungsrecht ausübt, erhält er eine Aktie. Der Barwert des Nominalbetrags einschließlich der Kuponzahlungen beträgt EUR 95 und der Emissionserlös der Wandelanleihe EUR 120.

Das Wandlungsrecht stellt eine Kaufoption dar, die dem Inhaber, d. h. dem Investor nach drei Jahren das Recht gewährt, die Anleihe in eine Aktie zu wandeln. Aus Sicht des Emittenten stellt das Wandlungsrecht einen Verkauf einer Kaufoption auf eigene Aktien, d. h. eine Stillhalterverpflichtung (Short Call Option) dar. Die Plain Vanilla-Wandelanleihe ist ein zusammengesetztes Finanzinstrument (IAS 32.28-IAS 32.32 i.V.m. IAS 32.15). Der Barwert der Zahlungsverpflichtungen (hier: EUR 95) ist im Fremdkapital und das Wandlungsrecht ist in Höhe der Differenz zwischen dem Emissionserlös und diesem Barwert (hier: EUR 120 - EUR 95 = EUR 25) im Eigenkapital zu erfassen.

---

455 Die erste Gruppe wird von IAS 32 selbst so bezeichnet (IAS 32.28; IAS 32.AG30). Die Bezeichnung der zweiten Gruppe Eigenkapitalinstrument mit einer synthetischen Verbindlichkeit geht auf die *„dissenting opinion"* des IASB-Mitglieds *Leisenring* zurück (IAS 32.DO1).

9.2.2.2.2. Eigenkapitalinstrumente mit einer synthetischen Verbindlichkeit

Zur **zweiten Gruppe** – Eigenkapitalinstrumente mit einer synthetischen Verbindlichkeit – gehören sowohl bestimmte **nicht-derivative Finanzinstrumente** als auch **derivative Kontrakte auf eigene Eigenkapitalinstrumente**, wie z. B. Termingeschäfte auf Aktien (Long Forward), bei denen der Emittent verpflichtet ist, eine bestimmte Anzahl von eigenen Aktien zu einem festgelegten Zeitpunkt zurückzukaufen (IAS 32.AG27(a)), und Verkaufsoptionen mit Stillhalterverpflichtung des Emittenten (Short Put Options) in eigenen Aktien (IAS 32.AG27(b)). Bei diesen **Finanzinstrumenten** ist der **Barwert** einer oder mehrerer (möglichen) Zahlungsverpflichtungen **höher** als der **Emissionserlös**. Im Ergebnis wird bei der zweiten Gruppe nach der Emission das **Eigenkapital** des Emittenten **verringert** (IAS 32.23).[456]

> *Beispiel:*
>
> *Das Unternehmen A ist Verkäufer (Stillhalter) einer Verkaufsoption (Short Put Option) auf eigene Eigenkapitalinstrumente (Aktien).*
>
> *Der Ausübungskurs der Option beträgt EUR 100, die Laufzeit drei Jahre. Sofern der Inhaber nach drei Jahren sein Optionsrecht ausübt, bekommt das Unternehmen A EUR 100 und liefert eine eigene Aktie. Der Barwert des Ausübungskurses beträgt EUR 85 und der Fair Value der Short Put Option zum Zeitpunkt des Vertragsabschlusses EUR 15.*
>
> *Die Short Put Option stellt beim Unternehmen A ein Eigenkapitalinstrument kombiniert mit einer synthetischen Verbindlichkeit dar (IAS 32.23; IAS 32.AG27(b)). Der Barwert der möglichen Zahlungsverpflichtung (hier: EUR 85) ist im Fremdkapital und die Optionsprämie (hier: EUR 15) ist im Eigenkapital zu erfassen.*

Bei allen *„EK-/FK-Instrumenten"* (erste und zweite Gruppe) erfolgt die bilanzielle Erfassung zum Emissionszeitpunkt in zwei Schritten:

- Im ersten Schritt ist der **Emissionserlös** im **Eigenkapital** zu erfassen.
- Im zweiten Schritt wird in Höhe des **Barwerts** einer oder mehrerer (möglichen) **Zahlungsverpflichtungen** eine **Umgliederung** aus dem **Eigen- in Fremdkapital** vorgenommen (IAS 32.23).

So ist in dem vorstehend aufgeführten Beispiel zunächst die Optionsprämie i.H.v. EUR 15 im Eigenkapital zu erfassen (Buchung: Kasse an Eigenkapital) und der Barwert der möglichen Zahlungsverpflichtung i.H.v. EUR 85 aus dem Eigen- in das Fremdkapital umzugliedern (Buchung: Eigenkapital an synthetische Verbindlichkeit).

---

[456] Vgl. *Ernst & Young LLP (Hrsg.)*, International GAAP 2005, 2004, S. 956.

Um die Höhe des umzubuchenden Betrags zu bestimmen, sind (mögliche) **Zahlungen** des Emittenten sowohl während der **Laufzeit** (etwa aufgrund von Ausschüttungsvereinbarungen oder von vorzeitigen Kündigungsrechten des Inhabers) als auch zum **Fälligkeitszeitpunkt** zu berücksichtigen (IAS 32.28 i.V.m. IAS 32.15; IAS 32.17; IAS 32.23; IAS 32.AG13; IAS 32.AG26 und IAS 32.AG27(a)).

Die **Arten** von **Zahlungsverpflichtungen**, die beim Emittenten zu einer (Um-) Gliederung von Eigen- in Fremdkapital führen, können in die folgenden drei Gruppen eingeteilt werden:

1. **Fest vereinbarte Zahlungsverpflichtungen** (IAS 32.AG37; IAS 32.23 i.V.m. IAS 32.AG27(a)); z. B. ist bei einem Termingeschäft über den Rückkauf eigener Anteile der Barwert der Zahlungsverpflichtung als finanzielle Verbindlichkeit zu klassifizieren;
2. **Zahlungsverpflichtungen** (IAS 32.23; IAS 32.29; IAS 32.AG27(b)), die in Abhängigkeit von **Ausübungsrechten** des Käufers einer Verkaufsoption oder durch **Wandlungs-** bzw. **Kündigungsrechte** des Inhabers entstehen können; so hat z. B. bei kündbaren Vorzugsaktien der Aktionär das Recht, die Aktien zu einem festen Geldbetrag zurückzugeben;
3. **Zahlungsverpflichtungen** (IAS 32.25 i.V.m. IAS 32.AG28), die von **externen Einflussgrößen** abhängen; wenn bei der Wandelanleihe im oben aufgeführten Beispiel das Recht auf Wandlung nicht im Ermessen des Inhabers liegt, sondern die Wandlung nach dem Eintreten eines externen Ereignisses automatisch erfolgt bzw. bei Nicht-Eintreten ausbleibt.

In allen drei Fällen ist zum Emissionszeitpunkt der Barwert des Betrags der Zahlungsverpflichtung(en) bzw. der künftig möglichen Zahlungsverpflichtung(en) als finanzielle Verbindlichkeit (d. h. im Fremdkapital) zu erfassen (IAS 32.AG27; IAS 32.BC12). Die Höhe der **Wahrscheinlichkeit**, dass die Verpflichtung beim Emittenten zu einer Zahlung führt, ist sowohl bei der erstmaligen Erfassung als auch in den Folgeperioden **irrelevant**. Dies bedeutet, dass Einflussgrößen auf die Zahlung des Emittenten (wie etwa die Entwicklung des Aktienkurses oder sonstige externe Faktoren) nicht zu berücksichtigen sind.

Während der Laufzeit des Finanzinstruments sind die fortgeführten Anschaffungskosten der finanziellen Verbindlichkeit nach IAS 39 zu berechnen. Die korrespondierenden Zinsaufwendungen sind daher mittels der Effektivzinsmethode zu ermitteln (IAS 32.23).

Im Zeitpunkt der Fälligkeit des Finanzinstruments bzw. der (Zahlungs-) Verpflichtung wird die **Verbindlichkeit ausgebucht**. Die Gegenbuchung erfolgt auf einem Geldkonto oder im Eigenkapital, je nachdem ob der Emittent zum Fälligkeitstag der Verpflichtung, Zahlungsmittel anstelle von Eigenkapitalinstrumenten zu liefern, nachzukommen hat oder nicht. Sofern die Verpflichtung darin besteht, anstelle von Zahlungsmitteln eine variable Anzahl von eigenen Aktien zu liefern, erfolgt die Gegenbuchung im Eigenkapital (IAS 32.23).

Ergänzend sei angemerkt, dass aus Sicht des Emittenten Komponenten von nicht-derivativen Finanzinstrumenten in der Form von finanziellen Vermögenswerten vorliegen können.[457]

(Emissions-) Erlöse = 100 %	**Eigenkapital (in %)**	**Finanzieller Vermögens-wert (in %)**	**Fremdkapital (in %)**
Finanzielle Vermögenswerte	0	100	
EK/finanzielle Vermögenswerte: *„zusammengesetzte Finanzinstrumente"*	100 + x	x	
EK/FK/finanzielle Vermögenswerte: *„zusammengesetzte Finanzinstrumente"*	100 - y	x	x + y

Abb. 29: Abgrenzung Eigenkapital und finanzielle Vermögenswerte

Der Emittent besitzt z. B. ein vorzeitiges Kündigungsrecht bei einer Wandelanleihe (*„callable convertible bond"*). Sofern die wirtschaftlichen Merkmale und Risiken des vorzeitigen Kündigungsrechts mit den Merkmalen und Risiken des Basisvertrags (hier: Anleihe mit Wandlungsrecht des Inhabers) nicht eng verbunden sind, ist die Wandelanleihe in die Komponenten *„finanzielle Verbindlichkeit"* (Anleihe = x+y; mit y = Wert der Anleihe ohne vorzeitigem Kündigungs- und Wandlungsrecht), *„Eigenkapital"* (Wandlungsrecht des Inhabers = 100-y) und *„finanzieller Vermögenswert"* (vorzeitiges Kündigungsrecht des Emittenten = x) aufzuteilen (IAS 32.28 i.V.m. IAS 32.15, IAS 32.94(d) sowie IAS 39.11 und IAS 39.AG30(g)).[458]

Sofern es sich beim Abschluss von derivativen Kontrakten auf eigene Aktien um finanzielle Vermögenswerte handelt, erfolgt die erstmalige Erfassung des ganzen Finanzinstruments zum Fair Value nach IAS 39.43 regelmäßig auf der Basis des Transaktionspreises, der dem Fair Value der empfangenen Gegenleistung entspricht.

9.2.2.3. Erfüllung der Zahlungsverpflichtung in Zahlungsmitteln oder in eigenen Eigenkapitalinstrumenten

Bei **derivativen** und **nicht-derivativen finanziellen Vermögenswerten** bzw. **finanziellen Verbindlichkeiten** wird in der Regel die Zahlungsverpflichtung mit flüssigen Mitteln oder durch die Lieferung anderer finanzieller Vermögenswerte beglichen.

---

457 Vgl. *Ernst & Young LLP (Hrsg.)*, International GAAP 2005, 2004, S. 965-966.

458 Vgl. *Ernst & Young LLP (Hrsg.)*, International GAAP 2005, 2004, S. 817, S. 965-966 u. 969.

Sofern bei **derivativen** und **nicht-derivativen Finanzinstrumenten** die Zahlungsverpflichtung zum **Fälligkeitszeitpunkt** durch eine **variable Anzahl an eigenen Eigenkapitalinstrumenten** beglichen wird oder beglichen werden kann, sind diese Finanzinstrumente (oder eine Komponente davon) als **finanzielle Vermögenswerte** oder **finanzielle Verbindlichkeiten** zu qualifizieren (IAS 32.11; IAS 32.21 sowie IAS 32.AG27(d)). Bei solchen Finanzinstrumenten werden die eigenen Eigenkapitalinstrumente vom emittierenden Unternehmen quasi zur Bezahlung, also als *„Währung"* eingesetzt (IAS 32.BC10), denn der Fair Value der Eigenkapitalinstrumente entspricht im Erfüllungszeitpunkt der Höhe der Zahlungsverpflichtung.

Zahlungsverpflichtungen können z. B. in Form eines

1. festen Betrags,
2. Betrags, der in Abhängigkeit einer Variablen schwankt, wie etwa
   a) 100 Unzen Gold,
   b) EUR 100 plus Euribor (Zeitraum von sechs Monaten) oder
   c) 100 Aktien des Emittenten oder eines dritten Unternehmens

vereinbart werden (IAS 32.21).

Da die Entwicklung des Kurses der eigenen Aktien und der Wert dieser Variablen ungewiss sind, ist zum Zeitpunkt des Vertragsabschlusses offen, wie viele Eigenkapitalinstrumente geliefert werden. Aus diesem Grund handelt es sich um eine finanzielle Verbindlichkeit. Während der **Laufzeit** des Vertrags begründet solch ein Finanzinstrument **keinen Residualanspruch** an den Vermögenswerten des Unternehmens nach Abzug aller Verbindlichkeiten und erfüllt somit nicht die allgemeine Definition von Eigenkapitalinstrumenten. Daher sind diese Verträge als Fremdkapital zu qualifizieren.[459]

Sofern der Emittent die Zahlungsverpflichtung nicht in **flüssigen Mitteln**, sondern mit einer **variablen Anzahl von eigenen Eigenkapitalinstrumenten** begleicht, ist bei einem Finanzinstrument die gleiche bilanzielle Behandlung zum Emissionszeitpunkt und in den Folgeperioden (bis zur Ausbuchung) vorgeschrieben.

Des Weiteren ist nach IAS 32.24 ein Finanzinstrument auch dann als **finanzieller Vermögenswert** oder **finanzielle Verbindlichkeit** zu erfassen, wenn zwar eine feste Anzahl von Aktien geliefert werden soll, jedoch der zukünftig zu empfangende **Geldbetrag variabel** ist, wenn also z. B. das Unternehmen 100 Eigenkapitalinstrumente gegen flüssige Mittel im Wert von 100 Unzen Gold liefert.[460]

---

459 Vgl. *Ernst & Young LLP (Hrsg.)*, International GAAP 2005, 2004, S. 955.
460 Vgl. *Ernst & Young LLP (Hrsg.)*, International GAAP 2005, 2004, S. 955.

Ergänzend sei angemerkt, dass **Änderungen der Rechte** von Finanzinstrumenten ebenso zu einer Erfassung als finanzielle Vermögenswerte oder als finanzielle Verbindlichkeiten führen können, nämlich dann, wenn der Vertrag zwar in einer festen Anzahl von Eigenkapitalinstrumenten des Unternehmens erfüllt wird, die mit diesen Anteilen („*shares*") verbundenen Rechte jedoch so geändert werden, dass der Erfüllungsbetrag einem festen Betrag oder einem Betrag entspricht, der auf Änderungen einer zugrunde liegenden Variablen basiert (IAS 32.AG27(d)).[461]

---

461 Vgl. *Ernst & Young LLP (Hrsg.)*, International GAAP 2005, 2004, S. 956.

9.3. Derivative Kontrakte auf eigene Eigenkapitalinstrumente

9.3.1. Überblick

Finanzinstrumente sind oftmals mit Kündigungs- oder Wandlungsrechten für den Inhaber und/oder den Emittenten, d. h. mit so genannten eingebetteten derivativen Merkmalen (*„embedded derivative features“*) ausgestattet. In einigen Fällen gleicht die bilanzielle Behandlung dieser eingebetteten derivativen Merkmale der von freistehenden derivativen Kontrakten auf eigene Eigenkapitalinstrumente.[462] Daher wird zunächst auf derivative Kontrakte auf eigene Eigenkapitalinstrumente eingegangen und erst im nächsten Schritt die Bilanzierung von nicht-derivativen Finanzinstrumenten mit eingebetteten derivativen Merkmalen beschrieben.

Die nachfolgende Abbildung zeigt das Prüfschema bei derivativen Kontrakten auf eigene Eigenkapitalinstrumente und stellt die allgemeine Vorgehensweise dar.

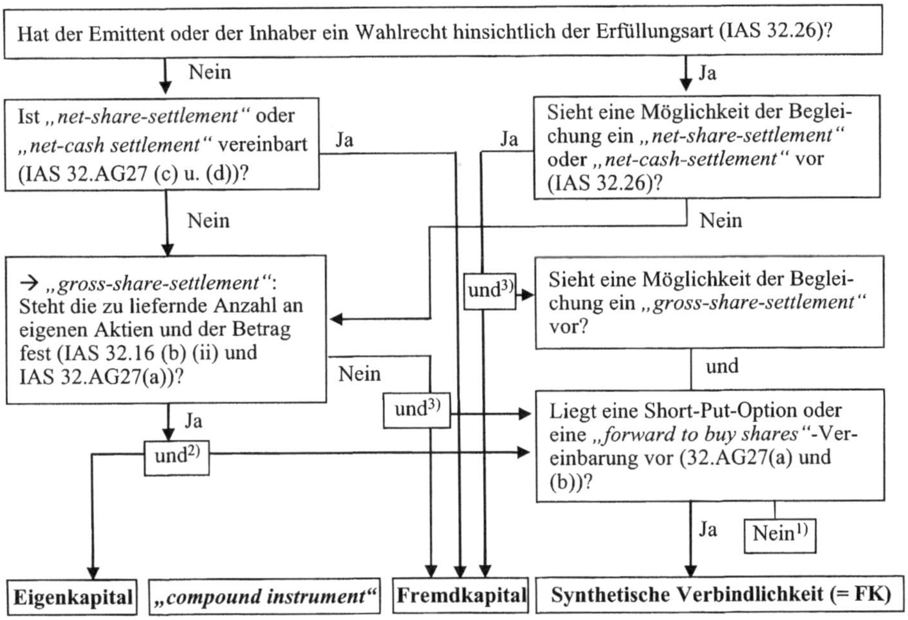

1) Der Entscheidungszweig ist nicht zu berücksichtigen, da keine synthetische Verbindlichkeit zu erfassen ist.

2) Beide Zweige sind zu berücksichtigen.

3) Sofern eine synthetische Verbindlichkeit zu erfassen ist, ist nach IAS 32 nicht geregelt, ob das Derivat ein Fremdkapitalderivat ist oder nicht.

Abb. 30: Derivative Kontrakte auf eigene Eigenkapitalinstrumente

---

462 Vgl. *Ernst & Young LLP (Hrsg.)*, International GAAP 2005, 2004, S. 956.

Im Einzelfall muss jedoch ggf. eine zusätzliche differenziertere Beurteilung erfolgen. Derivative Kontrakte, die zu finanziellen Vermögenswerten führen, wurden in Abb. 30 wegen der Übersichtlichkeit nicht berücksichtigt.

Ein wesentliches **Abgrenzungskriterium** für die Frage, ob ein derivativer Kontrakt auf eigene Eigenkapitalinstrumente als Eigenkapitalinstrument oder als ein finanzieller Vermögenswert bzw. eine finanzielle Verbindlichkeit zu bilanzieren ist, ist die **Erfüllungsart**.

- Wenn die Differenz zwischen Aktienkurs zum Fälligkeitstermin und Ausübungskurs bzw. Terminkurs mit Zahlungsmitteln beglichen wird, handelt es sich um ein ***„net-cash-settlement“*** (*„cash for cash“*).
- Falls diese Differenz durch eine variable Anzahl an eigenen Eigenkapitalinstrumenten beglichen wird, ist ein ***„net-share-settlement“*** (*„shares for shares“*) vereinbart worden.
- Sofern der ganze Preis in Höhe des Ausübungskurses bzw. Terminkurses bezahlt wird und die vertraglich vereinbarte feste Anzahl von eigenen Eigenkapitalinstrumenten geliefert wird, liegt ein ***„gross-share-settlement“*** (*„cash for shares“*) vor.

Ist ***„net-cash-settlement“*** oder ***„net-share-settlement“*** vereinbart worden oder stehen bei ***„gross-share-settlement“*** die Anzahl der Eigenkapitalinstrumente oder der Wert der Gegenleistung **nicht fest**, ist das Derivat als **finanzieller Vermögenswert** oder **finanzielle Verbindlichkeit** zu bilanzieren (IAS 32.11; 32.16; IAS 32.AG27(c) und (d)). In den Folgeperioden sind sämtliche Wertschwankungen des Derivats erfolgswirksam zu buchen (IAS 39.55). Dies kann beim Emittenten zu einer hohen Ergebnis-Volatilität führen.[463]

Sofern ***„gross-share-settlement“*** vereinbart worden ist und die zu liefernde Anzahl der Eigenkapitalinstrumente und die Gegenleistung (ein fester Betrag oder ein anderer finanzieller Vermögenswert) **feststehen**, stellt die vertragliche Vereinbarung ein **Eigenkapitalinstrument** dar. Eine erhaltene Gegenleistung, wie z. B. eine Optionsprämie, erhöht demzufolge das Eigenkapital, während eine bezahlte Gegenleistung das Eigenkapital verringert. In den Folgeperioden sind die Änderungen des Fair Values des Eigenkapitalinstruments im Jahresabschluss nicht zu berücksichtigen (IAS 32.22).

Wenn ***„gross-share-settlement“*** vereinbart worden ist und wenn darüber hinaus beim Emittenten eine Zahlungsverpflichtung eintreten kann, wie etwa bei einer Verkaufsoption mit einer Stillhalterverpflichtung (Short Put Option), oder sicher eintreten wird, wie etwa bei einer Terminrückkaufvereinbarung (*„forward to buy shares“*), ist eine synthetische Verbindlichkeit in Höhe des Barwerts der (möglichen) Zahlungsverpflichtung vom Eigenkapital in das Fremdkapital erfolgsneutral umzubuchen. Während der Laufzeit des Derivats sind die fortgeführten Anschaffungskosten der

---

[463] Vgl. dazu auch *Ernst & Young LLP (Hrsg.)*, International GAAP 2005, 2004, S. 956.

synthetischen Verbindlichkeit entsprechend einem Zero-Bond zu berechnen und die korrespondierenden Zinsaufwendungen mittels der Effektivzinsmethode zu ermitteln.[464] Wenn bei einer Verkaufsoption mit Stillhalterverpflichtung des Emittenten zum Fälligkeitszeitpunkt die Option vom Inhaber nicht ausgeübt wird, ist beim Emittenten die synthetische Verbindlichkeit (in Höhe des Ausübungskurses) wieder erfolgsneutral aus dem Fremdkapital in das Eigenkapital zurückzubuchen (IAS 32.23).

Wenn entweder der Emittent oder der Inhaber ein **Wahlrecht hinsichtlich der Erfüllung** haben und eine der Erfüllungsarten ein *„net-share-settlement"* oder ein *„net-cash-settlement"* ist, ist das Derivat als finanzieller Vermögenswert oder finanzielle Verbindlichkeit zu erfassen und unterliegt damit den Bestimmungen des IAS 39 (IAS 32.26).[465] Sofern das Wahlrecht des Emittenten oder des Inhabers ein ***„gross-share-settlement"*** umfasst, ist wie vorstehend beschrieben, bei einer Verkaufsoption mit einer Stillhalterverpflichtung des Emittenten (Short Put Option) und bei einer Terminrückkaufvereinbarung (*„forward to buy shares"*) eine synthetische Verbindlichkeit zu erfassen (IAS 32.IE6; IAS 32.IE31).

Sofern bei einer Short Put Option oder bei einer Terminrückkaufvereinbarung

- als Wahlrecht ***„gross-share-settlement"*** oder ***„net-share-settlement"*** vereinbart worden ist oder
- ***„gross-share-settlement"*** vereinbart worden ist und die Anzahl der Eigenkapitalinstrumente oder der Wert der Gegenleistung **nicht feststeht,**

ist nach IAS 32 nicht geregelt, ob neben der synthetischen Verbindlichkeit auch ein Derivat als finanzieller Vermögenswert oder als finanzielle Verbindlichkeit zu erfassen ist (IAS 32.26; IAS 32.AG27(b); IAS 32.IE6 und IAS 32.IE31). Aufgrund der Komplexität muss man hier jeden Einzelfall individuell betrachten; eine herrschende Meinung hat sich noch nicht herausgebildet.

9.3.2. Beispiel: Termingeschäft über den Kauf eigener Anteile[466]

9.3.2.1. Sachverhalt

Es wird von folgendem Sachverhalt ausgegangen: Unternehmen A schließt am 1. Februar 2005 mit Unternehmen B ein Termingeschäft (fällig 31. Januar 2006) über den Erwerb von 1.000 eigenen (unkündbaren) Stammaktien (des Unternehmens A) ab. Der Terminkurs (Kaufpreis für die A-Aktien) beträgt EUR 104.000 und der Barwert des Terminkurses EUR 100.000 (Marktzins 4 %).

---

464 Vgl. *Ernst & Young LLP (Hrsg.)*, International GAAP 2005, 2004, S. 956.

465 Vgl. *Ernst & Young LLP (Hrsg.)*, International GAAP 2005, 2004, S. 961.

466 Vgl. IAS 32.IE2 und IAS 32.IE5.

Am 31. Januar 2006 bezahlt Unternehmen A den Betrag von EUR 104.000 und erhält dafür 1.000 Aktien des eigenen Unternehmens:

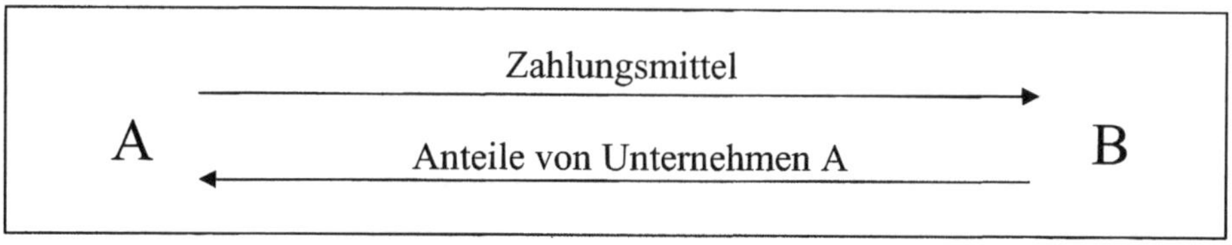

9.3.2.2. Bilanzierung

Die Bilanz des Unternehmens A vor Vertragsabschluss sieht wie folgt aus:

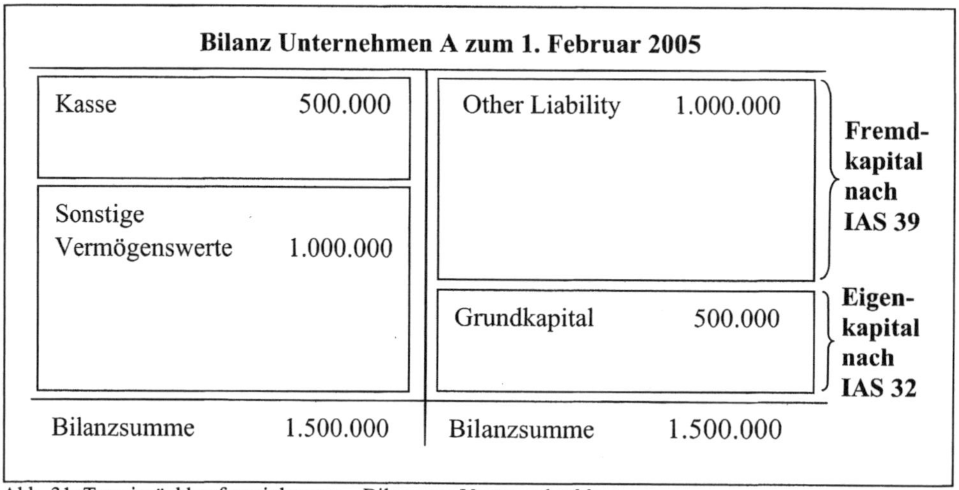

Abb. 31: Terminrückkaufvereinbarung – Bilanz vor Vertragsabschluss

Der Barwert der Zahlungsverpflichtung (EUR 104.000) in Höhe von EUR 100.000 ist zum Zeitpunkt des Vertragsabschlusses (1. Februar 2005) erfolgsneutral im Fremdkapital zu erfassen:

Konto	***EUR***		***Konto***	***EUR***
Eigenkapital	*100.000*	*an*	*„synthetic liability"*	*100.000*

Die Verbindlichkeit fällt in den Anwendungsbereich von IAS 39 und wird zum Emissionszeitpunkt in Höhe des Barwerts der Zahlungsverpflichtung erfasst (IAS 32.23). Der Barwert wird nach IAS 39.AG64 mit einem marktüblichen Zinssatz, unter Berücksichtigung des Ausfallrisikos („*credit risk*") von Unternehmen A, ermittelt. Die Folgebewertung hat zu fortgeführten Anschaffungskosten zu erfolgen.

Nach IAS 32 ist der Forward-Kontrakt („*forward to buy shares-agreement*") auf eigene Aktien so zu erfassen, als ob die zukünftige Transaktion (Rückerwerb eigene Aktien) bereits zum Zeitpunkt des Vertragsabschlusses stattgefunden hätte. Bei dem Rückerwerb von eigenen Anteilen erfolgt daher zum Fälligkeitszeitpunkt keine Buchung mehr im Eigenkapital. Diese Regelung nach IAS 32 ist nicht konsistent mit der Bilanzierung von Derivaten, die als Basisobjekt nicht die Anteile des eigenen Unternehmens haben. Eine Bewertung der synthetischen Verbindlichkeit zum Fair Value – die bei Termingeschäften auf Aktien den aktuellen Kurswert berücksichtigt – ist nicht erlaubt (IAS 32.DO2).

Nach Abschluss des Vertrags sieht die Bilanz wie folgt aus:

Bilanz Unternehmen A zum 1. Februar 2005

Kasse	500.000	Other Liability	1.000.000	**Fremdkapital nach IAS 39**
Sonstige Vermögenswerte	1.000.000	***„synthetic liability"***	**100.000**	**FK nach IAS 32/39**
		Grundkapital	400.000	**EK nach IAS 32**
Bilanzsumme	1.500.000	Bilanzsumme	1.500.000	

Abb. 32: Terminrückkaufvereinbarung – Bilanz nach Vertragsabschluss

Während der Laufzeit wird die Verbindlichkeit nach IAS 39.47 (und IAS 39.9) zu fortgeführten Anschaffungskosten (unter Verwendung der Effektivzinsmethode) bewertet und der Zinsaufwand nach der Effektivzinsmethode ermittelt:

Datum	**(Fortgeführte) Anschaffungskosten (in EUR)**	**Zinsaufwand (4 % der Anschaffungskosten)**
01.02.2005	100.000	
31.12.2005	103.660	3.660[467)]
31.01.2006	104.000	340[468)]

467 Der Betrag ist wie folgt zu ermitteln: EUR 3.660 $\approx$ 0,04 $\cdot$ EUR 100.000 $\cdot$ (11/12).

468 Der Betrag ist wie folgt zu ermitteln: EUR 340 $\approx$ 0,04 $\cdot$ EUR 103.667 $\cdot$ (1/12).

Aus Gründen der Vereinfachung und der Wesentlichkeit wurde die Ermittlung der zu erfassenden Zinsen im Beispiel linear vorgenommen.

Zum Bilanzstichtag 31. Dezember 2005 ist ein Zinsaufwand zu buchen.

Konto	***EUR***		***Konto***	***EUR***
Zinsaufwand	*3.660*	*an*	*„synthetic liability"*	*3.660*

Zum Fälligkeitstermin 31.01.2006 ist ebenso ein Zinsaufwand zu buchen.

Konto	***EUR***		***Konto***	***EUR***
Zinsaufwand	*340*	*an*	*„synthetic liability"*	*340*

Die Buchungen zeigen, dass der Emittent auf Grund der synthetischen Verbindlichkeit einen Zinsaufwand ausweist, obgleich er keine flüssigen Mittel aufgenommen hat.

Zum Fälligkeitstermin 31. Januar 2006 bezahlt Unternehmen A den vereinbarten Kaufpreis (Terminkurs). Die Verbindlichkeit, die jetzt einen Betrag von EUR 104.000 aufweist, wird dementsprechend ausgebucht. Die Gegenbuchung erfolgt im Bilanzposten Kasse:

Konto	***EUR***		***Konto***	***EUR***
„synthetic liability"	*104.000*	*an*	*Kasse*	*104.000*

Die Laufzeit der synthetischen Verbindlichkeit stimmt mit der Laufzeit des Termingeschäfts überein.

Bilanz Unternehmen A zum 31. Januar 2006

Aktiva		Passiva		
Kasse [= 500.000 – 104.000]	396.000	Other Liability	1.000.000	**Fremdkapital nach IAS 39**
Sonstige Vermögenswerte	1.000.000	Grundkapital Verlust	400.000 -4.000	**Eigenkapital nach IAS 32**
Bilanzsumme	1.396.000	Bilanzsumme	1.396.000	

Abb. 33: Terminrückkaufvereinbarung – Bilanz zum Fälligkeitszeitpunkt

In Summe ist das Eigenkapital um EUR 104.000 verringert worden; EUR 100.000 zum Zeitpunkt des Vertragsabschlusses durch die Einbuchung des Barwerts der synthetischen Verbindlichkeit sowie EUR 4.000 Zinsaufwand, der während der Laufzeit dieser Verbindlichkeit (und des Termingeschäfts) entstanden ist. Zum Fälligkeitszeitpunkt hingegen wurde nicht das Eigenkapital verringert, sondern die Verbindlichkeit ausgebucht.

IAS 32 verlangt damit, dass eine Verminderung des Eigenkapitals aufgrund eines Rückerwerbs eigener Anteile mittels Terminkauf bereits bei Abschluss des Termingeschäfts darzustellen ist und nicht erst beim späteren tatsächlichen Erwerb der eigenen Anteile, d. h. die Kürzung des Eigenkapitals wird vorgezogen.

Dieses Beispiel zeigt: Bei einem Terminkauf eigener Anteile ist das Eigenkapital bereits bei Vertragsabschluss um den Barwert der Zahlungsverpflichtung zu kürzen und als eine synthetische Verbindlichkeit auszuweisen. Dies wirkt sich bereits ab Vertragsabschluss auf die Eigenkapitalrelation aus und erhöht während der Laufzeit des Termingeschäfts den Zinsaufwand.

9.3.3. Beispiel: Verkaufsoption mit Stillhalterverpflichtung in eigenen Anteilen[469]

9.3.3.1. Sachverhalt

Es wird von folgendem Sachverhalt ausgegangen: Zwischen Unternehmen A und Unternehmen B wird am 1. Februar 2005 eine Verkaufsoption (Put Option) vereinbart. Diese Option gewährt dem Inhaber B das Recht, am 31. Januar 2006 1.000 Aktien des Unternehmens A an A zu verkaufen (Kaufpreis EUR 98.000). Aus Sicht des Unternehmens A stellt die Option einen Verkauf einer Verkaufsoption, d. h. eine Stillhalterverpflichtung (Short Put Option) auf eigene Aktien dar. B als Inhaber der Option bezahlt eine Optionsprämie in Höhe von EUR 5.000. Der Ausübungspreis beträgt EUR 98.000 und der Barwert des Ausübungspreises EUR 95.000 (Marktzins 3,16 %).

Sofern B am 31. Januar 2006 die Option ausübt, erhält A 1.000 Aktien des eigenen Unternehmens und B zahlt den Ausübungspreis (Kaufpreis) in Höhe von EUR 98.000:

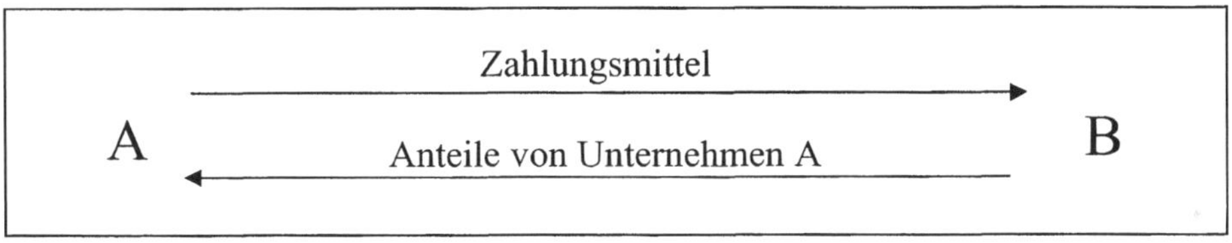

[469] Vgl. IAS 32.IE27 und IAS 32.IE30.

9.3.3.2. Bilanzierung

Die Bilanz des Unternehmens A vor Vertragsabschluss sieht wie folgt aus:

Bilanz Unternehmen A zum 1. Februar 2005

Kasse	500.000	Other Liability	1.000.000	**Fremdkapital nach IAS 39**
Sonstige Vermögenswerte	1.000.000			
		Grundkapital	500.000	**Eigenkapital nach IAS 32**
Bilanzsumme	1.500.000	Bilanzsumme	1.500.000	

Abb. 34: Verkaufsoption mit Stillhalterverpflichtung – Bilanz vor Vertragsabschluss

Zum Zeitpunkt des Vertragsabschlusses (1. Februar 2005) erfolgt eine Buchung in Höhe des Emissionserlöses im Eigenkapital, d. h. in Höhe der erhaltenen Optionsprämie erhöht sich das Eigenkapital:

Konto	***EUR***		***Konto***	***EUR***
Kasse	*5.000*	*an*	*Eigenkapital*	*5.000*

Der Barwert der möglichen Zahlungsverpflichtung (Ausübungspreis) in Höhe von EUR 95.000 ist zum Zeitpunkt des Vertragsabschlusses (1. Februar 2005) erfolgsneutral im Fremdkapital zu erfassen; d. h. vom Eigenkapital in das Fremdkapital umzubuchen:

Konto	***EUR***		***Konto***	***EUR***
Eigenkapital	*95.000*	*an*	*„synthetic liability"*	*95.000*

Die synthetische Verbindlichkeit fällt in den Anwendungsbereich von IAS 39 und wird zum Emissionszeitpunkt in Höhe des Barwerts der möglichen Zahlungsverpflichtung erfasst (IAS 32.23). Der Barwert wird nach IAS 39.AG64 mit einem marktüblichen Zinssatz, unter Berücksichtigung des Ausfallrisikos (*„credit risk"*) von Unternehmen A, ermittelt. Im Rahmen der Folgebewertung ist die synthetische Verbindlichkeit mit den fortgeführten Anschaffungskosten anzusetzen. Eine Bewertung dieser synthetischen Verbindlichkeit zum Fair Value – die bei geschriebenen Verkaufsoptionen etwa auch die Ausübungswahrscheinlichkeit berücksichtigt – ist nicht zulässig (vgl. IAS 32.DO2).

Die Bilanz des Unternehmens A nach Vertragsabschluss sieht wie folgt aus:

Bilanz Unternehmen A zum 1. Februar 2005

Aktiva		Passiva		
Kasse	500.000	Other Liability	1.000.000	**Fremdkapital nach IAS 39**
Erlös Short Put Opt.	**5.000**			
Sonstige Vermögenswerte	1.000.000	***„synthetic liability"***	**95.000**	**FK nach IAS 32/39**
		Short Put Option	**5.000**	**EK nach IAS 32**
		Grundkapital	405.000	
Bilanzsumme	1.505.000	Bilanzsumme	1.505.000	

Abb. 35: Verkaufsoption mit Stillhalterverpflichtung – Bilanz nach Vertragsabschluss

Eine geschriebene Verkaufsoption (Short Put Option) auf eigene Aktien ist so zu bilanzieren, als ob die Option bereits zum Zeitpunkt des Vertragsabschlusses ausgeübt worden wäre (IAS 32.DO2). Diese Regelung nach IAS 32 ist nicht konsistent mit der Bilanzierung von Derivaten, die andere Basisobjekte als Anteile des eigenen Unternehmens zum Gegenstand haben.

Während der Laufzeit wird die Verbindlichkeit nach IAS 39.47 (und IAS 39.9) zu fortgeführten Anschaffungskosten (unter Verwendung der Effektivzinsmethode) bewertet und der Zinsaufwand ermittelt:

Datum	(Fortgeführte) Anschaffungskosten (in EUR)	Zinsaufwand (4 % der Anschaffungskosten)
01.02.2005	95.000	
31.12.2005	97.750	2.750[470)]
31.01.2006	98.000	250[471)]

Im Beispiel beträgt der Effektivzins (Marktzins) 3,16 %.

Zum Bilanzstichtag 31. Dezember 2005 ist ein Zinsaufwand in Höhe von EUR 2.750 zu buchen:

---

470 Der Betrag ist wie folgt zu ermitteln: EUR 2.750 ≈ 0,0316 · EUR 95.000 · (11/12).

471 Der Betrag ist wie folgt zu ermitteln: EUR 250 ≈ 0,0316 · EUR 97.750 · (1/12).

Konto	*EUR*		*Konto*	*EUR*
Zinsaufwand	*2.750*	*an*	*„synthetic liability“*	*2.750*

Zum Fälligkeitstermin 31. Januar 2006 ist ebenfalls ein Zinsaufwand zu buchen:

Konto	*EUR*		*Konto*	*EUR*
Zinsaufwand	*250*	*an*	*„synthetic liability“*	*250*

Die Buchungen zeigen, dass der Emittent aufgrund der synthetischen Verbindlichkeit einen Zinsaufwand ausweist, obwohl er keine flüssigen Mittel aufgenommen hat.

Sofern B die Option am 31. Januar 2006 ausübt, bezahlt A den Ausübungspreis (EUR 98.000) und erhält im Gegenzug die Aktien. Die Verbindlichkeit wird dementsprechend ausgebucht. Die Gegenbuchung erfolgt im Bilanzposten Kasse:

Konto	*EUR*		*Konto*	*EUR*
„synthetic liability“	*95.000*	*an*	*Kasse*	*95.000*

Beim (Rück-) Erwerb eigener Anteile sind diese mit dem Eigenkapital zu verrechnen. Geht ein Unternehmen über eigene Anteile eine Stillhalterverpflichtung mittels Verkauf einer Verkaufsoption ein, muss es also bei Ausübung der Option eigene Aktien zu einem vereinbarten Kaufpreis erwerben, ist dies entsprechend einem Terminkauf bilanziell abzubilden, d. h. das Eigenkapital ist bereits zum Zeitpunkt der Vereinbarung über die Option zu kürzen. Die spätere Abwicklung der Option (Rücknahme eigener Anteile) berührt als solche das Eigenkapital nicht mehr. Die für die Stillhalterposition vereinnahmte Optionsprämie bleibt im Eigenkapital stehen.

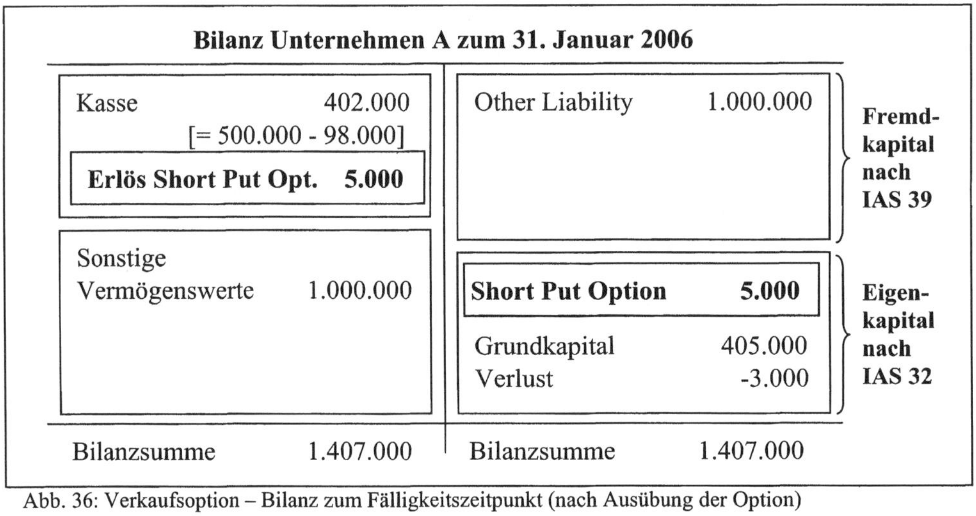

Abb. 36: Verkaufsoption – Bilanz zum Fälligkeitszeitpunkt (nach Ausübung der Option)

Das Eigenkapital ist netto um EUR 93.000 verringert worden:

- Zum Zeitpunkt des Vertragsabschlusses: die Optionsprämie erhöhte das Eigenkapital um EUR 5.000.
- Zum Zeitpunkt des Vertragsabschlusses: die Einbuchung des Barwerts der Verbindlichkeit verringert das Eigenkapital um EUR 95.000.
- Während der Laufzeit der Option: der Zinsaufwand in Höhe von EUR 3.000 verringert das Eigenkapital.

Wie im Beispiel *„Termingeschäft über den Kauf eigener Anteile"* wird auch hier bei Ausübung der Option nicht das Eigenkapital verringert, sondern die synthetische Verbindlichkeit ausgebucht.

Sofern B die Option am 31. Januar 2006 nicht ausübt, wird die Verbindlichkeit ebenso ausgebucht. Die Gegenbuchung erfolgt jedoch im Eigenkapital (keine Ausübung im Fälligkeitszeitpunkt):

Konto	***EUR***		***Konto***	***EUR***
„synthetic liability"	*98.000*	*an*	*Eigenkapital*	*98.000*

Nachdem das Unternehmen A festgestellt hat, dass die Option nicht ausgeübt wurde, ist damit der ursprüngliche Zustand wieder hergestellt. Dies bedeutet im Ergebnis, dass, solange das latente Risiko besteht, dass sich nach Ausübung der Option, das Eigenkapital aufgrund eines Rückerwerbs eigener Anteile vermindert, der entsprechende Betrag bereits am Eigenkapital zu kürzen ist. Der entsprechende Betrag ist bis zum Ausübungstermin als Verbindlichkeit zu zeigen.

Die Bilanz zum 31. Januar 2006 stellt sich für den Fall der Nichtausübung der Option wie folgt dar:

Bilanz Unternehmen A zum 31. Januar 2006

Kasse	500.000	Other Liability	1.000.000	**Fremdkapital nach IAS 39**
Erlös Short Put Opt.	**5.000**			
Sonstige Vermögenswerte	1.000.000	**Short Put Option**	**5.000**	**Eigenkapital nach IAS 32**
		Grundkapital	503.000	
		Verlust	-3.000	
Bilanzsumme	1.505.000	Bilanzsumme	1.505.000	

Abb. 37: Verkaufsoption – Bilanz zum Fälligkeitszeitpunkt (Option wird nicht ausgeübt)

Die Einbuchung der Optionsprämie erhöht das Eigenkapital um EUR 5.000. Die Effekte der Ein- und Ausbuchung der synthetischen Verbindlichkeit auf das Eigenkapital heben sich bei Nichtausübung der Option auf:

- Zum Zeitpunkt des Vertragsabschlusses verringert die synthetische Verbindlichkeit das Eigenkapital um EUR 95.000.
- Während der Laufzeit der Option: der Zinsaufwand in Höhe von EUR 3.000 reduziert das Eigenkapital
- Zum Fälligkeitszeitpunkt der Option: die erfolgsneutrale Ausbuchung der synthetischen Verbindlichkeit erhöht das Eigenkapital um EUR 98.000.

Dieses Beispiel zeigt: Bei einem Verkauf einer Verkaufsoption (Short Put Option) auf eigene Anteile besteht eine eventuelle Rückerwerbspflicht für die eigenen Anteile. Das Eigenkapital ist bereits bei Vertragsabschluss um den Barwert des Ausübungspreises zu kürzen und als synthetische Verbindlichkeit auszuweisen. Dies wirkt sich bereits ab Vertragsabschluss auf die Eigenkapitalrelation aus und erhöht während der Laufzeit der Option den Zinsaufwand.

9.3.4. Die Bilanzierung von Derivaten nach IAS 32 im Kontext der anderen Standards

Normalerweise werden **Derivate**, wie Forward-Kontrakte oder geschriebene Verkaufsoptionen, nach **IAS 39** als **Held for Trading** klassifiziert und damit erfolgswirksam zum Fair Value bewertet. IAS 32 legt jedoch fest, dass bei **Terminrückkaufvereinbarungen** und **geschriebenen Verkaufsoptionen** auf eigene Eigenkapitalinstrumente zusätzlich eine synthetische Verbindlichkeit in Höhe des Barwerts der gesamten (möglichen) Zahlungsverpflichtung zu erfassen ist (IAS 32.23; 32.AG13 und 32.AG27(b)). Terminrückkaufvereinbarungen auf eigene Aktien (*„forward to buy* *shares-agreements"*) sind damit durch Umbuchung eines Betrags in Höhe des Barwerts der (möglichen) Zahlungsverpflichtung vom Eigenkapital in das Fremdkapital so zu erfassen, als ob die zukünftige Transaktion bereits stattgefunden hätte.

Entsprechend den Termin-Kontrakten ist eine geschriebene Verkaufsoption (Short Put Option) auf eigene Aktien so zu bilanzieren, als ob die Option bereits ausgeübt worden wäre (IAS 32.DO2). IAS 32 verlangt hier eine *vorsichtige* Bilanzierung bezüglich des Eigenkapitalausweises. Zusätzlich erhöht die vereinnahmte Optionsprämie das Eigenkapital.

Die Erfassung der Verbindlichkeit aus dem Terminkontrakt in Höhe des Barwerts des Terminkaufpreises und der Verbindlichkeit aus der geschriebenen Verkaufsoption in Höhe des Barwerts des Ausübungspreises ist nicht konsistent mit der Bilanzierung von Derivaten, die als Basisobjekt nicht eigene Anteile des Unternehmens zum Gegenstand haben. Eine Bewertung dieser synthetischen Verbindlichkeit zum Fair Value – die bei geschriebenen Verkaufsoptionen etwa auch die Ausübungswahrscheinlichkeit berücksichtigt – ist nicht erlaubt (IAS 32.DO2).

Nach dem Rahmenkonzept ist eine Verbindlichkeit eine Verpflichtung des Unternehmens aus Ereignissen der Vergangenheit, von deren Erfüllung erwartet wird, dass aus dem Unternehmen Ressourcen abfließen werden, die wirtschaftlichen Nutzen verkörpern (Rahmenkonzept, para. 49). Außerdem ist ein Sachverhalt, damit er die Definition eines Bilanzpostens erfüllt, überhaupt nur dann zu erfassen, wenn es **wahrscheinlich** ist, dass durch ihn künftiger wirtschaftlicher Nutzen dem Unternehmen zu- oder von ihm abfließen wird (Rahmenkonzept, para. 83(a)). Auch nach IAS 37 *„Provisions, Contingent Liabilities and Contingent Assets"* sollen mehr Gründe für das Bestehen einer Verbindlichkeit als dagegen sprechen (51%-Regel).

Nach IAS 32 wird bei Eigenkapitalinstrumenten, bei denen eine Zahlungsverpflichtung entstehen kann, eine synthetische Verbindlichkeit in Höhe des Barwerts der Zahlungsverpflichtung erfasst, auch dann, wenn die **Wahrscheinlichkeit**, dass es überhaupt zu einer Zahlung kommt, **sehr gering** ist (IAS 32.25 i.V.m. IAS 32.AG28). Die Sichtweise nach IAS 32 bei derivativen Kontrakten ist damit nicht dieselbe wie im Rahmenkonzept und in IAS 37 (IAS 32.DO2).

Darüber hinaus besteht auch **keine Symmetrie** zwischen der Bilanzierung beim **Inhaber** und beim **Emittenten**. Sofern bei einem derivativen Kontrakt, der als Basisobjekt Anteile des Emittenten zum Gegenstand hat, Zahlungen nur bei Eintritt von relativ unwahrscheinlichen Ereignissen erfolgen, ist der beim Inhaber zu bilanzierende Fair Value dieses Finanzinstruments tendenziell sehr niedrig oder null. Beim Emittenten hingegen wird der möglicherweise zu zahlende Betrag in voller Höhe als Verbindlichkeit erfasst. Dieser Betrag ist daher deutlich höher als der vom Inhaber bilanzierte Fair Value des Derivats.[472]

Darüber hinaus ist zu beachten, dass die das ausgebuchte Eigenkapital repräsentierenden Aktien auch nach der bilanziellen Erfassung der synthetischen Verbindlichkeit bis zur Fälligkeit des Termingeschäfts bzw. der Ausübung der Option weiterhin im Umlauf sind und bis dahin die gleichen Rechte wie andere Aktien haben.

Ergänzend sei ferner angemerkt, dass eine Klassifizierung als Eigenkapital voraussetzt, dass das Basisobjekt des zu beurteilenden Derivats seinerseits nicht ebenfalls ein Derivat sein darf. Mithin muss dieses Underlying stets ein originäres Eigenkapitalinstrument sein (IAS 32.16; IAS 32.BC4).

Im nachfolgenden Kapital wird gezeigt, dass die bilanzielle Behandlung eines Termingeschäfts über den Kauf eigener Anteile („*forward to buy shares*") bzw. einer Verkaufsoption mit Stillhalterverpflichtung (Short Put Option) derjenigen von möglichen (Rückkauf-) Zahlungsverpflichtungen, die mit nicht-derivativen Finanzinstrumenten verbunden sind, gleicht (IAS 32.DO2; IAS 32.BC12).[473]

---

472 Vgl. *Ernst & Young LLP (Hrsg.)*, International GAAP 2005, 2004, S. 987.

473 Vgl. *Ernst & Young LLP (Hrsg.)*, International GAAP 2005, 2004, S. 956.

9.4. Nicht-derivative Kontrakte

9.4.1. Überblick

Die Bilanzierung einzelner Arten von Finanzinstrumenten, wie etwa Anteile an Personengesellschaften, Vorzugsaktien, oder Mezzanine-Kapital (Genussrechte, Wandelanleihen und stille Einlagen) hängt von den vertraglichen Vereinbarungen ab.[474] Eine Wandelanleihe ist z. B. aus Sicht des Emittenten nur dann in die Komponenten *Eigenkapital* (Wandlungsrecht des Inhabers) und *Fremdkapital* (Anleihe) aufzuteilen, wenn das Wandlungsrecht die Definition eines Eigenkapitalderivats erfüllt (IAS 32.16; IAS 32.22; IAS 32.26).[475] Ferner ist bei Genussrechten mit Kündigungsrechten des Inhabers nur der Barwert des Rückzahlungsbetrags und nicht das ganze Finanzinstrument im Fremdkapital zu erfassen, sofern die restlichen Ausstattungsmerkmale einer Erfassung im Eigenkapital nicht entgegenstehen, wenn also z. B. die Ausschüttungen an die Inhaber im freien Ermessen des Emittenten liegen.

Im Rahmen dieses Kapitels wird auf die wichtigsten Kriterien eingegangen, die ggf. dazu führen, dass ein Finanzinstrument (oder eine Komponente davon) beim Emittenten Fremdkapital darstellt (IAS 32.18(b); IAS 32.25; IAS 32.AG37).

Dazu gehören:

(a) **fest vereinbarte Zahlungsverpflichtungen**, z. B. wenn bei einem Genussrecht fünf Jahre nach Emission eine Rückzahlung vereinbart ist,
(b) **Kündigungs- bzw. Wandlungsrechte** des Inhabers und
(c) **bedingte Zahlungs- bzw. Erfüllungsvereinbarungen**, wenn z. B. bei einer Plain Vanilla-Wandelanleihe das Recht auf Wandlung nicht im Ermessen des Inhabers liegt, sondern die Wandlung nach dem Eintreten eines externen Ereignisses automatisch erfolgt bzw. bei Nicht-Eintreten ausbleibt.

Zahlungsverpflichtungen können zum Zeitpunkt des Vertragsabschlusses fest vereinbart worden sein [(a)]. Ferner können Zahlungsverpflichtungen beim Emittenten erst in den Folgeperioden nach Ausübung von Kündigungs- oder Wandlungsrechten des Inhabers oder nach dem Eintritt von externen Ereignissen, die außerhalb des Einflussbereichs des Emittenten oder des Inhabers liegen, entstehen [(b) und (c)] (IAS 32.16; IAS 32.18(b); IAS 32.23; IAS 32.25 und IAS 32.AG37).

Diese Fremdkapitalkriterien können zu den Ausstattungsmerkmalen von Finanzinstrumenten, wie etwa Anteile an Personengesellschaften oder so genanntes Mezzanine-Kapital (Genussrechte, Wandelanleihen und stille Einlagen) gehören. In den Fällen (a) bis (c) können die (möglichen) Zahlungsverpflichtungen in Höhe

---

[474] Nachfolgend wird nur auf die bilanziellen Auswirkungen von *vertraglichen Vereinbarungen* und nicht auf rechtliche Rahmenbedingungen (wie z. B. *gesetzliche Kündigungsrechte*) eingegangen.

[475] Vgl. *Ernst & Young LLP (Hrsg.)*, International GAAP 2005, 2004, S. 954 u. 976.

1. von **fest vereinbarten Beträgen** (fest vereinbarte Zahlungen während der Laufzeit und/oder im Fälligkeitszeitpunkt) oder
2. des **Fair Values des Finanzinstruments** im Fälligkeitszeitpunkt

bestehen.

Unabhängig davon, welches der drei oben genannten Fremdkapitalkriterien [(a), (b) oder (c)] vereinbart wurde, erfolgt die Bilanzierung eines Finanzinstruments oder einer Komponente davon im Fremdkapital. Es reicht hierfür aus, dass eines dieser Kriterien gegeben ist.

Sofern die restlichen Ausstattungsmerkmale einer Erfassung im Eigenkapital nicht entgegenstehen (wenn z. B. die Ausschüttungen an die Inhaber im freien Ermessen des Emittenten liegen oder wenn bei einer Wandelanleihe das Wandlungsrecht die Definition eines Eigenkapitalderivats erfüllt), ist die Differenz zwischen den Emissionserlösen und dem Barwert dieser Zahlungsverpflichtungen bzw. der künftig möglichen Zahlungsverpflichtungen im Eigenkapital zu erfassen (IAS 32.16; IAS 32.17; IAS 32.AG26 und IAS 32.31).[476]

9.4.2. Nicht-derivative Finanzinstrumente mit fest vereinbarten Zahlungsverpflichtungen

Finanzinstrumente, bei denen während der Laufzeit und zum Fälligkeitszeitpunkt sämtliche Zahlungsverpflichtungen **fest vereinbart** worden sind, wie etwa bei einem Schuldscheindarlehen, sind vollständig im Fremdkapital zu erfassen und fallen damit in den Anwendungsbereich von IAS 39 (IAS 32.11; IAS 39.2).

Sofern nur der Rückzahlungsbetrag im Rückzahlungszeitpunkt einem **festen Geldbetrag** entspricht, ist der Barwert des Rückzahlungsbetrags im Fremdkapital zu erfassen. Die Bilanzierung der Differenz zwischen diesem Barwert und dem Emissionserlös hängt von den weiteren Ausstattungsmerkmalen ab.

Erfolgt z. B. bei einem Genussrecht in fünf Jahren eine Rückzahlung in flüssigen Mitteln, wohingegen die Ausschüttungen allein im Ermessen des emittierenden Unternehmens stehen (dem steht die Koppelung der Ausschüttungen an die Genussrechtsinhaber an Dividendenzahlungen an die Stammaktionäre gleich), stellt das Genussrecht ein zusammengesetztes Instrument (*„compound instrument“*) dar. Der Barwert der Rückzahlungsverpflichtung ist zum Emissionszeitpunkt als Verbindlichkeit zu erfassen und fällt damit in den Anwendungsbereich von IAS 39 (IAS 32.23; IAS 32.AG37).

---

476 Vgl. *Ernst & Young LLP (Hrsg.)*, International GAAP 2005, 2004, S. 947.

Der Barwert wird nach IAS 39.AG64 mit einem marktüblichen Zinssatz, unter Berücksichtigung des Ausfallrisikos („*credit risk*") berechnet. Während der Laufzeit wird die Verbindlichkeit nach IAS 39.47 (und IAS 39.9) zu fortgeführten Anschaffungskosten (unter Verwendung der Effektivzinsmethode) bewertet und der Zinsaufwand ermittelt. Die Differenz zwischen Emissionserlös und dem Barwert des Rückzahlungsbetrags stellt aufgrund der Tatsache, dass die Ausschüttungen im freien Ermessen des Emittenten stehen, eine Eigenkapitalkomponente dar. Alle Ausschüttungen sind dabei dieser Eigenkapitalkomponente zuzurechnen und mithin im Rahmen der Gewinnverwendung und nicht als Zinsaufwand zu erfassen (IAS 32.AG37).

Eine fest vereinbarte Zahlungsverpflichtung kann sich auch auf den **Fair Value** eines Finanzinstruments beziehen. Zum Fair Value zu tilgende Finanzinstrumente sind zu 100 % im Fremdkapital zu erfassen (IAS 32.18(b)). Die Ausschüttungen des Emittenten während der Laufzeit eines derartigen Finanzinstruments sind erfolgswirksam zu erfassen (IAS 32.36). Die Folgebewertung von zum Fair Value zu tilgenden Finanzinstrumenten erfolgt grundsätzlich zum Fair Value (IAS 39.AG32).

9.4.3. Nicht-derivative Finanzinstrumente mit Kündigungsrechten bzw. Wandlungsrechten des Inhabers

9.4.3.1. Rückzahlung zu einem fest vereinbarten Betrag nach Ausübung des Kündigungsrechts bzw. nach Nicht-Ausübung des Wandlungsrechts

Die gleiche Bilanzierung wie bei einer fest vereinbarten Rückkaufsverpflichtung ist vorgesehen, wenn der Inhaber des Finanzinstruments keine Rückgabepflicht, sondern eine Option zur Rückgabe (wie z. B. ein Gläubigerkündigungsrecht) zu **einem fest vereinbarten Betrag** hat (IAS 32.AG37).[477] Bei kündbaren Anteilen („*puttable shares*") kann es sich z. B. um kündbare Vorzugsaktien („*puttable preference shares*")[478] oder um Anteile an Personengesellschaften handeln.

Im Folgenden wird gezeigt, dass die ökonomischen Merkmale von Wandelanleihen und kündbaren Anteilen („*puttable shares*") identisch sind, sofern Dividenden- oder Zinszahlungen bis zum Ausübungszeitpunkt der Kündigungs- bzw. Wandlungsrechte vernachlässigt werden. Mithin sind bei beiden Finanzinstrumenten auch die bilanzielle Erfassung und die Folgebewertung identisch.

Beispiel zu in Finanzinstrumente eingebettete derivative Merkmale („features"):

Sachverhalt: Der Inhaber eines Finanzinstruments erhält nach der Emission im ersten Jahr keine Dividenden bzw. keine Zinsen. Nach Ablauf des ersten Jahres hat der Inhaber das Wahlrecht, eine Tilgungszahlung von EUR 100 zu verlangen

---

477 Vgl. *Ernst & Young LLP (Hrsg.)*, International GAAP 2005, 2004, S. 947.

478 Nach dem angelsächsischem Verständnis sind „*preference shares*" nicht mit den stimmrechtslosen Vorzugsaktien i.S.d. § 139 AktG gleichzusetzen.

oder eine Aktie (d. h. einen Anteil an der Gesellschaft) zu beziehen. Sofern sich der Inhaber dieses Finanzinstruments für den Erhalt einer Aktie entscheidet, stehen die künftigen Ausschüttungen auf diese Aktie im freien Ermessen des Emittenten. Der Barwert der Tilgungszahlung von EUR 100 beträgt EUR 95. Der Emissionserlös beträgt EUR 120.

Dieses Finanzinstrument kann als Wandelanleihe (1. Variante) oder als kündbarer Anteil („*puttable share*"; 2. Variante) angesehen werden.

1) Bilanzielle Behandlung als Wandelanleihe (1. Variante)

Als erste Variante sei das Finanzinstrument als Wandelanleihe anzusehen. Das Wandlungsrecht stellt aus **Sicht des Inhabers**, d. h. des Investors, eine Kaufoption (Long Call Option) dar, die ihm, d. h. dem Investor nach einem Jahr das Recht gewährt, eine Aktie zu beziehen und hierfür die Anleihe hinzugeben, d. h. die Anleihe in eine Aktie zu wandeln.

Aus **Sicht des Emittenten** stellt das Wandlungsrecht den Verkauf einer Kaufoption auf eigene Aktien (Short Call Option) dar und erfüllt die Definition eines Eigenkapitalderivats, da nach Ausübung des Wandlungsrechts eine fest vereinbarte Anzahl von Aktien gegen den Nominalbetrag der Anleihe getauscht wird (IAS 32.16; IAS 32.22). Die Fremdkapitalkomponente ist ein Zerobond. Damit ist die Wandelanleihe in die Komponenten *Fremdkapital* (Zerobond) und *Eigenkapital* (Wandlungsrecht) aufzuteilen (IAS 32.28; IAS 32.15). Der Barwert der Zahlungsverpflichtung (EUR 95) ist im Fremdkapital und die Differenz zwischen dem Emissionserlös und diesem Barwert von EUR 25 (= EUR 120 - EUR 95) ist im Eigenkapital zu erfassen (IAS 32.11; IAS 32.31).

Sofern bei einer Wandelanleihe Zinsen bezahlt werden, ist kein Zero-Bond gegeben. Für diesen Fall ist zur Trennung in Eigenkapital und Fremdkapital der Barwert der Anleihe (Zinszahlungen und Fälligkeitsbetrag) ohne Wandlungsrecht zu ermitteln.

2) Bilanzielle Behandlung als kündbarer Anteil („puttable share") (2. Variante)

Das im Sachverhalt aufgeführte Finanzinstrument kann auch als kündbarer Anteil („*puttable share*") bzw. als kündbare Aktie angesehen werden.[479] Bei dem kündbaren Anteil kann es sich z. B. um kündbare Vorzugsaktien („*puttable preference shares*") oder um Anteile an Personengesellschaften handeln. Bei dem kündbaren Anteil ist nach dem Sachverhalt vereinbart worden, dass im ersten Jahr keine Dividendenzahlung erfolgt. Der **Anteilseigner** hat die Möglichkeit, den Anteil nach einem Jahr zu kündigen und gegen einen festen Geldbetrag (EUR 100) zurückzugeben.[480]

---

479 Vgl. *Ernst & Young LLP (Hrsg.)*, International GAAP 2005, 2004, S. 947.

480 Das Kündigungsrecht gleicht aus Sicht des Anteilseigners (Investor) dem Erwerb einer Verkaufsoption (Long Put Option).

Das Kündigungsrecht des Inhabers, bzw. die sich daraus ergebende Verpflichtung, den Anteil gegen Zahlung eines Betrags zurückzunehmen, stellt für den Emittenten eine künftig mögliche Zahlungsverpflichtung dar. Das Dividendenbezugsrecht nach einem Jahr erfüllt die Definition eines Eigenkapitalinstruments, da die Ausschüttungen im freien Ermessen des Emittenten stehen (IAS 32.17; IAS 32.AG26). Der kündbare Anteil ist damit in die Komponenten *Fremdkapital* (Barwert des möglichen Tilgungsbetrags) und *Eigenkapital* (Dividendenbezugsrecht) aufzuteilen (IAS 32.28; IAS 32.15). Der Barwert dieser Zahlungsverpflichtung ist im Fremdkapital (hier: EUR 95) und die Differenz zwischen dem Emissionserlös und diesem Barwert von EUR 25 (= EUR 120 - EUR 95) ist im Eigenkapital zu erfassen (IAS 32.11; IAS 32.31).

Ergänzend sei angemerkt, dass der Barwert des möglichen Rückzahlungsbetrags in Höhe von EUR 95 analog zu einer Verkaufsoption auf eigene Aktien mit einer Stillhalterverpflichtung für den Emittenten (Short Put Option) im Fremdkapital zu erfassen ist (IAS 32.23; IAS 32.AG27(a)).[481]

Im Ergebnis stellt sowohl das Kündigungsrecht der Vorzugsaktie als auch das Wandlungsrecht der Wandelanleihe ein in ein nicht-derivatives Finanzinstrument eingebettetes Derivat dar. In beiden Varianten lautet der Buchungssatz zum Emissionszeitpunkt:

Konto	***EUR***		***Konto***	***EUR***
Kasse	*120*	*an*	*Fremdkapital*	*95*
			Eigenkapital	*25*

Die Verbindlichkeit fällt in den Anwendungsbereich von IAS 39 und wird zum Emissionszeitpunkt in Höhe des Barwerts der möglichen Zahlungsverpflichtung erfasst (IAS 32.23; IAS 32.31; IAS 32.AG37). Der Barwert wird nach IAS 39.AG64 mit einem marktüblichen Zinssatz, unter Berücksichtigung des Ausfallrisikos („*credit risk*") berechnet. Während der Laufzeit von einem Jahr wird die Verbindlichkeit (Zero-Bond) nach IAS 39.47 (und IAS 39.9) zu fortgeführten Anschaffungskosten unter Verwendung der Effektivzinsmethode bewertet und der Zinsaufwand ermittelt. Mithin sind in beiden Varianten (Wandelanleihe und kündbarer Anteil) die bilanzielle Erfassung und die Folgebewertung identisch (IAS 32.23; IAS 32.31 sowie IAS 39.9 und IAS 39.47).

An dem folgenden Beispiel wird gezeigt, dass die bilanzielle Behandlung von in nicht-derivativen Finanzinstrumenten eingebetteten derivativen Merkmalen („*embedded derivative features*") wie in dem vorstehend beschriebenen Sachverhalt der bilanziellen Behandlung von freistehenden derivativen Kontrakten auf eigene Aktien im Ergebnis gleicht (IAS 32.DO2; IAS 32.BC11).[482]

---

481 Vgl. *Ernst & Young LLP (Hrsg.)*, International GAAP 2005, 2004, S. 946-947.
482 Vgl. *Ernst & Young LLP (Hrsg.)*, International GAAP 2005, 2004, S. 956.

Beispiel zu Eigenkapitalinstrumenten und freistehenden Derivaten

Sachverhalt: Das Beispiel 1 ist aus ökonomischer Sicht mit der Emission einer Aktie und dem Schreiben einer Verkaufsoption auf diese Aktie (aus Emittentensicht: Short Put Option) vergleichbar. Im Beispiel 2 wird der Sachverhalt dahin gehend abgewandelt, dass eine Aktie ohne Kündigungsrecht begeben wird. Darüber hinaus wird ein Vertrag über eine freistehende Verkaufsoption auf eigene Aktien des Emittenten abgeschlossen.

Der Käufer der Verkaufsoption (Investor) hat nach einem Jahr das Recht, an den Emittenten eine Aktie zu verkaufen (europäische Put Option). Es ist „gross-share-settlement" vereinbart. Zum Emissionszeitpunkt kündigt der Emittent an, im ersten Jahr keine Dividenden auszuzahlen. Der Emissionserlös der Aktie beträgt EUR 115 und der der Verkaufsoption EUR 5. Der Ausübungskurs der Verkaufsoption beträgt EUR 100 und dessen Barwert EUR 95.

Zum Fälligkeitstermin hat der **Käufer** (Inhaber) der Verkaufsoption das Recht, eine Aktie für EUR 100 an den Emittenten zu verkaufen (Long Put Option). Sofern der Inhaber die Aktie und die Verkaufsoption erworben hat, ist – wirtschaftlich betrachtet – der Wertverlauf in Abhängigkeit der Höhe des Aktienkurses im vorigen und in diesem Beispiel der Gleiche.

Aus **Sicht des Emittenten** handelt es sich bei der Option um den Verkauf einer Verkaufsoption auf eigene Aktien (Short Put Option), d. h. der Emittent ist der Stillhalter auf eigene Anteile:

Bilanzielle Behandlung:

Sowohl der Emissionserlös der Aktie (EUR 115) als auch der Erlös der Verkaufsoption (EUR 5) ist im Eigenkapital zu erfassen. Der Barwert des Ausübungspreises ist dagegen durch Umgliederung vom Eigenkapital ins Fremdkapital auszuweisen (IAS 32.22; IAS 32.AG27(b)).

Die bilanzielle Behandlung von mit nicht-derivativen Finanzinstrumenten verbundenen möglichen (Rückkauf-) Zahlungsverpflichtungen (wie etwa bei einer kündbaren Vorzugsaktie) gleicht damit der Bilanzierung von freistehenden Verkaufsoptionen mit Stillhalterverpflichtung (Short Put Options) (IAS 32.DO2; IAS 32.BC12).[483]

9.4.3.2. Rückzahlung zum Fair Value nach Ausübung des Kündigungsrechts

Finanzinstrumente mit Kündigungsrechten der Investoren bzw. der Inhaber (*„puttable instruments"*) sind vollständig (d. h. zu 100 %) im Fremdkapital zu erfassen, wenn zum Rückzahlungszeitpunkt der **Rückzahlungsbetrag dem Fair Value des Finanz-**

483 Vgl. *Ernst & Young LLP (Hrsg.)*, International GAAP 2005, 2004, S. 956.

instruments entspricht (IAS 32.18(b); IAS 32.IE32).[484] Die (Dividenden-) Vergütungen des Emittenten während der Laufzeit des Finanzinstruments sind erfolgswirksam zu erfassen (IAS 32.36). Die Folgebewertung von zum Fair Value zu tilgenden Finanzinstrumenten erfolgt grundsätzlich zum Fair Value (IAS 39.AG32).

Derzeit wird beim IASB diskutiert, ob IAS 32 an dieser Stelle erneut geändert werden soll. Dabei werden die folgenden vier Ansätze diskutiert:

a) Zum Fair Value kündbare Instrumente (*„puttable instruments"*) werden im Gegensatz zum derzeitigen Ausweis als Fremdkapital nach IAS 32.18(b) als Eigenkapital klassifiziert.
b) Zum Fair Value kündbare Instrumente sind weiterhin im Fremdkapital zu erfassen, jedoch soll die Bewertung dahin gehend geändert werden, dass Änderungen des Fair Values nicht zu erfassen sind.
c) Es wird überlegt, alle kündbaren Instrumente (und nicht nur diejenigen, die zum Fair Value gekündigt werden können) stattdessen in eine Verkaufsoption und einen Basisvertrag zu trennen.
d) Die bisherigen Vorschriften werden nicht geändert.

In diesem Zusammenhang wird erwartet, dass frühestens im dritten Quartal 2005 ein entsprechender Exposure Draft zum Thema *„Shares Puttable at Fair Value"* veröffentlicht wird.

Die sich aus der Bewertung zum Fair Value ergebenden Wertschwankungen sind nach IAS 32.41 erfolgswirksam zu erfassen. Jedoch ist in einem darstellenden Beispiel (IAS 32.IE32) die Wertschwankung eines zum Fair Value zu tilgenden Finanzinstruments nicht erfolgswirksam erfasst worden. Aufgrund dieses Widerspruchs zwischen dem darstellendem Beispiel und dem eigentlichen Standardtext sowie der aktuellen Diskussion zum geplanten Exposure Draft hat sich bis dato noch keine herrschende Meinung herausgebildet, ob diese Wertschwankungen erfolgswirksam zu erfassen sind oder nicht.

9.4.4. Nicht-derivative Finanzinstrumente mit bedingten Zahlungs- bzw. Erfüllungsvereinbarungen

9.4.4.1. Überblick

Eine Klassifizierung als Fremdkapital erfolgt grundsätzlich bei solchen Instrumenten, deren Erfüllungsart vom Eintritt bzw. Nichteintritt von Bedingungen abhängig ist (*„contingent settlement provisions"*), die von den Vertragspartnern nicht beeinflusst werden können (IAS 32.25). Diese Finanzinstrumente (oder eine Komponente davon) sind nach IAS 32.25 als **Fremdkapital** zu klassifizieren, weil das emittierende Unternehmen die Zahlung von Bargeld oder Lieferung von anderen Finanzinstrumenten bei

[484] Vgl. *Ernst & Young LLP (Hrsg.)*, International GAAP 2005, 2004, S. 950-951.

Eintritt bzw. Nichteintritt dieser externen Ereignisse nicht vermeiden kann. Als Beispiele für solche nicht beeinflussbaren externen Ereignisse nennt IAS 32.25 die Änderungen eines **Aktienindexes, Zinssatzes** oder **steuerlicher Vorschriften** sowie die **künftigen Umsatzerlöse**, den **Jahresüberschuss** oder den **Verschuldungsgrad** des Emittenten.

9.4.4.2. Rückzahlungsbetrag

Sofern der Rückzahlungsbetrag in derartigen Fällen zum Rückzahlungszeitpunkt ein **fester Geldbetrag** ist, ist im Emissionszeitpunkt dessen **Barwert** als finanzielle Verbindlichkeit zu erfassen (IAS 32.25; IAS 32.BC12). Die Höhe der **Wahrscheinlichkeit**, dass die Verpflichtung beim Emittenten im jeweiligen Einzelfall tatsächlich zu einer Zahlung führt, ist sowohl bei der erstmaligen Erfassung als auch in den Folgeperioden unbeachtlich. Dies bedeutet, dass Einflussgrößen auf die Entstehung der Zahlungspflicht des Emittenten (wie etwa die Entwicklung des Aktienkurses oder sonstige externe Faktoren) nicht zu berücksichtigen sind (IAS 32.BC12).[485]

Beispiel:

Der Emittent ist ein Jahr nach Emission einer (Pflicht-) Wandelanleihe verpflichtet, eine Aktie zu liefern, sofern der Aktienkurs über EUR 200 liegt. Für den Fall, dass der Aktienkurs unter EUR 200 liegt, ist der Emittent zur Zahlung von EUR 200 verpflichtet. Der Barwert von EUR 200 beträgt EUR 190 (auf ein Jahr abgezinst). Die Höhe des Emissionserlöses hängt von der Höhe des Aktienkurses zum Emissionszeitpunkt ab.

	Wahrscheinlichkeit Rückzahlung EUR 100	**Fremdkapitalkomponente Umgliederung von Eigen- in Fremdkapital**[486]	**Eigenkapital-komponente**
1. Fall	sehr gering[487]	EUR 0	Höhe des Emissionserlöses
2. Fall	10 %	Barwert in Höhe der möglichen Zahlungsverpflichtung (EUR 95)	
3. Fall	20 %		
4. Fall	40 %		
5. Fall	80 %		
6. Fall	100 %		

Abb. 38: Zusammengesetzte Finanzinstrumente – bedingte Zahlungsvereinbarungen

Nach IAS 32.25 ist die Entwicklung des Aktienkurses des eigenen Unternehmens ein externes Ereignis, das außerhalb des Einflusses (Kontrolle) des Emittenten

485 Vgl. *Ernst & Young LLP (Hrsg.)*, International GAAP 2005, 2004, S. 959-960.

486 Zum Emissionszeitpunkt wird der Barwert der (möglichen) Zahlungsverpflichtung im Fremdkapital erfasst.

487 Annahme: Der Eintritt des Ereignisses ist extrem selten, äußerst ungewöhnlich und sehr unwahrscheinlich (IAS 32.AG28).

und des Inhabers des Finanzinstruments liegt. Nach IAS 32.25(a) i.V.m. IAS 32.AG28 muss nur dann keine finanzielle Verbindlichkeit erfasst werden, wenn der Eintritt eines Ereignisses extrem selten, sehr ungewöhnlich und sehr unwahrscheinlich („extremely rare, highly abnormal and very unlikely to occur") ist (1. Fall). Abgesehen von dieser Ausnahme muss – unabhängig von der Höhe der Eintrittswahrscheinlichkeit – stets der Barwert des ganzen Betrags (EUR 190) als Verbindlichkeit angesetzt werden (2.-6. Fall) (IAS 32.BC12). Die Differenz zwischen dem Emissionserlös und der Fremdkapitalkomponente ist im Eigenkapital auszuweisen (IAS 32.31).

Sofern der **Rückzahlungsbetrag** in derartigen Fällen zum Rückzahlungszeitpunkt dem **Fair Value** des Finanzinstruments entspricht, ist das Finanzinstrument vollständig im Fremdkapital zu erfassen (IAS 32.25 i.V.m. IAS 32.18(b)). Die (Dividenden-) Vergütungen des Emittenten während der Laufzeit des Finanzinstruments sind erfolgswirksam zu erfassen (IAS 32.36). Die Folgebewertung von zum Fair Value zu tilgenden Finanzinstrumenten erfolgt grundsätzlich zum Fair Value (IAS 39.AG32).

9.4.4.3. Ausschüttungsvereinbarungen

Neben einer festen Verzinsung führt auch die Kopplung von laufenden Zahlungen an unsichere zukünftige Ereignisse, die außerhalb des Einflusses des Emittenten und des Inhabers liegen, zu einer Erfassung des Finanzinstruments (oder einer Komponente davon) als Fremdkapital (IAS 32.25). Als Beispiele für unsichere zukünftige Ereignisse nennt IAS 32.25 unter anderem die Umsatzerlöse und den Jahresüberschuss des Emittenten. So führt z. B. die Vereinbarung, Ausschüttungen in Höhe von 10 % des Jahresüberschusses an den Inhaber eines Finanzinstruments vorzunehmen, zu einer Erfassung des Barwerts dieser künftigen Ausschüttungen im Fremdkapital.[488] Sofern der Barwert der künftigen Ausschüttungen der Höhe des Emissionserlöses gleicht, ist das gesamte Finanzinstrument im Fremdkapital zu erfassen.

Sofern allerdings die Ausschüttungen im freien Ermessen des Emittenten liegen, stehen die Ausschüttungsvereinbarungen einer Erfassung des Finanzinstruments im Eigenkapital nicht entgegen (IAS 32.17 und IAS 32.AG26).

9.4.4.4. Regelungen im Falle einer Liquidation

Für den Fall, dass der Emittent nur im Falle seiner Liquidation eine finanzielle Verpflichtung gegenüber den Inhabern des Finanzinstruments hat, steht dies einer Erfassung des Finanzinstruments im Eigenkapital nicht entgegen (siehe IAS 32.25(b)).

Bei Vorzugsaktien bzw. bei ähnlichen Finanzinstrumenten stehen einer Erfassung im Eigenkapital folgende Vorschriften nicht entgegen:

---

488 Vgl. *Ernst & Young LLP (Hrsg.)*, International GAAP 2005, 2004, S. 948.

1. Die Inhaber der Vorzugsaktien partizipieren nicht am Liquidationserlös.
2. Die Inhaber der Vorzugsaktien partizipieren am Liquidationserlös und erhalten
    a) den gleichen Anteil wie Stammaktionäre,
    b) einen Bruchteil der Ansprüche der Stammaktionäre oder
    c) ein Vielfaches der Ansprüche der Stammaktionäre (*„poison pill“*).
3. Die Bemessung der an die Inhaber zu entrichtenden Zahlungsmittel ist auf der Grundlage eines Indexes oder einer anderen veränderlichen Bezugsgröße zu ermitteln.

9.5. Ausblick

Im Jahr 2003 wurde IAS 32 grundlegend überarbeitet. Finanzinstrumente (wie etwa Gesellschafteranteile (Personengesellschaften) oder Mezzanine-Kapital (Genussrechte und stille Einlagen)) sind auf der Basis der geänderten Vorschriften beim Emittenten häufiger als bisher im Fremdkapital zu erfassen.

Darüber hinaus ist es bei freistehenden Derivaten und bei nicht-derivativen Finanzinstrumenten mit eingebetteten derivativen Merkmalen – wie etwa ein Wandlungsrecht bei Wandelanleihen – notwendig, die Derivate daraufhin zu prüfen, ob sie die strengen Voraussetzungen für eine Klassifizierung als Eigenkapital erfüllen. Sofern ein freistehendes oder eingebettetes Derivat auf eigene Aktien als finanzieller Vermögenswert oder als finanzielle Verbindlichkeit zu erfassen ist, sind die Wertschwankungen erfolgswirksam zu buchen. Dies führt im Regelfall zu einer Ergebnisvolatilität.

Nach dem überarbeiteten Standard wird in einer Vielzahl von Fällen eine Aufspaltung des Finanzinstruments in eine Eigen- und in eine Fremdkapitalkomponente notwendig.

Derzeit sind zum Fair Value kündbare Anteile (*„shares puttable at fair value"*) im Fremdkapital zu erfassen. Der Rückzahlungsbetrag ist der Fair Value des Finanzinstruments zum Rückzahlungszeitpunkt. Die Höhe dieses Fair Values gleicht dem Unternehmenswert nach Abzug der übrigen Verbindlichkeiten. Sofern der Unternehmenswert höher als die Bilanzsumme der Aktivseite ist, führt dies zu einer buchmäßigen Überschuldung, die umso höher ist, je erfolgreicher (und damit wertvoller) das Unternehmen ist.[489]

[489] Vgl. *Ernst & Young LLP (Hrsg.)*, International GAAP 2005, 2004, S. 951.

10. Publizitätspflichten

10.1. Überblick

Die in IAS 32 geforderten Angaben sollen ein besseres Verständnis der **Bedeutung von Finanzinstrumenten** für die **Vermögens-, Finanz- und Ertragslage** („*financial position, performance and cash flows*“) im Abschluss eines Unternehmens sicherstellen. Durch diese Informationen soll es außerdem für die Bilanzadressaten leichter werden, die Beträge, die Zeitpunkte und die Wahrscheinlichkeit des Eintretens derjenigen künftigen Finanzmittelflüsse abzuschätzen, die aus solchen Finanzinstrumenten resultieren (IAS 32.2; IAS 32.51; ED 7.9).

Ob die Berichterstattung in Form einer **verbalen Beschreibung** oder durch entsprechende **quantitative Angaben** zu erfolgen hat und wo die Informationen zu veröffentlichen sind (Bilanz oder Anhang), wird in IAS 32 nicht näher festgelegt (IAS 32.53).

Die Festlegung des **Detaillierungsgrads** erfordert für die Angabepflichten zu einzelnen Finanzinstrumenten eine Beurteilung, die die relative Bedeutung dieser Instrumente berücksichtigt. Es ist notwendig, einen **Mittelweg** zwischen einem überladenen Bericht und einer zu weit reichenden Zusammenfassung der Daten zu finden. Ein überladener Bericht mit ausschweifenden Ausführungen zu Details liefert dem Abschlussadressaten kaum noch nutzbringende Informationen. Eine zu weit reichende Zusammenfassung der Daten erschwert eine verständliche Darstellung wichtiger Sachverhalte. Ist z. B. ein Unternehmen Vertragspartner mit einer großen Anzahl von Kontrakten über Finanzinstrumente mit gleichartigen Strukturen und ist kein einziger Kontrakt einzeln betrachtet wesentlich, so ist es sachgerecht, die einzelnen Finanzinstrumente in Klassen (Kategorien, Portfolios) zusammengefasst darzustellen. Andererseits können Informationen zu einem einzelnen Finanzinstrument von Bedeutung sein, wenn es sich bei dem Instrument z. B. um ein wesentliches Element der Kapitalstruktur des Unternehmens handelt (IAS 32.54; ED 7.8).

Fasst das Management **Finanzinstrumente in Klassen** zusammen, die der Art der angabepflichtigen Informationen angemessen sind, so ist neben den **Charakteristika** der betreffenden Instrumente selbst auch die anzuwendende **Bewertungsgrundlage** zu berücksichtigen. Im Allgemeinen werden Finanzinstrumente, die zu **Anschaffungskosten** oder zu **fortgeführten Anschaffungskosten** bewertet werden, von Finanzinstrumenten, die mit dem **Fair Value** bewertet werden, in getrennten Klassen dargestellt. Es sind ausreichende Zusatzinformationen zu geben, um eine Überleitung auf die betreffenden Bilanzposten zu ermöglichen (IAS 32.55).

Als geplante Neuerung ist anzuführen, dass nach dem Exposure Draft ED 7 „*Financial Instruments: Disclosures*“ finanzielle Vermögenswerte und finanzielle Verbindlichkeiten künftig für sämtliche Angabepflichten **nach Klassen** aufzugliedern sind.

Dies soll zu einer transparenteren Darstellungsweise beitragen und eine verbesserte Informations- und Entscheidungsgrundlage für den Adressaten darstellen.[490]

Gemäß IAS 1 ist von einem Unternehmen die Angabe aller **wesentlichen Bilanzierungs- und Bewertungsmethoden** („*accounting policies*") gefordert, einschließlich der allgemeinen angenommenen Prinzipien und der Methode, nach der diese Prinzipien auf Transaktionen sowie andere Ereignisse und Umstände im Geschäftsverlauf des Unternehmens angewendet werden. Bezogen auf Finanzinstrumente sind Angaben erforderlich über (IAS 32.66):

- die Kriterien, nach denen über den **Ansatz** oder die **Ausbuchung** eines finanziellen Vermögenswerts oder einer finanziellen Verbindlichkeit entschieden wird,
- die **Bewertungsgrundlage**, nach denen finanzielle Vermögenswerte und finanzielle Verbindlichkeiten beim erstmaligen Ansatz sowie im Rahmen der Folgebewertung bewertet werden und
- die Grundlage, nach denen aus finanziellen Vermögenswerten und finanziellen Verbindlichkeiten resultierende **Erträge und Aufwendungen** erfasst und bewertet werden.

Wenn der bilanzielle **Ausweis** eines Finanzinstruments sich von dessen **rechtlicher Form unterscheidet**, ist es wünschenswert („*it is desirable*"), dass das Unternehmen im Anhang des Abschlusses die Art des Finanzinstruments erläutert (IAS 32.64).[491]

10.2. Art und Umfang der Finanzinstrumente sowie deren Rechnungslegungsgrundsätze

Für jede **Klasse** („*each class*") von finanziellen Vermögenswerten, finanziellen Verbindlichkeiten und Eigenkapitalinstrumenten sind die folgenden Angaben zu machen (IAS 32.60(a)):

- über **Art und Umfang** der **Finanzinstrumente** einschließlich **wesentlicher vertraglicher Vereinbarungen** und
- über Laufzeiten und sonstige Bedingungen, die die Höhe, die Zeitpunkte und die Wahrscheinlichkeit des Eintritts zukünftiger Finanzmittelflüsse beeinflussen können (z. B. Kapitalbetrag, Nennwert, Währung, Fälligkeitsdatum, Verfall- oder Ausübungstag, Kündigungsrechte, Wandlungsrechte, Fristenstruktur, Zinssätze und Dividenden, erhaltene bzw. gestellte Sicherheiten).

Wenn bei einzelnen Finanzinstrumenten oder ganzen Klassen von Finanzinstrumenten, die von einem Unternehmen gehalten werden oder begeben wurden, die Möglichkeit besteht, dass daraus erhebliche **Preisrisiken, Ausfallrisiken, Liquiditätsrisiken oder**

---

490 Vgl. *Kuhn, S./Scharpf, P.*, KoR 2004, S. 386.

491 Vgl. *Ernst & Young (Hrsg.)*, International GAAP 2005, 2004, S. 1178.

Cashflow-Risiken resultieren (IAS 32.52), sind folgende **Angaben über Laufzeiten und vertragliche Konditionen** notwendig (IAS 32.63):

- festgelegter Kapitalbetrag, Nennwert oder ein ähnlicher Betrag; für bestimmte derivative Finanzinstrumente, wie z. B. Zinsswaps, wird dies regelmäßig der Betrag sein, auf dem künftige Zahlungen basieren,
- Fälligkeitsdatum, Verfalltag oder Ausübungstag,
- Optionen, die einem der beteiligten Vertragspartner eine vorzeitige Ablösung des Finanzinstruments erlauben, einschließlich des Zeitraums oder des Datums, zu dem die Optionen ausgeübt werden können, sowie der jeweilige Ausübungspreis oder die Preisspanne,
- Optionen, die es einem der beteiligten Vertragspartner erlauben, das Finanzinstrument umzuwandeln in oder einzutauschen gegen ein anderes Finanzinstrument oder einen anderen Vermögenswert bzw. eine andere Verbindlichkeit, einschließlich der Tauschrelation(en) und des jeweiligen Zeitraums oder des Datums, zu dem die Optionen ausgeübt werden können,
- Betrag und zeitlicher Anfall von geplanten zukünftigen Zahlungsmittelzu- oder -abflüssen bezüglich des Kapitalbetrags des Finanzinstruments, einschließlich Rückzahlungsraten (*„instalment repayments“*) sowie Tilgungsplanvereinbarungen und ähnliche Anforderungen (*„any sinking fund or similar requirements“*),
- festgelegte Prozentsätze oder Beträge für Zinsen, Dividenden oder andere sich aus Kapitalbeträgen ergebende, periodisch anfallende Zahlungen sowie der zeitliche Anfall solcher Zahlungen,
- im Falle von finanziellen Vermögenswerten erhaltene bzw. im Falle von finanziellen Verbindlichkeiten geleistete Sicherheiten,
- Angabe der Währung, in der Ein- bzw. Auszahlungen im Fall von Finanzinstrumenten erfolgen, bei denen die zugehörigen Cashflows in einer anderen als der funktionalen Währung des Unternehmens vereinbart sind,
- im Fall von für einen Tausch vorgesehenen Finanzinstrumenten: Informationen entsprechend den vorstehend aufgeführten Angabepflichten bezüglich desjenigen Instruments, das über den Tausch erworben werden soll und
- alle Konditionen, die mit dem Finanzinstrument oder einer dazugehörigen Vertragsabrede zusammenhängen und deren Missachtung irgendeine der anderen Bedingungen (*„terms“*) signifikant verändern würde, wie z. B. bei einer Anleihe mit einer vereinbarten Obergrenze für den Verschuldungsgrad, deren Überschreitung zu einer sofortigen Fälligkeit und Rückzahlungsverpflichtung bezüglich des vollen Anleihebetrags führen würde.

Der Nutzen der Information über das Volumen und die Art der Finanzinstrumente wird weiter gesteigert, wenn alle diejenigen **Beziehungen zwischen einzelnen Instrumenten** herausgestellt werden, die die **Beträge**, die **Zeitpunkte** oder die **Wahrscheinlichkeit des Eintretens der künftigen Cashflows** eines Unternehmens wesentlich beeinflussen können. Z. B. kann es wichtig sein, dass ein Unternehmen Sicherungsbeziehungen angibt, wenn es eine Finanzinvestition in Aktien vorgenommen und eine entsprechende Verkaufsoption erworben hat. Wenn das Ausmaß, in dem die Risikoposition durch die Beziehungen zwischen den Vermögenswerten und Verbindlichkeiten verändert wird, aus den vorstehend nach IAS 32.63 beschriebenen Informationen nicht klar hervorgeht, hat das Unternehmen weitergehende Angaben zu machen (IAS 32.65).

Für jede **Klasse** von finanziellen Vermögenswerten, finanziellen Verbindlichkeiten und Eigenkapitalinstrumenten sind Angaben zu den **angewendeten Rechnungslegungsgrundsätze und -methoden** einschließlich der Ansatz- und der Bewertungskriterien zu machen (IAS 32.60(b)).

Als Bestandteil der nach IAS 32 zu machenden Angaben zu den **Rechnungslegungsgrundsätzen und -methoden** sind erforderlich:

- Für jede wesentliche Klasse von finanziellen Vermögenswerten und Verbindlichkeiten sind die Methoden und wesentlichen Annahmen anzugeben, die zur Ermittlung des Fair Values herangezogen wurden (IAS 32.92(a); ED 7.31(a)). Hierbei sind außerdem Angaben über Vorfälligkeitsraten, geschätzte Ausfallquoten sowie Zins- und Diskontierungssätze zu machen (IAS 32.93; ED 7.31(a)).
- Für jede Kategorie von finanziellen Vermögenswerten ist anzugeben, ob Kassakäufe und Kassaverkäufe nach der Methode der Bilanzierung zum Handelstag („*trade date accounting*") oder zum Erfüllungstag („*settlement date accounting*") erfasst werden (IAS 32.61; ED 7.23(c)).

Darüber hinaus sind die wesentlichen Erträge und Aufwendungen sowie Gewinne und Verluste aus finanziellen Vermögenswerten und finanziellen Verbindlichkeiten anzugeben, unabhängig davon, ob sie in das Periodenergebnis oder als separate Komponente des Eigenkapitals gebucht wurden. Hierzu sind zumindest die folgenden Angaben erforderlich (IAS 32.94(h); ED 7.21(a); ED 7.21(c)(ii)):

- Der (nach der Effektivzinsmethode ermittelte) **gesamte Zinsertrag** und der **gesamte Zinsaufwand** (basierend auf historischen Anschaffungskosten) sind für finanzielle Vermögenswerte und Verbindlichkeiten anzugeben, die nicht in Höhe des Fair Values bewertet werden.
- Bei finanziellen Vermögenswerten der Kategorie **Available-for-Sale** sind die Gewinne oder Verluste anzugeben, die in der Berichtsperiode direkt im Eigenkapital erfasst wurden, und der Betrag, der aus dem Eigenkapital ausgebucht und erfolgswirksam erfasst wurde.

Nach ED 7.21 sind die Nettogewinne bzw. -verluste (also saldiert) für sämtliche in IAS 39.9 definierten Bewertungskategorien von Finanzinstrumenten darzustellen.

Dabei soll ferner gezeigt werden, wie sich diese zusammensetzen (z. B. Zinserträge, Beteiligungserträge).[492]

Ferner sind die **rückständigen Zinsen** auf wertberichtigte Kredite anzugeben (IAS 32.94(h) bzw. ED 7.21(e) i.V.m. IAS 39.AG93). Eine Angabe rückständiger Tilgungsbeträge wird von IAS 32 nicht verlangt, obwohl dies den Informationsgehalt deutlich erhöhen würde.

Darüber hinaus sind noch Angaben zur Höhe und zu den Gründen für **Abschreibungen/Wertberichtigungen** sowie **Wertaufholungen** (Zuschreibungen) im laufenden Geschäftsjahr zu machen. Diese Angaben sind für jede Klasse von Vermögenswerten getrennt vorzunehmen.

10.3. Zinsänderungsrisiko

Für jede **Klasse** von finanziellen Vermögenswerten und Verbindlichkeiten ist anzugeben, inwieweit das Unternehmen einem Zinsänderungsrisiko ausgesetzt ist (IAS 32.67). Nach IAS 32.67 ist dabei insbesondere zu berichten über:

- **Vertraglich festgelegte Fälligkeits-** oder, wenn diese früher liegen, **Zinsanpassungstermine** („*contractual repricing or maturity dates*"),
- **Effektivzinssätze**, es sei denn, die betreffenden Instrumente haben keinen berechenbaren Zinssatz.

Es geht bei diesen Angaben darum, Informationen darüber zu vermitteln, wie sich zukünftige Änderungen des bestehenden **Zinsniveaus** auf das Unternehmen auswirken (IAS 32.68). Die Angabe von Effektivzinssätzen ist bei Anleihen, Wechseln und ähnlichen Finanzinstrumenten erforderlich (IAS 32.72).

Um die Informationen über vertraglich festgelegte Fälligkeits- und Zinsanpassungstermine zu ergänzen, **kann** ein Unternehmen Informationen über erwartete **Anpassungstermine** angeben, wenn diese wesentlich von den vertraglich festgelegten Terminen abweichen (IAS 32.70). Z. B. wenn das Unternehmen mit hinreichender Verlässlichkeit vorhersagen kann, dass ein festverzinsliches Hypothekendarlehen ganz oder teilweise vor Fälligkeit zurückgezahlt wird und aufgrund dieser Erwartung das Management sein Zinsänderungsrisiko steuert. Ferner sind nach IAS 32.70 folgende Informationen anzugeben:

- dass die zusätzlichen Informationen auf den Einschätzungen und Erwartungen des Managements beruhen,
- eine Erläuterung, welche Annahmen den erwarteten Zinsanpassungs- und Fälligkeitsterminen zugrunde liegen und

---

492 Vgl. *Kuhn, S./Scharpf, P.*, KoR 2004, S. 386.

- in welchem Umfang die Annahmen von den vertraglichen Vereinbarungen abweichen.

Für die Berichterstattung über Zinsrisiken sind die Finanzinstrumente in geeignete **Klassen** zusammenzufassen. Grundlage der Bildung dieser Klassen stellen die spezifischen Merkmale der Finanzinstrumente wie z. B. Verzinsung, Laufzeit und Währung dar (IAS 32.55). Es bietet sich an, die Vermögenswerte nach den **vier Kategorien** zu gliedern. Zusätzlich können erworbene Forderungen herausgestellt werden. Ausgehend vom Steuerungsinstrumentarium kann bei Kreditinstituten auch eine Zusammenfassung nach Handelsbuch (Handel) und Anlagebuch (Aktiv-/Passivsteuerung) vorgenommen werden. Verbindlichkeiten können der Kategorie Held for Trading und den übrigen Verbindlichkeiten zugeordnet werden. Ob eine weitere Untergliederung nach originären und derivativen Finanzinstrumenten vorzunehmen ist, ist vom Umfang und den damit verbundenen Zinsrisiken abhängig.

Die Art eines Geschäftsbetriebs eines Unternehmens und das Ausmaß seiner Aktivitäten mit Finanzinstrumenten bestimmen, ob Informationen über **Zinsänderungsrisiken** in **erzählender Form**, in **Tabellenform** oder in einer **Kombination** beider Darstellungsarten angegeben werden (IAS 32.74).

Sofern das Unternehmen verschiedene Finanzinstrumente nutzt, die einem zinsbedingten Risiko der Änderung des Fair Values oder einem zinsbedingten Cashflow-Risiko unterliegen, **kann** es zur berichtsmäßigen Darstellung **einen oder mehrere der nachfolgenden Ansätze verwenden** (IAS 32.74):

- Bei Finanzinstrumenten, die einem Zinsänderungsrisiko unterliegen, können die Buchwerte in tabellarischer Form aufbereitet werden, **gruppiert nach** Instrumenten mit **vertraglich festgesetzter Fälligkeit** oder Zinsanpassung innerhalb der folgenden Zeiträume nach dem Bilanzstichtag:
  - ein Jahr oder weniger,
  - über ein Jahr, jedoch höchstens zwei Jahre,
  - über zwei Jahre, jedoch höchstens drei Jahre,
  - über drei Jahre, jedoch höchstens vier Jahre,
  - über vier Jahre, jedoch höchstens fünf Jahre und
  - über fünf Jahre.

- Wird die Ertragskraft eines Unternehmens **erheblich von Zinsrisiken** oder Veränderungen dieser Risiken beeinflusst, sind **ausführlichere Angaben** wünschenswert. Z. B. können Unternehmen kürzere Zeiträume für die Angaben zu den Buchwerten von Finanzinstrumenten mit vertraglich festgelegten Fälligkeitsterminen bzw. Zinsanpassungsterminen innerhalb bestimmter Zeiträume wählen:
  - höchstens ein Monat nach dem Bilanzstichtag,
  - über einen Monat, jedoch höchstens drei Monate nach dem Bilanzstichtag und
  - über drei Monate, jedoch höchstens zwölf Monate nach dem Bilanzstichtag.

- Ein **ähnliches Vorgehen** ist bei der Berichterstattung über **zinsbedingte Cashflow-Risiken** möglich. Ein Unternehmen kann die Summe der Buchwerte von Klassen von variabel verzinslichen finanziellen Vermögenswerten und finanziellen Verbindlichkeiten - angeordnet nach Fristigkeit - in Tabellenform darstellen.

- Für einzelne Finanzinstrumente können **Angaben** zum **Zinssatz** dargestellt werden. Alternativ können für jede Klasse von Finanzinstrumenten gewichtete Durchschnittswerte oder Zinsbereiche angegeben werden. Lauten die Finanzinstrumente eines Unternehmens auf verschiedene Währungen oder gibt es starke Divergenzen bei den Ausfallrisiken, dann sind die betreffenden Finanzinstrumente verschiedenen Klassen zuzuordnen, soweit solche Faktoren zu deutlichen Unterschieden bei den Effektivzinssätzen führen.

Ein Unternehmen hat anzugeben, welchen **Risiken** seine finanziellen Vermögenswerte und finanziellen Verbindlichkeiten ausgesetzt sind (IAS 32.71):

- einem **zinsbedingten Risiko** einer **Änderung des Fair Values**, wie z. B. festverzinsliche finanzielle Vermögenswerte und finanzielle Verbindlichkeiten,
- einem **zinsbedingten Cashflow-Risiko**, wie beispielsweise finanzielle Vermögenswerte und finanzielle Verbindlichkeiten mit einem variablen Zinssatz, der sich mit den Marktzinsen ändert, und
- keinem unmittelbaren Zinsänderungsrisiko, wie z. B. bei einigen Finanzinvestitionen in Eigenkapitalinstrumente.

Es ist möglich, dass ein Unternehmen aufgrund einer Transaktion, in der **kein finanzieller Vermögenswert** oder **keine finanzielle Verbindlichkeit** in der **Bilanz** erfasst wird, einem **Zinsänderungsrisiko** ausgesetzt ist. In solchen Fällen gibt das Unternehmen Informationen an, die dem Bilanzadressaten Art und Ausmaß des bestehenden Zinsänderungsrisikos deutlich machen.[493] Z. B. sind bei einer Verpflichtung, Finanzmittel zu einem festen Zinssatz auszuleihen, üblicherweise folgende Angaben zu machen: ausgewiesener Kapitalbetrag, Zinssatz und Laufzeit des auszuleihenden Betrags sowie die maßgeblichen vertraglichen Bedingungen der Transaktion, die das Zinsänderungsrisiko begründen (IAS 32.73; ED 7.IG36).

Ein nützlicher Einblick in den Umfang der Zinsrisiken eines Unternehmens kann sich unter bestimmten Umständen aus Angaben darüber ergeben, wie sich eine hypothetische Veränderung des Marktzinses auf den Fair Value der gehaltenen Finanzinstrumente sowie auf künftige Periodenergebnisse und Cashflows auswirken würde. Solche Angaben können z. B. auf der Grundlage einer angenommenen Veränderung des Marktzinses um einen Prozentpunkt (100 Basispunkte) zum Bilanzstichtag erfolgen. Die Auswirkungen von Zinsänderungen umfassen Veränderungen der Zinserträge und Zinsaufwendungen aus variabel verzinslichen Finanzinstrumenten sowie Kursgewinne

---

493 Vgl. *Ernst & Young (Hrsg.)*, International GAAP 2005, 2004, S. 1188.

oder -verluste aus festverzinslichen Finanzinstrumenten, die sich aus Änderungen des Fair Values ergeben. Bei der Berichterstattung über die **Sensitivität gegenüber Zinsänderungen** ist eine Beschränkung auf die **direkten Auswirkungen** der Zinsbewegungen auf die zum Bilanzstichtag erfassten verzinslichen Finanzinstrumente möglich, da im Normalfall keine verlässlichen Prognosen über die indirekten Auswirkungen solcher Änderungen auf Märkte und einzelne Unternehmen gemacht werden können. Wenn ein Unternehmen Angaben zur Zinsänderungssensitivität macht, sind auch die Grundlagen für die Aufbereitung der Informationen einschließlich der signifikanten Annahmen anzugeben (IAS 32.75).

Nach Ansicht des IASB ist ein zentrales Element des Exposure Drafts ED 7 die verbesserte Darstellung der Art und des Ausmaßes von Risiken aus Finanzinstrumenten, denen das Unternehmen im Laufe der Berichtsperiode und zum Bilanzstichtag ausgesetzt ist.[494] Die Angabepflichten zu Risiken wurden im vorliegenden ED 7 neu strukturiert und wie folgt aufgegliedert:[495]

- qualitative Angaben (ED 7.34),
- quantitative Angaben (ED 7.35-38) und
- Angaben zu Ausfallrisiko (ED 7.39-41), Liquidationsrisiko (ED 7.42) und Marktpreisrisiko (ED 7.43-45).

10.4. Ausfallrisiko

Finanzielle Verluste können auch durch bonitätsbedingte Zahlungsausfälle entstehen. Daher fordert IAS 32.76 (ED 7.35(c); ED 7.39(a)) für jede Klasse von finanziellen Vermögenswerten die Angabe von Ausfallrisiken. Hierzu gehört auch:

- die Angabe des Betrags, der das **maximale Ausfallrisiko**, dem das Unternehmen zum Bilanzstichtag ausgesetzt ist, für den Fall am zutreffendsten wiedergibt, dass Dritte ihren Verpflichtungen aus entsprechenden Finanzinstrumenten nicht nachkommen,
- die Angabe von erheblichen **Ausfallrisikokonzentrationen**.[496] Dazu zählen (IAS 32.85; ED 7.38(b)-(c)):
  - eine Beschreibung der gemeinsamen Merkmale, die für jede einzelne Risikokonzentration charakteristisch ist und
  - betragsmäßige Angaben zum maximalen Ausfallrisiko aller finanziellen Vermögenswerte, die zu der betreffenden Risikokonzentration gehören.

Bei der Ermittlung des Betrags des **maximalen Ausfallrisikos** sind gestellte Sicherheiten nicht zu berücksichtigen (IAS 32.76; ED 7.39(a)). Damit soll nach IAS 32.78

---

494 Vgl. *Kuhn, S./Scharpf, P.*, KoR 2004, S. 387.

495 Vgl. *Eckes, B./Sittmann-Haury, C.*, WPg 2004, S. 1199.

496 Vgl. *Ernst & Young (Hrsg.)*, International GAAP 2005, 2004, S. 1189.

gewährleistet werden, dass eine einheitliche und konsistente Methode zur Messung der Kreditrisiken angewandt wird. Die Angabe von Eintrittswahrscheinlichkeiten wird nicht gefordert (IAS 32.77).

Das Ausfallrisiko bemisst sich bei bilanziellen Vermögenswerten nach deren Buchwert, vermindert um Einzelwertberichtigungen, Direktabschreibungen und Länderwertberichtigungen (IAS 32.79; ED 7.IG13(b)). Bei Derivaten ergibt sich das Ausfallrisiko (Wiedereindeckungsrisiko) aus deren positivem Marktwert.

Wenn ein finanzieller Vermögenswert mit einem einklagbaren **Anspruch auf Verrechnung** mit einer finanziellen Verbindlichkeit besteht und dieser in der Bilanz um die Verbindlichkeit vermindert ausgewiesen wird (da die Absicht besteht, die Abwicklung insgesamt auf Nettobasis vorzunehmen oder zu einem gleichzeitigen Ausgleich von finanziellem Vermögenswert und Verbindlichkeit zu gelangen), gibt das Unternehmen das Bestehen dieses Anspruchs auf Verrechnung an (IAS 32.80).

Sofern ein **Globalverrechnungsvertrag** (Master Netting Arrangement) zu einer erheblichen Verringerung des Ausfallrisikos bei finanziellen Vermögenswerten, die nicht gegen finanzielle Verbindlichkeiten desselben Vertragspartners saldiert werden dürfen, führt, sind folgende zusätzliche Informationen über die Auswirkungen des Vertrags erforderlich (IAS 32.81):

- das Ausfallrisiko bei finanziellen Vermögenswerten, die einem Globalverrechnungsvertrag unterliegen, wird nur in dem Maße ausgeschaltet (*„eliminated“*), wie die finanziellen Verbindlichkeiten gegenüber demselben Vertragspartner nach Realisierung der Vermögenswerte ausgeglichen werden,
- das Ausmaß, bis zu dem die gesamten Ausfallrisikopositionen eines Unternehmens durch einen Globalverrechnungsvertrag reduziert werden, kann sich bereits kurze Zeit nach dem Bilanzstichtag beträchtlich ändern, weil die Höhe des Ausfallrisikos von jeder Transaktion beeinflusst wird, die Gegenstand einer globalen Verrechnungsvereinbarung ist und
- die Konditionen des Globalverrechnungsvertrags, die das Ausmaß der Ausfallrisiken reduzieren.

Konzentrationen des Adressenausfallrisikos sind offen zu legen, wenn diese nicht bereits aus den andern Angaben im Anhang (Notes) hervorgehen (IAS 32.83). Risikokonzentrationen können sich aus Geschäftsbeziehungen zu einzelnen Geschäftspartnern oder Gruppen von Geschäftspartnern (Kreditnehmern) mit ähnlichen Merkmalen oder aus gleichen und ähnlichen Branchen ergeben. Die Identifizierung und die Beantwortung der Frage, ob Konzentrationen von Ausfallrisiken erheblich sind, bleibt der Beurteilung der Geschäftsleitung des bilanzierenden Unternehmens überlassen (IAS 32.83). Anhaltspunkte für solche Konzentrationen können sich aus geographischen Gesichtspunkten, Tätigkeitsbereichen, bei Kreditinstituten auch aus Großkreditanzeigen nach §§ 13-14 KWG oder der Branchenstruktur der Bankenstatistik ergeben.

Die Konzentration von Ausfallrisiken kann aus Geschäftsbeziehungen zu einzelnen Schuldnern oder zu **Schuldnergruppen** resultieren, die eine Reihe von **gemeinsamen Merkmalen** aufweisen, die erwarten lassen, dass die betreffenden Schuldner (bzw. Schuldnergruppen) bei Veränderungen der wirtschaftlichen Lage oder anderer Bedingungen in gleicher Weise in ihrer Schuldentilgungsfähigkeit beeinträchtigt sein werden (IAS 32.84). Zu den Merkmalen der Schuldner, die zu einer Konzentration von Ausfallrisiken führen können, gehören nach IAS 32.84 die Art der Tätigkeit des Schuldners bzw. der Schuldnergruppen, wie z. B.:

- der jeweilige Wirtschaftszweig, in dem sie tätig sind,
- die Regionen, in denen die Schwerpunkte ihrer Geschäfte liegen und
- die Kreditwürdigkeit.

10.5. Fair Value

Für Finanzinstrumente wie **kurzfristige Forderungen und Verbindlichkeiten aus Lieferungen und Leistungen** ist nach IAS 32.88 (ED 7.27) **keine Angabe des Fair Values** erforderlich, wenn der Buchwert einen angemessenen Näherungswert des Fair Values darstellt.

Für jede Klasse von finanziellen Vermögenswerten und Schulden sind mit Ausnahme von emittierten, nicht notierten Eigenkapitalinstrumenten, deren Fair Value nicht verlässlich bestimmt werden kann, **Informationen über den Fair Value** anzugeben (IAS 32.86 i.V.m. IAS 32.90; ED 7.26 i.V.m. ED 7.30).

Werden **nicht notierte Eigenkapitalinstrumente** oder mit diesen verknüpfte derivative Finanzinstrumente gemäß IAS 39 mit ihren Anschaffungskosten bewertet, da ihr Fair Value nicht verlässlich bestimmt werden kann, so ist nach IAS 32.90 (ED 7.30(a)) diese Tatsache anzugeben. Zugleich ist eine Beschreibung der Finanzinstrumente, der Buchwerte, eine Erklärung, warum der Fair Value nicht verlässlich bestimmt werden kann, und sofern möglich, einer Schätzungsbandbreite, innerhalb derer der Fair Value höchstwahrscheinlich liegt, anzugeben. Werden finanzielle Vermögenswerte verkauft, deren Fair Value vorher nicht verlässlich bestimmt werden konnte, so ist zusätzlich diese Tatsache als solche, der Buchwert der besagten finanziellen Vermögenswerte zum Zeitpunkt des Verkaufs sowie der Betrag des erfassten Gewinns oder Verlusts anzugeben (IAS 32.90; ED 7.30(e)).

Ein Unternehmen hat nach IAS 32.92 (ED 7.31) folgende Angaben zu machen:

- die **Methoden** und **wesentlichen Annahmen**, die zur Bestimmung des Fair Values von finanziellen Vermögenswerten und finanziellen Verbindlichkeiten herangezogen werden, wobei diese Angabe für jede wesentliche Klasse finanzieller Vermögenswerte und finanzieller Verbindlichkeiten gesondert zu machen ist,

- ob die Fair Values der finanziellen Vermögenswerte und finanziellen Verbindlichkeiten durch direkte Bezugnahme, teilweise oder vollständig, auf **öffentlich notierte Marktpreise** auf einem aktiven Markt bestimmt oder durch Anwendung eines bestimmten Bewertungsverfahrens geschätzt werden (IAS 39.AG71-AG79),
- ob in seinem Abschluss Finanzinstrumente enthalten sind, die mit Fair Values bewertet werden, welche teilweise oder vollständig mittels eines Bewertungsverfahrens bestimmt werden, das auf **Annahmen basiert**, die **nicht durch beobachtbare Marktpreise oder Zinssätze** gestützt werden. Würde die Veränderung einer solchen Annahme durch eine vernünftigerweise mögliche Alternative zu einem wesentlich anderen Fair Value führen, so hat das Unternehmen diese Tatsache anzugeben und die Auswirkung einer **Bandbreite vernünftiger möglicher alternativer Annahmen** auf den Fair Value offen zu legen. Zu diesem Zweck ist die Einschätzung der Wesentlichkeit durch Bezug auf das Periodenergebnis und auf die Summe der gesamten Vermögenswerte oder der gesamten Verbindlichkeiten vorzunehmen,
- der **Gesamtbetrag** der **Veränderung** des mittels eines **Bewertungsverfahrens** geschätzten Fair Values, der für die Berichtsperiode erfolgswirksam erfasst wurde.

Zu den Angaben über den Fair Value gehört auch die Darlegung der zur **Bestimmung des Fair Values** angewendeten **Methode** sowie der dabei verwendeten **wesentlichen Annahmen**. Z. B. sind von einem Unternehmen Angaben zu den zugrunde gelegten Annahmen in Bezug auf vorzeitige Rückzahlung, geschätzte Kreditausfallquoten sowie über Zins- und Abzinsungssätze zu machen, sofern diese wesentlich sind (IAS 32.93; ED 7.31(a)).

Getrennt für jede maßgebliche Klasse von finanziellen Vermögenswerten sind Angaben über Art und Höhe eines für einen finanziellen Vermögenswert erfolgswirksam erfassten **Wertminderungsverlust** zu machen (IAS 32.94(i)).

10.6. Angaben zum Risikomanagement und Hedge Accounting

Ein Unternehmen hat zunächst die **Zielsetzungen** und **Methoden des Risikomanagements** im Finanzbereich zu beschreiben, einschließlich der Sicherungsmethode für jede größere Art von erwarteten Transaktionen (*„forecast transactions“*), für die ein Hedge Accounting erfolgt (IAS 32.56).

Bei **sämtlichen Formen des Hedge Accountings** sind nach IAS 32.58 (ED 7.24) gesonderte Angaben über folgende Sachverhalte zu machen:

- Beschreibung des Sicherungsinstruments,
- Beschreibung und die Fair Values der Finanzinstrumente, die am Bilanzstichtag als Sicherungsinstrumente eingesetzt werden,
- Art der abgesicherten Risiken.

- Bei der Absicherung von Cashflows sind Angaben zu den Zeiträumen ihres erwarteten Eintretens zu machen und wann sich diese im Periodenergebnis auswirken,
- des Weiteren sind alle bereits abgesicherten erwarteten Transaktionen („*forecast transactions*") zu beschreiben, mit deren Eintreten nicht länger gerechnet wird.

Sofern die Gewinne und Verluste bei **Cashflow-Hedges** über das Eigenkapital gebucht werden, sind die folgenden Angaben notwendig (IAS 32.59; ED 7.25):

- der Betrag, der während der Berichtsperiode im Eigenkapital gebucht wurde,
- der Betrag, der aus dem Eigenkapital in die Gewinn- und Verlustrechnung umgebucht wurde,
- der Betrag, der bei der Absicherung einer vorhersehbaren künftigen Transaktion in der laufenden Berichtsperiode aus dem Eigenkapital ausgebucht und als Bestandteil der Anschaffungskosten (oder des sonstigen Buchwerts) eines nichtfinanziellen Vermögenswerts bzw. einer nicht-finanziellen Verbindlichkeit berücksichtigt wurde.

Zusätzlich zu den spezifischen Angaben über Bestände an und Transaktionen mit Finanzinstrumenten hat ein Unternehmen nach IAS 32.57 **weitere Erläuterungen**

- über das Ausmaß, in dem Finanzinstrumente genutzt werden,
- über die mit der Nutzung verbundenen Risiken und
- über die Zwecke, die damit für das Geschäft erfüllt werden sollen,

vorzulegen.

Hierzu gehören nach IAS 32.57 auch Informationen über **die unternehmensinternen Richtlinien**, die z. B.

- zur Sicherung von Risikopositionen,
- zur Vermeidung von übermäßigen Risikokonzentrationen und
- bezüglich der Anforderungen an zusätzliche Sicherheitsleistungen zur Minderung von Ausfallrisiken

erlassen worden sind. Unabhängig von den zu einem bestimmten Stichtag tatsächlich eingesetzten spezifischen Instrumenten können auf diese Weise weitergehende **allgemeine Einsichten** vermittelt werden (IAS 32.57).

10.7. Angaben zu Sicherheiten

Kreditnehmer

Der Kreditnehmer muss den **Buchwert** von finanziellen Vermögenswerten angeben, die als **Sicherheit** für Schulden verpfändet wurden (IAS 32.94(b); ED 7.15). Darüber hinaus hat er in Übereinstimmung mit IAS 32.60(a) und IAS 32.63(g) jede **wesentliche vertragliche Vereinbarung** bezüglich dieser als Sicherheit überlassenen Vermögenswerte anzugeben.

IAS 32.60(a) schreibt vor, dass für **jede Klasse** von finanziellen Vermögenswerten, Schulden und Eigenkapitalinstrumenten Informationen über Art und Umfang, einschließlich der wesentlichen vertraglichen Vereinbarungen über Laufzeiten und sonstige Bedingungen, die die Höhe, die Zeitpunkte und die Wahrscheinlichkeit des Eintritt künftiger Cashflows beeinflussen können, zu machen sind.

IAS 32.63(g) sieht vor, dass bei finanziellen Vermögenswerten die erhaltenen und bei finanziellen Verpflichtungen die hingegebenen Sicherheiten genannt werden.

Kreditgeber

Sofern der Kreditgeber Sicherheiten akzeptiert (hereingenommen) hat, die er ohne Vorliegen eines Zahlungsverzugs („*default*") seitens des Eigentümers der Sicherheiten verkaufen oder verpfänden darf, sind folgende Angaben erforderlich (IAS 32.94(c); ED 7.16):

- den **Fair Value von Sicherheiten** (sowohl finanzielle als auch nicht-finanzielle Vermögenswerte), die **akzeptiert** (hereingenommen) wurden,
- den **Fair Value von verwerteten** (verkauften oder verpfändeten) Sicherheiten und ob eine Verpflichtung für das Unternehmen besteht, die Sicherheiten an den Eigentümer zurückzugeben,
- in Übereinstimmung mit IAS 32.60(a) und IAS 32.63(g) **jede wesentliche vertragliche Vereinbarung**.

Zu IAS 32.60(a) und IAS 32.63(g) wird auf die vorstehenden Ausführungen zum Kreditnehmer verwiesen.

10.8. Sonstige Angaben

Sofern das Unternehmen einen finanziellen Vermögenswert im Rahmen einer **Verbriefungsvereinbarung** verkauft oder auf andere Weise übertragen hat, die Übertragung jedoch **nicht** die **Kriterien** für eine vollständige oder teilweise **Ausbuchung erfüllt**, wie z. B. aufgrund einer Rückkaufvereinbarung, einer Verkaufs- oder Kaufoption oder einer Kreditgarantie auf den übertragenen Vermögenswert, dann sind folgende Angaben erforderlich (IAS 32.94(a); ED 7.14):

- die Art der Vermögenswerte,
- die Art der mit dem Eigentum verbundenen Risiken und Chancen, die für das Unternehmen weiterhin bestehen,

- wenn das Unternehmen den Vermögenswert weiterhin vollständig erfasst, die Buchwerte des Vermögenswerts und der mit diesem verbundenen Verbindlichkeit und
- wenn das Unternehmen den Vermögenswert weiterhin in dem Umfang erfasst, der seinem fortdauernden Engagement („*continuing involvement*") entspricht, der Gesamtbetrag des Vermögenswerts, der Betrag des Vermögenswerts, den das Unternehmen weiterhin erfasst und der Buchwert der mit dem Vermögenswert verbundenen Verbindlichkeit.

In Bezug auf in der Berichtsperiode auftretende **Ausfälle** von Tilgungszahlungen, Zinszahlungen, Tilgungsfonds- oder Rückkaufprovisionen („*sinking fund or redemption provisions*") für am Bilanzstichtag erfasste Darlehensverbindlichkeiten und in Bezug auf sonstige in der Berichtsperiode aufgetretene Verletzungen von Darlehensverträgen sind, wenn der Kreditgeber aufgrund dieser Verletzungen das Recht hat, die Rückzahlung zu verlangen (außer bei Verletzungen, bei denen am oder vor dem Bilanzstichtag Rechtsmittel eingelegt werden oder die zu einer Neuverhandlung der Darlehensbedingungen am oder vor dem Bilanzstichtag führen), folgende Angaben erforderlich (IAS 32.94(j); ED 7.19):

- Einzelheiten der Verletzungen von Vereinbarungen,
- der am Bilanzstichtag erfasste Betrag in Bezug auf die Darlehensverbindlichkeiten, bei denen es zu Verletzungen der Vereinbarungen kam und
- in Bezug auf den erfassten Betrag
  - ob vor der Freigabe des Abschlusses zur Veröffentlichung gegen die Vertragsverletzung Rechtsmittel eingelegt wurden oder
  - ob die Darlehenskonditionen vor diesem Zeitpunkt neu verhandelt wurden.

Literaturverzeichnis

Adler/Düring/Schmaltz (ADS) International: Rechnungslegung nach Internationalen Standards, Kommentar, bearbeitet von Gelhausen, Hans-Friedrich/Pape, Jochen/Schruff, Wienand u.a., Stuttgart 2003 (Loseblatt)

Alvarez, Manuel/Wotschofsky, Stefan/Miethig, Michaela: Leasingverhältnisse nach IAS 17 – Zurechnung, Bilanzierung, Konsolidierung –, in: WPg 2001, S. 933-947

Andrejewkski, Kai C./Böckem, Hanne: Einzelfragen zur Anwendung der Befreiungswahlrechte nach IFRS 1 (Erstmalige Anwendung der IFRS), in: KoR 2004, S. 332-340

Apitzsch, Thomas/Knüdeler, Reinhard/Weigel, Wolfgang: Zweifelsfragen der IAS-Bilanzierung bei Bausparkassen, in: Immobilien & Finanzierung, Teil I, 2002, S. 806-808, Teil II, 2003, S. 58-63

App, Jürgen G.: Latente Steuern nach IAS, US-GAAP und HGB, in: KoR 2003, S. 209-214

Arnoldi, Roman/Leopold, Tobias: Portfolio Fair Value Hedge Accounting: Entwicklung IAS-konformer und praxistauglicher Buchungsregeln, in: KoR 2005, S. 22-38

Ausschuss für Bilanzierung des Bundesverbandes deutscher Banken (BdB): Bilanzierung von Sicherungsgeschäften (Hedge Accounting) nach IAS 39, in: WPg 2001, S. 346-353

Baetge, Jörg/Dörner, Dietrich/Kleekämper, Heinz/Wollmert, Peter/Kirsch, Hans-Jürgen (Hrsg.) (IAS-Kommentar[2]): Rechnungslegung nach International Accounting Standards (IAS), Kommentar auf der Grundlage des deutschen Bilanzrechts, 2. Aufl., Stuttgart 2003 (Loseblatt)

Ballwieser, Wolfgang/Beine, Frank/Hayn, Sven/Peemöller, Volker H./Schruff, Lothar/Weber, Claus-Peter (Hrsg.): WILEY-Kommentar zur internationalen Rechnungslegung nach IAS/IFRS, Braunschweig 2004

Barckow, Andreas: ED Fair Value Option – Der Entwurf des IASB zur Einschränkung der *Fair-Value*-Option in IAS 39 (rev. 2003), in: WPg 2004, S. 793-798

Barckow, Andreas/Glaum, Martin: Bilanzierung von Finanzinstrumenten nach IAS 39 (rev. 2004) – ein Schritt in Richtung Full Fair Value Model?, in: KoR 2004, S. 185-203

Bertsch, Andreas: Bilanzierung strukturierter Produkte, in: KoR 2003, S. 550-563

Böcking, Hans-Joachim/Sittmann-Haury, Caroline: Forderungsbewertung – Anschaffungskosten versus Fair Value, in: BB 2003, S. 195-200

Böcking, Hans-Joachim/Busam, Dirk/Dietz, Stephanie: IFRS 1 First-time Adoption of International Financial Reporting Standards vom 19.6.2003, in: Der Konzern 2003, S. 457-476

Bohl, Werner/Riese, Joachim/Schlüter, Jörg (Hrsg.) (IFRS-Handbuch): Beck'sches IFRS-Handbuch, Kommentierung der IAS/IFRS, München 2004

Bonin, Christoph: Finanzinstrumente im IFRS-Abschluss – Planung grundlegender Neuerungen der Angabepflichten durch ED 7 Financial Instruments: Disclosures, DB 2004, S. 1569-1573

Brackert, Gerhard/Prahl, Reinhard/Naumann, Thomas K.: Neue Verfahren der Risikosteuerung und ihre Auswirkungen auf die handelsrechtliche Gewinnermittlung – Ein Plädoyer für die Zulässigkeit von imperfekten Mikro-Bewertungseinheiten und von Makro-Bewertungseinheiten auf modifizierter Mark-to-Market-Basis, in: WPg 1995, S. 544-555

Broser, Manuela/Hoffjan, Andreas/Strauch, Joachim: Bilanzierung des Eigenkapitals von Kommanditgesellschaften nach IAS 32 (rev. 2003), in: KoR 2004, S. 452-459

Brüggemann, Benedikt/Lühn, Michael/Siegel, Mikosch: Bilanzierung hybrider Finanzinstrumente nach HGB, IFRS und US-GAAP im Vergleich (Teil I), in: KoR 2004, S. 340-352

Bundesaufsichtsamt für das Kreditwesen (BAKred): Verlautbarung über Mindestanforderungen an das Betreiben von Handelsgeschäften der Kreditinstitute vom 23. Oktober 1995, in: Consbruch/Möller/Bähre/Schneider (Hrsg.), Kreditwesengesetz mit verwandten und zugehörigen Vorschriften, Nr. 4.270 (Loseblatt)

Bundesaufsichtsamt für das Kreditwesen (BAKred): Rundschreiben 17/99 vom 8. Dezember 1999, Zuordnung der Bestände und Geschäfte der Institute zum Handelsbuch und zum Anlagebuch (§ 1 Abs. 12, § 2 Abs. 11 KWG)

Dahlke, Jürgen/Eitzen, Bernd von: Steuerliche Überleitungsrechnung im Rahmen der Bilanzierung latenter Steuern nach IAS 12, in: DB 2003, S. 2237-2243

Deutsche Bundesbank (Hrsg.): Rechnungslegungsstandards für Kreditinstitute im Wandel, in: Deutsche Bundesbank Monatsbericht Juni 2002, S. 41-57

Dombek, Martina: Die Bilanzierung von strukturierten Produkten nach deutschem Recht und nach den Vorschriften des IASB, in: WPg 2002, S. 1065-1074

Ebbers, Gabi: ED 5 Insurance Contracts: Die Phase I des IFRS zur Bilanzierung von Versicherungsverträgen – auf dem Weg zum Fair Value?, in: KoR 2003, S. 523-529

Ebbers, Gabi: IFRS 4: Insurance Contracts, in: WPg 2004, S. 1377-1385

Eckes, Burkhard/Barz, Katja/Bäthe-Guski, Martina/Weigel, Wolfgang: Die aktuellen Vorschriften zum Hedge Accounting, Teil I-II, in: Die Bank 2004, S. 54-59, 416-420

Eckes, Burkhard/Gehrer, Judith: IAS 39 aus Sicht der Wirtschaftsprüfung, in: ZfgK 2003, S. 585-592

Eckes, Burkhard/Sittmann-Haury, Caroline: ED IFRS 7 „Financial Instruments: Disclosures“ – Offenlegungsvorschriften für Finanzinstrumente und Auswirkungen aus der Ablösung von IAS 30 für Kreditinstitute –, in: WPg 2004, S. 1195-1201

Eckes, Burkhard/Sittmann-Haury, Caroline/Weigel, Wolfgang: Neue Versionen von IAS 32 und IAS 39, Teil I-II, in: Die Bank 2004, S. 118-121, 176-180

Elkart, Wolfgang/Schaber, Mathias: Hedge-Accounting und interne Geschäfte im Spannungsfeld tradierter Rechnungslegungsgrundsätze und modernem Finanzmanagement, in: Knobloch, A. P./Kratz, N. (Hrsg.), Neuere Finanzprodukte, Anwendung, Bewertung, Bilanzierung, Festschrift zum 65. Geburtstag von Professor Dr. Wolfgang Eisele, München 2003, S. 401-419

Engeländer, Stefan/Kölschbach, Joachim: Der International Financial Reporting Standard 4 für Versicherungsverträge, in: VW 2004, S. 574-579

Ernst & Young AG (Hrsg.): Rechnungslegung von Financial Instruments nach IAS 39, Eine synoptische Darstellung unter Berücksichtigung der im Standardentwurf vorgeschlagenen Änderungen, 2. Aufl., Stuttgart, Stand: November 2002

Ernst & Young AG (Hrsg.): Rechnungslegung von Financial Instruments nach IAS 39, Eine Darstellung der Bilanzierung auf der Basis von IAS 32 und IAS 39 (revised 2003), 3. Aufl., Stuttgart, Stand: Februar 2004

Ernst & Young LLP (Hrsg.): Financial Reporting Developments, Accounting for Derivative Instruments and Hedging Activities, A Comprehensive Analysis of FASB Statement 133, as Amended and Interpreted, New York 2000

Ernst & Young LLP (Hrsg.): International GAAP 2005, Generally Accepted Accounting Practice under International Financial Reporting Standards, The Financial Reporting Group of Ernst & Young, London 2004

Findeisen, Harald/Ross, Norbert: Asset-Backed Securities-Transaktionen im Einzel- und Konzernabschluss des Veräußerers nach International Accounting Standards, in: DB 1999, S. 2224-2227

Gebhardt, Günther: Probleme der bilanziellen Abbildung von Finanzinstrumenten, in: BFuP 1996, S. 557-584

Gebhardt, Günther/Naumann, Thomas K.: Grundzüge der Bilanzierung von Financial Instruments und von Absicherungszusammenhängen nach IAS 39, DB 1999, S. 1461-1469

Gebhardt, Günther/Mansch, Helmut (Hrsg.): Risikomanagement und Risikocontrolling in Industrie- und Handelsunternehmen – Empfehlungen des Arbeitskreises „Finanzierungsrechnung" der Schmalenbach-Gesellschaft für Betriebswirtschaft e.V., ZfbF Sonderheft 46, Düsseldorf 2001

Graf Waldersee, Georg: Bilanzierung von Finanzderivaten nach HGB, IAS und US-GAAP, in: Küting, Karlheinz/Langenbucher, Günther (Hrsg.), Internationale Rechnungslegung, Festschrift für Prof. Dr. Claus-Peter Weber, Stuttgart 1999, S. 239-264

Groß, Hermann/Knippschild, Martin: Instrumente und Organisation der Risikosteuerung von Handelsaktivitäten, in: Krumnow, Jürgen (Hrsg.), Risikosteuerung von Derivaten, Wiesbaden 1996, S. 87-111

Harrer, Herbert/Janssen, Ulli/Halbig, Uwe: Genussscheine. Eine interessante Form der Mezzanine Mittelstandsfinanzierung, in: FB 2005, S. 1-7

Hayn, Sven/Graf Waldersee, Georg: IFRS/US-GAAP/HGB im Vergleich, Synoptische Darstellung für den Einzel- und Konzernabschluss, 5. Aufl., Stuttgart 2004

Hayn, Sven/Bösser, Jörg/Pilhofer, Jochen: Erstmalige Anwendung von International Financial Reporting Standards (IFRS 1), in: BB 2003, S. 1607-1613

Helmschrott, Harald: Einbeziehung einer Leasingobjektgesellschaft in den Konzernabschluss des Leasingnehmers nach HGB, IAS und US-GAAP, in: DB 1999, S. 1865-1871

Helmschrott, Harald: Zum Einfluss von SIC 12 und IAS 39 auf die Bestimmung des wirtschaftlichen Eigentums bei Leasingvermögen nach IAS 17, in: WPg 2000, S. 426-429

Heuser Paul J./Theile, Carsten (Hrsg.): IAS-Handbuch, Einzel- und Konzernabschluss, Köln 2003

Hoffmann, Wolf-Dieter/Lüdenbach, Norbert: IFRS 5 – Bilanzierung bei beabsichtigter Veräußerung von Anlagen und Einstellung von Geschäftsfeldern, in: BB 2004, S. 2006-2008

Hommel, Michael/Hermann, Olga: Hedge-Accounting und Full-Fair-Value-Approach Hedge in der internationalen Rechnungslegung, in: DB 2003, S. 2501-2506

Institut der Wirtschaftsprüfer (IDW): IDW Rechnungslegungshinweis: Zur Bilanzierung strukturierter Produkte (IDW RH BFA 1.003), in: WPg 2001, S. 916-917

Institut der Wirtschaftsprüfer (IDW): Entwurf IDW Prüfungsstandard: Die Prüfung von Zeitwerten (IDW EPS 315), in: WPg 2004, S. 80-85

Institut der Wirtschaftsprüfer (IDW): Entwurf einer Neufassung der IDW Stellungnahme zur Rechnungslegung: Einzelfragen zur Anwendung von IFRS (IDW ERS HFA 2 n.F.), in: WPg 2004, S. 1333-1347

Jamin, Wolfgang/Krankowsky, Matthias: Die Hedge-Accounting-Regeln des IAS 39 – Dargestellt am Beispiel der Absicherung von Warenpreisrisiken durch Futures („Commodity Hedge“) unter besonderer Berücksichtigung der Effektivitätsmessung –, in: KoR 2003, S. 502-514

Keitz, Isabel von/Schmieszek, Oliver: Ertragserfassung – Anforderungen nach den Vorschriften des IASB und deren praktische Umsetzung, in: KoR 2004, S. 118-127

Kemmer, Michael/Naumann, Thomas K.: IAS 39: Warum ist die Anwendung für deutsche Banken so schwierig?, Teil I-II, in: ZfgK 2003, S. 568-573, 794-797

Knoblauch, Uwe von/Hagemann, Mattis: Der aktive Markt – Schlüsselparameter des überarbeiteten IAS 39?, in: Kredit & Rating Praxis 2004, S. 25-27

Kopatschek, Martin: IFRIC D8: Geschäftsguthaben der Genossenschaften. Der Entwurf des IFRIC zur Klassifizierung von Anteilen an Genossenschaften als Eigen- oder Fremdkapital, in: WPg 2004, S. 1124-1127

KPMG International (Hrsg.): Financial Instruments Accounting, London 2004

Kropp, Matthias/Klotzbach, Daniela: Der Exposure Draft zu IAS 39 „Financial Instruments" – Darstellung und kritische Würdigung der geplanten Änderungen des IAS 39 –, in: WPg 2002, S. 1010-1031

Kropp, Matthias/Klotzbach, Daniela: Der Vorschlag des IASB zum Makro Hedge Accounting, in: WPg 2003, S. 1180-1192

Krumnow, Jürgen: Das derivative Geschäft als Motor des Wandels für das Bankencontrolling, in: DBW 1995, S. 11-20

Krumnow, Jürgen/Sprißler, Wolfgang/Bellavite-Hövermann, Yvette/Kemmer, Michael/ Alves, Silke/Brütting, Christian/Lauinger, Rolf H./Löw, Edgar/Naumann, Thomas, K./Paul, Stephan/Pfitzer, Norbert/Scharpf, Paul (Hrsg.): Rechnungslegung der Kreditinstitute, Kommentar zum deutschen Bilanzrecht unter Berücksichtigung von IAS/IFRS (Kommentar^2), 2. Aufl., Stuttgart 2004

Kuhn, Steffen/Schaber, Mathias: Transparenz bei Spezialfonds durch IAS 39, in: DB 2001, S. 2661-2666

Kuhn, Steffen/Scharpf, Paul: Finanzinstrumente: Neue Vorschläge zum Portfolio Hedging zinstragender Positionen nach IAS 39 – Überwindung „tradierter Abbildungsregeln" oder lediglich Reparatur?, in: DB 2003, S. 2293-2299

Kuhn, Steffen/Scharpf, Paul: Finanzinstrumente: Welche Gestaltungsspielräume enthalten die Regelungen zur erstmaligen Anwendung von IAS 32 und IAS 39 für die Praxis?, in: DB 2004, S. 261-264

Kuhn, Steffen/Scharpf, Paul: Finanzinstrumente: Neue (Teil-) Exposure Drafts zu IAS 39 und Vorstellung des Exposure Draft ED 7, in: KoR 2004, S. 381-389

Kustner, Clemens: Special Purpose Entities – Wirtschaftliche Merkmale und Bilanzierung in der internationalen Rechnungslegung, in: KoR 2004, S. 308-318

Küting, Karlheinz/Weber, Claus-Peter (Hrsg.) (HdR⁵): Handbuch der Rechnungslegung (HdR) Einzelabschluss, Kommentar zur Bilanzierung und Prüfung, 5. Aufl., Stuttgart 2004 (Loseblatt)

Langenbucher, Günther/Blaum, Ulf: Anwendungsfragen im Zusammenhang mit IAS 39 für Financial Instruments, in: Knobloch, A. P./Kratz, N. (Hrsg.), Neuere Finanzprodukte, Anwendung, Bewertung, Bilanzierung, Festschrift zum 65. Geburtstag von Professor Dr. Wolfgang Eisele, München 2003, S. 315-336

Leuschner, Carl-Friedrich/Weller, Heino: Qualifizierung rückzahlbarer Kapitaltitel nach IAS 32 – ein Informationsgewinn?, in: WPg 2005, S. 261-269

Lind, Heinrich/Faulmann, Andreas: Die Bilanzierung von Eigenkapitalbeschaffungskosten nach IAS, US-GAAP und HGB, in: DB 2001, S. 601-605

Löw, Edgar/Lorenz, Karsten: Bilanzielle Behandlung von Fremdwährungsgeschäften nach deutschem Recht und nach den Vorschriften des IASB, in: KoR 2002, S. 234-243

Löw, Edgar/Schildbach, Stephan: Financial Instruments – Änderungen von IAS 39 aufgrund des Amendments Project des IASB, in: BB 2004, S. 875-882

Lüdenbach, Norbert: Geplante Neuerungen bei Bilanzierung und Ausweis von Finanzinstrumenten nach IAS 32 und IAS 39, in: BB 2002, S. 2113-2119

Lüdenbach, Norbert/Hoffmann, Wolf-Dieter: Der Übergang von der Handels- zur IAS-Bilanz gemäß IFRS 1, in: DStR 2003, S. 1498-1505

Lüdenbach, Norbert/Hoffmann, Wolf-Dieter: Kein Eigenkapital in der IAS/IFRS-Bilanz von Personengesellschaften und Genossenschaften?, in: BB 2004, S. 1042-1047

Lüdenbach, Norbert/Hoffmann, Wolf-Dieter (Hrsg.): Haufe IAS/IFRS-Kommentar (IFRS-Kommentar²), 2. Aufl., Freiburg 2004

Meister, Edgar/Hillen, Karl-Heinz: IFRS – Eine Einschätzung aus Sicht der Bundesbank, in: Lange, Thomas A./Löw, Edgar (Hrsg.), Rechnungslegung, Steuerung und Aufsicht von Banken, Kapitalmarktorientierung und Internationalisierung, Festschrift zum 60. Geburtstag von Jürgen Krumnow, Wiesbaden 2004, S. 331-351

Mujkanovic, Robin: Fair Value im Financial Statement nach International Accounting Standards, Stuttgart 2002

Naumann, Thomas K.: Bewertungseinheiten im Gewinnermittlungsrecht der Banken, Düsseldorf 1995

Pape, Jochen/Bogajewskaja, Janina/Borchmann, Thomas: Der Standardentwurf des IASB zur Änderung von IAS 32 und IAS 39 – Darstellung und kritische Würdigung –, in: KoR 2002, S. 219-234

Paul, Stephan/Brütting, Christian/Weber, Nicolas: IAS 39: Bilanzierung von Finanzinstrumenten als Grundproblem der Bankenrechnungslegung – ein Aufriss, in: ZfgK 2003, S. 30-34

Pfitzer, Norbert/Dutzi, Andreas: Fair Value, in: Ballwieser, Wolfgang/Coenenberg, Adolf G./Wysocki, Klaus von (Hrsg.), Handwörterbuch des Rechnungswesens (HWR^3), 3. Aufl., Stuttgart 2001, Sp. 749-764

Prahl, Reinhard: Bilanzierung von Financial Instruments – quo vadis?, in: Lange, Thomas A./Löw, Edgar (Hrsg.), Rechnungslegung, Steuerung und Aufsicht von Banken, Kapitalmarktorientierung und Internationalisierung, Festschrift zum 60. Geburtstag von Jürgen Krumnow, Wiesbaden 2004, S. 207-239

Prahl, Reinhard/Naumann, Thomas K.: Financial Instruments, in: Wysocki, Klaus von/Schulze-Osterloh, Joachim (Hrsg.), Handbuch des Jahresabschlusses (HdJ), Abt. II, 10, Stand: August 2000

PwC Deutsche Revision AG (Hrsg.): Derivative Finanzinstrumente in Industrieunternehmen. Einsatz, Risikomanagement und Bilanzierung nach HGB, US-GAAP und IAS, 3. Aufl., Frankfurt/Main 2001

PwC Deutsche Revision AG (Hrsg.): IAS für Banken, 2. Aufl., Frankfurt/Main 2002

Rockel, Werner/Sauer, Roman: IASB Exposure Draft 5: Insurance Contracts – Zur Versicherungsbilanzierung nach IFRS ab 2005, in: WPg 2003, S. 1108-1119

Rockel, Werner/Sauer, Roman: IFRS für Versicherungsverträge (I), in: VW 2004, S. 215-219

Rutishauser, Doris: Neue Rechnungslegung für Finanzinstrumente und deren Bewertung unter IAS 39, in: Der Schweizer Treuhänder 2000, S. 293-296

Schaber, Mathias/Kuhn, Steffen/Eichhorn, Sonja: Eigenkapitalcharakter von Genussrechten in der Rechnungslegung nach HGB und IFRS, in: BB 2004, S. 315-319

Scharpf, Paul: Überlegungen zur Bilanzierung strukturierter Produkte (Compound Instruments), in: FB 1999, S. 21-29

Scharpf, Paul: Bilanzierung von Financial Instruments nach IAS 39, Teil I-IV, in: FB 2000, S. 125-137, 208-217, 284-292, 372-381

Scharpf, Paul: Rechnungslegung von Financial Instruments nach IAS 39, Stuttgart 2001

Scharpf, Paul: Handbuch Bankbilanz, 2. Aufl., Düsseldorf 2004

Scharpf, Paul: Hedge Accounting nach IAS 39: Ermittlung und bilanzielle Behandlung der Hedge (In-)Effektivität, in: KoR 2004, Beilage 1 zu Heft 11, S. 3-22

Scharpf, Paul/Luz, Günter: Risikomanagement, Bilanzierung und Aufsicht von Finanzderivaten, 2. Aufl., Stuttgart 2000

Scharpf, Paul/Kuhn, Steffen: Erfassung von Aufwendungen und Erträgen im Zusammenhang mit Finanzinstrumenten nach IFRS, in: KoR 2005, S. 154-165

Scharpf, Paul/Kuhn, Steffen: Fair Value Bewertung von Finanzinstrumenten nach IAS 39, erscheint in: Bieg, Hartmut/Heyd, Reinhard (Hrsg.), Fair Value, Bewertung in Rechnungswesen, Controlling und Finanzwirtschaft, München 2005

Schiller, Bettina/Marek, Michael: Mengennotierung bedingt Neuerungen beim Devisenhandel, in: FB 2001, S. 197-200

Schmidbauer, Rainer: Bewertung von Finanzinstrumenten nach IAS – insbesondere unter Berücksichtigung des Standardentwurfs zu IAS 32 und IAS 39, in: RIW 2003, S. 287-294

Schruff, Wienand/Rothenburger, Manuel: Zur Konsolidierung von Special Purpose Entities im Konzernabschluss nach US-GAAP, IAS und HGB, in: WPg 2002, S. 755-765

Schultz, Florian: Das Special Purpose Vehicle – wirtschaftliche Besonderheiten und offene Rechtsfragen, in: Hommelhoff, Peter/Zätzsch, Roger/Erle, Bernd (Hrsg.), Gesellschaftsrecht, Rechnungslegung, Steuerrecht, Festschrift für Welf Müller zum 65. Geburtstag, München 2001, S. 705-730

Seidl, Albert: Hedge-Accounting und Risikomanagement, Operationalisierung von Anforderungs- und Bewertungskriterien, Wiesbaden 2000

Spanier, Günter/Weller, Heino: Was unterscheidet Sichteinlagen von rückzahlbarem Eigenkapital in der Bankbilanz? Ein Beitrag zur Kapitalabgrenzung nach IAS 32, in: BB 2004, S. 2235-2237

Spanier, Günter/Weller, Heino: Eigenkapitalausweis bei Genossenschaften nach IAS 32, in: ZfgG 2004, S. 269-281

Stauber, Jürgen: Die Bilanzierung von Finanzinstrumenten nach IAS 39, in: Der Schweizer Treuhänder 2001, S. 687-696

Theile, Carsten: Erstmalige Anwendung der IAS/IFRS, in: DB 2003, S. 1745-1752

Thiele, Constanze: Partielles Endorsement von IAS 39: Europäischer Sonderweg bei der Bilanzierung von Finanzinstrumenten, in: DStR 2004, S. 2162-2168

Weber, Christoph/Böttcher, Bert/Griesemann, Georg: Spezialfonds und ihre Behandlung nach deutscher und internationaler Rechnungslegung, in: WPg 2002, S. 905-918

Widmann, Ralf/Korkow, Kati: Spielräume bei der IAS-Bilanzierung noch zu groß, in: VW 2002, S. 1236-1239

Wittenbrink, Carsten/Göbel, Gerhard: Interne Geschäfte – ein trojanisches Pferd vor den Toren des Bilanzrechts?, in: Die Bank 1997, S. 270-274

Zeimes, Markus: Zur erstmaligen Anwendung der International Financial Reporting Standards gemäß IFRS 1, in: WPg 2003, S. 982-991

Stichwortverzeichnis

D

E

F

T

U

V